汉语语法

CHINESE GRAMMAR

石毓智 著

商务印书馆
创于1897 The Commercial Press

图书在版编目(CIP)数据

汉语语法/石毓智著. —北京:商务印书馆,2010(2024.4 重印)
ISBN 978-7-100-06799-7

Ⅰ.①汉… Ⅱ.①石… Ⅲ.①汉语—语法—现代 Ⅳ.①H146

中国版本图书馆 CIP 数据核字(2009)第 184006 号

HÀNYǓ YǓFǍ

汉 语 语 法

石毓智 著

商 务 印 书 馆 出 版
(北京王府井大街 36 号 邮政编码 100710)
商 务 印 书 馆 发 行
三河市春园印刷有限公司印刷
ISBN 978-7-100-06799-7

2010 年 8 月第 1 版 开本 880×1230 1/32
2024 年 4 月第 6 次印刷 印张 18¼
定价:93.00 元

想写一本汉语语法书，是我二十年来的一个夙愿。高中时候看过一本语法书，懵懵懂懂，莫名其妙。大学时又学现代汉语，语法部分语焉不详、枯燥乏味，且不知其所用。研究生时期主攻语法，常听国内、国外学术圈中之人说，汉语没有严格的语法，是种落后语言云云。国内一些学人在作研究时又不自觉地把印欧语言作为标准，结果得出“汉语缺乏这个缺乏那个”的结论。每每念起这些，常自感慨：汉语缺乏规律乎？抑或没有找到规律乎？纵观历史，横看世界，汉语所承载的中华上下五千年的灿烂文化无与伦比，作为这一优秀民族世世代代智慧结晶的语言，难道会独落人后吗？因此我那时就深信汉语中蕴涵严格的规律，立志以揭示其中和谐的美为己任。探讨语言规律需要两个条件，一是要有科学的思维训练，二是对语言作广泛的调查。所以我二十年来不敢懈怠，孜孜不倦，心无旁骛，现把自己的研究作一总结，呈现给读者。这样做一方面是为了及时得到读者的反馈，使自己以后的研究作得更好；另一方面也是向人们展示汉语中壮丽的景观，虽然我们的工作仅仅是揭开它的美丽的一角，但已经令人美不胜收、目不暇接，同时也借以增加我们对自己母语的热爱，吸引更多的同道加入探索汉语规律的行列。

学界内外有两个流传颇广而且对汉语伤害甚大的观点：一是上述的“汉语是一种缺乏形态的语言”，二是“汉语的语法灵活多变”。“缺乏”二字是带贬义的，是指“应该有而没有”。圈内人士尚持这种观点，也就无怪乎外行人对汉语的偏见和误解了，因此就有人认为汉语是一种不发达的语言，期待着汉语有朝一日也发展出丰富的形态。其实这是一种既不切实际又违背科学的态度。人类语言的语法手段是丰富多彩的，没有一种手段是存在于所有语言之中的，也没有任何类型的手段可以用来衡量一种语言的发达程度。不同语言采用不同的标记方式，在很大程度上是由其句子的基本语序决定的，也受该语言系统的其他因素的制约。“灵活多变”看似一个褒义词，实际上也给汉语带来了很多负面的影响：如果一个研究者接受这一观点，就不会努力去探索语法中的规律，因为就如同一堆词在那里自由碰撞组合一样，也探讨不出什么名堂来；如果一个学习者接受这一观点，就不会努力去学习汉语语法，因为反正是自由碰撞，不用学就会，又因为组合太自由，学也学不会。其实这只是反映了汉语研究的初级阶段所给予人们的一种表面观察，当看到那扑朔迷离、变化莫测的现象而又找不到背后的规律的时候，就误以为汉语就是这个样子了。其实，汉语是充分利用语序变化这一手段来表达丰富而精细的语法意义的，语序的变化受严格的语法规律的制约。通过我们的研究，世人也可以了解到汉语什么也不缺乏，而是存在着严谨和谐的规律的。

语法系统之庞大，现象之丰庶，远远超出常人的想象，一个人虽穷毕生之精力，也只能窥其端倪。要真正全面揭示一个语法系统的全貌，不是个人的能力所能胜任的，甚至也不是一代人所能成就的。任何专著都只能是在某个方面、从一定程度上对一种语法的刻画。我们已有的研究成果自身有一定的系统性，但是跟实际语言相比，也只能是局部的。我们今天的研究跟已有的研究之间，不是替代关系，而是互补关系，因此相互参照着学习，更有益处。前人已经描写很清楚的地方，我们并不采取求全的态度而加以重复叙述。本书中的内容也不是对其他学者最新研究的简单综述，即使有借用他人之处，也是在我们独立调查研究的基础上加以消化、取舍的。

本书所努力追求的目标可以用这四句话来概括："判语言之美，析结构之理，察古今之变，审中外之分"。"判语言之美"者，即寻求语言中存在的和谐而简洁的规律，最高层次的美就是和谐、简洁而有规律，本书揭示了汉语中丰富多彩的规律，向世人展示了汉语是一种博大精深的语言。"析结构之理"者，语法结构何以如此是有理据的，应从认知、语言、现实三要素的相互作用中寻找语法结构的成因。"察古今之变"者，应把一个现象放在语言这个大系统下来考察，为它作出的解释应该与其他相关的现象相容，应从系统发展的角度探究一种语法结构的成因，从系统的整体特性确定一种结构的功能。"审中外之分"者，只有具备跨语言的视野才能确定汉语的个性及与其他语言的共性。本书有部分篇幅是汉英对比，因此本书的内容也适合英语专业的读者。

是侧重理论，还是侧重语言事实，我们采用圣人的态度："我欲载之空言，不如见之于行事之深切著明也。"大家多谈理论和事实的关系，毋庸置疑，任何科学的理论都要有事实证据。但是很少人注意到语言学理论与语言系统之关系，这是当今语言学研究中应该慎重考虑的两种取向。当代的主要语言学流派，不论是生成语言学派，还是认知语言学派，都是以建构自身理论的完备性为首务，选取语言中能够支持自己理论的现象，至于这些现象自身能否构成一个系统，乃至整个语言系统如何，则在他们研究的视线之外，结果造成了“大理论、小现象”的状况。

本书写作过程中参考过的文献皆列于书后，以提高表达的流畅性和可读性。我们跟湘绣、苏绣等传统的工艺不一样，既把美丽留给人间，也把金针度与人看，借以让更多的人学会这门工艺，绣出更美、更有创意的图案。我们的工作还起到一个探矿的作用，告知后来者哪里是富矿、哪里是贫矿，以减少后来者跋涉探索之辛劳，缩短摸索时间，尽早进入产出阶段，同时使他们有精力和时间探索新的矿源，开辟新的领地，从而使得我们的事业蒸蒸日上。

本书的部分章节是与我的师友合作写成的，这里一并感谢他们的劳动，他们的协助和智慧使我受益良多。姜炜和王统尚做了艰辛的文字校对工作，周洪波和朱俊玄为本书的出版付出了辛勤的劳动，特致谢忱。

作者

2009年元月

目 录

第一编 总论

第一章 绪　论

1.1 学习语言知识的作用

学习语法等语言知识可以使我们对自己的母语有一个全面系统的了解。一个具有悠久文化传统的民族应该对自己的语言状况有一个深入系统的调查。同样，一个受过教育的人也应该对自己赖以生存的交际工具有一个全面的认识。会说某种语言跟知道这种语言存在什么规律是两码事，关于自己母语的知识也只有通过系统的学习才能获得。

学习语法的目的并不是学习如何学说话，能够看懂语法著作的人，也就具备了相当高的口头表达能力，无须再学习基础口语。学习语法也不是为了写出漂亮的文章，一篇好文章的写作依赖于各种因素，除了对语言的驾驭能力外，还要具备社会阅历、思想深度、形象思维等。掌握全面而正确的语法知识自然可以提高驾驭语言的能力，主要指高级交际能力，包括各种文体的写作、复杂思想的口头表达。

现代科学是从探索自然界开始的，最近几十年来，人们的注意力开始转移到人类自身。认知科学是一门研究大脑功能的学科，然而人的大脑是一个黑箱，诸如信息是如何在大脑中储存的，人们又是如何推理的，单从生理解剖的角度什么也看不出来。语言是洞悉大脑功能的一个窗口，人是如何学会语言的，又是如何通过语言来感知信息的，等等，都可以反映人类的认知特点。不同民族的语言系统不一样，语法范畴的类型和多寡也不同，它们又在一定程度上制约着说该语言的人对外在世界的感知。通过语言探索认知特点，通过认知来探讨语言规律，这不仅是认知科学的中心议题，也是当代语言学的核心任务。

语言科学也与信息科学直接相关。计算机领域的人工智能、机器翻译等都需要精准的语言规律。要让机器理解人的话语、模仿人思考，必须准确揭示语言的原理和各种具体的规律。目前这些领域的进展缓慢，成果不尽如人意，主要是因为语言研究滞后，自然语言中的很多规律尚未搞清楚。所以新的技术革命给语言研究者提出了更多的新课题和更高的要求，那种感觉式的、泼墨写意性的传统研究越来越没有市场了。必须强调，我们应该针对语言本身的规律来探讨。

1.2　语言学假设的证据问题

作语言学研究必须分清楚“理论”、“假设”和“规律”这三者之间的区别与联系。理论是研究者根据对语言的观察，或者对其他学科的借鉴，所形成的比较系统的语言观，由一系列的概念和原则组成，带有很强的哲学色彩。假设是研究者根据自己的理论背景和观察，对一种现象所提出的解释，需要进一步的验证。规律则是通过反复验证的、揭示事物本质的法则。关于语言的理论可以是多种多样的，关于一个现象的假设也可以不止一种，但是支配一种现象的规律往往只有一个。学好语言学首先要具备这种辨别能力：哪些属于理论？哪些属于假设？哪些才是规律？对于初学者来说，这三者往往被混为一谈。

在分析同一现象时，不同的学者根据自己的学识、观察的角度、调查的范围等，会提出各种各样的假设。那么如何判断这众多假设的优劣，或者说如何使假设上升为科学结论，是一个不可回避的重要问题。目前很多研究都停留在假设的层次上，大家面对同一现象众说纷纭，莫衷一是，极大地影响了语言研究的科学性。必须弄清楚什么是构成一个假设赖以成立的证据，特别是从哪里去寻找假设的证据。以下四个方面是一个假设赖以成立的主要证据来源。

一、语言的共时系统性。语言是一个有机的整体，语法的各种结构和标记相互制约、相互依存，形成了一个和谐的系统，因此对一个现象的解释要考虑到相关的其他方面。如果关于同一现象存在着两种假设，其中一个不仅能够解释所讨论的对象，还能够解释相关现象，那就是比较可靠的假设。

二、历史语言材料。很多关于共时语言现象的假设都蕴涵了一个历时过程，如果能够在历史中找到证据，就会大大提高假设的科学性。具有因果关系或者类推关系的两个现象，不仅要在产生的时间上契合，而且要有内在的逻辑关联性，最后还要找到直接的历史证据。

三、语言的共性。对一个语言现象提出假设时，可能既无法在一个语言的共时系统中找到直接证据，也无法得到历史资料的支持，或者在一个语言系统中的证据不够充分，但是，如果能在其他语言中发现这种证据的存在，就会大大提高其假设的可靠性，也会使得其在此假设基础之上的分析具有可信度。

四、心理实验的结果。如果一个假设既无法在一个语言的共时和历时系统中找到证据，也没有跨语言事实的支持，那么心理实验便是证据的重要来源。这是一个难度比较大的问题，涉及实验方案的确立、仪器的使用、实验数据的诠释等众多因素。除此之外，还可以参考认知心理学的实验结果。

上述四个方面的证据是相容的，一个假设所能够得到的证据的来源的类型越多，它的可靠性就越高。在寻找语言学假设的证据时，还应该避免一些误区。常见的错误有：为了某种理论内部系统的自洽，或者为了假设的成立，从而设定一个有利于自己分析的基础形式。理论是为了解释语言现象的，不能让语言现象削足适履来迁就理论。这种本末倒置的做法只会扭曲语言规律，应该避免。

1.3 共时和历时的关系

索绪尔的结构主义学说的出现标志着现代语言学的诞生，给语言带来了深远的影响，它为具体语言的语法系统的建立提供了有效的方法。但是该理论把语法的共时系统和历时系统截然分开的做法，也给语言学研究带来了很大的消极影响。很多语法专著都是只谈共时的现象，当代的大部分语言学理论也都是建立在共时现象的观察上，让人觉得似乎存在一个均质、稳定的共时语法系统。然而实际上这只是一种幻象。任何共时的语法系统都只是语言历史长河中的一个片段，它来自过去，走向未来。借用张若虚的《春江花月夜》中的两句诗来说明其中的道理：

“不知江月待何人，但见长江送流水。”

一个人站在江边观赏月亮，感觉月亮是静止不动的，这是因为观察者自身不动的缘故，然而事实并非如此。比如在同一时间，站在武汉、南京和上海的三个观察者各自都有同样的感知，但是如果把三个观察者的感知合起来看，就会发现月亮一定是在动的。共时语言就如同江中的月亮，历时就如同那川流不息的江水，感觉共时语法稳定不变只是观察者的视点所致，而实际的语言始终是处于变化之中的。

语法的系统性在历时上表现得最为突出。一种语法的不同结构之间到底是什么关系，单在共时这个层面上不大容易看出来。如果用历史的眼光来看这个问题，就很容易明白这一点。不同的语法结构之间具有相互制约的关系，并构成了一个有机的整体。历史发展中，常有“牵一发而动全身”的效用。下面用汉语判断句产生后所带来的影响，来说明语法的系统性。

（1）驾，良邑也。（《左传·襄公三年》）

（2）不善不能改，是吾忧也。（《论语·述而》）

（3）客人不知其是商君也。（《史记·商君列传》）

（4）未闻孔雀是夫子家禽。（《世说新语·言语》）

先秦没有判断词“是”。例（1）是当时的判断格式，句末语气词“也”是一个必需的语法标记，主语之后有一个停顿；例（2）中的“是”为指代词，回指其前的话题，判断词“是”就是在这种结构中语法化而来的。例（3）、（4）是早期的判断词用法。“是”由指代词演变成为判断词，也影响了其他一些变化：

a.旧有的判断格式消失；

b.旧有指代词系统的改变；

c.限制了句末语气词“也”的使用范围；

d.巩固了汉语的SVO语序；

e.新的焦点标记手段的增多；

f.上古汉语的语序疑问手段的消失；

g.疑问代词系统的变化。

过分强调结构之间的独立性，就会导致研究时“只见树木、不见森林”。

1.4 语法的能产性

任何语法结构都不是无限能产的，都无法根据用于其中的词类来精确预测其用法，都有程度不同的词汇限制，即进入其中的词语配列受强烈的语义制约。下面以常见的语法格式“动宾结构”为例来说明这一点。

动宾结构具有鲜明的词汇限制和具体语言的特色。比如，下面汉语的动宾结构无法在英语中找到对应的动宾格式来表达。从总体上看，汉语动宾结构的语义类型要比英语的丰富，如果把它们翻译成英语就要改变结构，甚至更换词汇。

a.动作 + 地点：

吃食堂 *eat cafeteria（have one's meal in the mess）

b.动作 + 工具：

吃大碗 *eat big bowl（eat with a big bowl）

c.动作 + 来源：

吃父母 *eat parents（live on parents）

d.动作 + 结果：

打扫卫生 *sweep hygiene（sweep some place clean）

e.动作 + 原因：

恢复疲劳　*recover fatigue（recover from fatigue）

英汉相对应的两个动词概念，所能带的宾语的语义类型也可能差别很大。比如汉语的“享受”对应于英语的enjoy，但是英语的enjoy只与能够给人带来愉悦的事物名词搭配，比如food、movie、music、holiday等。汉语的“享受”虽然有类似的用法，可是所搭配的名词类型并不完全相同，比如我们不大说“*享受食物、*享受电影”，而可以说“享受人生”、“享受科级待遇”等。与此同时，汉语还有“享受公费医疗”等，其中的“享受”是与非愉悦意义的名词搭配的，英语的enjoy则无此用法。

语言学家可以从大量的具体用例中概括出抽象的格式，或者用抽象的格式描写一种语言现象。但是任何一个儿童都无法单纯依赖抽象的格式来掌握一种语言的语法，比如根本无法想象一个儿童仅仅靠“VP → V＋NP”格式就可以掌握该语言的所有合法的动宾搭配而排除所有不合法的搭配。而且这种搭配也不是靠生成学派的几个“参数”就能解决问题的。儿童要掌握一种语言的动宾结构，一方面离不开对现实世界的事件结构的观察，另一方面需要从长期的语言实践中掌握该语言大量的约定俗成的搭配方式。约定俗成的表达作为一种固定的语言单位，储存在语言使用者的记忆之中，是不可能临时靠什么规则产生的。

生成学派夸大了语法规律的能产性，而低估了语言中广泛存在的约定俗成的用法，而且忽略了人们记忆的巨大潜力。儿童开始掌握语法是在记忆力发展相对成熟而又掌握了大量的词汇之后的事。在语法的学习过程中，不仅大量的化石现象和惯用法需要一个一个记住，而且即使高度能产的语法结构，也必须通过大量的语言实践来掌握它们的词汇搭配限制。从语法结构的词汇限制的角度看，合乎语法的句子不能靠简单的规则来生成，而是靠长期的语言实践逐步掌握该结构的词汇限制，只有记住了它们的组合限制，才能正确使用它们。也就是说，语法结构是合成的而不是生成的。

1.5 取与舍

任何一本教材或者学术著作，都是作者根据自己的理论背景、研究经验、价值取向等对本学科内容取舍的结果。本书在材料的选取、方法的采纳、内容的组织等方面，具有以下七个特色。

一、尊重自然。本书的用例大部分来自语言的实际应用，即使作者自造的用例，也必须让母语者听起来自然。这样做的目的是，忠实于自然语言本身的状况，努力把理论偏见降到最低程度。

二、注重口语。口语是一个相对单纯的系统，极能反映语言的状况。本书例子的采集多限于口语文本，诸如相声、话剧、小说等。书面语则是一个混杂的系统，既有历史的化石，也有受外来语影响的成分，应尽量避免作为论证的根据。

三、崇尚朴实。在术语的使用上，尽量使用传统的大家熟识的术语，不追求时髦，尽量少用生造术语。不铺陈理论，不搭花架子，以说明现象和解决问题为准。

四、讲究深度。并不追求对整个语法系统面面俱到，但就所讨论的问题讲究深度和系统性。

五、不贴标签。一方面重视被传统语言学贴上不同标签的语言现象之间的内在联系，另一方面一般不做简单分类和命名的工作。

六、追求解释。除了挖掘语言现象之外，更重视探求规律，从认知功能、现实规则和语言系统等相互制约的关系中寻找解释。

七、加强对比。很多规律在一个单一的系统内部是看不清楚的，因此必须注重不同系统的对比，这既包括汉语与其他语言系统的对比，也包括现代汉语与古代汉语的对比，还包括普通话与方言的对比等。

第二章　基本语序与语法特征

2.1　引言

不论哪一种语言，其句子的基本成分都是S（主语）、V（谓语动词）和O（宾语）。这三个基本成分的可能排列顺序有6种：SVO、SOV、OSV、VSO、VOS、OVS。一种语言往往采用其中的一种作为其最基本的、无标记的语序，但是它们的分布极不平衡。采用SVO和SOV的语言最多，大约占整个人类语言的90%。其他的就很少了，后两种几乎不见，根据现有调查，尚未发现哪种语言是采用OVS的。一种语言的基本语序决定着其一系列的类型学特征。本章讨论的重点就是SVO和SOV这两种最常见的语序如何制约一种语言的整体面貌。

很多语言规律只有在历史发展的长河中才能充分表现出来。每一种语言都不会停留于一种状态不变，而都是在不断演化的。一种语言的基本语序会改变，与此同时，它的语法标记系统也会发生相应的变化，从中我们可以看到两者之间的因果关系。汉语从古到今都是SVO语言，这在很大程度上决定了汉语语法系统的整体面貌。但是，现代汉语中也存在着背离典型SVO语言的类型学特征，这主要是近代汉语的内部发展所引起的。古英语是SOV型，从15世纪之后变成了SVO语言，与此同时，它的标记系统也发生了重大变化。对汉英这种现象的对比研究，可以使我们明白现代汉语的语法何以是今天这个样子。

2.2　句子的基本语序对句法特征的影响

本部分考察SVO语言的动宾之后的修饰语。一种语言组织信息的原则是和谐统一的，其主要涉及：

一、中心语在前（head-initial）或者中心语在后（head-final）。

二、已知信息和未知信息的前后顺序。

一种语言组织信息的原则往往会支配该语言各种类型的组织结构，而且组织信息的原则通常只在句子层面上发生作用。

从普通语言学的角度看，谓语动词和宾语之间的关系是“中心语”（head）和“附加语”（adjunct），或者是“中心语”（head）和“修饰语”（modifier）之间的关系。那么，就不难解释类型学上的一个相关特征：凡是采用VO语序的语言，说明它们是采用了“中心语＋附加语”或者“中心语＋修饰语”的组织方式，那么在句子层面上，谓语部分（VO）的修饰语则常居于动宾之后。上述蕴涵关系可以用下式表示：

SVO ⊃ SVOX，X ＝ 介词短语、副词短语、结果成分，等等。

X成分位于动宾之后是SVO语言的典型类型学特征。现代汉语显然是一个特例，除个别表示结果的介词短语外，动宾之后不允许任何其他成分出现。这是汉语内部的历史发展造成的。但是，古汉语则跟现代英语一样，具有典型的SVO语言的类型学特征，动宾之后可以有各种各样的成分出现。下面以七种常见的句子结构分别举例说明。

一、被动句。被动句是一种常见的、基本的句子结构。古汉语跟现代英语一样，都是在谓语之后用一个介词短语引出动作的施事。例如：

（1）My window was broken by a child.

（2）John was criticized by his teacher.

（3）治人者食于人。（《孟子·滕文公上》）

（4）故内惑于郑袖，外欺于张仪。（《史记·屈原贾生列传》）

二、比较句。比较句也是一种基本句式。古汉语的比较句也跟现代英语的抽象格式一样，都是在谓语形容词之后引入那个程度较低的比较项。例如：

（5）Mary is even taller than John.

（6）The place even looks more beautiful than imaged.

（7）季氏富于周公。（《论语·先进》）

（8）一少于二而多于五。（《墨子·经下》）

三、地点短语。在古汉语中，地点介词短语的分布也跟现代英语一样，常常出现在动宾之后。例如：

（9）He is reading newspaper at the library.

（10）He studied Chinese in Peking.

（11）种瓜于长安城东。（《史记·萧相国世家》）

（12）属门生数十人于田曹。（《世说新语·赏誉》）

四、工具短语。古汉语的工具短语也跟现代英语的句法位置一样，是在动宾之后由一个介词引入。例如：

（13）John cut down the tree with an axe.

（14）I drew a picture with a pencil.

（15）百公为方以矩，为圆以规。（《墨子·法仪》）

（16）乃说桓公以远珍怪物。（《史记·齐太公世家》）

五、时间词语。古汉语的时间词语常出现于动宾之后，这一点也与现代英语一致。例如：

（17）She has been reading a book for three hours.

（18）She went to the downtown yesterday.

（19）行之十年，秦民大悦。（《史记·商君列传》）

（20）声名光辉传于千世。（《史记·范雎蔡泽列传》）

六、补充短语。古汉语的一些修饰谓语动词的补语也跟现代英语一样，可以出现在动宾之后。例如：

（21）I have already checked all the receipts very carefully.

（22）John ran into the classroom, quickly and peacefully.

（23）戴既无吝色，而谈琴书愈妙。（《世说新语·雅量》）

（24）后箭射人深。（《祖堂集》卷四）

七、结果短语。在古汉语里，表示动作结果的词语，如果有宾语的话，是出现在动宾之后的，这一点也与现代英语的句法特点一致。例如：

（25）The dog barked my child awake.

（26）Mary ate herself sick.

（27）宣武移镇南州，制街衢平直。（《世说新语·言语》）

（28）唤江郎觉！（《世说新语·假谲》）

上述古汉语的反映SVO语言典型特征的句子结构，都在历史上消失了。这些结构到现代汉语中的变化包括两个方面：一是不再出现在动宾之后，具体地说，除结果和表动作量的时间词语是出现在动宾之间外，其他的都移到了谓语动词之前；二是介词标记都被在谓语动词之前新出现的介词取代。比如，在现代汉语里，被动句的标记是“被”、“叫”或者“让”，比较句的标记是“比”，工具格的标记是“用”，它们都是在谓语动词之前引入有关的词语。一些结果成分则是移到了V和O之间，比如例（28）的相应说法为“叫醒江郎”。在讨论现代汉语为何背离SVO语言的典型特征之前，让我们看一下古汉语跟现代英语在语法上的更多相似点，以及近五百年来由于英语基本语序的改变而引起的新的发展趋势。

除了上面所讨论的七种基本句子结构以外，古汉语和现代英语之间还存在着其他重要的共同语法特征。下面分别举例加以说明。

一、疑问、否定和强调时的语序变化

古汉语和现代英语的疑问代词都是置于谓语动词之前，而相应的普通词语的正常位置都是在谓语动词之后。所不同的是，现代英语的疑问代词是出现在句首，古汉语的疑问代词则是在主语和谓语之间。引起这种语序变换的原因是，疑问代词的自身语义固有一个“焦点”特征，这个特征通过语序的变换加以表现。同样的理由，语序的变化也可以用来加强否定或者强调宾语成分。例如：

A. 疑问

（29）What do you want to eat?

（30）Which book have you finished reading?

（31）吾谁欺？欺天乎？（《论语·子罕》）

（32）客何好？（同上）

B. 否定

（33）At no time was war as imminent as now.

（34）Not even ten years ago could you see such a film.

（35）无我怨。（《尚书·周书·多士》）

（36）居则曰：“不吾知也。”（《论语·先进》）

C. 强调

（37）In this way alone is it possible to explain their actions.

（38）Only one more point will I make.

（39）率师以来，惟敌是求。（《左传·宣公十二年》）

（40）余唯利是视。（《左传·成公十三年》）

二、数量短语结构

在现代汉语里数词一般不能直接修饰名词，其间常由量词来连接。这一点跟现代英语形成了鲜明的对比，现代英语的数词则是大都可以直接修饰名词的，比如one book、three persons等。其实古汉语跟现代英语的情况是一样的，一般也没有量词，数词直接修饰名词。汉语的普通量词最早见于汉代，那时只是极为个别的现象，经过长期的发展，其数量由少到多，直到13世纪左右，量词作为一种语法要求的规则才最终建立。下面是古汉语数量短语不用量词的例子。

（41）一人有庆，兆民赖之。（《尚书·周书·吕刑》）

（42）一言以蔽之。（《论语·为政》）

（43）七人常集于竹林之下。（《世说新语·任诞》）

（44）婢子百余人皆绫罗绔褶。（《世说新语·汰侈》）

三、形态手段（inflection）的使用

对于一些重要的语法范畴，不同的语言往往都倾向于用一种形态手段来表示。古汉语也利用形态表示一些重要的语法范畴，比如使成式（causative form）就是其中一例。古英语也使用稳固能产的形态手段来表示使成意义，现在还残留在部分形容词里，比如可以通过加形态标记-en使一些形容词或者名词变成使成意义的动词：red→redden、dark→darken、broad→broaden、strength→strengthen等。一种语言的形态标记采用什么样的语音形式取决于其语音系统。古汉语主要是采用声调的变换或者声母辅音的清浊来表示使成意义。

（一）四声的变换

在动补结构出现之前，古汉语用屈折形式表达使成观念，常见的是声调的变化：把一个非去声变成去声或者把一个去声变成非去声。这种现象又叫“破读”。例如：

（45）故远人不服，则修文德以来之。（《论语·季氏》）

（46）晋侯饮赵盾酒。（《左传·宣公二年》）

（47）是以君子远庖厨也。（《孟子·梁惠王上》）

这种现象仍然残存于现代汉语中。例如：

（48）	基式	使成式
	饮：yǐn	yìn “使某牲畜喝”
	难：nán	nàn “使某事变难”
	好：hǎo	hào “认为某事好（喜欢）”

（二）辅音的“清”和“浊”

先看一下现代英语中的类似现象。现代英语有时靠辅音的清浊来区别一个概念的不同词性，比如advice做名词时最后一个辅音为[s]，做动词时则为[z]；use也是如此，做名词时最后一个辅音读[s]，做动词时则读[z]。即依靠同一对辅音的清浊来区别同一概念的名词和动词用法。类似地，中古汉语也常利用一对

清浊辅音来创造一个普通动词的使成式。例如：

（49） [k-] [g-]

见：看 使某种事情显现

解：散开 使某种东西散开

系：绑 使某种东西被绑

（49）中的声母辅音是对当时语音系统构拟的结果。上述现象是成系统地存在于中古汉语中的。可是随着语音系统的演变，原来的清浊对立消失了，所以上述屈折使成式也就无法存在下去。清浊屈折使成式的用法可以用一首著名民歌中的一句加以示例。

（50）风吹草低见牛羊。（《敕勒歌》）

在使成式的发展方向上，汉语和英语也表现出了高度的一致性，都是由形态手段变成分析手段。现代汉语常用动补结构来表示使成意义，比如“他解开了缰绳”、“我笑疼了肚子”。而现代英语则用“auxiliary/verb＋O＋resultative”表示，比如I painted the chair green、He made me crazy等。

本部分的讨论，使我们进一步认识到古汉语和现代英语之间的语法相似性是极高的。汉语和英语并没有同源关系，它们之间的共同语法特征很难说是纯出于偶然，其实这些是由基本语序SVO所带来的相关类型学特征。

2.3 句子的基本语序对语法标记系统的影响

一种语言的基本语序决定着其语法标记系统的整体面貌。这里所说的“整体面貌”包括三层意思：一是该语法系统主要是采用分析式（periphrastic，analytical）手段，还是形态（morphological）手段；二是语法标记系统的复杂程度如何；三是标记什么样的句法成分。不论从历时的角度还是从共时的角度，都可以看出一种语言的基本语序与其语法标记系统之间的相互制约关系。

从共时的角度看，SVO型的语言往往没有丰富的形态标记系统，主要依靠分析式手段来表示各种语法范畴，充分利用语序而不是形态来标示句子的主要语法成分“主语”和“宾语”。相对地，SOV型的语言往往具有复杂的形态标记系统，倾向于用形态手段来表示各种语法范畴，它们通常由“主格”（nominative）和“宾格”（accusative）标记来标示句子的基本成分。这种类型学上的对立可以从交际功能的角度加以解释，道理简述如下。

对于SVO型的语言，句子的基本成分已经由语序明确标示，谓语动词之前的为主语，之后的为宾语，无须再借助其他标记来表示其语义角色。然而，SOV型的语言情况就复杂了，S和O不一定都出现，而且因为话题化等原因，S和O语序常颠倒，因此如果不借助其他语法标记就会造成严重的歧义，无法辨认哪个是施事，哪个是受事。因此，SOV型语言往往依赖形态标记来标示句子的基本成分。同时，SOV型语言的句末动词之后往往跟随与动作有关的成分，如时间词、否定词、能愿动词等，它们常常可以通过语音的弱化而成为动词的形态标记，结果使这种语言具有了丰富的动词形态标记。此外，动词之前的其他名词成分，如地点、工具等名词，也倾向于用格标记来标示其语义角色，结果就形成了这种语言丰富的格标记系统。

从历时的角度也可以看出基本语序对语法标记系统的影响。以英语的发展为例，英语原来是SOV型语言，在15世纪之后变成了SVO型语言。与此同时，它的形态标记系统也发生了重要的变化，主要表现为大量、系统的简化。形态标记简化与语序变化之间是互为因果的关系，即形态的简化促使了SVO频率的增加和稳固化，而SVO语序的建立又进一步加速了形态标记的简化。

语序和形态标记的相互作用中，语序是一个关键。这一点还可以从汉语方言的一些现象中得到印证。汉语的一些西北方言，由于受藏语的影响，基本语序发生了重要变化，SOV语序成为更基本、更普遍的语序，与此同时，它们也出现了宾格标记，用以标示谓语动词之前的名词的语义角色。下面是临夏话的用例。

（51）我这个人哈认不得。（我不认识这个人）

（52）我他哈劝了半天。（我劝了他半天）

（53）他哈我劝了半天。（我劝了他半天）

（54）玻璃哈打破给了。（玻璃给打破了）

临夏话的“哈”相当于宾格标记，如果没有它的话，句子将会出现歧义。如例（52）没有“哈”的话，将无法判断是“我劝他”还是“他劝我”。还有一点值得注意，一些受事名词单独出现在谓语动词之前时，普通话不需要任何标记，而临夏话则需要用“哈”标示。临夏话的宾格标记“哈”并不是直接借自其他语言，而是基本语序变化之后，从其内部的语气词语法化来的。随着语序的改变，临夏话还出现了SOV型语言的其他语法特征，比如发展出了相当丰富的动词词缀，这是一个值得进一步探讨的问题。

英语发展成了SVO语言之后，语法朝着两个方向发展：一是原来用形态表示的语法意义逐渐用虚词（functional word）来替换，诸如介词之类的虚词地位越来越重要，使用范围也越来越广。二是逐渐用分析式来表示原来用形态表示的语法范畴，比如用助动词和动词一起表示各种时态。英语从15世纪至今，剩下来的形态系统又进一步虚化，但是并没有增加任何新的形态标记。

更重要的是，人类语言基本语序的改变是单向的（unidirectional）。世界上很多原来为SOV的语言，都变成了或者正在变成SVO，与此同时，它们的形态标记大量简化，特别是"主格"和"宾格"标记的消失；但是没有相反的发展。

2.4　语序与语义结构的严格对应

认知语言学有一个基本理论假设，不同的语序（语法结构）对应于不同的语义结构，两者之间存在着严格的一对一的投射关系，不存在不同语序表达完全相同的语义值的情况。认知语言学者最感兴趣的一个研究领域是，由相同的语素构成的不同语序的表达功能差异，以及它们所反映的认知过程的不同特点。语序是汉语最重要的语法表达手段之一，其中最重要的一个含义是，不同的语序一定具有不同的表达功能。研究这些功能差异正是我们语法研究的主要任务。

一般说来，不同的语序必然有不同的语法特点。下面以汉语语法研究中经常谈到的例子来说明。

（55）a.主席团在台上坐着。→台上坐着主席团。

b.主席团不在台上坐着。→*台上不坐着主席团。

c.主席团在台上坐了一会儿。→*台上坐了一会儿主席团。

d.主席团在台上坐不住了。→*台上坐不住了主席团。

在这里，语法结构和语义结构不是一回事，相同的语义结构可以对应于不同的语法结构。以前人们认为，"主席团在台上坐着"和"台上坐着主席团"的意思相同，或者说是基本相同。可那只是语义结构相同，语法结构是另一回事，这两个句子的语法结构是迥然不同的。

不同的语法结构必然对应于不同的语义结构，反之亦然，不同的语义结构必然用不同的语法结构来表达。两者之间是一对一的投射关系。也就是说，没有这种现象：不同的语法结构表示绝对相同的语义值，绝对相同的语义值用不同的语法结构来表示。我们还拿上例来说明我们的观点。

例（55）的"主席团"是个比较特殊的名词，在大多数情况下，它的所指具有

“有定性”。如果换为普通名词，语义差别就可以马上看出来：

（56）a.人在椅子上坐着。≠椅子上坐着人。

b.书在桌子上放着。≠桌子上放着书。

c.马在柱子上拴着。≠柱子上拴着马。

d.画儿在墙上挂着。≠墙上挂着画儿。

上述不等式左右两端的名词有一个重要差别：左端的都是表示有定的事物，右端的则是无定的。比如问：“我的书在哪儿？”对方的回答只能是“书在桌子上放着呢”，而绝对不能说“桌子上放着书”。名词所指的有定、无定是一对重要的语义范畴，语言中往往会有某种语法形式加以标示。汉语是通过语序。对于光杆名词，谓语动词之前的被赋予有定性，之后的被赋予无定性。因为例（56）左右两端的格式具有不同的语义值，所以它们在特定的语境中是绝对不能互换的。除了有定、无定的差别之外，上述两种格式还有其他方面的区别，比如右端的格式侧重于报道一个事件，左端的则是静态的存现。

2.5 汉语对语序的充分利用

表面上看来，汉语有两个不相容的观点：一是汉语的语序很重要，可以利用语序表达各种语法意义；二是语序很灵活，同样一组词可以有多种排列组合。那么如何理解这种现象呢？下面是被认为反映汉语词序灵活性的例证。

（57）a.我不吃羊肉。～羊肉我（可）不吃。～我羊肉不吃（'吃牛肉）。

b.肉末夹烧饼。～烧饼夹肉末。

c.你淋着雨没有？～雨淋着你没有？

d.他住在城里。～他在城里住。

e.借给他一笔钱。～借一笔钱给他。

我们认为，上述不同的语序都对应于不同的语义结构，即具有不同的语法意义。这一点正是我们研究汉语语法的重要任务之一。汉语语序的真正含义是，别的语言用形态或者语法标记表示的语法意义，汉语则是靠语序表示。

一、有定、无定表达。英语用定冠词the和不定冠词a/an分别加以表示，汉语则常常用语序来表示。例如：

（58）a.书我已经看完了。　I have read the book.

b.我已经看完书了。　I have read a book.

（59）a.信我已经写好了。　I have written the letter.

b.我已经写好信了。　I have written a letter.

二、动作行为发生的时间位置和持续的时间。英语用不同的介词标示两类不同的时间概念，以in或者at指示时间位置，以for指示持续时间，两类短语在语序上没有区别，都位于谓语中心及其宾语之后。然而汉语通常只用语序，而可以不用任何语法标记：时间位置词语只能在谓语中心之前，持续时间的词语则只能在谓语中心之后。

（60）a.我三点钟正在看书。　I am reading a book at three o'clock.

b.我看了三个小时书。　I have been reading a book for three hours.

三、完成体和初始体。英语的完成体的形式为："have + -ed（动词的过去分词）"，初始体则是一些词汇手段，诸如to begin to、to start to、to be about to等。然而汉语用"了"的不同位置来表示两种语法意义。

（61）a.她吃了一碗米饭。　She has eaten a bowl of rice.

b.她吃饭了。　She began to eat.

四、副词的标记。英语的形容词修饰动词时，通常要加上副词的形态标记-ly，但是语序上相对自由，可以置于句子的各种位置。汉语则无需任何形式变化，但是限制在所修饰的谓语动词之前一种位置。

（62）a.他很快完成了那项任务。　He quickly fulfilled the task.

b.*他完成了那项任务很快。　He fulfilled the task quickly.

五、领有格。英语的领有格有各种表示方法，人称代词是屈折变化，普通的词则是加领格标记's或者介词短语of，全都是一些形式标记。汉语很多时候则是靠语序，第一个成分表示领有者，第二个则是被领有者。

（63）a.我哥哥　my elder brother

b.桌子腿　the table's leg/The legs of the table

这方面的对比还有很多。说汉语的语序比英语的重要，主要是指英语用语法标记表示的语法意义，汉语则往往用语序来表示。过去几十年的汉语研究，因为受结构主义思想方法的影响，注意力集中在语法结构上，相对忽略了这些结构的篇章话语功能。也是汉语研究自身的逻辑发展的结果，最近十几年人们对语法结构的功能越来越感兴趣，更注重从认知功能语言学的角度寻找语法结构的理据。用这种思想方法来看问题，上述所举的各类现象常被看做汉语句法灵活性的证据，实际上都是用语序变换表示不同的语法意义。

一、有定和无定的表达。出现在谓语中心动词之前的光杆名词会被自动赋予一个“有定”的语义特征，之后则被赋予“无定”的特征。特别是对于光杆的受事名词，这种结构赋义的规律更加明显、严格，因为它们无标记的句法位置是谓语动词之后，变换语序必然获取某种语法意义。

（64）a.我不吃羊肉。　　　　我已经写了信。

b.羊肉我不吃了。　　　　信我已经写了。

c.我羊肉不吃了。　　　　我信已经写了。

例（64）a的受事名词“羊肉”和“信”在谓语动词之后，都是无定的。但是在b和c里它们的句法位置变换到谓语动词之前，两个受事名词则都表示有定。b和c的语序仍有差别，一个在主语之前，一个在主语之后。简单地说，主语之前的是兼表话题，主语之后的是兼表对比。在一个特定的语境里，如果我们讨论的话题是“羊肉”或者“信”，那么合适的格式是b。相对地，如果我们关心的只是两件事情的简单对比，那么合适的格式是 c，比如“我信已经写了，可是作业还没有做呢”是较自然的一种表达。

汉语里有一类特殊的动词，可以颠倒主宾语而基本不改变句意。我们说“基本不改变句意”是就判断的内容来说的，语序的改变必然会带来某些重要语法意义的改变。“肉末夹烧饼”和“烧饼夹肉末”两句，脱离具体的语言环境，不大容易看出它们之间的差别。而且在实际的语言应用中，它们并不是独立应用的句子，动词要加上补语或者体标记才行。例如：

（65）a.肉末夹了烧饼了。　　　　纸糊了窗户了。

b.烧饼加上了肉末。　　　　窗户糊上了纸。

显然，动词之前的成分都是有定的，即交际双方共知的事物。比如“肉末夹了烧饼了”的“肉末”是特指的。也就是说，上述的语序变换并不是等值的，它们也有意义上的重要差别。

“你淋着雨了没有”和“雨淋着你了没有”两句话的“雨”并不一样，前者的可以是任何的一场雨，后者则是指特定的某一场雨。同样的对比可以从“下雨了”和“雨下了”看出来。

二、结果和地点的比较。根据汉语句子信息的组织原则，同样一个介词短语，位于动词前后表示的语法意义是不一样的。动词之前的表示伴随特征，之后的则是结果状态。“他住在城里”和“他在城里住”表面上看起来差别不大，这主要是因为“住”是一个静态动词，换为其他普通动词，两个格式的差别就会马上显示出来。即使对于“住”类静态动词，也能找出它们形式上的差别。地点介词短语位于动词之后时是表示动作的结果，所占据的是结果补语的句法位置，因此不允许再加上其他补语；然而同一介词短语出现于动词之前表示伴随特征（地点）时则没有这个限制。例如：

（66）a.他住在城里。 *他住烦了在城里。

b.他在城里住。 他在城里住烦了。

（67）a.晶晶在床上跳。≠晶晶跳在了床上。

b.她在桌子上写。≠她写在桌子上。

三、双宾结构和事物运动的终结点。“借给他一笔钱”和“借一笔钱给他”，这两句不仅语序不一样，结构层次也有别。“借给他一笔钱”中的“借”和“给”首先组成一个直接成分，如果插入体标记的话，只能在“借给”和“他”之间。同时，“给”可以省略。

（68）a.我借给了他一笔钱。

b.我借了他一笔钱。

这是一个普通的双宾格式：动词＋间接宾语＋直接宾语。然而“借一笔钱给他”是通过这种普通双宾结构的语序变换得来的，目的是强调直接宾语所指事物的运动终结点。可见前者是一种无标记的结构，后者是有标记的，表达某种特殊的意义。这里涉及语法的临摹性问题：把“给＋间接宾语”短语置于句尾凸现直接宾语所指事物的运动终结点。比如，“借一笔钱给他”更强调“钱”运动到终结点“他”。这种差别可以从直接宾语的语义特征上看出来。通常只有具体的事物才能有从起始点到终结点的运动，所以能进行格式变换的直接宾语所指一般是具体事物，否则一般不能作这种变换。例如：

（69）李老师教给我们一个新的解决办法。→?李老师教一个新的解决办法给我们。

由此可见，上面所列举的五类说明汉语语序灵活性的用例，实际上都是用不同的语序表示不同的语法意义，具有不同的功能。

汉语语序的重要性包含三层相互关联的意思：第一、其他语言用形态或者语法标记表示的语法意义，汉语则往往用语序来表示。第二、对于同一组词语，汉语往往采用各种语序变化表示各种各样细致而丰富的语法意义。第三、一些主要的语法关系，汉语主要是通过语序来表示，比如主语在动词之前，宾语在动词之后，修饰语在中心语之前，等等。

2.6 结语

本章从类型学的角度，以历时、共时和方言的材料说明了，一种语言的基本语序是如何决定其整体语法面貌的。凡是采用SVO语序的语言，其形态标记系统往往比较简单，语法形式主要是分析性质的，往往依赖语序来表示各种语法范畴。汉语自古至今都是SVO语序的语言，这决定了汉语语法的发展方向和整体语法面貌。这一点对我们正确理解汉语在世界语言中的地位至关重要。

第三章 句子组织信息的原则

3.1 引言

每一种语言都有各种各样的语法标记和形式，而每一种语法手段都有自己的形式、功能和使用规律。在这一个个具体的语法形式的背后还有更高的组织原则——表达信息的方式，它制约着各种具体结构的语序。一种语言所遵循的组织原则往往使得该语言的整体结构特性具有系统性、和谐性。

本章讨论汉语独特的信息组织原则："伴随特征＋谓语中心＋结果成分"。其他语言尚未见到类似的现象。这是一个作用于句子层面的规律，它决定着汉语谓语结构的总体特点。

3.2 "谓语＋结果"的组织原则

跟人类语言业已发现的其他组织信息的方式一样，汉语的"谓语＋结果"的组织原则的作用范围也是超越词类的。不管是什么样的词类，比如时间词、介词短语、形容词、动词等，只要它们是表示谓语中心的结果的，都必须出现在谓语中心语之后。这一原则通常只作用于句子层面，很多这样的组织方式都不能进入句子的下层，诸如从句或者短语等。在这一原则的类推之下，汉语的谓语结构整体上发生了变化，其中一个表现是，光杆动词一般不能单独构成谓语而成句，往往要补上一个结果成分才行，然而这个被补上的结果成分通常是语法上的需要，而不负载什么语义值。

3.2.1 时间词的分布

根据语义特征可以把时间词分为两个大类四个小类：

一、时间位置：

（a）时段——"早上、凌晨、傍晚、唐朝、昨天、元月、1999年"等

（b）时点——"三点、零时、八点半"等

二、时间称量：

（a）持续长度——“三小时、两天、五年、一会儿”等

（b）发生次数——“一次、一下、两趟、三回、多遍”等

很明显，时间位置是独立于动作行为的，并不是动作行为运动变化的结果，不属于结果成分，所以它们只能出现于谓语动词之前。时间称量是动作行为运动变化的数量特征，它们表达谓语动词的结果属性，因此时间称量词语只能出现于谓语动词之后。在现代汉语里，时间词遵循下面的分布规律：

时间位置 + 谓语动词 + 时间称量

违反这一原则，句子将不合法。例如：

（1）a.我昨天去逛商场了。→*我去逛商场了昨天。[1]

b.我每天六点钟起床。→*我起床每天六点钟。

（2）a.我已经学习了三个小时了。→*我三个小时已经学习了。[2]

b.我已经看过两遍了。→*我两遍已经看过了。

3.2.2 “在”所引进的地点介词短语

表面上看来，一些介词短语可以出现在谓语动词前后，但是不同的语序所表达的语义特征不一样，引进处所的“在”字短语就属于这种现象。由于受汉语组织信息的原则的影响，同样一个介词短语，出现的句法位置不同，表达的意义也截然对立：谓语动词前的只能诠释为动作行为发生的场所，之后的则只能理解为动作行为达到的终结点。显然，终结点指示的是动作行为的结果状态。例如：

（3）a.“在地上跳”：跳的动作就在地上发生。

b.“跳在地上”：从别处跳到地上。

（4）a.“在马背上打了一枪”：在马背上向别处射击。

b.“一枪打在了马背上”：枪弹打中了马背。

当表示动作达到的处所即终结点时，“在”字短语只能在动词之后出现；

【1】在口语里，时间位置词语可以出现在句子之后，它与主句之间有一个停顿。这是口语里的倒装现象，用以补充说明动作行为发生的时间。比如，“我进城了，昨天”。但是在稳定的句法层面上，谓语中心之后是不允许时间位置词语出现的。

【2】在表示完全否定时，基本量（通常为最小量）可以出现于谓语动词之前，例如：“我一次也没有去过。”

相反，指动作发生或事物存在的处所时，只能在动词之前出现。例如：

（5）a.一本书掉在了地上。→ *一本书在地上掉了。[1]

还有一种情况是，当动词是表示出生、发生、产生、居留的处所时，“在”字短语可以出现于谓语动词的前后，而意义上没有明显的区别。例如：

（6）a. 住在东城 → 在东城住

b. 出生在北京→在北京出生

c. 事情发生在老张家里。→在老张家里发生了一件事。

d. 生活在广东→在广东生活

上述现象与这类动词的含义有关。从语感上来判断，动词之后的“在”字短语的结果含义并不明显，但是我们可以用一个形式标准来判断它们实际上占据了结果补语的句法位置。汉语的组织信息的原则还有一个限制，一个谓语中心只能带一个结果成分。对于上述用例，当“在”字短语位于动词之后时，动词就不能再有其他结果补语，比如不能说“*住烦在东城”、“*生活惯在广东”等。可见此时的结果补语实际上占据的是普通结果补语的位置。

3.2.3 “给”字短语的分布

“给”字短语也可以出现在动词前后。介词“给”用于引进交付、传递的接收者时，可用于动词前后。例如：

一、用在动词前

（7）a.家里给小刘寄来了一个包裹。

b.老师给每个同学发了一份复习提纲。

二、用在动词后

（8）a.留给你钥匙。

b.交给我一封信。

上述例子里，用在动词后的“给”所引进的都是交付、传递的接收者，动词的受事都是具体的事物，但是在实际语言应用中，并不限于此。例如：

【1】如果谓语动词加“着”表示一种静态的状况，“在”字短语就可以出现而且只能出现在谓语动词之前。例如：

a.一本书在地上掉着。

b.*一本书掉着在地上。

这种现象仍然是汉语信息组织原则的一个反映。

（9）a.李冬宝指给戈玲看。（《懵然无知》）

b.我的发言稿拟出了一半了，念给你们听听。（同上）

c.江导笑了笑，走到模型前拿起一根小棍指着讲解给大家听。（同上）

d.把落款儿小声念给戈玲听。（《修改后发表》）

（10）牛大姐全然不顾，似乎迟一步那点经验之谈就要烂在心里，掰着手指头数给林一洲。（《修改后发表》）

例（9）中“给”所引进的名词是紧随其后的动词的施事，该结构中的“给”字短语是不能移到第一个动词之前的，比如不能说“*李冬宝给戈玲指看”。例（10）的“给”引进的很像是动作的受益者，其实跟真正的动作受益者并不完全一样。真正的引进动作受益者的“给”字短语一般是不能置于动词之后的，比如不能把“给李大爷治病”说成是“*治病给李大爷”。这里实际上是一种比喻用法，把一个人的经验传授给另外一个人，类似于把一个具体的物体传递给另外一个人，因此可以置于动词之后。

单从合不合语法的角度讲，引进交付、传递的接收者的“给”字短语可以出现在动词前后两种位置上。例如，“家里给小王寄了一个包裹”可以说成“家里寄给小王一个包裹”。但是，两种格式所表示的语法意义有明显的差别。“给”字短语用在动词之前时主要强调的是动作的受益者的一面，而用在动词之后时则是强调有关事物的运动过程和终结点。这一差别可以用下述格式来描写：

S	V	（给 + NP_1）	NP_2
施事	行为	终结点	受事

当强调受事的路径和终结点时，“给”字短语置后最恰当，置前则听起来不自然，虽然也是合乎语法的。例如：

（11）a.后卫把球踢给了守门员。

b.? 后卫给守门员踢了一个球。

（12）a.她又把球托给了郎平。

b.?她又给郎平托了一个球。

在体育比赛的场合，人们的注意力始终是球的运动变化，即球由一个队员到另外一个队员的运动，此时接球的运动员是球运动的一个终结点，所以在这种情况下，“给”字短语最自然的位置是动词之后。上述两例的b例听起来都不自然，这与它们的格式是把接球的一方看做动作的受益者有关。

相对地，如果强调的是动作受益者的一面时，“给”字短语最自然的位置是动词之前，放到后边反而听起来不自然。例如：

（13）a.他又给中国队踢进了一个球。

b.? 他又踢进了一个球给中国队。

（14）a.她又给郎平传了一个漂亮的球。

b.? 她又传给了郎平一个漂亮的球。

虽然从概念义上看，例（13）、（14）分别和例（11）、（12）的差不多，但是其强调的重点是不一样的。比如，例（14）实际上是说，她传的球恰到好处，使得郎平能够施展自己的球艺，扣球成功。此时强调的不是球的运动过程，而是动作的受益者，所以"给"字短语置于动词之前最为自然。

3.2.4 "到"字短语

"到"字短语也可以出现在动词前后。当表示行为持续到某一地点、时间或者达到某一程度时，只能出现于动词之后。例如：

（15）a.爬到山顶上→*到山顶上爬

b.走到这会儿→*到这会儿走

c.轮到我了→*到我轮了

d.一直唱到晚饭→*到晚饭一直唱

相反，如果表示到某一地点、时间才开始做某事，即不是表示动作的终结点，"到"字短语则只能出现在动词之前。例如：

（16）a.到商店买笔→*买笔到商店

b.到三点钟再走→*再走到三点钟

3.2.5 动词前后的形容词

有些形容词可以出现在动词的前后，但是表义的侧重点不一样。用在动词前面做状语的形容词主要是表示动作进行的方式，用在后面做补语时则是表示动作所达到的结果状态。例如：

（17）a.直走→走直

b.快开→开快

c.仔细看→看仔细

可以用一个形式标准来判别形容词位于动词前后语义上的差别。"VP_1＋再＋VP_2"表示两个前后相继的动作，前一个动作必须达到一定的结果才能进行另外一个。例（17）的右端用法是表示动作达到的结果，因此都可以用于该格式的VP_1；左端的用法只是表示动作的方式，它们都不能用于该格式的VP_1。例如：

（18）a.看仔细再说。

b.*仔细看再说。

3.3 句子层面的动补结构

3.3.1 “形容词＋程度词”

程度词修饰形容词时，一般都是位于形容词之前，比如“很好”、“十分漂亮”、“最干净”等。这些词都可以做定语或者构成“的”字短语，比如“很好的朋友”、“最好的”等。但是，当程度词出现于形容词之后时，一般不能做定语或者构成“的”字短语。例如：

（19）a.好极了→*好极的东西

b.暖和多了→*暖和多的房间

c.难看死了→*难看死的衣服

（20）a.好得很→*好得很的朋友

b.闷得慌→*闷得慌的房间

上述两组用例的抽象格式都是“谓语＋结果”。从意义上看，它们与普通的“程度词＋形容词”短语不一样，含有一个性质变化的意义，表现在例（19）类的例子一般要加上动态助词“了”，“好极”、“暖和多”不能单独成句。从语感上判断，例（20）类的格式表性质变化的意义并不明显，而跟普通的“程度词＋AP”短语的表义功能并没有明显的区别，可是它们采用的是“谓语＋结果”的语序，在结构上与普通的动补组合一致，也只能用于独立成句的场合。

3.3.2 动词重叠式

动词重叠式也是只能出现于句子层面上，不能进入句子的下层。例如：

（21）a.我看了看书。→*我看看的书。→*看看的

b.我听了听音乐。→*我听听的音乐。→*听听的

c.我吃了吃饭。→*我吃吃的饭。→*吃吃的

d.我学了学歌。→*我学学的歌。→*学学的

不论是从历时的角度来看还是从共时的角度来看，动词重叠式都是属于动

补结构之一种。动词重叠式在15世纪左右出现的前提条件是动补结构的建立和体标记系统的形成。这两个事件都发生在10～15世纪，它们的出现在谓语中心动词和宾语之间创立了一个新的句法位置，可以容纳一个不及物的成分，用以表示动作行为的进行状况。动词重叠式表示动作的时量小或者动量短。

从共时的角度看，动词重叠的第二个动词所占据的是结果补语的位置，表现为动词重叠式不能再带任何结果补语，而相应的基式动词则可以。例如：

（22）a.我看完了那本书。→*我看看完了那本书。

b.我吃饱了饭。→*我吃吃饱了饭。

c.我做好了作业。→*我做做好了作业。

d.我学会了开车。→*我学学会了开车。

其背后还有另外一个原则在制约着：一个谓语中心只能有一个结果成分。

3.3.3 “动＋个＋补”短语

现代汉语里，“个”可以引进结果成分，但是此用法也只限于句子层面，不能进入从句或者构成“的”字短语。先看一组用例。

（23）把贼船砸个粉碎。（《八十年代散文选》）

（24）我吊在外边这棵树上，打了个半死。（《新儿女英雄传》）

（25）囤子里的散粮被乱人抢了一个精光。（《老残游记》）

由“个”构成的动补结构都不能进入从句，然而功能与之相当的“得”字结构则可以。例如：

（26）a.吃个饱→*吃个饱的人

b.吃得饱→吃得饱的人

（27）a.看个明白→*看个明白的人

b.看得明白→看得明白的人

3.3.4 组织信息的原则作用的层面

本节列举了几类“谓语＋结果”的组合，它们只限于句子层面，即交际的最自然的单位上，而不能进入句子的下层。组织信息的原则首先作用于句子单位，比如在怎么样安排新旧信息的顺序上，汉语是采用了“旧信息＋新信息”的顺序。一个光杆名词，在谓语动词之前表示已知的旧信息，之后则表示未知的新信息。例如：

（28）a.书我已经看完了。

b.我已经看完了书。

然而这种区分在从句层面并不存在，实际上光杆受事名词在从句里只能出现于动词之后。比如，可以说“这是我看完书的地方”，但是不能说“*这是书我看完的地方”。部分句子组织信息的方式稳定下来，并变换成这种语言的无标记结构之后，就可以用于句子的下层了。

3.4 现代汉语信息组织原则的历史成因

3.4.1 语言系统和句法临摹

对于上述所谈的各种动补结构，人们很容易把它们简单归结为语法临摹现象。不错，从时间顺序上看一定是动作行为发生在前，结果出现在后。但是语言并不是现实规则的简单复写，现实规则对语言的制约需要通过人的认知这个中介，而且还特别受到语言系统的影响。上文所讨论的现代汉语的组织信息的原则，除了受句法临摹这一层影响外，更重要的是语言系统内部发展变化的结果。这种现象的形成是最近五六百年的事情，在此之前的汉语是另外一种情况。

让我们从类型学的角度来看这一问题。汉语自古至今都属于SVO语言，但是现代汉语有一个区别于其他同类语言的特征，谓语动词之后不再允许谓语的其他修饰语出现。然而，其他的SVO语言则可以。英语是典型的SVO语言，其谓语动词之后可以有各种各样的修饰谓语动词或者整个句子的成分。古汉语和现代英语具有平行的用法，谓语动词及其宾语之后可以有多种修饰语。但是，随着语法的演化，汉语这些修饰语要么不能再出现于谓语动词之后，如引进工具、施事、比较项的介词短语在现代汉语里都只能出现于谓语动词之前；要么根据语义特征进行了重新分配，只有表示结果性质的那一部分仍然留在谓语之后，如时间词、地点短语等。我们认为这种变化是动补结构在汉语中牢固建立以后所带来的类推效应，结果就造成了本章所讨论的现代汉语的组织信息的原则。动补结构的语义格式为：$V_{动作行为}+R_{结果状态}$。动补结构的普遍使用是在唐代以后。动补结构的孕育和发展是一个长期的过程，但它作为一种高度能产的句法格式形成于12世纪左右。动补结构是一个极为常见的现象，因此它会产生强大的类推力量，改变谓语结构，使得汉语句子的信息组织按照下列方式进行：

伴随特征＋谓语中心＋结果成分

古代汉语并没有这个原则。由此可见，现代汉语句子的组织信息的原则并不是单纯的语法临摹现象，而是语法系统内部长期发展整合的结果。这也给了我们一个重要的理论启示，现实规则并不能直接或者必然地投射到语言中去，它们对语法规则的影响要受到该语言的结构特点的制约。

动补结构的出现对汉语语法的影响是深刻的、全面的。其中还有一个表现是，古代汉语可以用一个动词做谓语的句子，现代汉语则常须换成相应的动补结构才行。下面是《世说新语》句子和现代汉语的白话译文的对照。

（29）a.后进之士有升其堂者，皆以为登龙门。（《世说新语・德行》）

b.后辈读书人能够进入他的厅堂的，都认为是登上了龙门。

（30）a.登车揽辔。（《世说新语・德行》）

b.坐上车子，拿过缰绳。

在上述信息组织原则的作用下，表示伴随特征的介词短语必须移到谓语动词之前。结果在汉语中就形成了一种有趣的现象，一些原本是表示伴随特征的介词短语，如果出现在动词之后，必须去掉介词，而以普通名词宾语的外在形式出现，但当它们移到谓语之前时则必须加上相应的介词。例如：

（31）a.吃大碗→用大碗吃

b.吃食堂→在食堂吃

c.吃父母→靠父母吃

d.吃劳保→靠劳保吃

例（31）左端的用法不能添加介词的原因的背后，就是汉语句子的组织信息的原则。这些位置在古汉语里都需要适当的介词，翻译成现代英语时也需要添加适当的介词。

3.4.2　“一个谓语中心＋一个结果成分”的限制

汉语的动补结构还有一个限制：一个谓语中心动词能带而且只能带一个结果成分。比如，不能说“*吃饱腻”、“*干完累”等。如果谓语中心是一个动补短语，那么表示结果的介词短语就不能再出现于谓语之后。例如：

（32）a.跳在地上→*跳远在地上

b.借给人家→*借成给人家

c.走到邮局→*走累到邮局

d.谈到半夜→*谈完到半夜

3.5 结语

本章提出现代汉语句子的组织信息的原则：“伴随特征＋谓语中心＋结果成分”。这一原则影响的范围很广，除普通的补语外，还包括时间词、介词短语、程度词等。它不是单纯的句法临摹现象，而是动补结构建立以后所产生的类推效应。现实规则并不能直接作用于语言的语法系统，哪些规则起作用，以及作用的时间和范围是什么，取决于语言系统内部的状况。由于受动补结构类推的影响，汉语形成了一种独有的组织信息的原则，从而也使得它拥有了一系列有别于其他SVO语言的类型学特征。

第四章 有标记结构与无标记结构

4.1 引言

语言里的语法格式是多种多样的，然而众多格式的地位却是不平等的。一类是无标记的，它们组成汉语语法的核心，具有规则严密、稳定性强、使用频率高等特点，适用于词、短语和句子三个层面；另一类是有标记的，它们的使用取决于焦点、强调、话题链等各种语境因素，而且只能出现于句子层面。本章的目的是想从一个不同的角度认识汉语语法体系的总体特征，说明语义特征在汉语语法分析中的重要性，明确两类结构的不同研究目标。

4.2 从句结构和句子结构的差异

我们选择从句作为观察问题的视点。这样做的理由是：从句是一个句子内部的构造成分，不受上下文等语境因素的干扰，同时它又与句子具有结构上的一致性，构成的基本要素也相同，即通常所说的主、动、宾。

总体上看，从句结构与句子构造有共性，但是也存在着一系列重要的差别。首先，句子层面上有歧义的结构，进入从句后就消失了。举一个大家所熟悉的例子。“鸡不吃了”有两个可能的解释，一是“鸡不吃食了”，二是“人不吃鸡肉了”。但是，该句用作定语从句时则只能有第一种解释，比如“鸡不吃的时候”用于例（1）a时合适，用于例（1）b则不行。

（1）a.鸡不吃的时候，赶快打防疫针。

b.*鸡不吃的时候，你们就吃牛肉。

例（1）b的情况，唯一合适的语序为“不吃鸡的时候”。下面将解释为什么这种歧义会在从句里消失。

其次，在一些句法格式里，同样一个名词，动词之前表示“有定”，之后则表示“无定”。这里“有定”和“无定”的句法意义是由句法位置赋予的。例如：

（2）a.人来了。

b.来人了。

例（2）a的“人”是有定的，指交际双方共知的某一个人；（2）b则是无定的。但是，这种对立在从句里就会变得不明确，或者完全消失。有定和无定的对立在从句层面上往往需要借助于某种词汇手段才能表现出来。

（3）a.[?]人来的时候，给我打个电话。

b.那个人来的时候，给我打个电话。

（4）a.来人的时候，跟我说一下。

b.有人来的时候，跟我说一下。

例（3）中，“人来的时候”自身听起来就不自然，表定指的用法更是不明确，从句中定指的意义通常要在名词之前加修饰语来表示。例（4）中，还有另外一种常见的词汇手段表不定指的意义，即在名词之前加“有”。

从格式变换的角度看，同样一个格式，在意思基本不变的情况下，句子层面可以有多种变式，从句层面则大受限制，通常只能为固定的某一种。下面以抽象格式“施事＋动词＋受事”的句子为例加以说明。

（一）“主＋动＋宾”格式

（5）a.他看完书了。

b.这是他看完书的地方。

（二）话题结构一：受事位于主语之后

（6）a.他书看完了。

b.*这是他书看完的地方。

（三）话题结构二：受事位于主语之前

（7）a.书他看完了。

b.*这是书他看完的地方。

（四）受事主语句

（8）a.书看完了。

b.*这是书看完的地方。

（五）被动句

（9）a.书被他看完了。

b.*这是书被他看完的地方。

（六）“把”字句

（10）a.他把书看完了。

b.*这是他把书看完的地方。

很明显，只有“施＋动＋受”一种语序可以进入从句层面。定语从句的语序只能是：

[施事 + 动词 + 受事] + 的 + 名词

在施事或者受事缺省的情况下，又有三个变式：

（a）[施事 + 动词] + 的 + 名词

（b）[动词 + 受事] + 的 + 名词

（c）[动词] + 的 + 名词

下面是一组中心语为“时（候/间）”的从句的用例。

（11）李冬宝交钱时看着庭内。（《编辑部的故事》）

（12）她唱歌时挺大方的。（同上）

（13）我看这稿时特意借了条手绢。（同上）

（14）我没看乘法的时候就开始看小人书。（同上）

（15）到了该吃饭的时候让人家饿着肚子。（同上）

（16）换衣服的时间也太长了。（同上）

跟前面的“他看书”一样，上述各从句内部的语序不允许作任何变化。

从句的上述特点不限于定语位置，所有作为句子构造成分的从句都严格遵守这一规律。从句做句子成分包括以下几种情况。

（一）介词所引进的从句

（17）王老师对我没有准备功课不满。

（18）她连我爱吃什么都知道。

（二）话题从句

（19）谣言害人你们也知道。

（20）祝贺什么回头我再告诉你们。

（三）宾语从句

（21）她正在听我讲故事。

（22）我看见她在做广播操。

跟定语从句一样，上述各类从句的内部成分都不能作任何语序变换。

现在就可以解释，为什么“鸡不吃”进入从句层面时，“鸡”只能理解为从句的施事。因为从句的语法格式只能是：施事＋动词＋（受事）。句子层面的歧义来自可以有两种句法格式的事实：施事/受事＋动词。

4.3 无标记的语法结构

如何认识从句的结构规律，是一个关系到汉语语法系统的理论问题。一个典型的汉语句子由三个基本成分组成：主语、谓语动词和宾语。从句也包含这三个成分，不同于句子的是，它们分别可以用施事、动词和受事替代，规则严整。从句是句子的下位成分，它们不受各种语境因素的制约，其语法格式代表的是汉语句子在理想状态下的情况，可以认为是汉语的基本结构。由此出发就很容易理解，为什么从句的结构也是大多数句子的结构。把所有从句和大多数句子所共同遵守的这些结构定义为“无标记结构”，可以用一个式子表示：A＋V＋P，其中A代表agent（施事），V代表verb（动词），P代表patient（受事）。

无标记结构完全可以用语义特征加以严格描写。下面要谈到的有标记语法结构，包括话题结构、受事主语句、“把”字句、被动句等，它们的选择和使用，主要取决于各种语境因素，诸如话题链、焦点、强调等，因此分析这些结构的核心任务是它们各自有什么样的话题篇章功能，而不是给每个成分简单地贴上主语、宾语之类的标签。有标记和无标记两类句子成分的区分，可以解决许多汉语语法学界长期悬而未决的问题。

首先，长期以来一直困扰汉语语法学界的一个问题是，意义究竟在什么程度上决定汉语语法？根据我们的划分，对于无标记结构，意义可以作为主要依据，甚至可以看做是唯一的依据。在这里，主语等同于施事，宾语等同于受事。这一标准可以解决所有的从句结构和绝大部分的句子结构。由此看来，汉语的语法结构本质上是由词语的语义角色决定的。

其次，上述划分可以在一定程度上解决主宾语问题。主宾语问题一直是汉语学界的一个老大难问题，曾在20世纪50年代引起了一场广泛的讨论，可是没有得出一个比较一致的意见。现在讨论这个问题的人少了，但并不等于问题已经解决了。这个问题的症结在于位置先后和施受关系的矛盾，或者说结构标准和语义标准的关系。如果把所有的句子同等对待的话，那么不管哪个标准都会遇到问题。以语义标准划分，就没办法处理非“A＋V＋P”的有标记结构；纯考虑形式，“主语”和“宾语”就会成为两个毫无意义的名称。正如上面所指出的，对于无标记结构，完全不必在主宾语上纠缠，施事和受事的语义标准就能提供一个准确的描写。主宾语的概念是否适用于另一类有标记的结构，是一个值得认真思考的问题。

上述的A＋V＋P结构是一种常见的无标记结构，但是无标记结构并不限于此。把上述标准加以推广，就会发现很多其他类型的无标记结构。这里只举两种情况，都是受事位于动词之前的结构可以进入从句。

（一）疑问代词表遍指

（23）他是个什么都爱吃的人。

（24）他是个哪儿都去过的人。

（二）名词或者量词重叠表遍指

（25）人人都通知到以后，我们就着手进行下一步的事情。

（26）处处都看过的时候，你对这个地方就会有一个全面的理解。

上述两类现象都是汉语严整的句法规律。在句子层面上，不论是疑问代词还是名量词表遍指，都必须位于动词之前。它们的构造不受语境因素的制约，也是一种无标记结构，因此可以进入从句层面。

能进入从句的语法结构，大都是典型的AVP式。那些施受关系不明确的句子结构，在实际语言应用中，几乎从来不在从句里出现。非典型的AVP式包括以下用例。

（27）王冕七岁上死了父亲。

（28）事情可也不能都怪他。

（29）下一步就要看你的了。

上述用例直接进入从句就会听起来不自然，甚至不能接受，但是换为相应的AVP式就可以了。例如：

（30）a.王冕的父亲死的时候，他失声痛哭。

b.?王冕死了父亲的时候，他才七岁。

（31）a.他有事情的时候，连饭都顾不上吃。

b.?事情不怪他的时候，他也勇于承担责任。

当然，典型的AVP式和非典型的界限有时候不太清楚，但是大多数情况还是容易判断的。

4.4　有标记的语法结构

根据无标记语法结构的判别标准，可以很容易确定哪些语法结构是有标记的，即它们的运用受语境因素的制约，只出现于句子层面。常见的有以下几类。

（一）主语之前的话题结构

（32）这些书我不要了。（《无人喝彩》）

（33）你们的小说我全看了，印象忒深。（《一点儿正经没有》）

（34）这论文我们上学时都传阅过。（《顽主》）

（二）主语之后的话题结构

（35）你飞机都造了，还能不如我。（《无人喝彩》）

（36）你指甲刀借我使使。（同上）

（37）这位同志话不要说得太难听。（《懵然无知》）

（三）受事主语结构

（38）作业没有做完的同学留下。

（39）钱输光的那位朋友跳楼了。

以上三类结构是绝对不能进入从句层面的。它们共有的一个结构特征是，受事名词都居于动词之前。

另外两类重要的有标记结构是处置结构和被动句。它们用于从句中的限制，可以从以下对比中看出来。

（40）a.换衣服的时间也太长了。

b.*把衣服换的时间也太长了。

c.*衣服被换的时间也太长了。

（41）a.吃饭的时候让人家饿着肚子。

b.*把饭吃的时候让人家饿着肚子。

c.*饭被吃的时候让人家饿着肚子。

但是，处置式和被动式不是绝对不能用于从句层面。值得注意的是，用于从句的处置式和被动式都有一些条件限制。先看处置式用于从句的例子。

（42）我没有想把你搁外头的意思。（《编辑部的故事》）

（43）不爱把愁事憋在肚子里的读者，一听就能喜欢这个给人分忧解难、指点人生的栏目。（同上）

（44）能使我们把工作做得更好的钱，还是该花就花。（同上）

仔细观察就会发现，从句里的处置式有一个共同的特点：动词之后有地点或者程度补语，此时受事名词不能再放在谓语动词之后，比如不能说“搁你外头”、“做得更好工作”等等。这从侧面说明，处置式在从句层面受到排斥，不到非用不可的时候不用。再看一些被动式用于从句的例子。

（45）我倒成了被挽救对象了。（《编辑部的故事》）

（46）有一种被捉弄的感觉。（同上）

（47）戈玲走到桌前，看了一眼被李冬宝用彩色水笔标了不少横线的“读者来信”。（同上）

在以上三个用例中，前两个的“被”之后都没有受事名词出现，如果去掉“被”字的话，就容易引起人们的误解。比较有意思的是例（47）的被动式从句结构，其中“读者来信”和“不少横线”之间具有整体和部分的关系。这类被动句通常没有相应的主动句。例如：

（48）a.那本书被晶晶撕掉了一张。

b.*晶晶撕掉了那本书一张。

（49）a.那条裤子被晶晶剪了一个口子。

b.*晶晶剪了一个口子那条裤子。

很显然，遇到这类表达的时候，被动结构也是唯一的选择。由此可知，被动式不得已才会用于从句。换句话说，在从句层面上，被动式也受到排斥。另外一个值得注意的现象是，尽管都有限制，但是被动式用于从句的概率比“把”字句的明显要高。这可能反映被动式的无标记性比“把”字句的要高。从汉语发展史来看，被动句的历史远比“把”字句的长，所以被动式有可能更接近汉语的基本语法结构。

假如有标记的句法结构都是从无标记的变换而来的，那么可以认为，上述各类有标记结构都是通过改变语序、添加语法标记或者两种手段并用等外在的形式变换得来的。以AVP为参照点，任何形式变化，最有可能的结果都是产生一个有外显标记的语法结构。除了上述讨论的各类结构外，还有一些具有形式标记的语法范畴，也只能用于句子层面。常见的有以下几类。

（一）动词重叠表时量或者动量

（50）a.这是我看的一本书。

b.*这是我看看的一本书。

（51）a.我喝的酒很贵。

b.*我喝喝的酒很贵。

（二）表示焦点或者强调的“是”字结构

（52）a.是我打碎了那块玻璃。

b.*是我打碎的那块玻璃扔在那里。

（53）a.我是昨天给她买的衣服。

b.*她穿着我是昨天给她买的衣服。

（三）插入动宾之间表时态的“的”

（54）a.他们去年结的婚。

b.*他们都是去年结的婚的人。

（55）a.她昨天去的北京。

b.*他昨天去的北京的时候，天正在下雨。

（四）表示疑问等语气的手段

（56）a.你吃饭没有？

b.*吃饭没有的人都在这里。

（57）a.吃饭了，赶快进来吧。

b.*吃饭了的时候，赶快进来吧。

（58）a.他们正在吃饭呢。

b.*他们正在吃饭呢的屋子有一个苍蝇。

与此相对的是另一类语法范畴，它们可以自由进入从句层面，典型的是体标记，比如可以说，“看过的书”、“吃了的人”等。体标记表现动作行为进行的状态，与句子的中心动词组成一个结构体，“动词＋体标记”代表的是稳固的语法单位，不受语境因素的制约，所以既可以进入句子又可以进入从句。它与动补结构一样，都属于汉语的基本语法结构。

汉语的有标记句法结构或者语法范畴的功用，主要表现在篇章组织和句子的整体意义上。因此，对于这类现象的研究，不能只局限于结构的内部构造及其成分的名称，必须在更大的范围内加以分析。已往的各种句法理论，特别是结构主义和转换生成学说，都还是基本上注重于单句内部的情况，它们的理论方法在分析无标记语法结构时还能够行之有效或者自圆其说，但是对于有标记句法结构则无能为力。大家目前所看到的汉语语法体系，主要是靠结构主义所提供的方法理出来的，不可否认，这使人们对汉语的无标记结构有了一个系统的认识，但是却忽略了对有标记结构的系统研究。为了弥补这个缺陷，必须吸收新的语言学理论，特别是篇章语言学和认知语言学的理论方法。

4.5 结语

本章的分析是建立在这样一个基本假设之上的：从句是句子内部的一个成

分，它的构造不受句子以外的各种语境因素的影响，实际上反映汉语的基本句子结构。凡是可以进入从句层面的语法结构，都是无标记的，代表汉语句法的核心；否则，就是有标记的，它们是因应各种语境因素而产生的。也就是说，汉语的语法结构是有层次之分的，无标记结构代表的是最基本、最稳固的一类，有标记结构代表的则是在语言应用层面上的各种灵活多变的结构。

无标记和有标记语法结构的划分可以帮助我们认清汉语语法的本质特征，同时也可以解决一些理论上的疑难问题。汉语是一种依靠语序区别句子成分的语言，它的无标记（基本）语法结构的规则，完全可以用语义特征加以描写。本章的分析表明，汉语的句子成分和语义角色严格对应。汉语有标记的语法结构，是在各种语境因素的制约下，对无标记结构进行语序变换或者添加语法标记等而产生的。两类结构的性质不同，研究的目标也不一样，应该加以区别对待。

第五章 句法结构与词汇标记

5.1 引言

前文已述，汉语谓语动词之前的光杆名词表有定，之后的表无定。例如：

（1）a.人来了。　　　　　　b.来人了。

（2）a.书我已经看完了。　　b.我已经看完书了。

基于上述现象，很多学者都认为汉语有一种很强的倾向性，主语所指的事物是有定的，宾语所指的事物是无定的。说是一种倾向性，就意味着它不是一个严格的规律。比如就有学者指出由不定名词充当主语和有定名词充当宾语的现象也很常见：

（3）一位医生向我介绍。（《雄辩症》）

（4）我看过这本书。

值得注意的是，例（3）的无定主语有数量短语“一位”，例（4）的“有定”宾语则有指示代词“这”。这种错综复杂的现象是语法结构与词汇形式相互作用的结果。下面的分析将说明，如果把句法结构赋义和词汇标记分清楚了，所谓的例外实际上也遵循着严格的规律。同样一个语法范畴可以用不同的手段来表示。本章将把语法结构的意义和词汇意义分离开来，探讨两种手段之间的相互作用关系，并确立汉语的一种严格的句法规律。同时，有定和无定的问题还牵涉到汉语中一系列重要的语法范畴，诸如主语、话题、宾语等。本章也将讨论有关的问题，比如为什么名量词重叠式和疑问代词表遍指时必须出现于谓语动词之前。

“有定性”语法范畴是语言类型学研究方面最为关注的一个课题，因为它是决定句法结构的最为关键的因素之一。从人类语言共性的角度看，“有定性”、“格”、“体标记”和“有生命”等四种要素，对一种语言的句法结构有着深刻的影响。本章从有定性的表达在汉语语法中的表现出发，探讨汉语的语法特点。

5.2 严格的结构规律

5.2.1 谓语中心动词前后的光杆名词

现代汉语有一个严格的句法规律：

对于没有任何修饰语的光杆名词，以谓语中心动词为参照点，动词之前的被赋予有定的特征，之后的被赋予无定的特征。

以下把该规律归为“句法结构赋义律”。所谓“有定”，是指名词表示的是可以从语境加以确定的一个或多个特定的实体。光杆名词，通常为动作的受事，进入句子结构后必然遵循这一规律。例如：

（5）水来了：来水了。

火着了：着火了。

我要请客：客来了。

哪儿有书：书在哪儿。

（6）乙：还得填表。

甲：填表也没用。今天没房了。

乙：得，折腾了半天，表白填了。（马季相声）

（7）哦，人你就不管了。（姜昆相声）

例（5）中各例的“有定”和“无定”对比非常明确，动前的表有定，动后的则为无定。例（6）中前两句的“表”位于动词之后，都是无定的；最后一句的“表”位于动词之前，指顾客乙已经填的那张表，即为有定的。例（7）的用法相似，句首的“人”是定指的。在特定的上下文中，这种光杆名词的句法位置是固定的，不能随意变换，否则就会改变句子的意义。

光杆名词的有定和无定的表达以谓语中心动词为参照点，之前表“有定”，之后表“无定”。这与普遍认为的主语倾向于表“有定”，宾语则倾向于表“无定”的论断，并不完全一样。就谓语动词之前的句法位置而言，动前的光杆名词可以占据各种位置，比如句首的话题、句子的主语、主语和谓语动词之间的小主语，甚至部分介词短语所引进的宾语[1]。这些位置的名词都具有表有定的功能。做主语的用例已见于例（5）、（6），做话题的是例（7）。下面再看其他两类情况的用例。

【1】这种介词短语只限于引入受事的“把”。

（一）小主语

（8）我书已经看完了。

（9）她衣服已经买到了。

（10）我们饭已经准备好了。

（二）介词宾语

（11）她已经把作业做完了。

（12）她又把衣服卖掉了。

（13）我们已经把饭做好了。

注意这里的光杆名词只限于动作的受事，它们的无标记句法位置是动词之后，所以当它们用于动词之前时，就会产生一种有标记的结构，用以表示“有定”这种特定的语法意义。据此可以理解为什么“把”后的光杆名词是有定的，因为它引进的常常是谓语动词的受事。然而其他类型的介词所引进的光杆名词则不一定是有定的，比如“我用电脑学习英文”，其中的电脑显然是无定的。介词的情况较复杂，后文还将讨论到。

一些特殊的情况值得我们注意。在表示对比的时候，语序有定和无定的表达不大容易看得出。例如：

（14）妇女儿童你保护，那野生动物虎背熊腰的，你保护它干吗？（姜昆相声）

（15）别说干四化，八化我都干。（同上）

例（14）中，表面上看来，“妇女儿童”是句首的光杆名词，并不是特定的某些人，“有定”的意义并不明确，但是实际上它仍是有定的。在说话者的比较域中只有两类特定的成员：“妇女儿童”和“野生动物”，相对于后者来说前者代表的是特定的一类成员。例（15）也可以作同样的理解，“八化”是相对于“四化”而言的，它在特定的语境中被赋予了有定性。

5.2.2 词汇标记对结构意义的制约

上述所讨论的靠语序区别有定性的现象，是汉语的一种无标记结构规律，只作用于光杆名词。普通的光杆名词自身的语义特征是中性的，无所谓“有定”或者“无定”，因此不同的语序可以赋予其不同的语法意义。但是同样的语法范畴可以通过各种词汇形式来表示，这样情况就变得复杂起来。然而其中仍然是有规律可循的，下面分几种情况来讨论。

根据上述的结构规律，谓语动词之前的名词成分被自动赋予一个[+有定]

的特征，并且限定一些无定成分的出现。典型的数量短语自身的语义特征是无定的，不能在句首出现，但是加上一个专门的表无定的语法标记“有”就可以了。[1]例如：

（16）a.*一件事情我要跟你商量商量。

b.有一件事情我要跟你商量商量。

（17）a.*两个人我想跟你打听一下。

b.有两个人我想跟你打听一下。

（18）a.*几本书我找不到了。

b.有几本书我找不到了。

（19）a.*一些同学我不认识。

b.有些同学我不认识。

需要区别两种不同的“无定性”表示方法，一是自身词义所固有的，一是作为具有外在语音形式的语法标记所标示的。在谓语动词之前，自身词义固有无定性的词语受到很大限制，必须用一个表“无定”的语法标记“有”来表示。如上例所示。但是，数量短语可以自由地出现于宾语的位置，例如：

（20）a.我跟你商量一件事情。

b.我想跟你打听两个人。

c.我买了几本书。

d.我看到了一些同学。

相应地，谓语动词之后的名词也可以加上表有定的词语等使其有定化，最常见的是指示代词“这”或者“那”。例如：

（21）a.我已经看完了那本书。

b.我已经修好了他的车。

c.我也买到了这种玩具。

d.我喜欢吃妈妈做的饭。

做宾语的名词要表有定，必须借助于这些外在的词汇标记，否则就变成无定的了。动词之前的名词语法上不要求这些词汇标记，可是若为了强调或者明确表达，也可以加上这些有定词汇标记。例如：

【1】在主语位置上，单纯的数量短语似乎也可以接受，比如“一位同学问我问题”，但是通常还是加“有”。在一些特殊的句型里，比如主宾语都是数量短语，单纯的数量短语则可出现于动词之前，比如“一锅饭吃八个人”。

（22）a.那本书我已经看完了。

b.他的车我已经修好了。

c.这种玩具我也买到了。

d.妈妈做的饭我喜欢吃。

词汇标记和句法结构赋义律相互作用，产生下列语法规则：

（一）对于光杆名词，动词之前为有定，之后的为无定。

（二）动词之前的词语要表“无定”时，必须借助于词汇标记“有”等；动词之后的词语要表“有定”时，必须借助于词汇标记“这”等。

（三）外在的词汇标记的作用优先于句法结构赋义律。

词汇标记和句法结构赋义的区别，可以帮助我们认清汉语语法的一些本质特征。普遍认为汉语的主语或者话题是“有定性”的，其实这只是一种倾向性，它们也可以是无定的，只不过必须加上词汇标记“有”等加以标示。例（16）—（19）句首的“有”字短语都可以看做无定的话题，下面句子宜看做无定主语：

（23）a.有一位客人来了。

b.有人不知道这件事。

c.有些学生还没有交作业。

d.有很多学生已经离开了学校。

这里的“有”已经虚化为一个语法标记，与表“领有”的实义动词已经明显不同。它通常不能为“没有”否定，特别是话题位置的“有”，比如不能说“*没有一件事我要跟你商量”等。[1]

5.2.3 词汇固有的有定性语义特征和它们的句法行为差异

根据词语自身是否具备有定性，可以把词语分为若干类别，见下表。相应地，它们的句法行为也有明显的差异。

【1】“没有一个学生不交作业”或者“没有一个学生来”都是合法的，而且是表示遍指的。这是表示遍指的形式之一，主要由否定标记“没有”和极小量词构成。这里的“没”不是无定标记“有”的对应形式。

各类词的有定无定特征

	有定	无定
人称名称	+	－
指示代词	+	－
专有名词	+	－
光杆名词	+	+
数量短语	－	+

人称代词、指示代词和专有名词本身已有[＋有定]的特征，不论在什么位置都是表示有定的，无须结构赋予。同时依据词汇标记优先于结构赋义的原则，它们可以自由地出现于动词前后。相对地，光杆名词具有双重的语义特征，随其句法位置而被赋予有定或者无定。数量短语自身只可以用于动词之后，用于动词前时必须用词汇标记标示其有定或者无定性。其无定性的例子已见于上，下面是数量短语的有定用例。

（24）a.那一本书我已经看完了。

b.那两个人我见过了。

c.这两个地方我还没有去过。

d.这一辆车我已经试过了。

5.2.4 谓语动词之前的无定名词表达

谓语动词之前无定名词的表达相当复杂，是多种因素相互作用的结果。所涉及的主要因素有：（一）词汇固有的无定语义特征；（二）无定的语法标记；（三）汉语的有无标记句子语序；（四）谓语的复杂程度。从这四个因素相互作用的角度出发，根据上文的词汇标记和句法结构赋义三条规律，可以对现代汉语各种各样的无定名词主语句作出简单一致的解释。

在解释之前，首先要明确几种现象。单纯的数量短语固有的语义特征是无定的，它们是一类词汇现象。“有”是一个稳固的表示无定的语法形式，它是从表领有或者存现的普通动词虚化而来的。汉语句子的无标记的语序为：A＋V＋P，对这种语序的任何变换都会产生一个有标记的句法结构，表示特定的语法意义。下面分别来讨论谓语动词之前的无定名词的使用规律。

一、施事的无定名词

施事名词的无标记句法位置本来就是在谓语动词之前，它们要表示无定时，只需要固有意义为“无定”的数量短语就可以了，不一定要求无定语法标记“有”。如果把这些数量短语去掉的话，这个主语名词就会自动地被结构赋义，变成有定的。例如：

（25）a.一位阿姨拉来了一根长长的皮管子。

b.阿姨拉来了一根长长的皮管子。

（26）a.三个素不相识的男青年闯进了女学生的家。

b.男青年闯进了女学生的家。

去掉数量词之后，例（25）b的“阿姨”和例（26）b的“男青年”只能理解为特定语境中的有定对象。这些做无定主语的数量短语之前大都可以加上一个“有”字，比如也可以说“有一位阿姨拉来了一根长长的皮管子”。

数量短语构成的无定主语的谓语如果是不及物动词的话，谓语要用复杂形式，否则必须加无定语法标记“有”。例如：

（27）a.*一个女青年笑了。

b.有一个女青年笑了。

c.一个女青年笑得直不起腰来。

d.有一个女青年笑得直不起腰来。

（28）a.*一个学生来了。

b.有一个学生来了。

c.一个学生来到了老师面前。

d.有一个学生来到了老师面前。

二、无定的受事主语

无定受事名词的无标记句法位置是谓语动词之后，如果它们前移做句子的话题或者主语，会有更严格的限制。例（16）—（19）显示，无定名词做话题时，其无定的语法特征不能单靠数量词语自身，必须加上无定的语法形式“有”。类似于无定施事主语的情况，如果谓语是一个复杂形式而且施事不出现时，一些受事主语的无定性就可以单纯用数量词语表示，无须加“有”。例如：

（29）a.一幅漂亮的山水画画好了。

b.*一幅漂亮的山水画画了。

c.*一幅漂亮的山水画他画好了。

d.他画好了一幅漂亮的山水画。

这类谓语都是复杂的，多为动补短语，它与单纯的行为动词很不一样，具有描写事物的性质状况的作用，类似于形容词的功能。这一现象还可以从另外一个角度来看。动补短语具有双重的语义特点：描写结果状态和强调动作行为。如果在句中加上施事“他”的话，如例（29）c所示，就凸显了“画好”的动作行为的一面，此时的谓前受事名词的无定性就不能单靠数量词语表示了，必须加“有”：“有一幅山水画他画好了”。而一般形容词对主语名词的有定、无定限制与普通的行为动词有所不同。这是一个值得进一步探索的问题。

三、特殊的数量主语和宾语

汉语中有一种特殊的句式，主语、宾语都是由数量短语构成，而且可以自由地颠倒位置而意思基本不变。它们有一个特点：做主语的数量短语，不论是施事还是受事，都不能加无定标记“有”。例如：

（30）a.一锅饭吃八个人。　a'.*有一锅饭吃八个人。

b.八个人吃一锅饭。　b'.*有八个人吃一锅饭。

这类句式的特别之处来自它们的表达功能。表面上看来，它们有一个行为动词“吃”，其实跟一般的表示动作行为的句子很不一样，它们的主要功能是表示容量或者能力。也就是说，它们有点像形容词谓语句，所以其主宾语的有定、无定表达是很不一样的。

5.2.5 谓词性宾语的句法行为

有定性的典型例证是客观物质世界的离散个体，即只有可分为离散单位的事物才可以被确指。那些抽象的行为、性质，如谓词性宾语，虽然可以看做谓词宾语，但一般不能用于谓语中心动词之前。例如：

（31）我得麻烦你。→*麻烦你我得。

（32）她喜欢漂亮。→*漂亮她喜欢。

5.2.6 形容词谓语句的主语

只有高及物性的动词才可以通过语序来赋义，标示谓语动词前后名词有定和无定的语法范畴。那些低及物动词或者形容词一般没有这种功能。先看低及物性的动词用例。

（33）a.我是老师。→*老师我是。

b.我们来任务了。→*任务我们来了。

特别是形容词，它们不能有受事宾语，性质的主体一般也不是施事。在句子层面上，所有的性质主体只能做主语，即只能在谓语之前出现。此时的光杆名词主语不能被赋予有定性，如果要表示有定性，必须借助于词汇标记的手段。例如：

（34）a.电脑很有用。　　那台电脑功能很好。

b.书是无价之宝。　　那本书很有意思。

c.毛笔字很难写。　　他的毛笔字很漂亮。

d.电视机很有必要。　　这台电视机很贵。

例（34）左栏的主语都是光杆名词，但是很明显，都不是有定性质。值得注意的是，它们多表示事物的类属。如果表示有定时，只能利用词汇手段来表示，如例（34）右栏所示。

5.2.7 疑问代词的句法限制

前文谈到，数量短语固有无定的语义特征，因此它们用在动词前时，必须用词汇标记“这”、“那”等使其变成有定的。同样，疑问代词的固有特征也是无定的，但是它们之前不再允许加任何修饰性成分，因此也就无法通过词汇标记使其有定化，所以如果它们的无标记句法位置是在谓语动词之后（受事），就无法移到动词之前。例如：

（35）a.你碰见了谁？→*你谁碰见了？→*谁你碰见了？

b.你吃了什么？→*你什么吃了？→*什么你吃了？

c.他去了哪里？→*他哪里去了？→*哪里他去了？

d.做了什么？→*什么做了？

如果把上述的疑问代词换成普通名词，就可以有各种句式变换。

5.3 几种常见的结构赋义现象

现代汉语中有几种重要的语法形式，它们所表示的语法意义具有有定的含义，然而构成这些形式的词语本身的固有含义则非“有定”，所以必须依靠结构赋义来获得所要求的有定含义。结果，这类形式只能出现在谓语动词之前。主要包括三类现象：一、名量词的重叠式表遍指；二、疑问代词表遍指；三、“光杆名词+们”短语。

5.3.1 名量词重叠表遍指

现代汉语语法里有几种严格的句法规律，都跟句法结构赋义律密切相关。

第一种情况是，部分名词和个体量词重叠表遍指时，不管是施事还是受事，必须出现于谓语动词之前。例如：

（36）a.人人我都通知到了。→*我都通知到了人人。

b.个个我都问过了。→*我都问过了个个。

c.家家我都调查了。→*我都调查了家家。

d.件件我都试过了。→*我都试过了件件。

周遍性的事物都被认为是有定的，必须出现在动词前。但是，如上文所指出的，有定性词语并不一定要放在谓语动词前边，受指代词修饰的有定名词也可以自由出现于宾语位置。名量词重叠式的使用规律是由两方面因素相互作用的结果，一是它的周遍性表达，二是它的句法特点。周遍性可以看做是由两个义项组成的："既定的范围"和"每一个成员"。"既定范围"就是这里有定性涵义的来源。

名量词重叠表遍指必须居动前的现象是由几个方面的因素促成的。重叠的只能是单音节的个体名量词，它们的基式自身固有一个"无定"或者中性的语义特征。根据动词和形容词的重叠式的语法意义，重叠的语法手段只能使基式定量化，而不能使其变成有定性成分。也就是说，名量词重叠以后只能表示"多个（每个）成员"，自身并不自然具有"有定性"（既定范围）的涵义。那么要表示周遍性，这个有定性涵义必须借助于其他手段来确立。然而词汇标记的手段是不可能的，因为名量词重叠式不能为任何修饰语限制，比如不能说"*这人人"、"*那家家"、"*学校的人人"等。那么剩下来的只有语序赋义一种手段了。也就是说，名量词重叠是表遍指的，它的有定性意义只有通过谓语动词之前的基本特征——有定性加以标示。

根据以上分析，名量词重叠式限于谓语之前的句法规律，是多种因素共同作用的结果，包括：（一）遍指表达的有定性涵义；（二）名量词自身固有的无定性特征；（三）名量词重叠式不能为其他有定词语所修饰；（四）汉语的句法结构赋义律的作用，动词之前的光杆名词表有定，之后的表无定。

5.3.2 疑问代词的两个引申用法：遍指和虚指

疑问代词表疑问时可以自由出现于各种句法位置，然而它们的两个引申用法——遍指和虚指——却都有严格的语序限制。表遍指的疑问代词只能出现在谓语动词之前，虚指的则只能出现在动词之后。这种语序上的限制都是结构赋义律作用的结果。

（一）遍指

（37）a.谁她都敢批评。→*她都敢批评谁。

b.什么他都吃过。→*他都吃过什么。

c.她哪里都去过。→*她都去过哪里。

d.她什么书都看。→*她都看什么书。

表遍指的受事疑问代词，可以自由地出现于主语前后而意义基本相同。可是这种用法的疑问代词不能位于动词之后。

（二）虚指

（38）a.我现在想吃点什么。

b.此时想是做什么去了。

c.恐怕经理有什么话吩咐。

这些表虚指的疑问代词只能出现于动词之后，比如例（38）a不能说成“*什么我现在想吃点”。也就是说，疑问代词虚指这种用法多限于受事。[1]

上述现象是疑问代词自身的语义特征和结构赋义律相互作用的结果。疑问代词的意义可以分解为两个：询问和指代。首先看它们表遍指为什么只能在动词之前。根据对名量词重叠式的分析，“遍指”的表达具有“有定性”的特征，即指称一个既定的范围。疑问代词固有的意义并没有这个特征，所以需要通过其他手段来实现。跟名量词的重叠式一样，疑问代词不允许有任何修饰语，也就无法通过词汇标记使其有定化，因此它们表遍指的有定性特征不能通过词汇标记来实现。剩下的只有结构赋义一种选择了。动词之前的成分的无标记语义特征是“有定的”，所以表遍指的疑问代词必须出现于动词之前，用以获取其表遍指的语义要求。

同理，可以解释为什么表虚指的疑问代词只能用于宾语位置的现象。疑问代词的虚指用法具有无定的语义特征，因为它们不能受其他词语修饰，所以该语义特征必须通过句法结构赋义来实现。汉语句子的谓语动词之后的无标记语义特征是无定的，因此疑问代词的虚指用法就只能出现于谓语动词之后。

以上的分析显示，结构赋义律只有当词汇标记不起作用的时候，才会上升为一条严格的句法规律。表示有定和无定语法范畴时，对于普通名词可以有两种选择：结构赋义和词汇标记。然而对于表遍指的名量词重叠式、疑问代词和

【1】施事的“谁”表虚指时，需要加“有”：“好像有谁也知道这件事。”

表虚指的疑问代词来说，它们只有结构赋义一种选择。结果就形成了上述严格的句法结构规律。

5.3.3　复数标记“们”的用法

“们”可以用于人称代词或者表人的名词之后表复数。“人称代词+们”短语可以自由用于动词前后，比如可以说“我们已经通知了他们”和“他们已经通知了我们”。可是光杆名词加上“们”后，则只能出现于动词之前。例如：

（39）a.人们都通知到了。→*我已经通知到了人们。

b.老师们都接到了邀请。→*我们邀请了老师们。

c.同学们我都问过了。→*我都问过了同学们。

d.孩子们我都安顿好了。→*我都安顿好了孩子们。

名词加上修饰语以后，与“们”搭配时，则可以出现于动词之后。我们对从《红楼梦》到现代汉语的语料作了大规模的调查，出现于宾语位置的“名+们”短语，名词毫无例外都有其他修饰语。例如：

（40）a.只告诉了大嫂和管事的人们。（《红楼梦》七十三回）

b.你去说给外头人们。（《红楼梦》七十七回）

c.左右看看自己的同僚们。（《一点正经没有》）

d.虎妞，一向不答理院中的人们。（《骆驼祥子》）

“们”字短语不光是表示多数，还包含有定性的语义特征。这个语义特征把它与其他语言（如英语）的单纯复数标记区别开来，也使得它具有了独特的语法特征。“们”字短语的有定性，可以从上边的两组例子看出来。这也可以用反证法来证明，它们都不能用自身含义是“无定”的数量词修饰，也不能加上“无定”语法标记“有”。例如：

（41）a.*三个人们都知道这件事。

b.*有人们知道这件事。

c.*有老师们辅导学生。

跟表遍指名量词的重叠式和疑问代词不一样，“们”字短语的有定性语义特征可以通过多种手段来实现，分以下三类情况。

（一）人称代词+们：人称代词自身固有有定性特征，因此该类短语通过词义已经实现“们”字短语的语义要求，根据词汇标记优先的原则，可以自由地出现于动词前后。

（二）光杆名词+们：因为光杆名词自身在有定无定的表达上是中性的，

"们"字短语的有定性必须通过句法赋义来实现，因此它们只能出现于谓语动词之前。

（三）修饰语＋名词＋们："们"字短语中的名词还可以受各种词语的修饰，其有定性的语义要求还可以通过其修饰语（词汇标记）来实现。一旦用词汇标记来实现有定性，"们"字短语就可以出现在宾语的位置上。

5.3.4 谓语动词之前的句法位置

本节谈了三类受事性成分必须用于谓语动词之前的现象，可是它们用于动词之前的句法位置并不完全一样。名量词重叠式也不能用作谓语动词之前的介词宾语，比如不能说"*我把人人都通知到了"、"*我把本本都看过了"。但是"光杆名词＋们"短语和表遍指的疑问代词都可以做谓语动词之前的介词宾语。例如：

（42）a.我把老师们都请来了。

b.我把孩子们都安顿下了。

（43）a.他对什么东西都不感兴趣。

b.他把谁都不放到眼里。

c.他把哪儿都翻了一遍。

可见，谓语动词之前是结构赋予"有定性"意义的关键，被有定化的成分，可以做句首话题、主语、小主语，甚至介词宾语。至于哪些词语可以出现于所有这四个位置，哪些不能，是一个值得进一步探讨的问题。

5.4 结语

本章围绕着有定和无定概念的表达，探讨词汇标记和句法结构意义之间的相互关系，确立了汉语的一个重要的结构赋义律：

（一）$N_{有定}+VP+N_{无定}$

即谓语动词之前的成分被自动赋予有定性特征，之后的为无定性特征。这种结构赋义对光杆名词具有强制性。

上述规律受词汇标记的影响。有定和无定的范畴又可以通过词汇标记来实现，而且是词汇标记优先于结构赋义律。这样又形成了下述两条规律：

（二）谓语动词之前的名词因为它的结构意义是有定的，如果要表示无定时，必须借助于外在的词汇形式，常见的标记如"有"等。

（三）谓语动词之后的名词因为它的结构意义是无定的，如果要表示有定时，也必须借助于外在的词汇形式，常见的标记如“这”、“那”等。

根据上述规律可以解释汉语中几个重要的句法现象。名量词重叠式和疑问代词表遍指时，含有一个有定性的语义特征，可是它们所要求的有定性不能通过词汇标记实现，只有采用结构赋义，所以就形成了它们只能用于谓语动词之前的句法规律。“们”字短语的光杆名词因为自身的语义是中性的，其有定性的语义特征必须靠结构赋予，所以必须出现于谓语动词之前；然而“们”字短语的名词还可以被修饰，因此它的有定性还可以通过词汇标记来实现，此时则不一定需要结构赋义，结果具有有定性特征的词语可以自由出现于谓语动词前后。

本章的分析揭示了语序在汉语语法中的重要性。这主要有两层意思：一是其他语言用词汇标记表达的语法意义，汉语则用语序来表达；二是语序意义与词汇标记相互作用、相互影响，形成了丰富多彩的句法规律。这也给了我们一个重要启示：应该把词汇标记和结构意义分离开来，在纯化的状态下研究语法。

第六章 词法与句法

6.1 引言

现代汉语90%左右的词都是双音节词，而双音节词的绝大部分又是复合词。复合词的类型较其他语言不仅数量多，且结构丰富。复合词的形成就是一个构词法的问题。汉语复合词的组成成分之间的结构关系基本上是和句法结构一致的。基于这个观察朱德熙提出了“词组本位”的语法体系，以此来建构其整个语法系统。这个观察只在一定范围内是正确的。汉语的句法结构分两大类：有标记结构和无标记结构，只有在无标记结构上汉语的词法和句法才是一致的。我们认为，跟其他语言相比，汉语语法的另一鲜明特点是，复合词的构造方式在相当大的程度上决定整个词的句法行为。本章尝试探讨构词法和句法之间的相互作用规律。

6.2 其他语言的复合词的构造

不同语言的复合词的构造方式、在整个词汇中的比例都很不一样。为了更好地理解汉语的构词法特点，让我们先看一些其他语言的情况。

一、英语复合词的构造。英语复合词的构成相对来说比较自由，可以把几个词语的基式组合在一起而成为一个复合词，不需要任何标记，类型也比较丰富。但是，不同词类的复合词的结构类型不一样，结构的数目也不一样。例如：

（A）名词复合词的结构类型

N + N:house-wife家–妻子“家庭主妇”； pen-knife笔–刀子“铅笔刀”

A + N:blackbird黑–鸟“乌鸫”； bighead大–脑袋“狂人”

P + N:overcoat上–外套“大衣”； outhouse外–房子“厕所”

V + N:swearword 宣誓–词“诅咒”； rattlesnake发格格声–蛇“响尾蛇”

（B）形容词复合词的结构类型

N + A:trigger-happy扳机–高兴“嗜杀”； world-weary世界–反感“厌世”

A ＋ A:dark-blue暗-蓝“深蓝”；icy-cold 冰似的-冷“冰冷”

P ＋ A:off-explicit离-清晰“模糊”

（C）动词复合词的结构类型

P ＋ V:overlook上-看“忽略”；offload离-装载“卸载”

可见，名词复合词的结构类型最丰富，其次是形容词，最受限制的是动词。下文将看到，汉语也存在着类似的现象。英语复合词的构造有一个规律，都是“右中心”（right-headedness）的，即复合词的右边词根决定整个复合词的词性，比如black-bird（黑-鸟）的右边是名词，因此整个词语也是名词。也就是说英语复合词都是向心结构。汉语则没有这个规律，语素和整个词的词性之间没有严格的对应关系。

二、法语的复合词方式。法语的复合词系统跟英语的大致呈互补分布，主要有两种结构类型：一是直接取自句法短语，原封不动地保留原来句法中的功能词和屈折词根，比如la mise-au-point（中心），其中的动词mise（放）带着现在分词的词尾，au为介词（在）。二是由动词和它的宾语构成，比如le porte-parole（发言人），其中的动词porte（说）带着现在时、单数第三人称的词尾。这两种复合方式在英语中几乎见不到。英语丰富的N＋N复合词在法语中却很少有，只限于少数的同位名词短语。总之，法语复合词的构造方式远没有英语的自由。

此外，复合词的内部构造是否影响其整体语法功能也是因语言而异。比如英语的复合词的内部构造就不影响复合词的整体功能，如blackbird（乌鸫）具有名词的一切特征，可用于单复数等；overlook（忽略）则具有动词的所有语法特征，具有时、体、人称等屈折变化。汉语则不同，复合词的内部构造很多情况下决定整个词的语法功能，而且往往是有规律可循的。

不同语言的复合词的构造变化非常大，以上我们只是扼要地介绍了两种语言的情况，目的就是明确汉语复合词的构造特点，特别是其与句法之间的相互制约关系。

6.3 汉语的构词法对句法的制约

6.3.1 汉语复合词的整体情况

跟其他语言相比，汉语复合词的数量和类别都极其丰富。就拿复合词的组成相对自由的英语来比，汉语的也丰富得多。相应地，构词法在汉语中的地位也比在其他语言中的重要性要高。先看一下不同词类的复合词的构造差别。

一、名词

N + N → N:	花草	车马	灯火
X + X → N:	星星	妈妈	饽饽
N + S → N:	桌子	石头	酸性
N + C → N:	纸张	马匹	枪支
N + V → N:	地震	冬至	霜降
A + N → N:	美德	暗号	白菜
A + A → N:	烦恼	尊严	长短
V + V → N:	开关	教授	参谋
V + N → N:	主席	知己	飞机

二、动词

V + V → V:	调查	安慰	重叠
V + N → V:	开刀	帮忙	散步
V + R → V:	说明	扩大	看见
N + V → V:	地震	天亮	耳鸣
Adv + V → V:	重视	回忆	公审

三、形容词

A + A → A:	干净	轻松	平安
V + N → A:	失望	缺德	满意
N + A → A:	年轻	理亏	面熟
Adv + A → A:	冰凉	笔直	雪白
A + V → A:	好看	耐用	武断
A + S → A:	圆乎乎	甜丝丝	毛茸茸

四、副词

N + N → Adv: 根本

V + N → Adv: 到底　照旧

Num + Num → Adv: 千万

Adv + Adv → Adv: 正在

Adv + A → Adv: 至少

五、介词

V + P → P: 关于

六、连词

Conj + Adv → Conj: 而且

Adv + Adv → Conj: 不但

V + V → Conj: 因为

上边的分类并没有穷尽所有的类型，只罗列了主要类型。跟其他语言相比，汉语的复合词构造有如下一些特点。

一、没有一个固定的中心。英语的复合词构造都是“右中心”的，右边的词根决定整个复合词的词性，即它们都是向心结构。汉语则没有这个限制，以形容词为例，“雪白”的右边语素是形容词，“好看”的左边语素是形容词，而“干净”的左右两边都是形容词。

二、语素不决定整个词的词性。既然英语的复合词都是向心结构，那么复合词的右边语素必须和整个词的词性一致，比如black-bird（黑-鸟）的右边语素是名词，整体词性也是名词；snow-white（雪-白）的右边语素是形容词，整体词性也是形容词，等等。汉语则没有这种语素和复合词整体词性的对应关系，构成语素的词性可以跟整体词性毫无关系。比如形容词“失望”的两个语素分别是动词与名词，名词“尊严”的两个语素都是形容词，名词“教授”的两个语素则都是动词。各个词类的情况又不一样，动词复合词要求其中一个语素必须是动词性的，名词性和形容词性的复合词则没有这个要求。

三、复合词的语序与句法语序的一致性。藏缅语言中的缅语等的句子语序为SOV，但是所有以名词和动词构成的复合词语序都是VO。英语的句子语序为SVO，但是以名词和动词构成的复合词性组合的语序则是OV，比如human-eating（animal）人-吃（动物）“食人动物”。这种现象告诉我们，汉语复合词的来源跟法语的相似，直接来自句法结构的一个部分。

四、复合词的构造方式在各个词类中的不平衡性。有些构造方式适用于各个词类，如偏正结构可用于几乎所有词类的复合词；有些可能只适用于某个特定的词类，比如动补结构式的复合词只有动词才有。

6.3.2 名词复合词的内部构造对其语法功能的影响

普通名词的语法特征主要包括做主语和宾语、受数量词修饰等。但是一些复合词的内部构造会影响到其句法行为，使其失去名词的部分语法特征。下面是一些带有规律性的情况。

一、主宾语的使用受限制

（a）人们。“人们”是一个复合词，它具有与“光杆名词+们”短语相同的语法特征，主要表现为不能受数量词修饰，不能做宾语，只能做主语。例如：

（1）人们都知道这件事。

*那三人们都知道这件事情。

*我已经通知到了人们。

（b）V+头儿。例如：“看头儿、听头儿、吃头儿”等。这类词表示做某种事情的价值。一般只能用作宾语，动词多为“有”，比如“这出戏很有看头儿”，但是一般不说“*这出戏的看头儿使我兴奋”之类的话。

二、数量词修饰受到限制

（a）~性。例如：“酸性、硬性、碱性、弹性、可能性、积极性”等。这类词一般指示一种抽象的事物，不能用个体数量词称数，但是有些可以用类属数量词修饰，比如“有两种可能性”。

（b）V+头儿。例如：“甜头儿、看头儿、听头儿、吃头儿”等。它们不能用数量词称数。

（c）名+量。例如：“书本、船只、马匹、枪支、车辆、灯盏、布匹”等。这类词一般表示事物的类属，不表示个体，因此不能用数量词称数，比如不能说“*三本书本”、“*三辆车辆”。

（d）名+名。例如：“笔墨、人马、岁月、江山”等。这类复合词由代表两种不同事物的名词构成，指示某一种由两类不同事物构成的现象，比如“笔墨”义为“文字或者文章”。这类词不能受数量词修饰，比如不能说“*我写了两篇笔墨”、“*他们有一百个人马”。

三、名词直接做谓语

一些内部结构为“形+名”的复合名词可以直接用于谓语，例如“你傻瓜”、“老王笨蛋”。这类词的数目很有限。一般的名词都不能这样用，比如不说“*他学生”等，但是不少偏正名词短语则可以，比如“这张桌子三条腿”、“她蓝眼睛”等。

6.3.3 动词复合词的内部构造对其语法功能的影响

典型动词的语法特征主要包括：（1）可以带宾语；（2）可以带补语；（3）可以重叠；（4）可以被“不”和“没”否定；（5）可以加“了”、

“着”、“过”。但是复合动词由于其内部构造的原因，会失去动词的某些重要语法特征，或者拥有某一语法特征但与普通动词具有不同的表现形式。

一、V＋N。例如：“当心、关心、担心、放心、起草、录音、照相、告密、生气、迷路、看病、听话、说话、说谎、说理、说亲、说情、说嘴、吹牛、走色、走神儿、走眼、走样、走风、走火、走板、做事、做梦、做工、做活儿、做声、开刀、结婚、帮忙、列席、动员、出版、满意、提议、破产、开幕、散步、用功、叹气、上学、请假、跑步、旷课、当家、诉苦、撤职、带头、理发、通信、通话、谈话、见面、缺席、赌气、吃饭、搬家、撒谎、出门、放火、拐弯、开饭、算命、谈天”等。这种动宾式复合动词十分丰富，它们具有一系列独特的句法行为，很值得我们注意。这类词的句法行为具有多样性，有些像及物动词，可以带宾语；有些需要介词“跟”、“给”引进与动作有关的事物；有些动作的受事以主语的形式出现，有些则以领格宾语的形式出现。下面讨论这类词的一些主要语法特点。

（a）及物性。少部分这类词可以像普通的及物动词一样，带上名词宾语，但是绝大部分则不行。汉语中纯粹的不及物动词很少，但是如果把这类词考虑进去，汉语不及物动词的数目将是十分可观的。例如：

（2）他起草了一个文件。　　妈妈很关心我的生活。
他列席了那个会议。　　他们出版了很多优秀图书。
他很满意自己的工作。　　他动员了很多学生。

（3）*小王结婚了小张。　　*大夫看病了他。
*我通话了他。　　*他撤职了老王。
*他理发了我。　　*他生气了我。

能带宾语的这类词有一个共同的特点：它们的语素义与整个复合词的意义没有直接的联系，从字面意义推不出整个词的意义，即其意义已经凝固成一个不可分割的整体。比如，“起＋草”、“关＋心”等都是意义不可分割的，无法从字面推知整个词的意义。

（b）用介词引进与动作有关的对象。如果动作的两个参与者是平等的地位，常常会用介词“跟”引进有关的名词；如果一个参与者是动作的受益者，则一般用“给”引进；如果一个参与者是动作涉及的对象，则用“对”引进；等等。例如：

（4）小张跟小王结婚了。　　我跟老王说着话呢。

我跟汪老师见了一面。　　我跟爸爸通过话。

（5）我给他帮了一个忙。　　大夫给他看病。

我给他做活儿。　　我给他理了发。

（6）他对我说过谎。　　他对我吹过牛。

他对我叹气。　　他对我生气。

（c）领格宾语的形式。如果名词语素所指是其中一个参与者所有的抽象事物，有时则可以把参与者用作名词语素的定语。例如：

（7）我们帮了小王的忙。　　他生老王的气呢。

他们开我的玩笑。　　他们告了我的密。

很多V＋N复合动词都不可以这样用，比如不能说“*我照他的相”、“*我理他的发”等。一般来说，名词语素指的是具体的事物，一般都没有这种领格格式。上述用例中的“忙”、“气”、“玩笑”和“密”都是抽象的事物。

（d）动词标记的位置。除了那些少数可以带宾语的以外，这类词只有那个动词语素才可以重叠、加上体标记、带补语。例如：

（8）我理了理发。　　我散了散步。

我理了发了。　　我散了步了。

我理过发。　　我散过步。

我正理着发呢。　　我正散着步呢。

我理完了发。　　我散完了步。

（e）话题化受限制。句子层面的述宾结构，受事名词都可以自由地移到句首被话题化，比如“我看了书 → 书我已经看了”。被话题化的名词一般代表一个有定性的事物，确指某一个具体的对象。然而复合词中的名词语素已经和动词语素融合成一个词，失去了所指的功能，因此一般不能再被话题化。例如：

（9）*步我已经散了。　　*醋她经常吃。

*信我已经跟她通了。　　*忙我已经帮了她。

*密他们已经告了。　　*玩笑他们已经开了。

二、V＋R。例如：“看见、听见、睡着、点着、看破、看透、说穿、说服、说合、说破、走漏、说明、扩大、革新、改良、证明、降低、推翻、削弱、扭转、记得、证实、揭穿、改善、推广、撤回、介入、超出、促进、接近、纠正、认清、改正、打倒、提高、抓紧、煽动、缩小、放大、打动”

等。这是汉语的一种独特的构词方式，其他语言很少有类似的构词方式。内部结构为述补的复合词还有一个限制：只能是动词。这类复合词具有以下语法特点。

（a）重叠受到限制。一个动词可以重叠，但是加上补语以后就不可以了，比如“吃饱饭 → *吃饱吃饱饭”。动补式复合词一般也不能重叠，比如不能说“*让我也看见看见”、“*我想睡着睡着”、“*你把灯点着点着”。但是有一些结合很紧密的词，已经凝固成一个单一动作动词，则不排斥重叠，比如“说明说明这个问题”、“推广推广我们的经验”。

（b）体标记的使用受到限制。这类词大都可以加“了”、“过”，但是一般不能跟持续体“着”搭配。比如，可以说“看见了那个人”、“看见过那个人”，但是不说“*看见着那个人”。这一特点也是来自普通的动补短语，动补短语都不能再加持续体标记“着”，比如不能说“*吃饱着饭”。少数结合紧密的这类词则不受此限，比如可以说“他们正在扩大着他们的影响”。

（c）否定受到限制。普通动词既可以被“不”否定，又可以被“没”否定。但是这类动词一般只能被“没”否定，不能被“不”否定。例如：

（10）我没有看见那个人。　　　　*我不看见那个人。

我没有听见他的话。　　　　*我不听见他的话。

我昨晚半夜了还没睡着。　　　　*我昨晚半夜了还不睡着。

但是在表示假设等的虚拟句中，这类词也可以被“不”否定，比如：“我不看见那个人就不走”、“不走漏消息就不会惹这个麻烦”等。

（d）带补语受到限制。这类词很多不能再带补语，比如不能说“*看见完了”、“*睡着够了”等。这一点也是来自动补短语的句法特点。汉语的动词只能带一个补语，比如不能说“*吃饱完了饭”。动补短语在陈述句里只能被“没”否定，不能被“不”否定。

三、挨/受/遭＋V。这类复合动词不能用于被动式和处置式。例如：“挨打、挨骂、挨饿、挨揍、受训、受气、受挫、受罚、受害、受奖、受惊、受骗、受审、受辱、受阻、遭劫”等。这类复合动词的第一个语素都表示“遭受”义，自身相当于被动式的语法意义。这类词既不能再用“被”引进动作的施事，也不能用“把”引进受事。例如：

被动式	处置式
*他被爸爸挨打了。	*爸爸把他挨打了。
*他被老师挨骂了。	*老师把他挨骂了。

*他被坏人受骗了。　　　　　　*坏人把他受骗了。

*他被警察受罚了。　　　　　　*警察把他受罚了。

四、自/相＋V。例如："自动、自杀、自发、自爱、自拔、自产、自得、自供、自给、自救、自理、自燃、相爱、相比、相处、相乘、相传、相伤、相连、相配、相通、相应"等。这类词第一个语素的所指都是第二个动词语素的隐性宾语，因此这类动词不能再带任何其他名词宾语。"相＋V"类动词还要求主语所指必须是两个或者两个以上的对象。这种现象也许可以看做汉语的主语和谓语动词的"数"的一致性，但是范围很有限。

6.3.4 形容词复合词的内部构造对其语法功能的影响

汉语的典型形容词的语法特点包括：（1）可以受程度词"很"修饰；（2）可以被"不"否定；（3）可以重叠；（4）可以用于比较句。但是，不同类型的复合形容词在这些语法特点上差别很大。下面按照复合形容词的结构类型来分别加以讨论。

（a）并列式复合形容词。例如："干净、漂亮、轻松、平安、安静、安稳、白净、诚恳、粗糙、大方、恩爱、方正、干脆、孤单、恭敬、模糊、零星"等。

（b）偏正式复合形容词。例如："雪白、墨黑、笔直、梆硬、碧绿、冰冷、滚热、金黄、精瘦、死硬、通红、稀烂、鲜红"等。

（c）主谓式复合形容词。例如："年轻、性急、胆小、肉麻、面熟、理亏、眼花"等。

（d）动宾式复合形容词。例如："失望、缺德、吃力、到家、得意、知己、耐烦、怄气、入味、守旧、有限"等。

（e）后缀形容词。例如："热乎乎、软和和、暖融融、胖墩墩、平展展、气鼓鼓、美滋滋、慢悠悠、亮晶晶、金灿灿、蓝莹莹、红彤彤、干巴巴"等。

一、重叠的限制。双音节形容词具有AABB的重叠式，但是只限于并列式复合形容词一种，比如"干干净净"、"漂漂亮亮"、"大大方方"等。其他类型的形容词都不能采用这种重叠形式。

同时，只有偏正式的形容词才可以采用ABAB重叠式，比如"雪白雪白"、"笔直笔直"、"梆硬梆硬"等。其他类型的形容词都不能采用这种重叠形式。

二、否定的限制。上述的偏正式和后缀形容词都不能加"不"否定，比如不能说"*不雪白"、"*不笔直"、"*不暖融融"、"*不干巴巴"等。

三、受程度词修饰的限制。上述的偏正式和后缀形容词都不能受程度词“很”等修饰，比如不能说“*很雪白”、“*很笔直”、“*很暖融融”、“*很干巴巴”等。

四、用于比较句的限制。上述的偏正式和后缀形容词都不能用于比较结构，例如：

（11）*这条马路比那条马路笔直。

*这件衬衫比那件衬衫雪白。

*这间屋子比那间屋子暖融融。

*这篇文章比那篇文章干巴巴。

6.3.5 其他词类的复合词

汉语的副词、介词和连词也有部分是复合词，但是它们的内部构造与其句法表现之间没有什么相互制约关系。这跟这些词类的语法功能比较单纯有关。副词是专门修饰动词的，介词是专门引进名词的，连词是专门连接单句的，即这些词类的功能专一，它们也就不可能因为内部的构造而影响其句法行为。

6.4 句法结构的词汇化

根据句法的历史演变和现代语言中形态的来源，可以看出形态往往是句法发展的结果。普通语言学中，复合词的构造属于形态学的范畴，所以可以这样说，“今日的复合词就是昨日的句法”。下面用一个“融合度标”（cline）来刻画动补复合词的形成过程：

句法组合　　重新分析而词汇边界削弱　　动补复合动词

————————————————————→

融合程度由低到高

现代汉语的很多动补式的复合动词在历史上都是普通的句法结构，两个成分随着共现频率增高，最后融合成一个复合词。例如：“说明、扩大、弄清、看开”。

相当大一部分复合词都是通过这种历史途径产生的，这是造成汉语的复合词结构跟句法结构一致的历史动因。当复合词的构造格式稳定下来以后，人们就可以仿照这种格式创造新的复合词，并不需要每一个复合词都必须经过句法组合这一历史过程。当今出现的绝大部分跟科技发展和新生事物有关的词都是根据构词法造出来的，比如“电脑、激光、高速、网络”等，它们都不是来自句法结构的词汇化。

注意，并不是每一种语言的复合词都是来自句法结构的词汇化。比如藏缅语族中的很多语言的句子语序为SOV，即宾语总是出现于动词之前，然而它们的动宾复合词则只有VO的顺序，这类复合词显然不是来自句法结构的词汇化。我们认为，这类语言的构词法和句法是各自独立的，它们受不同规则的支配。

6.5 结语

以上的分析说明汉语复合词的主要特点为：类型多，数量大，它们的内部构造会影响到整个复合词的句法行为，而且往往是有规律可循的。从历史上看，汉语的复合词多来自句法结构的词汇化，结果就造成了汉语的构词法和句法上的一致性。世界上有很多语言的构词法和句法是相互独立的，词的内部构造一般不会影响到其句法行为。与此相比，汉语的构词法和句法之间则存在着十分密切的相互作用关系。此外，英语的复合词都是向心结构的，右边语素的词性决定整个复合词的词性。然而，汉语的复合词则没有一个固定中心，即大多数是离心的，构词语素的词性与整个复合词的词性之间没有必然的联系。这些都是汉语语法的鲜明个性。

构词和句法的关系还值得进一步探讨。本章只是这方面的一个初步工作，还有更多复合词的内部构造与句法之间的对应规律等待着我们去揭示。同时，还有一些重要现象我们没有解释，比如不同词类的结构类型是不对称的，名词的最丰富，形容词的次之，动词的最少。这一点跟英语的情况一致。而且，动词复合词要求其中至少有一个语素是动词性的，名词和形容词的复合词则没有这个要求。此外，述补结构的复合词只能是动词性的。对这些问题的解释无疑会加深我们对汉语语法系统的理解。

第二编　结构与成分

第一章　双宾结构

1.1　引言

不同语言的语法结构的类型和数目会有不同程度的差别，同时两种语言中表面上看起来相同的结构，可能具有不同的语法意义。对造成这种差别的原因的探讨，有助于加深人们对语法结构意义产生过程的认识。本章以汉语和英语的双宾结构为例，探讨它们差别背后的原因。分析表明，这种差别不是偶然的，反映了两个民族在认识外在世界时的系统差别，而这种差别既表现在结构意义上，又表现在词汇意义上。这说明语法结构意义的产生过程跟概念化过程具有相同之处。

汉语和英语句子的基本语序都为SVO，它们的双宾结构的抽象格式是相同的：

$S + V + N_1 + N_2$

N_1代表间接宾语，N_2代表直接宾语。注意，我们所讨论的双宾结构都是指宾语为普通名词，而不包括介词短语。因此，下列两组的a例是我们所说的双宾结构，b例则不是。

（1）a.Bill sent Joyce a walrus.

　　b.Bill sent a walrus to Joyce.

（2）a.我送了小王一件礼物。

　　b.我送给了小王一件礼物。

例（1）b有介词“to”，而且接受者置于直接宾语之后；例（2）b的动词之后多了一个引进接受者的“给”，加上介词之后也可以把接受者移到直接宾语之后：“我送了一件礼物给小王。”这些都不在本章的讨论范围内。

1.2　汉英双宾结构的功能差别

1.2.1　从物体移动的方向看双宾结构的语法意义

双宾结构是一种极常用的格式，自然会受到学者们的重视。汉语学界多从动词的类别来描写这一结构。从逻辑的角度讲，一次分类只能依据一个统一的标准，因为不同的标准会带来分类结果的交叉现象。那么依据什么标准最好呢?

我们认为这个标准应该具有高度的概括性和简洁性，不仅能够准确描写汉语双宾结构的实质，也便于揭示跨语言的共性和个性。双宾句式必然涉及两个参与者、一个客体和引起客体移动的动作。“客体”可以是具体的物体，也可以是抽象的事物。我们认为客体的移动方向这一标准不仅可以对汉语的双宾结构作出准确的概括，而且可以揭示英汉之间的本质差别。客体的移动方向可以图示如下：

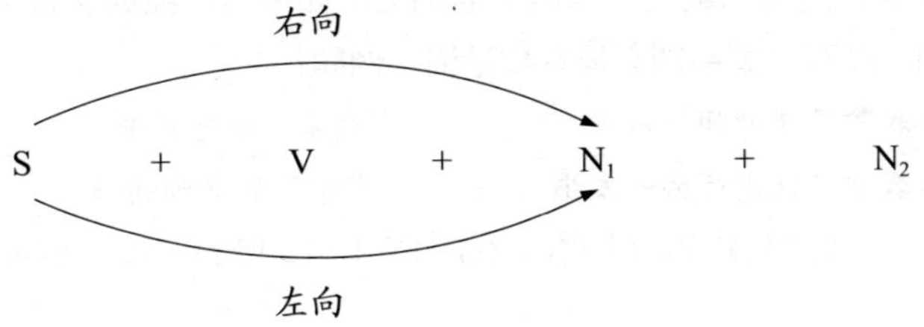

根据动作导致的客体移动方向，可以把动词分为三类：（一）右向动词，如例（3）；（二）左向动词，如例（4）；（三）左右向动词，如例（5）。

（3）我给了她一支笔。

（4）他拿了我一本书。

（5）我借了小王两本小说。

例（5）有两种相反的意思：一是“我借给了小王两本小说”；二是“我从小王那儿借了两本小说”。“借”就是所谓的左右向动词，即用一个动词来表示方向相反的同一种动作行为，这正是汉语对物体传递的动作行为的概念化特点。

学界对双宾结构的范围的看法并不一致。比如有学者依据动词后面NP_1和NP_2之间大都存在领属关系的事实，将整个结构处理为领属性结构做宾语的单宾句，只承认“给予”义动词才能构成双宾句。其实，NP_1和NP_2具有领属关系是“取得”和“给予”两类动词的共同特点，差别只在于“给予”类动词所涉及的领属关系是在事件发生之后，“取得”类的则是在事件发生之前。间接宾语和直接宾语之间存在领属关系也是英语双宾结构的特征，如果两个名词成分没有明确领属关系则很难进入双宾结构，请看下面的对比：

（6）a.I cleared Bill a place to sleep on the floor.

b.[?] I cleared Bill the floor.

（7）a.Bill sent Joyce a walrus.

b.[?] I sent Antarctica a walrus.

一般情况下，Bill不会拥有the floor，Antarctica（南极洲）不会领有walrus，因此它们不适合用于双宾结构。从宾格标记方式、句法位置、功能和语义特征等方面来看，间接宾语和直接宾语都具有平等的性质，都是宾语。因此，不能根据“取得”类动词的间接宾语和直接宾语之间存在领属关系，就把它们看做其他类型的结构。更重要的是，双宾结构跟普通的动宾结构是不一样的，这类动词之后的两个名词之间如果为单纯的领属关系，则不需要数量词，而双宾关系则必须有数量词。例如：

（8）a.我拿了汪老师一本书。　　　　*我拿了汪老师书。

b.我拿了汪老师的一本书。　　　　我拿了汪老师的书。

由此可见，双宾结构的两个宾语之间的关系与一般的领属短语并不一样。

1.2.2 汉英双宾结构的意义差别

汉英双宾结构语法意义的本质差别在于客体转移的方向：

汉语：（a）右向$S \rightarrow N_1$；（b）左向$S \leftarrow N_1$；（c）左右向$S \leftrightarrow N_1$。

英语：右向$S \rightarrow N_1$。

英语双宾结构的语法意义为：“来源→目标”，即物体只能从主语向间接宾语方向转移。英语双宾结构的主语等同于“来源”，间接宾语等同于“目标”。然而汉语的主语既可以是来源又可以是目标，间接宾语亦是如此。下面分别举例来说明两种语言的异同。

一、汉英的“取得”类动词都可以用于双宾结构，但是意义恰好相反。例如：

（9）a. John bought Mary a dress.　　　　约翰给玛丽买了一件衣服。

b. John stole Mary a bicycle.　　　　约翰偷了一辆自行车给玛丽。

c. John took Mary a book.　　　　约翰给玛丽拿了一本书。

（10）a.他买了王教授一本书。　　　　He bought a book from Prof. Wang.

b.他偷了小王一辆自行车。　　　　He stole a bicycle from Xiao Wang.

c.他拿了我一本书。　　　　He took a book from me.

上述英语和汉语的例子的含义恰好相反，即使对于这类“取得”动词，英语仍然是表示客体由主语向间接宾语转移，这来自其双宾结构的句式意义。汉语的双宾结构允许客体左右移动，因此用自身意义为左向的动词时，客体的移动方向也是左向的。

二、在双宾结构中，英语的右向动词比汉语的丰富，这与英语双宾结构的单一右向意义不无关系。例如：

（11）a.I cleared Bill a place to sleep.

b.I baked her a cake.

c.She left Jim a card.

d.She cooked me a dinner.

e.She made her daughter a beautiful doll.

f.She showed me her essay.

g.Pour me a drink.

h.I've found you a place.

i.They offered her some food.

j.They wished him good luck.

上述例子中的动词很多自身并没有方向义，只有进入了双宾结构之后才被赋予了结构义中的方向含义，使得整个句式带上了客体由左向右转移的意义。然而，与英语这些动词相对应的汉语动词则受到很大的限制，一般不能直接用于双宾结构，汉语往往用介词“给”在谓语之前引出接受者或者受益者，诸如“我给他打扫了一个地方睡觉”、“给我唱一首歌”、“我给他画了一张画”等等。

三、英语的双宾结构是右向的，其典型的右向动词可以引申表示事件，直接宾语是事件性的动名词。例如：

（12）a.I gave Helen a nudge.	I nudged Helen.
b.We gave the baby a bath.	We bathed the baby.
c.I should give the car a wash.	I should wash the car.
d.Give the car a push.	Push the car.
e.Judith paid me a visit.	Judith visited me.

汉语的“给”一般不能这么用。英语的上述用法，除了跟它的双宾结构的语法意义有关外，还可能跟它的动词的名词化方式有关。

四、说英语的双宾结构只能表示客体的右向转移，有人可能认为下述现象是我们的论断的反例：

（13）a.I asked you a question.

b.The policeman fined him 50 dollars.

c.The salesman charged me 30 dollars.

然而，实际上这类句子中的客体移动仍然是右向的。“我”先拥有一个“问题”，然后通过“问”的动作传递给对方。“警察”根据对方的错误行为，先确定一个罚款数额“50元”，也就是说警察首先拥有这个“罚款额”，然后施加给间接宾语“他”。同样，当“我”买了某件商品时，“售货员”就拥有相应的钱数，就通过某种行为把这个欠的钱数施加给“我”。也就是说，例（13）b、c的“他”（he）和“我”（me）得到的分别是“罚款数额”和“欠款数额”，即客体的转移仍然是右向的。

五、汉英双宾结构一致的地方是，部分“给予”类动词句法行为完全一样，整个结构的意义也一样，因此可以相互直译。例如：

（14）a.Bill sent Joyce a present. 比尔送了乔伊丝一件礼物。

b.He gave Mary a book. 他给了玛丽一本书。

c.He's teaching us chemistry. 他教我们化学。

d.He paid us 100 dollars. 他付了我们100块钱。

但是这种完全对应的用例是少数，很多英语中可用于双宾结构的动词，汉语都不能，需要用其他结构来表示。

六、英汉双宾结构的第二个共同点是，直接宾语都可以是一个从句形式。

（15）a.John asked me what time the meeting would end.

b.George didn't tell them that the train was late.

c.The instructor taught us how to land safely.

d.They advised him what to wear in the tropics.

e.Please remind me where to meet you after lunch.

（16）a.他问我会议什么时候结束。

b.他没有告诉我火车晚点了。

c.老师教我们怎么做这道题。

d.他建议我晚会穿什么衣服。

e.请提醒我午饭后在什么地方见你。

上述用例的画线部分都是直接宾语。这些句式中的动词一般都是与传递信息有关的，英语和汉语都是如此。

1.2.3 汉语双宾结构动词的特点

因为汉语的双宾结构可以表示客体的左右向转移，因此可用于其中的动词的特点和类型也明显不一样。上面比较了右向动词在两种语言的双宾结构中的共性与个性，本部分则考察左向动词和左右向动词在两种语言的双宾结构中的使用特点。

一、汉语的双宾结构是左右向的，那么具体句子的意义就主要是由动词自身的方向义决定的。比如汉语“给”类动词是右向的，那么句子的意义就表示由主语向间接宾语转移；“取”类的动词是左向的，句子就表示客体向左转移。汉语有一类典型的表示物体传递的动词，方向义是中性的，既可以是左向又可以是右向，结果就造成了歧义现象。例如：

（17）a.我借了他一本书。

b.我租了他一间房子。

c.我赁了他一个柜台。

d.我贷了他一万块钱。

e.我上了他一门课。

f.我换了他五十斤大米。

g.我分了他一碗汤。

上述句子都有两个完全相反的意义：客体左向转移和客体右向转移。要消除歧义必须加上适当的介词或者改变句子结构，比如例（17）a的右向义可以表达为“我借给他了一本书”，左向义可为“我从他那儿借了一本书”。

对于汉语这类方向义中性的动词，英语往往用不同的动词表示，但是只有右向义的动词才能用于双宾结构。例如：

（18）	a. He lent me a book.	He borrowed a book from me.
	b. He taught me a course.	He conducted a course for us.

即表示左向义时英语需要选用其他句式。

二、因为汉语的双宾结构是双向的，所以各种“取得”类动词可以自由地用于其中，表示客体左向转移。例如：

（19）a.我买了他家一所房子。

b.他抢了我一张邮票。

c.他偷了人家一头牛。

d.他收了我五毛钱。

e.他拿了我一本书。

f.小王娶了他们家一个女儿。

英语的相应动词，要么不能用于双宾结构中，比如*He received me 50 cents；要么意义正好与汉语的相反，比如I bought his family a house意思为“我给他们家买了一所房子”。

三、汉语方向义相反的一对反义动词，都可以用于双宾结构。英语中则只有右向一方才有可能进入双宾结构，左向的不能。例如：

（20）a.我买了他一本书。

b.我卖了他一本书。

（21）a.老王嫁了他一个女儿。

b.我娶了他一个女儿。

（22）a.我籴了他50斤大米。

b.我粜了他50斤大米。

（23）a.我送了他一本书。

b.我拿了他一本书。

四、因为汉语的双宾结构可以表示左向义，一些本来没有方向义的普通动词，进入双宾结构后就会获得左向义。例如：

（24）a.我吃了他一个苹果。

b.我听了他一段相声。

c.我读了他一本书。

d.我赢了他一盘棋。

e.我用了他一个本子。

f.我打了他一个杯子。

跟汉语这类动词对应的英语动词，都不能进入双宾结构。有些例子的方向义不是很明确，比如例（24）f的“杯子”是碎了，而不是转移到主语“我”这里。这句话也可以这样理解：由于“我”的行为使他失去了一个杯子，也使得我与这个被打碎的杯子发生了关系，即“我”成了杯子的“目标”。

1.3 汉英对物体传递动作的概念化差异

上文的分析说明，英语的双宾结构是右向的，汉语的是左右向的，或者说汉语的双宾结构的方向本来是中性的。跟这个语法结构意义的对立相平行，汉英在概念化物体传递的动作行为上也是不同的。对于同样的动作行为，不同的民族有不同的概念化方式，表现为用不同的词语来表示，相对应的词语的内涵和句法行为都不一样。而且，两种语言之间的这种概念化方式的差别往往是成系统的、有规律的。

汉语在概念化物体传递的动作行为时，有自己鲜明的个性。物体传递必然涉及两个参与者，用“甲”和“乙”代表。汉语在概念化这种事件时，把物体“从甲到乙的转移”和“从乙到甲的转移”看做同一种行为，用一个动词概念化，结果这类动词的方向是左右向的。跟汉语不同，英语则设置不同的动词来表示方向相反的动作行为。在动作方向性方面，英语和汉语概念化的差别可以用下式表示：

英语：甲→乙≠甲←乙

汉语：甲→乙=甲←乙

由此就产生了这种现象：汉语的一个动词则对应于英语的一对反义动词。下面是现代汉语的部分有关用例与英语的对应。

汉语	英语
借	（a）borrow;（b）lend, loan.
租	（a）rent, hire;（b）let, rent out.
赁	（a）rent, hire;（b）let, rent out.
贷	（a）borrow（money）;（b）lend（money）.
赊	（a）buy on credit;（b）sell on credit.
上（课）	（a）attend（a class）;（b）conduct（a class）.
分	（a）get（one's share）;（b）distribute.

如上文所示，汉语中的这类动词直接用于双宾结构时，表达相反的两个意思。要消除这些歧义，必须借助于适当的介词，或者采用不同的句式。英语中则只有右向的一方能用于双宾结构，个别左向义动词只有在改变方向后才可能进入双宾结构，如前文的例子buy。

上面所谈动词只涉及一个物体的传递，如果涉及两个物体的传递的动作，汉语和英语的概念化方式则一致，都用同一个动词来表示。比如表示“以物易物”的动作，汉语用“换”，英语则用exchange、trade或者charter。这类动词可以看做方向性是对称的，跟“借”等不属于同一类。

并不是汉语的涉及物体传递的所有动词都是左右向的，比如“给”、“送”等一般是表示右向的，因此“我给他一本书”和“我送他一件礼物”是没有歧义的。但是它们在某些语境或者句式中也可以表示左向。例如：

（25）a.小王已经给了。　　　　书已经给了。

b.老张已经送了。　　　　　礼物已经送了。

例（25）左边的两个例子都有两种意思，主语既可以是物体的来源又可以是接受者。右边是两个无标记的被动式，它们的方向都是左向的。主动句和被动句的变换涉及动作方向的改变，而汉语被动句中的动词不需要改变形态，我们推测这与汉民族概念化动作行为的方向中性的特点有关。这是一个值得进一步研究的问题。

1.4 概念化对结构义形成的影响

1.4.1 结构义和概念义形成的共同认知基础

词和结构是两级不同的语言单位，结构是由两个或者两个以上的词构成的更大的语言单位。词有概念义，结构则有语法意义。构式语法认为，一个结构的意义不是其中各个词语的意义的简单相加，它有自己独立的、稳定的语法意义。这种思想突出了结构意义的独立性，但是没有回答一个根本性的问题：结构意义是怎么来的？我们以双宾结构和传递动词为例，来尝试回答这一问题。

双宾结构和表示物体传递的动词具有相同的表达功能，都是涉及客体转移的语言手段。这两级语言单位，汉英之间存在着平行的差别。

	汉语	英语
双宾结构	双向	单向
传递动词	双向	单向

这种平行的对立关系，说明了结构意义的获得和词语的概念化具有共同的来源，这是人类的认知能力对现实世界的认识结果。

概念化是人们的一种基本认知活动，人们把概念化的结果用语言符号固定下来。概念化的对象和层次是不同的，对单一现象认知的结果一般反映为语言中的一个个词语，对事件关系认知的结果则可能反映为一种语言结构，然而两个层次的认知活动是相通的。对于同样的对象，不同民族的认知视点和方式是不一样的，因此在其语言中的反映也不一样。同时，不同民族的认知视点和方式是成系统的、有规律的，结果就会导致两种语言的词语和结构意义的整齐对应关系。本章所讨论的汉英之间的对立，反映了两个民族对“物体传递”的动作和事件在认知上的系统差别。在一个语言内部，双宾结构和传递动词之间的共同特点反映了该民族认知方式上的和谐性和规律性。

当然，语法结构和现实世界的事件之间并不一定存在着一一对应的关系。我们并不是说，任何一种结构意义的产生都来自人们对现实世界认知的结果，都与现实世界的一种事件对应，也都能找到跟它们相同的词汇的概念化过程。语法是一个相对独立的系统，其中不同的结构和标记之间存在着相互制约的关系。语法的多种手段之间存在着和谐性，新手段的加入会打破原来系统的平衡，会带来一连串的变化。也就是说，语法结构产生的另外一个来源是语言系统内部调整的结果，而不是直接对现实世界的事件的认知结果。

1.4.2 汉语双宾结构的简单历史回顾

汉语的双宾结构和传递动词的共性揭示了汉民族认知方式的规律性。传递动词的中性方向义特点在先秦汉语中就已经存在，反映了汉民族对这类现象的认知方式是古今一致的。同样，汉语的双宾结构的方向为中性的特点也是自古亦然。下面我们作一简单回顾。

甲骨文里已经有双宾结构，“给予”和“取得”两类动词都可以用于其中，说明那时的双宾结构的语法意义就是左右向的。例如：

（26）a.贞：丁畀我束？（合集15940）

　　b.甲午卜：惠周乞牛多子。（合集3240）

例（26）a中，畀，给予；我，间接宾语；束，直接宾语。例（26）b中，乞，求；牛，直接宾语；多子，人名，间接宾语。甲骨卜辞中双宾语的位置还不固定，到了周秦逐渐统一起来，通常是间接宾语在前，直接宾语在后。这已经跟现代汉语的格式一致了。例如：

一、右向动词

（27）或肆之筵，或授之几。（《诗经·大雅·行苇》）

（28）多予之重器。（《战国策·赵策》）

（29）公语之故，且告之悔。（《左传·隐公元年》）

（30）后稷教民稼穑。（《孟子·滕文公上》）

二、左向动词

（31）紾兄之臂而夺之食。（《孟子·告子下》）

（32）公攻而夺之币。（《左传·哀公二十六年》）

（33）吾为公取彼一将。（《史记·项羽本纪》）

（34）汉王夺两人军。（《史记·淮阴侯列传》）

汉语的双宾结构自那时至今也经历了一些变化，主要是可用于其中的动词数目的变化。这不在本章的讨论范围之内。

由此可以看出，汉语双宾结构的语法意义在上古汉语中已经形成，跟传递动词的概念化特点具有一样久远的历史。这反映了汉民族在认知方式上的稳定性和历史承继性。

1.5 结语

结构义和词汇义的形成都跟一个民族的认知方式有关，因为一个民族在认识外在世界的方式上具有系统性和规律性，所以就会形成结构和词汇之间的共性，同时也会与其他民族的语言形成系统的对立。本章以双宾结构和传递动词为例，考察了汉英之间存在的平行对立，这反映了两个民族对物体传递类的动作和事件的认知方式的系统差异。

语法和语义之间存在着密切的关系。一方面，它们的形成都受认知的影响；另一方面，词义的内涵一定程度上决定了它们的句法行为，一个语法结构的意义也决定了哪些词汇可以进入该结构。结构的语法意义和词汇的概念义具有共同的形成过程。

第二章　动补结构

2.1　引言

现代汉语中存在各种各样的动补结构，它们的使用十分普遍，而且是很多句法结构所必需的成分。本章将考察动补结构的语义、句法和音韵特征，讨论它在现代汉语语法中的重要性。

2.2　定义

动补结构的两个成分代表一个单一的句法单位，不再允许其他成分隔开，而且它们拥有单纯动词的句法功能，比如它们可以像普通及物动词一样带上一个受事宾语（如："看完书"）。同时，动补结构实际上是一种高度能产的句法结构，原则上允许任何具有意义的"动"和"补"搭配。动补结构的两个成分之间存在一种"动作"和"结果"的语义关系，这把它们与一般的连动结构区别开来。这里的"结果"是一个意义宽泛的术语，包括动作导致的状态、程度、收获、效果等。

此外，"结果补语"是一个涵盖面很宽的概念。虽然它们的语义特征不一样，但都可以从时间、性质或者数量等方面使其前的动词有界化。

英汉动补结构存在如下差异：

首先，汉语的动补短语很像一个复合动词，可以像普通的及物动词一样带上一个受事宾语。但是，尽管英语跟汉语句子的基本语序一样，即同为SVO语序，英语的"动＋补"短语后却一般不能跟受事宾语，如果有受事名词的话则只能插在动词和补语之间。下面是英语和汉语相关用例的对比。

（1）The dog barked the chickens awake.

（2）老王叫醒了小张。

英语例子中，受事chicken插于动词bark和补语awake之间，可是在相应的汉语例子中，动词和结果补语首先形成一个句法单位"叫醒"，然后带上受事"小张"。

其次，英语的动补结构不是一个能产的句法格式，某个结果补语通常只能与某个特定的动词搭配。例如英语中用作补语的sick一般只能跟在动词eat之后：

（3）a.He ate himself sick.

b.$^{?}$He ate himself ill/nauseous/full.

例（3）显示，英语的动词和补语之间具有很强的选择性，to eat后既不能带上与sick语义相近的ill，也不能带上其他概念的形容词，如nauseous（反胃）、full等。然而，现代汉语的动补结构是一个高度能产的句法格式，而不是语义选择性高的习惯表达，它实际上可以是任何有意义的表达。例如：

（4）吃饱 吃腻 吃病 吃胖 吃穷 吃晕 吃瘦 吃累 吃吐 吃烦

理论上讲，任何由“吃”引起的结果状态都可以做“吃”的结果补语。

上述现象又被称作“使役形式”。在西方语法学传统里causative form代表两种与汉语动补结构颇为不同的现象：（一）形态标记，比如英语的部分形容词可以通过添加词尾-en而表示“赋予某种事物某种性质”，例如black→blacken（使……变黑）、red→redden（使……变红）。（二）助动词，比如英语的Lisa made him smile a lot，这里的“使役”义来自make。从意义上看，汉语的动补结构与形态标记和助动词表示的使役式具有相似的功能，但是它们属于不同的结构类型。

2.3 动补结构的句法

2.3.1 融合度标

首先设立一个“融合度标”，用以刻画不同类型的动补结构的句法或者语义特征。

（5）句法组合　　　　动词＋附着补语　　　　复合动词

→

融合程度由低到高

融合程度的高低是一个连续发展的过程，箭头上端代表的是这个连续统的初始、中间和结果三种状态。下面举例说明“融合度标”所对应的语言现象。

（一）句法组合

汉语的动补结构是一种高度能产的句法格式，允许任何具有“动作＋结果”关系的组合，即具有句法的能产性。所谓“句法组合”的动补结构，是指两个成分的关系疏松，不能带受事宾语。如例（6）。

（6）学怕→*学怕数学

看歪→*看歪那张画

开快→*开快他的车

说漏嘴→*说漏嘴一件事

这类动补结构多属临时搭配，如果没有上下文的帮助，其意义有时很难把握。比如“看歪”只有依靠特定的语境才能理解，具体的情况之一可能是一个人站在高处往墙上挂画时，让另一个站在地板上的人帮忙判断是否挂正了，地板上的人如果没有判断正确，就会用这个表达。

（二）动词+附着结果成分

该类中的动词和补语通常共现频率很高，因而关系紧密，很像一个句法单位。也有的补语实际上已发展成为一个附着成分，可以跟各种动词搭配。它们的共同特点是，两个成分结合紧密，具有复合动词的性质，可以带上受事宾语。当然它们与真正的复合动词还是不同，搭配仍具有能产性和临时性，即拥有句法格式的特点，其意义也可以从其构成成分中直接推出。

（7）吃饱→吃饱饭

看完→看完书

学会→学会开车

洗净→洗净衣服

这类动补结构中的动词和补语共现频率都很高，动词通常是一个高频率的词，补语代表的是该动词的最自然的结果。比如“吃”自身是一个高频词，它带来的最自然的结果状态是“饱”，所以两者的共现频率就高，易成为一个句法单位。

（三）复合动词

这类动补短语已经完全融合成单一的动词，人们一般不再把它们分开来理解。它们通常作为一个词条被收入词典，而且它们的意思也不大能从两个构成成分中直接推导出来。例如：

（8）看开——想通；不再放在心上。

说明——解释。

拿定——作出决定。

抓紧——充分利用时间。

这类动补短语与单纯动词没有什么两样，比如它们不允许被分开，可以带宾语，等等。但是该类成员数量很有限。

以上三类动补结构也有一个共同点——都不允许中间插入其他成分，特别是受事名词，可是在中古汉语里的情况恰好相反，其间可以插入受事等成分。汉语也有一个可能式，其肯定格式为“V得R”，否定格式为“V不R”。表面上看来，该格式是在动词和补语之间插入“得”或者“不”。其实这种看法与其共时功能不符。从共时功能的角度来看，可能式的语法意义并不是V和R与否定标记的简单相加，它有一个外加的结构意义——动作行为实现的可能性。因此，应该把可能式看做一种独立的结构，而不是由普通的动补结构通过插入某些成分变换来的。在讨论动词和补语的关系时，一般不考虑可能式这种特殊情况。

到目前为止，所看到的补语例子都是由词构成的。实际上补语也可以是完整的从句，这时动词后必须加上后缀“得”。例如：

（9）她说得王先生都哭了。

（10）他学得眼睛都红了。

2.3.2 补语的隐性语法关系

弄清补语的隐性语法关系对理解动补结构的语法特性很有帮助。表层结构上，补语必须紧跟在动词之后，可是在深层语义关系上，补语可以与句子的任何成分发生联系。下面是一个完整的汉语句子的抽象格式：

（11）S + PP（工具、地点等）+ V + R + 宾语

注意我们使用了两套术语：“主语”和“宾语”注重句法位置，前者在谓语动词之前，后者在谓语动词之后。“施事”和“受事”则强调与动词的语义关系。一般来说，施事倾向于做主语，受事倾向于做宾语。可是实际情况要复杂得多，也有不少受事主语和施事宾语。

尽管表层结构中动词和补语形成直接成分，可是补语可以跟句子的各种成分发生语义联系，成为这些成分的隐性谓语。例如：

（12）a.施事：砍累了。

b.工具：砍钝了。

c.动作：砍完了。

d.受事：砍掉了。

例（12）a的补语“累”指的是动作的施事，两者具有隐性的主谓关系：他

累。余类推，“钝”是指工具，“完”是指动作行为，“掉”是指受事。

2.3.3 动补结构的及物性

我们上文看到了动补短语带宾语的例子，然而不是所有的动补短语都有这个功能。根据能否带宾语，可以把动补短语分为及物的和不及物的两类。本小节来探讨是哪些因素影响动补短语的及物性的。

总的来说，动补短语的及物性既不取决于单独的动词，也不取决于单独的补语，而是取决于补语与其他句子成分的语法关系和动词、补语之间的融合程度。如下例，即使两个成分都是不及物的，它们所构成的动补短语也可能具有及物性，带上宾语：

（13）她哭哑了嗓子。

（14）小孩子哭醒了隔壁的李奶奶。

例（13）的“哭”和“哑”都是不及物的，任何一个单用时都不能带宾语，可是它们所组成的动补短语则可以。可以认为，受事宾语“嗓子”是整个动补结构赋予的论元。类似的情况也存在于英语中，比如She shout herself hoarse（直译：她＋喊＋她自己＋哑）。这里herself既不是shout的宾语，也不是hoarse的宾语，而是整个动补结构to shout...hoarse的受事。动补结构含有致使义，赋予该结构以及物性，因而整个结构可以加上一个受事论元。

另一种情况是，即使动词是及物的，动补短语后的宾语也不一定是该动词的受事。例如：

（15）弟弟跑丢了一只鞋。

（16）他吃圆了肚子。

很明显，“跑”和“鞋”之间没有直接的“动作-受事”关系，“吃”和“肚子”之间也是如此。这再一次说明，动补短语后的宾语通常是整个动补结构赋予的。

动补结构带宾语是有规律可循的，据此可以预测哪些动补短语可以带宾语。尽管每一条规则都有例外，但是预测还是相当准确的。下面就是有关的规则。

规则一：如果补语是主语（施事）的隐性谓语，所构成的动补结构不能带宾语。例如：

（17）a.*她看累了书。

b.*他吃胖了肉。

上例中的“看累”和“吃胖”都是合法的动补短语，其补语分别指向主语，都不能带宾语。对于这类动补结构，如果要引进动作的受事的话，现代汉语所提供的唯一语法手段是动词拷贝结构。该结构里，同一个动词重复一次，第一个动词引入受事，第二个引入结果。例如：

（18）a.她看书看累了。

b.他吃肉吃胖了。

规则二：如果补语是描写动作的状况，所构成的动补短语大都不能带宾语。例如：

（19）*他打重了孩子。

（20）*他吃晚了饭。

例（19）的补语“重”是描写“打”的程度，例（20）的“晚”表示“吃”的时间。它们相应的合法句式为“把”字句（如例21）或者话题结构（如例22）。

（21）老王把孩子打重了。

（22）饭她吃晚了。

规则三：如果补语是宾语的隐性谓语，所构成的动补短语带宾语最为自由。例如：

（23）她哭湿了枕头。

（24）她笑疼了肚子。

这类动补短语的动词甚至不一定是及物的，比如例（23）的“哭”和例（24）的“笑”都是不及物动词。

规则三并不是动补短语带宾语的充分条件。实际上，有许多属于此类的动补短语仍然不能带宾语，它们能否带宾语还受到其他因素的制约，比如动词和补语的融合程度就是其中关键的制约因素之一。实际上，一旦两个成分融合成一个复合动词，不论补语的语义指向是什么，都可以带宾语，也就是说上述的规则一、二都有可能被打破。比如规则一的两个例外是“吃饱饭”和“喝醉酒”，其中的补语“饱”和“醉”都是指向主语，但都可以带宾语。影响动词和补语融合程度的因素也很多，包括补语的语义指向和使用频率。

2.4 动补短语的音韵特征

2.4.1 音节数目

现代汉语的动补短语形成一个明确的韵律单位，这涉及音节的数目和超音段语音特征。

一个动补短语的音节数目影响它的句法功能。这与汉语词汇的双音化密切相关。一个明显的现象是，现代汉语的复合词，不论是哪个词类，都是双音节词占绝对优势。受汉语词汇基本语音单位的影响，如果动词和补语构成一个双音单位，即动词和补语各自都是单音节的，就容易达到高度融合，因而也就最有可能获得普通动词的功能，诸如带宾语等。

现在我们主要从共时的角度考察动补短语的音节数目对其功能的影响。首先，做补语的动词只限于单音节的。很明显，只有它们才有可能与其前的谓语中心动词形成一个双音节单位。其次，如果动词和补语都是单音节的，它们的组合常常具有单纯动词的功能。它们可以加上体标记，或者跟上宾语。如果一个动补短语超过两个音节的话，它们带宾语的可能性就会变小。最后，几乎所有的单音节形容词都可以用作补语，可是双音节的形容词则大大受到限制。比如，某些性质概念有两个音节数目不同的近义形容词，只有单音节的可用作补语，多音节的则不可以。例如：

（25）a.做完　　*做完成

b.办好　　*办不错

c.买贵　　*买昂贵

d.弄脏　　*弄肮脏

2.4.2 动补短语的轻重音格式

双音节动补短语的轻重音格式通常为：重音＋轻音。第一个语素负载一个重音，第二个语素则倾向于弱化而成为一个轻音。受这种双音格式的影响，两个语素在融合成一个复合词的过程中，第二个语素的语音形式常常会弱化。弱化的常见现象是，失去独立的调值，韵母变成一个央元音[ə]。例如：

（26）a.妈妈 [ma^{55}mə]

b.大方[da^{55}fəŋ]

c.办法[ban^{51}fə]

d.麻烦[ma^{35}fən]

我们采用五度制声调表示法：“55”代表阴平，“35”代表阳平，“214”代表上声，“51”代表去声，轻声则不加任何标记。

应该指出，第二个音节的语音形式弱化只是一种倾向而不是必然的。但是，第二个音节是否弱化常常可以把一个词与跟其同形的词组区别开来：

（27）　　复合词　　　　　　　词组

东西dōngxi（事物）　　东西dōngxī（方向）

利害lìhai（能力）　　利害lìhài（好坏）

上例中的每对词都具有同样的音节和书写形式。第二个音节读轻声，表明它与其前的音节结合得比较紧，相应地，所构成的词的意义也具有整体性，即不是两个语素意义的简单相加。比如作为复合词的“东西”义为事物，词义与其构成部分没有直接关系，然而作为词组的“东西”则是指“东边”和“西边”，是两个语素意义的简单相加。

同样的道理，常做补语的词语的语音形式容易发生弱化，原因是它们常位于一个短语的第二个音节的位置。也就是说，补语成分语音弱化的可能性大小与它们的使用频率成正比。例如，体标记的语音形式弱化程度最高，“了”和“着”不仅失去了调值，而且韵母也弱化为一个含混的央元音，这与该类词高频用于动词之后有关。还有一些常用作补语的词，语音形式也常常弱化，如“完”、“好”和“掉”等在补语的位置上常读轻音。

2.5 需要动补短语的句法结构

现代汉语里动补短语的使用非常普遍，它们在现代汉语语法中的重要性可以从一个事实中看出来——很多句法结构都要求用动补短语：

一、话题结构

（28）a.书他已经看完了。

b.他书已经看完了。

c.*他书看。

二、“把”字句

（29）a.他把车修好了。

b.*她把车修。

三、动词拷贝

（30）a.她看书看累了。

b.*她看书看。

事实上，现代汉语的普通陈述句也有一种明显的倾向性，谓语中心动词之后常常有一个结果成分。上述这三种句法结构都是宋以后才出现的，是动补结构建立所带来的直接后果。

2.6 其他动补结构

动补结构的类型相当丰富。我们上面所讨论的是最典型、最常见的一类。此外，还有其他类型：

一、动词＋介词短语

（31）a.放在桌子上。

b.走到门口。

二、形容词＋程度短语

（32）a.暖和多了。

b.漂亮极了。

三、动词＋动量词

（33）a.他看了两遍。

b.她学了两个小时。

四、动词＋趋向动词

（34）a.站起来了。

b.走了进来。

从历史上看，把上述四类结构看做动补短语是有道理的。它们大都与动补短语具有平行的发展过程。

2.7 结语

动补结构在现代汉语语法体系中占有重要地位，它不仅使用频率高、出现范围广，而且还是很多语法结构所必需的。从历史上看，它的兴起是现代汉语语法系统形成的关键因素，现代汉语的很多语法标记和结构都是动补结构建立所带来的直接或者间接后果。

第三章　特殊动补结构带宾语

3.1　引言

语言中常常存在这种现象，不合语法的结构加上一个合适的成分就变得合法了。比如不能说“*这顿饭吃了我”，但是加上一个结果成分就可以了：“这顿饭吃了我八百块钱”、“这顿饭吃了我一头汗”、“这顿饭吃了我三个钟头”等。这是现代汉语的一个高度能产的语法结构，几乎所有用于该结构的及物动词都可以带上施事宾语。例如：

（1）这封信写了我一个晚上。　　这台电脑修了我五百块钱。
这瓶酒喝了我半个月的工资。　　这幅画画了我一个多月。
这道题做了我三个小时。　　那场电影看了我八十块钱。
这个问题讨论了我们半天。　　那首歌学了我一个星期。
这碗汤喝了我一头汗。　　这个公园逛了我们一个下午。

这是现代汉语语法的重要现象，对它们使用条件的解释有助于对现代汉语语法系统的深入了解。下文将讨论这类结构的使用条件和整体功能，及其与其他现象的关系。

3.2　动补结构的整体功能

3.2.1　动补结构所赋予的宾语

动补结构的典型意义是某种行为导致某种事物达到某种结果，涉及事物的状态变化，具有很强的致使意义。它的整体功能相当于及物动词，可以带上一个论元，该宾语既不是动词单独带的，也不是补语单独带的，而是整个短语所赋予的。英语存在类似的现象，其动补结构可以带上一个附加宾语，因此一些不及物动词如果用于动补结构，就可以带上宾语。例如：

（2）He cried himself asleep.　　The joggers ran the pavement thin.
The dog barked the chicken awake.　　She coughed herself sick.
She slept herself sober.　　The alarm clock ticked the baby awake.

He laughed the poor guy out of the room.

Frank sneezed the tissue off the table.

上例中cry本来是不及物动词，是不能带宾语的，但是在与asleep组成动补结构后就可以带上宾语himself，宾语出现于动词和补语之间。英语中还存在一类动补结构，动词虽然是及物的，但是并不直接支配所带的宾语，如The jackhammer pounded us deaf，其中的us并不是pound（敲打）的宾语，而是整个动补结构"pound...deaf"的宾语。

平行的现象也存在于汉语之中。跟英语相比，汉语动补结构的使用范围广得多，出现频率也高得多。汉语动补结构带宾语有很强的规律性，如果补语指的是施事主语的属性，一般不能带宾语，比如不说"*他吃胖了烤鸭"，因为"胖"指的是施事主语"他"；如果补语指的是受事的属性，动补短语就可以带各种受事名词做宾语，具体可以分为以下三种情况。

（一）动词为及物的，动作行为直接作用于受事。补语为不及物动词或者形容词，一般不能直接跟宾语搭配。例如：

（3）打碎了一个杯子。　　洗净了一件衣服。

吃光了苹果。　　修好了电脑。

（二）动词为及物的，但是动作行为不直接作用于受事。补语为不及物动词或者形容词，一般不能跟宾语搭配。例如：

（4）吃坏了肚子。　　喝穷了一家子。

看花了眼睛。　　说破了嘴。

（三）动词为不及物的，补语也是不及物性质的成分，两者都不能单独与宾语搭配。例如：

（5）哭肿了眼睛。　　哭湿了枕头。

笑疼了肚子。　　走坏了一双鞋。

上述第二、三种用法，只能理解为整个动补短语带宾语。其实第一种用法也可以作这样的解释，即"一个杯子"是"打碎"的宾语，虽然"打"和"杯子"之间具有潜在的动宾关系。

3.2.2 "这顿饭吃了我八百块钱"为一种动补结构

现在我们来证明，"这顿饭吃了我八百块钱"实际上也是一种动补结构带宾语的用法。其中的动补结构为"吃了八百块钱"，抽象格式可描写为"$V+R_{数量成分}$"，"我"为整个动补结构所带的宾语。

上面的分析显示，不论动词或者补语的性质如何，整个动补短语都可带一个宾语。上面所讨论的都是宾语出现在整个动补短语之后，它们的补语一般是单音节的或者简单的词语。然而，如果补语为多音节的复杂结构，则需要用“得”字连接补语，如果有宾语，则只能出现在动词和补语之间。我们发现一个重要的现象，“得”字动补结构与“$V+R_{数量成分}$”不仅在结构上平行，而且在功能上互补，可以用下面的形式描写：

A. $V+$（了）$+O+R_{数量成分}$。如果补语是复杂的多音节结构，而且是表示数量的，只能用格式A，不能用“得”字结构。例如：

（6）这封信写了我一个晚上。　　*这封信写得我一个晚上。
　　这台电脑修了我五百块钱。　　*这台电脑修得我五百块钱。
　　这瓶酒喝了我半个月的工资。　　*这瓶酒喝得我半个月的工资。
　　这幅画画了我一个多月。　　*这幅画画得我一个多月。
　　这道题做了我三个小时。　　*这道题做得我三个小时。

B. $V+$得$+O+R_{状态成分}$。如果补语是复杂的多音节结构，而且是表示状态的，只能用格式B，不能用数量动补格式A。例如：

（7）忙得他团团乱转。　　*忙了他团团乱转。
　　累得她气都喘不上来。　　*累了她气都喘不上来。
　　逗得我们哈哈大笑。　　*逗了我们哈哈大笑。
　　伤心得她眼泪围着眼圈转。　　*伤心了她眼泪围着眼圈转。
　　跑得他浑身都是汗。　　*跑了他浑身都是汗。

上述两种结构的数量成分和状态成分都是动作所带来的结果，它们在功能上的互补，说明它们属于同一类型的结构。其间的受事宾语都是整个动补结构所赋予的，去掉补语都不成立，但是都可以省略中间的宾语。它们的平行变换如下：

（8）这顿饭吃了我八百块钱。　*这顿饭吃了我。　这顿饭吃了八百块钱。
　　跑得他浑身都是汗。　*跑得他。　跑得浑身都是汗。

至此我们可以确认，“这顿饭吃了我八百块钱”属于“得”字一类的语法结构，两者的功能互补：前者的补语是数量成分，后者的补语是状态成分。数量动补结构中的宾语并不是一般的动词带的施事宾语，而是整个动补结构所赋予的一个宾语。也就是说，“这顿饭吃了我八百块钱”是现代汉语动补结构大家族中的一个子类，它们是动补结构的使用扩展。

我们认为“这顿饭吃了我八百块钱”属于动补结构之一种，还有另外一个重要的佐证，它与动词拷贝结构之间也存在着密切的对应关系。动词拷贝结构是由于动补结构的发展而产生的，宾语为不定指时，一般用动词拷贝结构，比如“他做饭做累了”中的“饭”就是不定指的。而且第二个谓语必须是动补结构，不能说“*他做饭做了”。本章讨论的例子中的受事主语如果变成不定指的，最自然的表达就是用动词拷贝结构。例如：

（9）我吃饭吃了八百块钱。　　　　我写信写了一个晚上。

我修电脑修了五百块钱。　　　　我喝酒喝了半个月工资。

我做题做了三个小时。　　　　我看电影看了八十块钱。

既然动词拷贝结构使用的一个必要条件是，第二个谓语成分必须是一个动补结构，那么就可以逻辑地推出，上述例子中的第二个谓语成分诸如“吃了八百块钱”等都是动补结构。

数量动补结构并不是动词简单加上一个数量成分的问题，它表示的是动作引起客体数量变化，包括失去了一定量的钱财（如“这顿饭吃了我八百块钱”），遭遇了某种量的变化（如“这个瓶子抓了我一手油”），等等。

单纯的数量动补结构往往强调数多量大的意思，如果表达数少量小的意思，通常不能用这种结构。比如一般不说“*这封信写了我一小会儿”、“*这顿饭吃了我一点儿钱”等。

3.2.3 数量动补结构的语法性质

本节讨论数量动补结构的一些特殊的语法性质。

（一）数量动补结构需要一定的语法成分表示它的时间信息，目前为止我们看到的该类用例都有一个“了”，表示动作行为已经达到了某种数量状况。这些句子如果去掉“了”就不能成立，比如不能说“*这顿饭吃我八百块钱”、“*这封信写我一个晚上”等。在三个最主要的体标记“了、着、过”中，只有“了”可以进入这种结构，但是这并不等于说该类结构必须用“了”才能成立，换作将来时标记“要”也可以说。例如：

（10）这封信要写我一个晚上。　　　　这台电脑要修我五百块钱。

这瓶酒要喝我半个月的工资。　　　　这幅画要画我一个多月。

这道题要做我三个小时。　　　　那场电影要看我八十块钱。

（二）受事主语都是有定的，而且一般不能省略。上文已述，当受事名词为有定时，数量动补结构是自然的表达，而动词拷贝结构则显得不自然，甚至不能接受。例如：

（11）?我吃这顿饭吃了八百块钱。　　?我修这台电脑修了五百块钱。

?我喝这瓶酒喝了半个月的工资。　?我看这场电影看了八十块钱。

汉语句子的主语倾向于有定，数量动补结构的使用与受事名词的有定性不无关系，而可能与“客体归因”没有直接的联系，这只是一种附带的表达效果。

（三）数量动补结构的宾语必须是有定的，宾语与其前的动词之间存在着施事与动作的关系。不定的指人名词不能用于该结构。例如：

（12）*这封信写了人一个晚上。　　*这台电脑修了老师五百块钱。

*这瓶酒喝了工人半个月的工资。　*这幅画画了小孩儿一个多月。

*这道题做了学生三个小时。　　*那场电影看了职员八十块钱。

3.3 结语

本章集中讨论了“这顿饭吃了我八百块钱”这类用法的语法性质和功能，通过汉英的比较，特别是与汉语其他动补结构的对比，论证了这类用法属于动补结构之一种，主要表达相关对象的数量的变化。格式中的施事宾语是整个动补结构所赋予的。

结构主义语言学的研究兴趣主要是对词或者结构进行分类，迄今为止已经取得了丰硕的成果，使人们对语言的全貌有了一个全面的了解，但这并不等于说这种分类工作已经完成。实际上还有很多结构需要确认或者分类，研究工作的难度也会相应提高，我们需要跨语言的视野和语言系统观，才能做好这方面的工作。

第四章 被动式

4.1 引言

被动式是基本句式之一。汉语史上先后出现过十余种被动标记，它们又组合搭配形成几十种被动格式。这些被动标记的词汇来源有同有异，它们在被动式中标记的成分也不完全一样，所构成的被动式的功能也各具特色。

被动式的不同词汇来源，跟人们对同一事件结构的观察视点不同有关。被动式所表达的事件结构通常有三个构成要素：施事、受事和动作。面对同一事件结构，不同民族或者同一民族不同历史时期的人，关注的焦点有同有异，这会影响被动式语法标记的词汇来源的异同，也会影响被动式标记成分的异同。但是，属于同一个语言共同体的人在同一历史时期对事件结构的诠释方式具有稳定性，结果就会形成历史发展规律和跨语言之间的对应规律。

4.2 被动式的事件结构

4.2.1 诠释与语法结构的选择

认知语言学的重要研究课题之一是“诠释”对语法结构的选择。所谓“诠释”就是观察现象的认知视点或者过程。面对一个半杯水的杯子，不同的人由于认知视点或者过程的不同，会选择不同的句式来表达，表达的内容也会有差别。例如：

（1）a. the glass with water in it　　　　里边有水的杯子

b. the water in the glass　　　　杯子里边的水

c. The glass is half-full.　　　　杯子是半满的。

d. The glass is half-empty.　　　　杯子是半空的。

对同一个客体的四种不同表述，反映了人们不同的认知诠释。这种不同的认知视点或者过程，影响到了句式的选择或者表述内容的差异。

这是从共时的角度来看认知视点与语法结构之间的关系，属于语言应用的问题。从历时角度看，对同一个事件结构，不同历史时期的人的认知视点不一样，这会影响到语法标记的词汇来源乃至语法格式的特征。

4.2.2 被动式的事件结构

不管对于什么民族，不管在什么历史时期，被动式所描写的事件结构都是一致的。典型的被动事件结构都由三个要素构成：施事、受事和动作。图示如下：

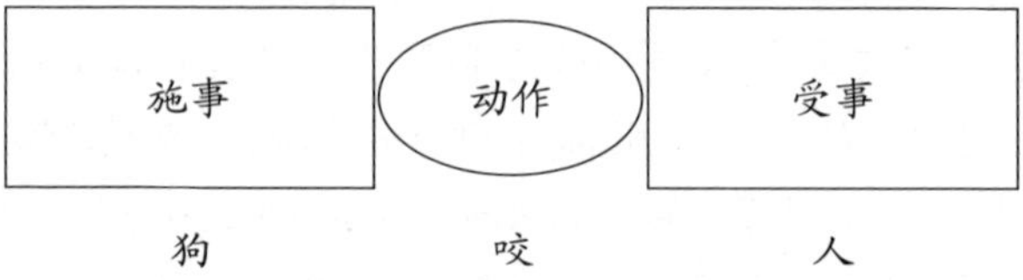

对于这一事件，可以从不同的角度来表达。被动式是相对于主动式而言的，该事件的主动表达为“狗咬了人”。不论哪种语言，被动式的共同特点都是把受事置于主语的位置，比如这里为“（那个）人被狗咬了”。汉语被动式的“施事”需要加词汇标记，现代汉语是“被、叫、让”等。

从被动式的标记方式的角度看，被动式的三个成分都可以被标记，但是很少有语言如此。位于主语位置的受事通常是无标记的，一般都只标记施事或者动词，这又有三种可能：

（一）施事和动词都标记；

（二）只标记施事；

（三）只标记动词。

然而在如何标记施事和动词上，由于人们的认知视点不一样，不同语言系统会选择不同的词汇来源。

4.2.3 被动标记的常见词汇来源

下面是被动式标记的主要来源，它们代表对被动事件的不同诠释。

一、对事件的被动遭遇。从被动式的受事主语的角度看，某一事件的发生是一种被动的遭遇，即强调不是受事按自己意志遇到的行为。这也是被动式使用的语用背景。比如，汉语史上“被”、“见”和“吃”先后发展成被动式标记，都来自它们表达被动遭遇的语义基础。

二、对动词论元的消除。人类语言被动式的一个共同特点是把谓语动词的宾语提升到主语的位置，那么被动式的动词之后就不能再带其他论元，即被动式的动词丢失一个论元。被动式的这一特点很多语言用形态标记加以表征。汉语史上被动式标记中的代词“所”和“之”就属于这种功能。

三、施事与动作的关系。被动式中的动作是施事一方的意志行为，对于被动式的施事来说，是“得到”某种机会对某人或物施加某种行为。被动式的动词也可以用引进伴随格的介词标记，指示动作是他人所为，主语所指只是受事。下文讨论的“给”就属于这一类型。

4.3 被动标记的使用情况

4.3.1 被动标记出现频率的差异

现代汉语的被动标记有“被”、“让”、“叫”和“给”等。一般的论著只简单地说明它们具有相同的功能，在被动式中引入施事。也有人提到了它们在语体上的差别，口语里“叫（教）”和“让”比“被”更普遍。这4个被动标记在现代汉语口语里的使用情况可以概括如下：

一、在同为口语的3个被动标记中，“让”的使用频率最高，分别是“叫”和“给”的10倍左右。

二、在口语中“被”基本为“让”所替代。相声是口语，“让”的出现频率是“被”的20倍。下面是口语中的被动标记“让”、“叫”和“给”的用例。

（2）我休礼拜出去玩儿，没留神让老虎给吃了。（姜昆相声）

（3）你扮演我们的交通员，让敌人抓住了。（同上）

（4）冰箱里的东西全给吃干净了。（同上）

（5）这问题让人说滥了。（《编辑部的故事》）

（6）这叫你说着了。（同上）

（7）刚让岳父岳母给关进洞房就让你这丫头片子给提溜出来了。（同上）

4.3.2 被动标记“叫”的歧义现象

“叫”的被动用法和原来的动词用法在一些情况下可以有多种解释：既可以理解为一个被动标记，又可以理解为一个动词。这取决于读者的理解角度。例如：

（8）他这些日子不知怎么着，经期有两个多月没来。叫大夫瞧了，又说并不是喜。（《红楼梦》十回）

（9）二爷骂着打着，叫我引了来，这会子推到我身上。（《红楼梦》十九回）

（10）一个女孩儿家，只管拿着诗作正经事讲起来，叫有学问的人听了，反笑话说不守本分的。（《红楼梦》四十九回）

（11）巴巴的写了他的小名儿，各处贴着叫万人叫去，为的是好养活。（《红楼梦》五十一回）

（12）我要有外心，立刻就化成灰，叫万人践踹！（《红楼梦》二十二回）

例（8）既可以理解为“她容许大夫瞧了”或者“别人请大夫给她看病”，此时的“叫”就是一个动词；也可以理解成“她被大夫瞧了”。例（12）也有两种理解：一是“我化成灰，容任万人践踹”，这里的“叫”就是动词；二是“我化的灰被万人践踹”，这里的“叫”就是被动含义。

4.3.3 新被动标记“叫”与“被”之间的分工

18世纪被动标记“叫”的使用已经相当普遍。但是当时不论是口语还是书面语中，最常用的被动标记仍然是“被”，它已经存在两千多年了。我们的调查显示，在那时“叫”和“被”的功能并不完全相同。“叫”多用在谈论日常生活事情的对话中，很少用在重大事情的谈话中，而且动词多为及物性较低的，诸如“留住”、“知道”、“支使”、“教”等，这些动作都不直接从物理上影响受事。相对地，“被”除了拥有“叫”这些用法外，还可以用于重大事情的场合，动词也可以是高及物性的，能从物理上改变受事主语的性质。请看《红楼梦》中的“被”字用例。

（13）纵然失了家也愿意，强如天天被父母师傅打呢。（《红楼梦》五回）

（14）回身就要跑，被贾蔷一把揪住。（《红楼梦》十二回）

（15）依旧被我闹了个马仰人翻，更不成个体统。（《红楼梦》十六回）

（16）林黛玉赶到门前，被宝玉叉手在门框上拦住。（《红楼梦》二十一回）

（17）必定是外头去掉下来，不防被人拣了去，倒便宜他。（同上）

今天，在一些北方方言中，“叫”已经在口语中完全取代了“被”的地位，成为唯一的被动标记。但是，作为普通话基础方言的北京话的情况则不同，“被”虽然在口语中大大萎缩了，但是稍后又产生了两个被动标记——“让”和“给”，在口语中形成鼎立的局面，而后起的“让”反而占据了一定的优势。这样就在一定程度上限制了被动标记“叫”的使用范围。

4.3.4 被动标记“让”在现代汉语中使用频率的增长

“让”的被动用法只有不到100年的历史。它在清代还没有被动的用法。我们对多部明清时期的白话作品进行了全面调查，未见一例。根据我们的考察，“让”的被动用法最早见于20世纪40年代老舍的小说中。它在口语中的出现时间应该稍早一些。过去50多年的文献显示，被动标记“让”的使用频率大幅度提高。以同一文体的小说看，在每5万字中，《编辑部的故事》的被动“让”比老舍40年代的小说提高了十几倍；而在相声中则提高了25倍。下面是“让”的早期被动用法的例子：

（18）祥子！你让狼叼去了，还是上非洲挖金矿去了？（《骆驼祥子》）

（19）整个北平都让人家给占了。（《四世同堂》）

（20）没准儿会让邻居听了去，报告日本人。（同上）

（21）要是钱先生又让人给逮了去……（同上）

（22）见了面不会在无意之间露出点什么破绽让人家发现。（同上）

尽管不同作者和不同文体的作品反映口语的程度可能不一样，但是根据我们的考察，可以有把握地说，被动标记“让”的出现和发展是近100年之内的事情，而最近的50年是它重要的发展时期。

4.3.5 被动标记“给”在口语中的使用情况

“给”的被动和处置用法一般限制在口语里。当今普通话口语的代表是北京话。我们对当今北京话进行了抽样调查，结果显示，口语中最常用的被动标记是“让”，其次是“叫”和“给”，“被”则很少见到。“给”用作被动标记的频率跟“叫”差不多，但是它们的用法也不完全一样，“给”后的施事经常省略，“叫”则一般都要带上施事。请看“给”的被动用例：

（23）再好的脾气也得给急坏了。（姜昆相声）

（24）冰箱里的东西全给吃干净了。（同上）

（25）老电梯……我就给关这里头了。（同上）

（26）谁知他那对象又不干了，成天又哭又闹，说回头肯定给他甩了。（《编辑部的故事》）

（27）咦，我这有段情节怎么给拿掉了？（同上）

（28）真是的，全搞乱了，让人怎么工作？连椅子都给占了。（同上）

“给”被省略的施事，往往是上文已经指出，或者是语境已明确显示的，因此无须重复。比如，例（23）的“给”之后省略一个“他”，例（25）的施事就是“老电梯”。

4.3.6 被动式的谓语动词之前的“给”

被动式和处置式的一个共同特点是，施事和受事都是出现在谓语动词之前。当被动式和处置式的语法标记不是“给”时，“给”常常出现在谓语动词之前。例如：

（29）我想用十分钟赶到，可是半道儿上让事情给耽误了。（姜昆相声）

（30）得亏他这身子骨儿硬，软点儿不让我给撞坏了？（同上）

（31）甲：现在这股儿热闹劲儿全没了。

乙：哪儿去了？

甲：让孩子给闹没了。（同上）

（32）甲：鸟呢？

乙：让狗给叼了。

甲：猫呢？

乙：猫让狗咬了，狗宰了炖了肉了，肉全让他给开了。（同上）

（33）都让你给踢跑了。（马季相声）

（34）甲：刚才我穿着鞋来的。

乙：那你怎么光着脚丫子了。

甲：咳，让臭柏油给沾掉在马路上了。（同上）

（35）傻了吧，送上门的财神爷让你们给放跑了。（《编辑部的故事》）

上述被动式的谓语之前的“给”实际上是一个介词，其后省略了一个代词，该代词与受事主语形成回指。因此上述用例的“给”后还可以补出一个代词，例如：

（36）a.这股儿热闹劲儿全让孩子给它闹没了。

b.肉全让他给它开了。

c.鞋让臭柏油给它沾掉在马路上了。

d.送上门的财神爷让你们给他放跑了。

4.3.7 被动标记“让”、“叫”和“给”的语法化程度的差异

具有相同功能的不同语法标记的语法化程度可能是不一样的。根据汉语历史的发展，可以制定衡量一个词的语法化程度的标准。语法标记都来自普通的词汇，由普通词汇向语法标记的发展往往遵循着共同的规律：在作为一般词汇

使用的阶段，往往有多种义项和功能，而新产生的标记某一语法范畴的用法，刚开始往往是个别现象，但是随着时间的推移，它的语法标记的使用频率会逐步提高，最后替代原来的所有其他用法，成为一个单纯的语法标记。那么我们可以根据“让”、“叫”、“给”的被动标记和普通动词之间的用例比率，判断它们向被动标记语法化的程度。根据我们的调查，从三个词的被动标记与其各自全部用法的比率可以看出，“让”的语法化程度最高，占全部用法的28%；而“叫”和“给”都很低，其被动用法只分别占3%和2%，可见它们主要不是表示被动的。

此外从保留普通动词的用法比例上也可以看出它们语法化程度的差异，即保留动词的比例越低，说明它们的语法化程度越高。“让”的动词用法所占比例最低，只有4%，可见它逐步退化丢掉了原来动词的用法；“叫”还基本上是一个普通动词，其动词用法占全部用法的95%；“给”仍然保留较多的动词用法，为20%，它作为其他语法标记的比例也很高，占79%，但是主要不表示被动，而是引进受益者等与动作有关的对象。

4.4 结语

现代汉语的被动标记主要有四个，它们的词汇来源不一样，语法化程度的高低也不一样，因此具有不同的使用功能。历史最久的被动标记“被”在口语中已基本消失，主要用于书面语。

从本章所谈的现象中也可以得到启发，绝对的共时系统是不存在的，所谓的现代汉语代表一个发展的特定阶段，因此很多问题也可以从历时的角度加以分析。有些语法标记只有几十年的历史，可以详细探讨它们的产生和发展历史。

第五章　处置式

5.1　引言

处置式的产生与发展是汉语语法过去一千年来发生的重大变化之一，也是现代汉语重要的语法格式之一。该格式在历史上曾经存在两个标记——“将”和“把”，到了现代汉语则只有“把”一个，“将”只保留在书面语中。关于处置式的研究，人们的注意力几乎都在“将”和“把”所标记的结构上。然而过去一两百年来，处置结构的标记和功能发生了重要变化，主要表现在“拿”的语法化上。在标记处置式上，“拿”不仅在许多地方可以替代“把”，而且也发展出了自己独特的处置用法。另外，“给”也发展出了处置用法。本章主要讨论“拿”和“给”的处置用法。

5.2　“把”字处置式

“把”字仍是现代汉语最主要的处置标记。“把”字处置式有两个最重要的语法特点：

一、“把”所带的受事名词总是有定的，光杆名词则被自动赋予一个有定特征，也可以加上有定性的修饰语；但是无定名词不能进入“把”字句。例如：

（1）请来大夫了。

　　把大夫请来了。

　　把那位大夫请来了。

　　请来了一位大夫。

　　*把一位大夫请来了。

做宾语的“大夫”是无定的，而它由“把”引入时则变成了有定的。“把”所引入的有定性成分还可以受“这”、“那”等词语修饰。“一位大夫”是无定的，只能做宾语，而不能用于“把”字结构。

二、“把”字处置式的谓语一般是复杂的，它们在很多情况下不能变换为动宾式。例如：

（2）把书放到了书架上。→*放书到书架上。

把车开快一点。→*开快一点车。

把我听糊涂了。→*听糊涂了我。

处置式的抽象语法格式为："把＋NP＋VP"，其中的NP是VP的受事。"把"虽然来自普通动词，但是现在已经是一个高度语法化的成分，不仅失去了动作意义，而且也丧失了动词的主要特征，比如不能加体标记"了、着、过"或者趋向动词，不能重叠等。"把"字处置式是一个结合紧密的稳定的语法格式，"把＋NP"和VP之间不能有任何停顿。

为了帮助读者理解"拿"新发展出来的处置用法，下面简单介绍"把"的几个主要相关用法。

一、表示处置、致使。

（3）把信交了。　　　　　把房间收拾一下。

把嗓子喊哑了。　　　　把鞋都走破了。

二、表示认同、充当、转化，主要动词之后有另一受事名词。

（4）把他当做自己人。　　把老师的话当做金科玉律。

把我当成小王。　　　　把宾馆当家里。

三、表示给予，该结构中的"把"后的名词与动词后的名词是直接宾语和间接宾语的关系。

（5）把钢笔还你。　　　　把这件事告诉他。

把这本书带给小王。　　把全部材料送给校方。

四、表示对待、办法，多用于否定句。

（6）他能把你怎么样？　　我把他没办法。

5.3　"拿"字处置式

5.3.1 "看做"、"充当"类处置式

上文指出"把"的第二个主要用法是表示"认同"、"充当"等关系。"拿"也发展出了这一用法，而且达到了很高的语法化程度，不能带趋向动词或者体标记。其中的"拿"都可以用"把"替换。这种结构的动词类型虽然有限，但是宾语名词的选择很自由，具有高度的能产性。例如：

（7）比不得你，拿着我的话当耳旁风，夜里说了，早起就忘了。（《红楼梦》二十一回）

（8）难道玉贤竟拿我当强盗待吗？（《老残游记》八回）

（9）接受之后，你就完全不能再拿自己当个人。（《骆驼祥子》）

（10）我的姐夫嫌你们没诚意，拿他当外人儿了。（《编辑部的故事》）

（11）你拿我当土老帽儿？（《皇城根》）

（12）我可告诉你，你小子别拿我这老丈人当冤大头。（《大宅门》）

最有启发性的是下面这个例子，前后两个小句的谓语都是“充当”类，一个用“把”，一个用“拿”。可见人们在这里把两个标记看做是同样的成分。

（13）没人把我当一回事，想要有人拿我当回事，就得等待。（《未来世界》）

“充当”类谓语一般是表达看法、态度的，及物性较低，还不是典型的“处置”。然而这类“拿”字结构还有一个重要的发展变化，“充当”类动词所带的宾语之后可以出现另一个动词，来表示具体的动作行为。其抽象格式为：

拿 + NP + $V_{充当}$ + NP + VP

这种用法更接近典型的“把”字处置式。“拿”的这一用法的出现非常重要，可以以此为突破点，逐步发展出典型的处置用法。例如：

（14）你们拿我作愚人待，什么事我不知。（《红楼梦》六十五回）

（15）不知道的人，谁不拿你当作奶奶太太看？（《红楼梦》三十九回）

（16）可见世界上男子并不是个个人都是拿女儿家当粪土一般作践的。（《老残游记》十三回）

（17）因为平日没拿她当过女人看待。（《骆驼祥子》）

（18）陈清扬说，在家里刚洗过澡，她拿我那件衣服当浴衣穿！（《黄金时代》）

（19）就拿他当凤凰蛋捧着。（《那五》）

上述用例的加点动词（VP）除了表示态度、看法的“待”、“看”外，还可以是具体的动作行为，如“作践”、“穿”、“捧”。上面这组用例可以看做是这类“拿”字结构的扩展，应该是比较地道的处置式了。

5.3.2 VO熟语类处置式

“拿”字处置结构的另一个重要类型是，谓语动词为VO的熟语。该类“拿”字结构表达的是一种处置，但是既不能为“把”、“对”所替换，也不是“拿”的工具用法，自然也不能为工具格标记“用”所替换。值得注意的是，“拿”所引进的受事不能放到熟语的谓语动词之后。这类谓语虽然只限于熟语，但是成员数并不固定，范围相对比较开放，而且使用频率很高。其中的“拿”也高度语法化，失去了动词的主要特征，但有时候“拿”字仍然带体标记“着”。“拿”字结构这种独特的表达功能，是它存在和发展下去的重要理由之一。例如：

（20）你又拿我作情，倒说我小性儿，行动肯恼。（《红楼梦》二十二回）

（21）甭拿我爸我妈开涮呵，人这儿正愁着呢。（《编辑部的故事》）

（22）老三，你又拿我穷开心是不是？（《大宅门》）

（23）您可别拿我离嘻！（《那五》）

（24）但现在孩子病了，她有气无处撒，又想反攻倒算，拿小林的老师做筏子，小林就有些不客气。（《一地鸡毛》）

（25）不仅不帮忙，反而拿他寻开心。（《寻找无双》）

熟语性动词可以表示一种强烈的处置，比如在例（26）中，“拿”引出的“我的东西”指扇子，“开心儿”则指“撕”这一行为。

（26）宝玉赶上来，一把将他手里的扇子也夺了递与晴雯。晴雯接了，也撕了几半子，二人都大笑。麝月道：“这是怎么说，拿我的东西开心儿？”（《红楼梦》三十一回）

熟语性的谓语之后还可以有另外一个动词，或者熟语自身就是一个纯动词的形式，这种“拿”字结构就更接近典型的处置式了。例如：

（27）趁如今我不拿他们取乐作践准折，到那时白落个臭名，后悔不及。（《红楼梦》六十五回）

（28）自己高谈阔论，任意挥霍洒落一阵，拿他弟兄二人嘲笑取乐，竟真是他嫖了男人，并非男人淫了他。（同上）

5.3.3 双宾类的处置式

本章的第2部分谈到“把”的一个用法是，它所引进的名词与动词后的名词具有直接宾语和间接宾语的关系，整个处置式可以变换成双宾结构。“拿”也发展出了这种处置用法，不过该用法的“拿”语法化程度较低，仍然保留着较强的动词性，可以带体标记或者趋向动词，后一种情况可以看做连动式的处置结构。谓语动词限于“给予”意义的。下面分类举例说明。

A.单纯的“拿”所引进的直接宾语结构。该结构中的“拿”一般都可以为“把”所替换。例如：

（29）也罢，拿我这个给他，算谢他的罢。（《红楼梦》二十七回）

（30）拿五两银子给门口儿那人。（《大宅门》）

B.“拿”带上体标记或者趋向动词，仍具有较强的动作性，可以看做连动式的处置结构。例如：

（31）太太先拿出几两银子来打发了他们。（《红楼梦》八十五回）

（32）徐太太害怕，从酒柜里拿出一瓶“菊花白”给他。（《皇城根》）

（33）香秀拿出一包大洋递给了岗兵：“给弟兄们分分！”（《大宅门》）

有时候体标记“着”不表示动作的持续，“拿”的动作性也不高，可以看做一种语法化程度比较高的格式。

（34）我就知道又干这些事！也不该拿着我的东西给那起混帐人去。（《红楼梦》二十八回）

跟“充当”类“拿”字结构一样，这类结构中的“给予”动词所引出的间接宾语之后常出现另外一个动词，用以表示具体的动作行为，使得整个结构更具有“处置”的意味，因此也就更接近典型的处置式。其抽象格式为：

拿 + $NP_{直接宾语}$ + $V_{给予}$ + $NP_{间接宾语}$ + VP

末尾位置的VP不再限于“给予”类动词。例如：

（35）原要还把你妹妹们的新衣服拿两套给他妆裹。（《红楼梦》三十二回）

（36）昨日叫我拿出两套儿送你带去，或是送人，或是自己家里穿罢。（《红楼梦》四十二回）

（37）一时，雪雁拿过瓶子来给黛玉看。（《红楼梦》八十二回）

（38）我拿我的心给你瞧。（同上）

（39）命他托察院只虚张声势警唬而已，又拿了三百银子与他去打点。（《红楼梦》六十八回）

（40）她拿出工作证给我看，我没有在家里检查别人工作证的习惯。（《赤橙黄绿青蓝紫》）

（41）她拿衣裳给那五换过。（《那五》）

（42）你甭拿这话说给我听，许我说，就不许你说！（《大宅门》）

上述用例中的加点动词已经不局限于表示具体的“给予”动作，相应的“拿”也失去了动词性，更接近一个纯正的语法标记，比如例（42）的“拿这话说给我听”就是如此。“拿”的这种用法对它向典型的处置式发展具有重要的意义，可以突破“给予”类谓语动词的限制而变成普通的处置结构。

5.3.4 比较类的处置式

“拿”还可以引出一个比较项，动词一般为“比”或者以它构成的复合词。该结构中的“拿”的语法化程度也比较高，一般不能再带趋向动词或者体标记。它在绝大部分情况下都可以为“把”所替换。例如：

（43）怪不得他们拿姐姐比杨妃，原来也体丰怯热。（《红楼梦》三十回）

（44）可知这两件东西高雅，不怕羞臊的才拿他混比呢。（《红楼梦》五十一回）

（45）拿冬与夏相比，祥子总以为冬天更可怕。（《骆驼祥子》）

（46）让会制度不同，假如拿美国的三十年代和现在中国做个对比，就很容易发现新的线索。（《摆脱童稚状态》）

（47）我现在已经活到了人生的中途，拿一日来比喻人的一生，现在正是中午。（《工作与人生》）

（48）拿那“不懂事的东西”跟眼面前可她心的姐儿俩比，金秀、金枝不吭声，心里却越发别扭了。（《皇城根》）

（49）你拿我的和他的一比，就知道成色差多少！（《大宅门》）

跟前面所讨论的“拿”字处置结构一样，“比”所带的宾语之后可以跟另外一个动词，该动词可以是其他类型的。这种用法对“拿”的发展同样具有意义，可以突破谓语动词类型的限制而演化成典型的处置结构。例如：

（50）别说多的，只拿前儿琪官的事比给你们听。（《红楼梦》三十四回）

（51）我原是给你们取笑的，——拿着我比戏子取笑。（《红楼梦》二十二回）

5.3.5 办法类的处置结构

本章第2部分提到“把”字的另一个用法是是否具有某种办法来处置所引进的对象。“拿”在这一点上与“把”的功能一致，通常表示缺乏某种办法，一般不出现表处置的具体动词。这类的谓语结构只限于少数几个，如“没有办法”、“没辙”等，一般为否定或者疑问形式。该格式中的“拿”的语法化程度很高，不能再带与动词相关的语法标记。这种用法在《红楼梦》和《老残游记》中尚没有见到，可见是近百年来的新发展。例如：

（52）大家都觉得蛇颈龙的脖子该是支着的，但你拿它又有何办法。（《白银时代》）

（53）就如蛇颈龙的脖子，但你拿我也没有办法。（同上）

（54）他们都知道，这老爷子从来是一言九鼎的，除非他自己改主意，否则谁也拿他没办法。（《皇城根》）

（55）我真是拿你一点儿办法也没有！（《大宅门》）

（56）我也拿你没辙，你愿意住，那就住吧！（同上）

上面例子的谓语都是一个动宾结构的惯用语，但是也可以是一个纯粹的动词形式。例如：

（57）人都在烤着了，还能拿他怎么办？（《文明与反讽》）

5.3.6 普通的处置结构

上面所讨论的“拿”字结构都属于特殊的“处置”类型，即非典型的处置用法。我们也发现“拿”具有跟普通的“把”字处置式几乎完全一样的用法，它不再带动词的语法特征，表示普通的处置。例如：

（58）小的实没有打他，为他不肯换酒，故拿酒泼地。（《红楼梦》八十六回）

（59）奶奶只管明日问我们奶奶和大爷去，若说不是赏的，就拿我和我哥哥一同打死无怨。（《红楼梦》七十四回）

（60）便拿这项银子都花在老太太身上，也是该当的。（《红楼梦》一百一十回）

（61）一时又拿一件灰鼠斗篷替他披在背上。（《红楼梦》五十二回）

（62）可是对汽车一窍不通，人家拿她耍笑着玩，像捉弄小孩子一样任意欺侮她。（《赤橙黄绿青蓝紫》）

（63）我劝诸位还是不要拿鸡蛋往石头上碰。（《大宅门》）

（64）我是花钱没数，可也不能拿钱往水里扔！（同上）

（65）虽然这两种态度互相矛盾，但咱们也不能拿脑袋往城墙上撞。（《未来世界》）

上述用例中的“拿”字结构大都可以直接变换为“把”字结构：

拿酒泼地→把酒泼地

拿这项银子都花在老太太身上→把这项银子都花在老太太身上

拿鸡蛋往石头上碰→把鸡蛋往石头上碰

5.3.7 “拿”所引进的无定宾语

本章第2部分谈到，“把”字处置式的主要语法特征之一为，所引进的受事名词必须是有定的。那么就现实情况来看，人们可以处置的对象既可以是有定的，也可以是无定的。在这一点上，“拿”字处置结构正好与“把”形成互补，所引进的受事名词大部分是无定的，如例（61）“拿一件灰鼠斗篷替他披在背上”，这是它不能变换为“把”字结构的原因。

当“拿”所引进的名词为无定时，它仍保留较强的动词性，常带体标记或者趋向动词。但这已经成了一个出现频率高、功能相当稳定的格式，因此可以看做“连动式的处置结构”。用发展的眼光来看，这很可能发展成高度能产的稳定的语法格式，而且在功能上与“把”字结构形成互补。例如：

（66）说着李纨早命拿了一个大狼皮褥来铺在当中。（《红楼梦》五十回）

（67）店小二跑来打了洗脸水，拿了一枝燃着了的线香放在桌上。（《老残游记》十二回）

（68）她觉得挺解气，有趣儿，又拿一沓子钱往墙上摔，出现了“天女散花”的美景。（《皇城根》）

（69）另有一个小丫头比较好，她拿了一支笔塞到我手里。（《白银时代》）

（70）后来他拿出了香烟，叼在嘴上。（《未来世界》）

更值得注意的是，上述的“拿”字连动式表示处置的用法很多时候是强制性的选择，即无法把“拿”所引进的受事名词放在第二个动词之后，从而变换成一个动宾结构。例如：

又拿一沓子钱往墙上摔→*往墙上摔一沓子钱

拿了一支笔塞到我手里→*塞一支笔到我手里

拿出了香烟，叼在嘴上→*叼香烟在嘴上

上述“拿”的用法跟“把”字处置式的一样，“把”字处置式很多也是不能变换成动宾式的，比如“把书放在书架上”就不能说成是“*放书在书架上”。而且“拿”和“把”所引入的名词类型是互补的：“拿”多引入无定名词，“把”则只能引入有定名词。“拿”字结构这种不可替代的地位，是它存在下去的重要理由之一。试想，如果一个新产生的语法标记与业已存在的某一个语法标记的作用完全重合，那么它存在的理由就会大打折扣。语法标记的产生往往不是随意的，它与当时语言的需求有很大关系。

在表处置的连动式中，“拿”也可以引入有定性的受事名词，只是不如引入无定性的普遍。例如：

（71）便从靴掖儿里头拿出那个揭贴来，扔与他瞧。（《红楼梦》九十三回）

（72）把二爷请到他家里坐着，拿出这扇子略瞧了一瞧。（《红楼梦》四十八回）

（73）许亮大怒，拿出吴二的笔据来往桌上一搁。（《老残游记》十九回）

（74）玉婷缓缓走到床前，仰面躺在床上，拿起万筱菊的照片抱在怀中。（《大宅门》）

（75）香秀又拿起槐花母亲的手看了看。（同上）

因为上述用例中“拿”所引入的名词是有定的，与“把”字结构的使用要求相符，所以可以变换为“把”字结构。变换后除了降低了受事的位移特征外，其他意思基本不变。例如：

拿出那个揭贴来，扔与他瞧→把那个揭贴儿扔与他瞧

拿出这扇子略瞧了一瞧→把这扇子略瞧了一瞧

拿出吴二的笔据来往桌上一搁→把吴二的笔据往桌上一搁

拿起万筱菊的照片抱在怀中→把万筱菊的照片抱在怀中

拿起槐花母亲的手看了看→把槐花母亲的手看了看

面对同样一个事件，人们可以在“拿”字连动式和“把”字结构之间自由选择，到底选择哪一个来描写，取决于人们的观察视点：如果着眼于受事的位移，就会选择“拿”字连动式；如果只强调对受事的处置，则选择“把”字结构。

5.4 “给”字处置式

根据我们的调查，当今口语中最常用的处置标记仍然是“把”，“拿”有时有类似的功能。“给”也明显具有标记处置式的功能，权威性的现代汉语工具书不应该忽略这一点。但是“给”和“把”的处置用法也不完全相同，“把”后的受事一般不能省略，“给”后的则经常省略。

一、处置标记“给”后引出受事的用例：

（76）说着说着给老头说糊涂了。（姜昆相声）

（77）照多啦给双眼皮儿给照平了。（同上）

（78）当时给我气坏了，我真想冲她嚷两句。（同上）

二、处置标记“给”后省略受事的用例：

（79）一着急我给贴错了。（姜昆相声）

（80）英语我懂呀，“刷刷”两下我就给写得了。（同上）

（81）是呀，稀里糊涂我就给贴上了。（同上）

上述例（76）的意思为“说着说着把老头说糊涂了”。要把上述“给”的省略受事的用例换成“把”就必须补上有关的受事，比如例（79）应该说成“我把厕所牌子贴错了”。

处置标记的“给”后省略受事的条件是，要么上文已经提到了有关的受事，要么受事是语境中不言而喻的。例如：

（82）甲：不是，您这屋里有了她呀，这环境……

　　　乙：她就给收拾了。

上例中画线的部分就是“给”后省略的受事，完整的说法为“她就给环境收拾了”。

处置式谓语之前的“给”：

（83）不是，洗脚水让我踹翻了两盆，把她鞋都给泡湿了。（姜昆相声）

（84）您把饭给热热。（同上）

处置式的“给”实际上也是一个介词，其后省略了一个代词，该代词所指的是动词的一个与事。该与事只限于人。很多时候该与事仍然出现，例如：

（85）他们害怕真理，把电给我掐了。（姜昆相声）

（86）我把问题就给你们解决到这儿。（同上）

（87）二奶奶我把这雪里蕻给您老买了。（同上）

在《红楼梦》时代，处置式中“给”后的与事全部不能省。现代汉语的省略用法是后来发展的。下面是《红楼梦》中的一些例子。

（88）把你女儿剩水给我洗。（《红楼梦》五十八回）

（89）求我把稿子给他们瞧瞧。（《红楼梦》四十八回）

（90）去把平儿给我叫来！（《红楼梦》五十九回）

5.5　结语

本章对“拿”字向处置标记的发展进行了描写和分析。从中可以得出如下的结论：

一、“拿”具有向处置标记发展的语义基础和句法环境，它会朝这个方向继续发展下去。

二、“拿”在表示充当、给予、比较、办法等的句式中与“把”字的功能相同，而且它还发展出了谓语为熟语的独特处置用法。与此同时，“拿”通过这些句式开始向普通的处置式扩展。

三、“拿”字也开始用于谓语为普通动词的处置式，其谓语结构与“把”的类似，而所引进的受事名词则与“把”的形成互补，多为无定名词，即“拿”的处置用法有自己独特的使用价值。

四、“拿”的各种处置用法的语法化程度高低不一。当谓语为充当、熟语、比较、办法等时，“拿”的语法化程度较高，已经失去了动词的主要特征；当谓语为给予或者普通动词时，“拿”的语法化程度较低，仍有动词的语法特征。

五、一个语法化过程往往要经过一个长期的历史时期才能完成，以“把”为例，它经历了一千多年才最后完全丢掉原来的动词用法而成为一个稳定的语法标记。由此来看，“拿”只是处于它语法化的初始阶段，可以预测，它的变化将是未来很多世纪汉语语法发展的主要看点之一。

此外，“给”也逐渐发展出了处置标记的用法，虽然不太常见，但是很值得注意。

现代汉语是汉语长期发展的结果，而且也是走向未来的一个出发点。用这种历史的眼光看待现代汉语，不仅可以帮助我们发现很多研究的课题，同时也可以正确地把握现代汉语的特性。

第六章 构形重叠

6.1 引言

通常把“妈妈、看看、个个、清清楚楚”等都看做重叠，其实它们属于性质完全不同的两类词汇形式。从意义上看，一类是叠前和叠后没有什么两样的，如“妈”和“妈妈”都是指同一类对象；另一类是基式和重叠式的表义有着明显的不同，比如“看”只指示一个单纯的行为，而“看看”除代表一个行为范畴以外，还表示一个短时量的意义。又如，“个”只是一个单纯的量词，而“个个”则是对某一特定范围全体成员的遍指。还有，从语法功能的角度来看，“妈”和“妈妈”完全一样，而“看”和“看看”则很不一样，比如“看”可以加“的”而名词化，而“看看”则不行。更有意思的是，基式量词可以自由地出现在主宾两种位置上，而其重叠式则只能用于谓语中心动词之前。甚至两类重叠式的语音形式也不完全一样。大家知道，两个三声字连用时，第一个变阳平，第二个保持本调。但是这不适用于叠前和叠后意义和功能完全一样的重叠式，比如“奶奶”、“姐姐”就不遵守三声变调的规律，它们的第一个字仍是三声，第二个字读半上声。只有基式和重叠式意义和功能不一样的重叠式，才遵守三声变调的规律。比如“想想”、“写写”、“管管”等。根据上面的简单分析，我们有充分的理由确信汉语中有两类性质完全不同的重叠：一是构词重叠，即叠前和叠后意义和功能都一样的那一类，诸如“妈妈”、“姐姐”等；二是形态重叠，基式和重叠式的意义和功能都有明确差异，“看看”、“个个”等属于此类。本章只讨论形态重叠，下文的“重叠”指的都是这一类。

重叠是汉语多个词类共有的一种形态变化，名词、量词、动词、副词、形容词等都可以重叠。然而，迄今为止关于重叠的研究方法在某种程度上一直妨碍着对重叠现象的全面、系统的认识。如前所述，有关研究的第一个缺陷是，把两类性质完全不同的现象混在一起，这样就无法看清形态重叠的真正功用。研究的第二个缺陷是，注意力大都放在单一词类上，最多是两个相近词类的比较（如动词和形容词），很少有人关心像动词和名词这些句法功能表面上看来相差甚远的词类的重叠式之间有什么共性。本章就是打破这些词类之间的限制，探求重叠在各个词类中表现出来的共性。同时将全面论证重叠式在汉语形态系统中的地位。

6.2 重叠式的语法意义——定量化

定量化是词语通过某种语法手段赋予其概念义以数量特征。换句话说，被定量的词语除表达概念义外，还表示该概念的数量、范围、程度、级别等。不论是哪个词类，基式通常都是中性量的，然而相应的重叠式都是定量的。定量的结果又可细分为两类：

（一）对于名词，重叠式是对某一特定范围的所有成员的遍指，比如“人人”是表示所指范围里的所有成员。

（二）对于动词，重叠式是确立某一量级，如“看看”、“听听”是表示有关短时量的量级。

这种差异是由不同基式的概念所拥有的不同数量特征决定的，下文我们将进一步讨论名词、动词和形容词所代表的不同类型的数量特征。在我们看来，重叠式只有一个，其功用是使基式定量化，由于不同类型的概念有不同的数量特征，定量的结果会有或大或小的差异。下面我们分别讨论重叠对各类词的定量化作用。

名词或者量词的重叠式是表示遍指，指示在特定范围里的全部成员。例如：

（1）a.人人都知道这件事。

b.家家都买了汽车。

c.棵棵都挂了果。

d.句句都说到了我心窝里。

可重叠的名词大都兼有临时量词的作用，如“车、桶、碗”等，典型的名词可重叠的非常有限，只有“人”等少数几个才可以。名词和量词实际上是指同一类事物的不同方面，名词指的是事物的类型，量词指的事物的数量特征。因此，在讨论中，我们把名词和量词作为同类词看待。汉语中存在名词和量词两种系统的事实，反映了汉民族在认识客观世界的过程中，概念类型的划分和数量特征的概括是相分离的两个认知活动。这种事物范畴化的分离性使汉语具有了一系列独特的语法特征。

动词和形容词的重叠给其基式确立出了一个量级。对于形容词，重叠式确立了一个程度。注意，这个程度是一个具有伸缩性的模糊量，有时表示一个很高的量，比如“写得大大的”、“挂得高高的”，而有时似乎是一个比较弱的量，比如“大大的眼睛”、“短短的头发”。这种程度差别是由句法位置决定的，大致说来，在定语和谓语两种位置上表示轻微的程度，在状语和补语的位置上表示很高的程度。对于动词，重叠一般都表示一个较弱的量级，即为时量短，或者动量小。两类谓词的定量化，都可以借助某种形式标准加以鉴定。从逻辑上讲，一个确定的量级就不能或者无须再用其他语法手段加以定量化，因为它的量是固定的。具体表象为，重叠式动词不能再加动量词，其宾语也不能再用数量词限定，如例（2）；同理，重叠式形容词也不能再被程度词修饰而划分出新的量级，如例（3）。

（2）a.他看了看书。

b.*他看了看两遍。

c.*他看了看三本书。

（3）a.他的衣服干干净净的。

b.*他的衣服很干干净净的。

c.*他的衣服十分干干净净的。

可重叠的副词只有几个，其重叠式的定量特性不太容易看出来。比如“刚”和“刚刚”好像是同一个词的两个语音形式，可是它们在语义上还是有细微的差别，“刚刚去”比“刚去”似乎更强调离开的时间短。从形式上看，“刚”还可以用“才”加强其程度，如“他才刚去”，而“刚刚”则无此用法。更重要的是，“刚”所构成的动词短语还可以跟动量词或者时间词，“刚刚”则不行，如例（4）所示。由此可见，“刚刚”还是具有定量的性质。另外一对副词“常”和“常常”也有平行的现象，“常常”比“常”更强调动作重复的次数多。两者的差别也有个明确的形式标准加以裁定，比如“常”可以用程度词修饰，“常常”则不能，由此可见，“常常”也已被定量化了。

（4）a.我刚来了一会儿。

b.*我刚刚来了一会儿。

c.他刚走了两个钟头你就回来了。

d.*他刚刚走了两个钟头你就回来了。

（5）a.他最常去那里。

b.*他最常常去那里。

注意，还有一部分重叠副词属于构词重叠，没有相应的基式，比如“悄悄、渐渐”等。

6.3 重叠的语义和音节数目限制

6.3.1 重叠的语义限制

还有一个重要的事实是，并不是每一个词类里的所有成员都可以重叠，可重叠的往往是其中的一部分。更值得思考的一个问题是，同样一个词在某种句法环境中可以重叠，但是换到别的地方则不行。这里最重要的一个原因是重叠受语义和音节两个方面的限制。

重叠是有范围限制的。从大的方面讲，介词、连词、代词、助词等整个词类都不能重叠。在可重叠的词类中，也不是其中每个成员都可以重叠。重叠的功用既然是使基式的概念义定量化，那么就要求可重叠的词语必须是一个中性量。自然语言中的相当大一部分词在其概念化的过程中已经被赋予了数量特征，即其固有的词汇意义已经含有定量的意义，这类词都不能再通过某种语法手段定量化。我们有很多形式化的标准鉴定一个词是否代表一个定量化的概念。对于量词或者名词，如果不能自由地被数词修饰，所能搭配的只限于一个或者少数几个数字，这表明它们是定量的，因此就不能再有重叠式。比如，能修饰量词“码”的数字只限于“一”或者“两”，比如可以说“这是一/两码事”，但是不说“这是三码事”，这表明其语义已经是定量的，所以不能再通过重叠而定量化：“*码码事”。又如“阵”做风、雨的量词时，数字只限于“一”，所以也没有重叠式。虽然有“阵阵掌声”的说法，但是这里的“阵阵”与普通的量词重叠式是不同的，不表示周遍性，而是指“一阵又一阵”，可见它不属于我们所说的形态重叠现象。

对于动词，凡对其后成分（宾语或者数量词）有特殊数量要求的词，都不能重叠。这又可以细分为两种情况：一是其后必须有一个数量成分；二是其后不能有任何数量成分。第一种情况的例子如“白”，当其用作动词当“用白眼珠看人，表示轻视或不满”讲时，其后必须跟一个数量词“一眼”，既不能说“*我白了他”又不能说“*我白了他三眼”等。因此，动词“白”一般不能重叠。第二种情况的例子如“看”作“小心”讲时的用法，其后的名词不能再用任何数量词修饰，比如可说“看汽车”，但不说“*看两辆汽车”，因此该义项的“看”就没有相应的动词重叠式。

形容词的情况比较简单。凡是不能用程度词修饰的形容词，表明其概念义已经代表一个固定量级，所以也都不能重叠。比如所有的区别词都不能被程度词修饰，都不能重叠，如“男、女、正、副、单、双、彩色、黑白、急性、慢性、长期、短期”等。有一类词似乎是例外，比如“笔直”、“碧绿”、“鲜红”等都不能用程度词修饰，但可以采用ABAB重叠式：“那条马路笔直笔直的”。它们与可用程度词修饰的双音节形容词在重叠方式上形成了鲜明的对立，比如“干净、漂亮、轻松”等的形容词重叠式都只能是AABB。后文将会谈到，ABAB是典型的双音节动词的重叠式，因此“干净”等一旦采用了这种重叠式，就转化为动词性的了，比如说“这一回让我也干净干净”。可是“笔直”类形容词采用ABAB式时仍是形容词，从语义上看，这类词叠前和叠后都表示一个极高量，程度上没有什么差异，因此这类现象宜看做是修辞重复，意在加强表达效果，也就是说，它们跟形态重叠的性质不一样。

能重叠的副词只是少数，大部分都不能重叠，比如“都、也、全、才、却”等都没有相应的重叠式。

6.3.2 重叠的音节数目限制

上面所讨论的语义特征只是重叠的必要条件，而不是充分条件。也就是说，凡是不满足重叠语义条件限制的词（即数量特征不是中性的）都不能重叠，但是满足这一条件限制的词还可能受别的条件限制而没有重叠式。比如重叠对基式的音节数目也有明确的限制。

可重叠的名词或者量词的基式音节数限于一，任何复音节词都不能重叠表遍指。例如：

（6）a.年→年年　月→月月　天→天天　星期→*星期星期

b.碗→碗碗　桶→桶桶　车→车车　口袋→*口袋口袋

例（6）a组的词都是表示时间的，从语义上推测，“星期”也应该是可以重叠的，但是它不符合名词重叠的音节限制，所以不能重叠表示遍指。同样的道理，例（6）b组中的双音节“口袋”也没有相应的重叠式。

跟名词的音节数目限制不同，可重叠的动词和形容词的基式的最多音节数为二。多于两个音节的动词或形容词的数目很有限，它们也都没有重叠式，比如“斜不拉”、“傻了呱唧”。

能重叠是汉语的一种典型形态，因为它在很多方面都与屈折语言的形态相似。在具有形态变化的语言里，形态对词的音节数目是很敏感的。比如英语的比较级有两种表示方法：形态法和词汇法，形态只限于单音节的形容词，例如rich→richer→richest；如果形容词是两个或者两个以上的音节时，就只能采用词汇手段表示比较，比如beautiful→more beautiful→most beautiful。汉语的情况也很类似，尽管“星期”、“口袋”等双音节词不能通过重叠表示遍指，但是可以通过加“每”等词汇手段表达相同的遍指意义。在这里，相同的语法意义，究竟采用语法手段（形态）还是词汇手段，是由基式的音节数目决定的。这种现象是很自然的，因为所谓的形态就是借助于某种特定的语音形式来表达某种语法意义，那么形态的语音形式就可能与基式的语音形式发生相互制约关系。

6.4 重叠对词类句法功能的确立

重叠使基式的概念义定量化，定量化又进而引起词语语法功能的确定化。句法功能的确定包含两层意思：一是词类的确定，一个词一旦重叠，就不能转化为其他词类；二是句法位置的固定，跟其基式相比，重叠式只能出现在少数几个句法位置上。下文的讨论将会看到，基式的句法总是比其相应的重叠式的句法活跃得多。

重叠确立词语句法功能的作用再一次表明它是汉语的一种稳固的形态范畴，因为它与屈折语言的形态具有平行的特征。比如英语work（工作）这个概念，未加任何形态之前，可以做名词，也可以加-able成为形容词，还可以加-ing做动名词，但是一旦加了单数第三人称现在时标记-s，它就只能做动词。一个概念往往可以在多个认知空间进行诠释，在不同的认知空间诠释的结果就是不同的词类。形态变化的一个主要功能就是确定概念做某一词类的身份。

部分量词可兼做名词和动词，但是重叠以后就只能做量词，比如“套套、捆捆、卷卷、滴滴”等表遍指时只能是量词。一旦用作动词，它们的语法意义就会随之变化，比如“套套”只能表示时量短或者动量小，不再具有表遍指的功能。最突出的一点是，基式可以出现在主、宾语两种位置上，而其重叠式则限制在主语一个位置上。例如：

（7）a.人都看见了。　　　　看见人了。

b.人人都看见了。　　　　*看见人人了。

一个相关的重要现象是，语义上完全等值的一组词，其句法功能却大相径庭。“人人”、“每一个人”和“所有人”三个词语，都是对某一范围所有人的遍指，但是采用形态手段的“人人”限制在主语的位置上，而用词汇手段的另外两个短语可自由出现于主宾语两种位置上。例如：

（8）a.他已通知了所有人。

b.所有人他都通知了。

c.*他通知了人人。

d.人人他都通知到了。

例（8）的“人人”出现于主要谓语动词之前是强制性的。有一点我们尚不清楚，为什么同样的语义值，形态表达式的功能有别于相应的词汇表达式，还有为什么移位的方向一定是从主要谓语动词之后移到之前。

上面讨论的是名词和量词重叠式位移的强制性，动量词也有同样的现象。基式动量词可以自由地出现于动词前后两种位置，而相应的重叠式则只能出现在动词前边。例如：

（9）a.她三次都去了。　　　她都去了三次了。

b.她次次都去了。　　　*她都去了次次。

注意，动量词重叠式还可以出现在主语之前，比如“次次她都去了”。

名量词重叠式还有更细的限制：它们不仅不能出现在动词宾语位置上，也不能出现在介词宾语的位置上。例如：

（10）a.他把每间屋子都打扫了一遍。

b.*他把间间屋子都打扫了一遍。

c.她在每本书上都签了名字。

d.*她在本本书上都签了名字。

由此可见，名量词和动量词在重叠上是一致的，不仅所表达的语法意义相同，而且可出现的句法位置也是一致的。重叠是汉语的一个普遍语法范畴，不受词类的限制。

跟名词的情况一样，动词重叠式的句法功能也同样被固定下来了。概括地说，动词重叠式只能做句子的中心动词，同时也失去了基式动词的很多功能。具体说来，有三种情况：

（一）基式动词可以加“的”做定语修饰名词，相应的重叠式则不能。例如：

（11）a.看的书都放在桌子上。

b.*看看的书都放在桌子上。

（二）基式动词可以加“的”名词化，而相应的重叠式则不行。例如：

（12）a.用的放在桌子上，不用的放在一边。

b.*用用的放在桌子上，不用用的放在一边。

（三）主谓结构中的动词如果是个基式的话，可以在主语和谓语之间插入“的”字，使整个结构名词化，但是如果动词是个重叠式的话，就不能这样。例如：

（13）a.她的笑便渐渐少了。

b.*她的笑笑便渐渐少了。

有人认为重叠是动词的一种体标记，表示动作的有限性。但是重叠跟其他的体标记并不完全一样，比如动词加完结体“过”仍可以做定语或者名词化，但是重叠式动词就不能这样了，如“看过的书”、“看过的都放起来了”等。可见，普通体标记并没有重叠这种确定句法功能的作用。

形容词重叠式与动词的具有平行现象。也可以细分为三种情况：

（一）基式可以加“的”名词化，而相应的重叠式则不能。例如：

（14）a.他喜欢大的。

b.*他喜欢大大的。

c.新的已经卖完了。

d.*新新的已经卖完了。

（二）主谓结构中做谓语的形容词如是基式，则可以在主语和谓语之间插入“的”，使整个结构名词化，而相应的重叠式则不行。例如：

（15）a.她的认真感动了我们。

b.*她的认认真真感动了我们。

c.她的漂亮打动了每一个人。

d.*她的漂漂亮亮打动了每一个人。

（三）基式形容词在特定语境下可以转化为动词，重叠式则不行，自然也不能加“了、过”等体标记。例如：

（16）a.年轻时我也漂亮过。

b.*年轻时我也漂漂亮亮过。

注意，ABAB是动词特有的重叠方式，当双音节词采用此式时，只能做动词，比如“让我也漂亮漂亮”（意为：把我也打扮打扮）。

副词重叠式的句法确定化比较特殊。有相当一部分副词是从形容词来的，也就是说同一概念可以兼做形容词和副词两类（有的更多），但是其中一些一旦重叠以后就只能做副词。比如“长”既可以修饰动词，又可以修饰名词：“常去、常客、常事”等，可是其重叠式只能修饰动词：“常常去、*常常客、*常常事”等。可见，“常”重叠以后只能做副词。又如，“偏”可以是动词、副词和形容词：“偏高、偏爱、太偏”，而重叠后则只能做副词：“不叫她去，她偏偏要去。”当然，一个概念被用作不同词类时，词义也会有所不同。

重叠确定句法功能的作用是与基式概念的数量特征有关的。重叠的这种作用来自它表示数量范畴的语法意义。名词、动词和形容词代表很不相同的对象，它们的数量特征也很不一样。简单地说，名词代表离散量，动词代表时间量，形容词代表连续量。那么各类词的不同数量特征一旦通过重叠确定下来，其量上的不相容性就凸显出来了，此时就不能再作词类之间的转化了。可是，名词和量词所指的对象是一致的，它们的数量特征应该也是一样的，所以量词重叠式既可以修饰名词，也可以指代整个名词短语，比如“个个”和“个个人”都可以说。同样，形容词和副词的数量特征都是连续性的，因此很多重叠式既可以做副词，又可以做形容词，比如“好好儿、远远儿、慢慢儿”等。做副词和做形容词的重叠式还有一些更细的形式标准：做副词时加不加“地”自由，做形容词时必须加“的”，例如，“好好儿学习”和“好好儿地学习”都可以说，但是只能说“好好儿的书”，不能说“*好好儿书”。

6.5 三种基本量

现在来解释，为什么重叠引起词语的定量化，又进而能确定词语的句法功能。我们可运用“离散性”和“时间性”两个数量特征，对可重叠的词类进行划分。“离散性”指的是相互分离的、具有明确边界的一个个单位；“时间性”指的是时间的长短或者动作行为重复次数的多少，它是一维时间空间的量。名词和量词显然是离散性和非时间性的。动词所指可以在时轴上划分出一个个明确的单位，因此是离散的；同时，任何动作行为都必须占有一定的时间，自然具有时间性。形容词的各个程度之间没有明确的边界，是非离散的；很显然，它的量也是非时间性的。副词的特征跟形容词的一样。可以用下表加以概括：

	离散性	时间性
名词、量词	＋	－
动词	＋	＋
形容词、副词	－	－

从上表可以看出，名词和量词的数量特征在时间性上与动词对立，在离散性上又与形容词和副词对立。动词的数量特征在时间性上与形容词、副词和名词、量词相对。这就可以解释为什么定量词的词类转化受到限制。中性

量的基式代表的是尚未赋予本词类数量特征的概念，它潜在的与其他词类数量特征的不相容性尚未实现，因此有可能在词类之间转化。但是，一旦词语通过重叠定量化，它们就带上了本词类的数量特征，同时与其他词类的不相容性也就会凸显出来，这时就消除了词类转化的可能性。比如基式“看”所代表的是一个中性量的概念，所以可以加“的”名词化；而“看看”被赋予了时间量，表示时量短，它在时间性上与名词的对立凸显出来了，所以不能再名词化。上表还可以回答，为什么重叠式可以在名词和量词或者形容词和副词之间转化，因为它们两两之间在数量特征上是相容的。

6.6 重叠与否定的互斥性

重叠式的另外一个重要特征是，不论哪一个词类，重叠式的否定都受到很大的限制，它们一般只能出现于肯定结构。

名词或者量词的重叠式只能出现在主语的位置，有意思的是，它们一般要求谓语不能是否定式。例如：

（17）a.人人都看见她了。

b.*人人都没看见她。

（18）a.家家都买了汽车。

b.*家家都没有买了汽车。

另外，还可以在基式之前冠以“没有”表示否定，如“没有人去看电影”，然而不能说“*没有人人去看电影”。

同样，重叠式动词在现实句中都不能被“不”或“没”否定。

（19）a.*她不/没看看电影。

b.*她不/没做做作业。

c.*她不/没听听音乐。

d.*她不/没上上街。

只有在虚拟、条件句中，动词重叠式才可以被否定，比如“他每星期不看看电影就觉得少点什么”。可是此时的重叠式仍然不能被“没”否定。

形容词重叠式也不能用“不”或“没”否定。例如：

（20）a.*那本书不厚厚的。

b.*那件衣服不干干净净的。

c.*那里的风景不漂漂亮亮的。

d.*那辆车不贵贵的。

否定和重叠的互斥性，简单地说，是来自两者语法意义的不相容性。自然语言的否定实际上是一个级差现象，否定式比其相应的肯定式往往是低一个数量级，比如“不很贵”相当于“有些贵”，“没吃五个苹果”是指“少于五个”，最有可能是“三个”或者“四个”。这种否定含义的级差性相当于给其肯定式确定了一个程度较低的量级，这就跟重叠式一样，要求可否定的词语在否定前量上必须是中性的。那么，如前所述，重叠式表一个定量化的概念，这与否定的条件相悖，所以就导致了重叠式与否定之间的互斥性。

6.7 重叠——汉语的一种典型形态

有人认为重叠是一种形态化过程，而且它具有确定句法功能的作用。但是，他们没有区分构词重叠和形态重叠这两种完全不同性质的对象，因此也就不可能概括出重叠的共同语法意义，同时他们也没有对重叠这种形态的各种特性的系统研究，所以这种观念没有引起真正的注意。本章从三个方面确认了重叠作为一种典型形态在汉语语法中的地位：（一）重叠具有为多个词类所遵循的、共同的、稳固的语法意义，它表示数量范畴，使基式的概念义定量化；（二）重叠具有共同的句法功能，表现在三个方面，首先是确定词类的身份，其次是限定词类的句法位置，最后是只能用于肯定式；（三）具有稳固的语音表达形式。重叠是汉语中普遍存在的一种形态。

作为一种形态，重叠具有既稳固又细致的语音形式。印欧语言多是以某一特定的音素表示某一特定的语法意义，比如英语-s表名词复数，同时用不同的语音形式代表不同的语法意义，这是一种形态的稳固与细致。汉语所不同的是，其形态的语音表现形式的不同，是通过整个音节的方式来表现的，如果用S代表音节，它的抽象语音模式为：

$S_1 \rightarrow S_1 S_1$

说重叠的语音形式细致，是指它可以通过某些变形来区别词类。首先，在对基式音节数目的要求上，重叠把体词和谓词区别开：体词基式的音节数限于一，谓词基式的音节数限于二。其次，重叠的方式可以区别词类，双音节动词和形容词的重叠方式为：

动　词：$S_1S_2 \rightarrow S_1S_2S_1S_2$

形容词：$S_1S_2 \rightarrow S_1S_1S_2S_2$

一个概念采用哪个词类的重叠式，就只能做哪个词类。比如“高高兴兴”只能是形容词，加“的”修饰名词或单独做谓语，既不能带动态助词，也不能带宾语；而“高兴高兴”只能是动词，又能跟动态助词搭配，表示一种行为（“赶快把好消息告诉我，也让我高兴高兴”），但是不能做定语，比如不能说“*高兴高兴的人”。同样，某些双音节的动词一旦采用了形容词的重叠式，就只能表示某种状态，不能再带宾语。例如：

（21）a.他们都在说笑小王。

b.*他们都在说说笑笑小王。

（22）a.他们吃喝完了所有的家产。

b.*他们吃吃喝喝完了所有的家产。

重叠对词语的内部构造也是很敏感的。前文说过，重叠的条件是，体词的基式限于一个音节，谓词基式限于两个。如果一个双音节谓词的内部构造是“V+N”，就只能重叠V，结果为：

VN→VVN

例如，“睡觉→睡睡觉→*睡觉睡觉，游泳→游游泳→*游泳游泳”，等等。这跟英语中的由“V+N”构成的动词短语具有平行的现象，时、体、人称等形态变化只能加在动词上，而不能加在名词上，如to take a look at→took a look at→have taken a look at→takes a look at。

人们怀疑重叠为汉语的一种形态的理由可能来自它很强的词汇选择性这一事实。如前所分析，只有基式是个中性量的词时才能重叠。有两点我们应该明白：一是可重叠的词都是该词类的核心部分；二是词汇选择性是形态的普遍特征。认知语言学跟形式语法的一个重要分歧在于，前者认为每一种形态都是有意义的，而绝不是单纯的形式问题，因此跟词汇之间的选择性一样，只有与形态意义相容的词汇才能附加该形态。比如在英语中，动态性不太强的动词，诸如like、care、worry等，都没有过去分词-en的形态变化。又如具有确定标准的定量形容词，如female、round、vertical等，都没有比较级的形态变化。形态标记选择性的高低，是由其表示的语法意义适用范围的大小决定的。

6.8 结语

让我们从三个方面来结束本章的讨论。一、汉语采用重叠的语音形式表示形态的原因。二、汉民族的认知视点对形态的影响。三、数量特征与形态的关系。

（一）汉语采用重叠的语音形式表示形态的原因

一种语言采用什么样的语音形式表示形态，是由其语音系统决定的。比如印欧语言允许辅音丛存在，所以可以用单个辅音来表示某种语法意义。汉语没有辅音丛，独立出现的语音单位只能是音节，所以汉语的形态要么用整个音节来表示，要么用超音段语音特征诸如声调来表示。汉语用音节表示形态的情况又可细分为二：一是固定某一音节来表示某一特定的语法意义，如[lə]表示动词的实现体；二是虽然没有固定的某一音节，但是可用固定的音节结构来表示语法意义，这就是重叠形态。汉语也常用声调这种非音节要素作为区别词类的形态。这种方法在唐宋以前很盛行，目前仍残留在现代汉语的个别词语上，如“好”的形容词用法是三声，动词用法是四声。

（二）汉民族的认知视点对形态的影响

普遍认为汉语是一种缺乏形态变化的语言。这种观点主要来自两个方面：一是用“印欧语的眼光”看形态，把形态理解为某些特定的语音形式，如用单个音素表示语法意义，而忽略了形态的语音形式表现的多样化；二是其他语言用形态表示的某种特定的语法意义，汉语没有相应的语法手段加以表示。这两个理由都有问题。上文已经详细讨论了重叠作为形态的资格，这里简单讨论一下第二个理由。

对于某个语法意义，一种语言是否采用形态的方法加以表示，是与说该语言的民族的认知视点密切相关的。比如印欧语言名词有单复数的区别，而汉语则没有。这种现象是与汉民族认识物质世界时，概念的确立和数量特征的概括相分离的现象密切相关的。在语言中就表现为，表示事物的概念，汉语用名词和量词两个系统，名词指示概念的类，量词指示概念的数量特征。相对地，这两个方面在印欧语言里用名词一个语音系统来表示。所以现代汉语“书”的概念不直接含有数量特征，不能直接用数词称数，必须加上量词赋予其数量特征后才可以，比如可以说“三本书”，而不能说“*三书”。然而相应的英语概念book，其概念义本身包含了数量特征，所以可以用数词直接称数：three books。再进一步看，汉民族观察事物的量时，视点在于事物各个维度之间的比例，使用各种量词来区别事物的外部形状特征，比如长而细的叫“支”，长而扁的叫“条”，长而宽的叫“张”，等等。相应地，可以认为，说印欧语的民族范畴化时注重于事物的多少，就有了单复数的观念。也可以认为，量词是汉语名词的数量形态，与印欧语所不同的地方只在于，汉语的数量形态只强调量的类型，而不注重量的多少。既然是强调量的类型，那么自然界量的种类的多样化，自然表现为量的表现形式的复杂化，表现为汉语的量词系统是一个成员众多的系统。总之，我们应该全面来看一种语言的形态有无或者发达与否。

（三）数量特征与形态的关系

数量特征在客观世界里凸显性最高的语义特征之一，反映在自然语言中，就是存在各种各样的形态表示数量观念。表“数”的形态是人类语言最常见的现象之一。翻开英语的语法著作，就会发现一个词类区别于另一个词类的最突出的语法特征大都与该词类的数量特征表达有关，比如形容词的被程度词修饰和比较级就是如此。这也就不难理解，为什么汉语的数量范畴之一——定量化是用重叠的形态表示的。人类语言的一个普遍性是，数量特征与形态形式之间的关系密不可分。

第七章 肯定结构与否定结构

7.1 引言

本章考察肯定和否定受到限制的语法结构。动词或者形容词在一些结构中可以自由加上“不”或者“没”而变换成否定结构，也可以去掉这些否定标记而变换成肯定结构。但是有些语法结构只能采用肯定形式，有些则相反，只能采用否定形式。

7.2 肯定结构

7.2.1 形＋程度补语

“形＋程度补语”结构是肯定性定量结构，“形”前不能再用程度词修饰，也不能加“不”或者“没”否定。例如：

（1）a.质量好极了。

b.*质量有点儿（很、最）好极了。

c.*质量不好极了。

（2）a.天气暖和多了。

b.*天气有点儿（很、最）暖和多了。

c.*天气不暖和多了。

（3）a.衣服难看死了。

b.*衣服有点儿（很、最）难看死了。

c.*衣服不难看死了。

（4）a.这两天闷得慌。

b.*这两天有点儿（很、最）闷得慌。

c.*这两天不闷得慌。

用于上述结构的形容词必须是非定量的，因为加程度补语的作用是给其前的形容词确定一个量级，如果是定量的就不可能也无须确定一个新的量级。以上4个用例都是语义程度极高的。“形＋程度补语”跟一般的“动＋补”不同，后者虽不能用“不”否定，但可以用“没”否定，比如“没吃饱”、“没看完”等；而前者既不能用“不”否定，也不能用“没”否定，例（1）—（4）的情况都是如此。

表示如意的、积极的形容词，其后可以跟各种大小不等的程度补语，比如可以说“好点儿了/些了/得很”，也可说“暖和点儿了/些了/得很”。但是，表示不如意的、消极的形容词，其后限于跟极大量的程度补语，比如可以说“难看死了/极了”，可是不能说“*难看点儿了”、“*难看些了”，等等。另外，“很”既可以用在形容词前做状语，又可以用在形容词后做程度补语，然而两种格式的用法很不相同：前一种情况可以加“不”否定，比如可以说“质量不很好”，后者则不能，比如不能说“*质量不好得很”。这可以从两种情况的程度差异上看出来，说“质量很好”是客观地叙述质量高出一般，如说“质量好得很”，比前者的语义程度要高，是强调一种极端的情况。其他程度词都只能用于形容词前，而不能用于形容词后做补语。

7.2.2 动/形＋得＋形

在“动/形＋得＋形”结构中，结果补语位置的形容词既可以表示性状，也可以表示程度，但是两者的活动能力差别很大：表程度时不能用程度词分量级，是定量的，因此不能用“不”否定；表性状时则是非定量的，可以用程度词分量级，而且能用“不”否定。例如：

（5）a.小赵知道得多。

b.小赵知道得比较（很、最）多。

c.小赵知道得不多。

（6）a.这个房间舒服得多。

b.*这个房间舒服得比较（很、最）多。

c.*这个房间舒服得不多。

例（5）中的“多”是表性状的，活动能力强；例（6）中的“多”则是表程度的，活动能力极弱，只能以自身的基式出现。“得”前是动词的，其后形容词一般有两层含义，比如“他了解得清楚”、“他跑得快”、“他写得好”等，一是指有“了解清楚”、“跑快”、“写好”的可能或者能力，这时的形容词都是定量的，不能加“不”否定；二是指“了解”、“跑”、“写”的结果分别是“清楚”、“快”、“好”的，这时的形容词都是非定量的，既可用程度词修饰，又可以加“不”否定。如果“得”前是形容词，整个结构一般是表示确定的程度，即为定量的，所以既不能用程度词修饰，也不能加“不”否定，比如“漂亮得很”、“快得多”、“高得多”等。

没有助词“得”的“动/形＋补”结构的用法跟上面的一样，“补”前为动词时，整个结构还可以被“没”否定；“补”前是形容词时，整个结构表示的是一种确定的量，既不能被“没”否定，也不能被“不”否定。例如：

（7）a.眼睛看坏了。　　　　眼睛没看坏。

b.钢笔写坏了。　　　　钢笔没写坏。

c.他乐坏了。　　　　*他没乐坏。

d.他高兴坏了。　　　　*他没高兴坏。

（8）a.树旱死了。　　　　树没旱死。

b.狗打死了。　　　　狗没有打死。

c.嘴干死了。　　　　*嘴没干死。

d.我困死了。　　　　*我没困死。

例（7）的a、b用的是本义，c、d用的是引申义，表示程度极高。例（8）的情况也是这样。一些“形＋不＋补”短语，用于客观描写时，其中的“不”可以用“得”替换，由否定式变换为肯定式，然而表示程度时则不能作这样的变换。例如：

（9）a.她的病好不了。　　　　她的病好得了。

b.这箱子轻不了。　　　　*这箱子轻得了。

c.那幢楼高不了。　　　　*那幢楼高得了。

现在来考察一下“得”后成分对前边动词肯定否定用法的制约关系。前面讲过，“得”后的成分如果是表示能力或可能的，整个结构是定量的，既不能加“不”否定，也不能加“没”否定。“得”后如果是形容词而且是表示性状的，则其前的动词能否加“没”否定的条件是：其后的形容词可用“不”否定。例如：

（10）a.信上说得清楚。

b.信上说得不清楚。

c.信上没说（得）清楚。

（11）a.信上说得很（太、十分）清楚。

b.信上说得不很（太、十分）清楚。

c.信上没说（得）很（太、十分）清楚。

（12）a.信上说得最清楚。

b.*信上说得不最清楚。

c.*信上没说得最清楚。

（13）a.看得很清楚。

b.看得不很清楚。

c.没看得很清楚。

（14）a.看得清清楚楚。

b.*看得不清清楚楚。

c.*没看得清清楚楚。

由于受肯定和否定规律的制约（见后文），语义程度极高的词都不能用于否定结构。由其组成的结构也遵循这条法则，比如如果“得”后的成分是表示语义程度极高的，使其前的动词也被定量化，就既不能加“不”否定，也不能加“没”否定。

7.2.3 “动+来着”、“将+动”和“比较+形”

有些句子由于受一些特殊副词或语气词的限制，其谓语中心动词必须采用肯定形式。比如语气词“来着”表示曾经发生过什么事情，要求句子只能是肯定式，不能是否定式。例如：

（15）a.他刚才是在这儿来着。

b.*他刚才不在这儿来着。

（16）a.原来我也有支这样的笔来着。

b.*原来我没有支这样的笔来着。

副词“将”表示勉强达到一定的量时，所修饰的动词结构不能加“不”或者“没”否定。例如：

（17）a.买来的面包将够数儿。

b.*买来的面包不将够数儿。

（18）a.这间房子将能容纳十个人。

b.*这间房子不将能容纳十个人。

“将+动”整个结构也是定量的，这可从它后边宾语的数量成分不能自由增删上看出来。整个结构跟动词“得”（děi）的情况一样，要求其后必须有个具体的数量成分，比如例（18）a中的数量成分“十个”去掉后就不成话了，不能说“*这间房子将能容纳人”。因此，也就没有“*不将够数儿”、“*没将能容纳十个人”。由此可见，不论是词还是结构，都可用宾语量性成分增删法来判别它们的肯定和否定用法。

普通话中，“比较”含义为“具有一定的程度”，其后的形容词只能是肯定式，不能是否定式。例如：

（19）a.从这里走比较近。

b.*从这里走比较不近。

（20）a.今天比较冷。

b.*今天比较不冷。

（21）a.这个问题的答案比较明显。

b.*这个问题的答案比较不明显。

部分动词也可以用“比较”修饰，它们也不能是否定式，比如可以说“现在他也比较会办事了”、“我比较喜欢打篮球”，而不说“*他比较不会办事”、“*我比较不喜欢打篮球”。“比较”与形容词组成的偏正词组语义上也是确定的，因此不像“很”构成的偏正词组，不能再用“不”否定，比如不能说“*不比较冷”、“*不比较明确”。

7.2.4 别提＋多＋形/动＋了

“别提＋多＋形/动＋了”表示程度很深，其中的形容词或者动词都是定量的，不能再用“不”或者“没”否定。例如：

（22）a.在桂花林里散步，别提多香了。

b.*在桂花林里散步，别提多不香了。

（23）a.这座楼盖得别提多结实了。

b.*这座楼盖得别提多不结实了。

（24）a.这个人办起事来，别提多啰唆了。

b.*这个人办起事来，别提多不啰唆了。

（25）a.一张小嘴别提多会说话了。

b.*一张小嘴别提多不会说话了。

用于上述4例的动词或形容词自身都是非定量的，在一般结构中它们都可以用“不”或“没”否定，比如“花不香”、“楼不结实”。进入该结构的形容词或动词必须是非定量的，定量的形容词反而都不行，比如可以说“那水别提多热了”，不说“*那水别提多温了”。

在上述结构中，“别提”和“多”之间如有动词“有”，则句末不能再有“了”；但是如果没有这个“有”，句末则必须有“了”。例如：

（26）a.桂花别提有多香。

b.*桂花别提有多香了。

c.桂花别提多香了。

d.*桂花别提多香。

从所举例子也可以看出，上述结构表示语义程度极高，因此进入该结构中的形容词或者动词都被转化为定量的了，不能再用“不”或者“没”否定。

7.2.5 动＋着＋都＋形

“动＋着＋都＋形”中的动词都是定量的，其中的“着”不能为“了、过”替换，动词也不能重叠，自然也不能用“不”或“没”否定。例如：

（27）a.这事听着都新鲜。

b.*这事听（了、过）都新鲜。

c.*这事没听着都新鲜。

（28）a.那人看着都乏味。

b.*那人看（了、过）都乏味。

c.*那人没看着都乏味。

（29）a.那东西闻着都恶心。

b.*那东西闻（了、过）都恶心。

c.*那东西没闻着都恶心。

上述结构是强调位于其中的形容词的程度极高，因此进入该结构的形容词也都定量化了，既不能用程度词修饰，也不能用“不”否定，比如不说“*这件事听着都最新鲜”、“*这事听着都不新鲜”等。有时形容词也可以是否定式的，比如“这东西吃着都不对劲儿”，但是这时又只限于否定式，不能去掉“不”而变换为肯定式。一些表示积极意义的形容词，加上否定词之后仍可以用程度词序列切分，比如“不舒服”之前还可以被“有点儿”、“很”、“最”等修饰，它们有时也可以以否定形式进入上述结构，比如“瞧着都不舒服”。但是，相应的消极词则只能用于肯定式，比如只能说“瞧着都难受”，而不能说“*瞧着都不难受”。

7.2.6 一＋动/形

动词或者形容词一般不能用数字直接修饰，可是数字“一”有时可以直接用在动词或者形容词之前起强调等作用。这时被强调的动词或者形容词转化为定量的了，不能再用否定词否定。例如：

（30）a.这部电影值得一看。

b.*这部电影值得一看了（着、过）。

c.*这部电影值得一看看。

d.*这部电影值得一没看。

（31）a.那马猛然一惊，直立起来。

b.*那马猛然一惊了（着、过）。

c.*那马猛然一没惊。

（32）a.房子粉刷一新。

b.*房子粉刷一比较（很、最）新。

c.*房子粉刷一不新。

从上述用例也可以看出，“一”后的动词不能再跟任何成分，自然也就不能再有任何数量成分；其后为形容词时，也不能用程度词修饰，根据宾语量性成分增删法，它们也是定量的。例（32）a的“粉刷”由于受其后“一新”的影响，也变成定量的了，不能再被否定。这里的“一新”相当于定量量词“（一）番”、“（一）阵”等，其前只限于数词“一”，它们都使得有关的动词定量化了。

7.2.7　有＋的＋是＋名

“有＋的＋是＋名”是强调其中的名词所代表的事物数量大，它还可变换为“名＋有＋的＋是”。该结构的动词“有”和“是”都是定量的，不能再加“没”或者“不”否定。例如：

（33）a.他有的是力气。

b.他力气有的是。

c.*他有的不是力气。

（34）a.他有的是书。

b.他书有的是。

c.*他有的不是书。

（35）a.他有的是钱。

b.他钱有的是。

c.*他有的不是钱。

该结构的表达功能是强调其中名词所代表的事物数量大，因此进入该结构的名词也都定量化了，不能再用数量词称数，比如不能说“*他有的是一些力气”、“*他有的是三本书”、“*他有的是十块钱”等，而这些名词在其他结构中是可以用数量词称数的。正是由于结构中的名词已经定量化了，结构中的动词或者形容词也转化为定量的了。

7.2.8 （动+数）+（动+数）

“（动+数）+（动+数）”中的两个数量成分必须是一致的，而且数词往往只限于“一”，不能为其他数词所替代。这种量上的限制使得该结构中的两个动词定量化了，不能再被否定。例如：

（36）a.过一天乐呵一天。

b.*过三天乐呵三天。

c.*没过一天没乐呵一天。

（37）a.干一行爱一行。

b.*干两行爱两行。

c.*不干一行不爱一行。

（38）a.吃一点是一点。

b.*吃两点是两点。

c.*没吃一点不是一点。

（39）a.办一件放心一件。

b.*办五件放心五件。

c.*没办一件没放心五件。

定量动词除不能用“不”或者“没”否定外，还失去了非定量动词的绝大部分句法特征，如不能加体标记“了、着、过”，不能重叠等，用于例（36）—（39）中的动词也是这样，句法活动能力极弱。

有一种类似的结构，所不同的是前后的两个数量成分不要求一致。用于该结构的动词也都被定量化了，不能再被否定。例如：

（40）a.隔五米种一棵树。

b.*隔五米没种一棵树。

（41）a.打一次球累好几天。

b.*打一次球没累好几天。

（42）a.办成一件事得跑两三趟。

b.*办成一件事没得跑两三趟。

（43）a.得一个奖乐半天。

b.*得一个奖没乐半天。

7.2.9 有+代+的+名+动

"有+代+的+名+动"的表达功能是强调其中的名词所代表的数量很大，进入该结构的动词和"有"都是定量的，不能再用否定词"不"或者"没"否定。例如：

（44）a.有你的钱花。

b.*有你的钱不花。

c.*没有你的钱花。

（45）a.有你的福享。

b.*有你的福不享。

c.*没有你的福享。

（46）a.有你的罪受。

b.*有你的罪不受。

c.*没有你的罪受。

例（44）—（46）中的动词"花"、"享"、"受"都不能再跟体标记，也都不能重叠，而在普通结构中它们都可以。句中的名词"钱"、"福"、"罪"等也都不能再用数量词称数，比如不能说"*有你的很多钱花"，而在普通结构中它们却都可以用数量词称数。

上述结构中的"有"也可以用"缺不了"、"少不了"等意义相近的词语替换，结构中的动词仍然是定量的。例如：

（47）a.缺不了你的钱花。

b.*缺不了你的钱不花。

（48）a.少不了你的饭吃。

b.*少不了你的饭不吃。

（49）a.少不了你的小说看。

b.*少不了你的小说没看。

7.3 否定结构

7.3.1 才+不+动+呢

"才+不+动+呢"的表达功能是加强对动词所指行为的否定语气，该结构不能去掉"不"变换为肯定式。例如：

（50）a.我才不去呢。

b.*我才去呢。

（51）a.我才不干呢。

b.*我才干呢。

上述结构中的“不”换为意义相近的“懒得”也可以说，比如“我才懒得去呢”，“我才懒得干呢”。“懒得”的含义为不愿意做某件事，相当于一个否定词，因此它和否定词“不”在这里才可以相互替换。由此可见，不论是词汇否定还是语法否定，所遵循的规则都是一样的。

7.3.2 没＋个＋动/形

“没＋个＋动/形”的表达功能是加强动作的语气或者表示性质的程度高，不能去掉“没”而变换为肯定式。从另外一个角度看，进入该结构的动词或者形容词也都定量化了，不能变成相应的肯定式，即该否定式没有相应的肯定式。例如：

（52）a.他的主意没个更改。

b.*他的主意有个更改。

（53）a.出门在外没个不累的。

b.*出门在外有个不累的。

（54）a.他说起话来没个完。

b.*他说起话来有个完。

（55）a.他玩起来没个完。

b.*他玩起来有个完。

（56）a.不管荤的、素的都没个完。

b.*不管荤的、素的都有个完。

（57）a.他这个人没个正经的。

b.*他这个人有个正经的。

还有一种类似的结构，是强调动作的程度深，谓语的否定式也不能变换为相应的肯定式，但是没有“个”字。比如“爱你没商量”是强调“爱”的程度之深，不能说成“*爱你有商量”。

7.3.3 没/不＋动＋疑问代词＋其他

“没/不＋动＋疑问代词＋其他”的表达功能是指出疑问代词后的成分具有一定的程度，整个结构并不表示疑问，其中的否定词不能去掉而变成相应的肯定式。这是就整句的表义特征不变的情况下而言的。如果去掉否定词，结构中的疑问代词又恢复了疑问功能，句子也由陈述句自动变成疑问句。这种结构也应归入否定结构。例如：

（58）a.做饭没有什么奥秘。

b.做饭有什么奥秘？

（59）a.他不比你强多少。

b.他比你强多少？

（60）a.他的数学不怎么好。

b.*他的数学怎么好？

例（60）a不能直接去掉“不”而变换为疑问句。还有一种跟上述现象类似的结构是“没＋代＋这么＋动＋的”，在陈述句中不能去掉“没”变换为肯定式，而可以用“有”替换“没”然后加上疑问语气词“吗”变为疑问句。例如：

（61）a.没你这么问的。

b.*有你这么问的。

c.有你这么问的吗？

（62）a.没你这么干的。

b.*有你这么干的。

c.有你这么干的吗？

（63）a.没你这么不讲道理的。

b.*有你这么不讲道理的。

c.有你这么不讲道理的吗？

（64）a.没你这么弄的。

b.*有你这么弄的。

c.有你这么弄的吗？

例（61）—（64）的c问句都是反问语气，所表达的意思实际上与相应的a句相同。

7.3.4 凡是＋名，没＋代＋不＋动

“凡是＋名，没＋代＋不＋动＋的”的表达功能是强调在既定的范围里动作行为作用的周遍性，结构中的“没”不能被“有”替换，也不能去掉否定词“不”。例如：

（65）a.凡是学校的事儿，没他不管的。

b.*凡是学校的事儿，有他不管的。

c.*凡是学校的事儿，没他管的。

（66）a.凡是玩的事儿，没他不参加的。

b.*凡是玩的事儿，有他不参加的。

c.*凡是玩的事儿，没他参加的。

7.3.5 有＋名＋没＋处＋动

"有＋名＋没＋处＋动"的表达功能是强调名词的程度，其中的"有"和"没"也不能自由变换。

（67）a.有冤没处说。

b.*有冤有处说。

c.*没冤没处说。

（68）a.有苦没处诉。

b.*有苦有处诉。

c.*没苦没处诉。

（69）a.有劲没处使。

b.*有劲有处使。

c.*没劲没处使。

（70）a.有钱没处花。

b.*有钱有处花。

c.*没钱没处花。

例（67）—（70）中的动词"说"、"诉"、"使"、"花"和名词"冤"、"苦"、"劲"、"钱"都是定量的，前者不能再在其前加"不"或者"没"否定，后者不能再用数量词称数。这些词语的定量性都是所在的特定结构赋予的。

7.3.6 没＋动＋极小量成分

"没＋动＋极小量成分"的表达功能是完全否定，其中的"没"不能去掉而变换为肯定式。该结构也可以变换成"极小量成分＋没＋动"而意思不变。

（71）a.他没往家里寄过半分钱。

b.*他往家里寄过半分钱。

（72）a.她没有半点私心。

b.*他有半点私心。

例（71）a也可以说成是“他半分钱没往家里寄过”，意思基本一致。数量词“一点”比较特殊，当它出现于动词后时可以去掉“没”变换为肯定式，用于动词前时则不能。例如：

（73）a.这个计划没有一点问题。

b.这个计划有一点问题。

c.这个计划一点问题也没有。

d.*这个计划一点问题也有。

7.4　肯定结构和否定结构的共同特征

在本章里我们共列举了十几种肯定和否定受到限制的结构，当然，我们并没有穷尽汉语中的所有同类结构，但是我们足以从这些结构的共同特征中得出一些结论。

一、所列的十几种结构都与程度表达有关：有的是从肯定方面加强结构中某一成分的程度，有的则是从否定的方面加强程度，通常是表达极大量的程度。尽管有些结构不是表极大量的，但它也是表某种确定的量。如果把这些结构看做一个完整的单位，就可以看出，它们与单个的词所遵循的肯定和否定法则是一样的，即当表示极大量或者确定量时，其肯定或者否定必然受到限制。普通的主谓、动宾结构等是中性的，在量的表达上没有明显的倾向性，因此它们的肯定否定自由。

二、绝大部分的肯定和否定结构都是强调其中某一成分的数量极大，而被强调的成分自然定量化，肯定或者否定受到限制，而且它还形成一个强势语义场，使进入该结构的其他有关成分也带上了定量性质，除了肯定或者否定受到限制外，同时也丧失了它们原来的许多语法特征。比如“有你的钱花”是强调钱多，除名词“钱”不能再用数量称数外，结构中的动词“有”和“花”也被定量化了，除不能变换为否定式外，还不能带体标记“了、着、过”，也不能重叠。

三、结构的肯定和否定使用规律跟词的使用规律在本质上是一致的，因此跟鉴别词的肯定否定用法一样，也可以用数量成分增删法或者程度词法，来判别各种结构的肯定和否定用法。比如“副＋动”结构前边有时可以加“没”否定，有时则不能，对此我们可以根据动词后的数量成分有无限制来加以判别。比如“认真学习功课”、“认真学习了两门功课”等都可以说，可见词组“认真学习”是非定量的，因此可以说“没认真学习功课”。然而，“将够八十块钱”则不能去掉数量成分而说成“*将够钱”，可见词组“将够”是定量的，因此不能说“*没将够八十块钱”。

四、同一个词由于义项不同，其用法也相差甚远。比如“看”作“把视线投向某处”讲时，几乎具备动词的所有功能，诸如可以带宾语，可跟“了、着、过”，可重叠，可用副词修饰，等等；而“看”作“观察”讲时，是定量的，除保留可带宾语这一点外，丧失了动词的所有其他功能。例如“他看问题很透彻”中的“看”。

此外，还有一点值得我们注意，同一个词的同一个义项在不同的结构里用法也不同。比如“看”作“把视线投向某处”讲时，在“看电视”等普通动宾结构中它的用法很灵活，具备动词的所有句法特征；而在“等考上了大学后有你的电视看”中它却失去了动词的其他功能。

7.5 结语

本章的分析表明，词语和结构之间具有共同性。在词汇的层面上，有经常用于或者只用于肯定句的词语，也有经常用于或者只用于否定句的词语。这两种类型的词语分别对应于肯定结构和否定结构。更重要的是，制约这些现象的背后的规律也是一样的，都与数量表达有关。由此可见语言规律的严整性与和谐性。

第八章 语法结构之间的功能交叉

8.1 引言

汉语史、普通话和方言中的现象显示，一个语法标记除了自己的核心功能外，还常有其他边缘用法，与其他语法结构发生功能交叉。值得思考的一种现象是，这些功能交叉在历时和共时语言中普遍存在着，显然不是偶然的巧合，背后必然有规律在支配着，可以看做是从一个重要侧面反映了不同结构或者不同语法范畴之间的内在联系。下面以工具、处置、双宾、充当、比拟等五种语法结构为例，用历史、普通话和方言中的材料来说明不同语法结构之间的功能交叉。

8.2 语法标记之间的功能交叉

8.2.1 上古汉语工具式标记“以”的功能扩展

上古汉语的“以”的介词用法虽然很多，但它的核心功能是引入动作行为的工具。这一点可以从其词汇来源和使用频率上得到证明。“以”原来的动词意义为“使用”，比如“忠不必用兮，贤不必以”（《楚辞·涉江》），而从“使用”概念向工具式标记发展是相当自然的语法化现象，比如现代汉语的“用”就属于同类的发展。另外，“以”引入工具的用例是其所有用法中最多的。下面是“以”的引入工具的用例。

（1）醒，以戈逐子犯。（《左传·僖公二十三年》）

（2）百工为方以矩，为圆以规，直以绳，正以县。（《墨子·法仪》）

（3）以子之矛陷子之盾，何如？（《韩非子·难一》）

“以”又有其他多种用法，与后来的处置式标记“把”、“将”等发生了功能上的交叉。似乎这些属于“以”的处置用法，其实，这只是不同标记之间的功能交叉现象，并不意味着上古“以”就有现代处置式的功能。下面分别举例说明。

（一）双宾结构。“以”引入直接宾语，谓语多为给予类动词，这又可以细分为两类：一是在谓语之前引入直接宾语，二是在间接宾语之后引入直接宾语。例如：

1）在谓语之前引入直接宾语。

（4）齐侯以许让公。（《左传·隐公十一年》）

（5）天子不能以天下与人。（《孟子·万章上》）

（6）因以文绣千匹，好女百人，遗义渠君。（《战国策·秦策上》）

2）在间接宾语之后引入直接宾语。

（7）宋襄公赠之以马二十乘。（《左传·僖公二十三年》）

（8）卫人赏之以邑。（《左传·成公二年》）

（9）晋侯嘉焉，授之以策。（《左传·昭公三年》）

“以”在谓语之前引入的直接宾语大都是有定成分，其中部分可以用后来的处置式来表示，比如例（5）可以说成“天子不能把天下给别人”；然而在谓语之后引入的一般是不定成分，它们就不能用现在的处置式来表达，因为处置式所引入的受事名词必须是有定的。也就是说，在表达双宾功能上，“以”的使用范围比后来处置式的广，它们仍是交叉关系而不是等同关系。

（二）表示“充当”功能。“以……为……”可以表示主观上认为A是B，或者客观上把A当做B。例如：

（10）尧以不得舜为己忧。（《孟子·滕文公上》）

（11）吾必以仲子为巨擘焉。（《孟子·滕文公下》）

（12）景帝立，以唐为楚相。（《史记·张释之冯唐列传》）

上述用法现在大都可以用处置式来表达，比如例（11）、（12）分别可以说成“我把仲子看做巨擘”、“景帝把唐当做楚相”等。

8.2.2 中古汉语处置式标记“把”和“将”

处置式标记“把”和“将”萌芽于唐代，最终形成于宋代。它的核心功能是在谓语动词之前引入受事名词，表示通过谓语动词的行为对它产生某种影响。早期的“以”是没有这一用法的，比如下面例子的“将”或者“把”都不能换为“以”。

（13）谁将此义陈？（《寄李十二白》）

（14）火急将吾锡杖与。（《敦煌变文集·大目乾连冥间救母变文》）

（15）见酒须相忆，将诗莫浪传。（《泛江送魏十八仓曹还京》）

（16）莫把杭州刺史欺。（《戏醉客》）

然而“将”和“把”的其他用法则与原来“以”的用法发生交叉，下面分别举例加以说明。

（一）工具式标记。“将”和“把”自从做处置式标记的时候起，就兼有引入工具名词的功能，该用法一直持续到现代汉语，比如可以说“把手捂在耳朵上”。这一用法与早期的“以”的核心功能一致。然而根据我们的调查，“把（将）”的工具式用法始终是它们的一个边缘用法，到了现代汉语进一步萎缩，已经很少见了。下面是近代汉语的有关例子。

（17）佛以圣心观弟子，人将肉眼见牟尼。（《长兴四年中兴殿应圣节讲经文》）

（18）师乃将杖打之。（《祖堂集》卷十）

（19）把小锯儿锯将两条窗栅下来，我便挨身而入。（《宋四公大闹禁魂张》）

（20）丫环将银酒壶烫上酒来。（《水浒传》四回）

（21）贾芸深知凤姐是喜奉承尚排场的，忙把手逼着，恭恭敬敬抢上来请安。（《红楼梦》二十四回）

（二）双宾结构。“把”和“将”在刚开始语法化的时候（唐代），就具有在谓语之前引入直接宾语的功能。这一用法跟上古汉语的“以”发生了交叉，一直持续到现代汉语中。例如：

（22）只把空书寄故乡。（《维杨冬末寄幕中二从事》）

（23）尽将田宅借邻伍。（《代北州老翁答》）

（24）我也去下世为人，但把我一生所有的眼泪还他，也偿还得过他了。（《红楼梦》一回）

（25）袭人又抓果子与茗烟，又把些钱与他买花炮放。（《红楼梦》十九回）

（三）“充当”谓语结构。早期处置式的主要用法之一，就是谓语可以为“充当”类的动词，动词之后还有一个归属的名词。这一用法也与早期的“与”发生交叉，并与后来的“拿”的功能重合，而且一直持续到现代汉语中。例如：

（26）更把江山为己有。（《陈宫》）

（27）且将诗句代离歌。（《别四明钟尚书》）

（28）把他当做自己人。

（29）把老师的话当做金科玉律。

（四）“比拟”谓语结构。早期处置式的谓语还可以是“比拟”类动词。这一用法与现代汉语的“拿”发生功能上的交叉。例如：

（30）若把长江比湘浦。（《过长江》）

（31）莫将边地比京都。（《九日作》）

8.2.3 现代汉语“拿”的语法功能

“拿”是最近两三百年才开始语法化的，它首先发展出了工具格的用法，然后在多种功能上与处置式标记“把”发生了交叉。参见“处置式”一章，此处不再赘述。

8.2.4 现代汉语“管”的语法功能

处置式的谓语是“叫做”、“称作”时，“把”与“管”的功能又发生了交叉。“管”只有这一种单一的用法，而且只限于口语。“叫做”可以看做“充当”功能范畴的一个子类。例如：

（32）古人管眼睛叫“目”。　　他们管我叫老三。
　　大伙儿管他叫“小钢炮”。　我们都亲切地管他母亲叫“老妈妈”。

普通话的“管”也有可能在功能上逐步扩展，与“把”发生更多的功能交叉，甚至发展出其他新的用法。这一推断的一个直接根据是，与“管”意义相近的“掌”在一些方言中已经发展出了典型的处置用法。下面是河南确山方言的用例，其中的“掌”相当于普通话的“把”：

（33）我掌鸡蛋放那个袋子里来。　你掌棉袄穿上再出去。
　　你掌桌子擦干净它。　　　　你掌我哩书放哪儿来？
　　你走哩时候掌门给我锁好它。赶紧掌灯点着它。
　　小偷掌俺哩电视偷走来。　　你别忘了掌钱还给老李。

8.2.5 方言中“给予”类动词的语法功能

上面的分析显示，上古汉语的工具式标记和中古以来产生的处置式标记都具有引入直接宾语的功能，与双宾结构的表达功能发生了交叉。更有趣的现象是，典型的双宾结构动词“给”、“送”等从另一方向语法化，发展成了处置式标记，与“以”、“把”等发生了功能交叉。参见“处置式”一章。

根据目前的方言调查报告，“给”在北京话和其他很多方言中都发展成了处置式标记，包括洛阳、鲁山、方城、南阳、叶县、襄樊、渡口、潮汕、澄海、福州、厦门、宿迁、交城等方言。“给”在这些方言中往往是唯一的处置标记，而在北京话中则是偶尔这样用，主要的处置标记仍是“把”。例如：

洛阳方言：他给收音机弄坏了。（他把收音机弄坏了）

澄海方言：我给你撵落溪。（我把你推下河）

福州方言：汝给许张批放屉里去。（你把那封信放在抽屉里）

如果不考虑具体的词汇形式，而只考虑到概念的一致，由“给予”类动词发展成处置式标记的方言就更多了。

此外，“给”类动词在北京话和其他许多方言中，也发展成了被动式的标记。例如：

北京话：房子给土匪烧了/你说的话全给我听见了。

乌鲁木齐方言：他的腿给车撞咧，现在还在医院呢。

山西交城方言：大小子给二小子骂了一顿。（老大被老二骂了一顿）

普通话的介词“给”的核心功能是引入动作的受益者、接受者、与事等，这些与本章所讨论的其他语法标记没有交叉，因此就不再赘述。

8.3 语法功能交叉的理论蕴涵及其原因

8.3.1 语法是一个具有交际功能的网络系统

上文一共分析了五种语法结构在多种功能上的错综复杂的交叉关系，加上“给”的被动用法，可以用下表作一个概括。有关标记的核心功能用粗体表示。

	工具	处置	充当	比拟	双宾	被动
以	**+**		+		+	
把	+	**+**	+	+	+	
将	+	**+**	+	+	+	
拿	**+**	+	+	+	+	
管			**+**			
给		+			**+**	+

从上表可以得出以下结论和启示。

第一，这个表揭示了语言的一个本质特性：语法是一个具有交际功能的网络系统。关于语法的系统性，最经典的比喻是现代语言学鼻祖索绪尔的“下棋说”。他认为语法结构就像棋子，一个语法结构与其他语法结构共同形成一个相互依赖的系统，一个结构的价值决定于它与其他结构之间的关系。我们认为这个比喻在强调不同语法结构的相互依赖关系上是正确的，但是它也有不正确的蕴涵，比如语法结构如果真像棋子，那么有时就变得毫无价值，可以被任意牺牲掉，而不改变整盘棋的结果。

根据本章的分析，语法更确切地说是一个具有一定功能的网络系统。每个语法结构就像网络中的一个部分，它一方面有着不可被其他部分取代的功能，另一方面又通过各个方面与其他部分密切联系着。不同的语法结构就好比不同的网络部分一样，它们相互依赖、协同合作才能有效地为交际服务。

第二，各种当代语言学流派都认为不同语法结构之间存在着相互依赖的关系，然而都是在理论抽象的层次上讨论的。本章的研究提供了一个直观的证据来说明这个道理。上表还可以进一步扩大，比如“给”在“被动”用法上又跟“叫”、“让”等被动标记发生交叉，而“叫”、“让”又有其他的功能，如此等等。这样一步一步联系下去，就可能把整个语法系统联系在一起。语法标记如同网络上的“线”或者“节点”，通过它们可以弄清楚整个语法网络的全貌。

第三，语法标记是多功能的，那么相应的语法结构也自然是多功能的。一个语法结构往往除了自己的核心功能外，还有其他边缘功能，不同的语法结构之间存在着错综的交叉关系。

8.3.2 功能交叉形成的原因

不同语法结构形成功能交叉的原因是多种多样的。根据我们的初步考察，有些是历史发展的结果，有些是语用上的因素，有些是结构上的限制，有些则是功能上的相似等。下面分别举例加以说明。

（一）历史发展所引起的结构交叉。谓语为比拟类动词的处置式在先秦时期有一个固定的格式“比＋NP_1＋于＋NP_2”，另一个比较项由“于”在宾语之后引入。例如：

（34）若将比予于文木邪？（《庄子·人间世》）

（35）吾何修而可以比于先王观也？（《孟子·梁惠王下》）

（36）夫昔者，君子比德于玉焉。（《礼记·聘义》）

汉魏时期，汉语语法发生了系统地变化，宾语之后的介词短语逐渐消失，介词“于”的功能由萎缩走向完全消亡。原来“于”引入的比较项在晋代只是简单出现在动词“比”之前，没有任何标记。例如：

（37）王比使君，田舍、贵人耳！（《世说新语·品藻》）

（38）君祖比刘尹，故为得逮？（同上）

（39）阿奴比丞相，但有都长。（同上）

但是上述无标记“比”字句容易引起歧义，因为第一个名词既可以是一个比较项，又可以被解释成“比”行为的施事。语言是一种交际工具，总是会创造明晰的手段来表达思想。为了避免歧义，唐代以后就用新兴的处置式标记来引入比较项。这就是为什么“比较”两件事之间的相似，本来不属于“处置”范畴，却用了处置式标记的原因。这种交叉关系只有从历史发展的角度才能弄清楚。

（二）语用因素所引起的交叉。双宾结构和处置式的交叉是由语用因素引起的。汉语典型的双宾结构是：$V_{给予}+NP_1+NP_2$。但是这只限于直接宾语为不定的情况，如果为有定的就不宜采用这一结构，此时最合适的结构是处置式，特别是有定的直接宾语为光杆名词时就必须用处置式来表达。例如：

（40）我送了她一本书。 ?我送了她我的书。 我把我的书送她了。

我给了她礼物。 ?我给了她那件礼物。我把那件礼物给了他。

“我送了她礼物”和“我把礼物送了她”的意思是大不一样的，前者的“礼物”是不定的，后者的“礼物”则是有定的。也就是说，汉语引入双宾语实际上有两种手段：一是直接宾语和间接宾语都位于“给予”类动词之后，其中的直接宾语一般为不定的；二是用“把（拿）”在谓语之前引入直接宾语，其中的直接宾语一般为有定的。

（三）同一语法范畴的词汇来源不同所形成的功能交叉现象。同一语法范畴可以有几个不同的词汇来源。比如汉语史上三个表示“握”、“持”意义的动词——“将”、“把”和“拿”先后发展成了处置式标记，这类动词具有发展成处置式标记的语义基础。然而“给”同时具有发展成处置式和被动式标记的语义基础和句法环境。根据我们的考察，“给”是在下列连动结构中向处置和被动两种标记发展的：

$S + (给 + NP_1 + NP_2) + VP$

动词“给”与其后的两个名词构成双宾结构，NP_1是直接宾语，NP_2是间接宾语，同时NP_2又是VP的受事。这是近代汉语中十分常见的一种句式。例如：

（41）给他个炭篓子戴上。（《红楼梦》六十一回）

（42）我给你一件东西瞧瞧。（《红楼梦》一百零九回）

然而在实际运用中，上述格式还有很多变式，主语、间接宾语和直接宾语都可以省略，因为话题化或者有定性的原因，间接宾语或者直接宾语都可以置于“给”前。按照它们的发展方向，可以分为以下两种情况：

1）在间接宾语省略或者前移的句法环境里，“给”具有向处置标记发展的可能性。比如下面两组例子就可以理解成现代汉语的处置式。

（43）给炭篓子戴上了。　　　　他给炭篓子戴上了。

给这件东西瞧瞧。　　　　他给这件东西瞧瞧。

2）在直接宾语省略或者前移的句法环境里，“给”具有向被动标记发展的可能性。比如下面两组例子就可以理解成现代汉语的被动式。

（44）给他戴上了。　　　　炭篓子给他戴上了。

给他瞧了瞧。　　　　这件东西给他瞧了瞧。

结果，在不同的方言里就会出现这三种情况：（1）如果一个方言区的人从上述两个句法环境中重新分析“给”，那么它就同时变成了处置标记和被动标记；（2）如果一个方言区的人从第一种句法环境中重新分析“给”，它就变成了处置标记；（3）如果一个方言区的人从第二种句法环境中重新分析“给”，它就变成了被动标记。到底一个方言区的人采用哪种方式，可能跟他们在此之前业已存在的处置或者被动标记有关，同时也带有一定的偶然性。

（四）同一词汇形式具有语法化为不同语法标记的可能性。语法化还有另外一个常见的现象是，同一语义类型的词汇具有向不同语法标记发展的语义基础。比如表示“握持”义的动词具有向处置式和工具式标记发展的两种可能性。上面的分析显示，处置式和工具式在历时、共时和方言中都存在着交叉现象，由此可以证明两种格式之间存在着内在的联系。据此就有人推测处置式是来自工具式。这种推测遇到了很大的困难，首先工具式与处置式的语法性质具有重要的区别，工具介词所引入的名词是有定无定自由的，而且一般不是其后动词的受事，而处置式引进的名词必须是有定的，一般为其后动词的受事。其次，汉语史的两个使用频率最高、最典型的工具格标记“以”和“用”并没有发展成处置标记，如果工具式具有重新分析为处置式的可能，那么首先会发生在这两个最常见的工具式标记上，而不会发生在工具用法频率较低的“将”、“把”和“拿”上。对这个现象的一个比较合理的解释是，作为动词的“将”、“把”和“拿”同时具有向处置式和工具式标记语法化的共同语义基础和句法环境。这一观点不仅可以说明这三个词何以具有双重功能，而且也可以解释为什么“用”等没有发展出处置标记的用法。

“将”、“把”和“拿”原来都是普通的动词，它们的意义也十分接近，都是表示“用手抓住、握住某一物体”，它们都具备向工具式和处置式标记发展的语义基础。通常人们使用工具时需要用手抓住，人们要对一个物体进行处置通常也需要用手控制住，但是工具式和处置式标记的语法化环境是不一样的。以“拿”为例，“拿”的处置用法是在以下句法环境中发展出来的：

拿 + $NP_{V的受事}$ + V

“拿”所引入的NP同时也是V的受事，V后不再有其他受事宾语。这种现象十分常见，例如：

（45）见了黛玉正在那里拿着一本书看。（《红楼梦》八十五回）

（46）正在那里想时，只见宝蟾推进门来，拿着一个盒子，笑嘻嘻放在桌上。（《红楼梦》九十回）

（47）紫鹃拿了一件外罩换上。（《红楼梦》九十一回）

（48）便从靴掖儿里头拿出那个揭帖来，扔与他瞧。（《红楼梦》九十三回）

上述用例中的“拿”都不能为工具格标记“用”替换，然而“拿”的工具用法则可以换为“用”，比如“我拿张白纸往这上面一糊”可以说成“我用张白纸往这上面一糊”。由此可见，“拿”的处置用法与其工具用法之间并没有发展关系。

“拿”的工具用法是从下面这种句法环境中发展出来的：

拿 + NP + V + NP

其中的“拿”作为连动式的第一个动词，其受事为进行其后V的动作的工具，V仍带自身的宾语NP。例如：

（49）宝玉拿了篦子替他一一的梳篦。（《红楼梦》二十回）

（50）手内拿着小铜火箸儿拨手炉内的灰。（《红楼梦》六回）

（51）因命平儿拿了楼房的钥匙，传几个妥当人抬去。（同上）

（52）平儿拿着大铜盆出来，叫丰儿舀水进去。（《红楼梦》七回）

（五）功能相似造成语法功能的交叉现象。处置式的典型用法是通过某种动作行为对受事的物理性质施加影响，比如可以说“把胡萝卜切成丝”、“把麦子磨成面”等。语法形式往往会从客观向主观的方向发展，处置式后来可以表达在主观上把一个事物看成另一事物，比如“把书看做财富”、“把人才比作金钱”等。从客观的“变成”到主观的“充当”，它们在表达功能上具有相似之处，结果造成了这种现象：不仅前后出现的三个处置式的标记都有表达“充当”的功能，而且也与上古汉语的“以”发生了交叉关系。

8.4 结语

本章分析了五种语法标记和结构在功能上的交叉，从一个重要的方面揭示了语法的本质特性。语法是一个具有交际功能的网络系统，特定的语法结构在这一网络中扮演着不可取代的角色，同时又和其他结构在功能上交织在一起。语法结构大都有自己的核心功能和边缘功能，它们在核心功能上分工明确，而在边缘功能上相互联系在一起。形成不同语法结构功能交叉的原因是多种多样。

第九章　结构与意义的匹配类型

9.1　引言

构式语法理论虽产生的时间不长，但是发展迅速，已成为当今一种重要的语言学理论思潮，并对中国语言学产生了广泛的影响。这种现象主要由以下几个方面的因素促成。首先，构式语法属于认知语言学的一个分支，建立在当今认知科学这个大背景之下，跟当代整个科学思潮相符合。其次，构式语法理论主张语法结构的整体性，这具有心理学方面的基础，得到了格式塔理论的支持。最后，它也与自然科学很多发现相容，特别是与系统论的观点一致，即整体大于部分。该理论所受到的欢迎程度和速度，也与我们重视整体的哲学传统不无关系。

构式语法理论注重结构整体意义的研究，不仅符合人们的语感，而且也是语言学的一种重要进步。结构主义语言学只注重语法结构的形式特征，特别是乔姆斯基等明确提出语法就是一个抽象的、自足的形式系统，与语义是相互分离的。这些理论主张长期影响着人们对语言的观察，它们既违背语感，又脱离语言的实际。根据我们自己的研究经验，构式语法理论是一种比较切合语言实际的理论，可以有效地指导语言研究实践。

一个关键的问题是，语义和形式匹配的方式及类型到底有多少种？分别来看，如何确定形式或者意义就不是一个简单的任务。有些形式的构成成分完全固定，有些可以部分替换，有些则可以全部自由替换；同一类型的句式标记不同，标记不同又会引起功能上的细微差别，那么所有这些应该看做一个形式，还是分属于不同类型的形式？另一方面，有的构式具有单一而稳定的语法意义，有的则表示具有层级性的语法意义，即其概括度最高的意义还可以细分多个子类型，还有一些句式则无法确定其语法意义，那么所有这些应该看做是一个构式呢，还是多个构式？此外，有些构式的意义不受其构成成分的影响，有些构式的意义则在一定程度上决定于其中的成分，那么这种意义应该看做构式意义呢，还是成分意义呢，抑或两者相互作用的结果？对这些问题的探讨无疑会有助于对语法本质的理解。

9.2 结构与意义的匹配类型

9.2.1 结构和意义的严格一对一匹配

语言中存在一类结构，它只表示单一的语法意义，不能再作进一步的分化。结构中的成分可替换的程度有差别，下面分别举例加以说明。

（一）咱俩／我们俩／咱哥儿俩＋谁跟谁呀

这个结构表达两个人的关系亲密，不分你我，以至在钱财上不互相计较。其中的“咱俩”偶尔可以为包含对方的第一人称代词构成的短语“我们俩”、“咱哥儿俩”等替换外，不允许被别的词语替换，比如不能说“*他们谁跟谁呀”、“*小王和老李谁跟谁呀”等。这个结构由6个成分构成，但是近乎一个固定的惯用语，能产性极低。

（二）有＋代＋的＋N＋V

该结构的语法意义为，强调N所代表的事物量足够大。第一个动词“有”可以为少数几个概念义相近的词语替换，比如“缺不了”、“少不了”等，除领有标记“的”不可替换外，其他成分都可以相对自由地被替换，因此整个结构有一定的能产性。例如：

（1）有你的钱花。　　　　缺不了你的钱花。
　　有你的福享。　　　　少不了你的福享。
　　有你的电视看。　　　少不了你的电视看。

而且，其中各个成分的语法功能受到很大的限制，前文已述。这说明结构不光具有独立的语法意义，而且还限制其中成分的句法行为。

（三）S＋（V＋O）＋（V＋R）

这就是所谓的动词拷贝结构，表示因做某件事而带来某种结果。其中的每个成分都可以被替换。例如：

（2）她看书看累了。　　　他吃烤鸭吃胖了。
　　他喝酒喝多了。　　　他吃螃蟹吃病了。

如果补语指的是主语的状况，而又要在同一句话中引出受事名词，动词拷贝结构就是唯一的选择。进入其中的成分的句法行为受到限制，比如第一个动词不能加体标记“了、着、过”，宾语一般不能是有定的，比如不能说“*她看了这本书看累了”。

上述三类结构的语法意义单一固定，然而它们在能产性和成分可替换度上有差别，它们的共同之处在于，每个成分都不能缺省，进入其中的成分的句法功能也受到很大的限制。

9.2.2 结构的意义具有层级性

词的意义具有上下位的关系，比如“人”是“男人”和“女人”的上位概念，“男人”和“女人”则是“人”的下位概念。有些语法结构所表达的意义也具有上下位之分。下面分别举例说明。

（一）$S+V+O_1+O_2$

这是双宾结构，它的上位语法意义为：O_2所指的事物通过行为V在S和O_1之间传递。这又可以分为两个下位意义：（1）O_2所指的对象通过行为V从S向O_1传递；（2）O_2所指的对象通过行为V从O_1向S传递。例如：

	从S向O_1传递	从O_1向S传递
（3）	他送了汪老师一张贺卡。	他拿了王教授一本书。
	她给了我很多礼物。	她买了小王一件衣服。
	老王嫁了他一个女儿。	他抢了我一张邮票。
	他卖了我一只小狗。	她收了我一百块钱。

可是英语双宾结构的意义是单一的，只能表达物体从主语向间接宾语传递。汉语双宾结构自古至今都存在着两个下位意义，而且它们之间并没有主次之分。

（二）$NP_{地点}+V+NP$

这是汉语的存现句，它的上位语法意义为：某一地方某种事物现象存在或者消失。它的下位语法意义分为三种：（一）静态存在；（二）新出现；（三）（曾经存在）现已消失。例如：

存在	出现	消失
门前种着花。	教室里跑出一群孩子。	他们系走了一个老师。
书上写着名字。	树上飞来一只鸟。	他们家死了一盆花。
石头上刻着诗歌。	他们家住了两个客人。	他们家跑了一条狗。

上述两类结构具有共同的特点，所有的成分都可以为其他成分所替换，能产性比较高，而且进入其中的词语的句法限制较小，比如动词可以自由加上体标记，名词则可以被其他词语修饰。但是这种自由也不是绝对的，比如能进入双宾结构的动词大多是与对象传递有关的，存现句的主语一般是地点名词，宾语则一般为不定名词。

对于具有上下位关系的结构，不同的学者如果选取意义的抽象层次不一样，那么所得的结论也会各不相同。前面所讨论的两种句式，如果从下位意义的层次来分析，汉语的双宾结构可能被认为是两种不同的语法结构，结果会认为“取得”类的属于跟双宾结构不一样的另一类语法结构。同样，汉语的存现句也可能被归为不同的结构，比如就有人把“出现”类和“消失”类作为互不相干的独立结构来看待。我们认为，到底哪一种划分比较合理，要从历史和整个语言的语法系统来看。

9.2.3 结构意义的典型性

汉语中还存在着一类结构，它们虽然可以表达多种意义，但无法或者很难概括出一个上位意义，以反映各个用法的共性。然而它们的多种用法之间则存在着核心的、典型的与边缘的、非典型的之分。“把”字结构就属于这种类型，其抽象格式为：S＋把＋NP＋VP。它可以表达以下几种意义类型：

1）表示处置：把信交了；把衣服整理整理。

2）表示致使：把嗓子喊哑了；把鞋走破了。

3）表示动作的处所和范围：把东城西城都跑遍了；你把里里外外再检查一遍。

4）表示发生不如意的事情：偏偏把老李病了；真没想到，把个大嫂死了。

5）表示“拿”、“对”：他能把你怎么样？我把他没办法。

6）引入直接宾语：我把我买的书送了他；他把礼物给了我。

在“把”字结构的所有用法中，“处置”和“致使”是最典型的，使用的频率也高，所以该结构又被称为“处置式”。其他结构则是非典型的，使用的频率比较低。“把”字结构的使用有时候是为了表达上的需要，还有不少场合纯粹是因为谓语结构的限制而使受事名词必须前置。比如当动词之后有地点、数量词语等的时候，受事名词就必须前置：

（4）别把愁事憋在心里。	*别憋在心里愁事。
我们没有把你搁外头。	*我们没有搁外头你。
他把车开得太快了。	*他开得车太快了。
他把衣服烧了一个洞。	*他烧了一个洞衣服。

纯粹为了满足结构要求的处置式，有的就无法归为上述六种类型，比如“别把愁事憋在心里”即不能说是“处置”，也不能说是“致使”，更不属于其他几种类型。

“把”字句这类结构的多种意义中存在着家族的相似性，但是如何归纳，却并不是一件轻而易举的事情。英语的动补结构也属于这类情况。那么在确定句式上就会遇到一个问题，“把”字结构有多种意义，是应该分为一种构式，还是多种构式？如果把它看做一种构式，那么它表达很不相同的意义显然不符合构式语法的有关定义。如果把它们归为多种句式的话，那么怎样处理各个意义之间的相似性，特别是对有典型性差别的各个意义能否一视同仁？这些问题都不好解决。

“把”字句这类结构还有一个特点，它的构成成分的数量和形式是不固定的，比如所引进的受事名词，既可以是光杆的，也可以加上限定性成分；它的谓语形式既可以是动补结构，也可以是动词重叠式，还可以是简单的动词加上体标记，等等。如果考虑这些外在形式上的差别，那么情况就更复杂了。

9.2.4 语法标记的多样性

还有一种复杂的情况是，一类结构是形式相近且功能相似，但是标记不同。这种结构在汉语中相当普遍，如被动结构，其抽象格式为：$S+X_{被动标记}+NP_{施事}+VP$，在现代汉语普通话中至少有四个被动标记，它们是“被”、“让”、“叫”、“给”。例如：

（5）他被老师批评了一顿。　　杯子被他打破了。
这个问题让人说滥了。　　小猪让老虎叼走了。
他叫汽车撞倒了。　　这事叫你说着了。
东西全给他吃光了。　　门给风吹开了。

上述四个标记的使用频率不一样，表达的意义也有差别，语法功能也不完全一致。根据我们对现代汉语口语材料的统计，“让”的出现频率最高，其次是“叫”和“给”，“被”则很少见到。它们还有语体上的差别，“被”多用于书面语和正式场合，其余的多用于口语。它们在功能上也不完全相同，“被”和“给”所引出的施事可以自由省略，而“让”和“叫”则一般不行。例如：

（6）他被批评了一顿。　　杯子被打破了。
东西全给吃光了。　　门给吹开了。
*这个问题让说滥了。　　*小猪让叼走了。
*他叫撞倒了。　　*这事叫说着了。

由以上的分析可以看出，现代汉语被动句的情况十分复杂：有四个标记，每个标记所表达的功能不尽相同，必要成分的多少也不一样，而且使用频率差别很大。那么要根据“形式和意义的配对”来确定句式，就是一件相当艰巨的工作。如果把它们统统归为一类，将无法涵盖这么多形式和意义上的差别。如果把它们归为多个类别，那么形式上差别多大算两类，在什么样的抽象程度上划分意义，都会引起重要的分类差别。语言现实往往比语言学家想象的要复杂得多。

被动结构的成分变化更加自由，它不仅可以省略施事名词，甚至也可以把被动标记省略掉，谓语构造差别也很大。结构中的词语没有什么特殊的语法限制。

9.2.5 结构意义的发散性

那些极常见的、使用频率极高的语法结构，也往往是语法意义极难概括的。以汉语的动宾结构为例，就我们所见到的现象，无法概括出一个可以统管全局的语法意义，其间也没有典型性关系。它的抽象格式很简单（即VO），可是其类型却十分复杂，动词和宾语之间的语义关系主要有以下这些：

1）动作与受事：打球、切菜、洗衣服

2）动作与施事：来人、晒太阳、吹电扇

3）动作与所产生的事物：写信、盖房子、挖坑

4）动作与所发生的场所：爬山、走路、吃食堂

5）动作与工具：吃大碗

6）动作与所依赖的对象：（小的时候）吃父母、吃老本、（靠山）吃山

7）动作与目的：打扫卫生、恢复健康

8）动作与原因：恢复疲劳

以上动宾结构的语义类型并不是一个穷尽性的列举。有些动宾结构颇难归类，比如“看医生”中的“医生”应该是施事还是受事，不好确定。从上面的简单列举就会发现，根本找不到适合所有动宾结构的语法意义。似乎只能说，汉语的动宾结构表示的是“动作与其相关的事物”。这个概括，一方面太笼统，没有任何实际意义；另一方面太宽泛，又与主谓结构等无法区别开来。在我们看来，任何尝试概括出动宾结构语法意义的努力都会是令人沮丧的。那么就会出现这样一种情况：人们确确实实感觉到动宾结构是一种基本的语法结构，但就是无法确定它所表达的意义到底是什么。

构式语法理论的学者提出的一个关于构式语法最有挑战性的问题为：“是否存在这样一种形式，它们甚至没有抽象的、具有家族相似性的、辐射性的语

义功能？”我们的分析显示，那些基本的、使用频率极高的语法结构往往属于这一类型。构式语法理论声称所有的语法结构，不论是常见的还是不常见的，都有相同的地位，应一视同仁，然而在具体的研究实践中情况却大不一样，该理论只有在分析不太常见的结构上才能显示出其理论的优越性。语言中存在着这样一种明显的倾向性：越是常见、基本的语法结构，越难确定它们所表达的语法意义是什么。构式语法理论实际上是把语言现象过度理想化了，它对于一些常见的结构显得无能为力。

动宾结构的成分的句法功能是极活跃的，其动词和名词可以具有该词类的绝大多数语法特征，比如其动词可以重叠，加体标记、各种补语等。它的成分可替换度也是极高的，几乎没有任何词汇限制，相应地它的能产性也是极高的。

9.3 相关的理论问题

9.3.1 结构的意义特点与其构成成分之关系

上一节的分析显示，从结构与意义的明确单一匹配，到结构与无法确定的意义的发散性状况，形成一个连续统，中间存在着各种各样的复杂情况。由此出发，可以发现以下的结构与其成分之间的相互制约规律：

（一）凡是具有明确而单一意义的语法结构，其构成成分的限制比较大，有的成分不能为其他词语所替代，有的则只能为少数意义相近的词语替代，而且进入其中的词语的句法行为往往受到很大的限制，失去了该词类原有的很多语法特点。同时，这类结构的能产性也很低。

（二）凡是难以确定其意义的语法结构，其构成成分则都比较自由，具有很高的可替换度，而且能够进入其中的成分的句法也十分活跃。同时，这类结构的能产性很高。

语法结构的情况相当复杂。从形式的角度看，同样一个语法结构可以有多个语法标记，其中的成分可以省略、扩展，如此等等，这种变化应该算一个结构还是多个结构，这是一个尚未解决的问题。从意义的角度看，有些结构所表达的意义单一而稳定，有些则具有明确的层级关系，有些所表达的意义之间则具有典型性的特征，有些意义则完全是发散性质而无法确定。由此带来一个结果，形式和意义之间的匹配类型复杂多样，这使得语法结构的确立变得十分困难。

9.3.2 构式语法理论的局限性

构式语法理论的一个基本信念是，语法结构有一个整体的意义，而且是不能从其构成成分推导出来的。理论上讲，这似乎是正确的，符合现代哲学的一个原理：整体大于部分。但是语言现实远比这些理论学家所想象的复杂，迄今为止还没有一个客观而可操作的标准来判断什么构成一个结构，这既有形式上的困难，也有意义上的不确定性。那么这就极大影响了这个理论的应用价值。最能显示这个理论威力的是那些结构和意义匹配比较明确单纯的情况，也就是对那些不太常见的结构分析起来得心应手，然而对于基本的、常见的结构则无能为力。这一点也可以从构式语法理论的创建与实践中看出来。

构式语法理论产生的动因之一是对英语惯用法的研究，比如对英语的let alone的研究是该理论的重要文献之一。惯用法的显著特征是成分固定，不能自由替换，意义与单词相似，容易确定。这些特征都与前文所讨论的"咱俩谁跟谁呀"一类结构一致。构式语法理论在其代表性的著作和近年来发表的论文中，研究得比较深入系统的结构都是英语中使用频率比较低的结构，主要为以下几类：

（7）a.Pat sliced the carrots into salad.（致使移动）

b.Pat sliced Chris a piece of pie.（双宾结构）

c.Emeril sliced and diced his way to stardom.（路径结构）

d.Pat sliced the box open.（结果结构）

构式语法创建者的理想还是很大的，他们声称自己的理论不仅适用于分析所有的语法结构，还可以用来研究词、语素等单一要素构成的语言单位。然而迄今为止，我们并没有看到该理论关于词和语素的任何成功分析，也没有看到它关于一些基本句式的具有洞察力的研究。该理论的实践也反映出了其局限性。

9.3.3 结构意义和结构功能的差别

构式语法理论在"结构意义"和"结构功能"上模糊不清。这一点清楚地反映在前后定义的不一致上。该理论学者前期给"构式"的定义是任何"form-meaning pairing"（结构和意义的匹配），而在后来则定义为"form-function pairing"（结构和功能的匹配）。然而在我们看来，"结构意义"和"结构功能"并不是一回事。下面举例加以说明。

（a）$NP_{施事}$ + VP + $NP_{受事}$

（b）$NP_{受事}$ + $NP_{施事}$ + VP

结构（a）是正常的主谓宾结构，结构（b）则是话题结构，使得受事名词话题化，表达上文已经提到的已知的事物。两个结构的整体语法功能也很不一样，结构（a）可以做句子中的一个成分，比如定语从句；结构（b）则不行。例如：

（8）这是我看书的桌子。　　　　*这是书我看的桌子。

这是他们吃饭的时候。　　　　*这是饭他们吃的时候。

名词性偏正结构是由一个光杆名词加上一个修饰语构成的，它们在意义上比相应的光杆名词的内涵丰富而外延小，同时在功能上也不一样，偏正结构往往可以单独做谓语，而单独的名词则不行。例如：

（9）那个小姑娘蓝眼睛。　　　　*那个小姑娘眼睛。

这双鞋塑料底儿。　　　　*这双鞋底儿。

那张桌子三条腿。　　　　*那张桌子腿。

那棵树圆叶子。　　　　*那棵树叶子。

结构意义是指它所表达的内容、传递的信息，主要起交流思想的作用；结构功能则是指整个结构的语法分布，包括可以在哪种语言层次上出现，可以做什么句子成分，等等。迄今为止，构式语法理论的研究实践主要在探讨结构意义上，关于结构功能的探讨还没有系统地展开。

9.4 结语

本章分析了结构和意义匹配的各种类型，讨论了各种复杂的情况。从明确而单一的匹配到无法确定某个结构的意义，各种各样的情况都有。构式语法理论只有对于匹配比较单纯的结构比较适用，这类结构一般是使用频率低的、不太常见的，然而对于那些极常见的结构则无能为力。构式语法理论尚没有解决的一个关键问题是，如何确定一个语言线性序列是否属于一个结构，比如同类的结构可能有多个功能不尽相同的语法标记，其中的成分可以增删、扩展，该理论并没有提供明确的标准来判定这类现象。结构意义的类型也是多种多样的，有的只有单一的意义，有的所表达的多个意义具有上下位的关系，有的所表达的多个意义有典型性差别，有的所表达的意义则无法确定，那么如何确立语义和结构的匹配，特别是在什么抽象层次上来确定语义，考虑不考虑各个语义之间的核心与非核心的区别，诸如此类问题，都是构式语法理论无法回避的，然而它却没有解决好这些问题。

构式语法理论关于“结构意义”和“结构功能”这对概念的关系也是模糊不清的，影响了语法结构研究的深入。结构不仅具有整体意义，而且具有独立的语法功能。关于结构整体语法功能的研究目前尚没有得到足够的重视，它应该是一个很有发展前景的领域。

第十章 语法结构的意义与功能

10.1 引言

本章将讨论跟构式语法理论有关的另一个重要问题，即确定语法结构的标准之一应该是“意义”还是“功能”？这两个方面是什么关系？本章主要以汉语的现象说明区别“结构意义”和“结构功能”的根据，并讨论这种区分的理论意义和实践意义。

10.2 普通语言学关于“功能”的定义

普通语言学领域里，“功能”是一个适用范围极广的术语。根据国际语言学领域通行的定义，它主要用于以下两个方面：

（一）一个语言形式跟其出现的语言格式和系统中其他部分之间的关系。例如，语法中，名词短语的“功能”是可以在小句结构中充当主语、宾语等，这些功能按分布来定义。这类句法功能也叫“句法关系”或“语法关系”，是语言学分析多种模型的一个重要特征。

（二）语言在社会或个人语境中所起的作用也称作“功能”或者“社会功能”。例如，语言用来传递思想、表达态度等等。语言还可用来识别具体的社会语言学情景，如不拘礼节或关系亲密，或体现科学和法律的语言变体。

上述“功能”的第一个定义最典型。相关的术语“功能词”是指表示语法关系的词，诸如连词、代词、结构助词等，它们与普通的词汇相对立。第二个定义是就语言的整体特性或者说话的方式而言的，并不与具体的语法结构相对应。本章所讨论的“功能”是指第一个定义。

实词大都有意义和功能双重特性。例如，“好”的意义是优点多、令人满意的性质，其功能是可以为程度词修饰，可以重叠，可以做定语和补语，可以用于比较结构等。概括地说，词语的意义是聚合关系，与语言系统之外的现象发生联系；词的功能是组合关系，与句子内部的其他成分发生联系，分布如何

（即做什么样的句子成分），可带上什么样的语法标记。

结构和词汇具有平行的现象，也具有意义和功能之别。结构也有功能上的特征，不同的结构分布不一样，跟语法标记的搭配也不一样。

10.3 语法结构的功能差别

10.3.1 语法结构的功能标准

不同的语法结构的分布和搭配是不一样的。我们选取以下五个标准来鉴别不同语法结构的功能差别。

标准一：能否用于独立的句子或作为句子某一成分的从句。

标准二：能否加“的”而变换为名词短语，指代事物。

标准三：结构中成分的句法行为的活跃程度，即是否具有本词类的全部或者主要语法特征。

标准四：能否加“吗”而变换成疑问句。

标准五：能否加“请”而变换成祈使句。

我们选取以下六种结构，逐一用以上标准来考察它们在上述语法特征上的差别。

结构一：动宾结构：看电影。

结构二：“把”字结构：把房间打扫干净。

结构三：话题结构：书他已经看完了。

结构四：强调结构：有你的钱花。

结构五：形补结构“A + 得 + 程度词”：好得很。

结构六：“咱俩 + 谁跟谁”等：咱俩谁跟谁呀。

10.3.2 能否用于从句层面

上述所举的六种结构都是可以独立成句的，关键看它们能否做句子的内部成分——从句。从句可以做各种句子成分，比如可以做介词宾语（她对老王爱吃什么很了解），可以做话题（老王爱吃什么她很了解），等等。下面的讨论只限于定语从句这一种，这不影响结论的普遍性，可以做定语从句的结构也大都可以做其他从句。

结构一：动宾结构：看电影的人到门口坐车。

结构二：“把”字结构：把房间打扫干净的时候再告诉我。

结构三：话题结构：*这是书他看完的房间。

结构四：强调结构：*等到有你的钱花的时候。

结构五：形补结构“A + 得 + 程度词”：*她是一个好得很的人。

结构六：“咱俩 + 谁跟谁”等：*发展成咱俩谁跟谁的关系。

以上六种结构，只有两种是可以用于从句层面的，其他的则只能用于独立的句子。我们以从句为标准可以把汉语的结构一分为二：凡是能够进入从句的结构都是无标记的，使用频率高；反之不能进入从句的结构都是有标记的，具有特殊的语篇功能，使用频率相对比较低。

10.3.3 能否加“的”而变换成名词短语

结构助词“的”能够把一个谓词性结构变换为名词的，指代事物。所选出的六种结构在这上面也表现出了明显的差别。

结构一：动宾结构：（门口站着很多）看电影的。

结构二：“把”字结构：把房间打扫干净的（可以回家了）。

结构三：话题结构：*书他看完的。

结构四：强调结构：*有你的钱花的。

结构五：形补结构“A + 得 + 程度词”：*她是一个好得很的。

结构六：“咱俩 + 谁跟谁”等：*咱俩谁跟谁的。

能否进入从句和能否加“的”而名词化两个标准的判定结果是一致的，因为两者都是加相同的语法标记。

10.3.4 结构中的成分在句法活跃程度上的差别

抽象地说，某个词类具有这样那样的语法特征，然而当用于某种结构之后，情况就发生了重要变化，同一个词在有些结构中几乎具备该词类的所有语法特征，而在另一些结构中则失去了该词类的绝大部分语法特征。下面分别讨论。

结构一：动宾结构。该结构中的动词和名词的句法行为极为活跃，几乎具备有关词类的所有语法特征。比如动词可以带体标记（看了电影），可以重叠（看看电影），可以被否定（不看电影）。名词则可以加数量词表不定指（看了一场电影），加指示代词表定指（看了那场电影）。

结构二："把"字结构。该结构中的成分也比较活跃，但是相对于第一种来说，具有一定的限制性。比如谓语动词一般要带有结果性的成分，一般不能是光杆动词。受事名词则只允许为有定性的词语修饰，不能被不定性的数量词修饰（*把一个房间打扫干净了）。

结构三：话题结构。话题结构中的动词也比较活跃，比如动词可以带体标记（书我看过了），可以重叠（书我看了看），可以被否定（书我不看了）。话题化的名词表示有定可以加"这"或者"那"，一般不能受无定的数量词修饰，比如"*一本书我看过了"。

结构四：强调结构。这种结构中各个成分的句法行为呈高度惰性，名词不再受任何修饰语修饰（*有你的很多钱花），动词也失去了几乎所有该词类的语法特征，比如不能加体标记（*有你的钱花了），不能重叠（*有你的钱花花），不能否定（*有你的钱不花）。

结构五：形补结构"A + 得 + 程度词"。该结构中的形容词也呈句法上的惰性，比如"好得很"中的"好"，不能再受其他程度词的修饰，不能重叠，不能为"不"否定，也不能用于比较句。

结构六："咱俩 + 谁跟谁"等。该结构中的成分限制最大，不仅句法上完全呈惰性，而且每个成分都只限于特定的词汇，不允许为其他词语所替换，近乎一个固定的惯用语，能产性极低。

10.3.5 能否加"吗"而变换成疑问句

疑问语气词"吗"可以加在一个陈述句的末尾，从而得到一个是非问句。然而并不是所有的陈述句都可以作这样的变换，具体情况如下。

结构一：动宾结构：看电影吗？

结构二："把"字结构：把房间打扫干净了吗？

结构三：话题结构：书他看完了吗？

结构四：强调结构：*有你的钱花吗？

结构五：形补结构"A + 得 + 程度词"：*她好得很吗？

结构六："咱俩 + 谁跟谁"等：*咱俩谁跟谁吗？

前三种结构可以加"吗"而变换成是非问句，说明它们可以取"真"和"假"两个值。后三种结构都不能加"吗"而变换成是非问句，说明它们只有一个真值。另外一个相关的现象是，凡是能够变换为是非问句的结构中的成分都可以被疑问代词提问，即整个句子可变成特指问句，比如可以说“看什么”；不能变换为是非问句的结构成分则不能被疑问代词提问，比如不能说“*有谁的钱花”。

10.3.6 能否加“请”而变换成祈使句

祈使句是请求对方做某事，表达尚未实现的情况。动词性祈使句最常见的标记是“请”，比如“请坐”；形容词性的祈使句则是加上程度词“一点儿”等，比如“安静一点儿”。下面考察上述六种结构变换为祈使句的情况。

结构一：动宾结构：请看电影（’不要说话）！

结构二：“把”字结构：请把房间打扫干净！

结构三：话题结构：*书请他看完！[1]

结构四：强调结构：*请有你的钱花！

结构五：形补结构“A + 得 + 程度词”。既不能加“请”，也不能加“一点儿”而变换成疑问句：*请好得很！*好得很一点儿！

结构六：“咱俩 + 谁跟谁”等：*请咱俩谁跟谁！

只有结构一、二可以加“请”变换成祈使句。话题结构则不行，因为话题是交际双方的已知信息，所谈论的通常是已经发生的情况，而祈使句表达的则是尚未发生的。最后三种结构所表达的都是人的主观意志无法支配的，要么是对未来的预测（结构四），要么是对事实的描写（结构五、六）。

10.4 结构的功能差别及其理论意义

10.4.1 考察结构的语法功能差别的三个方面

（一）分布标准。我们选取的是句子和从句两个层面，有些结构可以用于两个层面，有些结构则只能出现于其中的一个。结构的分布特征可以揭示它们的语法属性，凡可以用于两个层面的结构都是无标记的、基本的，使用频率高，是变换成其他结构的基式。

【1】如果加上另外一个动词短语，这类话题结构则可以变换为祈使句，比如“书你看完马上送来！”祈使的重点是第二个动词短语“马上送来”。

（二）搭配标准。一个结构可以跟句子层面上的语法标记搭配，从而变换成另外一类句子。不同的结构与这类语法标记的搭配能力差别很大，也就意味着它们向其他句类变换的差别。

（三）构成成分的句法活跃程度。同样一个词在不同结构中句法活跃能力的差别很大，用于某些结构可以呈现该词类的几乎所有语法特征，而用于其他结构则几乎失去了本词类的所有语法特征。而且不同结构的成分缺省情况也不一样，有些结构可以自由地省掉其中的某个成分，然而有些结构则要求所有的成分必须出现。

上面，我们用了五个标准，对六种语法结构的功能进行了分析。它们的差异可以概括为下表。

	标准一 从句层面	标准二 加“的”名词化	标准三 成分的句法活跃程度	标准四 加“吗”变换成疑问句	标准五 加“请”变换成祈使句
句型一： 动宾结构	✓	✓	高	✓	✓
句型二： “把”字结构	✓	✓	中	✓	✓
句型三： 话题结构	×	×	中	✓	×
句型四： 强调结构	×	×	低	×	×
句型五： 形补结构	×	×	低	×	×
句型六： “咱俩＋谁跟谁”等	×	×	低	×	×

所讨论的六种结构的功能高低可以用下式表示：

动宾结构>“把”字结构>话题结构>强调结构/形补结构/“咱俩＋谁跟谁”等

我们的初步观察是，不同的功能标准的地位是不平等的。比如两个可以用于从句层面的结构具有其余所有五个功能，而在不能用于从句层面的其余四个结构中，结构三只有其中的两个功能，其余三个结构则缺乏所有其他五个功能特征。凡是可以用于从句的结构都是无标记的、基本的，它们不仅使用频率高，分布范围广，变换能力强，而且构成成分的句法活动能力强；凡是不能进入从句的情况则正好相反。弄清楚各种结构功能之间的关系，会大大加深人们对语法本质的了解。

10.4.2 确立结构的功能特性的理论意义

本章的分析充分说明，语法结构也存在着功能这一维度，不同的结构具有不同的功能，从功能的角度可以对语法结构进行分析和分类。结构的功能类似于词的功能，都体现在分布和搭配上，只是具体的情况有所不同而已。词的分布主要表现在出现于什么句法位置、可做什么样的句子成分上，而结构的分布则是可否用于独立句子或者从句层面上。每个词类都有自己可以搭配的语法标记，诸如名词可与数量词搭配，动词可与体标记搭配，形容词可与体标记搭配；特定的词类与特定的语法标记搭配，一般不改变它们的词性，即名词仍然是名词，等等。然而结构与语法标记的搭配常常改变它们的句类，比如陈述句加“吗”就变成了疑问句。语法结构还有一个特性，因为它们至少是由两个词构成的，那么就涉及了其中成分的句法活跃程度。

本章的发现对结构的研究具有重要的意义。首先是对构式语法理论的一个贡献。结构功能有别于结构意义，它的确立必将推动对结构的多方位的深入研究。

需要回答的一个问题是，能否根据功能和形式的配对来确立一个结构的存在？可以通过与词的类比在一定程度上回答这个问题。每个词都具有自己的语音形式，同时具有自身的语法功能，但是这里的语音形式和语法功能不是一对一的关系，比如绝大多数动词都具有加体标记的功能，但据此并不足以确立它们作为语言单位的价值，一个词作为独立语言实体存在的价值，除了语音形式以外，还必须有自身独立的意义。根据词的情况类推，确立结构存在的标准也只能是形式和意义。从意义的角度确立结构的独立实体，从功能的角度则可以给不同的结构分类，如同划分词类一样，找到结构之间的共性和差异。

10.5 结语

本章根据术语“功能”在普通语言学中的标准定义，选取了汉语中的五个语法特征作为标准，对六种语法结构进行了分析，确立出不同的结构具有不同的功能。结构的功能有三层含义，一是在不同语言层面的分布，二是与语法标记的搭配能力，三是构成成分的句法活跃程度。

对结构功能的确立既具有理论意义，又具有实践意义。结构主义语言学只重视单个词的功能研究，生成语言学不管结构的功能，功能主义语言学侧重于语言的交际功能，构式语法理论则误把结构意义当做结构功能，它们都错失了对结构真正功能的探讨。因此本章的发现，在理论上是一个进步，并指出了一个具有广阔研究前景的领域。

第十一章 主语与话题之别

11.1 引言

主语和话题的问题是汉语语法研究中的核心课题之一。受到重视程度很高，讨论的范围很大且时间很长，而迄今为止分歧之严重，没有其他问题可与之相比。围绕着该问题的一个有趣现象是关于它们存在的合理性的争议。汉语中的其他语法现象都没有这个问题，比如谁都不会怀疑汉语有体范畴、否定标记、被动式、动补结构等，对于它们的探讨是弄清楚其结构和功能。主语和话题的争议主要是，到底汉语中有没有"主语"或者"话题"这些成分；如果有的话，是只有其中的一个呢，还是两者都有；如果两者都有的话，它们之间的分别到底是什么。据此可以把有关的争议分为三派：

一、主张只有话题，汉语的主语等同于话题。

二、主张既有话题又有主语，两者有不同的语法性质。

三、主张只有主语，没有话题。

要解决这一问题我们首先要明确两点：一是谓语之前的名词到底是主语还是话题，须把它放在人类语言这个大背景下来考察，看它们的语法特性更符合普通语言学中的哪一个定义；二是谓语之前的名词是否应该分为两类，主要看它们在句法行为上是否具有鲜明的对立，划分之后对汉语语法系统的理解是否有帮助。基于这两点，我们将论证汉语中存在着主语和话题之辨，它们在句法行为上存在着鲜明的对立，对它们的划分不仅可以解决汉语语法研究中长期以来悬而未决的问题，而且可以深化对汉语语法系统的认识。

11.2 普通语言学中主语和话题的定义

主语和话题是两个重要的语言学概念，它们之间的关系也是普通语言学的核心课题之一。为了弄清汉语中的主语和话题的问题，我们必须明白它们的定义和语法特性是什么。

首先看一下主语的普通语言学定义：

句中名词短语可能有的最显著的语法关系，具有易于被确认的特点。

主语具有各种各样的语法、语义和篇章特性，主要包括如下这些特点：

1）主语代表的是独立存在的实体。

2）主语制约句中的共指，包括代词、反身代词和零回指。

3）主语制约动词的一致关系。

4）主语是无标记结构的话题。

5）主语可以用疑问代词提问，也可以被焦点化。

6）主语通常缺乏形态标记。

7）主语通常是无标记结构的施事。

对主语语法特性的正确理解有两点值得我们注意。一、主语是一个语法结构的成分，适用于从句和句子两个层面。二、上述所列举的特性中，并非全部适用于所有语言，一种语言的主语可能只有其中的几个特征。

再看话题的普通语言学定义：

句子里表示语境中已知的成分，是句子其余部分的陈述对象。在英语等许多语言中，话题常常是无标记结构中的主语；如果话题和主语不一致时，话题常常带有某种标记标示。英语的有标记话题结构通常是把一个成分置于句首，例如：This book I can't recommend/ In the park stood a bronze statue.

话题也是一种常见的语言现象，它突出的特点为：

1）居于句首。

2）后加停顿或者语气词。

3）总是有定的，即表示已知的信息。

4）是个话语概念，具有延续性，经常把它的语义辖域延伸至后面的几个句子。

跟主语相比，话题具有两个鲜明的个性。一、它是篇章话语（表达）里的概念，只适用于独立应用的句子层面上，不能进入从句的层面上。二、话题总是表示有定的、已知的信息。

与主语和话题的区别密切相关的另外一个重要概念是焦点。下面是它的定义：

句子中的某个成分被赋予特别的重要性，该成分代表的是句子中最重要的新信息，或者是与其他成分具有明显的对立。

上述定义显示，话题和焦点的特性正好是相反的：话题代表已知的旧信息，焦点则是新信息。根据这些语义上的对立，可以推断话题化和焦点标记是不相容的，已经话题化的成分不能再加上焦点标记。

11.3 谓语之前名词短语的句法差异与主语和话题之别

11.3.1 能否进入从句的层面

现代汉语里谓语之前的名词短语的类别是相当丰富的，常见的是施事和受事，此外还有时间、工具、地点等。为了讨论的简便起见，我们把考察的范围限制在施事和受事两类上，分析它们所得出的结论同样适用于其他类型的名词短语。

根据能否进入从句这一形式标准，可以迅速判定谓语之前不同类型的名词所组成的语法形式的性质差别。上述定义显示，主语是语法结构的成分，由它构成的格式可以用于句子和从句两种层面；然而话题是一个话语概念，只能用于句子层面上。在这一点上，不同的顺序具有截然不同的功能：

（1）a.小王看完了书。→这就是小王看完书的地方。

b.书小王看完了。→*这就是书小王看完的地方。

（2）a.她叠好了被子。→就是在她叠好被子的时候。

b.被子她叠好了。→*就是在被子她叠好的时候。

（3）a.我写好了信。→我写好信的时候她已经睡着了。

b.信我写好了。→*信我写好的时候她已经睡着了。

上例显示，句子层面上可以有各种各样的变换格式，但是只有“施事（A）+动词（V）+受事（P）”一种语序可以进入从句。

也就是说，不同语序的格式的整体功能很不一样，只有AVP一种才能用于句子和从句两种层面，PAV则不行。这种重要的语法差别必须区别对待。然而比较通行的看法是把它们同等对待，不论施事还是受事，谁在句首谁就是主语。显然这种看法是不妥的。根据主语和话题的定义，可以推断，只有格式AVP中的施事名词才有可能是主语。

我们用能否进入从句来鉴别一个格式是基本的（无标记）还是派生的（有标记）。凡是能进入从句的都是基本的或者无标记的句式，否则就是派生的或者有标记的。这一形式化的验证方法背后的理论根据是，从句是句子的构成成分，它不受语境因素的制约，所以凡是能够进入从句的格式代表的都是汉语的基本结构。该方法也可以用于其他格式的鉴定。比如时间、地点、工具等短语都有语序变化问题，我们同样可以用能否进入从句的办法判别哪种是基本的，哪一种是派生的。

11.3.2 汉语的“唯动格”现象

上面用从句标准鉴别出汉语的基本语序为AVP，即施事的无标记位置应是动词之前。人们可能马上会想到常见的一种现象——施事也可以位于动词之后做宾语，如“来人了”等，因而认为不能简单地把句法成分和施事、受事挂钩。这是一种非常有趣的现象，对它们的正确认识有两点值得注意：一、能用于这种格式的动词只限于少数不及物动词，普通的及物动词则不行；二、格式中的施事大都可以出现于动词前后表示不同的语法意义：动前表示有定，动后则表示无定，比如“人来了”和“来人了”就存在这种对立。那么这两种语序里哪一种是更基本的呢？我们仍然可以用从句标准加以鉴别。

（4）a.来客人的家庭　　　　*客人来的家庭

b.下雨的季节　　　　*雨下的季节

c.晒太阳的人们　　　　*太阳晒的人们

d.刮风的天气　　　　*风刮的天气

e.长痱子的小孩儿　　　　*痱子长的小孩儿

对于这些不及物动词，无标记的语序应该是“V_i+A”。从语言类型学的角度来看，上述现象是不难解释的。

根据主宾语的标记特征，世界上的语言可以分为两大类：宾格语言和唯动格语言。宾格语言的不及物动词和及物动词的施事拥有一样的语法标记或者占据同样的句法位置，如英语等。然而在唯动格语言里，则是不及物动词的施事与及物动词的受事具有同样的语法标记或者出现于同样的句法位置，属于这类的语言很多。

汉语的上述现象揭示了它与唯动格语言家族之间的相似性。汉语的主宾语标记的唯一手段是语序。及物动词的受事的无标记句法位置是谓语动词之后，上面的测试结果显示，不及物动词的施事的无标记句法位置也是谓语动词之后，即它们的基本句法位置都是一样的。这种表现正是唯动格语言的特征，也是人类语言的一个普遍现象，所以这种现象的存在跟我们对及物动词分析所确立的AVP基本格式并不矛盾。

11.3.3 话题化与焦点化的对立

话题和焦点的语义特征是相互矛盾的：话题表示的是语境中已被确立的旧信息，焦点则是新信息。这种对立在语法上就表现为，标记两者的语法手段是不相容的。然而主语是一个结构成分，不要求为语境中已知的旧信息，因此它与焦点标记不排斥。据此我们可以根据能否加焦点标记的办法来鉴别谓语之前名词短语的不同语法性质。

现代汉语的典型焦点标记是由判断词语法化而来的“是”。与焦点表示有关的是特指疑问代词的使用。疑问代词自身固有一个 [+焦点] 特征，其他语言的疑问代词常常附加焦点标记，现代汉语的情况则是：如果一个句子包含疑问代词，那么只有这个疑问代词才可以加焦点标记“是”。例如：

（5）a.是谁昨天用钳子把车修好的？

b.*谁是昨天用钳子把车修好的？

c.*谁昨天是用钳子把车修好的？

d.*谁昨天用钳子是把车修好的？

但是如果把主语换为普通的非疑问词语，句子中的其他成分就可以被焦点化，比如可以说“他是昨天用钳子把车修好的”。因此凡是可以用疑问代词提问的成分也都可以被焦点化，所以能否加焦点标记和能否用疑问代词提问，具有相同的判断价值。

上文所列的主语的第五个特征是：可以用疑问代词提问而且可以被焦点化，这也正好是话题所没有的一个特征。我们正可以据此来判断谓语之前的施事和受事的句法对立。

（6）a.小王看完了书。→是小王看完了书。　　谁看完了书？

b.书小王看完了。→*是书小王看完了。　　*什么小王看完了？

（7）a.她叠好了被子。→是她叠好了被子。　　谁叠好了被子？

c.被子她叠好了。→*是被子她叠好了。　　*什么她叠好了？

（8）a.我写好了信。→是我写好了信。　　谁写好了信？

b.信我写好了。→*是信我写好了。　　*什么我写好了？

由此可见句首的施事和受事的性质是很不一样的，只有施事才能被焦点化或者提问，受事则不行。也就是说，句首的施事名词才具有主语的特征，受事名词则是话题的特征。从表达上看，句首的受事名词都是表示有定的旧信息，这也正与话题的特点相符。

11.3.4 话题和主语的判别特征

总结上述的分析，话题的形式特征和语义特征可以概括如下：

一、形式特征：

（a）话题化的结构不能进入从句；

（b）话题化的成分不能被焦点标记“是”标示；

（c）话题化的成分不能用疑问代词提问；

（d）话题成分通常居于句首。

二、语义特征：

（a）话题代表的是已知信息；

（b）话题指示的是有定的事物。

下面例句都是话题化结构，其中画线部分都是话题，它们都符合上述形式标准：

（9）这种人我想不会太亏待自己的。

（10）他呀，成绩不好，还怨老师没教好。

（11）早饭你上我家吃吧。

（12）头发呢，他早被人剃光了。

（13）小丽，她又欺骗我了。

以（11）为例，“早饭”出现在句首时是话题化结构，整个结构不能再进入从句，它也不能再被焦点化，而且也不能被提问；然而，与此相对立，如果把“早饭”放在它本来的句法位置——“吃”之后时，则不仅可以用于从句，而且也可以被焦点化或者提问。

（14）a.早饭你上我家吃吧。	你上我家吃早饭吧。
b.*早饭你上我家吃的时候……	你上我家吃早饭的时候……
c.*是早饭你上我家吃吧。	你上我家吃的是早饭。
d.*什么你上我家吃？	你上我家吃什么？

相应地，主语的形式特征和语义特征可以概括如下：

一、形式特征：

（a）主语所在的格式可以用于从句和句子两个层面；

（b）主语可以被焦点化；

（c）主语可以用疑问代词提问。

二、语义特征：

（a）动作行为的施事；

（b）性质、状态的主体。

判别主语时，要意义标准和形式标准相互参照。特别值得注意的是一些地点和时间状语，也具有主语的形式特征，但是可以根据主语的语义特征加以排除。比如“在桌子上写字”可以用于从句层面：“在桌子上写字的时候……”，“在桌子上”也可以被焦点化、提问：“是在桌子上写字”和“在哪儿写字”。但是“在桌子上”不是“写”行为的“施事”，仍然不能被视为主语。再如，“昨天他进了一趟城”和“昨天很冷”两句中的“昨天”很不一样，第一个“昨天”是确立事件发生的时间，第二个则是状态“很冷”的主体。所以只有第二个“昨天”才能被看做主语。

绝大部分情况下，判别话题和主语的形式和语义特征是一致的，但是有时候会出现冲突现象。这时，我们以形式特征为主。较典型的情况是被动句。句首的名词是受事，但是整个格式既可以用于句子又可以用于从句，受事名词也可以被焦点化或者提问：

（15）a.小王被领导批评了。

b.小王被领导批评的时候，他还在笑呢。

c.是小王被领导批评了。

d.谁被领导批评了？

这种情况下，以形式特征为准，被动式句首的受事名词应为主语，而不是话题。

11.3.5 主语与无标记话题之关系

汉语学界在20世纪50年代主宾语问题的讨论时，指出当时出现的许多糊涂想法都源于对下面三个层面的概念的混淆：

结构层面：主语、宾语

语义层面：施事、受事、与事、工具、地点

表达层面：话题、陈述

三个层面的划分对语法分析是很有帮助的，但是不能由此认为三个层面的概念是互不相干的。其实，句法、语义和语用并没有明确的界限，只是为了研究的方便才分为三个不同的层面。前文的分析表明，根据能否进入从句所确立的无标记句法结构，结构成分和语义角色严格对应。

主语可以被看做是无标记结构的话题。在没有任何标记的情况下，主语的高认知凸显性使得它自动成为篇章中的话题。相当多的学者认为，汉语的主语就是话题，如果把这里的“话题”理解为无标记的，应该是没有错的。本章所讨论的话题都是有标记的。有标记话题和无标记话题的语法性质是很不一样的，应该区别对待。

11.3.6 包含话题和主语的句子的层次划分问题

无标记的句法结构因受语境因素的影响，可能产生语序上的变换，较为常见的就是话题化了。那么此时怎样划分句子的结构层次呢？把“话题”看做与主语、宾语位于同一层次上的概念，是不合理的，因为这把不同层面的概念揉在了一起。为此我们提出一个简单的处理办法，凡是话题化的结构，第一个层次都是“话题（T）－说明（C）”。例如：

（16）信我已经写完了。

——————话题-说明
—————主语-谓语
————状语-动词
——述语-补语

我们不赞成目前汉语学界的一种处理方法，把句子开头的名词一律看做主语。下述画线的部分通常都被认为是主语：

（17）a.花猫逮住了一只耗子。
b.这个学生我教过他数学。
c.明天他们上广州。
d.这位同学我没有跟他说过话。

上述处理方法方便是方便，但是存在着两个严重的问题。一、掩盖了句首不同名词重要的语法性质差别。只有（17）a的施事名词才具有主语的特征：能被焦点化或者提问，所在的格式也能进入从句，其余的都不具备这些特征，都是话题。二、如果把句首的名词都看做主语的话，其余的部分则只能看做一个主谓结构，这样就人为地增加了大量主谓结构做谓语的例子。跟英语作一简单的比较，问题就比较清楚了：

（18）a.This book I can’t recommend.
b.Weddings, they really leave me cold.
c.Weddings I just don’t care for.

画线的部分都是话题化的成分，没有人把它们归为主语，因为英语中不允许主谓结构直接做谓语。汉语中的确存在着主谓短语做谓语描写性状的用法，如“她头疼”，但不能据此把这种结构无限制地扩大。其实真正的主谓谓语句跟例（17）中所谓的主谓谓语句语法性质也很不一样，比如可以说“在她头疼的时候”，但是不能说“*在这个学生我教他数学的时候”。可见前者是汉语的基本句式，后者则是只适用于话语层面的用法。

11.4 话题化的手段

上面确立了话题的语法、语义特征，话题的典型句法位置是句首，因此篇章话语的句子的抽象格式为：

[ ]$_{话题}$ 主语 + 谓语动词 + 宾语

上述格式只显示了句子的几个主要成分，可是话题化的成分并不限于这些，还可以是时间、地点、工具、与事等成分。较常见的话题化手段有两大类：一是变换语序，二是加标记。下面分别加以说明。

11.4.1 语序变换的话题

常见的语序话题是，把受事名词从它的无标记句法位置——谓语动词之后移到句首，如“信我已经写好了”，这类例子前文已经举了很多，这里重点考察一下同类的其他现象。话题化的对象也可以是谓语动词之前的介词短语引进的与事、对象、工具、受益者等，移于句首的话题的原来位置通常用一个代词回指。例如：

（19）a.我跟这个人通过信。→这个人我跟他通过信。

b.我一共给了小王五十块钱。→小王我一共给了他五十块钱。

c.我曾经帮这位教授整理过稿子。→这位教授我曾经帮他整理过稿子。

d.我用这把刀切肉。→这把刀我用它切肉。

上例各对左端的例子代表的都是无标记语序，可以进入从句；右边的则是有标记语序，目的是把有关的成分置于句首话题化。话题化的结构不能进入从句，话题化的成分也不能被焦点化或者提问。以例（19）d加以说明。

（20）a.我用这把刀切肉。　　　　这把刀我用它切肉。

b.当我用这把刀切肉的时候……　　*当这把刀我用它切肉的时候……

c.我是用这把刀切肉的。　　　　*是这把刀我用它切肉的。

d.我用哪把刀切肉？　　　　*哪把刀我用它切肉？

时间词的语序变换较难确认。表面上看来，很多时间词可以自由地出现于主语的前后，而且从语感上看，表义功能也没有明显的差别。然而我们仍然可用上面的形式标准，迅速确定哪一个是基本语序。我们以“昨天”为例对这种现象作了调查，发现只有时间词出现于主语之后时才能被焦点化、提问，所在的格式才能进入从句。例如：

（21）a.我昨天写好了一封信。　　　　昨天我写好了一封信。
b.我是昨天写好了一封信。　　　　*是昨天我写好了一封信。
c.你什么时候写好了一封信？　　　*什么时候你写好了一封信？
d.这是一封我昨天写好的信。　　　*这是一封昨天我写好的信。

根据我们的广泛调查，在从句层面上，如果有主语的话，“昨天”只出现在主语之后。另外一个有关的现象是，如果一个句子有主语，询问时间的“什么时候”只能用于主语之后。例如：

（22）你们什么时候结的婚？（《枉然不供》）

（23）你什么时候也信起这一套了？（《你不是一个俗人》）

（24）我什么时候说你欠我了？（《我是你爸爸》）

由此可见，时间词的无标记句法位置是主语之后，它们在主语之前的用法是语序话题现象。

11.4.2 添加语法标记的话题

通过添加语法标记而话题化的成分，较常见的是主语的话题化。这是因为主语的无标记句法位置是句首，话题的句法位置也是句首，那么主语的话题化就不能单靠语序来实现，常常要借助外显的语法标记标示。较常见的把主语提升到话题位置的手段有以下两大类：

A. 话题后面有个停顿或者添加语气词“吧、啊、呢、嘛”等。

（25）他吧，从小就爱看小说。

（26）这孩子啊，竟然认不出他妈妈。

（27）我呢，一天到晚就爱看书。

（28）他爸爸嘛，从早到晚都不沾家。

上例中的现象也揭示了，不能单纯根据语义角色来确定句子成分。同样一个语义角色，比如上例中的施事名词，有没有停顿或者加不加语气词，语法性质截然不同：没有停顿或者不加语气词时，有关的施事名词具有主语的性质，可以被焦点化、提问，所在的结构也可以进入从句；然而加了语气词之后，就不具备这些特点了，就是话题。现以（28）为例加以说明：

（29）a.他爸爸嘛，从早到晚都不沾家。
b.*是他爸爸嘛，从早到晚都不沾家。
c.*谁嘛，从早到晚都不沾家？
d.*他爸爸嘛，从早到晚都不沾家的事人人都知道。

（30）a.他爸爸从早到晚都不沾家。

b.是他爸爸从早到晚都不沾家。

c.谁从早到晚都不沾家？

d.他爸爸从早到晚都不沾家的事人人都知道。

在从句层面上，主语和谓语之间是绝对不允许停顿或者添加语气词的。

B.话题后面有个回指词语。这又可细分为两类：一是名词的话题用代词回指；二是代词的话题用名词短语回指。例如：

（31）王军他如何也在这里？

（32）这位刘先生，他是个有钱人。

（33）济南省城，那是大地方，不用说。

（34）他这个人就知道吃。

（35）他们这些捏笔杆子的也会种庄稼。

上述画线的部分都是回指其前的话题，被回指的施事成分都失去了主语的性质，表现为不能被焦点化、提问，所在的结构也不能进入从句。下面以（35）为例加以说明。

（36）a.他们这些捏笔杆子的也会种庄稼。

b.*是他们这些捏笔杆子的也会种庄稼。

c.*谁这些捏笔杆子的也会种庄稼？

d.*他们这些捏笔杆子的也会种庄稼的事大家都知道。

（37）a.他们会种庄稼。

b.是他们会种庄稼。

c.谁会种庄稼？

d.他们会种庄稼的事大家都知道。

11.4.3 主语和谓语之间的对比话题

上面所讨论的话题都是出现在句首的位置，而且都是表示定指的事物。还有一种类似的现象，也是把一个受事成分从它在动词之后的无标记句法位置移到谓语动词之前，但是不一样的一点是，不是在句首，而是在主语之后。这类格式有一个共同的特点是，多用于比较，而且话题化的名词一般是表示通指，而不是定指。这种现象可以看做“次话题化”。例如：

（38）a.他北京话说得很好？

b.我今天的报还没有看呢。

c.我羊肉不吃，吃牛肉。

d.他，酒呢，早不喝了，烟还抽。

上述现象与普通的话题化具有平行的语法特征，话题化的成分不能再加焦点标记或者被提问，所在的结构也不能进入从句。例如：

（39）a.他羊肉不吃。

b.*他是羊肉不吃。

c.*他什么羊肉不吃？[1]

d.*大家都知道他羊肉不吃的习惯。

11.4.4 遍指和完全否定格式中的受事成分的无标记句法位置

并不是所有位于句首的词语都是话题化的成分。判别的标准仍然是看它们能否进入从句。话题化的结构是不能进入从句的，下面三种情况都不能认为是话题化现象。

A.名量词重叠表遍指的时候，不论是施事还是受事，必须出现在谓语之前。这种语序是它们的无标记用法，因此也可以用于从句层面。名量词重叠式即使出现在句首，也不能看做是话题。例如：

（40）a.人人我都通知到了。

b.人人我都通知到的时候，咱们再开始。

（41）a.处处我都检查过了。

b.处处我都检查过以后，我再来见你。

B.类似地，疑问代词引申表遍指时，不论是施事还是受事，都必须出现在谓语之前。这也是它们的基本用法，并不是话题化现象。例如：

（42）a.什么她都爱买。

b.她是个什么都爱买的人。

（43）a.哪儿他都去过。

b.他是个哪儿都去过的人。

C.极小量词表示完全否定的时候，也总是置于谓语之前。这也是基本语序，可以进入从句。此时也不宜看做话题化现象。例如：

【1】当用于反问句的时候则可以这样说，表示的是遍指的含义。

（44）a.一分钱他都不愿意多花。

b.他是个一分钱都不愿意多花的人。

（45）a.一根烟他都没有吸过。

b.他是个一根烟都没有吸过的人。

上述三种用法都是为了表示某种特定的语法意义，它们的无标记句法位置就是谓语动词之前，并不是通过语序表达的话题。

11.5 结语

本章的分析揭示了，汉语中存在主语和话题的区别，它们的语法性质和语义特征很不一样。主语是一个结构成分，所在的结构可以用于句子和从句两种层面，单独成句时，主语还可以被焦点化或者提问。从语义上看，主语是动作行为的施事，或者是性质、状态的主体。因为主语常常居于句首，具有认知上的凸显性，所以可以被看做无标记的话题。我们所讨论的都是有标记的话题。标记话题的手段包括语序变换、语音停顿、添加语气词，或者回指等。有标记的话题是话语层面上的概念，话题化的结构不能进入从句。因为话题代表的是交际双方共知的旧信息，与焦点化的语义特征相矛盾，所以不能加焦点标记"是"或者被提问。主语和话题之间的差别可以列表如下。

主语	话题
可以加焦点标记"是"	不能加焦点标记"是"
可以用疑问代词提问	不能用疑问代词提问
所在结构可以用于句子和从句	只能用于句子层面
是动作行为的施事或者性质、状态的主体	指示有定的事物

主语和话题的区别具有重要的意义。这在一定程度上解决了汉语学界长期以来悬而未决的问题，使得我们对汉语语法系统的理解更加全面、科学。同时这一问题也与主宾语问题有关，因此它的成功解决，也有助于推进主宾语问题的研究。

第十二章 宾语标记

12.1 引言

主语和宾语是两个重要的语法单位，不同的语言用不同的手段加以标记。很多语言是用形态的办法来区别主宾语的，标记主语的形态为主格，标记宾语的为宾格。如拉丁语video hominem（看＋人$_{宾格}$）采用的是“人”的宾格形式，意思为“我看见了那个人”；如果把“人”换为相应的主格形式homo，意思就是“那个人看见了”。另一种常见的办法是用语序来区别一个名词做什么句子成分，英语就是如此，如The postman beats a dog。dog是宾语，它的语法地位是靠在动词之后这一语序来区别的，而没有外在的形态变化。然而英语的代词系统具有主格和宾格的形态对立，比如I为第一人称代词主格，me为宾格，he为男性第三人称代词主格，him为宾格，等等。但是，即使在代词内部，英语的这种形态对立也是不严格的，比如第二人称代词you 和指物的第三人称代词it，没有主格和宾格的形态变化。

汉语的情况有点儿类似于英语，一个名词在句子里做主语还是做宾语，是靠语序来区别的。但是一些非典型的宾语，往往靠一个来自量词的“个”标记。这种用法在口语中相当普遍。本章探讨“个”的宾格标记的语法性质及其适用范围，并尝试解释这种用法的产生动因。

12.2 宾语标记“个”的语法性质和语法功能

“个”的宾语标记用法大约产生于宋代，尔后不断扩展，所能标记的宾语的类型越来越多，也越来越复杂。但是，即使到今天，“个”的这一用法还只限于口语。它的这一语法性质已经引起了人们的注意，但是很多语法教材和专著都没有提及这种现象。

首先遇到的一个问题是，“个”的语法性质到底是什么？对此有两种不同的看法：一种认为“个”是一个补语标记，其后的成分为补语。第二种观点认为，“个”是一个宾语标记，其后的成分为宾语。我们认为第二种观点是正确的，主要理由如下：

一、“个”跟补语标记“得”的性质不同，比如“个”后的形容词都被名词化了，不能再受“很”等程度词修饰；然而“得”后的形容词还保留原来的词性，可受程度词修饰。例如：

（1）看个仔细——*看个很仔细　　看得仔细——看得很仔细

问个明白——*问个很明白　　问得明白——问得十分明白

二、“个”与其前的动词之间可以插入体标记“了”等。体标记通常是出现在动词和宾语之间的，然而“了”等只能用在整个动补短语之后。这种现象说明“个”与其后成分构成了一个宾语。例如：

（2）玩了个痛快。　　吃了个一干二净。

三、毫无例外，这类“个”字短语之后不能再带任何名词宾语。然而不少动补短语则可以带宾语，由此可见“个”后的成分不是补语。例如：

（3）看清楚那个人。　　*看个清楚那个人。

吃饱了饭。　　*吃个饱饭。

那么，紧接着的一个问题是，“个”所标记的宾语的语法功能是什么？有人认为，形容词或动词前边加上“个”变成体词性结构以后充任宾语，主要功能是表示动作行为的程度高，下面的例子似乎是这种观点的证据：

（a）“个”＋形容词：说个明白/玩儿个痛快

（b）“个”＋不停/不休/没完：笑个不停/说个没完

（c）“个”＋成语：打了个落花流水/说个一清二楚

然而，如果仔细观察，上述用例程度高的含义实际上是来自所搭配的词语，“个”所在的结构自身并没有表示程度高的功能，相反，有时则表示程度低，或者没有明确的程度义。例如：

（4）顶着天儿我是来这儿打个招呼。（《编辑部的故事》）

（5）不就图听个鸟儿叫唤吗？（姜昆相声）

（6）我屏住丹田，双腿来个蛤蟆跳。（同上）

12.3 宾语标记“个”的使用范围和语法特征

12.3.1 宾语标记“个”的使用范围

这种“个”是其量词用法的进一步虚化，不再表示明确的数量意义，基本功能是使得其后的成分变成名词性的。但是，宾语标记的“个”与它原来的量词用法之间存在着内在的联系。量词“个”省略其前的数词是有严格条件限制的：一是必须在宾语的位置；二是数词只能是“一”。宾语标记的“个”就是从这种用法发展而来的，因此它的语法功能也保留了这一用法的特点，可以概括为如下两条：

一、使得抽象的、无指的名词、动词和形容词离散化，表示单一的、明确的个体；

二、使得一般的、无界的动作行为离散化，表示单一的、具体发生的事件。

“个”的这一语法功能非常重要，如果特定的语境缺少了它，就会词不达意，甚至不合语法。下面分类举例说明。

一、“个”使得动词或者形容词名词化，表示单一的、具体的动作行为。例如：

（7）噢，我上这儿来搞个采访。（《编辑部的故事》）

（8）我得给他们提个醒。（姜昆相声）

（9）大姐，您行个方便，让我过去吧。（同上）

（10）您要是再给她一个不痛快，我就把您这两年做的事都告诉哥哥。（《雷雨》）

（11）正没个开交，忽觉背上击了一下。（《红楼梦》二十三回）

（12）睡在床上暗暗盘算，翻来掉去，正没个抓寻。（《红楼梦》二十四回）

（13）倘或他有个好和歹。（《红楼梦》十回）

例（7）“采访”是一个普通的动作行为，加上“个”表示“上这儿”的某一个具体事件。例（8）“提醒”本来是一个动补复合词，加“个”表示某一单独行为。例（9）“方便”和例（10）“痛快”等本来是形容词，自身缺乏表示具体的动作行为的含义，加上“个”之后整个短语则表示某一单独的行为。余类推。

如果去掉上述例子中的“个”，要么意思改变，要么就干脆不能说。比如例（7）如果去掉“个”就表示一般的行为，而不再指某一次具体行为。例（8）如果没有“个”就变成不合法的了：“*我得给他们提醒。”使其合法化的另外一个办法是在“提醒”之后加上一个量性成分，比如可以说“我得给他们提醒一下”。可见这里的“个”跟“一下”具有类似的功用，可以使动作行为有界化。

二、“个”用在“不停”等表示动作持续的词语之前，表示动作的离散性和有界性。“个”经常用在表示动作行为一直持续下去的词语“不住”等前面，表示只是在某一特定的事件中动作行为持续的时间长，但是事实上还是有一个完结点，即该行为是一个离散的、有界的事件。例如：

（14）林黛玉见了，越发抽抽噎噎的哭个不住。（《红楼梦》二十回）

（15）说着，便拉了袖子，笼在面上，闻个不住。（《红楼梦》十九回）

（16）赵嬷嬷也笑个不住。（《红楼梦》十六回）

如果去掉这个“个”，上述句子大都不能说，比如不能说“*哭不住”、“*闻不住”。原因是所描写的都是具体的行为，而具体的行为必须在时间上或者数量上是有界的，“个”在这里就是起这个使动作行为“有界化”的作用。

三、用于格式“没[1]＋个＋VP”。“没”不论是否定名词还是动词，都要求其后的成分是离散的。对于名词来说，要求在三维空间中是离散的个体；对于动词来说，则要求在时间上是有边界的动作行为。因此“没”后面的谓词性成分经常加上“个”，作用是使后面的成分变成有界的。其后的成分可以是一个简单的词，例如：

（17）你喝了不到两盅酒，就叨叨叨，叨叨叨，你有个够没有？（《雷雨》）

（18）够？哼，我一肚的冤屈，一肚的火，我没个够！（同上）

（19）没个错，你不用骗自己。（同上）

也可以是一个句子形式，例如：

（20）准是瞎指挥，没个不出事儿。（姜昆相声）

（21）我自然不敢管你，只没有个看着你自己作践了身子呢。（《红楼梦》十九回）

（22）大远的诚心诚意来了，岂有个不教你见个真佛儿去的呢？（《红楼梦》六回）

（23）姊妹们和气，也有个分寸礼节，也没个黑家白日闹的。（《红楼梦》二十一回）

（24）他是才来的，岂有个为他疏你的。（《红楼梦》二十回）

“个”使得其后的整个动词短语名词化，表示某一具体的事件。有时可以补出一个名词中心语，如下例中的“理”。

（25）也没有个长远留下人的理。（《红楼梦》十九回）

（26）若不叫你们卖，没有个看着老子娘饿死的理。（同上）

【1】在反问句中则可以用“有”，但是仍然表示“没”的意义。

四、用于格式“一般动词＋个＋VP”。其中的动词多为概括意义的，诸如“来”、“做”、“使”等，其后经常跟上“个”字短语，整个结构表示具体的动作行为。例如：

（27）你不会在里头给他来个扫堂腿？（姜昆相声）

（28）干脆，我来个抽羊角风！（同上）

（29）我来个他跳我不跳，对方来了个大趴虎，我来了个嘴啃泥。（同上）

（30）对！首先让我向大家作个自我介绍吧。（同上）

这种用例中的“个”一般不能去掉，否则句子就成为不合法的了。比如不能说：“*我来他跳我不跳、*对方来了大趴虎、*我来了嘴啃泥”。

五、用于格式“V＋个＋抽象名词”。抽象名词一般缺乏离散性，很难直接指示具体的事物或者事件。因此它们做宾语表示具体的事件时，经常要加“个”。例如：

（31）索性今儿没了规矩，闹一场子，讨个没脸。（《红楼梦》二十回）

（32）贾政管不着这些小事，唯恐有个失闪，难见贾母。（《红楼梦》十五回）

（33）贾母等还只管着人去赶，那里有个踪影？（《红楼梦》二十五回）

（34）他开门欲离，却险些跟余德利撞了个满怀。（《编辑部的故事》）

像“没脸”、“失闪（闪失）”、“踪影”、“满怀”等都是不可数的，一般不能被数量词修饰。这里加“个”的目的是使整个短语临时获得表示某一具体事件的功能。

六、用于格式“V＋O $_{间接宾语}$＋（个＋VP）$_{直接宾语}$”。“个”与其后的动词短语一起，表示已经发生的具体事件。整个结构表示这一事件是V行为的原因。例如：

（35）揍你个生活不能自理。（冯巩相声）

（36）算是罚我个包揽闲事。（《红楼梦》五十回）

（37）还得求姐姐原谅妹子个糊涂，担待妹子个小。（《儿女英雄传》）

（38）看着我，饶他个初次罢。（同上）

七、用于格式“V＋个＋R”。有些结果补语可以加“个”转化为体词性的，表示具体的事件。这类结果补语有一个共同的特点，含有程度高的含义，例如：

（39）举起碗来，哗啷一声摔了个粉碎。（《红楼梦》一百零一回）

（40）打了个臭死。（《红楼梦》四回）

（41）将冯公子打了个稀烂。（同上）

以上的“粉碎”、“臭死”、“稀烂”的第一语素都表示程度高，如果去掉这些语素就不能加“个”了。同时，上述用例中的“个”也是不能省略的，比如不能说“*哗啷一声摔了粉碎”、“*打了臭死”等。

补语标记“得”后的成分也可以再用“个”转化为体词性的，表示某一具体的事件。例如：

（42）喜的个贾琏身痒难挠，跑上来搂着，“心肝肠肉”乱叫乱谢。（《红楼梦》二十一回）

（43）吵得个不亦乐乎。

（44）闹得个满城风雨。

八、用于格式“V＋个＋N”。汉语有很多复合动词，其内部结构为述宾关系，第二个语素是名词。这类动词又叫做“离合词”。整个复合词的意义是一个整体，表示一个单一的动作行为，其中的名词一般没有“指称”功能。“个”经常出现在这类动词中间，表示某一具体的动作行为。

（45）投奔了我来，我就破个例，给你通个信去。（《红楼梦》六回）

（46）那里来的香菱，是我借他暂撒个谎。（《红楼梦》十六回）

（47）忙的没个空儿。（《红楼梦》十五回）

（48）丫鬟倒发了个怔。（《红楼梦》一回）

（49）告诉不得你，平白的又讨了个没趣儿。（《红楼梦》二十四回）

（50）余德利提着包走进编辑部，和提着暖壶的刘书友打了个照面。（《编辑部的故事》）

九、“个”可以使一些复杂的成分变成一个单一的离散单位，指代“个体”。例如：

（51）不拘听见了什么话儿，都要度量个三日五夜才罢。（《红楼梦》十回）

（52）到时候我们不得学个文件什么的。（姜昆相声）

（53）她外面倒跟我说，因为听说你妈会读个书写个字，才想见见谈谈。（《雷雨》）

例（51）的“三日五夜”本来是一个不确定的时间段，加上“个”后表示“度量”一次的时间长度。

12.3.2 “个”字结构的语法特征

上面讨论了“个”的使用范围。现在来考察一下“个”字结构的整体语法特征及其前动词的句法行为。

首先，“个”所在动宾结构跟普通的动宾结构不一样，只能用于单句层面，不能进入从句。而一般的动宾结构则既可以用于单句，又可以进入从句。例如：

（54）他是见过大世面的人。　　*他是见个大世面的人。
我们不欢迎撒谎的人。　　*我们不欢迎撒个谎的人。
我们可做一件破例的事情。　　*我们可做一件破个例的事情。
她发怔的时候你来了。　　*她发个怔的时候你来了。
这是一封向他问好的信。　　*这是一封向他问个好的信。

其次，宾语如果为普通名词，动词的句法行为比较自由，可以重叠，可以加体标记“了、着、过”等，比如“吃吃饭”、“吃了饭”、“吃着饭”、“吃过饭”。但是宾语为“个”字短语时，动词的句法行为受到很大限制，只能加“了”，不能重叠，不能加“着”或者“过”。例如：

（55）撒了个谎　　*撒撒个谎　　*撒着个谎　　*撒过个谎
见了个面　　*见见个面　　*见着个面　　*见过个面
破了个例　　*破破个例　　*破着个例　　*破过个例
发了个怔　　*发发个怔　　*发着个怔　　*发过个怔
讨了个没趣儿　　*讨讨个没趣儿　　*讨着个没趣儿　　*讨过个没趣儿

上述语法特点都跟“个”的语法意义有关。宾语标记“个”仍然具有数量语义特征，因此也具有使谓语动词定量化的作用。而定量化的动词一般不能重叠，不能加体标记“着”。不能跟“过”搭配的原因是，“过”把动作行为看做是一个有始有终的离散单位，“个”也有这个功能，因此同功能的两个“标记”之间相互排斥。

最后，“个”所标记的宾语不能移到句首而被话题化。普通的名词则可以，比如可以把“我看了书”中的“书”话题化：“书我已经看了。”

（56）他撒了个谎。　　*个谎他撒了。
他们见了个面。　　*个面他们见了。
他破了个例。　　*个例他破了。
她发了个怔。　　*个怔她发了。
她讨了个没趣儿。　　*个没趣儿她讨了。

这是因为话题化的成分通常是有定的，而“个”则是表示不确定的离散个体，两者的语法意义是不相容的，因此“个”所标记的宾语不能被话题化。

12.4 量词“个”向宾语标记发展的动因

量词中只有“个”发展成了宾语标记。这一发展有“个”自身的原因，也有汉语句子的基本语序的根据。概括起来有以下三点。

第一、“个”是使用频率最高的量词。“个”的意义比较抽象，与名词的搭配最为自由，因此使用频率比其他的量词要高得多。根据《现代汉语常用字表》，“个”的使用频度排全部词汇的第17位，然而在前100个常用词中没有其他专门量词。量词属于基本词汇，因此可以由今推及古代的情况。语言发展史证明，新的语法特征总是出现在频率最高的词上。

第二、汉语主宾语的不对称性。谓语动词之前的名词被自动赋予一个“有定”语义特征，之后的则被赋予一个“无定”的语义特征。表现为，有定性的名词用于主语的位置比较自由，无定性的名词则用于宾语比较自由。当宾语位置上的量词“个”前的数词为“一”时，“一”可以省略，“个”表示某一个不确定的个体。宾语标记的“个”就是从这一用法发展而来的。例如：

（57）也弄个事儿管管。（《红楼梦》二十四回）

（58）宝玉听了，好似打了个焦雷，登时扫去兴头。（《红楼梦》二十三回）

（59）我找个朋友，别人托我办点事儿。（《编辑部的故事》）

（60）各位都把手里的事情放一放，到我的屋里开个短会。（同上）

（61）老陈换了个姿势继续说。（同上）

（62）各位回去好好想一想，咱们尽快有个结果。（同上）

（63）必要的话可以搞个竞选会。（同上）

“个”前省略“一”的用法不能发生在主语的位置上，比如不能说“*个朋友来找我”。“个”的这种固定语法位置，“不定”和“单一”的含义，直接促成了它向宾语标记的发展。

第三、汉语句子的基本语序：SVO。汉语宾语的基本语序是在谓语动词之后。这一点也很重要，如果没有这一稳定的语序，“个”也很难发展成为宾语标记。而且“个”的语法化是在独立的句子上进行的，这也制约着它的宾语标记的用法——只能用于独立的句子，不能进入从句。

12.5 结语

本章全面考察了“个”的标记宾语的语法功能、性质和使用范围，认为它的基本作用是把各种成分转化成一个名词性的宾语，使得这个宾语指示离散的、单一的个体或者事件。它在口语中的使用范围相当广，而且很多时候是必须有的一个语法标记。“个”所标记的宾语也与普通名词宾语有重要的差别，主要表现为：其前动词的句法行为受到限制，所标记的宾语不能被话题化，所在的整个动宾结构不能进入从句。宾语标记“个”是由其原来的量词用法发展而来的，促成这一变化的动因主要有三个：量词“个”的高频使用、汉语主宾语的不对称性和汉语句子的基本语序。“个”的用法仍然在发展之中，它在未来的变化值得我们进一步关注。

第十三章 状语的分布

13.1 引言

汉语的句子成分通常分为以下六类：主语、谓语、宾语、定语、状语、补语，迄今为止各种句子成分的语法特性都得到了不同程度的研究，而关于状语的研究是其中较薄弱的一环。目前的研究多集中于关于状语的语义分类、相对顺序及其表面分布等。状语的语法特性主要表现在两个方面，一是多层状语的相对顺序，二是状语在句中的分布。本章主要讨论状语在主语前后的分布。比如拿专职做状语的副词来看，有些副词只能出现在主语和谓语动词之间，有的则可以自由地出现在主语前后。例如：

A. 只能在主语后和动词前出现的副词

（1）我曾经跟他在一起工作过三年。　　*曾经我跟他在一起工作过三年。

我们仍然没有收到回信。　　*仍然我们没有收到回信。

大家互相在纪念册上签名留念。　　*互相大家在纪念册上签名留念。

他时刻不忘自己的职责。　　*时刻他不忘自己的职责。

B. 可以在主语前后出现的副词

（2）你果然准时到了。　　果然你准时到了。

他好像只通知了小王一个人。　　好像他只通知了小王一个人。

大家可能还记得这件事。　　可能大家还记得这件事。

他毕竟是一个孩子。　　毕竟他是一个孩子。

我们通常星期四下午开碰头会。　　通常我们星期四下午开碰头会。

造成状语分布差异的因素有多种，除了受自身表达功能的制约外，同时还受其他因素的影响。首先，音节数目的多少可以影响状语的分布，单音节的副词一般不能移至主语之前，而相应的双音节词则可以。例如：

（3）他明明（明）知道下午有事。　　明明（*明）他知道下午有事。

你偏偏（偏）不在家。　　偏偏（*偏）你不在家。

有些副词表面上可以出现在主语的前后，但是所修饰的对象并不相同，同时整个句子所表达的意思也有所不同。例如：

（4）我就去帮他的忙。　　　　就我去帮他的忙。

他们俩光谈学习问题。　　　　光他们俩谈学习问题。

这类副词多为表示范围的，用在主语之后是修饰动作行为的范围，用在主语之前则是限制主语所指的范围，左右两个句子的意思有明显的差别。

13.2 状语的性质和分布

13.2.1 关于英语副词的分类

最常用作状语的词类是副词。英语的副词也有分布自由和不自由之分，这跟它们所表达的语义内容密切相关。从语义上可以把副词分为谓语算子和句子算子两类，前者相当于动词关联副词，后者相当于句子关联副词。比如跟说话者主观判断有关的副词fortunately是把整个句子作为它的修饰范围，而不仅仅是与动词关联。这一副词区分可以解释状语的分布。关于副词的语法属性，副词的不同类型在功能上类似于小品词、形态标记和助动词。也就是说，这些表面上看来很不相同的语法现象实际上也具有内在的共性。

笼统地说，英语的副词可以出现在句首、句中和句尾三个位置，然而不同语义特征的副词有不同的分布。支配英语副词分布的语义规律为：（一）表达句子的背景、主题等信息的副词多出现于句首，如例（5）；（二）句中的副词主要是表达语态和程度的，如例（6）；（三）句尾的副词则多与动作进行的方式和状态有关，如例（7）。

（5）Seriously, do you believe in ghosts?

Anyhow, since when has she been ill?

（6）I have at all times indicated my willingness.

He has explicitly stated his purpose.

（7）The light was fading rapidly.

He checked all the receipts very carefully.

不同语言的相关现象具有类似之处，英语的上述现象对汉语有关现象的分析有启发作用。但是，两种语言的句法结构也有不同之处，比如汉语的副词不允许出现在句子的末尾，这也会影响到两种语言副词分布的差异。

13.2.2 目前关于汉语状语分布的探讨

目前关于汉语状语（包括副词）的研究主要集中在分类及与其后句子成分

的语法关系上。比如，有人把动词的修饰语分为五类：地点、时间、数量、方式和状态等。这是单纯的语义分类。又有学者指出状语的位置对整个句子构造的影响：状语位于句子之前时整个句子是偏正结构，之后时整个句子为主谓结构。从分布的角度又可以将状语分为三类：

（一）修饰性状语：大力、稳步、已经

（二）关联作用的状语：首先、最后、同样、反之、此外、特别是

（三）评注状语：奇怪、可惜、幸而、可见、据说、看起来、老实说、俗话说得好

上述分析对我们观察这类现象很有帮助，但它们也只是对状语表层分布的归类和描写，没有探讨造成这类现象背后的深层机制。有人尝试从语义的角度来解释哪些状语可以自由地出现在主语前后，比如他们认为“忽然、原先、马上”等这些表示时间的副词具有这一特点。但是这种分析仍然只是简单的描写，没有从根本上揭示它们何以能够出现在主语之前。总之，迄今为止的研究尚未找到制约状语句法行为的规律。

状语的分布是一个句法现象，但它的背后是一个语义表达问题，并不是一个习惯用法。一个明显的例证是，概念义相同或者相近的一组副词往往具有相同的分布规律。请看下列三组词的用法。

（一）表示可能的一组副词：也许、兴许、多半。

她也许（兴许、多半）下午去医院。也许（兴许、多半）她下午去医院。

（二）表示相似的一组副词：好像、似乎、仿佛。

他们好像（似乎、仿佛）都认识。好像（似乎、仿佛）他们都认识。

（三）表示巧合的一组副词：刚好、恰好、正好。

他刚好（恰好、正好）来了。刚好（恰好、正好）他来了。

下面将探讨制约状语（副词）分布的语义因素到底是什么。

13.2.3 状语分布的多样性

状语的分布有多种。目前学界的研究多集中在主语前后的位置上，即只考虑主语这一个参项。如果增加参项，状语可以出现的句法位置就多样化了。下面分别举例说明。

（一）在话题结构中，有些副词可以出现在三个位置上。例如：

（8）这个问题他们也许已经解决了。　　这个问题也许他们已经解决了。

也许这个问题他们已经解决了。

（9）这本书我恰好看过。　　这本书恰好我看过。

恰好这本书我看过。

（二）在有其他时间状语的结构中，有些副词可以出现在以下四种格式中。

（10）他下午也许来不了。　　他也许下午来不了。

下午也许他来不了。　　也许下午他来不了。

（11）她今天恐怕不会来了。　　她恐怕今天不会来了。

今天恐怕她不会来了。　　恐怕今天她不会来了。

少数表示范围的副词甚至可以出现在动词之后和数量补语或者宾语之前，同时也可以出现在主谓之间和主语之前。这种副词的位移并不改变整句的意思，所修饰限制的仍然是动词之后的数量成分。例如：

（12）我看过起码五遍。　我起码看过五遍。　起码我看过五遍。

他讲了至多十分钟。他至多讲了五分钟。至多他讲了五分钟。

我见了一共三个人。我一共见了三个人。一共我见了三个人。

单纯从语序上看，有些现象看不清楚。比如皆为主语之前的状语，其实与其后成分的关系也有远近之分，关系较远的一般要有停顿，关系近的一般不能有停顿。例如：

（13）渐渐地，我们了解了他的脾气。

真的，那个地方很漂亮。

说实在的，我不喜欢那种款式的衣服。

（14）*明明，他说过这句话。

*难道，大家都不认识他。

*居然，你没有听见。

一般来说，能出现在主语之前的副词也都可以出现在主谓之间，但是也有例外，有的只能出现在主语之前，比如“不料他倒同意了”就不能说成是“*他不料倒同意了”。又如，主语为疑问代词时“到底”只能用在主语之前，可说“到底谁去”而不说“*谁到底去”。上面所说的“评注状语”也一般只出现在主语之前。例如：

（15）奇怪他今天怎么没有来？　　*他奇怪今天怎么没有来？

老实说我手头没有那本书。　　*我老实说手头没有那本书。

13.3　各类状语的句法行为

13.3.1　副词状语的分布

副词的专职功能就是做状语。如前文所指出的，它们的分布受单双音节的影响，单音节的副词都不能出现在主语之前，因此下面的讨论只限于双音节或者双音节以上的词语。

（一）能够在主语前后自由出现的副词一般都与说话者对整个事件的自我判断有关，往往包含着说话者的主观态度。即这类动词并不是单纯描写动作自身的情况。具体可以分为以下几种情况。

1）表示主观估计的副词：也许、兴许、或许、或者、多半、可能、只好、总归、仿佛、好像、似乎、刚好、正好、正巧、好在、幸亏、幸好、幸而、何必、何苦、莫非、难道、别是、不定、亏得、多亏、宁可、宁肯、宁愿、恐怕、同样、万一、早晚、约莫、大概、恰好、恰巧、恰恰

2）表示跟意料有关的副词：忽然、突然、忽而、居然、难怪、偏巧、其实、实际

3）表示强调等语气的副词：反正、当然、根本、彻底、好歹、好赖、明明、究竟、毕竟、确实、再三、千万、务必

4）表示时间位置或持续时间过程的副词：过去、现在、将来、刚才、当初、从来、历来、本来、通常、平常、平时、偶尔、偶然、眼看、很快、马上、以前、原来、最初、最近、方才、总是、老是、新近

5）表示事件发生的场所或者范围：私下、另外、统共、一共、总共、起码、至多、至少

（二）只能在主语和谓语动词之间出现的副词一般是描写动作行为自身的属性的，这主要包括动作行为进行的状况（诸如是正处在进行过程中，还是已经完成等），以及关于动作行为的否定、程度等。下面分类加以说明。

1）表示动作行为进行状况的副词：已经、曾经、快要、仍然、仍旧、正在、正要、一直

2）对动作行为进行否定的副词：没有、未必、未曾、未尝、未免、难免、无非、无须

3）表示动作行为程度的副词：非常、十分、格外、尤其、越发、过于、好不、绝对、稍微、甚至、实在、差不多、差点儿

4）表示动作具体方式的副词：互相、交互、交替、亲自、重新、分头、

分别、各个、逐个、故意、连忙、赶快、急忙、明确、先后、前后、一连、一起、一同、直接、逐步、逐渐

状语的分布受多种因素制约，其中之一是与情态或者语态的表达密切相关。情态是表达事件发生的可能性，语态则涉及多种意义，主要是说话人对语句事实内容的态度，如不肯定、明确、含糊、推测等。这两个密切相关的语法概念在有些语言中用动词的屈折形式表示，有些语言则用助动词来表达，如英语的must、can、may等，而有些语言则用副词来表示。汉语所依赖的主要语法手段为语序和虚词，主要是利用位移（出现于句首）和副词来表示。上文所列的可自由出现于主语前后的副词大都属于这类语法范畴。

通过对能否位移的两大类副词的对比分析，可以发现制约它们分布的背后机制是概念距离问题。人类语言存在这样一条组织原则：概念距离越近的词语在线性语法结构中的位置也就越靠近。对多种语言的调查结果显示，跟动词密切相关的三个语法范畴的概念距离为：

[情态（modal）> 时（tense）> 体（aspect）]VP

即“体”与动词的概念距离最近，“时”位于中间，“情态”则最远。这一点可以在一定程度上解释副词的不同分布。“体”是表示动作行为的内部结构和进行状况的，上述（二）中的1）类只能出现在主语之后的副词“已经”、“正在”等具有类似于体的表达功能，即与动词的概念距离最近，因此不能移到主语之前。相对地，（一）中的1）至3）类与情态表达有关，4）类与时态表达有关，两者与动词的概念距离相对比较远，所以可以移到主语之前。在主语和动词之间的位置上，三类副词的顺序也遵循着类型学的统计规律：

$S + (modal_3 + tense_2 + aspect_1) + VP$

表“体”概念的副词一般不能移到时态和情态两类副词之前，然而后两类副词的顺序则不是很固定，有时可以颠倒位置。例如：

（16）老王也许现在已经知道这件事了。　*老王也许已经现在知道这件事了。
老王现在也许已经知道这件事了。　*老王已经也许现在知道这件事了。
老李大概现在正在看报呢。　*老李大概正在现在看报呢。
老李现在大概正在看报呢。　*老李正在大概现在看报呢。

“也许”和“大概”属于情态副词，“现在”属于时态副词，“已经”和“正在”属于体概念副词。一条总的规律是，（一）中可以移到主语之前的副词必须位于（二）中不能位移的副词之前，两者顺序不能颠倒。在每一类副词

的内部也有一个排列规律，拿（二）类副词来说，一般的顺序为：

S ＋（体$_4$ ＋ 程度$_3$ ＋ 否定$_2$ ＋ 性质$_1$）＋ VP

例如：

（17）我已经很久没有亲自开汽车啦。　他曾经长期不上班。

上述规律还可以解释一些表面上看起来意义相近的一组词的不同用法。比如“通常”、“平常”和“常常”这组词，它们在词典释义中常辗转相注，这给人一个错觉，似乎三者的用法是相同的，然而它们的分布很不一样：前两个可以出现在主语的前后，后者则只能出现于主谓之间。例如：

（18）他们家通常星期六晚上看电影。　通常他们家星期六晚上看电影。
　　他们家平常不外出旅游。　平常他们家不外出旅游。
　　他们家常常出去旅游。　*常常他们家出去旅游。

其实这三个副词的侧重点并不相同，“通常”和“平常”主要表示时间位置，指平常时间，属于（一）中4）类副词，因此可以在主语前后自由出现；而“常常”是指“事情发生不止一次而且相隔不久”，着重描写动作行为自身的进行状况，跟时间位置没有关系，属于（二）中1）类，结果就只能在主谓之间出现。

13.3.2 形容词状语的分布

形容词做状语是一个非常普遍的现象。但是跟副词不一样，形容词做状语一般要加上结构助词“地”。根据我们的考察，形容词状语都不能移到主语之前。例如：

（19）他暧昧地瞅了小红一眼。　*暧昧地他瞅了小红一眼。
　　他又安静地投入到工作中去了。　*安静地他又投入到工作中去了。
　　她傲慢地环视了一下会场。　*傲慢地她环视了一下会场。
　　小马悲痛地望着他。　*悲痛地小马望着他。

能做状语的形容词还有很多，例如：“公道、孤单、孤独、固执、光荣、果断、含糊、含蓄、豪爽、合理、和蔼、狠毒、缓慢、荒唐、混乱、豁达、活跃、激烈、机灵、急促、寂寞、坚强、艰苦、健康、焦急、紧张、精彩、精细、拘谨、开心、慷慨、恳切、困难、老实、冷淡、冷静”。这类形容词做状语都只能出现在主谓之间，而不能用于主语之前。

形容词状语主要是描写动作行为属性的，它们与一些副词功能相似。因为它们所修饰的对象是动词，可以认为它们与动词的概念距离比较近，所以不能移位到主语之前。一个明显的例证是，在主语和谓语动词之间的状语位置上，顺序一定是“[可位移副词+形容词（地）]VP”，即形容词状语更紧邻动词，这说明它们与动词的概念距离较近。例如：

（20）他刚才暧昧地瞅了小红一眼。　*他暧昧地刚才瞅了小红一眼。
　　她马上傲慢地环视了一下会场。　*她傲慢地马上环视了一下会场。
　　小马现在悲痛地望着他。　*小马悲痛地现在望着他。

13.3.3 介词短语状语的分布

介词短语做状语的分布也明显不同，有的可以自由出现在主语前后，有的只能出现在主语和谓语动词之间，还有一些甚至只能出现在主语之前。下面分类加以说明。

（一）可以出现在主语前后或者只能出现在主语之前的介词短语状语。介词短语做状语一般都比较复杂，当用于主语之前时，它们跟主句之间通常有一个停顿。

1）引入时间位置的介词短语。例如：

（21）当我回家的时候，他们已经睡了。　*他们当我回家的时候，已经睡了。
　　在我洗澡的时候，他在看电视。　他在我洗澡的时候看电视。

2）引入场所的介词短语。例如：

（22）在休息室里，大家谈得很高兴。　大家在休息室里谈得很高兴。
　　在北京我们游览了不少地方。　我们在北京游览了不少地方。

3）引入动作某些关联方面的介词短语。例如：

（23）对于家庭琐事，他从来不放在心上。他对于家庭琐事从来不放在心上。
　　对于工作，他一向很认真。　他对于工作一向很认真。

4）表示连同对象的介词短语。例如：

（24）连同刚才那一碗，他一共吃了三碗。
　　他连同刚才那一碗，一共吃了三碗。

5）表示范围的介词短语。例如：

（25）除了附表和说明，这篇文章不过两千五百字。
　　这篇文章除了附表和说明，不过两千五百字。
　　就语言来看，这部作品不像是宋代的。
　　这部作品就语言来看，不像是宋代的。

6）引进动作的媒介和手段的介词短语。例如：

（26）通过翻译，我们交谈了半个小时。　我们通过翻译交谈了半个小时。

7）引进原因的介词短语。例如：

（27）为这件事，我们都很高兴。　　　我们为这件事都很高兴。

因为这件事，小田受到了表扬。　小田因为这件事受到了表扬。

由于工作的关系，我们在长沙逗留了几天。

我们由于工作的关系在长沙逗留了几天。

（二）只能出现在主语之后和动词之前的介词短语状语。主要包括如下几类。

1）引进动作受事的介词短语。这类介词主要有“把”、“将”、“拿”和“管”。例如：

（28）他把桌子擦干净了。　　　*把桌子他擦干净了。

老李拿我们当小孩儿。　　　*拿我们老李当小孩儿。

古人管眼睛叫目。　　　　　*管眼睛古人叫目。

2）引入动作施事的介词短语。这类介词主要有“被”、“叫”和“让”。例如：

（29）杯子被我打破了。　　　*被我杯子打破了。

桌子叫人抬走了。　　　　　*叫人桌子抬走了。

柱子让汽车给撞倒啦！　　　*让汽车柱子给撞倒啦！

3）引入动作受益者的介词短语。这类介词主要有“给”、“替”和“为”。例如：

（30）我给老师写信。　　　　*给老师我写信。

小明替妈妈做饭。　　　　　*替妈妈小明做饭。

4）引入动作与事的介词短语。这类介词主要有“跟”、“和”和“同”。例如：

（31）小明跟爸爸一起去看电影。　*跟爸爸小明一起去看电影。

我和老李一起完成了任务。　　*和老李我一起完成了任务。

我们同王教授讨论合作的事。　*同王教授我们讨论合作的事。

5）表示动作的方向和来源的介词短语。这类介词主要有“从”、“向”、“朝”和“打”等。例如：

（32）我刚从图书馆回来。　　*从图书馆我刚回来。

小明向妈妈笑了笑。　　*向妈妈小明笑了笑。

他朝大山的方向走去。　　*朝大山的方向他走去。

6）引入工具的介词短语。这类介词主要有“用”等。例如：

（33）她用那把刀切菜。　　*用那把刀她切菜。

我们用筷子吃西餐。　　*用筷子我们吃西餐。

介词短语的分布也可以从它们与动词意义的相关程度（概念距离）上得到解释。与动作行为关系最密切的三个因素是施事、受事和受益者，因此引入这三种要素的介词短语都必须紧邻谓语动词出现，不能移至主语之前。其次，与动作行为密切相关的因素是与事和工具，这两类介词短语也不能移至主语之前。它们与动词概念的亲疏关系也反映在相对于动词的顺序上。与动词同一相关程度的介词短语位置不固定，有时可以互换位置；但是不同密切程度的介词短语则不允许互换位置。比如“给”（受益者）和“把”（受事）短语可以互换，但是“用”（工具）和“把”（受事）短语则不能互换，可是“跟”（与事）与“用”（工具）短语有时可以互换。例如：

（34）我把桌子给爸爸整理好了。　　我给爸爸把桌子整理好了。

他用钳子把车修好了。　　*他把车用钳子修好了。

我跟老李用绳子拉倒了那棵树。　　我用绳子跟老李一起拉倒了那棵树。

剩下需要解释的是地点介词短语。同为地点介词短语，单纯引入动作发生场所的介词短语与表示动作的方向和来源的介词短语的句法行为并不一样，前者可以移至主语之前，后者则不行。它们在主谓之间的相对语序也是固定的，场所介词短语在前，方向和来源的介词短语在后（即更接近谓语动词）。例如：

（35）她在教室里朝我笑了笑。　　*她朝我在教室里笑了笑。

她在图书馆里从书架上拿了一本书。　　*她从书架上在图书馆里拿了一本书。

如果我们接受“概念距离越近，线性距离越近”的组织原则，那么可以推定，跟引入场所的介词短语相比，引入方向和来源的介词短语与动词的概念距离更近。

上面分析了第二类介词短语不能出现在主语之前的原因，据此可以解释第一类介词短语的分布。还以上文我们多次使用的判定方法，根据它们在主语和动词之间的相对位置来判定其与动词的概念距离，即离动词越近，则概念距离越近。如果第一类和第二类介词共现时，它们的顺序一定是第二类（不能出现在主语之前的）介词短语更贴近动词。例如：

（36）他在我洗澡的时候把电视机修好了。　*他把电视机在我洗澡的时候修好了。

我们通过词典把这本书翻译出来啦！　*我们把这本书通过词典翻译出来啦！

小明在家务上给妈妈帮了不少忙。　*小明给妈妈在家务上帮了不少忙。

从意义上看，地点、时间、原因等都是动作行为发生的外部环境，而施事、受事、与事等都为动作行为的有机构成部分。也就是说，引入“地点”等概念的介词短语与动词的概念距离比较远，而引入“施事”等概念的介词短语则比较近。结果就造成了两类介词短语分布上的差异，前者可以出现在主语之前，后者则必须出现在主语和谓语之间。

13.3.4 其他类型状语的分布

除了上面讲的副词、形容词和介词短语外，还有时间名词、能愿动词和一些惯用语也具有类似的句法行为，可以自由在主语前后出现。下面分类加以说明。

一、时间名词。时间名词分两大类，一是表示动作行为发生的时间位置的，如“今天、昨天、去年、前年、春天、春节、首先、最后”等，二是表示动作行为发生的时间长短或者次数的，如“半天、三个月、五次、三趟”。前者通常用在动词之前做状语，而后者则一般出现于动词之后做补语。做状语的时间名词一般都可以自由地在主语前后出现。例如：

（37）我们今天上中文课。　今天我们上中文课。

他们昨天去了北京。　昨天他们去了北京。

我们春天常去旅游。　春天我们常去旅游。

我去年到过泰国。　去年我到过泰国。

时间词可以在主语前后自由出现的原因与上述的时间副词和时间介词短语的原因一样，因为它们与动词的概念距离相对比较远。

二、能愿动词。能愿动词主要是表示意愿和事物发生的可能性的词语，它们的主要语法功能就是表示情态，即与情态副词的表达功能相似。跟情态副词一样，有相当一部分能愿动词可以自由地出现在主语前后。例如：

（38）他可能明天才会来。　可能他明天才会来。

他应该昨天就到了。　应该他昨天就到了。

并不是所有的能愿动词都可以移到主语之前，大致说来，凡表示主观意愿、估计的都可以位移，它们都与说话者的主观判断有关；然而，凡是表示客观情理上必须如此的大都不能位移，比如“你们应该努力学习”是表示情理如此，其中的“应该”就不能前移。

三、表示情态的惯用语。有一部分短语也与情态的表达有关，因此它们大都可以自由地在主语前后出现，常见的这类短语有“有可能、不见得、不一定、看样子、看起来、好像是”等。例如：

（39）他们有可能明天回来。　有可能他们明天回来。
他不见得就弄懂了。　不见得他就弄懂了。
我们不一定去问他。　不一定我们去问他。
老李看样子不会来了。　看样子老李不会来了。

能够在主语前后出现的成分还有很多种，背后的原因也可能不一样。如强调否定的极小量词也可以在主语前后出现，例如“他一点儿都不考虑我”和“一点儿他都不考虑我”都可以说。还有一种常见的现象是连词，它们大都可以在主语前后出现。例如：

（40）你除非答应我的条件（除非你答应我的条件），我才告诉你。
我虽然学了三年汉语（虽然我学了三年汉语），但是听相声还有困难。
他尽管身体不好（尽管他身体不好），可是仍然坚持工作。
这道题就算有点儿难度（就算这道题有点儿难度），也难不到哪儿去。

连词是表达句子之间的逻辑关系的，并不修饰所在句子的谓语动词，这可能是造成其句法特点的原因之一。这一问题值得进一步探讨。

13.4 状语分布的功能规律

13.4.1 确立状语概念距离的形式标准

前文的分析所依据的是状语与动词的概念距离，我们可以总结出一条状语分布的原则：

概念距离与动词最近的状语必须紧邻动词出现，不能出现在主语之前；概念距离与动词较远的状语则可以出现在主语前后。

那么如何确定状语与动词的概念距离就是我们的分析是否成立的一个关键因素。我们所依据的是一个形式标准和两个参考项。形式标准为：在主语和谓语动词之间的句法位置上，不同类型的状语之间的相对顺序决定它们与动词的概念距离的远近，概念距离越近的离动词的线性距离就越近，反之则较远。如果用Adv代表状语，那么可以用下式来表示：

$S + (Adv_3, Adv_2, Adv_1) + VP$

我们认为Adv_1与VP的概念距离最近，Adv_2次之，Adv_3最远。这里有一个关于状语位移的逻辑蕴涵关系：

如果一类状语可以位移至主语之前，那么其左边的状语一定也可以这样位移，比如，如果Adv_2可以位移，那么Adv_3也必然可以位移。

比如“他刚才也许没有理解我们的意思”中的情态副词“也许”可以移到主语之前，那么其左边的时间副词“刚才”也一定可以。

确定状语概念距离的第一个参考项为，从类型学的角度所得出的统计性规律。比如前文提到，与动词最近的语法范畴是“体”，其次是“时”，再次是“情态”。第二个参考项为人们的经验知识，比如与动作行为关系最密切的因素是施事、受事、受益者等，其次才是时间、地点等。两个参考项的判别标准与上述的形式标准的判定结果通常是一致的。

13.4.2 状语的分布规律

本章的第3部分主要是从词类或语言单位的类别的角度来总结状语的分布规律，从跨词类或者语言单位的角度可以发现更高层次的规律。事实上，决定状语分布的关键因素不是它们所属的词类，而是它们的表达功能。现简述如下。

（一）表达情态意义的状语一般可以出现在主语的前后。这类语言单位包括副词、助动词以及惯用语性质的短语。

（二）表达时间和地点的状语一般可以出现在主语的前后。这类语言单位包括副词、时间名词和介词短语。

（三）表达动作行为的进行状况和属性的状语一般只能出现在动词之前。这类语言单位包括副词、形容词和介词短语。

（四）表达动作行为参与者的状语一般只能出现在动词之前。这类语言单位主要是介词短语。

可移位和不可移位的状语在主语和动词之间的出现顺序也有很强的规律性，可移位的状语一定是位于不可以位移的状语的左端，即离谓语动词较远。可以用下式来刻画：

$S + [\,(Adv_{可移位} + Adv_{不可移位})\ VP]$

可移位和不可移位的状语内部还有一个排序问题，对此本章不拟深入讨论。

13.4.3 汉语的语法表现手段

上文分析的汉语状语的分布从一个侧面揭示了汉语语法的特性。同一语法范畴在不同的语言里的表现形式可能差别很大。本章所讨论的体、时态、情态在很多语言中是用动词的屈折形态来表示的。汉语也有表达这些语法范畴的手段，区别只在于所利用的方式不同，汉语主要是依赖词汇（虚词）和语序。这与汉语的整体语法特点相一致。对于很多其他语言用形态表达的语法范畴，汉语往往是采用词汇和语序的手段。从表达功能和句法行为之间的关系上，传统语言学给语言单位划分出来的类别之间存在着明显的共性，比如不论是副词、助动词、形容词还是介词短语做状语，相同语义类型的语言单位往往有相同的分布。关于状语分布的研究，揭示了不同类型的语言单位往往遵循着共同的规律。

13.5 结语

本章分析了现代汉语中各种状语的分布，涉及的状语类别有副词、形容词和介词短语等。它们的分布有两大类型：一是可以在主语前后自由出现，二是只能在主语和动词之间的位置出现。状语的句法行为是由它们的表达功能决定的，凡是表示情态、时态、地点、方式等意义的状语一般都可以在主语的前后出现，凡是表示体、性状或者引入动作施事、受事等范畴的状语只能在主谓之间出现。状语的表达功能决定其分布的现象背后是概念的距离问题：凡是与动词概念距离远的状语都可以出现在主语之前，凡是与动词概念距离近的状语则只能与动词紧邻出现。这种现象还揭示了语言组织的更高层次的原则，词语的概念距离远近在一定程度上决定了它们在语法结构中的线性距离远近，而词语的概念距离本质上反映了它们在现实世界中的亲疏关系，因此状语的分布本质上是一种语法临摹现象，即用语法结构的线性距离反映词语所指现实对象之间的概念距离。

第三编　标记与词类

第一章　否定标记

1.1　引言

交际过程中用于表达否定的手段是很丰富的，既可以是语言手段，又可以是体态语，比如汉族人可以通过摇头、摆手等表示否定。就语言系统内部来说，否定的方法也是多彩多姿的，既可以利用否定标记“不”或“没”进行否定，也可以用反问语气、特指疑问代词、有否定意义的词语等手段达到否定的目的。例如：

（1）不像话就不像话吧，像话谁又多给几个钱呢？

（2）人家让老先生亲自送来，我好意思不收下吗？

（3）他哪里知道人家是在笑话他。

（4）他这个人死要面子，哪里会认错。

（5）他拒绝回答这个问题。

（6）他懒得去逛公园。

例（1）和（2）是用反问语气表示否定，如（1）的实际含义为“像话谁也不会多给几个钱”。（3）和（4）是用疑问代词“哪里”表示否定，这里的“哪里”可以用否定词“不”替换。（5）和（6）是用具有否定含义的词语“拒绝”和“懒得”实现否定的目的，两者的意义大致相当于否定词“没”。

汉语中最典型的否定方法是用否定标记“不”或“没”进行否定，它们也是本章的研究对象。说用“不”和“没”的否定结构是最典型的，一方面是指它们的使用频率最高，另一方面是指从它们中总结出的规律同样适用于其他否定手段，譬如说“介意”是多用于否定结构的，其前一般都要有“不”或“没”出现，同时也可以用反问语气和疑问代词等手段否定，例如：

（7）他难道会介意这些事情吗？

（8）他是个心胸宽广的人，哪里会介意这点小事。

相反，“铭记”是多用于肯定结构的，即其前不能加上“不”或“没”否定，同时它也不能用反问语气或疑问代词否定。意义上的否定变幻莫测，不在我们的讨论范围之内。

1.2 否定式和肯定式变换中的语音和语义限制

1.2.1 音节数目的限制

由于汉语语音的特殊结构，音节对汉语语法的影响很大，譬如单音节的语言单位活动受限制，像“英国、法国”，单说非带“国”字不可，复音节的“日本、俄罗斯”，就不需要带“国”字。又如，说到一个人的岁数，“三岁”、“十岁”不能去掉“岁”单说，但是“十三岁”、“四十岁”也可以说“十三”、“四十”，等等。要求音节和谐顺口是汉语组词造句的一大特色。

音节对于肯定式和否定式之间的变换也有影响。在一些情况下，否定词“不”或“没”既有否定的作用，也有使音节搭配和谐的功能，如果去掉否定词“不”或“没”从否定式变换为肯定式，为了发音顺口就必需补上一个音节，例如：

（9）这两个问题不同。

*这两个问题同。

这两个问题相同。

（10）资金感到不足。

*资金感到足。

资金感到充足。

（11）方法始终不变。

*方法始终变。

方法始终在变。

（12）不予办理手续。

*予办理手续。

予以办理手续。

上述现象是汉语词汇双音节化影响的结果。例（9）和（12）的否定式都是“不＋单音节词”，结构中的单音节词大都是黏着语素，不能够独立运用，所以变换为肯定式时就得用相应的双音节词代替。

语音上的限制只是音节和谐的问题，不涉及语言肯定和否定的本质，故不在本章的讨论之列。

1.2.2 语义限制

肯定式和否定式的变换还会受到语义的影响。表现为两种情况，一种是否定结构可以说得通的句子，去掉否定词以后语义上不通，另一种是肯定结构直接加否定词否定以后语义不通，例如：

（13）没有喝完的半杯水。	*喝完的半杯水。
（14）还欠三万块钱没有还。	*还欠三万块钱还了。
（15）好好学习汉语。	*好好不学习汉语。
（16）静静地坐着。	*静静地不坐着。

例（13）中的“水”喝完了就不存在了，所以没有相应的肯定式。例（15）“好好”与“不学习”之间有矛盾，不能组合在一起。

肯定和否定变换中的语义限制不是语法问题，用适当的词替换，其肯定式和否定式之间就可以自由变换了。比如跟（13）类似的句子“没有走的人”就可以去掉否定词而成立：“走了的人”。本章讨论的是肯定和否定在语法上的对称与不对称，不包括这类纯粹的语义限制。

1.2.3 实现体“了”的否定

语义限制的一种特殊情况是，“没”在否定已然行为时，摄入了完成体标记“了”，含“没”的否定结构变换为肯定结构时“了”又释放了出来，例如：

（17）我没看见你的钢笔。

我看见了你的钢笔。

（18）衣服没干。

衣服干了。

1.3 “不”和“没”的性质

一般都把“不”看做副词，对于“没（有）”则有不同的意见：名词前的“没”看做是动词，也有人认为不论是动词前的还是名词前的“没”都是动词。这种分歧是源于不同的研究方法：前一种观点是用传统语法学分析的结果，在那里词类和句子成分之间是严格对应的，动词前的修饰成分一定是副词，名词前的非定语成分一定是动词，所以就有了前一种看法；后一种观点是用结构主义语言学理论分析的结果，该理论在划分词类时强调形式上的可验证性，因为不论是动词前的还是名词前的“没”都有一般动词的形式特征，所以把两种情况的“没”都归入了动词类。

把“不”和“没”归入什么词类是无关紧要的，关键是认清它们的实质。显然“不”和“没”跟一般副词的语法功能是很不一样的，譬如动词的重叠式不能用“不”或“没”否定，却可以用其他副词修饰，如可以说“好好学学数学”、“仔细观察观察”、“经常练练钢琴”等等。“没”也跟一般动词的用法有明显的差异，动词通常不能像“没”那样放在其他动词前修饰限制那个动词。可见单把“不”和“没”归入哪一词类还没有解决完问题，需进一步研究来认清它们的实质。

“不”和“没”的用法完全受自然语言中逻辑规则的制约。有些看似习惯用法的问题，实际上却有着深刻的逻辑背景。比如，孤立地看，“介意”多用于否定式是一种习惯用法，然而跟“介意”概念义相同且语义程度相当的词“在乎”、“在意”和“经意”等也都是只用于否定结构。它们的共同之处都是语义程度很低。所以这不可能是偶然的巧合。再看一看其他概念的情况，就会发现这样一条规律：在同一概念的一组词中，语义程度最低的那一个词都是只用于或者多用于否定结构。这种现象的背后有一条严格的规律在制约着。肯定和否定的具体表现形式虽然纷纭复杂、难以捉摸，但是事实上它们都遵循着非常严格的逻辑规则。

因此，肯定和否定是自然语言的逻辑问题，我们可以把“不”和“没”看做是逻辑小品词。

1.4 定量和非定量

1.4.1 自然语言的否定含义

人类语言中的否定词含义大都是“少于、不及”（less than），换句话说，语言的否定不是完全否定，而是差等否定。譬如英语中not good 意为比good差的义项，如inferior，但不会是坏得无法忍受；not hot 指一个低于hot的温度，如warm 或lukewarm，即位于hot和icy之间的某一个温度，不大可能是完全否定的结果icy。再譬如，not much＝a little，not a little＝nothing（这是一个完全否定）。

汉语中的否定词“不”和“没”用于否定结构之后，否定的含义也是少于、不及原来的意义程度，也是一种差等否定。譬如，“不很好”是指介乎“很好”与“坏”之间的某种程度。“不”直接否定形容词也只是对其程度的否定，并非完全否定该形容词的本义。如“这瓶碳素墨水不黑”是说“黑”的程度不高，但墨水仍然是黑的，本义“黑”仍然保留着；再如说“这碗汤不咸”是指咸度不高，或者咸淡适中，而不是指汤完全没有咸味或者汤是甜的。“没”直接否定名词或动词时也是差等否定，譬如“小赵没一米八高”是指低于一米八的某一高度，不是指低到近乎零的高度，也不能是一米九；“他没学习三个钟头”是说学了，但不及三个钟头。用“没”否定述补结构时，它只否定补语所代表的结果，而不能否定述语所表示的行为，譬如“他没有吃完那个苹果”意为苹果还剩下一些，“吃”的行为已经发生；“我没有说服他”是指“劝说”的行为已经发生，只是没有达到说服的目的。

“不”和“没”上述的否定含义，要求所否定的概念在量上必须具有一定的伸缩性，即能够表达在一定的数量幅度上变化的义项，以便能够容下被否定后的义项“少于、不及”。这种在量上具有一定伸缩幅度的词称为非定量词，该类词都可以用“不”或“没”否定，从而将其肯定式变为否定式。那些在语义上只表示一个点的词，没有空间容下否定后的含义“少于、不及”，就称为定量词，它们都不能用“不”或“没”将其肯定式变为否定式。

各类词的定量和非定量本质是一样的，但是它们的具体表现形式不同。下面分别来说明。（此处仅概述各词类的定量与非定量特征，后文将分章详述各词类的定量与非定量特征及其与肯定否定的关系）

1.4.2 形容词的定量和非定量特征

形容词的量主要表现在程度的高低上，可以用能否加程度副词的方法来鉴别它们的定量和非定量。凡是可以用“有点、比较、很、太、十分、最”等程度词分别加以修饰的形容词是非定量的；凡是不能用这些程度词修饰的，属于定量的。形容词“大、红、甜、冷清、活泼”等都可以用程度副词“有点、比较、很、太、十分、最”等来修饰，从而切分出一系列大小不等的量级，它们属于非定量词，都可以用“不”否定。形容词“中、粉红、疑难、冰凉”等，不能用以上那些程度词修饰，是定量词，都不能用“不”否定。例如：

（19）这棵树有点（比较、很、太、十分、最）大。
这棵树不大。

（20）这孩子有点（比较、很、太、十分、最）活泼。
这孩子不活泼。

（21）*这朵花有点（比较、很、太、十分、最）粉红。[1]
*这朵花不粉红。

【1】这类词一般不能直接做谓语，这也与它们的定量性质有关。

（22）*这个问题有点（比较、很、太、十分、最）疑难。

*这个问题不疑难。

1.4.3 动词的定量和非定量特征

动词的量主要表现为重复次数的多少、持续时间的长短等，它们的定量或非定量性质表现在是否对其后的宾语成分有特殊的量的要求上，鉴别的方法是：凡是其后的宾语可以自由地加上和删去数量成分的动词，都是非定量的，可以用“没”或“不”否定；[1]凡是对其后的宾语有特殊的量的要求的动词，都是定量的，不能用“没”或“不”否定。定量动词有两种情况：

（一）其后的宾语必须有数量成分；

（二）其后的宾语不能有任何数量成分。

动词“看、学、开、说、切”等单独用时，其后的宾语可以自由地增删数量成分，它们是非定量的，可以用“没”否定。但是，这些动词的重叠式对其后的宾语有特殊的量的要求，要求其宾语不能再有数量成分，属于（二）的情况，这时它们就转化为定量的了，不能再用“没”否定。[2]动词“得（děi）、共计”等也是定量的，不过它们属于（一）的情况，要求其后的宾语必须有数量成分，这类词也不能用“没”否定。例如：

（23）他看了一场（两场、三场……）电影。

他没看电影。

他不看电影。

*他看了看一场（两场、三场……）电影。

*他没看看电影。

（24）她学了一个（两个、三个……）钟头英语。

她没学英语。

她不学英语。

*她学学一个（两个、三个……）钟头英语。

*她没学学英语。

【1】对于形容词凡是不能用“不”否定的一定不能用“没”否定；对于动词，凡是不能用“没”否定的一定不能用“不”否定。

【2】这里指的是表现实的陈述句。而在表虚拟的假设句中，动词重叠式可以用“没”否定。我们考察肯定和否定的对称与不对称是在现实句中进行的。

（25）这项任务得十个（两个、三个……）人。

*这项任务得人。

*这项任务没得十个人。

（26）两件共计五十（六十、七十……）元钱。

*两件共计钱。

*两件没共计五十元钱。

1.4.4 名词的定量和非定量特征

名词的定量和非定量主要表现在能否用数词或数量词称数上，凡是可数的名词都是非定量的，可以用“没”否定；凡是不可数的都是定量的，不能用“没”否定。名词“人、车、书、纸、山”等都可以用数词加上相应的量词“个、辆、本、张、座”等称数，它们都是非定量的，可以用“没”否定。而“大家、车辆、景况、个头、马匹、山势”等都是不可数名词，这些都是定量的，不能用“没”否定。例如：

（27）一个（两个、三个……）人。

屋里没有人。

（28）一座（两座、三座……）山。

周围没有山。

（29）*一个（两个、三个……）大家。

*屋里没有大家。

（30）*一座（两座、三座……）山势。

*周围没有山势。

1.4.5 量词的定量和非定量特征

量词与名词情况不同，虽然前面都可以加上数词，但也有定量和非定量的区别。量词也分为两类：（一）其前可以自由地添加数词的，是非定量的，可以用“没”否定；（二）其前只限于用一个或数个特定数词的，是定量的，不能用“没”否定。量词“块、套、张、条、场”等都可以用多个数词修饰，是非定量的，因此可以用“没”否定，譬如“没一块板子”、“没一套家具”，等等。量词“码”前的数词只限于“一”和“两”，譬如只能说“一码事”或“两码事”，而不能说“*三（四）码事”，因此也不能用“没”否定，比如不能说“*没有一码事”。“记”用于称数“耳光”时是量词，其前只限于用数字

"一"，譬如"打了一记耳光"，因此它也不能用"没"否定。量词"番"前通常也只能用"一"修饰，或于固定结构"五次三番"中用"三"修饰，譬如可说"思考一番"，但不能说"*没有思考一番"。跟动词重叠式的情况类似，量词重叠后就转化为定量的了，其前只能用数词"一"或者可以没有数词，这时它们也就不能用"没"否定了。例如：

（31）一（两、三……）张桌子。

没有一张桌子。

*两（三、四……）张张桌子。

*没有张张桌子。

这里需要注意两点，一是在划分词类的定量和非定量性质时，出发点是这些词都是可以用于肯定结构的，而一些只用于或多用于否定结构的词不在此列。二是不要把定量和非定量这对概念与量的大与小或者程度的高与低混为一谈。譬如同是表量的概念的"大、中、小"三个词，"中"是定量的，"大"和"小"都是非定量的。

1.4.6 决定肯定否定用法的因素

定量和非定量是本章最基本的一对概念，是解释语言的肯定和否定的对称与不对称现象的理论核心，它们与下节将介绍的离散量和连续量一起，编织出了本章的理论体系。先用定量和非定量的概念来鉴别哪些词可以自由地用于肯定结构和否定结构，哪些词只能用于肯定结构，不能用于否定结构，然后用离散量和连续量的概念来考察"不"和"没"在否定非定量词时的具体分工，哪些词只能用"不"否定，哪些词只能用"没"否定，哪些词既能用"不"又能用"没"否定。

1.5 离散量词和连续量词

1.5.1 现实世界的两种量

自然界中的数量可分为两类：离散量和连续量。整数都是离散的量，实数则是连续量。相应地，数学也分为两大门类：离散数学和连续数学。集合论、数理逻辑、数论等以离散量作为变量的都属于离散数学，而数学分析、模糊数学、高等代数等以实数作为变量的都属于连续数学。称一个变量为离散变量，是指它取值只能在整数内变化，例如整数N∈（-1, 0, 1, 2, 3），整数的变化是跳跃进行的，两个相邻的整数之间不存在其他整数，整数取值具有离散性。但是，如一个连续变量$x\in(0.0, 1.0)$，x就可能取0.0和1.0之间任何连续变化的一个小数，任何两个小数之间总可以找到第三个小数，小数取值就具有连续性。

如上所述，客观世界的事物或现象在变化中的量变不外乎离散变量和连续变量两种变量，语言的词汇是对客观世界种种现象及其发展变化的概括，所以从量变的特征上也可将词汇分为两类：离散量词和连续量词。当然，词汇的离散性和连续性与客观事物及其发展的实际情况不很一样，不可能简单地归为整数和实数，具体形式也有所不同，但它们是人类大脑对客观事物及其变化的抽象的反映，其本质是相通的，这在下面的分析中可以明显看出来。另外，在词汇内部各词类的离散性或连续性的具体表现形式也不一样。

定量词在语义上只表示一点，没有量变，也就无所谓连续性或者离散性，非定量词在量上具有一定的伸缩性，有量变的意义，才谈得上连续性和离散性，所以当我们提到连续量词或者离散量词时，指的只是非定量词。

非定量词可自由地用于肯定结构和否定结构，“不”和“没”两个逻辑小品词在对非定量词的肯定结构变换为否定结构的运用中，有着明确的分工：“不”只能否定连续量词，“没”只能否定离散量词。下面是非定量词在连续性和离散性上的语义、形式和划分的特点及大致范围。

非定量形容词都可以用“有点、比较、很、十分、最”等程度副词修饰。程度副词最大的特点是它语义上的模糊性，这个程度和那个程度之间边界交叉，没有明确的界限和起讫点，比如“有点憨厚、比较憨厚、很憨厚、十分憨厚、最憨厚”等，各量级之间在量上是个连续变化的过程，所以非定量形容词都具有连续量的特征，都可以用“不”否定。

还有一类形容词不仅可用一系列程度副词修饰，还可在其前后加上数量词或者助词“了”，譬如形容词“高”，可以说“有点高”、“很高”，等等，也可以说“一尺高”、“高一尺”、“两尺高”，或者“高了”等，能用具体数量词修饰，从而切分出界限分明、大小不等的量级，是离散量的特征，所以又可以用“没”否定，“这棵树不高”和“这棵树没高”都可以说。可见这类形容词具有双重数量特征。譬如“高、长、好、硬、瘦、胖、满、冷、乱、紧”等属于这类非定量形容词，可称为宽式非定量形容词。

相对于具有双重数量特征的非定量形容词，那些不能在其前后加上数量词或者助词“了”的非定量形容词就只有连续量特征，只能用“不”否定，不能用“没”否定，可称为窄式非定量形容词。譬如“笼统、憨厚、平淡、勉强、渺茫、零碎、明亮、普通、含混、冷落”等。可以说“这篇文章不笼统”，但不能说“*这篇文章没笼统”等。

非定量动词最典型的数量特征是离散性，表现为在其后可以自由地加上数量成分，即其后的宾语可以自由地增删数量成分，可以加各种结果补语，可以跟助词“了”，这一切都表明非定量动词具有离散性，因此可以用“没”否定。注意，静态动词“是”、“需要”等只能用“不”否定。譬如“看”有“（没）看三回”、“看了（没看）”、“（没）看清楚”等，当非定量动词后面跟有数量成分或结果补语时，动词所代表的是一个完整的动作，它们是离散的，只能用“没”否定，譬如不能说“*不看清楚”或“*不看三回”。但是当动词前后没有数量成分或结果补语时，如果把它看做一个有明确起讫点的完整动作，就是离散性的，可加“没”否定，譬如“没看”；就动词所表示的一个单独动作的内部发展过程来看，这个发展变化过程又是具有连续性的，因此又可用连续量的否定词“不”否定，譬如“不看”。这种差异可以从含“不”和“没”的否定式向肯定式的变换中看出来。“没”否定动词时，实际上是对“动＋了”词组的否定，即“没＋动”的肯定式是“动＋了”，比如“没看电影”的肯定式是“看了电影”，等等。这里的完成体“了”说明了在用“没”否定时，是把动作看做了具有完整起讫点的离散量。然而用“不”否定时，其肯定式不能加“了”，表明是把动作看做了连续变化的过程。“不＋动”的肯定式是“动”，比如“不看电影”的相应肯定式是“看电影”。

名词是客观事物和抽象概念的名称，非定量名词都可用数词或者数量词修饰，所代表的是可数的一个个独立的个体，所以都是离散的，可用“没”否定，但不能用“不”否定。譬如“人、水、山、牛、书、衣服、家具、桌子”等都具有这个特点。

代词的数量特征是由它所替代的对象的数量特征所决定的。人称代词“我、你、他、它、我们、你们、它们”等都是指代名词的，只有离散性，所以只能用“没”否定，不能用“不”否定。指示代词有两类，一是代替名词的离散量词，譬如“这、那、这么些、那么些”，只能用“没”否定；二是代替动词或形容词的，兼有离散和连续两种量的性质，所以既可以用“没”否定又可以用“不”否定，譬如“这样、这么样、那么样”。疑问代词也有两类，询问事物本身的量的，是离散量词，只能用“没”否定，譬如“谁、哪、几个、多少”；询问动作或性质的，兼有离散和连续两种量的特征，既可以用“不”又可以用“没”否定，譬如“怎么样”。

非定量量词都是离散性质的，所以都不能用“不”否定，但可用“没”否定。非定量量词可分为两类：一是既可表事物又可称量其他事物的临时量词，可以直接加“没”否定，也可以加上数词后再用“没”否定，这类词有“桶、碗、池子、书架、箱子”等；二是单纯的数量词，它们只有加上数词变为离散量后才能加“没”否定，这类词有“个、匹、枝、套、斤、寸、尺、颗”等。[1]

副词、连词、助词、语气词等都是定量词，因为不符合否定词的语义要求，故都不能用“不”或“没”否定。

在表示客观事物三维性质和质量的形容词上，“不”和“没”用法上的对立很典型。单纯的形容词表示的是连续量，只能用连续否定词“不”否定，不能用离散否定词“没”否定。当在这些形容词前加上数量成分时，整个短语变成了离散的量，与前相反，不能用连续否定词“不”否定，只能用离散否定词“没”否定。例如：

(32) 这张书桌不长。　　　　*这张书桌没长。
　　*这张书桌不四尺长。　　这张书桌没四尺长。
(33) 小赵不高。　　　　　　*小赵没高。
　　*小赵不一米八高。　　　小赵没一米八高。
(34) 那个瓜不重。　　　　　*那个瓜没重。
　　*那个瓜不十斤重。　　　那个瓜没十斤重。
(35) 离城不远。　　　　　　*离城没远。
　　*离城不五十里远。　　　离城没五十里远。

上述形容词都是指它们单纯表静态性质时的用法，如果把它们看做动态的时，就变成了离散量，可以用“没”否定，例如：

(36) 甲：这半年小姑娘高了不少。
　　乙：我看没高。

1.5.2 词类的数量特征与其否定标记

一般的语法书都把动词和形容词放在一起谈，甚至有人还把两类词统称为“谓词”。他们这样做的根据是结构主义的分布原则。结构主义对词分类或者考察某类词的语法特点都是依据分布原则，即词语在句子中出现的位置，或者说担任的角色。因为动词和形容词都常做谓语，单从这一点看，把

【1】当数字为“一”时可以省略。

它们放在一起是有一定道理的。但是，在数量特征上，动词倒应该跟名词归为一类，因为它们最典型的数量特征都是离散性的，所以两类词最常用的修饰语都是“没”；然而形容词最典型的数量特征是连续性的，所以它最常用的否定词是“不”。我们认为，动词前和名词前的否定标记“没”是同一个成分，因为它们共同的深层语义特征——数量特征都是离散性的，这与离散否定词“没”的语义特征正相符，故都可以用“没”否定。用结构主义的分布原则只能处理表层的结构问题，而且常常是给个名称或者贴上标签就完了，不再深究。这样常常会掩盖问题的实质。我们要揭示词语搭配的真正奥秘还要借助于其他手段。

客观世界的离散和连续这两种量对其他语言有同样的影响，其中的表现之一是，绝大多数人类语言在离散量否定和连续量否定上都有形式上的差异。具体说来，对动词、形容词和名词的否定大都采用不同的方法。比如，英语的情况跟汉语的很相似，动词的否定格式是do＋not＋VP，形容词的否定格式是be＋not＋adj，名词的否定格式是no＋NP/ none of NP/not all of NP。[1] 三类词的数量特征不一样，否定时采用不同的形式，这说明英语跟汉语一样，在离散否定和连续否定上有明确的形式差别。我们预测大多数语言在离散否定和连续否定上都会有不同的方式。尽管有些语言用同一个否定词，然而在对不同的数量特征的词否定时，其含义是不一致的。比如俄语实际上只有一个否定词ие，它用于形容词之前时相当于“不”，名词之前时则相当于“不是”。由此可见，在否定手段上，汉语属于最细致、最严谨的语言之一，甚至比英语还要严密。事实上，有没有系统变化或者形态是否丰富，与表义是否严密、细致并不是一码事。有人认为汉语的语法不严密，那是因为我们看问题的方法有问题，我们的研究也不深入。随着汉语研究的深入，汉语的严密规律会逐渐被揭示出来，那时人们将会看到汉语确实是一种博大精深的语言。

【1】英语的be＋not＋adj相当于汉语的“不＋形”和“不＋是＋形＋的”两种格式的功能。在汉语中，“不＋形”是程度否定，只否定性质的程度，而不否定性质的存在，比如“这瓶墨水不黑”是指还是黑的，只是黑的程度不高；“不＋是＋形＋的”是性质否定，指“形”的性质完全不存在，比如“这瓶墨水不是黑的”是指黑以外的性质。名词也可以用于性质否定的格式中。可见英语的be＋not＋adj是兼有程度否定和性质否定双重功能。性质否定的规则跟形式逻辑的否定规律完全一样，这不在我们的讨论范围之内。

英语里，在省略的句式中，not可以直接用于名词之前。例如：The student went on strike, but not the teachers.

1.6 否定范围规律

既然自然语言否定词的含义都是“不够”、“不及”，那么由此可以推出否定的范围是大于和等于所否定的量。譬如“小赵没有一米八高”的否定范围是大于等于一米八。我们可以用一个封闭的系统来建立否定范围的公式，该系统中，最大的量为L_7，最小的量为L_1，用“$\neg$”表示对该成分的否定，“$\wedge$”表示“并且”（逻辑学上的“合取”），这样就有下面的否定公式。

$\neg L_7 = \neg L_7$ 1

$\neg L_6 = \neg L_6 \wedge \neg L_7$ 2

$\neg L_5 = \neg L_5 \wedge \neg L_6 \wedge \neg L_7$ 3

$\neg L_4 = \neg L_4 \wedge \neg L_5 \wedge \neg L_6 \wedge \neg L_7$ 4

$\neg L_3 = \neg L_3 \wedge \neg L_4 \wedge \neg L_5 \wedge \neg L_6 \wedge \neg L_7$ 5

$\neg L_2 = \neg L_2 \wedge \neg L_3 \wedge \neg L_4 \wedge \neg L_5 \wedge \neg L_6 \wedge \neg L_7$ 6

$\neg L_1 = \neg L_1 \wedge \neg L_2 \wedge \neg L_3 \wedge \neg L_4 \wedge \neg L_5 \wedge \neg L_6 \wedge \neg L_7$ 7

式子2的意思是对L_6的否定，可以推知对L_7的否定。余类推。

由此可以推导出两条规律：

（一）较低量级的否定包括了对较高量级的否定，较高量级的否定不包括对较低量级的否定，所以可以用对较低量级的否定式来实现对较高量级的否定，而不能用较高量级的否定式来否定较低量级。譬如，$\neg L_5$包括了$\neg L_6$，但是不能用$\neg L_6$代替$\neg L_5$。

（二）否定的量级越小，它的否定范围越大，同时其否定程度也就越高。在上述只有7个量级的封闭系统中，$\neg L_4$的否定范围是4个量级，$\neg L_3$的否定范围是5个量级，$\neg L_2$的否定范围是6个量级，对L_1的否定包括了对该系统全部量级的否定。在语言运用中，往往是利用对最小量级的否定来实现完全否定，譬如“没有丝毫问题”、“没有一点问题”。

自然语言的否定都是差等否定，设X为某一量，$\neg X$的否定范围是$\geq X$的所有的量；同时$\neg X$也肯定了一个量Y，Y的值域为$X > Y \geq 0$。我们用$\vee$表示“或者”（逻辑学上的“析取”），那么上述封闭系统中各量级的肯定范围如下。

$\neg L_7 = L_6 \vee L_5 \vee L_4 \vee L_3 \vee L_2 \vee L_1$ 8

$\neg L_6 = L_5 \vee L_4 \vee L_3 \vee L_2 \vee L_1$ 9

$\neg L_5 = L_4 \vee L_3 \vee L_2 \vee L_1$ 10

$\neg L_4 = L_3 \vee L_2 \vee L_1$ 11

$\neg L_3 = L_2 \vee L_1$ 12

$\neg L_2 = L_1$ 13

$\neg L_1 = 0$ 14

显然，某一量级的否定范围与其肯定范围的大小是成反比例关系的，其否定范围愈小，那么其肯定范围也就愈大，反之亦然。在上述封闭系统中，任一量级的肯定范围和否定范围之和都是7。对最小量级L_1的否定等于完全否定，它的肯定范围为0。

对L_1的否定是完全否定，用L_0表示完全否定，那么$\neg L_0$是肯定了一个L_1至L_7之间的量。见式子15：

$\neg L_0 = L_1 \vee L_2 \vee L_3 \vee L_4 \vee L_5 \vee L_6 \vee L_7$ 15

就否定后的肯定范围来观察，对X的否定往往是肯定了一个接近X的较小的量，这个被肯定的量是模糊的，一般不会无限地低于X。式子8-15只是肯定范围的抽象模型，最有可能被肯定的是接近被否定的这个量级的一到两个量级，随着量级递减，它们被肯定的可能性也递减，譬如$\neg L_7$最有可能肯定的量级是L_6或者L_5，而不大可能是L_2或者L_1。例如，“那个水塔没有10米高”意味着塔的高度可能是接近10米的某个量，比如可能是9米或8米，一般不可能是两米和1米；如果实际上塔的高度是两米左右，一般不会说“没10米高”，真的这样说了，只能证明判断上的失误。在式子15中，对完全否定的否定，从理论上讲，是肯定了一个L_1至L_7之间的量，实际应用中最有可能被肯定的是接近L_0的两个量级L_1或者L_2。譬如“你不是没有一点责任”是指“有一点”或“有一些”责任，而一般不大可能是说“有很大责任”。

否定范围规律在语言交际中有广泛的应用。下面举两个例子加以说明。

（37）a.大海上没有波涛。

b.大海上没有波浪。

“波涛”义为“大波浪”。如果面对的是风平浪静的海面，说例（37）a就不恰当，因为它仍含有有小波浪的意思，应该用例（37）b。只有海面上没有大波浪而有小波浪的情况下，例（37）a的表达才是准确的。在遇到程度不等的词语时，可以利用否定范围规律使表达准确细致。

《参考消息》1988年9月14日第4版有这样一则关于汉城奥运会的报道：

在报名参加汉城奥运会的161个国家和地区中，有121个国家在历届奥运会上没有得过一块金牌，有91个国家连一块银牌或者铜牌也没有得到过。

由这段话可以推知，有40个国家或者地区得到过金牌，还有30个国家和地区虽没得到过金牌，但得到过银牌或者铜牌。可是，最后一句话颇令人费解：从字面来看，剩下的91个国家中，有一部分虽没有得到过银牌，但可能得到过铜牌，另外一部分任何奖牌也没有得到过。因为根据否定范围规律，“没有得到过银牌”意味着可能得到过铜牌。我们核查了一下在1988年之前历届奥运会中得奖牌的资料，事实上是91个国家和地区任何类型的奖牌也没有得到过。因此最后一句话应该为：“有91个国家连一块铜牌也没有得到过。”因为根据否定范围规律，对最小量级的否定等于完全否定，铜牌是奥运奖牌类中最低一级，所以对它的否定意味着什么奖牌也没有得到过。报道者本想使意思周详，结果适得其反，反而造成了表达上的混乱。由此可见，自觉地利用否定范围规律，可以使表达既准确又简洁。

1.7 极小量词与完全否定

由否定范围规律可知，在给定的范围内，对其中最小一个量级的否定等于对整个范围的否定。“1”是自然数中最小的，所以常常借用它与适当的量词相配表示完全否定。“一”加量词做完全否定的手段是有条件的，“一”必须能用其他数词自由替换，譬如“一句、一口、一点、一张”等，其中的“一”都可以用其他数词自由替换，因此都可做完全否定的手段，如“一口饭没吃”、“没有一点困难”等。但是，“一刹那、一番、一骨碌、一股劲、一阵子、一溜儿、一概、一路上、一并”等，这些词中的数词“一”不能用其他数词替换，其中“一刹那、一并”等干脆不能用于否定结构，而“一概、一路上”等虽有时可用于否定结构，但只能出现在否定词前边，“一句”类则可以出现在否定词前后。例如：

（38）他一句话没说。　　　　他没说一句话。

（39）他一口饭没吃。　　　　他没吃一口饭。

（40）他一路上没说话。　　　*他没说话一路上。

（41）他一概不予答复。　　　*他不予答复一概。

用作完全否定手段的“一＋量”短语是虚指，而相应的肯定式却是实指。例如：

（42）a.没喝一口茶。　　　　b.喝了一口茶。

例（42）a“一口茶”是虚指，不是说那里有一口茶或若干口茶而没有喝，是对喝茶这种行为进行完全否定。而（42）b的“一口”是指一个实实在在的量。

有一些“一+量”短语，在肯定句中只能用在动词的后边，而在否定句中则动词前后都可以出现，如（43）、（44）。

（43）a.留下了一点后遗症。

b.*一点后遗症留下了。

c.没留下一点后遗症。

d.一点后遗症没留下。

（44）a.他犯了一点错误。

b.*他一点错误犯了。

c.他没犯一点错误。

d.他一点错误没犯。

“一”也常用于“连”字结构中表示完全否定，例如：

（45）他连一声也不吭。

屋里连一个人也没有。

疑问代词“谁、怎么、什么、任何”等可以表示遍指，当它们用于否定句时，可用“一+量”短语替换；当它们用于肯定句时则不能。例如：

（46）a.谁都知道事情的真相。

b.*一个人都知道事情的真相。

c.谁也不知道事情的真相。

d.一个人也不知道事情的真相。

（47）a.怎么搬都搬得动。

b.*一点搬都搬得动。

c.怎么搬也搬不动。

d.一点也搬不动。

还有一些表示极小量的副词也常用于否定式来加强否定语气，譬如“绝、毫、丝毫、压根儿、断”等。而一些表示极大量的词似乎也常用于否定式，其实与前者很不相同，譬如“千万、万万”等一般只用于虚拟句，可以说“万万不可大意”和“千万不要忘记带字典”，这两句都是祈使句，都不能去掉表祈使语气的“可”和“要”。但是，极小和极大本来就是辩证统一的，实现完全否定的方法有两个全然相反的角度，“一点无”和“全部无”，所以“万万”等有时也可以在现实句中加强否定，譬如“他万万想不到”，而其中的“想不到”又不能变为肯定式“*想得到”。

在否定句中，数量短语位于动词前跟位于动词后的含义大不一样，在动词前是完全否定，在动词后是不完全否定，例如：

（48）他三个小时没学。≠他没学三个小时。

（49）他两顿饭没吃。≠他没吃两顿饭。

（50）他四天没上课。≠他没上四天课。

（51）他五次会议都没参加。≠他没参加五次会议。

例（48）的前一句是完全否定，指有“三个小时”他根本没有学习；后一句是说他学了，但不到三个小时，显然是差等否定。其余三句情况可类推。但是，最小的数量成分在否定句中用在动词前和动词后的意思完全一样，形成这种现象的逻辑根源是：数量成分在否定式的动词前是完全否定，而尽管在动词后的是不完全否定，但是当数量成分为最小一个量级时，根据否定范围规律其含义也是完全否定，所以，当数量成分是最小量级时，完全否定结构“数量成分＋没＋动”和不完全否定结构“没＋动＋数量成分”两者表达的意思完全相同。例如：

（52）他一点苹果没吃。＝他没吃一点苹果。

（53）他一次会议没参加。＝他没参加一次会议。

除了用数词“一”和极小量表完全否定外，还可以用构词法来达到这一目的。譬如，汉语普通话中，“动＋头儿”构成的词语有小义，如“甜头儿”的意思是“微甜的味道”，“扣头儿”的意思是打折扣时扣除的较小的金额。同类的词还有：“商量头儿、想头儿、饶头儿、看头儿、听头儿、说头儿、念头儿”，等等，这些词用于否定结构时的语气很强，相当于完全否定，例如：

（54）这件事没有商量头儿，你们必须照办。

（55）这部电影糟极了，没看头儿。

1.8 判断词“是”的否定

前文讲过非定量名词都是离散的量，都不能用连续否定词“不”否定，但大都可以用“不是”否定。这两种现象并不矛盾，“不＋是＋名词”短语的层次为：

可见，“不”并不是直接否定名词，而是先否定判断词“是”，然后再一起否定其后的名词。在上述结构中，“不”与其后的名词并不在一个层次上。此外，从扩展的角度看，“不”和“是”也不构成一个单位，因为它们中间还可以插入别的成分，如“他不一定是学生”。

“是”有动词和形容词双重的性质：经常带宾语，而且其宾语中的数量成分可以自由地增删，譬如“是一（两、三……）张桌子”和“是桌子”都可以说，根据定量和非定量动词的判断标准，可用否定词否定；又，“是”是描写事物性质的，不能用数量词称数，即不能给它从数量上分出一个个界限分明的单位，可见“是”表示的是一个连续量，因此它只能用连续否定词“不”否定，一般不用离散否定词“没”否定。

“不是”是性质判断的否定，它跟“不”或“没”直接加在其他成分前的否定含义很不一样。“他没学三个钟头”是说学了不到三个钟头，而说“他不是学了三个钟头”就有两种情况：一是不到三个钟头，二是超过了三个钟头。可见，“没”否定的是大于等于其后的量，“不是”否定的只是等于其后的那个量。对于形容词，“不”和“不是”的否定意义差别也很大。“不是”一般不直接否定形容词，要在形容词之后加上助词“的”使其转化为名词性成分后（离散性质）才能用它否定，譬如一般不能说“*这瓶墨水不是黑”，而要说“这瓶墨水不是黑的”。这句话的意思是，墨水是黑色以外的其他颜色，而“这瓶墨水不黑”是指，墨水的颜色还是黑的，只是黑的程度不高。由此可见，“不是”是对其后形容词的完全否定，而“不”是对其后形容词的程度否定。

我们只考察“不”或“没”直接加在其他成分之前构成的否定结构，说某个词语能否被否定，是看能否在其前加上“不”或“没”。关于“不是”的这种性质否定不在我们的讨论范围之内。

1.9 结语

否定标记除“不”和“没”之外，还有在祈使句中表示否定的“别”、“甭”等，以及古汉语残留的、书面色彩较浓的否定词“无”、“莫”、“勿”、“未”、“休”、“毋”等，其中“无”和“未”的用法与“没”相当，其余的用法相当于“不要”。那么弄清了“不”和“没”的用法，其他否定词的用法也就迎刃而解了，它们只有文体或者地域等的差异。

第二章　羡余否定

2.1　引言

羡余否定是指在特定的语法结构或者使用环境中，否定标记失去了否定的功能，所表达的仍然是肯定的意思。但是其中的否定标记并不是完全不起作用，而是常常起加强肯定语气的作用。

2.2　好＋形＝好＋不＋形

下列词组的肯定式和否定式的意思是一样的：

a.好不容易＝好容易

b.好不漂亮＝好漂亮

c.好不热闹＝好热闹

d.好不伤心＝好伤心

e.好不难受＝好难受

以上5例看起来都是肯定式等于否定式，实际上存在着重要的差别：a例的“不”有实在的含义，取等式左端的意义；可是其余4例的“不”都没有否定的功能，取等式右端的意义。这种差别需要解释。另外，我们也应该认识到，“好”在这里的作用相当于一个程度副词。首先，我们来考察一下上述各个形容词的肯定式和否定式用程度词修饰的情况。

反义形容词的句法差异

	有点儿	比较	很	太	十分	最
容易	+	+	+	+	+	+
不容易	+	+	+	+	+	+
难受	+	+	+	+	+	+
不难受	—	—	—	—	—	—

（续表）

伤心 不伤心	+ –	+ –	+ –	+ –	+ –	+ –
漂亮 不漂亮	+ –	+ –	+ –	+ –	+ –	+ –
热闹 不热闹	+ –	+ –	+ –	+ –	+ –	+ –

很显然，“容易”加上“不”之后整个词组仍能用程度词修饰，也就是说，在程度词和“容易”之间可以插入否定词，因此a例中的“不”是有实际意义。其余4个形容词，加上否定词“不”后就不能再用程度词修饰，如果硬在否定式之前加上一个程度词，就会使得否定词“不”失去否定的功能。因此这4式中的否定词都是羡余的，没有否定的作用，都是取右端肯定式的意思。当然，加“不”的短语具有加强肯定语气的作用。

还有一个问题需要回答：既然“容易”的肯定式可以用“很”等程度词修饰，那么“好”也是一个程度词，应该保持它自身的含义，为什么会带上了否定的意义呢？即为什么“好容易”的实际含义为“好不容易”？这可以从副词“好”和形容词“容易”的语义特点上来解释。副词“好”的意义为“用在形容词、动词前，表示程度深”，这点与普通程度词“十分”、“非常”等没有什么两样，但是“好”还有感叹语气，这样它所修饰的形容词短语就有了大的、难的、令人吃惊的性质。再来看一下“容易”的含义，其义为“做起来不费事”，这与“好”的感叹语气不大相符，因此就产生了词义的偏移，使肯定式中“容易”的真正含义变为否定式“不容易”，因为“不容易”语义上相当于“困难”，而“困难”的语义特征与“好”的感叹语气相符合。但是这种用法并不是必然的，“好容易”也有字面的用法，表示“很容易”。例如：

（1）这道题好容易呀，不到五分钟我就做出来了。

（2）卖衣服赚钱好容易呀，不到半年我就净落了两万多。

例（1）、（2）的“好容易”都是字面上的意思，相当于“很容易”。有趣的是，字面的意思只限于整个短语单独做谓语的情况，一般不说“*这道题好不容易呀，做了半天还没有做出来”。然而当整个短语做状语修饰动词时，一般只用否定式“好不容易”，如果用肯定式其含义与否定式相同，比如“这道题好不容易才做出来”和“这道题好容易才做出来”两句话的意思一样。在状语位置上，“好容易”一般不能解释成字面的含义。由此可见，“好容易”和“好不容易”只有在动词修饰语的位置上才是同义的。准确地说，它们不是羡余否定，而是空缺否定，因为没有否定词的短语仍有否定的含义。

2.3 “差点儿”、“几乎”和“险些”

“差点儿”、“几乎”、“险些”是汉语中典型的羡余否定现象，其后的否定词“没”有时有实际含义，有时则失去否定功能而成为赘余。例如：

（3）A.a.差点儿没闹笑话。＝差点儿闹笑话。

b.差点儿没答错。＝差点儿答错。

c.差点儿没摔倒。＝差点儿摔倒。

B.a.差点儿没见着。≠差点儿就见着了。

b.差点儿答不上来。≠差点儿答上来。

c.差点儿没买到。≠差点儿买到了。

d.差点儿没考上甲班。≠差点儿考上甲班。

（4）A.a.几乎没摔倒。＝几乎摔倒了。

b.船几乎没翻了底。＝船几乎翻了底。

B.a.事情几乎没办成。≠事情几乎办成了。

b.几乎没考上甲班。≠几乎考上甲班了。

（5）a.险些没把他撞倒。＝险些把他撞倒。

b.事情险些没办成。≠事情险些办成了。

表面上看，上述现象似乎遵循着两条规律：1）凡是说话人企望发生的事情，肯定形式表示否定意义，否定形式表示肯定意义；2）凡是说话人不企望发生的事情，不管是肯定形式还是否定形式，意思都是否定的。但是我们发现以上两条规律有很多例外。例如：

（6）这一下差一点没有把张维气死，气得他直瞪着眼，大张着嘴，足有一分钟没有说上话来。（《张来兴》）

（7）大妈往外一指，我一看，正是我媳妇来啦，当时高兴得我呀，差点儿没翻两个跟头，一个箭步就冲过去了！（《浪子回头》）

例（6）中的“张维”是小说主人公的仇人，这是主人公讲述他一次惩治“张维”的故事，“把张维气死”这件事对主人公来说是企望发生的，按照上述表面规律，应该是已经把“张维”气死了，但从后文来看，“张维”实际上并没有死。例（7）的“翻两个跟头”对“我”是乐意干的事情，按照朱德熙先生总结的规律也应该是已经发生的事，而实际上也是没有翻。这样的“例外”在日常语言中有很多。朱先生还认为例（3）—（5）是结构上不可分化的歧义句式。下面我们就尝试从另外一个角度来解释上述现象产生的原因，并从结构上对其进行分化。

先来看一下“差点儿”、“几乎”、“险些”的词义。

差点儿——相差一定的程度，接近。

几乎——将近于，接近于。

险些——差一点。

以上三个词实际上是意义相近的同义词。下面以“差点儿”的用法作为代表来讨论。自然语言的否定词都是差等否定，由“差点儿”的词义可以看出，它类似于一个否定词的作用。在例（3）中，“差点儿”在三种情况下都相当于一个否定词，比如Aa式的右端“差点儿闹笑话”等于“没闹笑话”。Ba式的左端“差点儿没见着”遵循否定之否定等于肯定的规则，意为“见着了”；Ba式的右端“差点儿就见着了”等于“没有见着”。其实，情况比较特殊的只有Aa式的左端“差点儿没闹笑话”，因为按照否定之否定等于肯定的规律，应是“闹了笑话”，而它的实际含义则是“没闹笑话”。

现在用“积极成分”和“消极成分”来分别替换“企望发生的事”和“不企望发生的事”。这两类说法既有相同之处，也存在着重要差别：前者强调普遍性、稳定性，后者则是随说话者的主观愿望而变化。位于“差点儿”之后的一般是述补结构或者含结果义的动词，它们都是离散量的，因此都不能用“不”否定，比如没有“*差点儿不闹笑话”、“*差点儿不办成”的说法。

积极成分的述补结构的述语和补语之间的关系松散，可以分离。然而消极成分的述语和补语之间的关系紧密，一般不能分离。例如：

（8）a.事情办成了。

b.这件事办了很长时间，还没有办成。

c.你办一办试一试，看能不能成。

d.办了三次，三次都没有成。

e.事情他已经去办了，成不成还不知道。

f.这件事他办得成。

（9）a.路上很滑，他摔倒了。

b.*他摔了很长时间，还没有摔倒。

c.*你摔一摔试一试，看能不能倒。

d.*他摔了三次，三次都没有倒。

e.*他已经摔了，倒不倒还不知道。

f.*他摔得倒。

“办成”是积极成分，述语和补语之间可以插入各种成分，述语的动作行为是人们主观上可以控制的，补语的结果不一定必然出现，动作和结果之间可以有较长的时间。“摔倒”是消极成分，述语和补语之间结合紧密，述语的动作行为是主观无法控制的，补语的结果必然要出现，动作和结果凝结成一个整体。但是同一个词可能随使用的场合不同而带上不同的感情色彩，相应地它的用法也不同。比如，在摔跤比赛中，“摔倒”是积极成分，动作和结果可以分离。例如：

（10）a.运动员小张摔了三次，还是没把对方摔倒。

b.你再摔摔，看这次动作合不合标准。

积极成分和消极成分之间的述补关系差别还可以从它们用于“非＋动＋不可”格式的语义变化中看出来。例如：

（11）在比赛的最后关头，运动员小张下了决心，非摔倒对方不可。

（12）路上结了冰，小王这个时候外出，非摔倒不可。

例（11）是表示一种意愿，而例（12）是表示某种客观条件很可能导致某种结果。这种差异是由述补结构中表示动作行为的动词是否能被施事者的主观意志所控制造成的。例（11）是积极成分，行为是主观能控制的，因此“非＋动＋不可”格式是表示主观意志的；例（12）是消极成分，行为是主观无法控制的，因此该格式是表示客观可能性的。积极成分的述语和补语之间是可分离的，消极成分的述语和补语之间是不可分离的，这是解释有关羡余否定的关键。

“没”否定述补结构的复合词或者词组时，只能否定补语所代表的结果没有实现，不能否定述语所代表的行为自身。例如：

（13）a.他没有吃饱。＝吃了，但是没饱。

b.他没有听懂。＝听了，但是没懂。

c.他没有学会。＝学了，但是没（学）会。

d.他没有看清。＝看了，但是不清楚。

可以用一个式子来表示“没”否定述补结构的含义：

没＋（述＋补）＝述＋（没＋补）

“差点儿”和“没”是等值的否定词，因为积极成分的述语和补语是可分离的，因此“差点儿”单独否定积极成分的情况跟“没”的相同。

差点儿＋（述＋补）＝述＋（没＋补）

例如：

（14）a.差点儿办成了。＝办了，而没有成。

b.差点儿考上甲班。＝考了，而没有进入甲班。

既然“差点儿”和“没”只能否定述补结构的补语所指，那么它们一起来否定积极成分时就有下式推算：

差点儿＋没＋（述＋补）

＝差点儿＋[述＋（没＋补）]

＝｛述＋[差点儿＋（没＋补）]｝

＝述＋补

也就是说，用“差点儿”和“没”一块否定积极成分时，相当于对积极成分的结果否定了两次，根据否定之否定等于肯定的原则，整个句子仍是肯定含义。例如：

（15）a.差点儿没办成。＝办成了。

b.差点儿没考上。＝考上了。

c.差点儿没见着。＝见着了。

d.差点儿没买到。＝买到了。

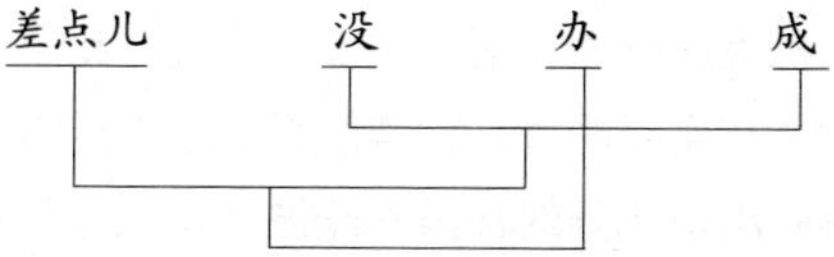

例（15）各例的层次关系如下图。

现在来看消极成分加“没”和“差点儿”的情况。单独用“差点儿”否定的情况很简单，它的作用相当于一个否定词，比如“差点儿答错”等于“没答错”，“差点儿摔倒”等于“没摔倒”，等等。因为消极成分的述语和补语是个不可分离的事件，所以用“没”和“差点儿”双重否定的结果为：

（差点儿＋没）＋述补

=（差点儿+述补）+（没+述补）

=差点儿+述补

=没+述补

也就是说，“差点儿”和“没”一起否定消极成分时，符合数学中的分配律，分别对消极成分进行否定，即否定了两次。因此，虽然表面上看有没有“没”意思基本不变，而实际上“没”在这里具有加强否定语气的作用，比如“差点儿没摔倒”就比“没摔倒”更强调行为接近出现的程度高。由上式可知，“差点儿”和“没”一块否定消极成分的时候，作用相当于一个语气加强的否定词。例如：

（16）a.差点儿没答错。=没答错。

b.差点儿没闹笑话。=没闹笑话。

c.差点儿没摔倒。=没摔倒。

d.差点儿没翻了底。=没翻底。

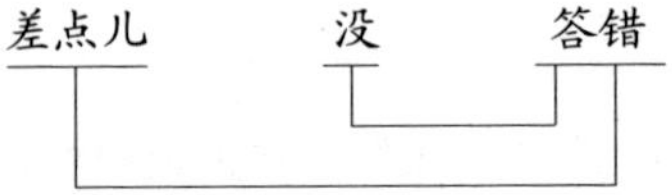

例（16）各例的层次关系如下图。

这就是形成例（3）—（5）各例中消极成分等式左右端同义的原因。

也可以换个角度来解释。如果积极成分的述语和补语可以单独使用，其补语就能够被“差点儿”和“没”双重否定，比如“办”和“成”可单用，因此可以说“这事差点儿没成”。但是对于消极成分，因为述语和补语不能单独使用，因此它的补语一般不能用“差点儿”和“没”双重否定，比如不能说“*这道题差点儿没错”。积极成分的补语允许“差点儿”和“没”对其加以双重否定，因此两个否定词都有实际的含义，遵循否定之否定等于肯定的规律，整个句子仍是肯定的。然而消极成分的补语不能被“差点儿”和“没”双重否定，只能用单个词来否定，因此当“差点儿”和“没”都出现于消极成分之前时，其中一个失去了否定的功能，只起加强否定语气的作用。

回过头来看例（6）、（7）两个“例外”。尽管“气死”和“翻两个跟头”都是说话者企望发生的事情，但是因为它们的述语和补语不能分离，跟消极成分的情况一样，因此它们遵循消极成分双重否定的规律，其中的“没”失去了否定的功能而只起加强否定语气的作用。比如一般不大说“*气一气，看他会不会死”、“*气了半天，还没有死”，可见“气”和“死”之间的关系是很紧的。例（7）中的“两个跟头”不是代表实际数目，它与“翻”凝结成一个整体，表示单纯的动作，相当于“闹笑话”中的“闹”和“笑话”之间的关系，因此也出现了羡余否定现象。

2.4 其他羡余否定现象

2.4.1 “小心＋动”和“别＋动”

在祈使句中，“小心”和“别”一起用在动词前也会造成羡余否定现象，即有没有“别”意思都一样。例如：

（17）a.小心别打碎杯子。＝小心打碎杯子。

b.小心别擦破手。＝小心擦破手。

c.小心别碰着油漆。＝小心碰着油漆。

d.小心别看坏眼睛。＝小心看坏眼睛。

从功能上讲，“小心”和“别”相当于前文所讲的“差点儿”和“没”，不过前者之后只限于消极成分，后者不限。形成例（17）等式左右两端同义的原因跟“差点儿”和“没”否定消极成分时的相同。

2.4.2 难免＋动

“难免”的意思是“不容易避免”，其含义相当于一个否定词，它和“不”一起出现在消极成分之前，使其中一个否定词失去否定作用，从而又形成了一种肯定式和否定式同义的现象。造成这种现象的原因跟“差点儿”的相同。例如：

（18）a.一个人难免不犯错误。＝一个人难免犯错误。

b.我没有说清楚，难免不被人误会。＝我没有说清楚，难免被人误会。

2.4.3 不＋时间词

否定词“不”加在表短暂义的时间词之前，起强调时间短促的作用，它跟肯定式的意思基本相同。例如：

（19）a.不一会儿他又回来了。＝一会儿他又回来了。

b.不几天事情就办完了。＝几天事情就办完了。

“一会儿”和“几天”是离散量的，本来不能用连续否定词“不”否定，因此硬加上“不”就使得它失去了否定的功能而只起强调的作用。

2.4.4 肯定角度和否定角度

有些情况下，否定式和肯定式是从不同的角度表达相同的意思。例如：

（20）a.他怀疑事情还没有办完。＝他怀疑事情已经办完。

b.你吃了饭我还没有找你收钱哪。＝你吃了饭我还要找你收钱哪。

2.4.5 在＋没＋……＋之前

羡余否定的类型多种多样，它们形成的原因也不完全相同。有一些表面上看起来是羡余否定，实际上是两种表达不同意义的结构。从上面的分析中可以看出，纯粹的羡余否定词是没有的，它们都有一定的作用，常见的是加强否定语气。比如“在没有来之前我们已经知道了事情的真相”一句话，跟“在来之前我们已经知道了事情的真相”的意思差不多，而实际上两者的含义并不完全等值。例如：

（21）在没修赵州桥之前，一条洨河横断南北，阻碍了人们的往来，造成了不便。

（22）结婚之前，我没想到她这工作那么艰苦。

用“没……之前”表时间时，是强调某种行为一直延续到否定结构中的动作实现这一时刻才结束，比如例（21）是强调“阻碍交通”的现象一直到赵州桥修成这一时刻才结束。例（22）的时间短语显然与前者不同，因为“结婚”之前没有否定标记，所以就没有强调“没想到她这工作那么艰苦”这种状态一直持续到结婚的时候才结束，也可能是婚后很长时间还没想到。由此可见，“没……之前”和“……之前”是两种表达意义不同的结构。

2.5 结语

从本章的分析可以看出，纯粹的羡余否定式是不存在的，否定词往往具有加强语气的作用。同时，羡余否定并不是简单的褒贬义问题，其背后往往有语用、语义和语法等多种因素的相互制约。

第三章 体标记

3.1 引言

汉语的“体”范畴分别由三个动态助词表示：“了、着、过”。[1]本章的主要目的是通过寻找动态助词“了、着、过”的使用条件，从而解释形成它们“错综复杂的用法”和“变化多端的意义”的原因，并尝试论证有关的句法规律。也就是说，我们所用的方法也是解释性的。所不同的是，我们要找出动词及有关的词类的语义特征与动态助词“了、着、过”使用条件之间严格的对应关系，从而发现汉语“体”范畴的特点。为了实现我们的目的，既要注重分析动词自身的语义特征，又要注意考察它们在同一义类的一组词所形成的语义系统中的位置；同时，考察的对象除动词外，还包括部分名词和形容词，因为单纯在动词一个词类或者词语自身的语义特征范围里进行考察，有些规律是不易发现的。

要在更大的系统里考察问题，首先得进行一下“正名”。论者一般认为动态助词“了”有两个：“$了_1$”用在动词后，主要表示动作的完成；“$了_2$”用在句末，肯定事态出现了变化或即将出现变化，有成句的作用。但是我们认为“$了_1$”和“$了_2$”实质上是同一个标记在不同句法位置上的语法变体，二者的使用条件是一致的，所以本章把两个不同叫法的“了”作为同一个成分来看待。“过”的情况跟“了”类似，“过”跟不同的词语搭配，有表示“动作完毕”和“表示过去曾经有过这样的事情”之别，可是它们的语法意义不仅是相通的，而且使用条件也是一样的，所以同样也把两种语法意义的“过”看做同一实体。

3.2 词语的语义特征与体标记的使用条件

3.2.1 三个体标记所要求的语义条件

先从以下三组语义区别特征来探讨动态助词“了、着、过”的使用条件。

【1】本章所讨论的“体”是狭义上的，即标志动作行为发展的不同阶段的状况。广义上讲，表示行为特征的手段还有很多，比如“起来”用于动词后表示行为的开始，“下去”表继续，等等。

（一）“实现过程”是指词语所代表的动作、行为、性质、状态等从时间位于其出现前的某一“点”到自身出现的发展过程。在考察词语的语义特征时，不要只着眼于词语所指的对象在实现之后的状况，词语所指在实现之前的情况如何对动态助词的选择往往起关键作用。“实现过程”跟“过程”、“距离”等的含义并不一样，前者是指在时轴上有一个从“前时点”到“实现点”（后时点）的转化过程，后两者可以单指空间上的间隔。不是所有的词语都有“实现过程”，比如果实的生长情况，自果实存在的一刻起，就具有“生”这种属性，可见，“生”没有从其发展而来的前时点的性质存在，是初始性质，它就没有“实现过程”。而“熟”是从前时点性质“生”发展而来的，它有一个明确的实现过程。“生”和“熟”之间存在着一个“过程”或“距离”，但是只有“熟”才具有“实现过程”。“生”和“熟”这一差别表现在了它们在“体”用法上的不同。

（二）词语是否具有离散性质对动态助词的选择往往起着关键的作用。

（三）“时段持续”是指动词所指的动作可以延续相当长的一段时间。事实上，任何动作行为都占有一定的时间，但是时间的长短则差别悬殊。有些动作行为从出现到消失是在瞬间完成的，比如“死、塌、垮、炸、断、熄、倒、摔”等，可以认为它们的实现点和终结点重合在一起，我们就把它们看做“非时段持续”。而有些行为可以持续相当长的时间，比如“看、说、坐、等、挂、包、摆、贴”等，它们的实现点和终结点之间可以具有相当大的距离，它们具有时段持续性质。说某些动词具有时段持续的性质，并不意味着这些动词所指必须持续相当长的时间，只是说有这种可能，并不排除它们有时也可能是瞬间完成的（非时段持续）。词语有无时段持续的特征对动态助词的选择也起着重要作用。

根据上述三组语义区别特征可确定出“了、着、过”的使用条件。下面表中的“+”表示这一类特征是相应助词使用的充要条件，即具备该特征的词一定能与相应的助词搭配，没有该特征一定不能跟相应的助词搭配；另一方面，可与相应助词搭配的词一定具有该特征，不能跟相应助词搭配的必然没有该特征。表中的星号“*”表示有无该特征与相应助词的用法没有关系，可把它们看做“附带特征”。“附带特征”是就词语使用之前的语义特征而言的，它们一旦与某个动态助词结合成句，有些附带特征仍然可以保持，而有一些就会被消除掉。

“了、着、过”所要求的语义特征

	实现过程	离散性质	时间持续
了	+	*	*
着	*	*	+
过	*	+	*

“了、着、过”还有一个共同的语义要求：所搭配的词语必须具有动态性质[1]。尽管都有这个要求，但是情况很不相同：“了”只要求搭配的词语所指从前时点到自身实现之间有个动态变化过程，至于实现后是否仍是动态，它不作要求；“着”要求词语所指在现实状态之中必须是动态的；“过”则要求词语所代表的对象的终结点必须是动态的。

3.2.2　“了”与实现过程

有无“实现过程”是词语能否加“了”的充要条件。如用x表示“前时点”，a表示“实现点”，x和a之间代表一个“实现过程”，有箭头的直线代表时轴，“了”的表义特征可以图示如下：

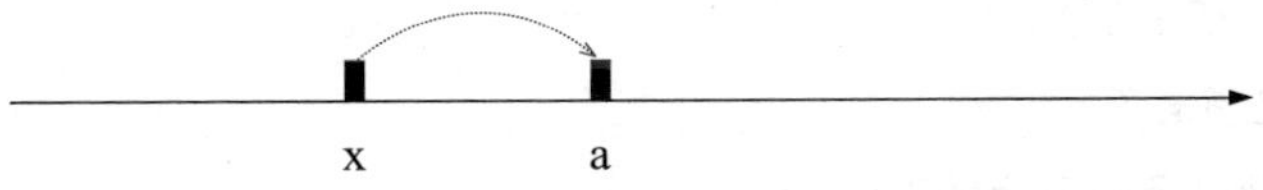

首先来考察可加“了”的名词和形容词的语义特征。含顺序义的名词可加“了”，然而并不是所有含顺序义的名词都有这个用法，它们能否加“了”的条件是有无从其发展来的“前时点”的事物存在。有前时点的顺序义名词表明它们有一个从无到有的“实现过程”，就可以加“了”，否则不行。例如：

（1）*都小孩儿了……

　　都大人了，应该注意自己的言行。

【1】语言学界通常把“坐、等、贴”看做静态性质的，这是就动词单独一个词类内部划分出的小类。本章把它们归入动态类，这是就它们与“人、山、桌子”等代表事物的名词相比较而表现出的特征而言的。

（2）*都年轻人了……

都老年人了，干活儿悠着点。

（3）*都新教师了……

都老教师了，教学经验自然很丰富。

上述例（1）至（3）的“了”前各词的关系分别为：“小孩儿→大人、年轻人→老年人、新教师→老教师”，还有如“低年级学生→高年级学生、小姑娘→大姑娘”等。各组中左端的词所代表的都是“初始事物”，所指的对象自产生之时起就属于这一类事物。比如自作为“人”时起，就属于“小孩儿”这一类，可见“小孩儿”没有从前时点到自身的实现过程，所以不能跟“了”搭配；而“大人”是由“小孩儿”发展来的，“小孩儿”就是其前时点的事物，因此“大人”具有一个实现过程，可以加“了”。

从各组含顺序义的名词与“了”的搭配规律上，可以证明“了”要求跟其所搭配的词语必须具有“实现过程”。

形容词也有类似的情况。有一类反义关系的形容词，它们的性质变化是单向的，即只能从甲方到乙方，而不能从乙方到甲方，那么，乙方就有个实现过程，可以加“了”，而甲方则没有实现过程，也就不能加“了”。例如：

（4）*园子里的苹果生了。

园子里的苹果熟了。

（5）*赵明小了。

赵明老了。

（6）*他孙子的个子矮了。[1]

他孙子的个子高了。

例（4）至（6）中各对形容词的关系为：“生→熟、小→老、矮→高”，还有如“新鲜→坏、新→旧”等。各组左端的词都是“初始性质”，自所描写的对象产生之时起就拥有这种性质，它们没有一个从前时点性质发展来的“实现过程”，因此不能跟“了”搭配；然而，相对的右端属性都是从相应的前时点的“初始性质”发展来的，它们都有一个明确的“实现过程”，因此都可以加“了”。

【1】“矮”和“高”之间的转化并不绝对是单向的，人在年老时，“高”也可以变成“矮”，因此可以说“爷爷现在老了，个子也矮了”。

从只能单向变化的各对反义关系的形容词跟动态助词的搭配规律中，我们进一步证明了“了”代表“实现过程”的表义特点。

“了”的表义特点还可以从它跟上述各例的否定式的搭配规律中得到证实。“初始成分”的否定式可以跟“了”搭配，然而“结果成分”的否定式却不能。这是因为，被否定的初始成分可以把自身作为前时点，向时间靠后的事物或性质转化，这时就有了个“实现过程”，因此可以加“了”。然而，结果成分是时间最靠后的，否定后不能再把自己作为前时点而向时间更靠后的事物或性质转化，所以它们的否定式不能代表一个“实现过程”，也就不能跟“了”搭配。例如：

（7）都不是小孩儿了，应该注意自己的言行。

*都不是大人了……

（8）都不是新教师了，自然有一定的教学经验。

*都不是老教师了……

“了”的表义特点还可以从它与另外一种类型的顺序义名词和有反义关系的形容词的搭配中得到佐证。例（1）至（6）中各组词的共同特点都是事物或性质之间不能周而复始地循环，下面是可以循环的（双向变化）用例。

A	B
春天↔冬天	胖↔瘦
元月↔十二月	冷↔热
星期一↔星期日	快↔慢
上旬↔下旬	长↔短

对于可循环的顺序义词列或者性质可以相互转化的一对形容词来说，某个新循环的“起始点”可以用上一循环的“终结点”作为其前时点，这样它们就有了“实现过程”，所以左右两端的词都可以加“了”。例如：

（9）现在已经春天了。　　现在已不是春天了。

现在已经冬天了。　　现在已不是冬天了。

（10）天气已经冷了。　　天气已不冷了。

天气已经热了。　　天气已不热了。

“今天不是星期三”跟“今天不是星期三了”两句的含义不同，前者指一星期中除“星期三”以外的任何一天，而后者只能指在“星期三”之后的某一天。也就是说，加“了”后整个句子的意思是指时间从前向后的转化。含顺序义的名词加不加“了”都有这个差别。这再一次表明了“了”的表义特点。

“了”表“实现过程”的语法意义，还可以从“动＋了”的否定式为“没＋动”这一事实上得到进一步的证明。下面是语法专著中广为引用的对“没”否定含义的三种概括。

（a）“没有”有两个不同的作用：一是否定事物的存在，“没有”跟“有”相对；一个是否定行为的已经发生，“没有来”跟“来了”相对。

（b）和“～了”相对应的否定形式是“没（有）～”。加在谓词性成分前边表示动作没有完成[1]或是事实没有发生。

（c）否定动作或状态已经发生。

各家对“没”的否定含义可以归结为：对动作行为实现过程的否定。由此可见，“没”的否定焦点正是“了”所要求的语义特征，从而就形成了“没”和“了”不能在同一结构中共现的现象。例如：

（11）他看了电影。　　他没看电影。　　*他没看了电影。

（12）他吃了苹果。　　他没吃苹果。　　*他没吃了苹果。

既然“动＋了”的否定式是“没＋动”，而“没”的作用又是“否定行为的已经发生”或者“否定动作或者状态已经发生”，那么，就可以推知“了”的意义为“肯定动作行为已经发生”。也就是说，“动＋了”结构的语法意义为动作的实现过程已经完成，这与前文给“了”设定的语义要求正相吻合。

以前语言学界普遍认为，“了”的语法意义是表示完成。但是，刘勋宁运用大量的事例证明：用“完成体”来说明“了”的语法意义，在许多情况下是讲不通的；“了”所表现出来的“完成”只是某种条件下的偶发现象，而不是它本身固有的语义特征。词尾“了”应当看做动词“实现体”的标记，它的语法意义是表明动词、形容词和其他谓语形式的词义所指处于事实的状态下。例如：

（13）吃了这么长时间，还在吃。

（14）问了一遍又一遍，讨厌死了。

（15）嚷嚷了快一小时了，婆婆嘴。

上述各例的“了”都不表示完成，只是表示其前的动词所指的实现过程已经完成，动作行为已经成为事实。

【1】“没”自身没有“表示动作没有完成”的含义，它否定单向的动词时，总是表示行为没有发生。只是在否定一些特殊的结构时，由于受所搭配词语的语义特征的制约，才会有这种含义，常见的是否定述补结构的情况，例如“他没有看完那本书”、“我没有吃饱饭”等。

“了”的表义特点还可以从下面两类动词的句法差异上看出来。

（一）看 听 说 问 学 吃 找 写 打 喝

（二）讨厌 喜欢 害怕 佩服 轻视 爱好

第一类动词加宾语后，“了”有三种分布：1）动词和宾语之间；2）动词和宾语之后；3）同时出现在前两个位置上。然而，第二类动词加宾语后，“了”只有一种分布：只能出现在宾语之后。例如：

（16）他看了电影。他看电影了。

他看了电影了。

（17）他听了音乐。他听音乐了。

他听了音乐了。

（18）*他讨厌了张三。他讨厌张三了。

*他讨厌了张三了。

（19）*他害怕了狗。他害怕狗了。

*他害怕了狗了。

这里暂且不管“了”在不同的句法位置所产生的语法意义的差别，单就两类动词与其宾语的关系差别来解释形成上述分布特点的原因。第一类行为具有独立性，不依赖宾语所指的事物就能发生，该类行为可以单独实现，比如睁开眼睛就可以“看”，并不必有了“电影”才能“看”，又如只要醒着，就有“听”的行为，它的发生并不依赖于“音乐”，等等。第一类行为的独立性意味着它们可以自己完成其实现过程，因此在它们之后可以紧跟“了”。第二类动作缺乏第一类的独立性，必须依赖宾语所指事物才能发生，比如“讨厌”的行为出现必然由某种要素引起（宾语所指），不会无缘无故地发生。同理，第二类行为的非独立性意味着它们不能独立完成其“实现过程”而必须依靠宾语所指的事物才能做到，因此后面不能紧跟“了”，“了”只能出现在宾语之后。

下面根据动词的句法表现来验证“了”的表义特点。首先说明一点，常用的动词大都有多个义项，同一个词的不同义项加动态助词的情况很不相同，我们在讨论某个动词时，如没有特别声明，都是指它最常用、最基本义项的用法。

“在”作“存在”、“生存”讲时，跟“初始成分”的性质和用法一样。自作为人的一刻起，就有“在世”的行为，它没有从前时点到自身的“实现过程”，其肯定式不能加“了”；而它的否定式表达的是从自身这个前时点的行为向新情况转化，这时就包含了一个“实现过程”，其否定式可以跟“了”搭配。[1]例如：

（20）*那时祖父已经在了。

那时祖父已经不在了。

凡是表达向来都是如此、没有明确起点的运动变化的，都意味着它们没有从无到有的“实现过程”，该类动词都不能跟“了”搭配。例如：

（21）*时间流逝了，空间存在了。

（22）*月亮围绕着地球转了。

（23）*他有了音乐天赋。[2]

有一类副词表示所修饰的动作行为处于事实的状态中，即指示它们在“实现点”之后的状况。该类副词截掉了动词“实现点”之前的那个“实现过程”（如果有的话），因此它们与动词组成的偏正结构都不能跟“了”搭配。常用的这类副词有：“一直、从来、历来、总是、向来、本来、经常、不断、不停、不住、不休、常常、老是”等。例如：

（24）他学了英语。　*他一直学了英语。

（25）他看了小说。　*他常常看了小说。

（26）他问了老师。　*他总是问了老师。

有一类单纯表示动作的情状、不强调动作处于事实状态之下的副词，可以保持动作的“实现过程”，因此，该类副词与动词构成的偏正结构可以跟“了”搭配，比如“他很快掌握了英语”，“他稍稍移动了一下”，等等。

词汇意义本身缺乏“实现过程”的动词并不是很多，绝大部分都是由于句法的作用而临时失去“实现过程”的。动词有无“实现过程”受多种因素的制约，主要有：1）自身的词汇意义；2）其后的宾语；3）其前的状语或主语。这些因素同时也都制约着动词与“了”的搭配情况。不管情况多么复杂，都被这样一条规则制约着：能否与“了”搭配，决定于该成分有无“实现过程”。

【1】跟“在”相近的“活”的意义为“有生命”，而“有生命”这种状况可以通过医疗等手段从濒临死亡的境界中挽救过来，因此“活”有“实现过程”，也就有“活了两只小鸡”之类的说法。

【2】该类动词后边如有数量词语就可以跟“了”搭配，这是因为有数量词语后就给行为人为地划分出了一个过程，加“了”表示该过程的实现已经完成。例如，“时间就这样无声无息地流逝了几个世纪”，“月亮绕地球转了一圈又一圈”，等等。另外，有后续语句时，例（23）可以成立，比如“有了音乐天赋，不等于能成为音乐家”。在这种特殊语境中，是把前段“有了音乐天赋”当做了一个事实的实现，它隐含了一个过程，因此可以加“了”。

3.2.3 “着”与时段持续

“着”要求其前的成分必须有“时段持续”的语义特征，它的这一条件可以图示如下：

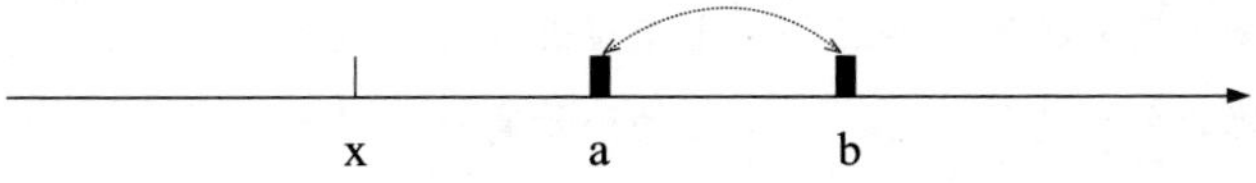

图中x是“前时点”，a是“实现点”，b是“终结点”。“着”指的是动作行为在a和b之间的状况（不包括a点和b点）。

任何动作行为都占有一定的时间，可是长短差别很大。根据占有时间的长短可以把动词分为四类：1）开始和结束是瞬间完成的，可看做a和b重叠为一点，它们没有“时段持续”的特征，不能跟“着”搭配，如下面的第一类；2）开始和结束既可以是瞬间完成的又可以持续相当长的时间，在一定的上下文中具有“时段持续”的特征，可以跟“着”搭配，如下面的第二类；3）开始和结束之间一般都有相当长的时间，它们的“时段持续”特征比较稳固，常可以跟“着”搭配，如下面的第三类；4）没有明确的终结点，具有长期延续的强烈倾向，所以它们在出现的场合中几乎都带“着”，如下面的第四类。

（一）死 塌 垮 炸 断 熄 倒 摔 暴露 毕业 看见 闭幕 抽出 出发 出来 出去 破裂 得到

（二）看 听 说 走 跑 吃 喝 讨论 研究 学习 练习

（三）睡 坐 躺 蹲 站 立 藏 趴 贴 挂 悬 搁 放 堆 装

（四）向 对 朝 标志 意味 把握 围绕 包含 呈现 挂念

凡是可加“了”的名词都不能跟“着”搭配，因为该类名词所指从“实现点”之后就转化为“实体”，变成静态的了，与“着”要求所搭配对象在实现点之后（a和b之间）仍是动态（行为状况）的条件不相符。尽管“了”和“着”都要求其前成分是动态的，但侧重点不一样：“了”只要求“实现过程”是动态的，至于实现点之后的情况如何它不作要求，比如，从“小孩儿”到“大人”的发展过程是动态的，可是“大人”自身的特征是静态的，所以它仍可以加“了”，而不能加“着”。三个动态助词中，“了”的使用条件最宽，因此可以与它搭配的词语也就最多。

形容词的情况跟“大人”等名词类似。除各对单向变化形容词的“左端的词”和定量形容词外，一般形容词所代表的属性都有一个从无到有的“实现过程”，比如，“大”是从“小”发展来的，“重”是从“轻”来的，等等，因此它们都可以跟“了”搭配。然而，形容词是表示性质、状态的，它们在实现之后就转化为静态的了，这与“着”的语义要求不相符，因此二者不能搭配。[1]例如：

（27）那块麦子熟了。　　　　*那块麦子熟着。[2]

（28）老王最近胖了。　　　　*老王最近胖着。

（29）他的个子高了。　　　　*他的个子高着。

单纯表事物之间关系的动词也没有动态性质（实现点之后），因此也不能跟“着”搭配，例如“等于、大于、小于、相同、相似、好像、符合、吻合、属于”等。

还有述补结构的复合动词或词组也不能跟“着”搭配，因为补语表示的是述语动词所指达到某种程度、特定结果等，述补结构描写的是行为发展到某一点时的情况，因此该类结构没有“时段持续”的特征。例如：

（30）*他看见着两只猴子。

（31）*他学会着开车技术。

（32）*他记住着很多故事。

但是，一些述补结构的复合词已凝固成为单纯的动作动词，已没有动作和结果之分了，这时就可以有时段持续的特征，因此也就可以跟“着”搭配。例如，“他们正扩大着自己的影响”。

动词重叠式的语法意义为：表示动作行为的时量短或者动量小。例如：

（33）他退休以后，平常看看书，下下棋，和老朋友聊聊天，倒也不寂寞。

（34）这件事你得去找找张老师。

因此，可以把重叠式动词归入“塌、摔、倒”等类动词，所代表的动作的开始和结束重合在一起。[3]它们缺乏“时段持续”的特征，所以都不能加“着”。例如：

（35）*他看看着书。

（36）*他开开着车。

【1】通常认为，能跟“了”搭配是汉语形容词兼有动词性的标志。弄清“了”的表义特征后，就知道这种观点是不合理的，否则也可以把“大人”等名词归入动词了。

【2】强调性质处于事实状态时可以有“那块地的麦子正熟着呢”、“老王正病着呢”等说法。

【3】这是就重叠动词表达的稳固的语法意义而言的，虽然所指的行为也可能持续相当长的时间。决定词语“体”用法的是其稳定的词汇意义或者语法意义，而不是所指的实际情况。

可是，重叠式动词常可以插入“了”。道理很明显，不论重叠式所代表的动作行为如何短暂，都有一个从无到有的“实现过程”，这正与“了”的语义要求相符。

上面实际上是利用“重叠”的语法手段消除了动词自身词汇意义中拥有的“时段持续”特征。另一种常见的手段是，用表时点的副词去消除被修饰动词的“时段持续”特征，从而使得动词不能跟“着”搭配。常见的这类副词有：“立刻、马上、立即、立时、当即、顿时、当下、立地、随即、眼看、赶快、赶紧、尽早、急忙”等。例如：

(37) *他立刻坐着。　　他立刻坐了下来。

(38) *他顿时弯着腰。　　他顿时弯下了腰。

(39) *他赶快跑着。　　他赶快跑了上去。

(40) *他一听这个消息就哭着。　　他一听这个消息就哭了。

3.2.4 “过”与离散性质

“过”要求所搭配的动词所指必须具有“离散性质”，它的这一条件可以图示如下：

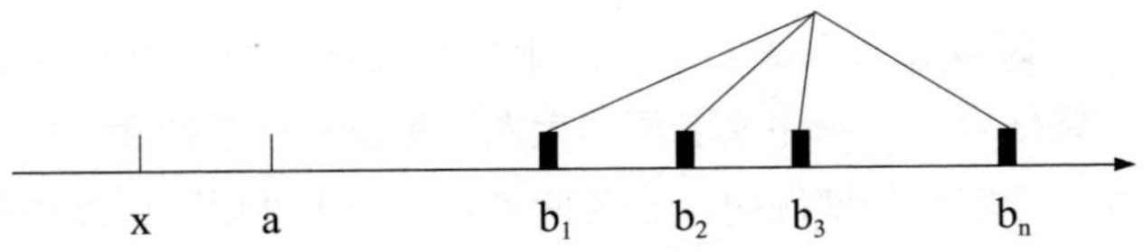

时轴上的b代表动作行为的“终结点”，每个b都有自己独立的“实现过程”（x，a）。只有其时相符合上图所刻画的动作行为才能与“过”搭配。

“过”的表义特征与“了”的显然不同。“实现过程”着眼于动作行为的开始情况，“离散性质”着眼于结束情况。有一类只有“实现过程”（开始）而没有“离散性质”（结束）的动词，其行为在实现点a之后就转化成连续性质的，没有明确的“终结点”，它们都不能与“过”搭配。常见的这类动词有：“知道、明白、熟悉、学会、认识、理解、组成、懂得、清楚、看透、领悟、有数、收获”等。但是它们有“实现过程”，所以可以跟“了”搭配。例如：

(41) 他知道了事情的真相。

*他知道过事情的真相。

(42) 他认识了王教授。

*他认识过王教授。

“过”和“着”的共同之处是两者都是指示动作行为在实现点之后的情况，但是，“过”着眼于结束，只要求所代表的对象是离散性质的，至于行为在a和b之间是否有一段距离，它不作要求，因此不能跟“着”搭配的瞬间动词都可以跟“过”搭配。[1]比如“那墙曾经倒过”、“他丢过钱”等等。相反，具有很强延续倾向的动词，没有明确的终结点，都是非离散性质的，一般不能加“过”。例如：

（43）那堵墙曾经倒过（'现在是新砌的）。

（44）那根绳子曾经断过（'现在又接上了）。

（45）*一号楼对过二号楼。

（46）*这标志过语法研究有了新的突破。

“过”和“了”也有相同的地方，都是着眼于行为在某一时点的状况。如果动词前面的副词是表示动作行为持续过程中的情况，就同时截掉了动作的“实现点”和“终结点”。这类偏正结构就不能跟“了”或“过”搭配。例如：

（47）*他一直学习过英语。[2]

*他一直学习了英语。

（48）*他常常看过新闻节目。

*他常常看了新闻节目。

“过”的“离散性质”实际上是要求所搭配的词语能够重复进行，有一个明确的“终结点”。顺序义名词“大人”等没有这个特性，所以都不能跟“过”搭配。形容词的情况可以分为两类：（一）性质可以终结转化为相对的性质，而且这一转化过程可以循环往复地进行，比如“胖”可以变为“瘦”，“瘦”也可以变为“胖”；“冷”可以升为“热”，“热”也可以降为“冷”。这类可以反复进行的双向转化形容词都可以跟“过”搭配，例如（49）、（50）。（二）性质虽可以转化为别的，但是转化过程不能重复进行，或者性质实现之后不能再向别的性质转化，这类形容词都没有离散性质，所以不能跟“过”搭配。单向转化的各对形容词的左、右端的词就属于这一类，例如（51）、（52）。

【1】“死”的终结点只有一个，不能重复进行，所以不能跟“过”搭配。“过”所要求的“离散性质”意味着动作行为可以重复进行。

【2】指示行为持续过程的副词有两类：（一）没有间断性，它们组成的偏正结构可以跟“着”搭配，比如“他一直学着英语”；（二）具有间断性，它们组成的偏正结构不能跟“着”搭配，比如不能说“*他常常看着新闻节目”。

（49）老王过去也曾经胖过/瘦过。

（50）昆明的天气也曾经冷过/热过。

（51）*那棵树的苹果也曾经生过/熟过。

（52）*他的年龄也曾经小过/大过。

形容词带“过”，一般需要说明时间，有同现在比较的意思，例如“他小时候胖过”、“前几天冷过一阵”、“去年也热过一阵子”等。这是因为形容词典型的特征是连续性质的，有了时间词语后，一方面表明性质曾经存在过，另一方面也意味着该性质已经结束（具有离散性质）。这恰好符合“过”的语义要求。

行为的“终结”和行为的“完成”是相通的。“过”既然指示的是行为的“终结点”，那么就可以推知它具有表示“完成”的语法意义。[1]“过”用在动词后表示动作完毕的现象，例如“吃过饭再去”、“赶到那儿，第一场已经演过了”、“等我问过了他再告诉你”等。

“过”和“没”的共现现象也可以证明“过”的表义特点，“没”否定的是动作从前时点到实现点的发展过程，正与“了”的表义范围冲突，因此“没”和“了”不能共现。而“过”既然指示的是动作在“实现点”之后的“终结点”，那么就与“没”的否定焦点不冲突，因此两者可以共现。例如：

（53）他没吃过这种水果。

（54）他没看过那部电影。

述补结构中的动词往往是表示行为在某一时刻达到的结果或状态，具有明确的终结点（离散性），因此可以跟“过”搭配。例如：

（55）上星期我看见过张教授。

（56）他曾经打破过跳高世界纪录。

还有一类补语是表示其前行为的“开始”或“继续”[2]，此类述补结构的整体语义特征就没有“终结点”，即为非离散性质的，因此都不能跟“过”搭配。常见的这类补语有“上、开、起来、下去”等。例如：

【1】汉语中真正表示“完成”的体标记是“过”而不是“了”。“过”指示其前的行为曾经历过（过去完成）或将要经历（将来完成），例如，“他吃过芒果”，“明天中午我吃过饭再来”等。由前文可知，“了”表“完成”是特定语境中的偶发现象。

【2】“继续”和“持续”不是等值概念，前者具有间断性，后者没有，因此继续性的补语后不能加“着”。例如，“*他又唱下去着”。

（57）*老李又查上过字典。

（58）*老李又查开过医疗手册了。

（59）*他认真地查起书来过。

（60）*他又听下去过。

例（57）—（60）的补语都是表示其前行为的“开始”或“出现”，具有“实现过程”，符合“了”的使用条件，因此可以在适当的位置加上“了”，比如“老李又查上了字典”、“他又听下去了”等。

有一类单纯表示动作行为“开始”、“出现”的动词，它们的词义只指示到“实现点”，不包括“终结点”，也就是说，它们只有“实现过程”，没有“离散性质”。因此，它们不能跟“过”搭配。常见的这类动词有：“上马、出发、开学、启程、开始、着手、开演、下手、入手、动工、上工、开市、开动、上路、动身、发车、起飞、开幕、开场、开张[1]”等。例如：

（61）这项工程已经上马了。

*这项工程已经上马过。

（62）他们昨天已经出发了。

*他们昨天已经出发过。

重叠式动词跟动态助词的搭配规律也可以证明“过”的表义特征。前文说过，重叠式动词的语法意义为表“时量短”或“动量小”，它还有另外一个重要特征，就是不代表一个有始有终的完整动作，只表示一种尝试。这一特征可以用形式标准加以鉴别。凡表完整动作的动词都具有一个重要的语法特征：可以用动量词称数，比如“看了三次”、“开了两趟车”、“吃了三顿”等；相反，凡不表示完整动作的动词都不能用动量词称数，比如前文所举的没有“终结点”的不完整动词（词组）“出发、动工、启程、说上、查开、唱起来、说下去”等。重叠式动词都不能用相应的动量词称数，比如不能说“*看看三次”、“*开开四趟车”、“*吃了吃三顿饭”等。由此可见，重叠式动词代表的也不是一个完整的动作，它们的行为有“实现点”，而没有“终结点”。所以重叠式动词没有“离散性质”，只有“实现过程”，只能跟“了”搭配，不能跟“过”搭配。例如：

【1】“开张”等用于否定式时，表示动作行为开始的“结束”，因此就有了离散性，可以说“这家商店修缮以后从没开张过”。同一个动词的肯定式和否定式跟“了、着、过”的搭配很不一样。

（63）甲：上星期六晚上你们怎么过的？

乙：看了看电视，下了下棋。

*看过看电视，下过下棋。

（64）我在家吃了吃饭才来。

*我在家吃过吃饭才来。

一般认为，“过”是表示过去曾经历的事，但是例（63）、（64）都是指过去曾经历的事，却都不能跟它搭配，可见这一说法是有问题的。综上所述，可以看出“过”的各种句法功能和语法意义都是由它的基本语义特征“离散性质”派生出来的。

3.3 三个体标记的表义分工

3.3.1 三个体标记的语法功能

现在，我们把动态助词“了、着、过”的语法意义（使用条件）表现在一个图中。

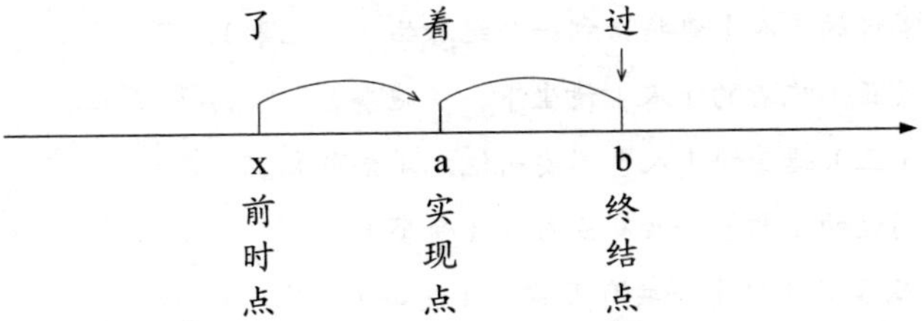

从上图中可以清楚地看出汉语“体”范畴的整体功能和明确分工。代表汉语“体”范畴的动态助词“了、着、过”，一起刻画了一个完整动作从开始到结束的全部过程。同时，三个助词还有明确的分工：“了”表示动作从无到有的“实现过程”，“着”表示动作从产生到结束之间的状况，“过”表示动作的结束。

前文提到，“了”和“过”有共同之处，它们都是着眼于动作行为发展到某一“点”上的情况。两者一起又与“着”形成鲜明的对立，“着”是着眼于行为发展过程中的“线”。由它们的语义特征可以推知，同时满足“了”和“过”使用条件的动词应该比较多，而同时满足“了”和“着”或者“过”和“着”的就比较少。

3.3.2 体标记在从句里的行为差异

“了、着、过”的表义特征上的差别还可以从它们用于“动+的”[名]结构的情况看出来。

动词可以构成“的”字短语代替中心名词。但是，这种用法有条件限制，可省的中心名词必须是动词的施事或者受事，否则不能。例如：

（65）游泳的［人］很多。（施事）

（66）唱的［歌］是通俗歌曲。（受事）

（67）*伴奏的［声音］太大。

（68）*工作的［方式］不对。

根据与动态助词的搭配情况，“动+的”短语又可以分为两类：1）代替施事的，“了、着、过”都可以插入“动”和“的”之间；2）代替受事的，只有“着、过”可以插入，“了”则不能。例如：

（69）上了（车）的［人］盼望早开车。（施事）

学了（俄语）的［学生］好找工作。（施事）

（70）吃过的［人］请到外边去。（施事）

唱过的［人］都将得到一个纪念品。（施事）

（71）（正）吃着的［人］请坐下。（施事）

（正）睡着的［人］不要叫他。（施事）

（72）唱过的［歌］一共有五首。（受事）

*唱了的［歌］一共有五首。（受事）

（73）我带了几件洗过的［衣服］。（受事）

*我带了几件洗了的［衣服］。[1]（受事）

“动+的”短语代替“受事”中心名词时，“了”不能跟动词搭配仍是它的表义特征决定的。“动+的”代替受事名词意味着动作与对象业已或将来某时发生关系，就要求动作必须处在事实状态中（在“实现点”之后），然而“了”所指的是行为发展到“实现点”，这与代替受事的“动+的”语义特征有冲突，所以“了”不能出现在其间。而“动+的”短语代替施事中

【1】“着”插入“动+的”结构代替受事名词时，动词一般是持续时间较长的行为，比如“卷着的（挂历）放到一边了”、“盖着的（馒头）坏了”，等等。

心名词时，作为行为主体的施事在“前时点”时业已与行为发生关系，这与“了”的语义特征不矛盾，所以这时“了”可以出现在短语之中。行为在“实现点”之后既可以与行为主体（施事）发生关系，又可以与行为的对象（受事）发生关系，那么，不管是代替施事还是受事，“着”和“过”都可以出现在短语中。

还可以从一个侧面证明“了”的语法意义不是“完成”。补语为“完、光、好”等纯粹表完成义的词时，整个述补结构可以组成“的”字短语代替受事名词，可见“了”与表“完成”义补语的性质显然是不同的。例如：

（74）写完的［信］都装到信封里了。

　　*写了的［信］都装到信封里了。

（75）吃光的［盘子］请端走。

　　*吃了的［盘子］请端走。

（76）洗好的［衣服］都晒在阳台上。

　　*洗了的［衣服］都晒在阳台上。

3.3.3 体标记的共用限制

可以说“看过了”、“吃过了”等，而不能说“*看了过”、“*吃了过”等。“了”和“过”共现时，顺序只能是“过+了”，而不能是“了+过”。这种现象也是由它们各自的语义特征决定的。前文说过，“了”和“过”都是着眼于行为发展的“点”，所以它们可以连用。要解释“了”和“过”连用时语序受限的原因，首先要弄清它们跟其前动词的层次关系。其层次为：

［（动+过）+了］

“过”表示行为的结束，代表一个完整的动作。一个完整的动作必然包括从前时点到实现点的“实现过程”，也就是说，“动+过”结构包含有“了”的语义特征，因此可以再跟“了”搭配。然而，“了”只表示行为发展到“实现点”，不包括行为的结束，也就是说，“动+了”短语没有“过”所要求的语义特征，所以不能再跟“过”搭配。这就是形成上述语序限制的原因。

3.3.4 体标记与否定

“不+动”短语只能跟“了”搭配，不能跟“着”或“过”搭配。例如：

（77）英语他不学了。[1]　　　*英语他不学过/着。

（78）飞机他不坐了。　　　*飞机他不坐过/着。

上述用法也可以从三个动态助词的语义差别中得到解释。“不＋动”短语的整体意义是行为由存在到消失，它包含了一个从原来状态到新状态的“实现过程”，这正与“了”的语义要求相符，因此二者可以搭配。而动作行为的消失没有一个明确的“终结点”，表现在“不＋动”不能再用动量词称数，比如不能说“*不看三次”、“*不坐四趟”等，可见整个短语没有离散性质，所以不能跟“过”搭配。此类短语很明显也没有动态时段持续的特征，也不跟“着”搭配。

3.3.5 分布与语法意义

下面根据“了”的语法意义分析它在不同的句法位置上所产生的表义功能上的变化。以下三个结构的语法意义是不同的：

a.动＋了＋名

b.动＋名＋了

c.动＋$了_1$＋名＋$了_2$

同样的句子，“了”出现的位置或次数不同就会产生不同的意义。例如：

（79）他吃了饭。≠他吃饭了。≠他吃了饭了。

（80）他看了书。≠他看书了。≠他看了书了。

（81）他写了信。≠他写信了。≠他写了信了。

（82）他听了戏。≠他听戏了。≠他听了戏了。

由此可见，句式a可以表示行为的完成（不必然表示“完成”，详见前文），句式b表示行为的开始，句式c表示行为已经完成并影响及说话的时刻。这些差别都可以从“了”的表“实现过程”的语义特征中得到解释。

“了”的语义要求只对其前的词语有限制。句式a只表示动作行为达到了“实现点”，而可进入该句式的动词“吃、看、写、听”有一个共同的特点：在时间持续上的伸缩性很大，既可以持续相当长的时间，又可以是瞬息

【1】通常认为这里的“了”是“$了_2$”或语气词，而把“了”分为两个的依据是，“$了_1$”用在动词后，主要表示动作的完成；“$了_2$”用在句末，主要肯定时态出现变化。由前文的分析可知，“$了_1$”自身并没有表“完成”的语法意义，这也正是把它们合二为一的重要理由。

完成的，所以这时允许“实现点”和“终结点”重合在一起。于是就形成了句式a在特殊语境中具有表示完成的语法意义的现象。句式b的“了”是表示把“动＋名”短语整个作为“前时点”（行为和对象间没有发生关系）到“实现点”（行为和对象业已发生关系）的转化过程的完成，所以句式的整体含义只表示“动＋名”所指情况的开始。句式c的语法意义是由句式a的整体意义再加上一个新的“转化过程”产生的：“了”前的“动＋了＋名”的基本意思是“行为和对象已发生关系”（达到实现点），再加上“了”就意味着向一个新状态的转化过程的完结，而这个新的“转化过程”的完结只能是行为作用于对象的完成或者影响及现在。

3.4 结语

语言学界对于三个助词的看法比较一致：它们只表示行为的“体”，而不表示“时态”。根据我们的观察，“了、着、过”虽不直接表示动作行为发生的时间位置，但与时间特性密切相关。可加三个助词的词语所指必须是发生在时轴上某一位置的情况，这个位置既可以是“过去”、“现在”，也可以是“将来”，这个论断可以从下面的事实中得到佐证。

汉语中也有一类虚拟动词，所表示的是主观上的估计、意愿、可能等虚拟情况，即所指的都是时轴之外的情况，它们都不能跟动态助词搭配，常见的这类词有“值得、要、可能、认为、情愿、宁可、企图、能够、难免、懒得、觉得、敢于、当心”等。动词“建议、劝、命令”等的从句中的情况都是虚拟的，都不是发生在时轴上的情况，因此从句中的动词都不能跟动态助词搭配。例如：

（83）我建议他学数学。

*我建议他学了/着/过数学。

（84）我劝他锻炼身体。

*我劝他锻炼了/着/过身体。

汉语的“体”范畴有三个：实现体、持续体、终结体，分别对应于“了、着、过”。由此可见，汉语的“体”范畴是十分周密的，分别用三个动态助词职责分明地对一个完整的动作从无到有再到消失的全部发展过程进行精细地刻画。汉语确实是一种博大精深的语言，从这些语法范畴系统的周详、严密中，就可以看出。

第四章 将来时标记

4.1 引言

时间是人类生存的必然环境之一，因此每种语言中都存在着关于时间的表达形式。宏观上看，时间是由“过去”、“现在”和“将来”三类组成的，很多语言都有相应的语法范畴加以表示。同一类型的时间又可以具有各种精细的划分，语言相应地会采用各种细腻的手段加以表达。本章以将来时为例来说明这一问题。

“时”是人类语言的一种重要语法范畴，不同的语言可能采用不同的形式来表达。普通语言学界所谈到的“时”范畴一般是指屈折形态上的。但本章则是从功能和意义的角度来看待这一问题，而不管某一语言到底采用何种形式，它们可以是形态、副词、助动词、时间名词等。这样做的一个理由是，即使在一个语言内部，不同的时间范畴也可能会采用不同的语法形式来表达，比如英语的过去时用形态（V-ed），将来时则用助动词（will/shall＋V），如果拘泥于某种特定的语法形式就无法全面认识该语言的时间范畴系统。从这一个角度来看，可以揭示汉语丰富而细腻的时间表达手段。

4.2 将来时的概念

将来时的概念结构决定了它的来源、用法以及与其他语法范畴的关系。根据普通语言学的定义，将来时是由两种语义要素组成的：意图和预测。他们认为，将来时不是一个单纯的时间范畴，而更像一个以施事为取向的认识情态，只是蕴涵重要的时间信息罢了。将来时经常蕴涵着意图的表达。从普通语言学的角度看，真正的将来时形式是表达预测的，然而这种将来时标记比较少见，大都与意图的表达交织在一起。将来时标记还与人称的用法交织在一起，比如在中古英语和早期现代英语中，will大部分是用来表达第一人称的意图。即使现代英语的将来时标记will也仍存在多种用法：

a）简单的将来时：　I will bring the dessert.

b）义务、责任：　You will listen to me.

c）倾向、不可避免： Boys will be boys.

d）习惯性的行为： They will talk for hours on end.

e）预期、期望： That will be his wife with him, I suppose.

f）可能性： This drawer won't open.

将来时与过去时在意义上是不对称的，相应地在表达形式上也有明显的差别。过去时都是已经发生的行为，即其实现已超越了人们的控制，它是业已确定的事实，因此其语言表达形式一般比较单纯，比如英语的过去时只有一个词缀-ed来表示。然而将来时则指示对尚未发生的事件的预测，这使它带有很大的主观性，因此将来时标记常与认识情态密切相关；此外人们往往对一个未来事件发生时间的长短进行估计，不同语言往往用不同的语法标记来表示不同的将来时间距离，结果就形成了将来时标记的复杂性。比如英语的will表示较远时间距离的将来时，而be going to则是表示现在已经开始发生或者已经具有发生根据的将来时。例如：

（1）a.I'm seeing Janet on Tuesday.（现在已经安排好了）

b.I wonder if she'll recognize me.（现在尚无发生的根据）

（2）a.Look out — We're going to crash!（已经有明显的迹象）

b.He's a terrible driver—he'll crash it.（仅仅是说话者的推测）

也就是说将来的时间距离是有程度之别的，下文将要讨论的汉语将来时标记“要”、“将来”、“回头”、“快”、“就”等功能的主要区别就是其所表达的时间距离的远近不同。

4.3 将来时标记“要”

4.3.1 “要”的将来时用法产生的时代

既然构成将来时概念的一个语义要素是“意图”，那么就不难理解表达意图的助动词是将来时标记的主要词汇来源。汉语的该类动词“欲”和“要”先后发展出了将来时的用法。“欲”在宋元以后逐渐消失，下面是它的将来时用例：

（3）鸡鸣外欲曙，新妇起严妆。（《玉台新咏·古诗为焦仲卿妻作》）

（4）府君胃中有虫，欲成内疽，腥物所为也。（《后汉书·华佗传》）

（5）山雨欲来风满楼。（《咸阳城东楼》）

“要”的将来时用法已见于宋代。“要”和“欲”都有向将来时发展的语义基础，它们是在适当的句法环境中各自独立发展出来的。其具体的语法过程值得进一步探讨。下面是将来时“要”的早期用例：

（6）到工夫要断绝处，又更增工夫。（《朱子语类》卷八）

（7）人要死了，你们还只管议论人。（《红楼梦》一百一十四回）

4.3.2 将来时标记“要”的使用条件

上文指出构成将来时概念的两个语义要素为“意图”和“预测”。我们认为“预测”是将来时概念的核心内容，而“意图”只是一个伴随特征，根据两个义素的结合情况，可以分为以下三种情况。

a）单纯将来时：只表示“预测”。

b）复合将来时：兼表“意图”和“预测”。

c）能愿助动词：只表示“意图”。

“要”是现代汉语中最典型的将来时标记之一，但是它有很多其他的用法，诸如“表示做某事的意志”（他要学游泳）、“逻辑推理”（一味蛮干是要失败的）、“应该”（借东西要还）、“估计”（他要比我走得快）。这些用法的“要”都不能看做是将来时，下面探讨其将来时用法的使用条件。

（一）单纯将来时标记“要”。“要”本来是表示主语的意图、意志的，当由于句子中的某种因素消除了这一语义特征而表示单纯的预测时，它就成了单纯的将来时标记。其单纯将来时的使用条件主要有以下几个。

A）主语为非人名词，特别是无生命的事物。这类主语就消除了“意图”义，因为“意图”与人有关。

（8）老陈哪，听说咱们北京要地震，有这么回事吗？（《编辑部的故事》）

（9）小学要毕业了，学校让填表格。（《往事悠悠》）

（10）炉面上有一把铝水壶，水壶里的水快要滚了。（《庭院深深》）

（11）我告诉您，这个行市要大涨特涨。（《日出》）

（12）秦二爷？正想去告诉您一声，这儿要大改良！（《茶馆》）

（13）她觉得自己的夏天已经过去，生命的晚霞就要暗下来了。（《雷雨》）

（14）清晨，驼队就要出发。（《音乐之星升起在那遥远的地方》）

（15）我一直有一种预感，这回的任务要落在我头上了。（《为毛泽东做左眼手术》）

当主语无法明确说出时，“要”的意图义项也被抑制，表现为单纯的将来时标记。这类句子多与自然状况有关，但是也并不限于此。例如：

（16）转眼到了1963年，传来要在北京举行全国京剧现代戏会演的消息。（《话说当年〈智取威虎山〉》）

（17）眼看要变天了，急得团团转。（《肖尔布拉克》）

（18）对了，老爷刚才跟我说，怕要下大雨，请太太把老爷的那一件旧雨衣拿出来。（《雷雨》）

（19）晚来天阴风急，好像要下雪。（《小巷人物志》）

存现句的主语一般为地点名词或者时间名词，也是非生命的，用于其中的“要”多为单纯的将来时标记，表示某一地点或者时间内将要发生什么事。例如：

（20）你必须马上走，我有预感，今晚要出事。（《侯宝林微笑着告别人生》）

（21）如果不交出彭真，今天就要有好戏看！（《周总理命令我们抢彭真》）

B）谓语动词是意志无法控制的，即“非自主”的。这类谓语多是消极的，不是主语的“意图”。此类句子中的“要”的意图义也被抑制，表现为单纯的将来时标记。

（22）望着朴园，泪要涌出。（《雷雨》）

（23）大海，你心里想想，我这么大年纪，要跟着你饿死。（同上）

（24）开门！开门！你要吓着我的孩子！（《日出》）

（25）白露，你要喝醉了。（同上）

（26）诶，诶，她要吐。快，快！（《编辑部的故事》）

注意，上述A类和B类有交叉现象，只是两个观察的视点不同：A类着眼于主语，B类则着眼于谓语。

C）如果谓语是被动结构时，通常都是主语无法控制的行为，也就消除了“意图”义，单纯表示将来时。该类与上述B类的性质相同，只是谓语结构不同。例如：

（27）这种精心维系的“谎言政治”迟早要被废除。

（28）这些官员都要被审查。

（29）单位倒卖土地负责人要被判刑。

（30）她要暂时被调往美国驻佛罗伦萨的意大利伤员医院。（《海明威的婚恋冒险》）

（31）他们热情地握我的手，我感到手指骨节被握得要断裂。（《俄罗斯

酒鬼》）

D）“预测”类动词的宾语从句中“要”一般为单纯的将来时标记，因为该类动词的语义制约着“要”只能被解释为“预测”，即压制了“要”的意图义。例如：

（32）要是早知道你要跟我谈正经事儿，我就安排我的经纪人接待你了。（《编辑部的故事》）

（33）当年参加革命，就没有想到要挣人民的币。（同上）

（34）她预感到某种可怕的事情终归要发生了。（《皇城根》）

（35）听说他也要到矿上去，是么？（《雷雨》）

（36）你必须马上走，我有预感，今晚要出事。（《侯宝林微笑着告别人生》）

“要”在宾语从句中的使用有一个限制：如果谓语动词是表示“希望”等与意愿有关的动词，将来时标记“要”就不能出现在从句中。这主要是来自语义上的限制，“希望”等表示的是虚拟的情况，而将来时表示的则是预测要实现的情况，两者的语义表达有矛盾。例如：

（37）*我希望明天要下雪。　　*我希望她明天要来。

*我建议学生就要把作业送上来。　*我愿意他们要来参加我们的晚会。

E）“要”的前面若已经有表示将来的时间词，那么就自然隐去了它的意图特征，而表示单纯的将来时。常见的可以修饰“要”的副词有“将、就、快、正、马上”等，修饰语还可以是表示将来的时间名词，诸如“明天”、“下个星期”等。这说明“要”表示将来也是一个程度问题，受其他副词修饰来表示离现在不同的时间距离。

（38）太太！怎么您下楼来啦？我<u>正</u>要给您把药送上去呢！（《雷雨》）

（39）我<u>先</u>要一个人离开家。（同上）

（40）太太说不定<u>今天</u>要辞掉我。（同上）

（41）你们<u>不到两个月</u>整个地就要关门的。（同上）

（42）明白了，金八爷<u>早上</u>就要提款！（《日出》）

（43）可是，说话<u>马上</u>就要发稿了，时间来不及了吧？（《编辑部的故事》）

还有其他一些副词也可以消除“要”的意愿特征，从而使它表示单纯的将来时。典型的是表示可能性的副词。例如：

（44）我也许就要回到矿上去。（《雷雨》）

F）谓语动词之后加体标记“了”，一般表示客观上某事即将发生，“要”的意图义被冲淡，它通常为单纯的将来时。例如：

（45）是，爸，我要走了，您有事吩咐么？（《雷雨》）

（46）时候不早了，我们要睡觉了。（同上）

（47）不，不早了，我要回家了。（同上）

G）当客观描述情况时，或者站在第三者的角度报告一件事时，主语的意志特征由此而被隐去，此时的“要”表现为单纯的将来时。例如：

（48）刚才我看见一个年轻人，在花园里躺着，脸色发白，闭着眼睛，像是要死的样子。（《雷雨》）

（49）老爷吩咐，说现在就要，说不定老爷就要出去。（同上）

（50）他们要进来。你藏，你藏起来。（同上）

（51）你想想，小英儿要上学，小四身体又弱。（《日出》）

（52）全义哥，小妹要结婚啦！（《皇城根》）

（二）复合将来时标记“要”。上述所谈的七种情况都是某种外在的形式特征或者语用环境的限制，消除了“要”的意图义项，从而表现为单纯的将来时。然而当缺乏这些形式特征或者语用环境改变时，“要”本来的意图义和预测义就可以共现，表现为复合将来时。这种用法相当普遍，例如：

（53）好，您歇歇吧，我要上楼跟太太送药去了。（《雷雨》）

（54）你心里又要说什么？（同上）

（55）所以我要离开这儿哪。（同上）

（56）他已经正式地跟我提出要和我离婚。（《编辑部的故事》）

复合将来时“要”前的主语绝大多数是第一人称。当说话者要表示自己预期做的事情时，会不可避免地带上自己的主观意图。例如：

（57）我要说，我要痛痛快快地说，我叫一个流氓耍了。（《日出》）

（58）太阳升起来了，黑暗留在后面，但是太阳不是我们的，我们要睡了。（同上）

（59）我不打算回去了。我要留下来。（同上）

（三）单纯表示意志或者意图时，不宜看成将来时用法，因为将来时的核心意义为对未来发生事件的预测，而单纯的意图所指不是对未来事件的预测，也不关心事件到底是否会发生。“要”的非将来时用法出现的语言环境一般是，主语是有意志的指人名词，谓语则是无法控制的行为事件。此类的“要”前还常有加强意志的副词“偏”、“硬”等。例如：

（60）工人代表要见见他。（《雷雨》）

（61）你看太太偏要请她来谈一谈。（同上）

上述例（60）中的“要见”是鲁大海个人的愿望，至于能否见到“他（周朴园）”那并不取决于鲁大海本人，因而也是无法预测的，所以此处的“要”并不是将来时标记。当缺乏这类谓语特征时，要根据更大的语言环境来判断。例如：

（62）周朴园：好，你上楼去吧，我要一个人在这儿歇一歇。

周蘩漪：不，我要一个人在这儿歇一歇，我要你给我出去。（《雷雨》）

单独看周朴园的话“我要一个人在这儿歇一歇”可以理解成复合将来时，但是结合上下文看，它只是表示周朴园的主观意图，想借口把周蘩漪支走，并不是实际预测将发生什么事情。周蘩漪的话纯粹出于个人的情绪，根本不是预测要发生什么事情。因此这里的“要”都是单纯的意图用法。应该注意，“要”在某些情况下是有歧义的，很难判定到底属于哪种用法。

4.3.3 将来时标记“要”的一些使用特点

将来时标记“要”还有一些使用特点值得注意。它往往表示将来事件发生的现实理据，这又可以细分为不同的情况，比如可以是目前已经具备了将来事件发生的条件，或者显示出将来事件发生的迹象，或者一个假设事件的逻辑结果。

A）目前已有将来事件发生的条件或者迹象。下例中的画线部分指示“要”后动词实现的条件或迹象。

（63）萍儿，花盆叫大风吹倒了，你叫下人快把百叶窗关上。大概是暴雨就要来了。（《雷雨》）

（64）陈白露突然厌恶地扭转身，要走开。（《日出》）

（65）她埋下头，像是要落泪。（同上）

B）对假设事件的逻辑推理。下例中的画线部分就是“要”后动作实现的前提。

（66）也没办法了，不锻炼是要发胖的了。（《编辑部的故事》）

（67）要他一张嘴啊，电源就要自动跳闸。（同上）

“要”可以表示马上要发生的动作，因此它可以被“现在”等时间词修饰，而后文将要谈到的“回头”和“将来”则不允许与这类词搭配。例如：

（68）他现在就要走。（《雷雨》）

（69）听说他现在就要上车。（同上）

（70）现在我要见你，要见你。（同上）

“要”还可以表示实际上已经开始的动作行为，如下例所示。它不能为其他任何将来时标记所替代。“就”虽然也可以表示立刻的将来，但是它只能表示在一个事件之后才发生的动作，即不能与前一事件重叠，因此不能表示已经开始发生的动作。

（71）刚要向陈白露探身。（《日出》）

（72）伸着头颈，笑着要吻她的手。（同上）

例（71）可以表示“探身”的动作已经做出，例（72）也可以指示“吻她的手”的动作已经开始。

将来时标记“要”具有很强的主观推测性，经常受“似乎”、“仿佛”之类表示推测的副词修饰。例如：

（73）陈白露深深地对他看着，似乎要把他的样子印在脑子里。（《日出》）

（74）他向前走了一步，仿佛想要说什么。（同上）

（75）我诅咒旧世界，像要嘶喊出血来。（同上）

4.4 其他将来时标记

4.4.1 远期将来时标记“将来”

“将来”是一个使用时间极久的标记，口语和书面语中都很常用。它的语义很单纯，只表示将来时概念。其词性为时间名词，因此跟其他同类词一样，可以出现在主语的前后。然而“要”等助动词或者副词则不能出现在主语之后。

（76）我一定要告诉他的，我将来并不一定跟她结婚。（《雷雨》）

（77）这一点钱你不收下，将来你会后悔的。（同上）

（78）现在他少受着罪，将来他还可以从这里逃出去。（《骆驼祥子》）

在表达功能上，“将来”跟“要”也有明显的不同：“将来”通常指示一个离现在相当远的时间位置发生的事件，可以看做现代汉语的远期将来时标记，而“要”则指现在已经开始发生或者不久就会发生的事件。而且“将来”表示的通常是与目前现实不发生直接关联的事件，然而“要”表示的是现在已具备实现条件的事件。它们这一明确的分工使得其在具体的上下文中不能互换，否则情理上不通，或者不合语法。例如：

（79）好好地把两个孩子拉扯大了，将来（*要）也好有点指望。

好容易客人刚走，我正要（*将来）回话，又来了一位。

4.4.2 中期将来时标记“回头”

现代汉语口语里有一个非常活跃的将来时标记“回头”。它有自己独特的表达功能，表达一个不远不近的未来时间点，可以看做“中期将来时”（medium future），在特定的上下文中通常不能为其他将来时标记替换。具体说来，“回头”既不像“要”那样现在已经开始发生或者已具备发生的现实条件，也不像“将来”那样表示比较远的未来。

“回头”在词性上与“将来”一致，都是时间名词，可以出现在主语的前后，然而有别于“要”、“就”等助动词或者副词，它们只能出现在主语和谓语之间。

A.“回头”在主语之前的用例

（80）嗯，你告诉清楚了，别回头老爷到这儿，太太不在，老头儿又发脾气了。（《雷雨》）

（81）回头我找他谈谈，看是不是真有这回事。（《王朔小说选》）

B.“回头”在主语之后谓语之前的用例

（82）你回头告诉太太，说找着雨衣不用送去了；老爷自己到这儿来穿，还要跟太太说几句话。（《雷雨》）

（83）快吃吧，都凉了，回头还有工作哪。（《编辑部的故事》）

（84）先搁你那儿，回头去取。（《王朔小说选》）

例（83）中，“回头”所指并不是已经开始发生的行为，也不是立刻就要发生的行为，“开始工作”之前还有“吃饭”这件事，因此换为“要”就不合适；同时，也不是遥远的未来，也不能用“将来”替代。

换个角度看，“将来”通常表示很远的未来，因此不能用“回头”替换。比如下述两例的“将来”就不能用“回头”来替代。

（85）我一定要告诉他的。我将来并不一定跟她结婚。（《雷雨》）

（86）你有力量，你能吃苦，我们都还年青，我们将来一定在这世界为着人类谋幸福。（同上）

4.4.3 将来时标记“快”

副词“快”主要表示一个未来事件的发生时间离现在很近，是纯粹的预测。有时可以用“要”替换而意思基本不变。例如：

（87）妈也快回来了，我看你把周家的事辞了，好好回家去。（《雷雨》）

（88）那是你们老太太看着孩子快死了，才叫我抱走的。（同上）

（89）四凤，收拾收拾零碎的东西，我们先走吧。快下大雨了。（同上）

有两种用法的“快”表面上看起来也是描写将来的状况，但实际上并不是表达将来时概念：一是接近于某种状况或者数量的出现，这是表示一种现实的状态，并不是预测这一状况要在未来发生；二是表示人们的行为方式迅速、不拖延。下面分别举例加以说明。

A. 接近于某种状况或者数量

（90）你瞧瞧，又急了。真快成小姐了，耍脾气倒是聒聒叫啦。（《雷雨》）

（91）我已经快三十了，你才十八。（同上）

B. 表示行为方式迅速

（92）萍，我们还是快走吧。（《雷雨》）

（93）侍萍，快来睡觉吧，不早了。（同上）

4.4.4 将来时标记“就”

很多工具书等都指出“就”有将来时的用法。比如《现代汉语八百词》指出“就”表示很短时间内即将发生，例如：“我就去”、“这就走”、“你等一会儿，他马上就回来”等。其实“就”不是一个独立的将来时标记，它主要表示一个动作紧接着前一个动作发生。当句子中无任何时间词语时，无标记的时间位置就是“现在”，那么此时的“就”就表示“紧接着现在发生的动作”，其将来时的含义即由此而来。这样就不难理解另外一种情况：当时间参照点为过去时，“就”也可以表示过去发生的动作：“他说完就走了”、“他扭头就跑了”、“他吃完饭就睡觉了”等。

值得注意的是，在现代汉语口语中“就”与“这”形成一种固定搭配“这就”，表示立即发生的事件。其中“这”的功能是指示现时点，这样加上“就”以后就有了上述表达功能。这种用法相当常见。

（94）我这就去问爹爹！

（95）我这就去把客人接来。

（96）我这就去，这就去！

上述用例的“这就”都是表示事实上立刻要发生的事情，已经不是表达意图或者预测的了。这从后续动作可以清楚地看出来。“这就”类的主语一般是第一人称。可以把它看做现代汉语的立即将来时标记。

4.5 结语

可以用一个图来总结现代汉语各种将来时的表义功能。

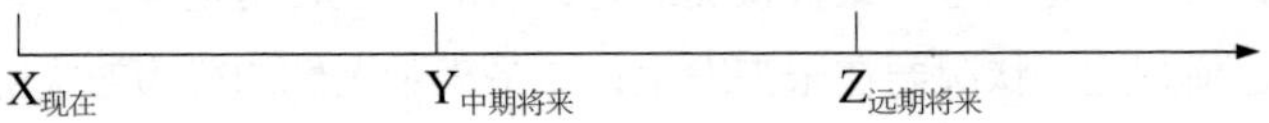

1）“要”的表达区间为[X, Y）[1]，即包括“现在”这一点到“中期将来”的模糊边界。它可以受各种副词修饰来表示不同的时间距离，比如“就要”、“快要”、“将要”等。

2）“就”、“快”等的表达区间为（X, Y），既不包括“现在”，也不包括“中期将来”，而是在它们中间的不久的将来要发生的动作。它们的着眼点不一样：“就”强调紧接着某事发生，“快”表示某事的发生离现在时间近。

3）“回头”的表达区间为（Y），即指示不近不远的适当的未来时间点。

4）“将来”的表达区间为（Z），通常指比较远的未来。

时间的远近是相对的，时间位置的边界也是模糊的，因此应该避免把上述各个将来时标记的分工绝对化。从将来时概念的表达上再一次证明，汉语的确是一种博大精深的语言，它拥有丰富的手段，周密地表达各种未来的时间概念。

【1】方括号表示包括这一点，圆括号表示不包括这一点的模糊边界。

第五章 名词化

5.1 引言

人类语言的一个普遍性是，动词或者形容词通过某种语法手段可以转化为名词。汉语最常用的语法手段是附加“的”，比如“吃的”可以指食物。但是，并不是所有的动词或者形容词都可以这样转化，同样一个动词在不同的语法环境中转化的能力也会大不一样。表面上看来，这种转化纷纭复杂，没有什么规律可言，实则不是。我们分析的根据是两对语义特征：

1.[±离散性]

2.[±时间性]

这些语义特征是动词或者形容词能否向名词转化的决定因素。一个总的规律是，一旦动词或者形容词通过某种语法手段被定量化，或者是因为自身的语义特征已具有定量意义，就不能够再名词化。只有在被赋量之前，它们才有可能名词化。本章的分析将证明，名词化是有严格的规律的。

5.2 词类转化的普遍性

通常两类词之间的转化是互相的，比如，一方面动词可以向名词转化：refuse→refusal（拒绝），explore→explosion（爆炸），move→movement（移动）；另一方面，名词也可以转化为动词：farm→farm（land）（种庄稼），form→form（habit）（形成习惯），vacuum→vacuum（room）（吸尘）。名词和形容词之间的关系也是如此，形容词转化为名词的例子如happy→happiness（幸福感），clear→clarity（清晰度），high→height（高度）；名词转化为形容词的例子如ice→icy（冰的），industry→industrial（工业化的），child→childish（孩子气）。同样，动词和形容词之间也可以相互转化，动词转化为形容词的例子有：interest→interested（有趣的），surprise→surprised（吃惊的），overwhelm→overwhelmed（占优势的）；形容词转化为动词的例子有wide→widen（加宽），deep→deepen（加深），red→redden（变红）。但是，这种词类之间的相互转化是不平衡的，动词和形容词向名词的转化是一种普遍现象，而名词向其他两类词的转化则是非常有限的。所以我们观察问题的视点将主要是动词和形容词的名词化规律。

名词化词[1]较多来自动词，其次来自形容词。名词化是一种常见的语言应用现象，其中包含着重要的语法规则。下面的分析将揭示，名词化现象是一个很好的说明语法和语义之间的不可分离性的证据。

5.3 概念的数量特征

5.3.1 数量语义特征的普遍性

概念义主要由两部分组成：内涵和外延。比如“笔”的内涵是“各种用来书写或者绘画的工具”，其外延为“圆珠笔”、“水笔”、“铅笔”、“毛笔”等。每一个词都由这两部分组成。除此之外，一个概念还有很多别的意义，诸如它的意象、形状等。这些语义特征都是认知语言学研究的对象。我们所关心的是另外一种重要的语义特征——数量特征。数量特征也是概念最稳固的语义特征之一，它一般不受时地因素的影响，比如“笔”的数量特征是离散的，即在三维空间的一个个可分离的个体。相对地，形容词“好”所代表的是连续性的，它们的不同程度之间没有明确的边界。人们对一个词的用法，很重要是依靠对它的数量特征的判断，比如一个小孩儿一旦习得了“笔”的离散性特征，就知道用数量词来修饰它，在有复数标记的语言中就会加上相应的语法标记。同样地，知道了“好”的连续性之后，就懂得用模糊量词——程度词来修饰它。语言中的很多语法范畴，都是与数量表达密切相关的，诸如名词的单复数、形容词的比较级和动词的时体范畴等。

量是一个无处不在、无处不有的概念。任何对象，不管是具体的还是抽象的，都具有数量特征。一个与此有关的现象是，任何学科，包括自然科学和社会科学，都离不开数学这个工具。有些科学家甚至把一个学科利用数学的程度作为判断其成熟程度的标准。总之，一个概念所指总会有这样那样的数量特征，因此我们总可以根据这个特征对其加以分析。

【1】“名词化词”是指来自动词和形容词的名词，下同。

在一个概念的各种语义特征中，数量特征是最抽象的一种，其他的如意象、形状、色彩等都较为具体。抽象的程度主要由其所概括的范围来定，概括的范围越大，相应的抽象程度就越高。名词化涉及大的词类之间的相互关系，要对制约它的语义规律进行概括，就必须在很高的层次上进行归纳。有一点应该指明，抽象程度的高低与理解上的难易程度之间没有必然的联系，一些从形式上可以容易把握的规律往往都是抽象程度高的。

5.3.2 数量特征的语法表现

每一类词都有自己独有的数量特征，使得它们之间相互区别。与数量特征有关的语法特征常常是把这一词类区别于另一词类的最显著的语法特征，我们来看一下英语形容词的经典定义：

（a）可自由地用作定语；

（b）可自由地用作谓语；

（c）可受程度词very修饰；

（d）可以用于比较级和最高级。

前两项都是形容词的分布特征，后两项则都与形容词的数量特征有关。事实上，只有后两项才是形容词区别于其他词类的真正特征。我们知道可做定语和谓语的不光是形容词一个词类，做谓语也是动词最主要的语法特征之一，同时很多名词也可以自由地做定语，比如table cloth、book cover、wood floor等。然而除了少数心理动词（如like、love、enjoy等）和一些特殊的副词（如sooner、earlier等）外，其他词类都没有特征（c）和（d），这两项特征显然都与数量表达有关。

类似地，名词和动词最主要的语法特征也多与它们的数量表达有关。比如名词有可数与不可数之分，在英语中可以加复数-s；动词有时体标记，这些标记又都是动作行为的时间量。这些语法特性上的差异反映了它们深层的数量语义特征上的对立。不同的数量特征在语言中有不同的表达形式，使得我们有可能对它们进行精确地描写。

5.3.3 动词、形容词与其名词化词的数量特征的差异

形容词和其对应的名词化词的数量特征存在着不对称性，先看英语中这方面的例子：

（1）a.aged：年龄很老。

b.sizable：尺寸很大。

c.weighty：重量很大。

d.pricey：价钱很高。

上组4例都是由语义中性的名词变成表程度高的形容词。更有趣的一类现象是，表示事物的三维性质程度高的形容词转化为名词时则成了数量中性的：

（2）a.high→height（高度）

b.deep→depth（深度）

c.long→length（长度）

d.wide→width（宽度）

e.thick→thickness（厚度）

这种数量上的不对称性也存在于动词和形容词的转化之中。例如：

（3）a.last（持续、继续）→last（最后一个）

b.expend（花费）→expensive（昂贵）

词类之间的转化为什么会有这种数量的不对称现象？这是一个非常值得我们思考的问题。

5.4 三个空间和三种数量类型

5.4.1 三个空间

典型的名词所指都是离散性质的，它们存在于三维物质空间中。动词的特征则是时间性的，它们的所指是一维时间空间。形容词的典型数量特征则是连续的，它们存在于性质空间中。下面就分别讨论它们的数量特征。

绝大多数的名词都是代表客观世界的实体，拥有三维性质和明确的边界，比如“桌子、车、铅笔、人”等。这类词在英语中又叫做“可数名词”。还有另外一类名词，它们虽然没有自身固有的边界，但是可以用其他可数名词加以界化或者称量，比如“水、土”等属于这一类，可说“一碗水”、“一筐土”。它们在英语中归为“不可数名词”。这两类名词，我们认为都代表具体的事物，存在于物质空间之中。物质空间可图示如下。

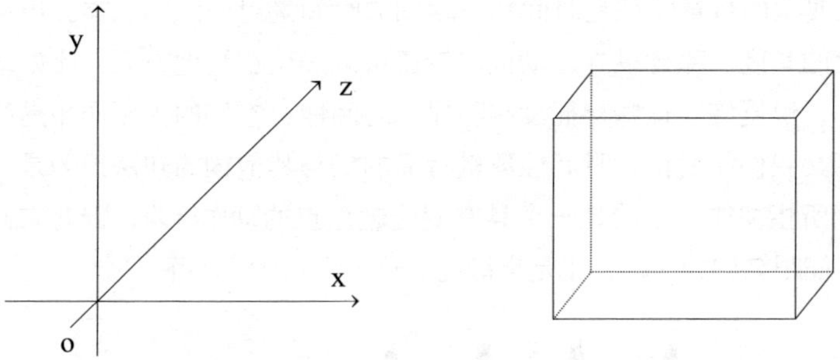

图1 三维物质空间

有些概念所指实际只有两维，比如“面、线、边界、正方形”等。它们可以看做是存在于两维空间中。

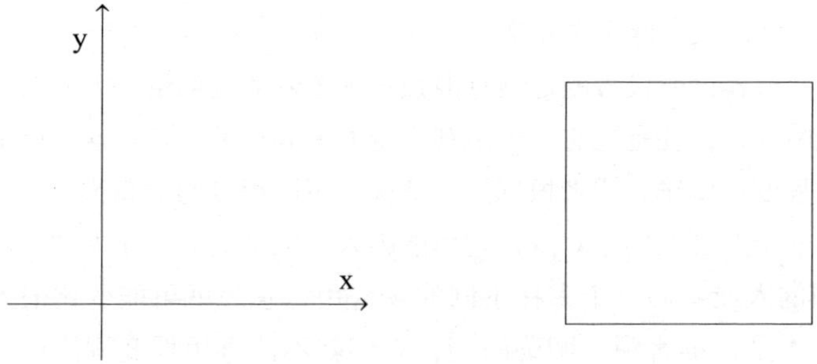

图2 两维物质空间

抽象名词虽然不具有维数，但是它们是代表想象空间里一个个具有离散性的对象。具体的事物是名词的典型成员，其数量语义特征可以投射到抽象名词类上。

上面我们用一个三维的正方体和一个两维的正方形来分别表示名词所指的存在空间。名词的数量特征可以基本上分为两类，一是成员数，比如“一本书”、“两本书”，二是某个成员的体积大小，比如“一大本书”。

现在让我们来看动词。动词所指都是发生在一维时空中的行为，所以任何动作行为都必须占有一定的时间量。动词的数量特征只有在时间轴上才能看出来。时间是看不见、摸不着的，它的存在只有通过动作行为的变化才能感知到。

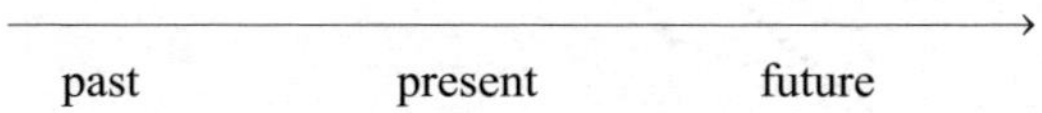

图3 时间空间

动词典型的数量特征是时间性。动词的时间量可分为两大类：出现的次数和延续的长度。除此以外，动词的量还可以表现在其他方面，比如动作幅度的大小、快慢等。这些特征没有明显的时间性，它们的主要作用是给动词分类。下文我们将讨论，时间性数量特征的词与其他词的句法行为是不一样的。动词所指往往代表的是一个具有明确起讫点的动作行为，因此它们的典型数量特征跟名词的一样，也是离散的。这一点可图示如下。

图4 "看了四次"

在三类词中，形容词的数量特征是最难描写的。形容词有两个显著的特征，一是它无法进行线性量度，二是其数量具有很大的主观性。形容词最典型的一个语法特征是可以受各种程度词修饰，那么研究这些程度词的语义特征就是揭示形容词数量特征的关键。

实际上，形容词所代表的是具有很强主观色彩的近似量。人们对性质的程度进行判断时，往往是先有一个主观假定的最高标准，符合这一标准的就用最高级的程度词修饰，或者根据具体情况用不同程度的词修饰。"最高标准"并不是一个客观性的绝对量，它可能因人、因地而异。比如"最舒服"一词，不同的人或者同一个人在不同的场合用，意思就可能变化很大。性质中也有一类是标准客观、明确的词，它们就不能再用程度词修饰，比如"男"和"女"之别就是如此。还有一些有科学定义的性质也不能用程度词修饰，比如"平行"、"垂直"等，因为它们都有说一不二的标准。

根据以上的分析，我们可以建立一个性质空间。跟物质空间和时间空间相比，性质是没有维度的，它只有一个标准度和一系列的近似于该标准的度量。在下图中，我们以中心黑点代表这一标准，然后用不同粗细的虚线代表靠近该标准的程度。

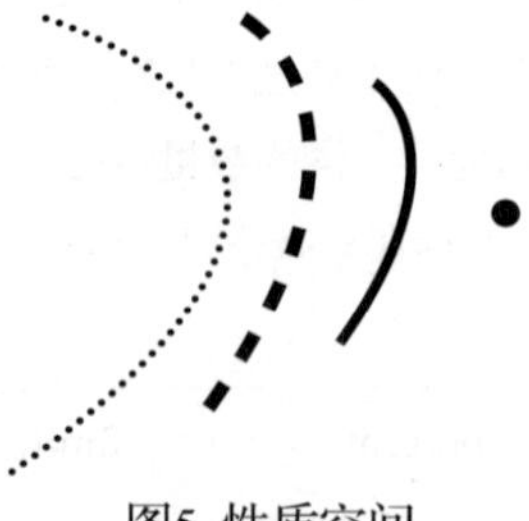

图5 性质空间

形容词的两个次类需要特别加以说明。第一类是描写事物三维性质的，如“长、宽、高”；第二类是颜色词，如“红、黄、蓝”。三维性质的形容词是描写事物在空间里的延展性，它们自身可以看做是单维的，可以用绝对数量来度量，比如“1.78米长”。尽管如此，它们与一维时间空间仍有明显不同，因为它们没有时间性。颜色是人们对物质表面光反射的感知结果，物体的表面虽然是两维的，但是颜色自身并不具有维性，比如“很红”指红的程度接近于某一个标准，而不是在三维空间的延展度。这两类特殊的形容词进一步说明，形容词所指是与名词和动词不同的。

5.4.2 三种类型的量

根据以上的分析及两对数量区别特征：[±离散性]和[±时间性]，三个词类的语义特征可以描写如下。

表1 名词、动词和形容词的数量特征

	离散性	时间性
名 词	+	−
动 词	+	+
形容词	−	−

5.4.3 三类数量之间的不相容性

名词、动词和形容词分别代表三种不同的数量类型，不同的数量类型之间存在着不相容性。这种不相容性来自两个因素，一是它们存在于不同的空间，二是数量的特性不一样。具体说来，名词是三维的，动词是一维的，形容词是零维的。这种不相容性在语言中就表现为称量它们的词语是不一致的。

表2 汉语和英语的名、动、形的称量词语

	汉语	英语
名 词	个、张、条	-s、a piece of、a set of
动 词	次、趟、回	once、twice、often
形容词	很、最、非常	-er、very、quite

有了以上的准备工作，我们就可以推断名词化的规律了。三个词类之间总是有一个数量特征是不一致的。当作词类转化时，这个不一致的数量特征必须通过某种手段加以消除。因此，当动词名词化时，必须消除掉其时间性特征。在英语中则表现为，时态语法标记与动名词标记-ing是不相容的。例如:

（4）a.He looks the book.→His *looksing（looking）the book

b.He looked the book.→His *lookeding（looking）the book

英语里，-s是现在时第三人称，-ed是过去时。当转化为名词时，这些时态标记必须去掉，否则就与名词的数量特征发生冲突。类似地，形容词转化为名词时，也必须去掉自身表程度的形态标记。例如：

（5）a.He is very nice.→*his very nicety/his nicety

b.He is better.→*his betterness/his goodness

词尾-ness是英语形容词转化为名词的形态标记。但是英语的比较级，不管是规则的还是不规则的，都不能加上该形态标记变成名词性的，如上例的better。道理很简单，形容词一旦用了比较级，就意味着被赋予了本词类的连续性数量特征，这与名词的相悖，所以就不能再向名词转化了。

至此，我们可以总结一条名词化的规律：

不论是动词还是形容词，它们一旦被量化，动词即被赋予时间量，形容词即被赋予连续量，它们就不能再被名词化。换句话说，只有在被赋予本词类的数量特征之前，它们才能名词化。

5.5 名词化词与其对应的动词、形容词的差别

5.5.1 名词化词的句法环境

表面上看来，名词化词与其对应的动词之间的语义联系是不固定的、随意的。可是，如果我们从数量特征的角度来看，这种表面上看来不固定、随意的联系马上就会显示出规律来。那么，什么是名词化词的共同语义特征呢?

名词化词与其原式的概念义往往是一致的，两者的真正区别通常是如何诠释概念义中所隐含的数量特征。比如英语的explode和explosion、circle和round，每一对的概念义都是一致的，所不同的是它们的数量特征如何被诠释。概念circle是存在于二维空间的，具有离散性，可说two circles。同样，explosion被理解为存在于非时间性的、离散的空间，接近于名词，所以可以像

名词一样，用数词称数：three explosions。相对地，explode是在一维的时间空间里，表现为可以加上时态标记。下面我们用一个图显示这种名词化过程。

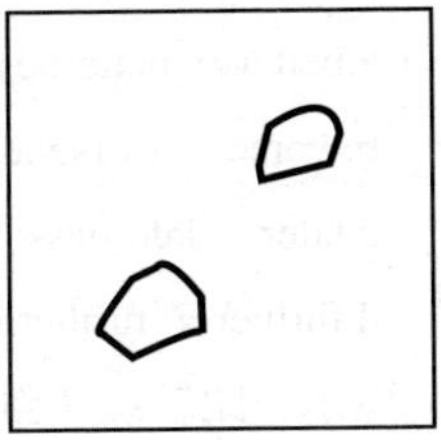

图6 动词及其名词化词的诠释差别

上面左图表示，概念“爆炸”是被看做存在于一维时间空间的事件，两个事件之间有一种时间顺序关系。但是名词化后，它们概念义中的时间性消失了，可以看做是存在于二维空间的非时间性的离散个体。名词化词与典型的名词所共有的语义特征是都具有离散性质，名词化词所指很多并不代表三维空间里的实体，上例的explosion就是如此。再比如，He gave me an injection的injection是一个离散性的个体，但并不具有三维性。

名词化词的具体语义类型可以说是五花八门。英语的动名词可以分为以下主要类别：

（a）动作行为：action、decision、departure

（b）动作施事：planner、cook、analyst

（c）动作受事：employee、appointee、gift

（d）动作结果：decision、product、writings

英语动词名词化的主要形态标记有-ment，-ion和-al。这些形态标记与其所表达的意义之间并没有整齐对应的关系。如果从低层次的语义特征来看，情况的确很复杂。可是我们从数量特征来看，马上就会认识到，所有的名词化标记都有一个共同的作用：把本式变成一个非时间性的、离散性的单位。

5.5.2 量化形容词的名词化限制

英语形容词的名词化标记是-ness。并不是所有的形容词都可以加上这个标记而转化为名词，量化的形容词都不能进行这种转化。影响深广的Webster英语词典，注出了每一个可加-ness转化为名词的形容词，那些不规则的比较级和最高级都缺乏这一特征。例如：

（6）a.better→*betterness; best→*bestness; good→goodness

b.worse→*worseness; worst→*worstness; bad→badness

c.later→*laterness; last→*lastness; late→lateness

d.further→*furtherness; furthest→*futhestness; far→farness

上例显示，比较级（量化）的形容词都不能加名词化标记-ness，然而其数量中性的概念词则可以作这种转化。词典只列举了不规则的形容词，那些规则的也具有同样的限制，比如*more beautifulness、*most beautifulness。

同样，程度词也可以使形容词量化，此时的形容词短语也不能再转化为名词。例如：

（7）a.very clear→*very clearness

b.truly clever→*truly cleverness

英语中还有一种类似的情况，当形容词做定语时，如果它还没有量化，有时可以省掉中心语而指代事物，例如，a soft chair→a soft，a silly man→a silly；相对地，一旦该位置上的形容词被量化，这种转化就不可能了：a very soft chair → *a very soft，a really silly man → *a really silly。

英语中还有一些形容词复合词，其中前一个语素具有定量化的作用，它们也没有相应的名词化形式，如age-old、brand-new、red-hot、snow-white等。这些词的定量化可以从其词典的释义中看出，比如brand-new为entirely new，red-hot为extremely hot。

总之，不论在什么情况下，也不论采用什么形式，一旦一个形容词被定量化了，它的名词化就一定受到限制。

5.5.3 形容词的程度义对其名词化的限制

普通形容词常是多义的。同一个形容词的不同义项，在数量特征上可能有差异。其中有些义项与程度表达有关，其名词化都受到限制。例如：

（8）a.a firm handshake → the firmness of the handshake （firm: solid，hard）

b.a firm friend → *the firmness of the friend （firm: very good）

（9）a.a definite answer → the definiteness of the answer（definite: clear）

b.a definite loss → *the definiteness of the loss（definite:unchangeable）

上例b的形容词都有主观的、量的估计，可以认为自身已表示一个定量化的语义，所以在这个特定的义项下没有相应的名词化形式。相对地，每一组的a例都是表示客观的性质，自身没有量的观念，所以有相应的名词化形式。总之，真正制约形容词名词化的因素是，它的语义是不是已经被定量化。

5.5.4 英语的a-V/A形式的形容词

英语中有一类特殊的形容词，它们是由前缀a-加上动词或者形容词构成的，例如：alone、alive、afraid、awake、alert、aloof、afloat。它们典型的语法特征有两个，一是只能做谓语，不能做定语，二是没有相应的名词化形式，比如*aloneness、*aliveness等。这类词有一个共同的语义特点，它们都是表示性质持续的状态，这就意味着该观念已经在零维的时间空间里被诠释，从而被赋予了连续性。它们的语义与名词的冲突，所以不能再转化为名词形式。我们再一次看到，名词化是否可能，归根结底是语义数量特征的限制。

还有一种形容词名词化现象值得注意。一些含数量特征的形容词虽然也可以被名词化了，但是条件之一就是必须过滤掉其程度义。比如前文提到的三维形容词high表示“高度大”，其相应的名词化形式height则是“高度”，语义是中性的。类似的一个例子还有able，其义为“能力高”，转化为相应的名词ability时，义为“能力”，程度是中性的。

5.5.5 形容词的名词化形态标记的特殊用法

并不是所有的形容词都可以转化成名词，到底哪些能哪些不能，完全无法预测。但是，根据我们的分析，英语形容词的名词化是有严格规律可循的，这个规律可以预测并解释，什么样的形容词可以有相应的名词形式，什么样的则没有。不仅如此，从数量特征出发还可以解释，形容词名词化时采用什么样的形态形式。前文提到，英语中有一个能产的-ness，几乎可以使所有的形容词名词化，可是还有一些形容词有自身特有的名词化形式，比如able的是ability。到底一个形容词采用什么形式也与它们表达的数量特征有关。下面就让我们看一下有关现象。

表示事物三维性质或者质量的一对对具有反义关系的形容词，其中一方采用类推的-ness，另一方则有其特殊的名词形式。例如：

（10）a.high——height；low——lowness

　　　b.wide——width；narrow——narrowness

c.deep——depth; shallow——shallowness

d.long——length; short——shortness

类似的情况还存在于由三个形容词表示一种性质概念的词中。在该组词中只有中间那一个才有自身特有的名词化形式。例如：

（11）a.cold——coldness; warm——warmth; hot——hotness

b.large——largeness; middle——medium; little——littleness

从上述现象我们可以总结出一条规律：凡是自身的语义特征有很强的离散性的形容词，大都有自己固有的名词形式。表示中间性质的往往代表的是一个性质点，它们具有很强的离散性，跟名词的数量特征相似，所以它们拥有固定的名词表达式。三维性质的形容词的“正”面跟“负”面相比，也有很强的离散性，表现在它们可以为精确的数量词语称数：

（12）a.The tree is 1.78 meters high.

b.The lake is 300 meters deep.

但是，其相反的一面则都不能，比如，*1.78 meters low。我们认为，这些明确的离散性使得上述“正”面的形容词具有与名词接近的数量特征，因此它们有固定的名词化形式。

5.5.6 动词的定量化与其名词化限制

动词的量有两类：一是动作行为次数的多少，二是某个动作行为持续时间的长短。相应地，动词有两类数量性词语：（一）once、twice、often、three times；（二）always、for a while、continually，分别对应于两种不同的量。在名词化过程中，时间词的句法功能与非时间的很不一样。如果一个动词被一个时间词修饰，它就不能再被名词化，可是非时间词没有这一限制。例如：

（13）a.I know somebody who works often.→*I know an often worker.

b.I know somebody who works hard.→I know a hard worker.

（14）a.I know somebody who always loses. →*I know an always loser.

b.I know somebody who will eventually lose. →I know an eventual loser.

（15）a.I know somebody who eats twice a day.→*I know a twice eater.

b.I know somebody who eats heavily.→I know a heavy eater.

当一个动词受时间词修饰时，它就被赋予了时间的数量特征，这就限定该概念只能在一维的时间空间里理解。结果与名词的数量特征不相容，所以不能再被名词化。相应地，那些非时间性词语就没有这个限制，所限定的名词仍然可以名词化。

跟often语义相近的副词frequently修饰动词时，该动词短语仍可以转化为名词：somebody who visits frequently → a frequent visitor。often和frequently表面上看来拥有同样的概念义，但是它们的所指很不一样。often是一个纯粹的时间词，意为many times；可是frequently并不是一个真正的时间词，其意为happening repeatedly at brief intervals，翻译成中文就是"急速、重复地发生"，它本来的意思是crowded（拥挤的）或者filled（充满的）。由此看来，frequently实际强调的是动作发生的一种方式，而不是其时间次数。所以它像其他非时间副词一样，不限制动词的名词化。

5.5.7 动词的形态对其名词化的限制

以英语的判断词to be为例，只有它的动词不定式才可以加-ing变成名词性的（being），其他的形式都不行：*ising、*areing、*wasing、*wereing、*beening。人们可能想当然地认为，这是由于两种形态不能同时并用。其实英语并没有这样的限制，比如动词加-ing名词化以后，还可以附加一个复数形态标记-s: human beings。事实上只要两个形态标记所表示的数量特征不发生冲突，它们就可以并用。动词内在的数量特征有两个，一是离散性，二是时间性。前一个与名词的相符，转化为名词时，必须消除其时间性的数量特征。由此可以推知，英语的动名词标记-ing的首要功能是消除动作行为的时间性。相对地，时态标记是赋予动词的时间性，所以动词一旦加上时态标记就不能再被名词化。英语还有人称的形态变化，虽然它们不直接表示时间性，但是与时态表达密切相关，只要加第三人称标记一定是现在时。所以第三人称形态也间接赋予了动词时间性，同理也不能与-ing共现：*his looksing。

英语体标记与名词化标记的关系相对比较复杂。它有完成和进行体两类，而其动名词标记-ing是直接由进行体的标记而来的。为什么在所有的形态标记中，偏偏只有-ing被选中作为名词化的标记？体标记的分工是从不同的角度观察一个情状内部时间结果的结果。完成体把动作行为看做是一个有界的单位。但是完成体标记也间接包含时间性，因为它是表达动作行为发展到某一点的情状，隐含了一个时间的延续性。所以完成体标记也不能被名词化：*writtening、*understooding、*helding。

然而进行体的情况有些不同。在英语语法系统中，围绕着-ing的问题是极令语言学家头疼的。跟汉语的“的”一样，到底有几个-ing？有人认为有两个：一个是进行体-ing，一个是动名词-ing。从具体的语义层次来看，这一问题很难回答，-ing可以表示各种意义，概括起来有以下几种：

（a）名词化词尾

（b）进行体标记

（c）形容词语尾（如interesting、surprising）

（d）动词分词语尾（如I saw him walking）

表面上看来不同的-ing实际上具有语法功能的同一性。虽然两个-ing句法和语义有明显差别，但是两者本质上还是一个成分。普遍认为，-ing具有名词特征。

各种-ing用法背后有一个共同的规律。动词附加-ing具有使其非时间化的作用。它是把动作行为看做时轴上的一个点，可图示如下：

图7 V-ing的意义

英语的语法专著指出-ing有两个意义：一是代表时间点，二是非时间性。这两点看起来相互矛盾，实际则不然。我们拿几何上关于“点”和“线”的定义来解释这一点：

点——有固定位置而没有长度的几何图形。

线——由点组成的、有长度而没有宽度的几何图形。

换句话说，线是由一系列没有长度的点所组成的具有一定长度的几何图形。时轴可以看做是几何中的线，-ing的语法意义相应地为几何中的点。在现实世界里，任何动作行为的发生都可以占有一定的时间，但是在人们的认知里，发生在某一特定时刻的动作可以被看做是非时间性的。一些外在的语言特征可以证明-ing的非时间性。比如，V-ing形式不能受任何时间性副词修饰：

（16）a.*He is writing a letter twice.

b.*He is often writing a letter.

c.*He is writing a letter for a while.

（17）a.*He is reading the book three times.

b.*He is often reading the book.

c.*He is reading the book for a while.

V-ing形式不能与表示动作行为的次数和延续时间的长短的词语搭配，如前文所说，这两类词语都是代表动词的时间量的。但是，该形式与表示时点的词语可以共现：

（18）a.He is reading the book now.

b.He was reading the book at three o'clock.

这些用法进一步证明，进行体标记-ing的非时间性和表时点的特点。

基于上述的讨论我们就不难理解为什么进行体-ing被用作名词化的语法标记。在动词名词化的过程中，-ing的作用就是来消除动词固有的时间性特征，消除了该特征以后表示动作行为的概念就成为非时间性的，同时它的“时点”意义被赋予离散量特征，这正与名词的数量特征相吻合，所以可以名词化。从这一角度可以解释时间副词和方式副词句法上的不对称性：

（19）a.Zelda signed the contract twice.

b.??Zelda's twice signing the contract was true.

c.*Zelda's twice signing of the contract surprised me.

（20）a.Zelda reluctantly signed the contract.

b.Zelda's reluctantly signing the contract was true.

c.Zelda's reluctant signing of the contract surprised me.

名词化结构可以和时点副词相容，比如My leaving now surprises everybody in the party。不与名词化相容的时间副词一般为表示次数多少或者持续时间长短的，因为它们有确立动作行为时间性的功用。相对地，方式副词与时间量无关，所以可以自由地出现于动名词短语中。

英语进行体标记-ing的非时间性还表现在其他方面。形容词的数量特征也是非时间性的，所以动词转化为形容词时也必须去掉其固有的时间性，其中一个办法就是加-ing，例如：interesting、surprising。还有一种类似的情况：

（21）a.I saw him walking along the street.

b.I saw him reading a book.

上句中是表达两个发生在同一时间的行为，根据时间一维性的原则，时间信息只能表现在其中一个动词上。上例负载时间信息的是saw，它是to see的过去式，所以第二个动词to walk和to read需要用-ing消除其时间性。

总之，英语进行体标记-ing的非时间性使得它被用作动词名词化的标记，用以消除动词固有的时间性特征。

5.5.8 英语静态动词的名词化限制

动词的离散性是指时轴上有明确起讫点的动作行为，这一特征是它们转化为名词的基础。跟形容词相比，动词的名词化要自由得多，主要原因就是它们自身这种离散性质，使得其与名词的数量特征接近。但不是所有的动词都可以自由地转化为名词，那些时间性不明确从而离散性不强的静态动词就受到很大的限制。例如：

（22）The flower is at the garden. →*The flower' s being at the garden

（23）He looks better. →*His looking better

（24）The building stands on the corner.→*The building' s standing on the corner

（25）He seems to have accepted the invitation.→*His seeming to have accepted the invitation

（26）John owes me two dollars.→*John' s owing me two dollars

（27）I happened to see it.→*My happening to see it

（28）He remains in the house.→*His remaining in the house

（29）Canada lies to the north.→*Canada' s lying to the north

上面所列举的这些动词，时间性都很弱，一般都没有明确的起讫点，所以它们很难加上-ing而转化为名词。

5.5.9 量性词语的形态缺乏性

英语中的名词、动词和形容词都有自己的形态标记，比如名词的单复数标记，形容词的各种比较级，动词的时态屈折变化，等等。根据前文的分析可知，这些形态变化都与各自的数量特征的表达有关。可是，从另外一个角度来看，表达各类词的典型数量特征的词语自身却没有任何形态变化。例如：

（30）a.性质数量词：very、quite、most、much、too、so、rather

b.时间数量词：often、already、seldom、twice、once、sometimes、ever、always

c.物质数量词：all、a few、one、two、many、some、each、every

以上列举的这些数量词没有任何形态变化。不从数量特征的角度来看，这种现象很难理解。数量词语自身缺乏形态变化，除数量词以外的各类词的形态标记都与数量表达有关，这两种现象是一个问题的两个方面。各类数量词语自身语义已明确显示它们所表示的数量特征，所以不需要添加任何外部的标记再来确立。另外，它们无法进行词类转化。比如，very不能变成动词或者形容词，often也不能变成名词或者形容词。道理很简单，它们自身的词义已决定它们表达的是某一特定认知空间的量，因为三个认知空间的数量特征的不相容性，所以不可能有词类转化。拿very来说，它是表示零维、连续的性质量，就不能再转化为有维、离散的名词或者动词量。

5.6 从时间和性质空间到物质空间的投影

来自动词或者形容词的名词化词具有与普通名词不同的单复数表现形式。普通名词的单复数表达非常明确，单数是无标记的，复数则是加-s。可是名词化词在这一点上很特别，有些不论是单数还是复数，都加-s；而另外一些不可数概念却总是加-s。例如：

（31）a.V-ing:findings、surroundings、writings、filings、 cleanings、belongings、makings、 doings、 washings、 makings

b. A-ing:moderns、ancients、riches、deaf-mutes、natives、whites、accidentals、fundamentals、vitals、woodens、seconds

词典注明，这些名词化词要么只有加-s的形式，要么通常与-s共现。-s在这里的作用是使名词化词更具体化。这一点可以从finding的4个义项加不加-s的对比上明显看出来：

（32）finding:1.the act of one who finds，discovers;

2.something found or discovered;

3.[pl.] miscellaneous small articles or materials used in making garments，shoes，jewelry;

4.[often pl.] the conclusion reached after an examination or consideration of the facts or data by a judge， scholar.

上述释义中的[pl.]表示“加复数标记-s”。我们可以看出所指对象的离散性质决定哪一个必须加-s，哪一个常加，哪一个不加。义项3的离散性是最高的，必须加；义项4的次之，常加。其余两个离散性不太明确，就不加。由此可见，名词化词加不加-s并不是随意的，而是跟它所指事物的数量特征密切相关的。

有一个问题很值得思考。复数-s的不规则用法只限于名词化词。这启发我们推测，所谓的“不规则”与三个认知空间的转化有关。名词化一个动词或者形容词，就意味着把一个行为或者性质投射到物质空间里去。在这个过程中，动词要消去它的时间性，形容词要消去它的连续性。但是由于受名词化词本来表示行为、性质的概念义的影响，它们还是与典型的三维空间的事物的数量特征不完全一致，离散性质不十分明确。那么语言就借助名词的典型数量标记-s来凸显名词化词的离散特征，同时-s表示单复数的作用被削弱，产生了上述的不规则用法。

5.7 名词的定量化和抽象化

词类之间的转化是双向的。英语中的部分名词也可以转化成动词或者形容词。同样，这种转化也受到数量特征的制约。具体来说，名词表性质时，必须消除它的离散性质，表现为不能有复数标记。例如：

（33）the table cloth→*the tables cloth

three-leg animals→*three-legs animals

two-year dogs→*two-years dogs

上面的例子都是名词短语在定语位置表示事物性质，可以看做临时做形容词。英语有一类形容词是来自名词，它们有一个有趣的现象是，名词加过去分词标记-ed：

（34）ragged、wooded、pointed、simple-minded、blue-eyed、odd-shaped

加过去分词仍然是词类转化中数量特征限制的一种反映。名词转化为形容词时，要消除掉其固有的离散量特征。这就可以明白为什么会有上述形式。英语的过去分词-ed有两个特点，一是非时间性，二是表示行为结束后的持续状况。因此名词加-ed就会消除其离散性而成为连续性的，这正与形容词的数量特征相符。这就是名词转化为形容词时要加-ed的原因。

同时，英语也有一类N-ing的形式，但是它们不是形容词，仍指的是三维空间的物质或者有关的行为。该类词有以下两类：

（a）形成不可数名词，表示有关的材料：tubing、paneling、matting、carpeting

（b）表示有关的行为：cricketing、farming、blackberrying

-ing在这里的作用是把具体的、离散的（可数的）事物变成抽象的、不可数的事物。至此我们可以看出来，-ing在名词和动词中具有完全平行的用法：

（一）对于动词，是把具有时间量幅的行为变成一个非时间性的量点；

（二）对于名词，是把三维的物体（量幅）变成零维的（量点）。

5.8 结语

语义特征是有层级性的。一个词语所包括的意义类型可能有联想义、形象义、概念义和数量特征。在这众多意义中，数量特征的概括范围最广，可以包括整个词类。只有从数量特征出发，才能概括出动词和形容词名词化的规律。从本章的分析中可以看出，哪些词可以名词化，以及名词化采用什么样的语法标记，都是由各个词类的数量特征决定的。

一旦一个动词或者形容词量化，就不能再被名词化。其原因是定量化的词语已被赋予本词类的数量特征，因为每个词类的数量特征都不一样，相互之间存在着不相容性，所以就不能转化为其他词类。已被量化的概念的认知过程包括两步：第一步是概念类型的确立；第二步是概念量的估计。当人们的认知达到第二步时，就意味着该概念已经在一个特定的认知空间中得到诠释。那么这就阻碍了它在别的空间进行诠释的可能性。在语言中就表现为，定量化的词语不能进行词类转化。换句话来说，一个概念在定量化之前，它通常具有在各个空间进行诠释的可能性。

第六章　动词的概念化方式对语法的影响

6.1　引言

语法和语义的关系一直是当今语言学理论关注的一个焦点。即使一直主张语法自主性的转换生成语言学也逐渐认识到了语义问题的重要性。认知语言学认为，语法和语义是不可分割的，语法实际上为概念内容的结构化或者符号化，语法系统是开放的。本章以汉语动词概念化的方向义为例，说明概念化的方式是如何影响一种语言的语法结构的。这是一个洞察语义和语法相互作用的重要窗口。

根据谓语动词的复杂程度，人类语言可分为两种类型：第一类语言的谓语结构主要是“核心动词＋小词[1]”，英语和汉语等属于这一类；第二类语言的谓语结构仅由一个单一的核心动词构成，罗曼语、日语等属于这一类。这种谓语结构上的差异实际上反映了不同民族在动词概念化上的区别，第一类语言在概念化动作行为时，不考虑方向、地点这些因素，因此在进入句子表达时要借助“小词”来使方向等意义明确化。相对地，第二类语言在概念化动作行为时，同一个动作行为，不同的方向或者地点则用不同的概念（词）来表示，即一个动词的概念自身就已经包含了方向等语义特征。这种概念化方式的差异自然影响到了句子的表层结构。一种语言的概念化方式往往具有高度的规律性和系统性。

从动词概念化的方式上可以看出语义和语法之间的密切关系：动词的概念化越复杂、内涵越丰富，其语法表达式就越简单；反之，则越复杂。本章将以汉语为重点，并与英语的有关现象作对比，对这一问题进行系统的探讨。

【1】这里的“小词”是指相对独立的词语，包括介词、趋向动词等，它负载着重要的语法意义，包括动作的方向、地点、结果等。不包括形态、词缀等。

6.2 现代汉语中物体转换动词的方向义的中和

跟其他语言相比，汉语的动词概念化具有自己鲜明的个性。从普通语言学的角度看，动词的典型概念义是表示“非对称的能量转换”。也就是说，动词所代表的能量转换是具有方向性的。比如“张三打李四”和“李四打张三”是意义完全不同的两个句子，动作“打”的能量只能从主语向宾语传递，而不能相反。但是，汉语在表示一类特殊动作行为时，其方向性则是中性的，即能量的转换没有方向性，如果在应用时没有对有关方向性用其他手段加以明确化，就会引起歧义。例如：

（1）我借了他一千块钱。→a.我借给了他一千块钱。b.我向他借了一千块钱。

即所“借”的物体既可以从主语向间接宾语移动，又可以从间接宾语向主语移动。有关的动作行为，英语则用两个不同的动词表示，lend为“借给”，borrow为“借自”。

由于汉语“借”类动词的方向性是中性的，为了消除歧义，需要加上有关的介词加以明确化。结果就带来了表层语法格式的复杂化。方向性明确的动词一般只用于双宾结构，比如“给”的方向一定是由主语到宾语，故“给他一本书”自身的意义已经明确。然而“借”类动词在其前后则需要加上介词短语，如例（1）a、b所示，其抽象的语法格式为：

（2）S + PP + V + O　或者 S + V + PP + O

6.3 汉语历史和方言中动词概念化方式的一致性

6.3.1 古代汉语中方向义中和的动词

对于物体转换类动词来说，方向义中和是古今汉语的共同特点。古代汉语也存在不少这类用例，也是用同一个动词来表示两个方向相反的动作。例如：

假：（a）借入。例：久假不归。（《孟子·尽心上》）

（b）借出。例：唯器与名不可以假人。（《左传·成公二年》）

丐：（a）求也。例：不强丐。（《左传·昭公六年》）

（b）受也。例：尽取善缯丐诸宫人。（《汉书·景十三王传》）

贷：（a）借出。例：宋饥，竭其粟而贷之。（《左传·文公十六年》）

（b）借入。例：凡民之贷者，与其有司辨而授之。（《周礼·地官·泉府》）

售：（a）卖。例：卖之不可偻售也。（《荀子·儒效》）

（b）买。例：会市肆有刊武夷先生集者……文肃之子适相国寺，偶售得之。（《程史》）

致：（a）送达。例：远方莫不致其珍。（《荀子·解蔽》）

（b）招引，引来。例：致市民，聚万货。（《盐铁论·本议》）

（c）献出，尽。例：事君能致其身。（《论语·学而》）

（d）取得，得到。例：忠言拂于耳，而明主听之，知其可以致功也。（《韩非子·外储说左上》）

乞：（a）向人乞求。例：凡乞假于人，为人从事者亦然。（《礼记·少仪》）

（b）与人财物。例：居一月，妻自经死，买臣乞其夫钱，令葬。（《汉书·朱买臣传》）

沽：（a）买。例：当为子沽酒。（《墨子·公孟》）

（b）卖。例：当垆自沽酒。（《酒垆》）

被：（a）施及，加于……之上。例：光被四表。（《尚书·虞书·尧典》）

（b）蒙受，遭受。例：下施之万民，万民被其利。（《墨子·尚贤中》）

借：（a）借出，借进。例：在剡曾有好车，借无不给。（《晋书·阮籍传》）

（b）帮助。例：借客报仇。（《汉书·朱云传》）

请$_1$：（a）请……做某事。例：则请除之。（《左传·隐公元年》）

（b）请……允许自己做某事，请后动词表示自己的行为。例：臣请事之。（同上）

请$_2$：（a）邀请。例：乃置酒请之。（《汉书·孝宣许皇后传》）

（b）谒见，拜见。例：其造请诸公，不避寒暑。（《汉书·张汤传》）

上述动词概念化的共同特点是，同一个动词表示两种方向相反的动作行为，或者说它们的动作方向性是中性的。由此可以看出，汉语历史上在概念化同一类动词时，是非常有规律、非常成系统的。不仅一种语言的语法是一个和谐统一的系统，而且一种语言的概念化方式也是和谐统一的。

6.3.2 古汉语的声调屈折与动词方向性的中性化

如上文所述，现代汉语是靠加介词短语这种分析式手段来明确动作的方向的。古代汉语则常是利用声调的变换这种屈折手段来区别动作的方向的。上古汉语已经有了“变调构词”和“变声构词”，在上古汉语和中古汉语时期，这种形态构词手段是高度能产的。现代汉语中有些词的读音已无差别，然而在当时却是有别的。比如“乞”表示“向人乞求”时读短入，表示“与人财物”则读长入。很多语音形式的差别一直保留至今天，还有一些后来则用不同的汉字加以分化，然而它们原来实际上是同一概念或同一书写形式，是靠屈折形态来表示不同的方向义的。例如：

食：shí吃。例：食而不知其味。（《礼记·大学》）

sì供养，给……吃。例：先实公仓，收余以食亲。（《商君书·农战》）

饮：yǐn喝。例：王将饮酒。（《左传·昭公七年》）

yìn让……喝。例：饮余马于咸池兮。（《离骚》）

见：（a）jiàn看见。例：见贤思齐焉，见不贤而内自省也。（《论语·里仁》）

（b）xiàn使……显现。例：图穷而匕首见。（《战国策·燕策》）

视：（a）shì看例：目不能两视而明。（《荀子·劝学》）

（b）shì通“示”，向……表示。例：亦视项羽无东意。（《汉书·高帝纪》）

示：shì给人看。例：传以示美人及左右。（《史记·廉颇蔺相如列传》）

受：（a）shòu接受。例：权辞让不受。（《三国志·吴书·吴主传》）

（b）shòu授予，给予。例：因能而受官。（《韩非子·外储说左上》）

授（“受”的第二个义项后来写作“授”）：shòu授给，给予。例：书已封……未授使者。（《史记·秦始皇本纪》）

还有一类现象，同一概念的不同方向义的读音后来固定下来，分别用不同的汉字来表示，因为语音的演化，现在不大能够看出它们原来利用屈折手段区别方向义的功能。例如：

籴：原始词，义为买入粮食，原读短入，diăuk（现代读音dí）。例：臧孙辰告籴于齐。（《左传·庄公二十八年》）

粜：滋生词，义为使人买入粮食，原读长入，diāuk（现代读音tiào）。例：昭侯令人覆廪，吏果窃黍种而粜之甚多。（《韩非子·内储说下》）

上述的屈折手段中古以后消失了，也引起了有关语法格式的变化。以“视线接触事物”为例，古代汉语通过“视”的声调变换分别表示“看”和“给人看”两个意思，两个意义的“视”都是用于普通的述宾格式。然而现代汉语无此形态手段，表示“给人看”的意义，须在谓语动词之前加上适当的介词短语引入有关对象。比如“示美人及左右”现在的相应说法为“给美人和左右的人看”。由于这种语法手段的变迁，古今汉语的“看”类动词经历了以下格式变化：

（3）V + O→（a）V + O（b）PP + V

我们推测，汉语动词概念化时方向性的中性化，与当时的语法系统有关。那时存在一个高度能产的形态手段，可以区别同一概念的不同方向义。为了避免创造过多词语的负担，即从概念化的经济的角度考虑，同一类动作行为用一个词表示，不同的方向义则用语法手段加以区别。对此，其他语言则可能用两个完全不同的动词表示。

6.3.3 现代方言中方向义中和的动词

并不是所有涉及物体转换的动词的方向性都是中性的，比如“给”、“送”这些词都只能表示物体由主语向间接宾语的方向转换，因此它们所在的双宾结构是没有歧义的。比如，“老王送了小李一张画儿”只能理解成“画儿”由“老王”向“小李”转换。然而在方言里跟普通话“给”对应的概念却可以表示两个完全相反的意思。这说明汉语概念化的方式不仅古今是一致的，不同地域的人也同样受概念化规律的制约。这从一个侧面反映了汉民族认知上的一个共性。

长汀方言的“得”字既可以表示“给予”又可以表示“接受”，是一种授受同辞形象。这类词的表义特点可以解释一些特殊的方言语法现象。不少汉语方言中表示“给予”概念的动词都语法化为被动句标记，比如江苏如皋方言的被动标记te^3a来自该方言的“给予”动词te^3a，青海西宁方言的被动标记$tɛ^4$来自该方言的“给予”动词$tɛ^4$。还有一些方言的处置式和被动式共用一个语法标记。

一、长宁方言，其介词“得”具有两种完全对立的功能：

A. 处置式

（4）我得渠骂一顿。（我把他骂一顿）

（5）和尚得钟敲了两下。（和尚把钟敲了两下）

B. 被动式

（6）渠得人打哒。（他被人打了）

（7）猪仔儿得猪婆踩死倒。（小猪崽被母猪踩死了）

二、厦门方言，“互”可以做处置和被动两种标记：

A. 处置式

（8）看互伊了。（把它看完）

（9）矫互伊四正。（把它端正好）

B. 被动式

（10）恁互伊骗去。（你们被他骗了）

（11）老王互人选做代表。（老王被大家选为代表）

处置式标记的是动作行为的承受者——受事，被动式标记的是动作行为的发出者——施事。就动作的方向来说，两个格式所标记的对象是完全相反的。语法化的必要条件之一是语义的相宜性，只有语义上适宜的词语才会演化成某一特定语法范畴的标记。那么“给予”类概念何以能够演化成两种完全相对的语法成分的语法标记呢？这也许能够从它们可以表示两个相反方向的动作行为中得到解释。特定方言的“给予”类动词的具体语法化过程尚需作进一步的研究。

6.3.4 语法化中动词方向义的中和

方言中的情况比较特殊，同时向处置式和被动式标记发展的普通动词，具有两个方向相反的意义。因此，我们推测这可能是有关词汇向两个功能相反的语法标记语法化的基础。然而普通话中的动词“给”是一个方向明确的动词，它也同时演化成了处置式和被动式的标记。我们认为，这是因为“给”在语法化过程中中和了原来词汇的明确方向性。

现代汉语的“给”可以做处置式标记，同时它也可以做被动式标记。例如：

A. 处置式

（12）我给电视机修好了。

（13）我给电视机弄坏了。

B. 被动式

（14）门给风吹开了。

（15）衣服给雨淋湿了。

“给”字除了在处置式和被动式中引进动作的受事和施事外，还可以在两类句式的谓语动词之前出现。例如：

（16）他把衣服给晾干了。

（17）让我把杯子给打碎了一个。

（18）我们把房间都给收拾好了。

（19）衣服让他给晾干了。

（20）杯子叫我给打碎了一个。

（21）房间都让我们给收拾好了。

对于某一特定的语法格式来说，哪些词语可以演化成它的语法标记并不是随意的。汉语中同一动词“给”演化成了意义相反的两个语法格式的标记，这在其他语言中十分罕见，表面上看起来十分费解，但是结合汉语概念化时方向义中和的特点，这类现象就不难理解了。这说明一种语言的概念化方式会影响该语言的有关词语的语法化方向。

6.4 现代汉语中有关动作方向性的语法特点

根据上面的分析，汉语中涉及物体转换的动词的方向性是中性的，[1] 它们所在的双宾结构是有歧义的。方向性的中性化不仅表现在动词概念自身上，还表现在结构上。在汉语中具体表现为两类方向不同的动词都可以用于双宾结构。

一、表示“给予”义

（22）a.送我一本书。

b.还我五块钱。

c.教了他一点儿本事。

d.你递我一支笔。

二、表示“取得”义

（23）a.我买了他家一所房子。

b.他抢了我一张邮票。

c.他偷了人家一本书。

d. 他收了我五毛钱。

英语双宾结构的语法意义是单向的，表示“给予”。例如：

【1】这里讲的“方向性中性”是就语言使用的实际情况来说的，从发生学的角度看，一个动词概念化时可能先有一个方向，然后扩展到另一个方向。

（24）a.Show me your essay.

b.I gave him my address.

c.We sent Jack a copy of the letter.

d.Pour me a drink.

e.David saved me a seat.

上述的英汉系统的对立，我们推断是动词概念化的特征对所出现的语法结构的意义影响的结果。具体地说，汉语涉及物体转换的动词具有双向性，使得它们常出现的双宾结构也具有双向性。同理，英语的表物体传递的动词和双宾结构都是单向的。

汉语动词概念化时方向性的中性特点，反映在各个层次、各个方面，对汉语语法的整体特征具有全面而深刻的影响。上文所讨论的是古今汉语中关于物体转换的动词的概念化特征。普通的动词大都具有能量转换的方向性，比如“张三打李四”中“打”的能量由“张三”发出，传递给“李四”。但是，跟其他语言相比，汉语普通动词的这种方向性是较弱的，在一些句法环境中会变得模糊不清。由此带来了汉语一系列特殊的语法现象。下面是汉语语法文献中经常提到的几类现象。

一、容纳句

（25）a.一锅饭吃十个人。→十个人吃一锅饭。

b.一间房子住两个人。→两个人住一间房子。

c.一张桌子坐四个人。→四个人坐一张桌子。

d.一条船装八吨货。→八吨货装一条船。

二、存现句

（26）a.墙上挂着画儿。→画儿挂在墙上。

b.封皮上写着字。→字写在封皮上。

c.桌子上放着书。→书放在桌子上。

d.湖上停着船。→船停在湖上。

三、关系句

（27）a.火车通南昌。→南昌通火车。

b.窗户糊着纸。→纸糊着窗户。

c.车盖着布。→布盖着车。

d.电视机搭着护罩。→护罩搭着电视机。

四、不及物动词带宾语

（28）a.他家又死了一盆花。→他家的一盆花死了。

b.他家又跑了一条狗。→他家的一条狗跑了。

c.他丢了一支钢笔。→他的一支钢笔丢了。

d.他们系走了一个老师。→他们系的一个老师走了。

五、无标记的被动句

（29）a.我扔了一本书。→书已经扔了。

b.我修了一辆车。→车已经修了。

c.我擦了一张桌子。→桌子已经擦了。

d.我吃了饭。→饭已经吃了。

六、结果致使句

（30）a.这封信他写了一个晚上。→这封信写了他一个晚上。

b.这顿饭他吃了八十元。→这顿饭吃了他八十元。

c.那本书他读了三个月。→那本书读了他三个月。

d.这件事他办了一天。→这件事办了他一天。

上述各类句型的各对变换式之间都存在一个动作方向性改变的问题，但是动词自身的形式并不改变。比如，第一类中的“十个人吃一锅饭”动作的方向性是由左向右，然而“一锅饭吃十个人”的方向性正好相反。第五类的情况也类似，“我扔了一本书”的动作方向性是由左向右，“书已经扔了”则相反。如此等等。这些现象也从一个侧面反映了汉语动词概念化的特点。

其他语言中跟汉语对应的动词概念，要么没有汉语的有关语法特点，要么必须借助其他语法手段改变动词的形态。比如英语中跟汉语“吃”、“住”、“放”、“坐”等相对应的动词eat、live、put、sit等都没有对应于汉语的有关句法表现。此外，当主动句变为被动句时，动作的作用方向随之改变，英语的动词形式也必须改变，动词的被动式为“to be＋过去分词”，例如主动式to throw变成被动式为to be thrown。

6.5 结语

本章的分析表明，汉语动词在概念化时方向性往往是中性的，由此引起了汉语一系列的语法特点。一种语言的概念化方式也往往是成系统、有规律的，不论古代、现代还是方言都遵循着相似的概念化方法。概念化是一种认知行为，不同民族认识事物的特点可能不一样，那就会带来概念化上的差别，那么在两种语言中大致对应的两个概念所包含的具体内容也会不一致，由此导致它们的句法行为有别。

动词概念化对语法的影响，充分说明语法和语义的不可分割性。语义和语法的关系到底是什么，两者之间谁是第一位的，这是一个重要的理论问题。根据本章的分析可以看出，语义是第一位的，概念化的方式决定有关词语的句法行为，进而从整体上影响一种语言语法的整体面貌。本章的分析印证了认知语言学的一条原理：语法是概念内容的符号化或者结构化。一个语法格式的意义往往受经常出现于其中的词语的语义特征的影响。

第七章 介词与动词

7.1 引言

介词是个为数有限的封闭词类。它与动词的关系非常密切，以至于学术界长期以来一直讨论，是否有必要把它从动词中独立出来而成为一个单独的词类。出现这种观点的原因主要来自两个方面：（一）几乎所有的汉语介词都是从动词演化出来的，[1]诸如“以、自、从、被、把、为”在古汉语中都曾做过一般动词；（二）有相当大一部分现代汉语的介词兼有一般动词的语法功能，例如“给、比、叫、让、用、依、同、拿”等。介词和动词之间的这种衍生关系和大面积的兼类现象，是其他词类所没有的。

本章的主要目的是从语言系统外部——时间的特性，来探讨形成介词和动词之间独特关系的客观机制，并预测介词和动词关系的未来发展。

7.2 对介词语法特征的考察

介词的定义方式与其他词类的不同。其他词类的定义方式都是积极的、独立的，比如名词的是“可用数量词修饰”、“可用‘没’否定”、“可做主语或宾语”等。然而介词的定义则是消极的、非独立的，通常是拿它跟动词相比，看缺少了动词的哪些特征。通常给介词确定出的特征为：纯粹的介词只能用在连谓结构里，不能单独做谓语（动词都可以）；在兼属动词的介词里，作为动词，有的可以重叠，可以带“了、着、过”等后缀，可是作为介词在句子里出现的时候就不能重叠，也不能带“了、着、过”。介词的定义方式从侧面反映了它和动词之间的亲密关系。

【1】我们对60多个动词进行了考察，发现只有一个“向”似乎是例外，它的本义是“朝北的窗子”，例如“塞向墐户”（《诗经·豳风·七月》）。不过“向”后来也发展出了动词用法，例如“民倍主位而向私交”（《商君书·慎法》）（向：奔向），它的介词用法可能是从其动词用法直接发展出来的。

现在来考察一下介词的语法特征。一般认为，介词不能单独做谓语，因此，例（1）的“在、到、跟、用”分属于两个不同的词类，A组的是动词，B组的是介词。

（1） A B

A	B
a.他在教室里。	a. 他在教室里学习。
b.他已经到北京了。	b. 他到北京去了。
c.他老跟着我。	c. 他老跟着我逛街。
d.他正在用刀。	d. 他正在用刀做饭。

从表义功能的角度看，很难说出例（1）A组的“在、到、跟、用”与B组相对应的词在语义上有什么差别。于是，语言学家就尝试寻求形式上可以加以验证的标准来区别它们。现代汉语教材给出了判别A组和B组有关词语差别的形式标准：凡可重叠、可带“了、着、过”的是动词，否则就是介词。这个形式标准遇到了很大困难。如果把普通动词也放在介词的位置上，同样会失去动词的“重叠”、可带“了、着、过”等语法特征。我们要把这个标准贯彻到底的话，几乎所有的动词就都可以同时归为介词。这显然是不合理的。例如：

（2）A.a.他跟小王散步去了。

b.*他跟了（过）小王散步去了。

c.*他跟跟小王散步去了。

B.a.他陪小王散步去了。

b.*他陪了（过）小王散步去了。

c.*他陪陪小王散步去了。

（3）A.a.他到上海买过衣服。

b.*他到了（过、着）上海买过衣服。

c.*他到到上海买过衣服。

B.a.他去上海买过衣服。

b.*他去了（过、着）上海买过衣服。

c.*他去去上海买过衣服。

例（2）、（3）中的“跟”和“到”一般都认为是介词，它们的确丧失了普通动词的重叠和加体标记的语法特征。可是，当一般动词“陪”和“去”分别出现在“跟”和“到”的位置时，同样也失去了动词的相应特征，而它们做主要谓语动词时，这些失去的特征又会恢复，既可以重叠，又可以加体标记。[1]由此可以自然推出，“不能重叠或加体标记”不是介词本身固有的特征，而是由其所处的句法位置决定的。

为了找到问题的答案，需要全面考察一下动词都有哪些主要句法特征，介词保存的是什么，失去的又是什么，失去的特征又有什么共同之处。

动词的主要语法特征有以下四个：[2]

（一）能用“不”或“没”否定；

（二）能加各种类型的宾语；

（三）能跟体标记“了、着、过”搭配；

（四）能重叠表示动量小或者时量短。

介词保存了动词的（一）、（二）两个特征，[3]失去了特征（三）、（四）。前两个特征都不表达时间信息，后两个都与指示时间信息有关。第一个是单纯表示动作行为的否定，第二个是表示动作行为与其作用对象的关系，两者既不表示动作行为的相对时间位置，也不表示绝对时间位置。而第三、四类都是指示动作行为的相对时间位置或者时间信息，这一点可以从例（4）至（7）的a和b的比较中看出来。

（4）a. 吃了饭再学习。

b. *吃饭再学习。

（5）a. 我到那里时，他们正吃着饭呢。

b. *我到那里时，他们正吃饭。

（6）a.他吃过饭才来。

b. *他吃饭才来。

（7）a. 你们应该讨论讨论再作决定。

b. *你们应该讨论再作决定。

以上4例都是表示两个行为的相对时间位置（一前一后），加体标记或采用动词重叠式的指示相对时间位置的功能非常明显，如果去掉这些句法特征，句

【1】“去”是瞬间动词，没有时段持续的特征，因此不能跟持续体标记“着”搭配。

【2】这里指的是核心动词的情况。不同动词的句法特征可能很不一样，就是同一个动词的不同义项或者同一义项在不同句法位置上的表现也很不一样。

【3】“他不（没）在教室学习”和“他不（没）到上海买衣服”两句中的否定焦点都是其后的介词短语“在教室”和“到上海”，整句的意思可能是“学习了”、“买衣服了”，只是地点不在“教室”或者“上海”。

子就不合法了。

由此可见，介词失去的是动词的与指示时间信息有关的句法特征，保存的是与时间信息无关的句法特征。可以推测，介词的形成与时间的特征有关。

7.3 时间一维性对动词句法特征的制约

时间是物质存在的一种客观形式，由过去、现在、将来构成一个连绵不断的系统。时间的存在，既看不见，又摸不着，只有依靠物质的运动变化才能为人们所感知。这一点也反映在时间的计算公式上：T＝D/S。式中的T代表时间，D代表运动的距离，S代表运动的速度。可见，如果没有事物的运动变化，人们将无法知道时间的发展，也无法对其进行计量。

时间的另外一个特征是，它从过去到现在再到将来无始无终地流失着。这一特征与物体的长、宽、高三维性质相比，可以说时间只具有一维性质。时间的一维性决定了，在计量时间时，如果在同一时间位置发生多个动作行为，就只能选取其中一个的运动速度和距离来计算，否则就会重复计算。如下图所示。

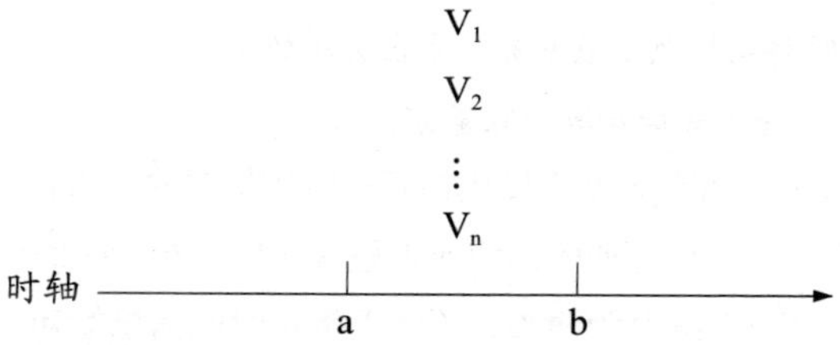

图中，V_1、V_2…V_n代表同一个时间位置发生的多个运动。计算[a, b]的时间量时，只能从中选取一个运动的距离和速度来计算。比如，V_1代表地球绕太阳的运动，V_2代表月亮绕地球的运动，V_3代表四季的更替，等等，如果要计算在历史场合中时间发展的量时，只能选取其中的一个加以计量。

时间的上述特性在语言中的投影即为：几乎所有人类语言的指示时间信息的句法特征都体现在动词身上；同一个句子，如果包含发生在同一时间位置的多个动词，有一个而且只能有一个可以具有与时间信息有关的句法特征。该动词称为“主要动词”，其他的相应叫做“次要动词”。例如：

（8）a.他陪小王逛过（了）公园。

*他陪了（过）小王逛过（了）公园。

b.他正陪着小王逛公园呢。[1]

*他正陪着小王逛着公园呢。

c.他陪小王逛了逛公园。

*他陪了陪小王逛了逛公园。

（9）a.他看我打了（过）球（才走）。[2]

*他看了（过）我打了（过）球。

b.他正看着我打球呢。

*他正看着我打着球呢。

c.他看了看我打球。

*他看了看我打了打球。

（10）a.她给小明打了（过/着）针。

*她给了（过/着）小明打了（过/着）针。

b.她给小明打了打针。

*她给了给小明打了打针。

（11）a.小明替妈妈做了（过/着）家务。

*小明替了（过/着）妈妈做了（过/着）家务。

b.小明替妈妈做了做家务（才出去玩的）。

*小明替了替妈妈做了做家务。

例（8）至（11）都包含两个发生在同一时间位置的行为，由于受时间一维性的制约，只能有一个具有加体标记或重叠等这些与指示时间信息有关的句法特征。上述情况又可以细分为两类：（一）指示时间信息的句法标记的位置不确定，可以是两个动词的任何一个，比如例（8）b的“着”可以移后说成“他正陪小王逛着公园呢”，例（9）a的“过”也可以前移说成“他看过我打球”；（二）指示时间信息的语法标记位置固定，比如例（10）、（11）做主要动词的只能是后一个行为“打针”和“做”。第一类中的次要动词一般都认为是动词，第二类的大都认为是介词。后文将讨论，动词用作次要动词频率的高低或者位置的固定与不固定，是由它们所表达的语义范畴决定的。

介词也可以引进动作行为，即以动词做其宾语。被引进的动词和主要动词

【1】也可以说“他正陪小王逛着公园呢”。

【2】也可以说“他看过我打球”。

自然也处在同一时间位置，根据时间一维性的原则，它的时间信息已由主要动词体现出来了，因此跟次要动词一样，自身也不能再带与指示时间信息有关的句法特征。比如例（12）、（13）的“看”和“调查”做主要动词时，都可以加体标记或重叠，但是处于介词宾语的位置上时就不行了。

（12）a.依我看，这个问题不难解决。

b.*依我看了（过/着），这个问题不难解决。

c.*依我看看，这个问题不难解决。

（13）a.我们经过调查才了解到事情的真相。

b.*我们经过调查了（过/着）才了解到事情的真相。

c.*我们经过调查调查才了解到事情的真相。

需要强调的一点是，时间一维性只作用于两个（或多个）发生于同一时间位置而且又有内在联系的动词。具体地说，一个行为所引进的对象与另一行为的特征（诸如施事、受事、工具、时间、地点等）密切相关时，时间一维性才对其发生作用。

7.4 介词与体标记的搭配

部分介词也可以跟体标记“了”或“着”搭配。常见的介词与体标记的搭配情况有以下这些：

（一）可加“了”的介词：为、除、（发）给、（挂）在、（转）向

（二）可加“着”的介词：跟、临、趁、冲、朝、向、对、沿、顺、照、按、凭、靠

下图刻画了（一）、（二）类介词的语义特征。[a, b]表示主要动词的行为发生的时间位置。

假定主要动词所代表的动作行为发生的时间位置为[a, b]。第一类介词引入的对象发生的时间位置与主要动词的不一致，或者是[x, a]，或者是[b, y]。介词“为”引进的是动作的原因、目的，从逻辑上讲，原因、目的的时间位置必然位于主要动词之前，因此介词“为”所引进的动作行为和其主要动词所指在时间上不重叠，所以可以说“为了职工能安心工作，机关办起了托儿所”。“为了”和“办起了”的时间关系大致为[x, a]+[a, b]，所以仍遵循着时间一维性

的原则。然而当“为”引进的是动作的受益者时，它跟主要动词就没有先后之分，两者的时间位置是重叠的，这种用法的“为”就不能跟“了”搭配，比如不能说：“*请为了我向主人表示谢意。”原因是这时加“了”就违背了时间一维性原则。介词“除”是表示“不计算在内，排除在外”，所指自然与主要动词的时间位置不交叉，同理，也可以与“了”搭配，比如“除了下棋，他还会打球”。

“动＋给/在/向”等短语表示动作发展到某一阶段或达到某一位置，介词所引进的对象的时间位置紧接在主要动词的时间位置之后，即[b, y]，因此它们与主要动词的时间位置也不重叠，所以可以说“发给了大家”、“挂在了墙上”、“目光转向了我”等。这一点也可以用反证法来证明。如果位于主要动词之后的介词不是表示行为达到某一状况或位置时，那么该类介词与主要动词在时间上就没有明显的错位，也就不能跟体标记搭配，比如不能说“*引自了《论语》”、“*黄河发源于了青海”等。

第二类介词引进的是主要动词的地点、方向、与事等，它们与主要动词的行为是共现关系。该类介词所引进的行为具有明显的时段持续特征，因此可以跟持续体标记“着”搭配。这时，“着”既可以出现在介词之后，也可以出现在主要动词之后，但是，由于受时间一维性原则的制约，“着”不能在两个位置上共现。[1]例如：

（14）a.小王正跟着他散步呢。

b.小王正跟他散着步呢。

c.*小王正跟着他散着步呢。

（15）a.他正趁着大伙儿聊天的工夫看书呢。

b.他正趁大伙儿聊天的工夫看着书呢。

c.*他正趁着大伙儿聊天儿的工夫看着书呢。

（16）a.他正沿着湖边儿骑自行车呢。

b.他正沿湖边儿骑着自行车呢。

c.*他正沿着湖边儿骑着自行车呢。

上面讨论，部分介词可以跟“了”或者“着”搭配，然而全都不能跟

【1】有一些介词后的“着”的位置比较固定，一般不能移在主要动词之后，例如：“他凭着多年的经验修理好了那台机器。”

“过”搭配。这种现象可以从三个体标记的分工中得到解释。“了”是实现体，表述动作行为处于事实的状态之下；“着”是持续体，表述动作行为正在进行之中；“过”是结束体，表述动作行为的终结。介词的功能是引进与主要动词动作行为有关的对象，这就要求介词所引进的行为在主要动词的动作行为发生的时候，是业已存在的（或者是已成为事实，或者是正在进行之中），因此“了”和“着”的表义功能与介词的功用不冲突，所以有时可以跟介词搭配。然而，“过”是表述动作行为的“结束”，如果用它来跟介词搭配，就意味着与主要动词的动作行为不发生关系，显然与介词的功能相抵触，所以介词都不能跟“过”搭配。

普遍认为，“为了、除了、跟着、沿着”等都是单一的介词，其中的“了”和“着”与动词的体标记不是一回事。从以上的分析可以看出，介词后的“了”、“着”也是体标记，也具有指示相对时间位置的功能，因此也都受时间一维性的制约。

7.5 介词的语义范畴

几乎所有的动词都可以用作次要动词，这意味着每一个动词在特殊的句法位置上都可暂时失去与指示时间信息有关的句法特征。但是，代表不同语义范畴的动词，用作次要动词的频率差别悬殊。决定动词用作次要动词的使用频率的关键因素是，它们所涉及的对象与动作行为的特征之间关系的密切程度。一个典型的动作行为的特征主要包括：（一）施事；（二）受事；（三）与事；（四）工具；（五）处所；（六）时间；（七）范围；（八）目的；（九）方式；（十）原因。凡是可以引进这些对象的动词，用作次要动词的频率就高。这样长期使用的结果，就可能使得次要动词的句法特征在这些动词身上稳固下来，永远丧失了普通动词的与指示时间信息有关的句法特征，最后从动词分化出来而成为一个新类——介词。虽然一般动词都可以偶尔用作次要动词，可是次要动词的句法特征在它们身上没有稳固下来，所以还属于普通动词，前文例中的“去”、“陪”、“看”都是如此。从理论上推断，介词从动词的演化过程大致经历以下几个阶段：

第一阶段：普通动词；

第二阶段：经常或者只出现于次要动词的位置；

第三阶段：丧失了普通动词与指示时间信息有关的句法特征而转化为介词。

根据语义范畴来划分，现代汉语的介词主要有以下几类：

（一）引出施事：被、叫、让、由、给

（二）引出受事：把、将、拿

（三）引出与事：跟、给、对、为、比

（四）引出工具：用、以、拿、通过

（五）引出处所：在、于、从、自、打、由、朝、向、沿

（六）引出时间：从、自、打、在、当、于

（七）引出范围：关于、至于、对于、论

（八）引出原因或目的：为、因为、以、借以

（九）引出方式：以、经过、通过、凭

语义范畴决定动词用作次要动词的频率，用作次要动词的频率又决定哪些动词最容易演化成介词。这一点还可以从不同语言表达同一语义范畴的词往往属于同一词类的事实中得到证明。比如英语中跟汉语介词“被、给、为、用、通过、从、在”等的语义范畴对应的分别是by、to、for、with、through、from、at等，也都是介词。而且，英语介词的句法特征跟汉语的一样，只具有动词的“带宾语”和“被否定”的与指示时间信息无关的句法特征，失去了动词的时、体、态、人称等与指示时间信息有关的句法特征。

7.6 时间特性对语言发展中词语替换现象的影响

普通动词演化成介词后，这些介词不能再用作主要动词，但是语言交际中仍要求该介词所代表的动作行为概念（语义范畴）担当主要动词的功能，那么语言就采用造一个新的普通动词的办法加以补偿。可是这个新产生的普通动词的语义范畴仍与主要动词的特征密切相关，因此它的命运跟前者一样，仍经常用作次要动词，在时间一维性的作用下，又演化成了介词。这一过程循环往复地进行下去，结果就形成了语言发展史上有趣的词语替代现象。汉语发展史上有很多这方面的例证，下面我们就以引进受事、施事、工具的介词的演化过程加以说明。

（一）引入受事的介词的替换

最早引入受事的介词是“将”。它在约公元前11世纪一直到公元7世纪的文献中，都是作为普通动词用的。例如：

（17）a.无将大车。（《诗经·小雅·谷风之什》）（将：赶）

b.阙党童子将命。（《论语·宪问》）（将：传达）

c.及将币之日，执书以诏王。（《周礼·春官·宗伯》）（将：送）

d.将炙啖朱亥，持觞劝侯嬴。（《侠客行》）（将：持）

“将”在大约7世纪初演化出“握、持”等义项，该语义范畴非常适宜引入动作行为的受事，因此经常用作次要动词，7世纪（唐初）的文献中有大量这方面的用例。发展到8世纪，“将”就完全丧失了普通动词的与指示时间信息有关的句法特征，而演化成一个纯粹的介词。这个时期引入受事的典型格式是“将＋NP＋VP”。

现代汉语中最常用的引入受事的介词是“把”。“把”在公元前4世纪左右已作为一个普通动词产生了，例如：“禹亲把天之瑞令以征有苗。”（《墨子·非攻下》）（把：掌握）到了7世纪，“把”也演化出了跟“将”相近的义项“拿着”、“手持”，比如“步人抽箭大如笛，前把两矛后双戟”（《客哥舒仆射》）（把，握）。“把”在8世纪的大量文献中都是做次要动词，因为它的语义特征也适于引入动作的受事。继“将”之后，“把”在10世纪左右也随之成了纯粹的介词。在此之后的文献中，引入受事的任务主要由“把”承担。现在，“将”只保留在个别的书面语或者成语中，例如“将理论进一步完善”、“将功折罪”、“将心比心”。

表示“用手或者其他方式抓住、搬动（东西）”语义范畴的普通动词“将”和“把”先后演化成了纯粹的介词，它们不能再做主要动词了。然而，语言交际中仍需要表达该语义范畴的动词承当主要动词的职务。这样，在近代汉语就出现了表达相同语义范畴的普通动词“拿”。据现在可查的文献来看，“拿”的上述义项正好产生于“将”和“把”相继演化成介词的时候，在10世纪左右。同样的道理，在现代汉语中，“拿”也演化出了介词的用法，例如，“你别拿我当小孩儿”、“我简直拿你没办法”等。也许在不久的将来，“拿”也会变成一个纯粹的介词，语言中又会出现一个新的动词来承担“拿”的普通动词用法。从理论上讲，这一词汇替代过程是没有终结的。

（二）引入施事的介词的替换

公元3世纪（汉代）之前，引入施事的介词是“为”。“为”在上古汉语中是作为普通动词“做、干”用的，例如：“予欲宣力四方，汝为。”（《尚书·虞书·益稷》）后来发展出“致使”的义项，例如：“今君疾病，为诸侯忧。”（《左传·昭公二十年》）该义项相当于现代汉语的兼语式动词“使、叫、让”等，适于引入第二个动词的施事。因此“为”用作次要动词的频率就很高，在时间一维性的作用下，逐渐丧失了动词的与指示时间信息有关的句法特征，而演化成纯粹的介词。例如：“身死人手，为天下笑者，何也？”（《过秦论上》）“多多益善，何以为我禽？”（《史记·淮阴侯列传》）

现代汉语中引入施事的典型介词是“被”。“被”的本义是名词“被子”，后来发展成为普通动词“覆盖”，例如：“皋兰被径兮。”（《楚辞·招魂》）到了汉代又引申出新的用法“遭、受”，例如：“项王身亦被十余创。”（《史记·项羽本纪》）“遭、受”的语义范畴也极适于引入其后动作行为的施事，因此也常用作次要动词，在时间一维性的作用下，逐渐丧失了普通动词的与指示时间信息有关的句法特征，“被”到了南北朝时期（约公元5世纪至6世纪）已发展成为一个单纯引入施事的介词。“被”后来逐渐取代了“为”的位置，而“为”的被动用法只限于少数书面语或者熟语的格式中。

现代汉语还有两个动词“叫”和“让”也具有引入施事的功能。“叫”的本义是“叫喊”，后来发展出了“致使”的义项，比如“厂里叫我到上海去一趟”等。该义项也适于引入动作行为的施事，因此也就出现了相当于介词“被”的用法。例如：

（18）a.墨水瓶叫弟弟打翻了。

b.手指叫镰刀划破了皮。

c.三张票叫他拿走了两张。

“让”的本义是“谦让、退让”，后来也发展出了“致使、容许”的含义，比如“让他去办那件事”。同样的道理，“让”也具有介词“被”的用法。例如：

（19）a.活儿都让他们干完了。

b.窗户让大风吹破了一扇。

c.衣服让树枝挂破了一道口子。

在现代汉语口语中，“叫”和“让”已经常用来作为引入施事的介词。将来，“叫”或者“让”也许可以取代“被”的地位而成为引入施事的典型介词。这一过程与引入受事的介词相似。

（三）引入工具的介词的替换

上古汉语中引入工具的介词是“以”，例如：“杀人以梃与刃，有以异乎？”（《孟子·梁惠王上》）“以”原来也是一个普通动词，作“为、行事”讲，例如：“视其所以。”（《论语·为政》）后来又出现了一个表达

"使用、任用"语义范畴的动词"用"，该义项更适于引入动作、行为的工具，这样它也就经常做次要动词，在时间一维性的作用下，演化出了专门引入工具的介词用法。例如：

（20）a.他用刀切菜。

b.他用石头堆起了一座假山。

c.他用电脑学习英语。

从史料上看，"用"的普通动词用法略晚于"以"，它演化为引入工具的介词也在"以"之后。在现代汉语中，引入工具的常用介词是"用"，"以"引入工具的功能也只存在于书面语或熟语之中。

从以上事实可以得出两条结论：（一）时间一维性是造成语言发展史上词语替换现象的主要因素之一，主要表现在动词和介词之间。时间的特性制约着语言的句法规则，句法规则又通过语义范畴影响着词汇的发展。（二）介词不可能从动词中干净利落地分化出来，它们之间的关系永远是纠缠不清的。与动作行为特征密切相关的动词，由于经常用作次要动词，最后演化成了介词。这个介词原来的职责会再由一个新的普通动词来承担。从理论上讲，这个过程是没有终结的。

7.7 介词和动词在构词方式上的差别

现代汉语主要依靠单、双音节的构词法来作为介词和动词的区别形式。单音节的普通动词在演化为纯粹介词之后，它原来的动词用法就以其为词根构成一个双音节词来表示。这种分工非常明确，一般不能混用。下面A组的单音节词一般只能做介词，双音节词则只能做动词。

A	B
把（他把窗户擦干净了）	把握、把持
连（连我也算进去）	连接、连通
论（论干活数他第一）	讨论、论述
管（古人管眼睛叫目）	管理、掌管
从（从上海出发）	随从、服从
比（他比小王高）	比较、攀比
跟（他跟小王去看电影）	跟随、跟踪
为（为大家办实事）	成为、作为

也有为数不多的动词和介词的构词方式正相反，单音节的常做动词（有时也可做介词）。而双音节的只能用作介词，例如："通——通过、依——依照、据——根据、对——对于"等。

通常认为，汉语词汇由单音节向双音节发展的原因是对汉语语音系统简化的一种平衡手段。由以上的分析可以看出，形成汉语词汇双音化趋势的动力不仅仅来自语音系统内部，而且也来自句法方面，即词汇的句法分工逐渐明确，要求用相应的构词方式加以区分。

7.8 结语

我们可以从三个方面概括本章的分析。首先，介词跟动词的本质区别实际上是它们用作次要动词的使用频率上的差异。动词所代表的语义范畴与动作行为的施事、受事、地点等特征之间关系的密切程度，决定了它们用作次要动词的频率。密切程度高的经常用作次要动词，它们的句法位置慢慢地固定下来，最后只能出现在次要动词的位置上，在时间一维性的制约下，永远丧失了普通动词的与指示时间信息有关的句法特征，最后从动词中分化出来而成为一个新类——介词，"把、被、以"等的演化过程都是如此。另有一类与动作行为特征密切相关的动词，它们虽然也经常用作次要动词，但是同时还兼有主要动词的用法，它们就是动词和介词的兼类词，"比、跟、到、在"等就属于这一类。第三类是普通动词，它们虽然可以偶尔用作次要动词，但是用作主要动词的频率要高得多，这是因为它们的语义范畴与动作行为的关系比较远，这类词属于核心动词，比如"看、说、去、陪"等。

其次，时间一维性是条客观规则，它不仅对汉语的句法结构有制约作用，对于其他语言的句法也同样有影响。比如英语中，一个句子里如有发生在同一时间位置的多个动词，就只有一个可以具有与时间信息有关的形态变化，诸如时、数、格、人称等，其余的都不能有这些形态标记。例如：

（21）a.She gave me an injection this morning.

b.*She gave me injects （injected） this morning.

（22）a.James made the TV work yesterday.

b.*James made the TV works （worked） yesterday.

例（21）的injection虽然是名词形式，可是仍代表的是一种行为。因为它的时间信息已在主要动词gave上体现出来了，受时间一维性的制约，借用非时间性的名词形式来消除掉与时间信息有关的句法特征。例（22）的work也不能再有时、数、体的变化，这也是为了遵循时间一维性原则，因为它的时间信息已由made传达出来了。

最后，时间一维性作为一种现实规则，人们有意识或无意识地感知着它，受它制约，又通过人的大脑投射到语言中去，形成了一系列句法规则。这给我们一个重要启示：句法规则不仅是约定俗成的问题，而且往往是有理据可言的；在探求句法规则的理据时，不能够单纯在语言系统内部进行，有时必须从语言系统的外部寻找。

第八章　助动词

8.1　引言

助动词是一个成员有限的封闭词类。虽然汉语学界对这个词类的研究不是很多，但是助动词的探讨在普通语言学理论的发展中是一个至关重要的问题。任何一种语言学理论面临到的最富有挑战性的问题之一就是：如何处理助动词?

汉语学界关于助动词的研究主要围绕着两个问题进行：（一）助动词的词性到底是什么？是副词还是动词？（二）"助动词+动词"的语法关系是什么？是状谓关系还是动宾关系？学界迄今在这两个问题上还是莫衷一是，众说纷纭。结果也给汉语教学带来了很大混乱，不论是初等学校教材还是高等学校教材，都没有一个统一的处理办法，这种局面不免会给学生造成很大的困惑。下面将根据类型学的研究成果，从功能的角度，对这个问题加以论证。

8.2　目前关于助动词的研究和教学

从意义上看，助动词是表示能力、愿望、可能、责任等意义的词，虽然各学者的划分范围有些出入，但一般都包括这些成员："能、能够、会、可以、可能、得、要、敢、想、应该、应当、该、愿意、情愿、乐意、肯、许、准、（不）配、值得"等。从结构上看，典型的助动词只能出现在下述格式里：

Aux（助动词）+ VP（动词短语）

例如：

（1）他会开飞机。

他能参加明天的会议。

我愿意接受这项任务。

你得准备功课。

助动词明显的语法特点主要有：

一、不能重叠；

二、不能带体标记“了”“着”“过”；

三、可以放在“~不~”的正反问句格式里；

四、可以单说。

对上述现象的看法不尽相同，主要集中在两个方面：一是助动词的词性，二是助动词与其后动词的语法关系是什么。这两个问题密切相关，前一个决定后一个。下面只介绍有代表性的学者的观点：

（A）助动词是副词，助动词与其后动词的关系为“状＋谓”。

（B）助动词是一类特殊动词，它与其后动词的关系为“动＋宾”。

（C）“兼类”说。助动词里边有一部分是表示可能与必要的，有一部分是表示愿望之类意思的，所以又叫做“能愿动词”。前一种接近副词，后一种接近一般要求带动词宾语的动词，这两方面的界限都很不容易划清。

8.3 来自其他语言的启示

8.3.1 中国境外语言的情况

如果我们的视野扩大一点儿，就比较容易找到问题的答案。很多问题，假如只限于汉语内部，似乎这样说也可以，那样说也行，但是跟其他语言一比照，不同观点的优劣马上就可以显示出来了。国际语言学界的类型学研究成果非常值得我们借鉴。

表1 世界其他语言的助动词及其相关结构

语言	VO（1） OV（2）	介＋宾（1） 宾＋介（2）	助＋动（1） 动＋助（2）	谓＋状（1） 状＋谓（2）
Basque	2	2	2	2
Burushaski	2	2	2	2
Chibca	2	2	2	1
Finnish	1	2	2	2
Greek	1	1	1	2
Guarani	1	2	2	1

（续表）

Hindi	2	2	2	2
Italian	1	1	1	2
Kannada	2	2	2	2
Masai	1	1	1	
Maya	1	1	1	2
Norwegian	1	1	1	2
Nubian	2	2	2	
Quechua	2	2	2	2
Serbian	1	1	1	2
Swahili	1	1	1	2
Turkish	2	2	2	2
Welsh	1	1	1	1/2
Zapotec	1	1	1	1

一种语言的语法组织往往是和谐统一的，表现为同一性质的短语往往采用相同的语序。具体统计结果如下：

一、共有8种语言是OV语序，它们全部是“宾 + 介”和“动 + 助”，三种结构的语序一致率为100%。

二、共有11种语言是VO语序，其中9种是“介 + 宾”和“助 + 动”，三种结构的一致率为80%强。两个例外为Finnish和Guarani。

仔细观察两个例外Finnish和Guarani，它们都是采用“宾＋介”语序。古Finnish也是OV顺序，即它实际上不是例外，它的“动＋助”与早期的宾语和动词的语序是一致的。一种语言的语序会发生变化，但是发展总是单向的，只有SOV→SVO，没有相反的发展。当它的句子基本语序发生变化时，不会马上引起同类结构的变化，需要到一定的历史时期才能达到新的结构和谐。语序的变化会首先发生在谓语核心动词和宾语之间，然后才会类推到介词和其宾语以及其他结构上。由此我们也可以推知，Guarani的早期语序也应该是OV。也就是说，表面上看似例外的语言实际上并不是例外。可以看出动宾短语和助动词短语之间具有100%的语序一致性。我们汉语的基本语序为SVO，所以汉语的助动词总是置于动词之前。

此外还有一个重要的语法特征值得我们注意。对于动词具有时态和人称标记的语言，在普通的陈述句里，只有谓语的核心动词才能带上这些语法标记，它被称为限定动词。Greenberg统计的上述19种语言中，时和人称标记都是加在“助+动”短语的助动词上。因此，助动词应被看做句子的限定动词。

根据上面的分析，我们得出以下重要的结论：

助动词是谓语的核心，它与其后动词之间的语法关系为动宾关系。

这一结论还有一个重要的佐证：跟助动词短语一样，介宾短语的语序也总是跟动宾的一致。道理很明显，介宾结构实际上是动宾结构的一个小类，从历史上看，介词很多都是从动词发展而来的。

我们还可以用反证法来证明“助+动”不是状中偏正关系。不同性质的语法关系的短语就不一定有一致的语序，特别是从多种语言的考察中发现，它们之间不存在一对一的语序对应关系。我们的推论是：

假如助动词和动词是状语和谓语的关系，那么它们的语序应该是一致的。因此，如果一种语言采用了“状+谓”语序，那么它的助动词短语的顺序就应该是“助+动”；如果一种语言采用了“谓+状”，那么它的助动词短语的顺序就应该是“动+助”。然而，统计的结果告诉我们，不存在这种语序一致关系，所以助动词和动词之间的语法关系不是状语和谓语的关系。

根据上表的统计，在19种语言中，就有9种语言的助动词短语与状中偏正短语的语序不一致。具体地说，两种语言是“助+动”，而它们采用了“谓+状”的语序；8种语言是“动+助”，而它们采用了“状+谓”的语序。可见两种短语结构的语序关系是随意的，这说明它们的语法性质不同。

8.3.2 中国境内少数民族语言的情况

中国境内有十分丰富的民族语言，民族语言中反映出的规律对我们汉语研究也同样具有启发作用。下表是对中国境内35种少数民族语言的统计结果。

表2 中国境内少数民族语言的助动词及其相关结构

	壮侗	苗瑶	藏缅	突厥	蒙古	满－通
VO OV	6 0	4 0	1 16	0 3	0 3	0 2
介＋宾 宾＋介	6 0	4 0	1 16	0 3	0 3	0 2
助＋动 动＋助	6 0	4 0	1 16	0 3	0 3	0 2
谓＋状 状＋谓/谓＋状 状＋谓	0 5 1	0 2 2	1 0 16	0 0 3	0 0 3	0 0 2

中国境内这35种语言所反映出的规律，跟那19种语言的完全一致。具体数据如下：

一、总共11种VO语序的语言，它们全部都是“介＋宾”和“助＋动”顺序，语序一致率为100%。

二、总共24种OV语序的语言，它们全部都是“宾＋介”和“动＋助”的顺序，语序一致率为100%。

由此可以推断，助动词和动词之间的语法关系跟动词和宾语、介词和宾语的关系一致。

同时，助动词和动词的关系不是状中式偏正结构，它们之间没有语序一致关系。具体数据如下：

一、在所有24种“动＋助”语言中，全部都采用了“状＋谓”的顺序，即它们的语序正好相反。

二、在所有11种“助＋动”的语言中，1个采用“谓＋状”语序，3个采用“状＋谓”语序，7个是“谓＋状”和“状＋谓”两可。

显然，助动词短语和状谓短语之间的关系是随意的，由此可以看出它们的语法性质也是不一样的。

8.4 助动词短语的功能分析

从54种语言的统计数字中我们可以看出，助动词短语的语法性质和语法关系应该与动宾和介宾的一致，而与状中短语的不一致。但是这个结论只是统计性质的，要使我们的论点建立在牢固的基础之上，还必须分析助动词短语的功能。

句子各个成分的语法地位和表达内容之间并没有必然的对应关系。学界有一种观点认为助动词有些像副词，有些像动词，它们的界限都很不容易划清。这里所依据的是一种意义标准，主要是看意义的重点是在助动词上还是在动词上。在英语的传统语言学中，也是根据意义来确立成分的语法地位的，对于助动词短语，意义具体的那个普通动词叫做“主要动词”，意义抽象的那个成员则叫做“助动词”。顾名思义，“助动词”是辅助其他动词表义的成分。这个叫法实际上有些误导，似乎助动词是副词一类的成分。

我们认为，助动词是所在动词短语的核心。理由为，普通的陈述句的谓语中心是限定动词，只有限定动词才能加上时、人称等语法标记，然而如果句子有助动词的话，这些语法标记就只能加在助动词上。汉语语法中没有这些形态标记，因此我们无法根据这个标准确定助动词的语法功能，然而我们可以寻找其他途径来解决这一问题。

一、能愿动词短语与普通的动宾短语具有平行的正反问句变换格式。例如：

	能去	吃饭
（2）	你能去不能去？	你吃饭不吃饭？
	你能去不能？	你吃饭不吃？
	你能不能去？	你吃不吃饭？
	你能去不？	你吃饭不？

二、一般副词之后的动词还可以加上体标记或者重叠，助动词之后的动词则不可以。例如：

（3）	他曾经开过火车。	*他会开过火车。
	他已经完成了任务。	*他能完成了任务。
	她认真地准备着功课。	*她愿意准备着功课。
	她忽然望了望四周。	*她肯望了望四周。

由此可见，助动词和副词的性质并不一样，副词不影响其后动词的语法特征，助动词后的动词则失去了很多动词的特点，实际上已经被名词化了。由此可见，助动词之后的动词已经失去了谓语中心语的地位。

三、在单独回答问题上，助动词跟普通动词的句法行为一样，但与副词的不一样。

（4）你会不会开车？——会。

你喜欢不喜欢打羽毛球？——喜欢。

你吃不吃香蕉？——吃。

他已经来了没有？——*已经。

从单独回答问题上可以看出，“会”与“喜欢”、“吃”是一类的，它们都可以代替整个动词短语，然而跟副词“已经”的功能不一样。由此可以推知，“会开车”跟“喜欢打羽毛球”、“吃香蕉”的语法关系是一样的，都应该是动宾关系。

四、现代汉语中的助动词在历史上都曾经作为普通动词用，带名词性宾语。

（5）非曰能之，愿学焉。（《论语·先进》）

（6）小子鸣鼓而攻之可也。（同上）

（7）应之以治则吉。（《荀子·天论》）

（8）弗听，许晋使。（《左传·僖公五年》）

当然，原来的普通动词跟今天的助动词用法会有些差异，但是由此仍可以看出它们之间的历史渊源。普通动词如何向助动词发展值得进一步探讨。

五、现代汉语的部分助动词还可以带名词宾语，仍具有普通动词的特点。

（9）他会书法。

他不配这个称号。

这项任务得三个人。

我们需要大家的帮助。

通过以上的分析我们知道，不论从跨语言的角度来看，还是从汉语语法系统内部来看，抑或是从历史的角度来看，我们都应该把“助动词+动词”看做动宾关系。从学术的角度讲，这样处理不仅可以保证语法体系的严谨与和谐，而且也能反映出汉语与其他民族语言的共性。而且，汉语的语法教学体系只有建立在科学的研究之上，教学效果才能更理想，也才能消除学生学习中的困惑现象。

8.5 结语

关于汉语助动词的语法地位问题，长期以来莫衷一是，众说纷纭。这跟我们的研究视野和研究方法有很大关系。如果把我们的眼界放宽一些，以类型学的眼光来看这个问题，我们往往比较容易找出问题的答案。在上述的54种语言中，所有语言的助动词短语的语序都跟动宾短语的一致，而跟状中短语没有对应关系。从汉语内部来看，助动词短语与普通的动宾短语具有一致的句法行为。由此我们自然可以得出结论：“助+动”短语是动宾关系。

本章的研究也给我们一个重要的启示：跨语言的比较研究，或者说类型学的视野，可以促进汉语的研究。中国境内有100余种少数民族语言，这是我们中国语言学的一块宝藏，在调查研究上也已经取得了丰硕的成果，很多成果等待着我们汉语工作者去开发、利用。我们相信，如果汉语的研究能够跟少数民族语言的研究结合起来，不仅可以大大拓宽汉语研究的视野，也可以揭示人类语言的许多普遍规律，从而使我们的研究更具有普通语言学的意义。

本章的结论不仅可供汉语教材的编写者参考，而且也可以应用于历史语言学的研究之中。上古汉语的疑问代词做宾语时要置于谓语动词之前，否定结构中的宾格代词也是如此，因此就有人认为这是上古汉语SOV语序的残留。假如真的是这样的话，那也应该保留“动+助”或者“名+介”语序。可是并没有这样的证据。我们认为这种特殊的语序是当时的一种语法手段，不能作为上古汉语SOV语序的证据。

第九章 形容词的数量特征与句法

9.1 引言

人类的认知对象不外乎“质”和“量”两种。在语言中，对“质”的认知结果是代表不同范畴的一个个词语。范畴化是认知语言学的核心课题之一，它与语法之间具有密切的关系。在范畴化过程中，也离不开对有关概念“量”的认识，量的特征往往在决定有关范畴的句法行为时起关键作用。

9.2 关于形容词的语法特性

形容词与名词、动词一起构成一种语言的三大基本词类。有学者对形容词是否属于一个独立的词类产生过质疑，甚至有人认为汉语干脆就不存在形容词，所谓的形容词实际上都是动词。形成这些观点的原因大多是拘泥于其他语言的形容词的一些形式特征来看汉语的，这种观点在汉语学界并没有产生太大的影响。汉语学界一直在认真探讨形容词的语义和句法特征。

在讨论之前，我们首先遇到一个划分形容词范围的问题。不同的论著在这一点上意见分歧很大。其实，目前总结出来的形容词的语法特征，没有一个是可以统管全局的。跟其他词类的内部情况一样，形容词内部成员的语义类型很不一样，它们的句法表现也不一致。鉴于这种情况，本章讨论的范围包括所有传统认为属于形容词的成员。当然，我们也有自己划分形容词的形式标准，即一个语义特征：形容词是描写事物性质状态的词；两个形式特征：它们不能像动词那样带宾语，也不能像名词那样被数量词修饰。

形容词的语法特点可以概括为以下几条：

（a）一般能用副词“很”或者“不”修饰；

（b）常做定语和谓语；

（c）一些形容词能够重叠；

（d）一些形容词能够修饰动词。

前两个特点是大家普遍接受的。但也存在着很大的问题。下面简单加以说明。

先看能加程度词“很”这一标准。这一标准首先把所谓的“非谓形容词”或者“区别词”排除在外，这一类的成员很多，打开形容词词典，会发现不能受“很”修饰的比能受“很”修饰的还多，有人把它们另立一类，似乎解决了问题。但是实际情况远比这复杂。有些虽然不能受“很”修饰，但是可以受其他程度词修饰，比如“主要、前、后、本质、尖端”等都只能受“最”修饰。在这一点上，它们与典型的非谓形容词也是不一样的，诸如“男、女、正、副、彩色、黑白”，是不能被任何程度词修饰的。它们应该如何处理？还有一类词不能受“很、最”这类程度词修饰，但是具有形容词的其他句法特征，如“一样、平行、相同”等，可以被“不”否定，经常做定语或者谓语，显然无法归入动词、名词甚至区别词一类。那么，应该把它们归入哪一类？如果按照这个思路进行下去，目前公认的形容词要设立出很多新类加以容纳。这显然不是我们语法分析所期待的结果。

再看能否被“不”否定这一特点。“能否加程度词”和“能否加‘不’否定”两个特点是密切相关的。凡是能受“有点儿-很-最”程度词序列修饰的形容词，都可以被“不”否定。但是两者之间只是一个充分条件关系，即具备前一个条件一定具备后一个条件，但是不具备前一个条件，不一定不具备后一个条件。比如，本章将讨论的一类形容词“平行、垂直、一样、一致”等，它们都不能被上述程度词序列修饰，但是都可以被“不”否定。因为“不”与“很”有这样的内在联系，因此这一标准遇到跟第一个标准一样的问题。

现在看“常做定语或者谓语”这一条。其实这根本不是形容词的典型特征，绝大部分动词也都可以这样用，而且很多名词也可以做定语。即使能用于这两个位置的形容词，它们的具体情况也不尽一样，有些是必须加“的”，有些是不能加，还有一些则两可。总之这个标准基本不能用来确定形容词的范围。至于常说的其他两个特征——“一些能重叠”和“一些能修饰动词”，只适用于一小部分形容词，更不能作为形容词的典型特征。

我们对形容词情况的一个基本认识是，形容词的数量语义特征的类型不限于加程度词一种，它们的句法行为也是丰富多彩的。而且两者之间有一种内在的联系：一个形容词的数量特征决定它的句法行为。本章尝试根据数量语义特征对形容词进行分类，并准确预测它们的句法行为。

9.3 形容词的句法行为

本章的分析将证明，形容词的句法行为主要是由其数量特征决定的。其数量特征的外部表现为能否加程度词，或者加什么样的程度词。所以这里把形容词跟程度词的搭配与其他句法行为分开讨论。形容词有如下句法特点。

形式一：不＋A

有不少形容词，特别是那些常用的，可以加“不”否定。比如“好、高、黄、大、远、安定、草率、结实、诚实、高兴”等。但是，与此同时，也有相当大一部分形容词是不能被“不”否定的，比如“正、副、彩色、黑白、相对、袖珍”等。

形式二：A＋了；没＋A；变得＋A＋了

形容词还可以加上体标记“了”等表示一个动态的变化过程。“没＋A”是“A＋了”的相应否定式，它们的使用条件是对等的。但是形容词用于上述格式的情况也不一样，有一些可以直接加“了” 表示动态，比如“好、白、穷、干净”等，但是还有一些必须首先加上一个实义动词“变得”，然后再加上“了”来表示动态，比如“老成、孤单、干脆、从容”等。可以说“他变得老成了”，然而不大能说“*他老成了”。

形式三：AA；AABB

能重叠的形容词的数量是有限的，范围比形式一和形式二的都小。这是因为形容词的重叠要受到各种条件的限制，除了受较主要的数量语义特征限制外，还有感情色彩和内部构词方法的制约。

就单音节形容词重叠来说，只能给出一个必要条件：只有能受程度词序列“有点儿-很-最”修饰的，才有可能重叠，比如“大、硬、快”等。与此同时，一个严格的“负”规律是：凡是不能被程度词修饰的，一定不能重叠，比如“中、紫、粉、单、副”等。在符合这个条件的形容词中，还有受感情色彩制约的，消极形容词一般不能重叠，比如“坏、丑、野、穷、乱”等都没有相应的重叠式。

双音节形容词的重叠除了遵循着上述单音节的规律外，还受其内部构词方式的制约。只有两个语素是并列关系的双音节形容词才有可能采用AABB的形式，如“干净、大方、高大、高兴、平坦”等。采用其他构词类型的形容词都不能，如两个语素为主谓关系的：“头疼、心酸、手紧、年轻、肉麻”等；又如两个语素为述宾关系的：“无聊、满意、卫生、讨厌、烦人”

等。注意，有一类内部构造为偏正的双音节形容词可以采用ABAB的重叠式，如“笔直、雪白、飞快、死咸、滚热、喷香”等。因为ABAB的重叠形式只适于内部构词为偏正关系的一类，我们在讨论形容词重叠时不包括这一类重叠形式。

形式四：A.A＋N；A＋的＋N

B.S＋A；S ＋ A ＋的

C.S＋是＋A＋的

这一形式特征主要是指形容词在定语和谓语上的使用情况。不同类型的形容词，在这两个位置上的句法表现差别是非常大的。先看定语的情况。有些形容词做定语一定不能加“的”，比如“正、副、彩色、袖珍、慢性”等，例如可以说“袖珍辞典”，但不说“*袖珍的辞典”。还有一些形容词加不加“的”都可以，比如“大、好、蓝、干净”等，例如既可以说“干净衣服”，又可以说“干净的衣服”[1]。另外一类形容词则必须加“的”，比如“大方、畅通、单纯、孤独、诚实”等，例如可以说“诚实的人”，但不说“*诚实人”。

形容词在谓语位置的使用情况也是多种多样的。有一类可以直接做谓语，比如“这个教室干净”，[2]此类的例子有“大、好、多、近、方便、高兴、诚实”等。还有一类则必须加上“的”才能做谓语，比如可以说“那条马路笔直（笔直）的”，但不说“*那条马路笔直”，属于这类词的多为上面讲的内部构造为偏正关系的双音节形容词。另一类形容词则只能用于格式C，比如可以说“这台电视是彩色的”，但是不说“*这台电视彩色”或者“*这台电视彩色的”，属于这类词的例子还有“紫、单、副、慢性、袖珍”等。

形式五：A.S＋比＋NP＋A

B. S＋最＋A；最＋A＋的＋NP

C. S＋跟＋NP＋A；S＋跟＋NP＋一样＋A

形容词的一个最主要的语法特征是可以用于比较格式。比较格式有三种，上述的格式A为“比较级”，格式B为“最高级”，格式C为“等同级”。不同类型的形容词用于上述三个比较格式的情况差别是很大的。

【1】这里只是讲语法的可接受性，两种形式的表义功能是不一样的。

【2】形容词单独做谓语是有条件限制的，通常是用于两个事物对比的情况。

先看格式A。有些形容词可以用于其中，有些则不能。例如：

（1）a.这本书比那本厚。

b.*这本书比那本一样。

c.*这本书比那本彩色。

格式B的情况也一样，只有一部分形容词可以用于其中。一般来说，凡是可以用于比较级的形容词也都可以用于最高级，比如可以说“这本书最厚”或者“最厚的一本书”。但是，两种格式的使用范围并不完全一致，比如“本质”只能用于最高级，而不能用于比较级：

（2）a.这个问题最本质。

b.这是一个最本质的问题。

c.*这个问题比那个问题本质。

不同形容词用于等同级的情况也很不一样。有些可以直接用于其中，有些则必须加“一样”才行，还有一些干脆就不能用。例如：

（3）a.这个问题跟那个问题一样。　　这条线跟那条线平行。

b.这本书跟那本一样好。　　*这本书跟那本好。

c.*这本书跟那本彩色。　　*这个问题跟那个问题疑难。

以上讨论的是形容词的主要语法形式。从上面的分析我们可以看出，不同类型的形容词的语法形式差别是非常大的。下面我们将讨论形容词的数量特征是如何决定其语法形式的。

9.4 形容词的数量特征与其句法行为

人们在范畴化的过程中，必然伴随着对有关范畴的数量特征的认知。这些数量特征在相当大程度上决定了这些词语的语法特点。不同的词类代表不同类型的事物，它们的数量特征类型也不一样。形容词表示的是事物的性质状态，它们的数量特征可以分为四类：量级序列、百分比、极限和正负值，它们决定了各自独特的语法特点。下面将分别加以讨论。

我们曾经根据形容词能否受量级序列“有点儿-很-最”修饰，把形容词一分为二：定量的和非定量的。能受程度词修饰的形容词代表的是一个程度不等的量级序列或者量幅，是非定量的。其数量特征可以用下图表示。

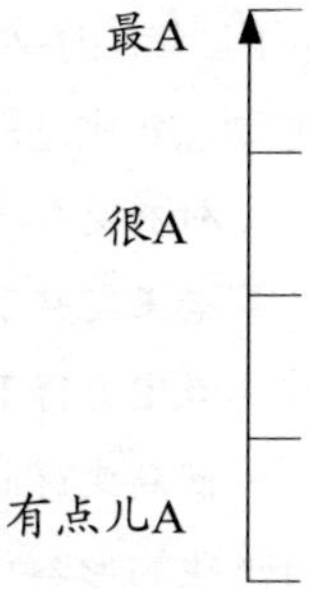

典型的形容词大都属于这一类。比如“老、静、平、热、歪、难、浅、厚、红、空、苦、嫩、亮、光、硬、直、远、安全、轻松、便宜”等。注意，我们这里所说的非定量形容词所强调的是必须能够受这个程度词序列修饰，而不是其中的某一个，比如“尖端、新式、心爱、中间”等都只能为“最”修饰，但是它们仍不属于非定量形容词，句法表现也很不一样。

能加程度词修饰只是其中一类形容词概念义的数量特征的外部表现，形容词的数量特征的类型还有很多，因此不能拿“能否加程度词”为标准来划分形容词。下文将讨论其他数量特征的形容词。这里只举两类例子说明这个标准的不合理性。比如属于同一概念范围的一组词，按照这个标准就会划归为不同的词类。例如：

A.热–温–冷　　大–中–小　　红–粉–白

B.绝对–相对　专业–业余　重要–次要

A组中间的那个词和B组右端的那个词都不能用程度词修饰，单靠能否加程度词这一个标准，它们都应该划归入其他词类。给它们贴上一个新标签，这只是一种回避问题的办法，没有告诉我们任何规律。

9.4.1 量级序列类形容词

现在我们根据第三部分所列的五项形式特征来看量级序列类形容词的句法特点。

形式一：不＋A。所有能被程度词序列修饰的形容词都能被“不”否定。比如可以说“不老、不大、不安静”等。对于形容词来说，加程度词和被“不”否定两者之间存在着内在的联系。“不”否定形容词时，常常确定一个程度较低的量，意为“不及、不够”等，这就是能被“不”否定的形容词必须是非定量的原因。

形式二：A＋了；变得＋A＋了。量级序列类形容词全都可以加上体标记或者其他语法手段，表示性质状态的动态变化过程。例如：

（4）a.衬衣白了。　　　　衬衣变白了。

b.老王胖了。　　　　老王变胖了。

c.教室干净了。　　　　教室变得干净了。

d.问题简单了。　　　　问题变得简单了。

有一些单纯表示主观估计的属性的形容词，其概念义缺乏一个内在的运动变化过程，因此不能直接加“了”，必须借助于表动态过程的普通动词“变得、显得”等才能表示动态过程，这类词大多是双音节的。例如：

（5）a.*人老气了。　　　　人显得老气了。

b.*文章笼统了。　　　　文章变得笼统了。

c.*他马虎了。　　　　他变得马虎了。

d.*她娇气了。　　　　她变得娇气了。

拿“老”和“老气”来比较，就可以看出两类形容词之间的明显对立。“老”是一种客观属性，具有从年轻到老的明显变化过程，因此可以单独加“了”表示动态变化过程。“老气”所表示的性质则是对人的外观的主观感受，缺乏明确的变化过程，因此要表示动态变化时，必须借助于其他词汇手段。

形式三：AA；AABB。只有能被程度词序列修饰的非定量形容词，才具有重叠形式，比如“好好、大大、干干净净”等。下面将要讨论的其他三类形容词全部不能采用重叠形式。这是因为重叠式跟程度词的功能相当，都是为形容词确立一个模糊的量级。形容词的重叠式表示一个“相当高”的程度，其具体语义随出现的句法环境不同而变化。比如“干干净净”相当于“很干净”，“白白的脸蛋”相当于“比较白的脸蛋”，如此等等。这就是只有这类形容词才能重叠的原因。

但是，不是所有的能被程度词修饰的形容词都可以采用重叠形式，实际上相当一部分此类形容词都没有相应的重叠式。消极意义的形容词一般不能重叠。对于双音节形容词来说，还有一个更严格的限制，只有两个语素是并列关系的才能重叠，其他类型诸如主谓、述宾的则都不行。我们这里只给出了形容词重叠的必要条件，关于形容词重叠的更严格的限制值得进一步研究。

形式四：A.A＋N；A＋的＋N；B.S＋A；C.S＋是＋A＋的。在定语和谓语位置上，可受程度词序列修饰的形容词最活跃，可以出现在所有的格式中。例如：

（6）a.大树　　大的树　　树大。　　树是大的。

b.好车　　好的车　　车好。　　车是好的。

c.红叶子　　红的叶子　　叶子红。　　叶子是红的。

d.干净衣服　　干净的衣服　　衣服干净。　　衣服是干净的。

这类形容词在定语和谓语位置上的用法也不完全一致。比如，绝大部分双音节形容词做定语时必须加“的”：“活泼的孩子（*活泼孩子）、空洞的文章（*空洞文章）、和气的领导（*和气领导）”，等等。

形式五：A.S＋比＋NP＋A；B.S＋最＋A；C.S＋跟＋NP＋A；S＋跟＋NP＋一样＋A。所有可受程度词序列修饰的形容词都可以自由地应用于比较级A和最高级B，例如：

（7）a.这棵树比那棵树大。　　这棵树最大。

b.这辆车比那辆车好。　　这辆车最好。

c.这本书比那本书厚。　　这本书最厚。

d.这个房间比那个房间干净。　　这个房间最干净。

在用于等同级格式时，形容词之前必须加表示等同义的副词“一样”等，否则句子就不合法。例如：

（8）a.这棵树跟那棵树一样大。　　*这棵树跟那棵树大。

b.这辆车跟那辆车一样好。　　*这辆车跟那辆车好。

c.这本书跟那本书一样厚。　　*这本书跟那本书厚。

d.这个房间跟那个房间一样干净。　　*这个房间跟那个房间干净。

在等同级的使用上，量级类形容词与下面所讨论的百分比类的形成了鲜明的对立。下面将会看到，百分比类形容词则不能加“一样”。这是因为量级类形容词自身缺乏一个“等同”的义素，所以在表达等同时需要借助于一个外在的词汇形式来标示；同样的道理，百分比类形容词自身已经包含一个等同的义素，因此不需要再借助于其他词汇形式。

9.4.2 百分比类形容词

此类形容词所代表的性质程度跟上面的量级序列类的不一样，它们虽然也是非定量的，但它们所表示的对属性程度高低的判断，依赖于一个参照物的性质程度。该类词的数量特征可以用下图表示。

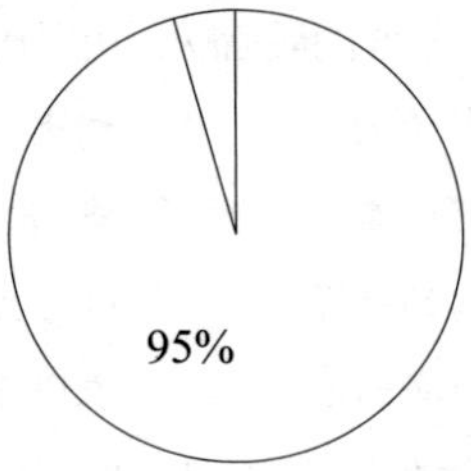

这里设定参照物的程度为100%，然后才能确定有关事物程度的高低。从外在的形式看，典型的百分比类形容词不能被“有点儿-很-最”程度词序列修饰，只能为以下表示比例的副词修饰：“完全、全、全部、几乎、部分（大部分、小部分）”。不是每一个百分比类的形容词都可以用这些副词修饰。还有一部分动词也可以受“完全”类副词的修饰，比如“完全支持他的意见”、“完全符合我们的要求”等。这就涉及动词和形容词划界的问题。[1]我们的标准是看能否带宾语，不能带宾语的是形容词，否则就是动词。意义则作为一个参考项，即划分出来的形容词应该明显是表示性质状态的。同时，我们也参照一些标注词类的工具书。典型的百分比形容词有以下这些：

一致 同一 垂直 平行 等同 雷同 混同 同类 同辈 同步 相同 相等 相反 相配 相称 相似 相当 相仿 相投 相左 不同 不对 错误

它们只能受“完全”类形容词修饰，不能受“很”类程度词修饰。例如：

（9）a.那两条马路完全平行。 *那两条马路最平行。

b.两个工程的进度完全同步。 *两个工程的进度比较同步。

c.他们两个的条件完全相同。 *他们两个的条件很相同。

在百分比类形容词中，有些可以受所有“完全”类副词修饰，如“完全一样、部分一样、几乎一样”等，有些则只能受其中几个副词修饰，如可说“完全垂直、几乎垂直”，但不能说“*部分垂直”，等等。

受“很”类程度词修饰的和受“完全”类程度词修饰的形容词具有共同之处，都代表的是一个量幅，即都是非定量的。“很”类和“完全”类代表的是两种不同的量幅，前者是性质自身程度的高低，后者则是两个事物的有关性质的一致程度，但是，它们不互相排斥，有时是相容的，表现为一部分形容词可

【1】“很”类程度词也有同样的问题，一些表示心理活动的动词也可以被程度词修饰，例如：“我非常同意他的意见”、“我最赞成他的方法”等。

以兼受两类副词修饰。例如：

正常 正规 可靠 正确 够格 准确 合格 逼真 合理 合法 平等 自由 放心 失望 自然 合适 真实 安静 地道 牢靠 平静 清白 清净 踏实 太平 正当 虚假

例如：

（10）a.这里的情况很正常。　　这里的情况完全正常。

b.这篇报道很真实。　　这篇报道完全真实。

可以把上述“正常”类形容词看做量级序列和百分比混合型形容词。但是绝大部分可以受程度词序列修饰的形容词排斥“完全”类副词，比如不能说“*完全厚、*完全孤单”等。

现在来考察典型的百分比类形容词的句法表现。

形式一：不＋A。所有的百分比类形容词都可以被“不”否定，比如“不一样、不等同、不平行”。道理跟量级序列类的一样，也是因为用“不”否定是给形容词确定一个比较低的量级，这就要求所否定的形容词必须是表示一个非定量的量幅。百分比类形容词符合这一语义要求，因此都可以被“不”否定。注意，“完全”是鉴别百分比类形容词的形式标准，意义标准并不完全可靠。比如从意义上看，“相反”跟“相对”有一致之处，但是“相对”不能受“完全”类副词修饰，因此也就不能被“不”否定，例如，不说“*完全相对”、“*不相对”。

形式二：A＋了；变得＋A＋了。百分比类形容词代表的也是一个量幅，隐含着一个动态的变化过程，因此都可以用在形式二中表示性质的动态变化过程。例如：

（11）a.他们的意见一样了。　　他们的意见变得一样了。

b.这两篇文章的主题雷同了。　　这两篇文章的主题变得雷同了。

c.这两个条件相等了。　　这两个条件变得相等了。

d.那两条线平行了。　　那两条线变得平行了。

形式三：AA；AABB。百分比类形容词几乎都没有相应的重叠式。这类词几乎都是双音节的，都不能重叠成AABB式。这是因为形容词的重叠相当于加上一个程度词，给形容词确定了一个模糊程度；然而这类形容词不能被程度词修饰，自然也就不能重叠。量级序列和百分比混合型的形容词有一部分则有相应的重叠式，比如“太太平平、正正当当”等，这种用法主要是由它们具有加程度词的可能性决定的。

形式四：A.A＋N；A＋的＋N；B.S＋A；C.S＋是＋A＋的。百分比类形容词都可以自由用作定语和谓语，做定语时一般需要加“的”。例如：

（12）a.一样的问题　　　　问题一样。　　　　问题是一样的。

b.两条平行的马路　　这两条马路平行。　这两条马路是平行的。

形式五：A.S＋比＋NP＋A；B.S＋最＋A；C.S＋跟＋NP＋A；S＋跟＋NP＋一样＋A。典型的百分比类形容词都不能用于比较级和最高级，例如：

（13）a.*这个问题比那个问题一样。　　*这两个问题最一样。

b.*这两条直线比那两条平行。　　*这两条直线最平行。

这类形容词都可以用于等同级格式，而且不能（无须）加副词“一样”。这一点与量级序列类形容词的用法恰好相反。例如：

（14）a.这个问题跟那个问题一样。　　*这个问题跟那个问题一样一样。

b.他们的情况跟我们的相同。　　*他们的情况跟我们的一样相同。

c.这条直线跟那条垂直。　　*这条直线跟那条一样垂直。

d.这条直线跟那条平行。　　*这条直线跟那条一样平行。

在比较句的使用上，“量级序列”和“百分比”兼类的形容词，其句法行为与量级序列的完全一致，而没有上述典型的百分比类形容词的句法特征。这些兼类形容词都可以自由用于比较级和最高级，用于等同级时则必须加“一样”。例如：

（15）a.*小王跟小张可靠。　　小王跟小张一样可靠。

b.*我的话跟他的真实。　我的话跟他的一样真实。

c.*这个答案跟那个正确。这个答案跟那个一样正确。

9.4.3 极限类形容词

极限是一个高等数学的概念。中国古代的数学家[1]已经提出了类似的思想，但是直到近代西方数学家才为它确定了精确的定义。极限概念的确立为现代分析数学的建立奠定了基础。在考察语言现象之前，让我们看一下极限概念在数学中的定义：

如果变量x逐渐变化，趋近于定量a，即它们的差的绝对值可以小于任何已知的正数时，定量a叫做变量x的极限。可写成$x \to a$，或者$\lim x = a$.

【1】刘徽在《九章算术》中首先提出“割圜术”的方法，并引入了极限的概念。“割圜术”的方法为，圜内接正多边形，当边数逐步增加时，它的周长逼近圜周长，面积逼近圜面积。据此计算圜周率和圜面积。

极限是一种数量特征，表示一个量的增加或者减少有一个限度，即不能逾越定量a。其数量特征可以用下图表示。

极限是现实世界中常见的一种数量特征，人们在概念化的时候，必然受其影响，并且反映在有关词语的句法行为上。

就形容词来讲，极限形容词是指某种性质程度的变化有一个极限，即不超过某个定量。从外部形式来看，极限形容词都可以加上最高级程度词“最”。可受量级序列修饰的形容词，因为都可以加程度词“最”修饰，所以都可以看做是拥有一个极限。只抽象地看，某种性质可能没有一个极限，比如任何高度都可以叫“高”，任何大于一定年纪的人都可以叫“老”，等等。但是我们使用语言离不开具体的语境，而在具体语境中有关事物的数目是有限的，因而所谈论性质的程度自然也有一个极限。比如说“那棵树最高”是指在比较的范围之内“那棵树”的高度达到了极限。

这里所讨论的极限形容词，不包括量级序列类，而是指只有性质极限的词语，即它们表示的不是一个量幅，而是一个趋近于某个定量的极端性质。在语言形式上就表现为只能为程度词“最”修饰。常见的如：

前 后 里 外 上 下 中间 前头 后头 东头 左边 右边 里边 外边 边远 低处 高处 本质 主要 次要 昂贵 廉价 新潮 新式 老式 新型 大型 小型 上等 下等 高级 初级 低级 大号 小号 高价 高度 低度 尖端 简短 精粹 根本 长期 核心

目前还没有人确定这类词的语法地位，都是把它们归入其他类别。它们显然都不符合人们为形容词规定的最重要的句法特征，因为它们不能受“很”修饰，也不能被“不”否定。“前”等通常被认为是方位词，跟名词并列，属于体词的一个小类。但是这类词跟其他的体词都不一样，可以受程度词“最”修饰，经常做定语，更接近普通形容词。“新式”等被认为是“非谓形容词”，也有人把它归入“区别词”，但是以上的极限形容词与“非谓形容词”或者“区别词”的其他绝大多数成员在语法上都有着明显的对立，主要表现为“本质”等不仅可以受“最”修饰，而且做定语时要加“的”，还常常可以做谓语，然而“彩色、袖珍”等区别词都没有这样的用法。例如：

A. 极限形容词

（16）a.最主要的问题　　　　你提的问题最主要。[1]

b.最尖端的技术　　　　这种技术最尖端。

B. 区别词

（17）a.*彩色的电视　　　　*这台电视彩色。

b.*袖珍的词典　　　　*这部词典袖珍。

极限词是跟所表达的概念的数量特征有关的，而与语义类型没有直接的关系。就方位词来说，它们在空间位置上有一个极限，比如“前”指次序靠近面对方向的顶端。这个“极限”必须是一个定量，而不能是一个模糊的范围。比较下列两组词：

前-中（间）-后　　　　冷-温-热

“中（间）”是“前”和“后”两端的二分之一处的一个定点（定量），然而“温”则是“冷”和“热”之间的一个不确定的范围，即不是一个定量。也就是说，“中（间）”的性质有个极限，“温”则没有，因此可以说“最中间”，但不能说“最温”。据此我们可以解释一些同一语义范畴的词的不同句法表现。比如“里”和“内”所指的空间范围相似，但是“里”指的是某一边界内部空间范围的纵深，具有性质程度的变化，而且具有单一空间边界极限，因此可以说“最里、最里边”等。“内”则指的是四周边界圈住的一个范围，即没有性质程度变化问题，也没有单一空间的边界极限，因此没有“*最内、*最内部”的说法。

应用上述分析可以发现许多有趣的现象。以下例子是同一概念范畴的一组词，具有极限的可以加程度词“最”，缺乏极限的则不行。

（18）a.最大型　　最小型　　*最中型

b.最上等　　最下等　　*最中等　　*最甲等

c.最高级　　最低级　　*最中级　　*最特级

d.最大号　　最小号　　*最中号　　*最一号

e.最高价　　最低价　　*最平价

f.最高度　　最低度　　*最中度

拿某种类型的机械来说，在已经生产出来的产品范围之内，“大型”和

【1】在现代汉语里，形容词往往不能直接做谓语，加上程度词才可以。

"小型"都有一个极限，因此都可以用"最"修饰；然而"中型"指一个不大不小的不确定范围，没有一个确定的极限，所以不能加"最"修饰。同理，就某种商品来说，"高价"和"低价"都有一个极限，因此都可以用"最"修饰，然而"平价"指的是位于两个极端之内的一个不确定的价格范围，缺乏一个明确的极限，因此也就不能用"最"修饰。

上述用例还说明了极限形容词的另外一个重要特性：它们代表的必须是趋向于某一极限的一个变量，如果是指称某一确定的量，就不能加"最"了。比如"甲等"、"特等"、"一号"等都是表示某一特定的量级，因此都不能加"最"修饰。

极限形容词的句法活动能力远不如量级序列类的或者百分比类的强。极限形容词代表的是一个趋于定量*a*的量，即内容基本上是一个定量，在量上没有伸缩性。它们都不具有形容词的前三类形式特征，即不能被"不"否定，不能用于表示动态变化的格式，也不能重叠。简单地说，这三个形式特征都要求用于其中的形容词表示的是一个量幅。

但是，极限形容词在形式四上还是比较活跃的，可以相对自由地用作定语和谓语。例如：

（19）a.新式家具　　最新式的家具　　这种家具是最新式的。

b.核心问题　　最核心的问题　　这个问题是最核心的。

极限形容词直接做谓语要受一定的限制，比如不大能说"*这种家具最新式"、"*这个问题最核心"。

在形式五的比较级应用上，极限类形容词全部不能用于比较级和等同级两种格式，比如不能说"*这种家具比那种新式"、"*这种家具跟那种一样新式"，等等。这类词都可以受程度词"最"修饰，即它们都可以用于最高级。

9.4.4 正负值类形容词

这类形容词代表的性质只有两个值："是"和"非"。某类事物要么具有这种性质，要么不具有，没有中间状态的存在。这类形容词很多是成对的反义词，例如：

男–女　单–双　公–母　正–负　正–副　总–分　公–私

彩色–黑白　已婚–未婚　外来–国产　分内–分外　急性–慢性　国营–私营

同时也有很多没有反义关系的，如"袖珍、人造、电动、巨额、日用、固有、当前、五彩、有色"等。这类具有反义关系的成对词之间存在着逻辑上的

"矛盾关系"，即：A=非B；非A=B。其数量特征可以用下图表示。

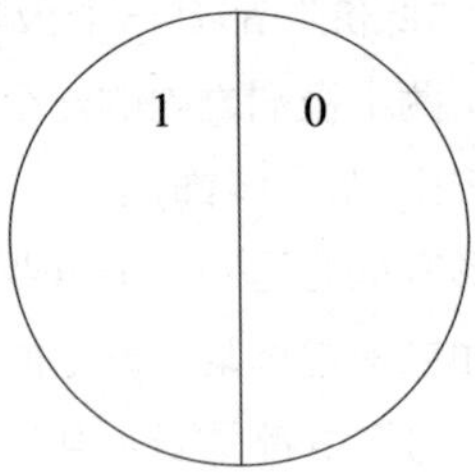

比如对于某一台电视来说，不是"彩色"就是"黑白"，不是"黑白"就是"彩色"。对于不成对的正负值形容词来说，"A"和"非A"之间构成矛盾关系。比如对于玩具来说，"电动"一定不是"非电动"，"非电动"一定不是"电动"。

正负值类形容词可以看做代表的是一个单一的、确定的量，即在量上没有伸缩性，因此它们的句法活动能力最弱。它们全部不能被"不"否定，不能用于表动态的格式，不能重叠，同时也不能用于三种比较格式。这类形容词只能用于格式四，即做定语或者谓语，而且有严格的限制：做定语时不能加"的"，做谓语时则必须加"的"，而且只能用于"S+是+A+的"的格式。例如：

（20）a.彩色电视　　　　　　　　*彩色的电视

这台电视是彩色的。　　　　*这台电视是彩色。

b.电动玩具　　　　　　　　*电动的玩具

这个玩具是电动的。　　　　*这个玩具是电动。

极限类形容词的句法行为明显比正负值类的活跃，它们可以出现在最高级格式中，做定语时具有加"的"和不加"的"的两种格式，做谓语时也具有加判断词"是"和不加"是"的两种格式。

9.4.5 四类形容词句法活动能力的比较

我们根据数量特征把形容词划分为四类，它们的句法活动能力具有明显的强弱之分。可以用一个不等式来表示它们之间句法能力强弱的关系。

量级序列类＞百分比类＞极限类＞正负值类

这四类形容词的量幅也是由大到小。这再一次证明了词语的数量语义范围的大小对其句法活动能力的强弱的决定作用。

四类形容词的句法活动能力的强弱

		量级序列类	百分比类	极限类	正负值类
加“不”否定		＋	＋	－	－
表动态过程	A＋了	＋	＋	－	－
	变得＋A＋了	＋	＋	－	－
重叠AA、AABB		＋	－	－	－
用作定语和谓语的格式	A＋N	＋	－	＋	＋
	A＋的＋N	＋	＋	＋	－
	S＋A	＋	＋	＋	－
	S＋是＋A＋的	＋	＋	＋	＋
比较句	S＋比＋NP＋A	＋	－	－	－
	S＋最＋A	＋	－	＋	－
	S＋跟＋NP＋A	－	＋	－	－
	S＋跟＋NP＋一样＋A	＋	－	－	－

就我们所考察的五种形式的12项特征来看，四类形容词所拥有的特征数目如下，由此可以准确了解它们活动能力的强弱关系。

量级序列类＝11；百分比类＝7；极限类＝5；正负值类＝2

由上表我们也可以清楚地看出把四类词语都归入形容词一个词类是有充分的理由的。各类词语的语法特征之间的关系是相容的，而不是对立的，即活动能力强的包容活动能力弱的特征，活动能力弱的并没有区别于其他类的独有特征。

9.4.6 不同语言对数量语义特征认知的差异

对于同样一个语义范畴，不同的民族在其范畴化时，由于认知的角度不同，它们的数量特征也不一样，因而具有不同的句法表现。比如，下面是英语和汉语概念义相对的一组词：

round——圆　absolute——绝对　square——方

英语的词不能用程度词序列修饰，不能用于比较句，属于正负值类形容词。英语中不能说*very round或者*This table is rounder than that one。然而汉语相应的词则是非定量的，可以用程度词“很”等修饰，也可以用于比较句。例如：

（21）a.他画的圈很圆。

b.他画的圈比我的圆。

当然，这方面的共性还是远远大于个性的。比如跟汉语的“男-女”、“正-副”等相对应的英语词male-female、chief-vice等也都是正负值类形容词，不能受程度词修饰，不能用于比较句。

9.5 结语

本章以形容词为例说明，人们的范畴化过程必然涉及对事物的数量特征的认知。其结果是，每一个范畴除了包含概念的内涵和外延外，还具有数量语义特征。词语的数量特征决定其句法活动能力的强弱。

自然语言中蕴藏着深刻的数学思想，因此我们可以借用数学工具对其进行精确的描写。按照数量特征，可以把形容词分为量级序列、百分比、极限、正负值等四类，它们分别对应于不同的句法形式。我们相信，通过这种分析，可以深化对形容词的语义特征和句法行为之间关系的认识。

“量”和“质”构成了客观世界的两种基本现象。人们对“质”的认知结果是一个个的词语，人们对于“量”的认知结果在语言中则往往表现为语法规律。本章的分析再一次证明了词语的数量特征与其句法行为之间的内在联系。其内在关系是一个广阔的研究领域，还有很多问题等待着我们去发现、去解决。

第十章 形容词的有标记与无标记

10.1 引言

广义地讲，有标记和无标记是指一对成分中是否带有区别性特征，这种区别性特征可以把这个成分跟另一个成分区别开。有标记和无标记这对概念在语言分析的所有层次上都起作用：音位可以是有标记的和无标记的，如[p]：[b]，这里的[b]标记为浊音；语法项也是如此，如boy：boys，这里boys标记为复数；语义对比也是如此，如deep：shallow和high：low，这两组词中的第一项都是基本成分或无标记成分，它们可以用于中性意义，试比较：How deep is it（？），但是不能说How shallow is it（？），除非早已明确所指的东西是shallow。本章讨论的是语义上的有标记和无标记在现代汉语中的各种表现形式。比如问物体的上下距离时，一般只说“这东西有多高”或者“这东西有多深”，而不说“这东西有多低”或者“这东西有多浅”。前者是一种客观询问，没有倾向性，后者则有明显的倾向性，只有事先已知或假定所问对象是“低的”或者“浅的”才会这样问。其实这种现象已不是单纯的语义范围的问题了，它们与各种疑问句型纵横交错，表面上看起来比较复杂：同一个词在有些句型中是无标记的，而在另外一些句型中则可能是有标记的；同时，不同类型的形容词在各种句型中的有标记和无标记的具体表现形式也各异。

10.2 询问域

10.2.1 形容词有无标记的定义

形容词的有标记和无标记现象实质上是它们用于问句时询问范围大小的问题：具有反义关系的一对词，其中一方用于问句时，若它的询问范围包含了另一方，则称之为无标记的；否则就是有标记的。比如，“高”用于问句“这东西有多高？”时，它所询问的范围包括了从上到下的任何高度，即不仅包括了“高”自身的语义范围，也包括了“低”所指的高度，这时的“高”就是无标记的；然而当“低”用于问句“这东西有多低？”时，其询问的范围只包括了一个较小的高度，顶多是从下到上的二分之一高度，因为它的询问范围不包括高的，因此“低”就是有标记的。

下文中把形容词用于问句时所问及的对象范围的大小称之为“询问域”。

10.2.2 三种疑问句式

汉语形容词的有标记和无标记用法主要出现在以下三类问句中：

1.名 + 形 + 吗？

2.名 + 形 + 不 + 形？

3.名 + 有多 + 形？

不是所有的形容词都可以进入上述三类问句，用于上述问句的条件是，形容词必须可以用程度词分出一系列大小不等的量级，即必须是非定量的；定量形容词不能直接进入上述问句。例如：

表1 定量和非定量形容词的量级特点

	有点儿	很	太	十分	最
大/小 中	+ —	+ —	+ —	+ —	+ —
困难 疑难	+ —	+ —	+ —	+ —	+ —
红 粉	+ —	+ —	+ —	+ —	+ —
高级 初级	+ —	+ —	+ —	+ —	+ —

（1）A.a.那个东西大（小）吗？

b.那个东西大不大（小不小）？

c.那个东西有多大？

B.a.*那个东西中吗？[1]

b.*那个东西中不中？

c.*那个东西有多中？

【1】定量形容词一般不能直接做谓语，经常是做定语给事物分类，这种句法分布与它们的数量特征有关。

（2）A.a.这个问题困难吗？

b.这个问题困难不困难？

c.这个问题有多困难？

B.a.*这个问题疑难吗？

b.*这个问题疑难不疑难？

c.*这个问题有多疑难？

（3）A.a.那朵花红吗？

b.那朵花红不红？

c.那朵花有多红？

B.a.*那朵花粉吗？[1]

b.*那朵花粉不粉？

c.*那朵花有多粉？

（4）A.a.那辆车高级吗？

b.那辆车高级不高级？

c.那辆车有多高级？

B.a.*那辆车初级吗？

b.*那辆车初级不初级？

c.*那辆车有多初级？

凡是非定量形容词都可以用于上述三类问句，如下类一；凡是定量形容词都不能用于上述三类问句，如下类二。

类一

高　低　新　旧　远　近　轻　重　快

慢　厚　薄　好　坏　香　臭　黑　白

圆　滑　脆　紧　松　宽　窄　贵　光

干净　漂亮　灵活　深刻　自然　高兴　细心　镇静　踏实

明确　详细　光彩　清晰　整齐　聪明　诚实　开通　积极

类二

紫　橙　褐　温　凹　凸　良　正　副

【1】定量形容词一般不能直接做谓语，但是有的可以在“是……的”结构中出现，比如“那朵花是粉的”。

前 后 左 右 单 夹 别 旁 公

母 雌 雄 负 总 上 下 东 西

新式 专职 空头 自动 人造 抗病 过时 随身

黑白 应届 彩色 多用 超额 高速 无轨 皮制

从上述用法中可以自然地推知，上述三类问句是询问程度的。用非定量词询问时，我们可以选取一个量级作答，比如当问“这个问题困难吗？”时，可以直接回答“有点儿困难”、“很困难”等，而不能用程度词修饰的定量形容词所表示的是一个量点，即一个固定的量级，它们就没有询问程度的必要，因此不能用于上述三类问句。

10.2.3 形容词的询问域

只有非定量形容词才存在有标记和无标记的问题，定量形容词在任何情况下都保持着自身明确的词汇意义，都是有标记的，所以本章的讨论对象只限于非定量形容词。

既然问句1、2和3都是询问程度的，那么用于其中的形容词所可能切分的量级都将被问到，也就是说，所有量级组成了该形容词的询问域。尽管非定量形容词都可以用程度词切分出一系列大小不等的量级，但是它们可分量级的多少是不等的，因此它们询问域的大小也是不同的。例如：

（5）

A	B
a.教室最不干净。	*教室最不脏。
b.教室十分不干净。	*教室十分不脏。
c.教室太不干净了。	*教室太不脏了。
d.教室很不干净。	*教室很不脏。
e.教室有点儿不干净。	*教室有点不脏。
f.教室不干净。	教室不脏。
g.教室比较干净。	教室比较脏。
h.教室很干净。	教室很脏。
i.教室太干净了。	教室太脏了。
j.教室十分干净。	教室十分脏。
k.教室最干净。	教室最脏。

从上例可以看出，“干净”加上“不”后仍能用程度词修饰，“脏”则不行，所以“干净”可以切分出11个量级，“脏”则只有6个，如果不计中点

"不+形"，"干净"的量级恰好是"脏"的两倍。当然，"干净"和"脏"都还可以用更多的程度词修饰，也就是说还可以分出更多的量级，但是"干净"的量级数总是"脏"的两倍。例（5）的"干净"和"脏"的语义对应关系如下。

（6）a.教室最不干净。≈教室最脏。

b.教室十分不干净。≈教室十分脏。

c.教室太不干净了。≈教室太脏了。

d.教室很不干净。≈教室很脏。

e.教室有点不干净。≈教室有点脏。

f.教室比较干净。≈教室比较脏。

因此，问句"教室干净吗？"的询问域包括"最干净"到"最不干净"共11个量级，同时也在语法上包括了"不脏"到"最脏"6个量级，也就是说"干净"用于问句1的询问域包括了有没有尘土、杂质等的所有状况，因此这里的"干净"已与它的本义"没有尘土、杂质等"不同，是无标记的。而问句"教室脏吗？"只能问到自身的语义范围，不包括"干净"的情况，是有标记的。

下面讨论不同数量特征的形容词在各种问句中的有标记和无标记的情况。

10.3 "干净"类词

10.3.1 积极性质和消极性质

"干净"类具有反义关系的一对词，从语义上看，都有"积极"和"消极"之分。顾名思义，"积极成分"是表示事物肯定的、正面的、如意的性质的词；"消极成分"则是表示事物否定的、反面的、不如意的性质的词。比如，"灵活"、"全面"、"高兴"、"干脆"、"干净"等属于积极成分，"死板"、"片面"、"伤心"、"拖拉"、"脏"等属于消极成分。大家知道，从意义上给事物分类，无论其定义多么严格，总难免遇到一些模棱两可的现象。因此下面给词语分类主要是根据它们的数量特征，也就是说形式上的特征。有相同量级数目的词，在意义上往往也有共同之处。从意义上说明是便于对所分出的类的理解，当意义标准与形式标准发生冲突时，则以形式标准为准。

10.3.2 反义形容词双方的量级差别

有反义关系的一对形容词，它们的积极成分跟消极成分的量级多少是差别很大的：积极成分的量级数目一般为消极成分的两倍。积极成分可以称之为全量幅词，相应地，消极成分可以叫做半量幅词。

下表中，L_i表示量级，i的大小与量级的大小可以定义如下：

L_1 = 最不； L_2 = 十分不； L_3 = 太不；

L_4 = 很不； L_5 = 有点不； L_6 = 不；

L_7 = 有点/比较；[1] L_8 = 很； L_9 = 太；

L_{10} = 十分； L_{11} = 最

一个形容词可分出的量级当然不止上述这些，我们这里只是选择了几个由小到大的关键点。另外，相邻的两个量级究竟哪个大哪个小，颇难确定，不过这都无关紧要，重要的是某个形容词可分出的量级幅度的大小。

从下表可以明显看出，除中点L_6（不A）外，积极成分的量级数目恰好是消极成分的两倍。造成这种现象的原因是，积极形容词加“不”否定后仍能用程度词分量级，而消极形容词加“不”后就不能再用程度词分量级了。

表2 “干净”类词积极成分和消极成分的量级差别

	积极成分												消极成分										
	L_1	L_2	L_3	L_4	L_5	L_6	L_7	L_8	L_9	L_{10}	L_{11}		L_1	L_2	L_3	L_4	L_5	L_6	L_7	L_8	L_9	L_{10}	L_{11}
干净	+	+	+	+	+	+	+	+	+	+	+	脏	−	−	−	−	−	+	+	+	+	+	+
好	+	+	+	+	+	+	+	+	+	+	+	坏	−	−	−	−	−	+	+	+	+	+	+
灵活	+	+	+	+	+	+	+	+	+	+	+	死板	−	−	−	−	−	+	+	+	+	+	+
深刻	+	+	+	+	+	+	+	+	+	+	+	肤浅	−	−	−	−	−	+	+	+	+	+	+
自然	+	+	+	+	+	+	+	+	+	+	+	牵强	−	−	−	−	−	+	+	+	+	+	+
高兴	+	+	+	+	+	+	+	+	+	+	+	伤心	−	−	−	−	−	+	+	+	+	+	+
细心	+	+	+	+	+	+	+	+	+	+	+	粗心	−	−	−	−	−	+	+	+	+	+	+
镇静	+	+	+	+	+	+	+	+	+	+	+	慌张	−	−	−	−	−	+	+	+	+	+	+
踏实	+	+	+	+	+	+	+	+	+	+	+	担心	−	−	−	−	−	+	+	+	+	+	+
干脆	+	+	+	+	+	+	+	+	+	+	+	拖拉	−	−	−	−	−	+	+	+	+	+	+
坚强	+	+	+	+	+	+	+	+	+	+	+	软弱	−	−	−	−	−	+	+	+	+	+	+
明确	+	+	+	+	+	+	+	+	+	+	+	含糊	−	−	−	−	−	+	+	+	+	+	+
详细	+	+	+	+	+	+	+	+	+	+	+	粗略	−	−	−	−	−	+	+	+	+	+	+
光彩	+	+	+	+	+	+	+	+	+	+	+	可耻	−	−	−	−	−	+	+	+	+	+	+
清晰	+	+	+	+	+	+	+	+	+	+	+	模糊	−	−	−	−	−	+	+	+	+	+	+
整齐	+	+	+	+	+	+	+	+	+	+	+	杂乱	−	−	−	−	−	+	+	+	+	+	+

【1】“有点”多与消极成分的词搭配，因此它不大能直接修饰积极成分，这时可用相近的程度词“比较”替换。

（续表）

严	+	+	+	+	+	+	+	+	+	+	+	宽	−	−	−	−	−	+	+	+	+	+	+
聪明	+	+	+	+	+	+	+	+	+	+	+	笨	−	−	−	−	−	+	+	+	+	+	+
清楚	+	+	+	+	+	+	+	+	+	+	+	糊涂	−	−	−	−	−	+	+	+	+	+	+
果断	+	+	+	+	+	+	+	+	+	+	+	犹豫	−	−	−	−	−	+	+	+	+	+	+
诚实	+	+	+	+	+	+	+	+	+	+	+	狡猾	−	−	−	−	−	+	+	+	+	+	+
开通	+	+	+	+	+	+	+	+	+	+	+	保守	−	−	−	−	−	+	+	+	+	+	+
积极	+	+	+	+	+	+	+	+	+	+	+	消极	−	−	−	−	−	+	+	+	+	+	+
节约	+	+	+	+	+	+	+	+	+	+	+	浪费	−	−	−	−	−	+	+	+	+	+	+
舒服	+	+	+	+	+	+	+	+	+	+	+	难受	−	−	−	−	−	+	+	+	+	+	+
幸福	+	+	+	+	+	+	+	+	+	+	+	痛苦	−	−	−	−	−	+	+	+	+	+	+
安静	+	+	+	+	+	+	+	+	+	+	+	嘈杂	−	−	−	−	−	+	+	+	+	+	+
民主	+	+	+	+	+	+	+	+	+	+	+	专制	−	−	−	−	−	+	+	+	+	+	+
大方	+	+	+	+	+	+	+	+	+	+	+	小气	−	−	−	−	−	+	+	+	+	+	+
严格	+	+	+	+	+	+	+	+	+	+	+	散漫	−	−	−	−	−	+	+	+	+	+	+
文雅	+	+	+	+	+	+	+	+	+	+	+	粗俗	−	−	−	−	−	+	+	+	+	+	+
熟悉	+	+	+	+	+	+	+	+	+	+	+	陌生	−	−	−	−	−	+	+	+	+	+	+
正确	+	+	+	+	+	+	+	+	+	+	+	错误	−	−	−	−	−	+	+	+	+	+	+
主动	+	+	+	+	+	+	+	+	+	+	+	被动	−	−	−	−	−	+	+	+	+	+	+
热心	+	+	+	+	+	+	+	+	+	+	+	冷淡	−	−	−	−	−	+	+	+	+	+	+
认真	+	+	+	+	+	+	+	+	+	+	+	马虎	−	−	−	−	−	+	+	+	+	+	+
安全	+	+	+	+	+	+	+	+	+	+	+	危险	−	−	−	−	−	+	+	+	+	+	+
容易	+	+	+	+	+	+	+	+	+	+	+	困难	−	−	−	−	−	+	+	+	+	+	+
轻松	+	+	+	+	+	+	+	+	+	+	+	紧张	−	−	−	−	−	+	+	+	+	+	+
成熟	+	+	+	+	+	+	+	+	+	+	+	幼稚	−	−	−	−	−	+	+	+	+	+	+
真实	+	+	+	+	+	+	+	+	+	+	+	虚假	−	−	−	−	−	+	+	+	+	+	+
必要	+	+	+	+	+	+	+	+	+	+	+	多余	−	−	−	−	−	+	+	+	+	+	+
漂亮	+	+	+	+	+	+	+	+	+	+	+	丑陋	−	−	−	−	−	+	+	+	+	+	+

把积极成分和消极成分的量幅表现在区间[0, 1]上，其量级差别图示如下：

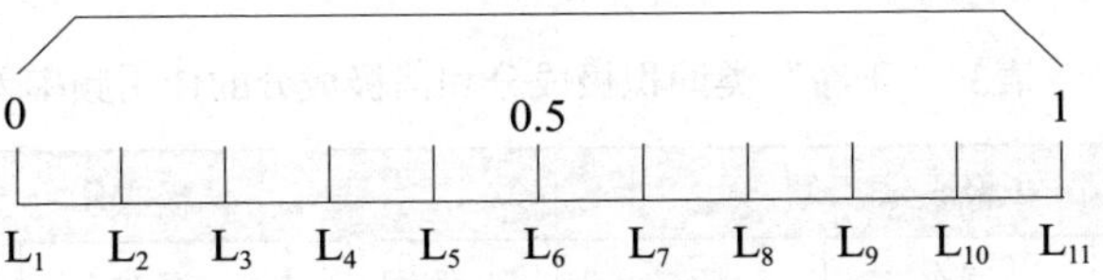

图1　“干净”类词积极成分的量幅

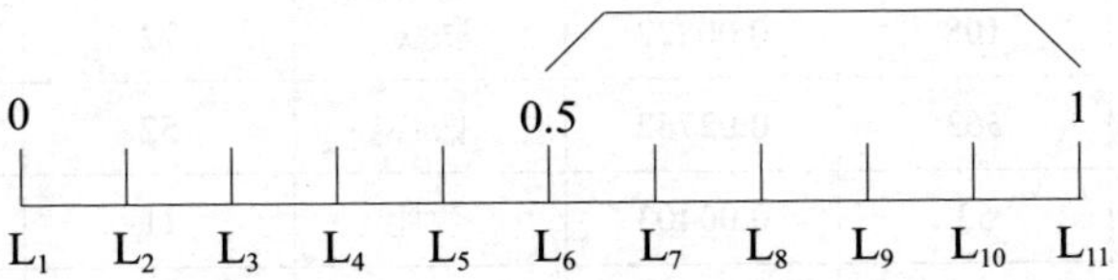

图2　“干净”类词消极成分的量幅

如果用A表示积极成分，用B表示消极成分，那么对上表中的每一对形容词来说，它们之间的语义关系都为：

最不A≈最B；　　　　十分不A≈十分B；

太不A≈太B；　　　　很不A≈很B；

有点不A≈有点B；　　不A≈不B；

根据积极成分和消极成分上述语义上的对应关系，可以把图1和图2合在一起。

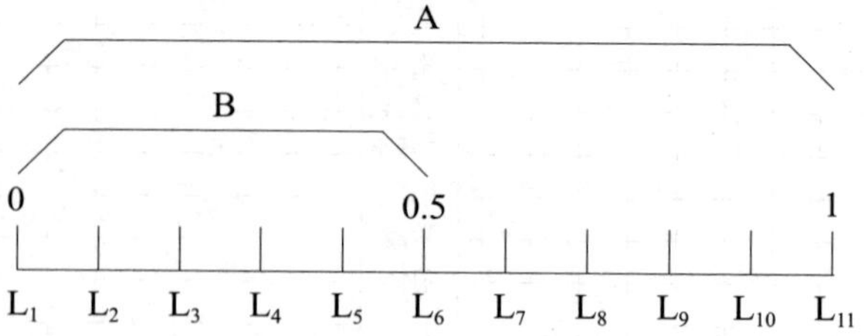

图3 "干净"类词的量级特点

图3中，积极成分的量幅区间为[0, 1]，即为全量幅词；消极成分的量幅区间为[0, 0.5]，相应地为半量幅词。全量幅词和半量幅词是从形式上划分出来的类，跟从意义上分出的积极成分和消极成分分别对应。

10.3.3 积极和消极形容词的使用频率差别

一对有反义关系的形容词其语义属于同一个概念范畴，积极性质的一方是全量幅的，也就意味着它的语义范围广，通过加程度词可以照顾到整个概念范围，从而表达了相应的消极成分的语义。由此可以很自然地推知，积极成分的使用频率应高于消极成分的。下表是《现代汉语频率词典》的统计结果。

表3 "干净"类词积极成分和消极成分的使用频率差别

积极成分			消极成分		
例词	词次	频率	例词	词次	频率
好	4026	0.30630	坏	340	0.02587
深刻	108	0.00822	肤浅	72	0.00580
高兴	363	0.02762	伤心	52	0.00396
整齐	53	0.00403	杂乱	11	0.00084
聪明	96	0.00730	笨	16	0.00122

根据频率词典的统计结果，在一对具有反义关系的词中，几乎所有的积极成分的使用频率都远高于其相应的消极成分的使用频率。

10.3.4 全量幅词和半量幅词

全量幅词的量级范围在图3中是[0, 1]，它用于问句时的询问域相当于整个概念范围，也就是说照顾到了所在概念范围的每一个点。半量幅词的量级范围是[0，0.5]，恰好是全量幅词的二分之一，所以用半量幅词询问时只问到了所在概念范围的一半。有标记和无标记现象实际上是询问域的大小问题。当我们事先只知道所问对象属于哪种性质而不知道其具体范围时，就用全量幅词询问，这时的全量幅词就表现为无标记的。只有事先已假定性质的范围是在[0, 0.5]区间之内才用半量幅词来询问，这时整个问句的语义具有明显的倾向性，从而形成了它们的有标记特点。

现在来考察全量幅词和半量幅词用于问句的情况。所有的全量幅词和半量幅词都可以用于上述的三类问句中。

问句1：名＋形＋吗?

（7）a.教室干净吗?

询问域＝L_1，L_2，L_3，L_4，L_5，L_6，L_7，L_8，L_9，L_{10}，L_{11}＋干净

b.教室脏吗?

询问域＝L_6，L_7，L_8，L_9，L_{10}，L_{11}＋脏

（8）a.游泳安全吗?

询问域＝L_1，L_2，L_3，L_4，L_5，L_6，L_7，L_8，L_9，L_{10}，L_{11}＋安全

b.游泳危险吗?

询问域＝L_6，L_7，L_8，L_9，L_{10}，L_{11}＋危险

询问域也就是问话者期待对方回答的范围，被问者可以直接从询问域中选择一个量级加以回答。比如（7）a的直接答语可以是“最不干净”、“有点不干净”或者“很干净”、“十分干净”，等等。如果教室是“最脏”、“十分脏”、“很脏”等情况时，例（7）a的询问域中就有“最不干净”、“十分不干净”、“很不干净”等语义上分别与之等值的项来回答。“安全”的情况与“干净”相同，所有全量幅词都有上述特点。在问句1中，全量幅词都表现为无标记的。

用例（7）b和例（8）b询问时，问话者是事先已经知道或者假定所问对象的性质是“脏的”或“危险的”，可以直接回答的量级区间是[0.5, 1]。被问者可以在相应的询问域中选择一个量级直接回答，比如例（8）a的直接答语可

以是“有点危险”、“很危险”、“最危险”，等等。假如所问对象的性质是“干净”的或者“安全”的，这就超出了例（7）b和例（8）b的询问域，遇到这种情况，答话者需要先指出对方的询问域错了，然后再在相对的全量幅词的[0.5, 1]区间内选择一个量级作答。如果用A指全量幅词，B指半量幅词，这时的答语结构通常为：

不+B，A。

不，A。

比如，例（7）b的可能答语为例（9），例（8）b的可能答语为例（10）。

（9）a.教室不脏，很干净。

b.不脏，这教室最干净（了）。

c.不，十分干净。

（10）a.游泳不危险，很安全。

b.不危险，比较安全。

c.不，十分安全。

上述两例中的3个答语的前段都有否定词“不”，作用是指出对方的询问域错了。如果直接用“很干净”、“十分干净”等作答，就会令人感到突兀，或者答非所问。所有半量幅词都有这个特点，它们在问句1中都表现为有标记的。

尽管用全量幅词询问时，其询问域包括了相应的半量幅词，但一般来说也不大能用半量幅词直接作答。比如当问“教室干净吗？”直接答语不大会是“教室最脏”、“教室很脏”等。我们说“干净”是无标记的，是指用它的词汇形式来表达相对的“脏”的意义，并不是说与“脏”的语用特征完全相等。具体说来，尽管“很脏”和“很不干净”所表语义相当，但是两者表述的角度很不相同，前者是从消极的方面讲的，后者则是从积极的方面讲的，它们在应用中也存在着很多差别，后者比前者在语气上显得婉转、缓和一些。

用半量幅词B询问时，如果性质实际上为相应的全量幅词A的[0.5, 1]区间的，其答语结构一般是“不B，A”。这个A只能是跟那个被问的B相对的、处于同一概念范围的全量幅词，而不能是其他概念范围的词。比如“教室脏吗？”的答语绝不可能是“不脏，教室很明亮/宽敞”等，“游泳危险吗？”的答语也不会是“不危险，很舒服/凉快”等。也就是说，用半量幅词提问时也限制了间接答语的形容词范围。这个限制来自半量幅词的一个特殊量级“不+B”，该量级相当于一个焊接点，指出了语义上与其紧密相关的另一个词的范围。比如“不脏”在语义上与“比较干净”相当，因此“脏”用于问句时，该量级的作用是限定答语只能是相同概念范围的词“干净”，也可以认为“不脏”是从脏的性质向干净性质过渡的关键点。

问句2：名＋形＋不＋形？

（11）a.教室干净不干净？

询问域 = L_1，L_2，L_3，L_4，L_5，L_6，L_7，L_8，L_9，L_{10}，L_{11} + 干净

b.教室脏不脏？

询问域 = L_6，L_7，L_8，L_9，L_{10}，L_{11} + 脏

（12）a.游泳安全不安全？

询问域 = L_1，L_2，L_3，L_4，L_5，L_6，L_7，L_8，L_9，L_{10}，L_{11} + 安全

b.游泳危险不危险？

询问域 = L_6，L_7，L_8，L_9，L_{10}，L_{11} + 危险

可见，全量幅词和半量幅词在问句2中的情况跟问句1中的完全一样，它们的有标记和无标记的表现形式自然也是一样的，也就是说，在问句2中，全量幅词是无标记的，半量幅词则是有标记的。

问句2的直接答语除了询问域的各个量级外，还可以是光杆形容词或者形容词的否定式。比如“教室干净不干净？”的答语可以是“很不干净”、“比较干净”等，也可以是“干净”或者“不干净”。跟用程度词所切分出的各个量级相比，光杆形容词或者加“不”的形容词否定式的意义更为宽泛，只是指出了性质的大致范围。

问句3：名＋有多＋形？

（13）a.教室有多干净？

询问域 = L_6，L_7，L_8，L_9，L_{10}，L_{11} + 干净

b.教室有多脏？

询问域 = L_6，L_7，L_8，L_9，L_{10}，L_{11} + 脏

（14）a.游泳有多安全？

询问域 = L_6，L_7，L_8，L_9，L_{10}，L_{11} + 安全

b.游泳有多危险？

询问域 = L_6，L_7，L_8，L_9，L_{10}，L_{11} + 危险

问句3跟问句1、2显然不同，不论是全量幅词还是半量幅词，它们的询问域都是[0.5, 1]，只能照顾到所问概念的二分之一。比如用例（13）a提问时，问话者假定教室是干净的，只是干净的程度尚不清楚，需要对方加以说明。答话者可以在[0.5, 1]区间内选择一个量级直接回答，例（13）a的可能直接答语是例

（15），例（14）a的可能答语是例（16）。

（15）a.教室还比较干净。

b.很干净。

c.十分干净。

（16）a.游泳很安全。

b.游泳十分安全。

c.最安全。

注意，程度词“太”跟“很”、“十分”等不大一样，除了表程度极高外，还有赞叹的语气，因此一般不直接用作答语。

当问“教室有多干净？”时，如直接用“很不干净”、“十分不干净”、“最不干净”等作答，就会显得答非所问。这时的答语结构一般是，先用否定词“不”纠正对方的询问域错了，然后再来说明情况是属于“有点不干净”、“很不干净”还是“最不干净”等。

“教室有多不干净？”和“教室有多脏？”的询问域相同，所问的具体语义范围也一样。前者的答语可以是“有点不干净”、“很不干净”等，后者的直接答语可以是“有点脏”、“很脏”等。尽管“有点不干净”和“有点脏”在语义上是等值的，但因为词汇形式上的差异，它们不大能够自由替换。“干净”类其他各对词的用法与此类似。

从以上的分析中也可以看出，“教室有多干净？”和“教室有多不干净？”两个问句的询问域，等于“教室干净吗？”或者“教室干净不干净？”这两个问句中任何一个的二分之一。同样，“教室有多脏？”也相当于“教室脏吗？”或者“教室脏不脏？”的任何一个的二分之一。说“等于”只是一个大致的说法，问句3中的全量幅词或者半量幅词都比问句1、2的少一个中点量级“不+形”，因此不能用光杆形容词回答。比如问“教室有多干净？”时，直接答语不能是“不干净”或者“干净”。全量幅词用于问句3时，缺少中点“不+形”这个焊接点，就不能指出与之相对的另一半语义范围。这就是它们在问句3中的询问域只是所属概念二分之一的原因。

由此可见，在问句3中，不论是全量幅词还是半量幅词，都保持着自身具体的词汇意义，即都是有标记的。

10.3.5 形容词疑问句的否定限制

从否定的角度发问的句子，全量幅词加否定词的量级范围是[0, 0.5]，半量幅词只有0.5一个点，它们在各类问句中的询问域如下。

（17）a.教室不干净吗？

询问域 = L_6，L_7，L_8，L_9，L_{10}，L_{11} + 干净

b.教室不脏吗？

询问域 = L_6 + 脏

（18）a.游泳不安全吗？

询问域 = L_6，L_7，L_8，L_9，L_{10}，L_{11} + 安全

b.游泳不危险吗？

询问域 = L_6 + 危险

例（17）a的答语可以是"是的，有点不干净"、"是的，很不干净"等，例（18）a的答语可以是"是的，有点不安全"、"是的，十分不安全"等。其中"是的"作用是认同对方的询问域，然后再选取一个合适的量级作答。如果情况是属于"干净"或者"安全"性质范围的，答语的结构一般是先用否定词"不"纠正对方的询问域错了然后选取一个合适的量级作答。比如，这时例（17）a的可能答语为："不，很干净"、"不，教室最干净"等；对例（18）a的可能答语为："不，比较安全"、"不，十分安全"等。

例（17）b和（18）b的直接答语只能是"不脏"或者"不危险"。如果所问的性质是属于[0.5, 1]区间的，就需要先指出询问域错了，然后再作答。比如在这种情况下对（17）b的可能答语是：

（19）a.不，教室很干净。

b.不对，这个教室最干净了。

c.相反，教室十分干净。

从否定的角度发问时，即使全量幅词的询问域也只能是整个概念范围的二分之一，具有明显的倾向性，因此是有标记的。而这时的半量幅词的询问域更小，只有L_6一个量级。这样就要求，如果要从否定的角度发问，问话者所知道的信息必须更具体，一般是事先已经知道所问对象的性质是在所在概念范围的二分之一范围之内或者更小，目的是让对方证实一下。由此可见，用于否定问句的全量幅词或者半量幅词都有明确的词汇意义，因此都是有标记的。

疑问句中除询问原因外，很少是从否定的角度发问的。上述分析也可以部分解释这种现象形成的原因：因为从否定的角度发问的句子询问域比肯定的小，要求问话者对所问对象的性质了解得更准确、更具体，这样就在很大程度上限制了否定问句的使用频率。

问句2就是所谓的正反问句，也就是从肯定和否定两个角度同时发问的句子，因此不存在单纯从否定角度发问的问题。半量幅词的否定式不能用于问句3，比如一般不说“教室有多不脏？”“游泳有多不危险？”全量幅词的否定式用于问句3的询问域跟在问句1中的相当。

10.3.6 “干净”类词的有无标记用法与疑问句式的对应关系

通过以上的分析，可以把“干净”类词的有标记和无标记问题归纳为如下几种情况。下式中的A表示全量幅词，B表示半量幅词，N表示名词性短语。根据图1、2的量级模型，“干净”类词在三类问句中的有无标记情况为：

一、a.N + A + 吗？

询问域 = [0, 1]

b.N + B + 吗？

询问域 = [0.5, 1]

结论：A是无标记的，B是有标记的。

二、a.N + A + 不 + A？

询问域 = [0, 1]

b.N + B + 不 + B？

询问域 = [0.5, 1]

结论：A是无标记的，B是有标记的。

三、a.N + 有多 + A？

询问域 = （0.5,1][1]

b.N + 有多 + B？

询问域 = （0.5,1]

结论：A是有标记的，B是有标记的。

对于“干净”类词来说，询问域为[0, 1]时，照顾到了整个概念范围，表现为无标记的；询问域为[0.5, 1]或者更小时，只照顾到了整个概念范围的二分之一或更小，表现为有标记的。

【1】圆括号“（”表示不包括0.5这一点，方括号“]”表示包括1这一点，余类推。

10.4 “大小”类词

10.4.1 反义形容词双方的量级差别

本节考察的“大小”类词是表示客观事物三维性质或质量的各对具有反义关系的形容词。首先，列表看一下它们量幅上的特点。表中L_i的语义解释同前。

表4 “大小”类词积极成分和消极成分的量级差别

	积极成分												消极成分										
	L_1	L_2	L_3	L_4	L_5	L_6	L_7	L_8	L_9	L_{10}	L_{11}		L_1	L_2	L_3	L_4	L_5	L_6	L_7	L_8	L_9	L_{10}	L_{11}
大	—	—	—	—	—	+	+	+	+	+	+	小	—	—	—	—	—	+	+	+	+	+	+
高	—	—	—	—	—	+	+	+	+	+	+	低	—	—	—	—	—	+	+	+	+	+	+
深	—	—	—	—	—	+	+	+	+	+	+	浅	—	—	—	—	—	+	+	+	+	+	+
重	—	—	—	—	—	+	+	+	+	+	+	轻	—	—	—	—	—	+	+	+	+	+	+
宽	—	—	—	—	—	+	+	+	+	+	+	窄	—	—	—	—	—	+	+	+	+	+	+
粗	—	—	—	—	—	+	+	+	+	+	+	细	—	—	—	—	—	+	+	+	+	+	+
厚	—	—	—	—	—	+	+	+	+	+	+	薄	—	—	—	—	—	+	+	+	+	+	+
硬	—	—	—	—	—	+	+	+	+	+	+	软	—	—	—	—	—	+	+	+	+	+	+
稠	—	—	—	—	—	+	+	+	+	+	+	稀	—	—	—	—	—	+	+	+	+	+	+
浓	—	—	—	—	—	+	+	+	+	+	+	淡	—	—	—	—	—	+	+	+	+	+	+
长	—	—	—	—	—	+	+	+	+	+	+	短	—	—	—	—	—	+	+	+	+	+	+
远	—	—	—	—	—	+	+	+	+	+	+	近	—	—	—	—	—	+	+	+	+	+	+

由上表可以清楚地看出，“大小”类词的积极成分（表量大的）和消极成分（表量小的）的量幅都是相同的，它们都是半量幅词。显然，“大小”类词跟“干净”类词是很不相同的。但是，这类词是属于典型的有标记和无标记问题，比如绝大多数人类语言都遵循这样一条规则，问事物的上下距离时一般只说“有多高”，不说“有多低”，除非已经假定所问对象是相当低的才会这样问。既然“大小”类词的双方都是半量幅词，就不能再用量幅的大小来解释它们的有标记和无标记现象。“大小”类词的共同语义特征是表示事物的“质”或者“量”的规定性，这一点是解决问题的关键。

10.4.2 表事物本质属性的形容词

客观存在的事物都具有长、宽、高三维性质，也都具有质量。当我们询问事物的质量时，必须有一个明确的预设：所问的对象是业已存在的，因此它们在长、宽、高等方面都有一定的量，也就是说这几方面的性质不能为0。因为如果其中一个性质为0，就意味着该对象不存在，那么就不可能询问事物这方面的性质。这个“预先假定的量”下面简称为预设量。“大小”类词用于问句都具有预设量。

每一对“大小”类词的积极成分的量级和消极成分的量级之和恰好等于所在概念的整个范围。可图示如下。

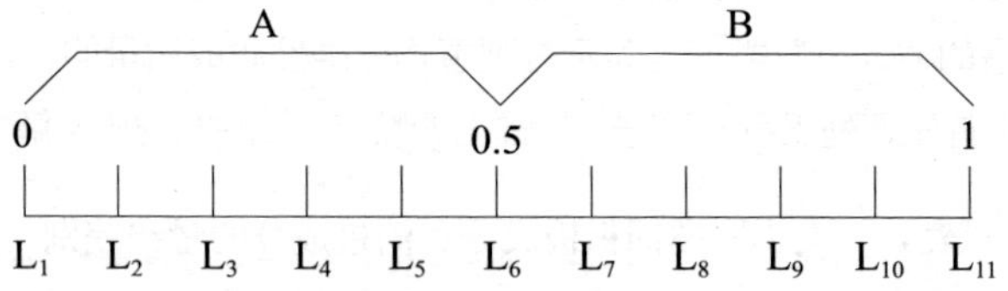

图4 “大小”类词的量级特点

在“大小”类词中，积极成分是一对词中表量大、多的，比如“高、深、厚”等；消极成分是表小、少的，比如“低、浅、薄”等。图1、2是根据可能加的程度词制的，是表层的；图3、4是根据语义关系制的，是深层的。

从形式上看，积极成分和消极成分都是半量幅词，可是它们的语义特征是很不一样的。在图4中，积极成分的上限（右端的边界）是个无穷大的量，比如不论物体有多大都属于“大”的概念范围；它的下限是相对的消极成分的上限（L_6），表现为“不大”和“不小”重合为一点。对于消极成分来说，它的上限是相应积极成分的下限，它的下限为0。

消极成分的上限是一个伸缩性很大的模糊量，可以用“一定的量”来替代它。不失为一般性，设消极成分的上限为预设量。属于“大小”类词的任何一对反义词共同组成一个特定的概念范围。积极成分的量幅加上预设量总能覆盖所在的整个概念范围，然而消极成分的量幅加上预设量后不会超过消极成分的上限（L_6）。那么，有下式：

一、积极成分的量幅 + 预设量 = [0, 1]

二、消极成分的量幅 + 预设量 = [0, 0.5]

式一表明，积极成分的量幅加上预设量后其值域为[0, 1]，所以用它询问时能照顾到整个概念范围，这样就形成了它的无标记性。式二说明消极成分加上预设量后量级范围不变，仍为[0, 0.5]。所以，消极成分的询问域为整个概念的二分之一，语义上带有一种明显的倾向性，这样就使得它成为有标记的。这里的积极成分和消极成分的差异可以比喻如下：好比有两组人，甲组年龄在1—25岁之间，乙组年龄在25岁以上，甲组即使再添上25岁及其以下的年龄段的人，它的成员的年龄段也仍然不变。但是，乙组的人如果加上25岁及其以下的人后，它的成员的年龄段宽了，可以覆盖所有年龄段的人。

现在来考察“大小”类词用于三类问句的有标记和无标记情况。

问句1：名＋形＋吗？

（20）a.小赵高吗？

询问域＝L_6，L_7，L_8，L_9，L_{10}，L_{11}＋高

b.小赵矮吗？

询问域＝L_6，L_7，L_8，L_9，L_{10}，L_{11}＋矮

（21）a.那棵树大吗？

询问域＝L_6，L_7，L_8，L_9，L_{10}，L_{11}＋大

b.那棵树小吗？

询问域＝L_6，L_7，L_8，L_9，L_{10}，L_{11}＋小

注意，上述的L_i是指它们对应的程度词。在问句1中，积极成分和消极成分的询问域都是整个概念范围的二分之一，都有明确的词汇意义，即它们都是有标记的。上述问句（20）a已经假定小赵是高的，而需要对方证实或者说明一下“高”的具体程度。类似地，例（21）a也是已经假定“树”是大的才会这样问。很明显，（20）a的询问域不包括相对的“矮”的性质。这时，如果小赵实际上是很矮的，答语就要首先指出询问域错了，再进行回答，比如“不，她很矮”。（21）a的情况也是如此，如果树是小的，答语一般是“不，树很小”等。同样，例（20）b和（21）b也都不包括各自相对的概念“高”和“大”。由此可知，在问句1中，不论是积极成分还是消极成分都是有标记的。

问句2：名＋形＋不＋形？

（22）a.小赵高不高？

询问域＝L_6，L_7，L_8，L_9，L_{10}，L_{11}＋高

b.小赵矮不矮？

询问域＝L_6，L_7，L_8，L_9，L_{10}，L_{11}＋矮

（23）a.那棵树大不大？

询问域＝L_6，L_7，L_8，L_9，L_{10}，L_{11}＋大

b.那棵树小不小？

询问域＝L_6，L_7，L_8，L_9，L_{10}，L_{11}＋小

注意，上述的L_i是指它们对应的程度词。问句2的积极成分和消极成分的询问域跟问句1的相同，它们的有标记和无标记情况也完全一致，即在问句2中，不论是积极成分还是消极成分，都是有标记的。

问句3：名+有多+形？

（24）a.小赵有多高？

询问域 = [预设量 + （L_6，L_7，L_8，L_9，L_{10}，L_{11}）] + 高

= {[0,0.5] + [0.5,1]} + 高

= [0,1] + 高

b.小赵有多矮？

询问域 = [预设量 + （L_1，L_2，L_3，L_4，L_5，L_6）] + 矮

= {[0,0.5] + [0,0.5]} + 矮

= [0,0.5] + 矮

（25）a.那棵树有多大？

询问域 = [预设量 + （L_6，L_7，L_8，L_9，L_{10}，L_{11}）] + 大

= {[0,0.5] + [0.5,1]} + 大

= [0,1] + 大

b.那棵树有多小？

询问域 = [预设量 + （L_1，L_2，L_3，L_4，L_5，L_6）] + 小

= {[0,0.5] + [0,0.5]} + 小

= [0, 0.5] + 小

注意，上述的L_i是指它们的实际语义值。问句3是含有预设量的，因此用于其中的积极成分自身的询问域加上预设量后，可照顾到整个概念范围[0, 1]。比如例（24）a是客观询问，包括“矮”的性质在内的任何性质都问到了；例（25）a也是客观询问，包括“小”在内的任何程度都问到了。结果，用于问句3的积极成分都表现为无标记的。再比如“有多深”、“有多厚”、“有多远”中的形容词都是积极成分，也都是无标记的。与此形成鲜明的对比，消极成分在问句3中显然都有明确的词汇意义，比如例（24）b只有事先假定小赵的个子是相当矮的情况下才会这样问的，例（25）b是事先假定那棵树是很小时才会这样问的。同样，“有多浅”、“有多薄”、“有多近”等中的消极形容词也都是有标记的。总之，问句3的积极成分都是无标记的，消极成分都是有标记的。

“大小”类词用于问句1和2时，答语只能是“程度词+形”表模糊量的词组，不能是具体的数字，然而当它们用于问句3时，答语既可以是模糊量词组，又可以是精确的数字。比如，当问“小赵高吗？”时，答语可以是“比较高”、“很高”、“十分高”等，而不能是“1.7米高”、“1.8米高”等。然而当问“小赵有多高？”时，答语既可以是“比较高”、“很高”、“十分

高”等，又可以是“她有1.7米高”、“她有1.8米高”等。对于具体的事物比如“人”来说，数字的取值有一定的范围，“矮”不可能无限地小，“高”也不可能无限地大。但是，从理论上讲，积极成分的数量修饰语可以为任何大于0的量。下面用x代替具体的数字，A表示积极成分，B表示消极成分，那么它们用于问句3时的取值范围为下式。

x + A（x＞0）

x + B（一定量＞x＞0）

积极成分前的x可以是大于0的任何数字，而消极成分前的x只能取小于“一定量”并且大于0的值。[1]这种取值上的差异是积极成分的无标记性和消极成分的有标记性的表现形式，积极成分可以通过自由取值而包括相对的消极成分的性质，而消极成分则不能。上文中已谈到，“干净”类的积极成分通过其否定式加程度词的方法包括了相对的消极成分的含义，因此它们在问句1、2中是无标记的；而“大小”类词都是半量幅词，虽然不能在问句1、2中通过加程度词的办法来表示其相对概念的语义，但是其积极成分在问句3中可以通过加具体数字的办法表示相对的消极成分的性质，从而表现为无标记的。

“大小”类词的数量特征是形成它们有标记和无标记现象的原因。问句3询问事物三维性质时，都具有预设量，就是这个“预设量”弥补了“大小”类词的积极成分自身询问域上的空缺。预设量的伸缩性是很大的，可以无限地逼近0（≠0），也可以是相当高的程度，所以总可以填补积极成分在询问域上留下的空缺。另外，“大小”类词在问句3中必须有预设量，因为没有预设量就意味着所问的客体不存在，而这时就不可能以问句3来提问了。

10.4.3　“大小”类词的其他无标记用法

“大小”类词的有标记和无标记现象还有以下四个特点。

（一）只有那么A＝只有那么B。例如：

（26）a.只有那么大。＝只有那么小。

b.只有那么高。＝只有那么低。

c.只有那么长。＝只有那么短。

d.只有那么宽。＝只有那么窄。

【1】消极成分一般不能受准确数字修饰，比如不能说“1.30米低”，只能受表模糊量的程度词修饰。

例（26）中各式的语义重心在等式右边，左端的“大”、“高”、“长”、“宽”等都偏移为相对的消极成分的意义，可以认为这时它们都是无标记的。其他类的反义形容词却没有上述等式之间的关系，比如“只有那么干净≠只有那么脏”、“只有那么安全≠只有那么危险”等等。

（二）由“积极成分＋度/量”构成的复合词可以表示事物的客观量度。比如“高度、深度、宽度、长度、厚度、硬度、浓度、密度、重量”。可是消极成分没有这种用法。同时，“积极成分＋消极成分”也可以表示事物的度量，比如“大小、多少、粗细、快慢、远近”，等等。

有趣的是，表示冷热量度的词，既不是“热度”，也不是“冷度”，而是“温度”。原因是，“冷”和“热”之间的数量关系跟“大小”类词的很不相同，如果以0℃作为中点，0℃以下的都是“冷”的性质，不管温度是负多少度，都属于“冷”的范畴，即“冷”的上限是一个负无穷大的量。同样，0℃以上都是热的性质，不管是零上多少度都属于“热”的范畴，即“热”的上限也是一个无穷大的量。“热”和“冷”之间没有积极和消极之分，两者在任何情况下都不能包括对方的范围，所以都是有标记的。然而“高度”等的复合词第一个语素都必须是无标记的，这时就选用兼有“冷”和“热”中间性质的“温”来作为表冷热量度的复合词的第一个语素。

（三）“够＋积极成分”中的积极成分是无标记的。例如：

（27）a.窗帘够宽了。

b.绳子够长了。

c.柱子够高了。

d.板子够厚了。

例（27）中的各例分别是指“宽度”、“长度”、“高度”、“厚度”达到某种量度，并不是指积极成分自身的语义，即表现为无标记的。与此相对，消极成分用于“够＋形”结构都保持着自身的词汇意义，都是有标记的。比如“窗帘够窄了”和“绳子够短了”两句中的“够窄”和“够短”意为“很窄”和“很短”。

（四）“数量成分/名词成分＋积极成分”也都是表示客观量度的，没有自身具体的词汇意义，是无标记的。例如：

（28）a.这张桌子有四尺长。

b.那口井有三丈深。

c.这个东西有豌豆大。

d.那棵树有碗口粗。

消极成分都没有例（28）的用法，比如不能说“*这张桌子有四尺窄”、“*那口井有三丈浅”等。

10.4.4 形容词的数量特征与其无标记用法

“大小”类词都是表示事物三维性质的，由以上分析可以看出，因为它们拥有共同的数量特征，所以它们才有共同的有标记和无标记表现形式。数量特征是问题的关键，而不是某种特定的语义范畴。即使不是表示事物三维性质的，凡是具有共同数量特征的词，也都具有同样的有标记和无标记表现形式。比如“贵”和“便宜”这对反义词并不是表示事物的三维性质的，可是与“大小”类词具有共同的数量特征，因而也就具有相同的有无标记表现。“便宜”的下限为0元钱（≠0），上限为一定的钱数；“贵”的下限是“便宜”的上限，其上限是一个开放的量。在问句3中，问“这东西有多贵？”也有一个预设量，即假定“这东西”是花了一定的钱买来的，因此“贵”的询问域加上这个预设量后就照顾到了“便宜”的语义范围，这时的“贵”就表现为无标记的。相反，当问“这东西有多便宜？”时，是事先已经知道或者假定所问的对象是相当便宜的，可见这里的“便宜”是有标记的。同时，“贵”在第3类问句中的作答方式也与“大小”类词的相同，可以用具体的数量成分x（x > 0）作答，也是通过x的自由取值来表示相对的便宜性质。类似地，“贵”在问句1、2中也是有标记的，这也与“大小”类词的用法一样。比如“这东西贵吗？”和“这东西贵不贵？”两个问句都是询问价钱高这种性质的。

10.4.5 “大小”类词的有无标记用法与疑问句式的对应关系

“干净”类词跟“大小”类词在有标记和无标记用法上形成了鲜明的对立：在问句1、2中，“干净”类词的全量幅词是无标记的，半量幅词是有标记的；而“大小”类词的积极成分和消极成分都是有标记的。在问句3中，情况恰好相反，“大小”类词的积极成分是无标记的，消极成分是有标记的；而“干净”类词的全量幅词和半量幅词都是有标记的。

问句1和2是询问模糊程度的问句，因此用于其中的各类形容词的询问域就是它们可用程度词切分量级的多少。问句3既可以询问模糊程度，又可以询问精确数目。“干净”类词的积极成分的无标记性主要表现在它们可用程度词修饰上，“大小”类词的积极成分的无标记性则主要表现在它们可为精确数目修饰上。

10.5 “冷热”类词

在“冷热”类词里，有反义关系的两个成分表面上看起来是跟“大小”类词一样的，都是半量幅词，可是实际上它们深层的数量特征是很不一样的。现把这类词列表如下：

表5 “冷热”类词积极成分和消极成分的量级差别

	积极成分												消极成分										
	L_1	L_2	L_3	L_4	L_5	L_6	L_7	L_8	L_9	L_{10}	L_{11}		L_1	L_2	L_3	L_4	L_5	L_6	L_7	L_8	L_9	L_{10}	L_{11}
旱	—	—	—	—	—	+	+	+	+	+	+	涝	—	—	—	—	—	+	+	+	+	+	+
热	—	—	—	—	—	+	+	+	+	+	+	冷	—	—	—	—	—	+	+	+	+	+	+
生	—	—	—	—	—	+	+	+	+	+	+	熟	—	—	—	—	—	+	+	+	+	+	+
咸	—	—	—	—	—	+	+	+	+	+	+	淡	—	—	—	—	—	+	+	+	+	+	+
肥	—	—	—	—	—	+	+	+	+	+	+	瘦	—	—	—	—	—	+	+	+	+	+	+
干	—	—	—	—	—	+	+	+	+	+	+	湿	—	—	—	—	—	+	+	+	+	+	+

“冷热”类词有两个显著特点：（1）反义词的双方从意义上看，很难说哪一个是积极的，哪一个是消极的；（2）每对词中的两个成分的量级上限都是开放的，都是一个无穷大的量，两者共用一个下限。为了便于用几何图形表示“冷热”类词的量级特点，我们把其中一个上限定义为-∝。

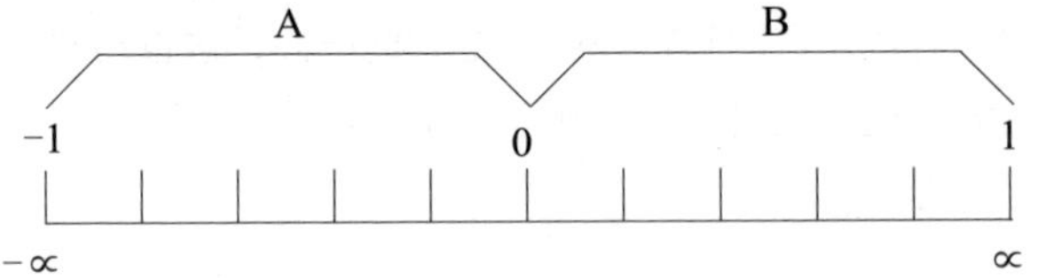

图5 “冷热”类词的量级特点

“冷热”类词的量级特点决定了每对词的任何一方用于3种问句时，其询问域都不能照顾到相对的另一方，表现为双方都保持着自身的词汇意义。这样就形成了“冷热”类词在任何情况下都是有标记的特点。例如：

（29）A.a.今年北方旱吗？

b.今年北方旱不旱？

c.今年北方有多旱？

B.a.今年北方涝吗？

b.今年北方涝不涝？

c.今年北方有多涝？

（30）A.a.今年上海冷吗？

b.今年上海冷不冷？

c.今年上海有多冷？

B.a.今年上海热吗？

b.今年上海热不热？

c.今年上海有多热？

例（30）的6个问句都是已知上海是冷的或者热的，但尚不知道程度如何，需要问一下；或者是事先假定那里是冷的或热的，要求对方证实一下。如果对冷热情况事先没有任何了解，只能问“今年上海的气温怎么样？”一类的话。再比如，面对一盆水，如果不知道它的温度，只能问“这盆水的温度怎么样？”只有已知道或者期望它是热的，但不清楚热的程度时，才会问“这水热吗？”或者“这水有多热？”

“冷热”类词不论在什么问句里，都是有标记的。这一点也可以从它们的答语中看出来。跟“干净”类词的用法不同，“冷热”类词的双方都是半量幅词，加“不”后都不能再用程度词切分，因此在问句1、2中都照顾不到对方的语义范围，因此都表现为有标记的。此外，“冷热”类词也与“大小”类词不同，“冷热”类词不能受数目修饰，比如不能说“40℃热”或者“-20℃冷”等，所以它们也无法通过数字来表示相对的性质。“冷热”类词的积极成分和消极成分的上限都是一个开放的量，如果把它们的中点定为0，其中的两个成分就可有正负值之分。因此尽管该类词在问句3中的答语可以是数量成分，但是取值范围有限制：要么只能在正数范围里取值，要么只能在负数范围里取值；这一点跟“大小”类词的很不一样。比如问句“有多热”的答语只能在零上取值，“有多冷”则只能在零下取值。[1]

10.6 有标记和无标记的语义条件

存在有标记和无标记对立的一组反义词必须满足这样一个条件：两者的语义范围之和等于整个概念范围。这只是个必要条件，不是充分条件，也就是说

【1】这里的“零上”和“零下”只是为了说明“热”和“冷”的语义范围，与温度计的不一定一致。

不满足这个条件的一对反义词一定不存在有无标记的用法，但是满足这个条件的也可能有，也可能没有。“干净”类的全量幅词和半量幅词的语义关系如图6所示，“大小”类词的积极成分和消极成分的关系如图7所示。“冷热”类词的各对反义词之间的语义关系也可归入图7。大圆表示这个概念范围。

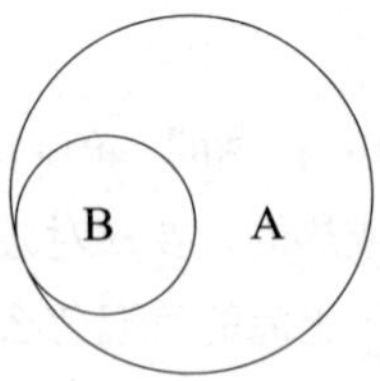

图6

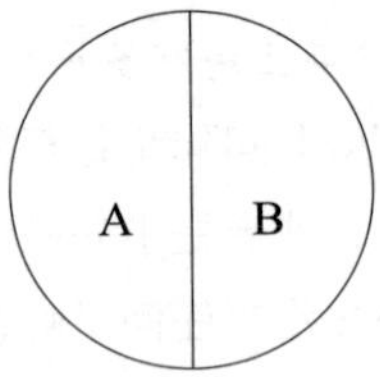

图7

不满足上述语义条件的以及不成对的形容词都没有无标记的用法，这些词在任何条件下都保持自身的词汇意义，都是有标记的。例如：

（31）A.a.这瓶碳素墨水黑吗？

b.这瓶碳素墨水黑不黑？

c.这瓶碳素墨水有多黑？

B.a.那种布白吗？

b.那种布白不白？

c.那种布有多白？

（32）A.a.那盘菜香吗？

b.那盘菜香不香？

c.那盘菜有多香？

B.a.那种肥料臭吗？

b.那种肥料臭不臭？

c.那种肥料有多臭？

虽然人们通常把“黑”和“白”看做一对反义词，但是它们两个量级相加只是色谱上的一个部分，并不能覆盖颜色概念的整个范围，除此之外还有“红、黄、蓝、绿”等，所以凡是表示颜色的词在问句中都是有标记的。例（31）中的“黑”和“白”都有明确的词汇意义，是有标记的。“香”和“臭”的情况也一样，除此之外表示味觉的词还有“甜、酸、苦、涩、辣”等，因此它们用于问句时也不能覆盖味觉概念范围，例（32）中的“香”和“臭”都是有标记的。

汉语还有一类形容词没有专门与之相对的反义词，或者干脆找不到合适的反义词，它们在任何情况下都保持着自身的词汇意义，都是有标记的。例如：

棒　　毒　　粉　　狠　　僵　　焦　　烂

闷　　猛　　黏　　旺　　油　　匀　　准

妥当　圆满　正当　实在　痛快　精神

奇怪　黏糊　平安　平稳　朴实　流气

比如，当问“昨天的足球比赛棒吗？”“昨天的足球比赛棒不棒？”“昨天的足球比赛有多棒？”时，其中的“棒”都有明确的词汇意义，都是有标记的。

10.7 定量形容词的问句

10.7.1 定量形容词的疑问句型

定量形容词都不能用于前面讨论的三类问句，但是可以用于下述两种疑问句型。

问句4：名 + 是 + 形 + 的 + 吗？

问句5：名 + 是 + 不 + 是 + 形 + 的？

问句4、5分别是问句1、2的变换形式。前文所讨论的可用于问句1、2的形容词也都可以用于问句4、5，比如可以说“教室是干净的吗？”“教室是不是干净的？”而定量形容词却只能用于问句4、5。下面我们来考察具有反义关系的定量形容词用于问句4、5的情况。

（33）a.他的主任是正的吗？

（直接答语）是的/是正的/不是/不是正的。

（间接答语）不，是副的。

b.他的主任是副的吗？

（直接答语）是的/是副的/不是/不是副的。

（间接答语）不，是正的。

（34）a.他的病是不是慢性的？

（直接答语）是的/是慢性的/不是/不是慢性的。

（间接答语）不，是急性的。

b.他的病是不是急性的？

（直接答语）是的/是急性的/不是/不是急性的。

（间接答语）不，是慢性的。

例（33）和（34）的答语只有两个值：“是”与“非”。“正”和“副”之间的关系就是逻辑学上的矛盾关系：肯定一方必然否定另一方，否定一方必然肯定另一方。比如对于“主任”来说，是正的必然不是副的，不是正的必然是副的；反之亦然。具有矛盾关系的一对反义词都是范围明确、界限分明的，一般都是定量形容词，不能再用程度词修饰，比如“男-女、单-夹、雌-雄、阴性-阳性、有限-无限”等，它们用于问句4、5时与“正”和“副”的用法相同。

例（33）a的答语“不是正的”和“是副的”在语义上是等值的，但是前者可以直接来回答，后者需要用否定词“不”纠正对方的询问域错了再来作答。原因是受词汇形式标志的限制，“副的”和问句中的“正的”的词形不一致，因此用“副的”作答时就需要先用否定词“不”来实现这个词形上的变换。另外需要注意的一点是，例（33）a的间接答语的后段不能是负判断，即不能为“是的，不是副的”，尽管从逻辑上讲“不是副的”跟“是正的”是等值的，可是它们在应用中却不能自由替换。由此可见，答语不仅受询问域的限制，也受词汇形式的约束：直接答语一般采用与问句相一致的词汇形式，如果变换词汇形式，就需要用否定词“不”过渡，而且不同的词形只限于用肯定形式，不能用否定式。无标记现象实际上是语义包含问题，广义上讲，可以把“正副”类词在问句4、5中的用法看做互为无标记的，因为当各自取否定值时恰好是表达对方的语义范围。

通常把本章所讨论的5种问句都叫做“是非问句”，这是不妥当的。如果把问句4、5归入是非问句还比较合适，因为它们只有两个值：“是”与“非”。然而前三类问句都是多值的，它们的功能是询问事物的程度的，这一点也可以从能用于其中的形容词的类型看出来：只有可用程度词修饰的非定量形容词才能用于问句1、2、3。相应地，我们可以把前三类问句称作“程度问句”。

10.7.2 反对关系的形容词的有无标记用法

还有一类具有反义关系的定量形容词，每对所表达的概念意义在逻辑上都是反对关系。也就是说，肯定一方必否定另一方，但否定一方却不能肯定另一方，因为有第三者存在的可能。这类词就没有“正副”类词的互为无标记的用法，它们都是有标记的。从语义上看，这类词也不满足上文所讲的具有无标记现象的条件，即两个词的语义范围之和不等于整个概念范围。属于这一类的词有“优-良-差、上-中-下、正-零-负、长期-中期-短期、大型-中型-小型”

等。例如：

（35）A.a.他的成绩是优吗？

b.他的成绩是不是优？

B.a.他的成绩是差吗？

b.他的成绩差不差？

例（35）中的“优”和“差”都不能照顾到对方，因此都是有标记的。

10.8 英语的有标记和无标记现象

10.8.1 英语的有关疑问句型

跟汉语的前三类问句相对应的英语问句是：

I. Be ＋ N ＋ adj?

II. Do ＋ pro ＋ know ＋ whether ＋ N ＋ be ＋ adj ＋ or ＋ not?

III.How ＋ adj ＋ be ＋ N?

下面来考察一下英语中表示事物三维性质的词用于三类问句的语义特征。

（36）A.a.Is the tree high?

b.Do you know whether the tree is high or not?

c.How high is the tree?

B.a.Is the tree low?

b.Do you know whether the tree is low or not?

c.How low is the tree?

（37）A.a.Is the well deep?

b.Do you know whether the well is deep or not?

c.How deep is the well?

B.a.Is the well shallow?

b.Do you know whether the well is shallow or not?

c.How shallow is the well?

以上两例的high和deep不仅跟汉语的“高”和“深”在意义上分别对应，而且有无标记的表现形式也完全一致。例（36）和（37）A组的a、b两个问句的high和deep都有具体的词汇意义，前者意为of great upward extent，后者意为extending far down，答语只能是性质程度如何或者属于不属于这种性质，因此它们都是有标记的。然而A组的c问句都是对上下距离的客观询问，这时high的词义转化为

measurement from bottom to top，deep的词义变为distance from the top down，它们的答语都可以用“number+adj”结构。比如例（36）A组c句的答语可以是 2 feet high、100 feet high等，例（37）A组c句的答语可以是0.5 feet deep、18 feet deep。可见，high和deep也是无标记的。两者的具体表现形式也跟汉语的一样，都是通过自由取值（x＞0）来分别表示相对的性质low和shallow。例（36）和（37）B组问句中的low和shallow，都保持着自己的词汇意义，在问句1、2、3中都是有标记的。

英语中的三维性质形容词不仅与汉语具有相同的有无标记表现形式，而且形成的原因也都是一致的。客观事物都具有三维性质和质量，当询问这方面的性质时都必须有个预设量。这个“预设量”加上积极成分的语义范围，可以照顾到整个概念范围。我们全人类生活在同一个客观世界中，都必须遵循这条规则，因此不论哪种语言，表三维性质的积极成分都有无标记的用法，消极成分则不论在什么情况下都是无标记的。

10.8.2 三维性质形容词的无标记名词形式

英语的三维性质形容词中的积极成分都具有名词的形式，表示事物的客观量度。例如：

width:measurement from side to side

length:measurement from end to end

height:measurement from bottom to top

depth:distance from the top down

thickness:the measurement of how thick a thing is

当然，汉语和英语相对应的词在意义上的细微差别也可能形成有无标记用法上的不同。比如“重”可以组成复合词“重量”表示事物质量的大小，英语跟“重”相当的词是heavy，而它却不能像wide、long等那样有名词表示事物的客观量度，英语意为“重量”的词是weight。为什么会出现这些差异呢？汉语中的“重”的含义是“重量大”，而英语中的heavy意为of great or unusually high weight，直译为汉语就是“巨大的重量或者非同寻常大的重量”。很明显，英语中的heavy是表示一种极端的程度，它和light的语义范围之和不等于整个概念，中间留有空缺，因此heavy没有名词形式来表示质量的大小，这时就用中性词weight来替代。同样的道理，How heavy is it?中的heavy也是有具体的词汇意义，而且也不能用于number+adj结构来表示所有的重量。总之，heavy不符合上文所刻画的具有无标记现象的一对反义词的语义条件，因此它们总是表现为有标记的。跟英语的情况不同，汉语中的“重”和“轻”的语义范围之和，可以覆盖表示事物质量大小的整个概念范围，即它们符合存在有无标记现象的语义条件，“重”在问句3[1]和复合词“重量”中都包括了相对的性质“轻”，为无标记的。

10.9 结语

形容词在问句中的有标记和无标记问题，实际上是询问域大小（语义范围）的问题。如果在一对反义词中，其中一个的询问域包括了另一个的，这时它就表现为无标记的，另一个则是有标记的。形容词的数量特征是形成有标记和无标记现象的决定因素，有相同数量特征的反义词，在有无标记的表现上是一致的。

汉语形容词的有标记和无标记现象是由各类词的量级特点和疑问句型相互作用、纵横交错形成的。看起来令人难以捉摸，实际上它们之间的关系是井然有序的。可以简单概括为以下三种情况。

一、“干净”类词的全量幅词在问句1、2中是无标记的，在问句3中是有标记的；半量幅词在三类问句中都是有标记的。

二、“大小”类词的积极成分在问句3中是无标记的，在问句1、2中是有标记的；消极成分在三类问句中都是有标记的。

三、“冷热”类词在三类问句中都是有标记的。

有标记和无标记是人类语言的一个普遍现象，它是在同样一个客观规则下产生的，因此从汉语这类现象中总结出的规律，可以用来解释其他语言的有关现象。

【1】比如“这箱子有多重？”

第十一章 “有”的程度用法

11.1 引言

汉语的领有动词“有”具有丰富多样的程度表达方法。它的本义是表示“领有”，并不具有程度义，本章将从社会因素和人们产生交际动机的方面，尝试探讨“有”的程度义产生的原因。

11.2 把名词转化为形容词的功能

11.2.1 “有”的形容词词缀用法

典型的汉语形容词都可以受各种程度词修饰，然而一般的名词或者动词则不可以。可是有不少名词和部分动词加上“有”以后可以表示性状，同时可以被“很、非常、最”等修饰。这一点各种工具书和语法著作都经常提到，但大都是点到为止。这类“有”字短语的句法行为也像形容词，经常做谓语、定语或者用于比较结构。例如：

（一）“有”字短语做谓语

（1）他可是有年纪了。（《现代汉语八百词》）

（2）这个人有学问。（同上）

（3）余先生是不是有点不舒服？（《编辑部的故事》）

（4）中国人很有创造力。（同上）

（二）“有”字短语做定语

（5）油条？请我吃的全是城里有名的大饭庄。（《编辑部的故事》）

（6）老李是一个有身份的人。

（三）“有”字短语用于比较结构

（7）您年轻的时候可比我有心眼儿多了。（《编辑部的故事》）

（8）那就是说，您认为用事实教育一个人比咱用杂志教育青年更有成效？（同上）

“有”字短语还可以做状语修饰谓语动词。“有”在这里的功能是把述宾结构转化成副词，很多形容词都有这一功能，比如“你认真地准备一下”、“他们圆满地完成了这项任务”等，所以可以认为状语位置的“有”字短语仍是形容词性质的。例如：

（四）“有”字短语做状语

（9）有条件地承担义务

（10）有组织地进行调查

（11）没有目的地随便看看

（12）很有把握地回答了所有问题

11.2.2 “有”字短语的自身程度义

形容词性质的“有”字短语也有不同于一般形容词的特点，它们在没有任何程度词时，也常常具有程度高的意思。例如：

（13）这孩子有天分。

（14）老李有学问。

（15）他有经验。

（16）他父母有钱。

很多工具书都指出“有”的一个义项为“多、大、程度深”，其实“有”这个义项并不是独立的，只有它与一些名词组成短语时才有这个意思。“有”字短语自身的程度义可以从词典的释义中看出来，下面是词典对部分已经凝固成词的“有”字短语的释义。

有力：有力量，分量重。例如：这次扫黄，有力地打击了歪风邪气。

有名：名字为大家所熟知。例如：他虽然早就有了名，但是一直谦虚谨慎。

有你的：颇有一套本领。例如：真是写得好，真有你的。

有钱：富有钱财。

有日子：表示已过了很长时间，有好些天。例如：咱们有日子没有见过面了。

有意思：有深意，耐人寻味。

后文将解释“有”字短语何以会产生程度高的意思。

11.2.3 具有程度义的“有”字短语中的名词限制

并不是所有的名词跟“有”字搭配都会产生程度义。首先，“有”跟具体的名词搭配，都是客观地叙述拥有某一事物，而不具有程度义。比如“有书、有车、有电脑”等都是一般的述宾结构，不表示属性，没有程度义，也不能被

“很”等程度副词修饰。然而也不是所有抽象名词与“有”构成的短语都可以表达程度，有一些抽象名词与“有”搭配并不产生抽象义。下面是“有”字短语中的常见名词分类。

（一）具有程度义的“有”字短语

有名 有趣 有效 有心 有意 有缘 有底 有力 有理 有劲

有种 有利 有幸 有钱 有权 有势 有用 有益 有害

有功劳 有希望 有前途 有出息 有能力 有本事 有才能 有文化

有修养 有胆量 有信心 有骨气 有志气 有气魄 有力量 有理想

有分寸 有魅力 有威望 有影响 有意识 有意义 有价值 有觉悟

有感情 有规律 有原则 有身份 有两下子

（二）缺乏程度义的“有”字短语

有得 有偿 有形 有余 有毒 有罪 有奖 有零 有旧 有救

有待 有事 有病 有伤 有喜

有消息 有眉目 有误会 有反感 有纠纷 有困难 有危险 有事故

有灾难 有发展 有进展 有进步 有变化 有头衔 有人家

“有”字短语的程度义的表达，取决于如何计量其后名词所指的事物的量。概括地说，有以下两条使用规律：

第一，对于“有”字短语的名词所指的事物，凡是以社会平均值为计量起点的，有关的短语就具有程度义。比如“有名、有学问、有地位”中的“名、学问、地位”都是指高于相关的社会平均值。也就是说，其起点已经代表了一定的量，而不是从0算起。

第二，对于“有”字短语的名词所指的事物，凡是以0为计量起点的，有关的短语就没有程度义。比如“有偿、有毒、有奖、有消息”中的“偿、毒、奖、消息”等可以指任何大于0的量。

后文还将进一步讨论这一点。

在具有程度义的短语中，“有”的作用可以看做一个把名词转化为形容词的词缀。比如“功劳、希望、前途、出息、能力、本事、才能、文化”本来是名词，是不能受程度词修饰的，也不能用于比较级，但是加了“有”之后就获得了形容词的语义和句法特点。

11.2.4 具有程度义的“有”字复合词

由于“有”经常与程度的表达有关，因此它在历史发展中形成的一些复合词也具有表达程度义的特点，而且其句法行为也发生了变化，除了保留原来的动词用法外，还发展出了副词、连词等用法。下面是几个常见的用例。

（一）“只有”。根据我们的考察，“只有”是宋以后才出现的。它在今天除了保留原来的动词用法外，还发展出了副词和连词的用法。例如：

（a）动词用法

（17）你只有这一个办法了。

（18）我只有这一支笔了。

（b）副词用法

（19）你只有从头学习才能学好。

（20）你只有用这个办法才能学好。

（c）连词用法

（21）你只有去跟他当面谈，才能消除误解。

（22）只有在紧急情况下，才能动用这笔款。

（二）“有点儿”。在现代汉语里，“有点儿”既可以是动词性的，也可以作为副词修饰谓语动词，还可作为程度副词修饰形容词。例如：

（23）这个冰箱有点儿问题。

（24）我有点儿弄不明白这句话的意思。

（25）那个地方冬季有点儿冷。

（三）“有些”。在现代汉语里，“有些”可以用作动词、副词、代词等。例如：

（26）我们有些问题要问你。

（27）我有些想家。

（28）那张画有些模糊。

（29）有些（事）已经办好了。

（四）“有的是”。这个短语在现代汉语里已经凝固成一个惯用语性质的结构，可以单独使用表示程度高。例如：

（30）主意有的是，只要老头子老开着车厂子。（《骆驼祥子》）

（31）现在黄花闺女心里哭着喊着想如意郎君、拜天地的有的是，就是缺热心人给搭桥。（《编辑部的故事》）

（五）“有你的”。根据我的考察，“有你的”在40年代老舍的作品《四世同堂》中已经可以单独使用，表示某种程度高。例如：

（32）你这小子，放下老婆不管，当兵去？真有你的！把老婆交给我看着

吗？（《四世同堂》）

（33）胖妹子！可真有你的！还不给我爬起来！（同上）

（34）化装！化装！有你的！妙！（同上）

更有趣的是，“有你的”可以像程度副词一样修饰形容词，强调程度高。例如我们见到一篇文章的题目为“《大话西游》有你的精彩”，一首流行歌的名字为《有你的快乐》。当然这种程度用法还没有固定下来，使用频率也较低。

11.3 与程度表达有关的结构

上一节主要讨论了由“有”字构成的述宾短语的程度表达现象，本节则讨论由“有”构成的更大的结构或者句式。

11.3.1 “有＋X_1＋有＋X_2”格式

“有＋X_1＋有＋X_2”中的X_1和X_2分＋别代表两个相关的事物，整个结构的语法意义是强调某种情况的程度或者事物的数量。常见的组合如下。

有头有尾 有头有脸 有血有肉 有条有理 有板有眼 有胆有识 有声有色 有情有义 有权有势 有钱有势 有棱有角 有说有笑 有鼻子有眼儿

11.3.2 “有＋Pro＋的＋N＋V”格式

此格式已是一个稳固的、能产的语法结构，同时也具有固定的语法意义，它表示名词所代表的事物数量大。这一句式的形成与把社会平均标准作为基数的社会认知活动有关。例如：

（35）这儿有你的吃，有你的穿；非去出臭汗不过瘾是怎着？（《骆驼祥子》）

（36）将来有你的钱花。

（37）将来有你的酒喝。

如果该句式没有最后的动词，就不一定表示程度，而是既可以强调程度，又可以表示客观上拥有某一事物或者存在某一状况。例如：

（一）强调程度

（38）衣食起居不宜回乡，在此静居，后来自然有你的结果。（《红楼梦》十八回）

（39）有你的好处！（《火葬》）

（二）客观叙述

（40）我手里并没有你的牌。（《红楼梦》四十七回）

（41）你回来得正好，有你的电话。（《编辑部的故事》）

11.3.3 “有+的+是+N”格式

这个格式是普通的“有”字构成的述宾结构焦点化宾语名词的结果，现在已经稳固下来，成为一个能产的、强调事物程度的结构。汉语中焦点化一个普通动宾的方式为：V+ N→V+的+是+N，比如可以把“我看《红楼梦》”中的宾语焦点化为“我看的是《红楼梦》”。例如：

（42）地名他很熟习，即使有时候绕点远也没大关系，好在自己有的是力气。（《骆驼祥子》）

（43）我早先在妇联干过，处理这事有的是经验。（《编辑部的故事》）

（44）他有的是钱。

（45）他家有的是地方。

11.3.4 “有+NP+那么+A”格式

此格式引入比较的标准，仍与程度表达有关。例如：

（46）这花开得有碗口那么大。（《现代汉语八百词》）

（47）这孩子已经有我（那么）高了。（同上）

（48）谁有他认得的人那么多？（同上）

（49）这种葡萄有糖那么甜。（同上）

“有”后还可以直接引进一个数量短语，例如：

（50）这条鱼足足有四斤（重）。（《现代汉语八百词》）

（51）那张桌子有三米宽。

（52）小王有一米八高。

11.4 历史和跨语言的考察

11.4.1 “有”在先秦汉语中的程度用法

“有”是汉语中的一个基本词汇，已见于早期史料。在先秦“有”已经发展出各种与程度表达有关的用法。主要有以下几点。

（一）庄稼丰收、财物富有。

（53）自今以始，岁其有。（《诗经·鲁颂·有駜》）

（54）君子有酒，旨且有。（《诗经·小雅·鱼丽》）

（55）止基乃理，爰众爰有（财足）。（《诗经·大雅·公刘》）

现代汉语里已经不再用“有”的这一用法，但是仍保留在一些方言之中。比如洛阳话的“有”单独使用时相当于形容词“富有”，可以受各种程度词修饰，比如“他家很有”。

我们推断“有”的上述用法是从其含程度义的动宾结构发展而来的。那时的“有”跟今天的一样，在一些动宾格式中具有表达程度的功能，例如：“我取其陈，食我农人，自古有年。”（《诗经·小雅·甫田》）“有年”这里指“丰年”。这类结构中的名词类型古今也有一个较大的变化，那时为农事和财物的名词，现在则多为社会性的名词，诸如“地位、学问、身材”等。

（二）相当于程度词，强调形容词的程度。一般的工具书都认为这里的“有”只是一个无意义的词头，但是根据“有”的语义发展规律，可以有理由地推断它在形容词之前具有表示程度的功能。

（56）有严有翼。（《诗经·小雅·六月》）

（57）天行有常。（《荀子·天论》）

（三）指代用法，相当于“一些”。先秦汉语的“有”还可以单独做主语，相当于代词“一些”。例如：

（58）以杞包瓜；含章，有陨自天。（《周易·姤》）

（59）有夜登丘而呼曰：“齐有乱。”（《左传·僖公十六年》）

11.4.2 英汉领有动词的用法比较

英汉两种语言的领有动词在程度表达上存在着显著的区别。以两种语言有代表性的工具书为例，《现代汉语词典》中的“有”共有8个义项，其中的4个义项都与程度表达有关。然而*Webster's New World Dictionary*[1]中的have有10余个义项，只有一个与程度表达有关。详细情况如下。

（一）《现代汉语词典》

[1]表示估量和比较：水有一丈多深。

【1】Prentice Hall，1994年版。

[2]表示多、大：有学问；有经验；有了年纪。

[3]泛指，跟“某”的作用相近：有一天他来了；有人这么说，他来了。

[4]用在“人、时候、地方”前面，表示一部分：有人性子急，有人性子慢；这里有时候也能热到三十八九度；这场雨有地方下到了，有地方没有下到。

（二）*Webster's New World Dictionary*

have: a person or nation with relatively much wealth or rich resources: the haves and have-nots.

而且英语中的have的这个义项只用在少数固定的搭配里，使用频率是极低的。可以认为have基本不是一个表达程度的语法标记。

所以，汉语中跟“有”有关的各种语法格式，翻译成英文时都要采取其他语法手段，而与have没有关系。例如：[1]

（一）等同比较格式

（60）你有一米八吧？

You are about 1.80 meters tall, aren't you?

（61）你弟弟有你高吗？

Is your brother as tall as you are?

（二）“有”字短语

（62）她富有才华。

She is a woman of great talent.

（63）他很有管理经验。

He is very experienced in management.

（三）表示“一些”

（64）有些事还需要从长计议。

Certain things need to be given further thought and deliberations.

（65）有人赞成，有人反对。

Some are for it, others are against.

前文谈到汉语中的“有”类似于形容词的一个前缀，能够把一个名词性或者动词性的词语转化为形容词。然而英语中的have则没有这一功能，它用各种形

【1】下面的翻译是根据《汉英大词典》（商务印书馆，2001年）。

容词词缀把其他词类转化为形容词。请看汉英“名→形”的方式差别。

力→有力	power→powerful
种→有种	courage→courageous
心→有心	intention→intentional
学问 →有学问	knowledge→knowledgeable
分量→有分量	weight→weighty
经验→有经验	experience→experienced
理想→有理想	ambition→ambitious

我们认为汉英领有动词在表达程度上的显著差别，主要是由两种语言的语法系统特点的不同造成的。英语有多种可以把名词变换为形容词的词缀，因此无须或者限制了领有动词的程度表达。相反，现代汉语没有这种词缀，从而为“有”的程度表达提供了可能。这一论断可以从汉语发展史中得到佐证。先秦汉语具有“如”、“若”等形容词后缀，相应地，那时“有”的程度表达就远没有今天丰富。

11.5 “有”的程度表达产生的动因

11.5.1 有标记信息和无标记信息

人们使用语言的主要目的是为了交际。交际的动机主要来自人们对外在世界各种信息的感知。我们日常生活中感知到的信息是异常丰富和复杂的，但是只有其中一部分可以刺激人们的大脑，从而产生了交际动机。根据在一般情况下能否刺激交际动机，可以把信息分为两大类。

（一）有标记信息——能够刺激交际动机的信息。在同类事物或者现象中，一些新发生的、有异于其他成员的信息，往往是有标记信息。在有关事物的特征信息的范围中，有标记信息总是少数的。

（二）无标记信息——不刺激交际动机的信息。在同类事物或者现象中，全部成员或者绝大多数成员都拥有的信息特征，往往是无标记信息。在有关事物的特征信息的范围中，无标记信息总是普遍存在的。

现在用实例来说明“有标记信息”和“无标记信息”之间的差别。相声大师侯宝林的著名相声《醉酒》里有一个笑料，一个喝醉酒的人指着对方说：

（66）嘿嘿，你这个人真有意思，长了一个鼻子。

这个笑料就是来自那个“醉鬼”把“无标记信息”误看做“有标记信息”

来交际的效果。一般人都有鼻子，一个人“有鼻子”是人的无标记信息特征，因此不应该刺激人们的交际动机。在正常情况下，只有一个人没有鼻子才是有标记信息，才可以诱发人的交际动机。

又如，人皆有五个手指头，这是无标记信息。因此一般人都不会特意说，“他有五个手指头”。但是因为遗传变异等因素，某人长出了“六指儿”，就会成为有标记信息，诱发人们的交际动机。

11.5.2 “有”的程度表达产生的社会因素

人都具有社会性。各种社会现象是人们交际的重要内容。而常见的社会现象是某些人或者地方“拥有”、“存在”、“发生”了什么事情。这正是“有”的概念义，因此它经常用来表达这方面的信息。

随着社会的发展，与“拥有”有关的有标记和无标记信息可以互相转化。比如从20世纪70年代末中国改革开放以来，随着人们生活的改善，城市家庭“拥有”现代化电器（用具）方面的有标记信息的大致变化如下。

20世纪80年代:　　他们家有电视机。

20世纪90年代:　　他们家有电脑。

目前:　　他们家有汽车。

现在很少人会特意说“他家有彩色电视机了”，相反，没有电视机则转化为有标记信息了。比如描写某家的经济窘迫，会说“他家还没有电视机呢”。

生活在我们周围的人有各种各样的特性。如果某一特性为大家所拥有，就是一种无标记的信息，就不会刺激我们的交际动机。任何特性都隐含一个“程度量”，我们把“社会平均值”定义如下：

在某个社会、生活环境或者具体交际的语境中，绝大部分成员所拥有的某一属性的“一般程度”。

只有该特性的程度与众不同时，最典型的情况是高于其他成员，才会成为有标记信息，进入人们的交际范围。下面用两种具体的情况来说明。

（一）“有钱”。在现代社会里，一般人的“钱”的数目都不会是0，皆拥有一定的量。如果一个人的钱的数目只是该社会的一般量，就是一个无标记的信息，不会刺激人们的交际动机。但是当某人的钱财高于一般人时，就会成为有标记的信息，就会诱发人们的交际动机。因此说“某人有钱”是说其钱财多于一般人。

（二）“有学问”。每个正常的人都有一定的知识，这是无标记的信息，不会刺激人们的交际动机。只有当某人的学识高于一般人时，才会成为有标记信息，进入人们的交际范围。因此说“某人有学问”是指其学问高于一般的人。

概括起来，“有＋N”短语的程度义的产生必须满足下面三个条件：

第一、N所代表的属性为社会绝大多数成员所共有；

第二、该属性具有一个一般的程度量；

第三、从社会平均值开始计量，而且有关属性的程度高于一般。

凡是不满足上述任何一个条件的“有”字短语都没有程度高的意思，也都不具有形容词的语义和句法特征。比如，代表三维事物的名词指示的是离散的实体，缺乏“属性”的语义特征。又如，不为绝大多数成员所共有而且也缺乏一般程度的属性名词，也不会产生程度高的意义，比如“有偿”。那些从0计算的也不会有程度高的意义，比如“有消息”。

上面的分析虽然只以“有＋N”结构为例，但同样也适用于“有”的其他相关的程度表达式。至于其产生的历史顺序以及相互关系，有待进一步的研究。

11.5.3 来自语言系统的制约

社会平均值对语言的影响应该是一个普遍现象，但是领有动词的程度表达却不是每种语言都有的。就拿汉语和英语来比较，如前文所述，汉语的“有”发展出了各种与程度表达有关的语法标记和格式，而英语相应的动词have则没有这种用法。我们认为这跟汉语语言系统的特征密切相关。

有些名词表达的是一种抽象的属性，具有转化成形容词的语义基础。由名词向形容词的词性转化往往需要借助某种语法手段。如前所述，现代汉语常用“有”字把一个名词转化为形容词。然而“有”的这种用法的普遍使用是唐宋以后的事，在此之前是用“如”、“若”等词缀把名词等其他词类转化成形容词（副词）。例如：

（67）没阶，趋进，翼如也。（《论语·乡党》）

（68）天下晏如也。（《史记·司马相如列传》）

（69）桑之未落，其叶沃若。（《诗经·卫风·氓》）

（70）少焉眴若皆弃之而走。（《庄子·德充符》）

虽然“有”字短语的程度用法早就出现了，但是中古以前汉语有其他语法手段把名词转化为形容词，从而限制了“有”向形容词前缀的发展。只有后来“如”这些后缀消失了以后，“有”才有了向形容词前缀发展的可能性。

11.6 结语

本章分析了由“有”字构成的短语和结构的表达程度的功能。认为“有”具有形容词前缀的功能，可以把一些具有属性义的名词转化成形容词。由于“有”经常用于程度义的表达，因此由其所构成的常用搭配固定下来成为含程度义的语法标记。同时，由“有”构成的语法格式也逐渐稳定下来成为一种专职的、能产的表达程度的语法手段。

本章还进而探讨了“有”字结构获得程度义的社会认知因素。人们在日常的社会活动中，感知到的信息分两大类：第一种是无标记的信息，为有关成员所共有，一般不会诱发交际动机；第二种是有标记的信息，是个别成员所特有的特征，往往会诱发交际动机。那些为一定社会团体所共有的属性特征，对于某个体来说，只有其属性的程度高于社会平均值时，才会成为有标记信息，成为人们的交际内容。这就是一些“有”字短语或者结构获得程度高义的动因。

然而社会文化因素并不能直接影响到语言，而且影响的范围和程度也是非常有限的。只有那些高频出现的常见表达式才具有影响语言的可能性，同时其影响的范围、时间和程度都会受到语言系统自身状况的制约。

第十二章 指示代词与结构助词

12.1 引言

在现代汉语中，结构助词“的”的主要功用是连接修饰语和中心语，形成一个偏正结构。这个中心语既可以是名词性的，也可以是动词或者形容词性的。本章的讨论集中于中心语为名词性的结构。这类结构从语义上可划分为两大类：一是修饰语为中心语所代表的事物的领有者，二是修饰语是一个从句。除了第一类中表示亲属关系等少数情况外，比如“我妈妈”，“的”在两类结构中都是必不可少的，否则就会造成不合语法的现象。例如：

（1）a.我在用学校的电脑。

b.*我在用学校电脑。

（2）a.这是他新买的车。

b.*这是他新买车。

但是，如果修饰语和中心语之间有指示代词“这”或者“那”出现时，“的”就不是必需的了，有时加上“的”反而听起来不自然，甚至是不可接受的。因此，我们说，在这里的“这”和“那”跟“的”的功能一样，也可以表示领有关系，也可以连接一个从句跟名词中心语。这一点下文将用大量的例证来说明。

指示代词和结构助词的共性，给了我们一个重要启示：结构助词是从哪儿发展来的。结构助词是一种语法标记，又叫做“功能词”，传统汉语言学则称之为“虚词”。关于人类语言语法化的研究显示，语法标记一般是从普通词汇或者“实词”虚化而来的。那么，我们自然会问：“的”从何而来？以前关于这个问题的研究，多拘泥于从音韵上或者用法上考证（“的”是从上古汉语的结构助词“之”或者“者”演化来的）。且不管这种考证是否有道理，若要进一步问“之”和“者”又是从何而来，这种做法就无能为力了。如果我们接受语法标记演化的普遍规律，就应该探讨结构助词是从什么实词发展来的。根据结构助词与指示代词在现代汉语中的共性，以及不同时期或者不同地域使用过的助词原来都有指示代词的用法这两个事实，本章提出结构助词可能是从其原来的指代用法发展而来的假说。

12.2 表示领有关系的指示代词

做领格时指示代词和结构助词具有可替换性。比如名词前有“这”或“那”，又有领属性修饰语时，一般不带“的”，比如“我们这一带”不大能说成“*我们的这一带”。由此可见，指示代词和结构助词不仅具有可替换性，而且在同一句法位置上还具有互斥性，足见它们的关系非同寻常。指示代词表领格的用法究竟仅是一种偶见的现象呢，还是一种常用法？我们的考察将说明这一问题。

我们对《红楼梦》约四分之一的篇幅进行了考察，共收集到27例用于领格短语的指示代词，其中不带“的”的为24例，带“的”的只有3例，前者是后者的8倍。带“的”的3个例子都有量词出现：

（3）不如竟把买办的这一项每月蠲了为是。（《红楼梦》五十六回）

（4）只怕三姨儿的这张嘴还说他不过。（《红楼梦》六十五回）

（5）我的这个心，惟有天地可表。（《红楼梦》六十八回）

对上述用例不妨作这样的理解：“这＋量”短语的指代性较高，相当于普通名词短语，因此需要一个“的”。与此形成明确的对比，在其余24例不带“的”的领格短语中，就有21例是没有量词的。由此可见，指示代词单用更适宜于表示“领格”这种较抽象的语法意义。下面是指示代词用作领格的例子。

（6）稀罕吃你那糕！（《红楼梦》六十回）

（7）你知道我这病，大夫不许我多吃茶。（《红楼梦》六十二回》）

（8）我这枝并头的怎么不是？（同上）

（9）刚才我到琏二奶奶那边，看见二奶奶一脸的怒气。（《红楼梦》六十七回）

（10）况且姑娘这病，原是素日忧虑过度，伤了血气。（同上）

（11）我这一社开的又不巧了，偏忘了这两日是他的生日。（《红楼梦》七十回）

上述用例有两点值得注意：一是，如果删去这些指示代词，句子就不合语法了，比如不能说“*稀罕吃你糕”、“*我枝并头的怎么不是”。二是，有些指示代词可以用“的”替换，比如例（6）可以说成“稀罕吃你的糕”，有的则不能，比如不大能说“*我的一社开的又不巧了”。可见，做领格的指示代词有自己的特殊功能，与“的”的并不完全相同。

另外，指示代词跟“的”一样，如果中心语所指在上下文中已经明确，这个中心语就可以省略，比如：

（12）你看他那小园子，比咱们这个如何？（《红楼梦》五十六回）

例（12）的“这个”后边隐含了一个“园子”，因为上句已经明确指出，所以无须再重复。“的”也常有类似的用法，比如可说“他们的园子没有咱们的漂亮”。例中有量词“个”出现，但它并不是必需的，也可以说“他们家那车比我们这新”。这种用法很具有启发性，从结构或者语义上看，指示代词应该与中心语的关系较紧密，其层次关系为：[领有者+（指示代词+中心语）]。既然表领有者的名词和指示代词可以摆脱中心语而独用，那么它们之间的边界就有可能通过重新分析而消失。

为了弄清做领格的指示代词在现代汉语中的使用情况，我们调查了6篇反映当今北京口语的王朔的小说。总的特点是，其用法更加普遍化，而且也更加多样化。在收集到的97个用例中，“这”约占60%，共57例，“那”约占40%，共39例：“这”明显占优势，但是它们的用法看不出有明显的区别。先看一组“这”、“那”与“的”自由互用的例子。

（13）a.我那设计师没饭局不来。（《谁比谁傻多少》）

b.南希看似单纯，时而语惊四座，当然这都是她那个设计师的思想。（同上）

c.我的设计师不吃烤鸭子。（同上）

d.我说南希你的设计师是不是动乱念的中学？（同上）

在同一部作品的同一个短语中，时而用“那”，时而用“的”，可见它们的功能是有相同之处的。

指示代词的领格用法的多样化主要表现在两个方面：一是做领有者的名词的类型增多了，二是指代性成分包括由“这”或“那”构成的各种复合词。在《红楼梦》时代，领有者只限于指人的名词，一般为人称代词或者人名，我们所收集到的例子大都如此。指示代词最近一二百年又进一步向结构助词用法扩展了，下面是一些现代汉语的例子，我们根据领有者的名词的类型分别举例说明。

一、人物名词

（14）你这项链谁给你买的？（《谁比谁傻多少》）

（15）咦，我记得我这章是七千字。（《修改后发表》）

（16）你爸爸太可爱了，不像我那俩妈，一个比一个正经。（《刘慧芳》）

二、地点名词

（17）慧芳头上那块疤就是你用石头打的。（《刘慧芳》）

（18）就是过去咱胡同那个“顺子”、“顺子”的，跟我同学。（同上）

（19）行呵，我家就在你家后面那楼，有空儿过来。（同上）

三、时间名词

（20）现在这些孩子，就是不知道谦虚。（《刘慧芳》）

（21）但就你刚才这一席话，大妈不是法官听着心里都发酸。（《懵然无知》）

（22）现在这人谁不敢。（同上）

四、机构名词等

（23）编辑部这几个人都上了那辆乳白色的轿车。（《编辑部的故事》）

（24）《人间指南》这边也周密布置。（同上）

除了单纯的指示代词“这”和“那”外，由其构成的很多复合词也兼有领格的作用，表现在它们与领有者名词之间不需要，甚至不能加“的”。这种现象是新出现的，《红楼梦》中还没有。下边分别举例说明。

一、表地点的“这儿”、“那儿”

（25）你们这儿可真难找哇。（《懵然无知》）

（26）我想我们还是去他那儿谈。（同上）

（27）我们可以到领导那儿说清楚。（同上）

二、表不定量的“这些”、“那些”、“这点儿”等

（28）把你们这些小姑娘迷成这样。（《刘慧芳》）

（29）大姐，你说这和街上那些黄色书刊泛滥有关系吧？（同上）

（30）我这点毛病也不够捕的吧？（《谁比谁傻多少》）

三、表强调的“这么”、“那么”

（31）我是没你这么一个好爸爸呀。（《刘慧芳》）

（32）我这么意志薄弱的人你考验我干嘛。（《谁比谁傻多少》）

四、表属类的“这种”、“那种”

（33）他这种无理要求，任何人民法庭都不能予以主张。（《懵然无知》）

（34）慧芳，不要用学校老师那种因循守旧的眼光看人。（《刘慧芳》）

上述结构中，都是由指示代词构成的复合词兼表领格。这里的指示代词既不能用“的”替换，也不能在其前插入一个“的”，比如不能说“*你们的这

儿”、“*我是没你的这么一个好爸爸呀”。由此可见，在表领格上，指示代词有其特殊的地位，不都是可以被结构助词替换的。

领格指示代词的特殊地位还表现在，在一定的句法结构中，它们比“的”更加简明有力。特别是当中心语之前另有一个从句定语时，用指示代词表领格就比“的”的效果好。比如下例中，如果用“的”替换指代词，领格关系反而会变得不明确。

（35）回头瞟了一眼她那个正在弹琴的同事。（《无人喝彩》）

（36）脸色喷红，使她和过去那个面带忧戚凄婉哀怨的形象迥然相异。（《刘慧芳》）

通过以上的分析，我们认识到，指示代词也是现代汉语中常用的一种表领格手段，它们占有特殊的地位。这种用法在近代白话文献中已经出现，从那时到现在有了较大的发展。可以认为，指示代词的领格用法是正在发展中的一种语法现象。其结果如何以及什么时候能发展成为一个语法标记现在还很难下定论。

12.3 用作定语从句标记的指示代词

前文已经指出，如果定语是一个从句，或者说是一个VP的话，必须用“的”加以标记。下面再举几个例子加以说明。

（37）a.这些都是朋友送给我的礼物。

b.*这些都是朋友送给我礼物。

（38）a.我今天买的书都在袋子里。

b.*我今天买书都在袋子里。

然而，中心语之前如有指示代词的话，这个“的”就不是必需的了。指示代词的这种用法没有其领格的普遍。我们从王朔同样的6篇作品中，只收集到了14例这类用法。下面根据中心语的类型分别举例说明。

一、表示事物或者人的名词

（39）你过去还真是，怎么说呢？假模三道的，跟墙上贴那三好学生宣传画似的。（《刘慧芳》）

（40）你瞧那边站着那杨重没有？（《一点正经没有》）

（41）你们就是鼓吹“全盘西化”那帮吧？（同上）

二、时间或地点名词

（42）西北石油管理局在我们插队那个地方招工，我就去了。（《刘慧芳》）

（43）噢，慧芳，我们接触这段时间多有得罪，别往心里去。（同上）

（44）老陈上班那天的编辑部的，一帮人都很紧张。（《懵然无知》）

三、表示事情、方式等的抽象名词

（45）最后，她不可避免地走上乱搞男女关系这条路。（《谁比谁傻多少》）

（46）赞助艺术家这名分还不够好道理还不够多？（《一点正经没有》）

虽然收集到的例子不多，但是我们注意到指示代词做从句标记也是普通话口语中很常见的现象。比如在日常交际中会听到下面的说法：

（47）会书法那位教授已经退休了。

（48）这儿就是刚才我看书那个地方。

（49）我送那本书你看完了没有？

指示代词做从句标记的作用，相对而言还不是很稳固。其前还常常可以插入“的”，比如也可以说“墙上挂着的那张画”、“我送你的那本书”。不论怎么说，我们都应该认识到这样一个事实：指示代词和“的”都可以做从句定语的标记。

12.4 结构助词的原指代词用法及其向结构助词的演化

以上我们讨论了指示代词和结构助词在现代汉语中的相同功能。本节将考察它们在历史上的渊源。汉语发展史上，曾经有过四个结构助词：“之”、“底（的）”、“个”、“许”。前两个是属于共同语的，10世纪之前主要用“之”，之后其地位逐渐被“底（的）”替代。在6世纪之后的文献中，可以见到“个”、“许”做结构助词的用法，但是其使用范围非常有限，出现频率也很低。我们推测它们两个只是运用于某一个方言。这些结构助词原来都有指示代词的用法。

12.4.1 “底”原来的指代用法

元明之前结构助词“的”被写作“底”。“底”从魏晋南北朝一直到唐宋的文献中，常用作指示代词或者疑问代词。例如：

（50）单身如萤火，持底报郎恩？（《欢闻歌》）

（51）个人讳底？（《北齐书·徐之才传》）

（52）我笑共工缘底怒？（《归朝欢·我笑共工缘底怒》）

（53）柳映江潭底有情。（《柳》）

（54）问谁姓字在底中居。（《竹斋词》）

（55）竹篱茅舍，底是藏春处。（《蓦山溪词》）

跟指示代词一样，疑问代词也可以兼摄领格的功能。例如在下面用例中，因中心语有“什么”、“哪”修饰，“的”就不需要了。

（56）学校里什么地方可以抽烟？

（57）你见过我太太哪个朋友？

以上两例若没有疑问代词，“的”就是必需的了。

“底”的简单发展过程是这样的。它类似于结构助词的用法始见于《敦煌变文》，约为7世纪，这类例子共有7例，而且修饰语的类型也受很大限制，5例是VP，两例是方位词。可以认为这时的“底”还不是典型的结构助词，而是指示代词的临时语用用法。真正做结构助词的“底”普遍见于唐五代的《祖堂集》，这时期的特点是使用频率大幅度增加，修饰语的类型多样化了，除用于两个名词之间表领属的例子还没见到外，现代汉语其他各类修饰语都已经有了。到了南宋时期的《朱子语类》，“底”又发展出了用在两个名词之间表领属的用法，但是这个时候“底”的用法还不稳定，表现为同样的句法环境、同样的语法意义它还是有一定的随意性。从15世纪左右的《老乞大》中可以看出，“的”在这个时候已发展成熟，现代汉语中“的”的一些严格使用规律这时大都已经形成，比如动词性定语之后必须带“的”。

12.4.2 “之”的结构助词用法

“之”在10世纪之前，特别是汉代之前是最常用的结构助词。它的功能很多，其中最常用的两个也是表示领格和做从句定语的标记。例如：

（58）关关雎鸠，在河之洲。（《诗经·周南·关雎》）

（59）王之不王，是折枝之类也。（《孟子·梁惠王上》）

在上古汉语中，“之”也常被用来做指示代词，例如：

（60）之子于归，宜其家室。（《诗经·周南·桃夭》）

（61）之二虫又何知？（《庄子·逍遥游》）

甲骨文时期，“之”还不是结构助词，只用作指示代词。这对我们的假设是一个强有力的支持。在《诗经》中，“之”已是一个被广泛应用的结构助词。由于从甲骨文到《诗经》、《尚书》这些早期文献之间资料的匮乏，使得建立“之”的语法化过程的任务困难很大。

12.4.3 “个”的结构助词用法

“个”在近代汉语中也被用来做结构助词表领格、引进各种修饰语，它几乎拥有“的”的所有用法，如例（62）、（63）是表示领格的，这种用法还一直保存在今天的部分方言里，如例（64）、（65）。

（62）但只硬把定中间个心，要他不动。（《朱子语类》卷五十二）

（63）山高处个人好似奴家张解元。（《张协状元》）

（64）做庄稼个蛮坐累。（种田的挺辛苦）（金湖话）

（65）底个东西便宜里。（这里的东西便宜）（同上）

无独有偶，“个”在早期也曾是个指示代词。例如：

（66）个人讳底？（《北齐书・徐之才传》）

（67）观者满路旁，个是谁家子？（《寒山诗》）

（68）个瘦长杜秀才位极人臣。（《嘉话录・广记》）

与“底”的情况不同的是，“个”的使用频率比较低，范围也有限。所以很难了解到它从指代用法向结构助词用法发展的详细过程。不过有一点是可以肯定的，它不可能是从早期的结构助词“之”或者“者”演化而来的，因为不管从音韵上还是从语义上都看不出它们之间有任何联系。排除了这种可能后，剩下的唯一逻辑结论是，“个”在被用作结构助词之前已有两个用法：指代词和量词。纵观汉语历史上的几个结构助词原来都曾是个指代词，那么一个比较合理的推测是，“个”的助词用法是直接从其指代用法发展而来的。

12.4.4 “许”的结构助词用法

“许”在魏晋至唐的佛教译经中，也有做结构助词的用法，主要是表领格。例如：

（69）犹如童蒙小儿辈。戏于自许粪秽中。（《佛本行集经》卷二十八）

（70）我许女昨行，为人所垂，得王解之。（《旧杂譬喻经》下）

魏晋南北朝时期的指示代词也有一个“许”，可惜没有提供例子。这个“许”的用法仍保留在今天的某些方言中。比如，“许只”在闽语大田方言里意为“那个”，即“许”相当于普通话的“那”。此外，在海口方言里“许”也被用作指示代词。例如：

（71）汝问许个作乜？（你问那件事干什么？）（海口话）

（72）汝无用许样？（你不用那样？）（同上）

12.4.5 “这”和“那”向结构助词的发展趋势

前文的例子显示，现代汉语中“这”和“那”与“的”有很多语法共性。但这并不是一直如此，而是逐渐发展出来的。指示代词的“这”和“那”始见于唐代的文献。我们调查了15世纪以后的几个重要文献，两者的发展过程简述如下。开始的时候，“这”和“那”都可以用在两个名词中间表领属关系，但是领有者一般是人称代词。后来领有者扩展到地点、时间以及一般名词。动词性修饰语也是后来慢慢普遍化的。我们并不是认为“这”和“那”现在已经是一个结构助词，而是说它们有这个发展趋势，至于说什么时候能发展成为一个语法标记，以及是具有什么样的功能的标记，现在还很难预测，因为这取决于很多因素。

综上所述，四个结构助词都有指示代词的用法，而且它们的指代用法都先于它们的助词用法，这给我们以重要的启示：指示代词的语义特征最适于发展成为结构助词。

12.5 关于结构助词语法化的理论问题

12.5.1 结构助词语法化的句法环境

根据结构助词和指示代词在共时上的句法共性与其历时上的先后共性，我们提出结构助词是由各自原来的指示代词演化而来的。这一假说涉及许多理论问题，现简述如下。

每一个语法化过程都是肇端于一个非常具体的句法环境。确立诱发语法化的句法环境，是目前这一领域研究的中心课题之一，这方面的研究将会深化我们对语言演化的认识。基于指示代词在现代汉语中的用法，我们推断，诱发指示代词向结构助词演化的句法环境有二：一是领格结构；二是定语从句标记。两者的抽象结构皆为：修饰语＋指示代词＋中心语。

在语法化的初期，指示代词表领格及做从句标记仅是一种不稳定或者说临时的语用用法。尽管现代汉语的指示代词可表领格和从句标记，但我们并不认为它们已经是结构助词，最好还是把它们看做类似于结构助词的语用行为。这种语用行为是由指示代词自身的语义和句法特征决定的。所以，不论什么时期、什么地方的指示代词，尽管语音形式各不相同，但它们都保持着这种语用功能。这种环境下的指示代词，由于长期使用以及受其他条件的影响，就有可能发展成为一个结构助词。

12.5.2 结构助词语法化的机制——重新分析

重新分析是语法化重要的机制。这个机制主要是通过改变或者是弱化词语之间的边界来创立一种新的语法标记或者格式。一个实词变成虚词后，它原有的句法特点必然也会随之变化，随之而来的就是它与周围词语的边界的改变。我们用“+”表示两个独立词语之间的边界，“*”表示两个紧密结合或者不能分开的语素之间的关系。那么指示代词向结构助词语法化的步骤可以描写如下。

第一步：指示代词的语用用法：［修饰语+（指示代词*中心语）］

第二步：重新分析为结构助词：（修饰语*助词*中心语）

第三步：边界的重新确立：［（修饰语*助词）+中心语］

语法化的一个常见现象是，并不要求每一个词都走完全部过程，其发展的结果也可以是参差不齐的。显然，“之”只经历了前两步，表现为它不能摆脱其中心语而与修饰语独用。“底”则经历了三步，它可以摆脱中心语而独用。说经历了三个步骤，只是一种方便的解释方法，并不一定代表时间上有先后之别的三个时期。那么，为什么会出现这种现象呢？

12.5.3 语法化受制于当时的语言结构

指示代词的语义特征最适于虚化为结构助词，但是这个语法化过程并不是必须要发生的。究竟发生在什么时候以及发展到什么程度，取决于当时语言结构的要求。由于语言的演变，唐宋时期的语言结构已明显有别于先秦的。最大的变化是量词语法范畴的出现。先秦时期是数词和名词直接结合，其间插入量词的用法始于汉代，发展于魏晋南北朝时期，成熟于唐宋，完成于元明之际。自从唐中后期开始，“数＋量＋名”数量表达式已占优势，其抽象格式为：

修饰语+语法标记+中心语

这种格式自唐以后稳固发展，在元明时期最终完全取代了旧格式而成为唯一合法的数量表达式。数量表达的使用频率非常高，这样带“语法标记”的偏正结构就逐渐成为一种优化格式。结果，就产生了一种强大的类推力量，要求语言中所有偏正结构都有一个语法标记。因为领格短语和从句结构皆属偏正结构，所以在这一背景下，用于其中的指示代词就会被发展成为该类格式的语法标记。有两点可以说明结构助词“底”的出现与数量结构的发展有关：一、结构助词“底”产生于唐末宋初，正是带量词的数量表达式占优势的时期，更为重要的是，两个过程都完成于元明之际：量词成为数量表达式的必需标记，“底”成为领格短语和从句结构等的必需标记。二、有一些南方方言，比如开平话，就用一个量词表达普通话的结构助词“的”的功能。

如果我们关于数量词和结构助词的历时关系的假设对的话，就很容易解释结构助词“的”的句法特征了。数量短语的内部层次关系为：[（数词*量词）＋名词]。表现为，“数词”和“量词”可以独用而表达整个短语的意义，比如“两张”在一定的上下文中可指“两张桌子”。还有，量词不能独用，必须随数词修饰语而出现。这些也正是结构助词“的”的特点：它也不能独用，在一定的上下文中可与其修饰语一起表示整个结构的意思，比如“看书的”可指“看书的人”。既然结构助词“底”是受量词的影响而产生的，那么它的功能也自然会受量词的影响。结果，在量词的类推下，指示代词“底”在向结构助词演化的过程中，一方面消除了它与修饰语之间的边界，另一方面又确立了一个它与中心语之间的边界。

上述推断还可以从其他助词的特征上得到支持。“之”产生的背后动因我们尚不清楚，但有一点可以断定——它与“底”的不同，因为那时数量范畴还没有建立。所以“之”的语法化只经历了一次重新分析：消除了它与修饰语之间的边界。另外，跟助词“底”的产生前后相差不远的结构助词“许”和“个”，它们都具有摆脱中心语而独用的功能，可以认为这些都是来自量词类推的影响。例如：

（73）“如何是骨？”师云：“绵密个。”（《祖堂集》卷十）

（74）彼非我许，我非彼物。（《佛本行集经》卷五十）

上述两例中，“绵密个”相当于“绵密的”，“我许”相当于“我的”，都没有中心语出现。

推而广之，不同语言的语法结构相异，相对的语法化过程的发展结果可能差别很大。无独有偶，英语的定语从句标记 that、which、who、when 等也都有指代用法，可是它们只限于在中心名词之后引入一个从句定语。而汉语来自指示代词的“的”至少可以出现在以下四类结构中：

从句定语：帮我修理车子的人

名词定语：小狗的铃铛

形容词定语：干干净净的衣服

副词状语[1]：很仔细地看了一遍

这是因为上述四类结构的抽象式都是：修饰语＋中心语，它们的语序高度固定而且一致。这样，在一种结构中语法化的助词（“之”和“底”都可能首先是在从句定语里开始语法化的），就有可能通过类推的作用，进入另一种抽象式相同的结构。而英语则没有汉语这种固定而又一致的语序，除了从句定语外，几乎每一种修饰语都有居于中心语之前和之后两种语序，这可能是它的定语从句标记没有扩展到其他偏正结构的原因之一。

12.6 结语

很多共时的现象需要从历时的视角来解释。语法化理论为我们提供了理解语言演化的新视野，使我们能够对很多语法现象的来源作出简单、合理而且一致的解释。上述的分析显示，结构助词“的”等是从各自原来的指代用法发展来的。指示代词的语义、句法特征使其常用于修饰语和中心语之间，具有兼摄表领格和从句定语标记的语用功能，由于长时期的使用和当时语言结构的要求，它们就会在这一位置上发展成为一个语法标记。这一推断有两方面的根据：一是在现代汉语中指示代词和结构助词之间存在着很强的语法共性；二是每一个结构助词都曾有过指示代词的用法。由于语法化总是受制于当时的语言结构，因此不同时期的语言结构不尽相同，这样就导致了具有同样语义特征的一组词，因为它们语法化的时间不同，最后的功能也不完全一样。其中所涉及的理论问题值得我们进一步探讨。

本章的讨论对汉语的教学也具有一定的作用。比如现代汉语指代词的结构助词用法，是口语中很常见的现象。我们教母语为非汉语的学生时，就不能忽略这一点。

【1】在现代汉语中，副词的后缀规定写为“地”，可是在结构助词出现的初期，都是写为“底”，我们把它们看做一个成分。

第十三章　疑问代词与疑问语气词

13.1　引言

本章将通过实际语料的抽样调查，运用标记理论，分析汉语疑问代词各种不同用法之间的关系，尝试证明汉语的疑问代词跟英语的没有什么两样，本质上都是表示疑问的，它们并不需要所谓的“疑问算子”就能够表示疑问。相反，所谓的疑问算子“呢”并不是一个真正的疑问标记。“呢”与疑问代词一起使用时有自己独立的词汇意义，而且也不是在任何情况下都可以跟疑问代词共现，其间具有很强的选择限制。此外，我们还认为，汉语的疑问代词根本不是什么否定性成分，它们跟典型的否定成分无论在语义上还是在句法行为上都没有相似之处。

13.2　疑问代词的三种用法之间的关系

很多语言的疑问代词都有以下三种用法：

A. 表示疑问；

B. 表示遍指；

C. 表示不定指。

当然，不同的语言会用不同的方法来表示上述三种不同的用法。这三种用法之间是有内在的逻辑关系的，其中“表示疑问”是基本用法。下表是我们对曹禺《雷雨》的统计结果。

表1　疑问代词三种用法的比例

用法	例子	百分比
疑问	367	77%
遍指	61	12%
不定指	51	11%

上表显示，“疑问”用法远远高于其他两种用法。从使用频率方面也可以证明，汉语疑问代词的基本用法是表示疑问的。根据语言标记理论，在多个相关的用法中，最基本的那一个通常是无标记的。汉语的疑问代词表示疑问时不需要借助其他任何语言标记，即为无标记的。而其他两个用法都必须借助某种语法手段加以标记。比如，疑问代词表示遍指时有下列形式特征：

（一）疑问代词重复出现；

（二）疑问代词限于谓语动词之前；

（三）肯定式谓语之前通常加上“都”等全称副词，否定加上“也”等副词。

例如：

（1）a.谁先到谁买票。

b.他谁都认识。

c.现在谁也不知道这件事。

疑问代词的不定指用法常常有词汇标记，标记的手段主要有两类：在肯定结构中，常与“有些”、“有点儿”等搭配；在否定结构中，否定词“不”或者“没”就是一种标记。例如：

（2）a.我见她拿了些什么东西才走的。

b.他没吃什么就走了。

从标记理论的角度也可以判定汉语和英语的疑问代词的性质是一致的。跟汉语的平行，英语的疑问代词也有三种用法，表疑问的用法是无标记的，用它们的基本词汇形式诸如what、who、how等，然而表示遍指或者不定指时，需要加上有关的词汇标记：

遍指：what + ever；who + ever；how + ever

不定指：some + what；some + how；some + where

由此可以判定，英语的疑问代词的基本用法也是表示疑问的，其他两个用法都是派生的。

现在我们看三个用法之间的逻辑关系。疑问代词的基本用法包含着两项语义特征：

（一）关系到一定范围内的所有成员；

（二）询问这些成员的有关方面。

这是疑问代词的基本用法，无须其他任何标记。然而用作遍指时，实际上是把第二个“询问”义项消除。要消除第二个义项，必须借助于一定的语法手段，在汉语中，谓语动词之前的名词性成分常被自动赋予一个“有定性”的语义特征，这个“有定性”具有消除“疑问”的无定性的作用。

疑问代词的不定指用法并不是直接从疑问用法引申出来的，而是“遍指”用法的进一步引申。否定标记的含义是“少于”，那么遍指的用法用于否定结构就有下列公式：

否定标记 + 遍指
不/没 + 所有
=少于 + 所有
=有些/有点儿

公式的最后结果就是有关“不定指”用法的含义——“有些/有点儿X”。在肯定结构中，就需要其他的词汇标记，最常见的是“（一）些”、“（一）点儿”，比如“我想吃点儿什么”。在句法位置上，疑问代词的不定指用法恰好与遍指用法形成了鲜明的对立：前者只能出现在谓语动词之后，后者则只能出现在谓语动词之前。例如：

（3）我想吃些什么。
→*我些什么想吃。

（4）他什么都爱吃。
→*他都爱吃什么。[1]

疑问代词的不定指用法只能出现在谓语动词之后的原因，也跟汉语的结构赋义有关。汉语的谓语动词之后的名词常被自动赋予一个“无定”的语义特征。

13.3 “呢”的语法意义

语气词“呢”可以出现的句类很多，大的方面看，既有陈述句，又有疑问句。最常见的一种分析方法是，句类决定“呢”，比如，疑问句中的“呢”表示疑问，简单陈述句中的“呢”指示事实，进行态句子中的“呢”表示动作行为的持续。第二种看法是，汉语中的疑问代词本身不能表示疑问，如果要用于疑问的话，必须用疑问算子“呢”来表示。还有一

【1】这种结构只能用于表示疑问。

种认为，不论是在特指问句、选择问句、正反问句，还是在陈述句中，“呢”实际上都只有一个，始终表示“提醒对方特别注意自己说的某一点”，或者简单地说是“提醒”；因此，当“呢”与疑问代词共现时，疑问信息是由疑问代词负载的，“呢”并不传递疑问信息。这种众说纷纭的局面，必然给汉语教学，特别是对外汉语教学带来混乱。这个问题理清楚了，也有助于加深我们对汉语一些本质特点的认识。下面让我们首先考察一下各种说法中存在的问题。

第一种观点实际上是认为，疑问代词和“呢”都表示疑问。这就自然引出一个问题，既然疑问代词是表示疑问的，那么为什么还需要再用一个“呢”去发问呢？这样岂不是多余了吗？该观点还有一个潜在的假定：疑问代词和“呢”共现时，两者的作用是相等的。然而，实际情况是，疑问代词和“呢”共现的句子，少了“呢”关系不大，仍是问句，但是去掉了疑问代词就不行，对有些该类句子来说，即使带上了疑问语调，句子也仍不能成为问句，甚至是不合语法的。例如：

（5）a.我怎么一点也不知道呢？

b.我怎么一点也不知道？

c.*我一点也不知道呢？

由此可见，疑问代词和“呢”的地位是不平等的。例（5）也给我们一个重要启示：“呢”可能与疑问信息无关。

现在来看第二种观点。该观点认为，汉语中的疑问代词实际上是一种否定成分，像“吭声、理睬、介意”一样，本身不能表示疑问，如果要表示疑问的话，必须用疑问语气词“呢”来表示。这个观点的一个逻辑结论是，既然疑问代词本身不表示疑问，那么所有的特指问句都应该有个“呢”。事实情况恰恰相反。我们调查了曹禺《雷雨》中所有的特指问句，总用例为367个，疑问代词独立出现的有348个，约占95%，疑问代词与“呢”共用的只有19个，只约占5%。更重要的是，第二种观点还与两个语言事实相抵触：（一）特指疑问代词与“呢”共现是有条件限制的，即在很多语境中两者不能共用，如例（6）；（二）有没有“呢”的特指问句意义不一样，也就是说，“呢”对疑问句是有语义贡献的，如例（7）。

（6）鲁　贵：我们的侍萍，实在还不知道呢。

周蘩漪：侍萍？谁是侍萍？（《雷雨》）

?谁是侍萍呢？

（7）a.这个人到底是谁呢？（让我想一想。）

b.这个人是谁？（快告诉我。）

例（6）中，“侍萍”对周蘩漪来说是突如其来的新信息，在这里，问句用“呢”就显得不得体（下文将解释其原因）。注意，疑问代词和“呢”是可以共现的，因此它们的共用没有绝对合不合语法的问题，只能根据上下文来判断它们的共用是否恰当。（7）a用“呢”，暗示说话者有可能自己想出答案，并不一定期望别人的回答；而（7）b一般是正常问句，期望得到一个答案。（7）a和（7）b的疑问方式是不能互换的。可见，特指问句有没有“呢”在语义上也有明显的差别。

尽管我们的分析结果跟最后一种观点基本接近，即认为实际上只有一个“呢”，但是，我们认为他们对“呢”的语法意义的概括不够准确，没有把握住问题的实质。“呢”在不同的上下文中，或跟不同的词语搭配时，会产生各种各样的表达效果。那么究竟哪一个是最基本的，而且是统贯全局的呢？这正是本章所要回答的问题。

13.3.1 陈述句中的“呢”

在陈述句中，“呢”可以跟各种句类搭配，下面列举一些主要类型。

一、指明事实而略带夸张。

（8）a.这塘里的鱼可大呢。

b.我没有什么，你们才辛苦呢。

c.亏你还是个大学生呢，连这个都不懂。

二、用在叙述句末尾，表明持续的状态。

（9）a.外边下着雨呢。

b.他们都在干活呢。

c.我们正念叨着呢。

三、用在句中停顿处。

（10）a.伤是治好了，身体呢，还有点虚弱。

b.你要是非走不可呢，我也不留你。

c.爸爸呢，干脆就不回来了。

例（8）是“呢”的核心用法，即“指明事实”。例（8）中的三个例子分别包含程度副词“可”、“才”、“还是”等。句子的夸张语气都来自这些副词，而不是“呢”本身。“呢”的作用只是指明其前判断的真实性。如果我们把例（8）中的用例换为将来的情况，句子就成为不合法的了。原因是，其前判断不是事实，与“呢”的语法意义不相符。例如：

（11）a.*到了秋天，鱼塘里的鱼就会长得很大呢。

b.*从洛阳到北京路很远，你会走得很辛苦呢。

c.*如果将来你上了大学呢，就会明白这个道理。

“了”是汉语的实现体标记，指明行为、状态等已经成为事实。那么，“了”和“呢”的表达作用相同，两者共用就会产生表达上的赘余，由此可以推断它们不能共现，比如不能说“*我看了三本书了呢”等。

现在来看例（9）。基于对例（9）类用例的观察，很多学者主张，“呢”具有表达持续状态的功能。其实，这是一种错觉。含“呢”的动词短语，如果要表示持续状态，必须有“（正）在”、“着”等这些表持续状态的副词或体标记。我们认为，“呢”在这里的作用仍然只是“指明事实”，持续状态的含义来自“（正）在”、“着”这些成分。这可以从询问持续状态的对话中看得很清楚。例如：

（12）a.甲：外边是不是正下着雨？

乙：外边是正下着雨。

?外边下雨呢。

b.甲：问他们都在做什么？

乙：他们都在干活。

?他们干活呢。

c.甲：问你们正念叨着谁呢？

乙：我们正念叨着你。

?我们念叨你呢。

很明显，如果询问持续状态时，答语只能是动词短语与含持续状态义的“（正）在”、“着”组成的结构，而不能是动词与“呢”组成的短语。由此可见，“呢”本身并不具有表示持续状态的功能。有人可能会拿静态动词与“呢”搭配的例子反对我们的分析。比如，“他睡觉呢”似乎是表达行为的持续状态。其实，这里的“呢”仍然只是指明“睡觉”行为是一种事实，而睡觉是一种持续性很强的动作，持续状态的语感是由“睡觉”本来的词义决定的。“他睡觉呢”跟“他正在睡觉”的语义并不相等，当问“他正在做什么”，答语只能是后者而不能是前者。至此，关于“呢”的第二类用法，我们只解决了问题的一半，即“呢”本身不表示“进行状态”。那么，我们的观点要完全站得住，即“呢”只是指明事实，还需要证实在表非现实的持续状态中，“呢”也不能出现。实际情况正是如此。

（13）a.*今天晚上我将（正在）看书呢。

b.*下个星期我将在写论文呢。

注意，“呢”的作用是指明其前整个判断所表达的内容是一种事实，而不是某个成分所指的对象。因此，“呢”可以跟一个否定结构共用。比如，“我还没有去呢”是强调“我还没有去”这一判断为事实。

再看例（10）。例（10）b中的“呢”是指明假设的情况是事实，紧接着的小句是说明，在这种情况下将会出现什么样的结果。这里“呢”的作用仍然是单纯指明其前的假设成为“事实”的情况下，将会有什么发生。

例（10）a、c中的“呢”就是所谓的标示话题的作用。“话题”表示的是一种已知的、确定的信息，因此也可以看做是一种“事实”。这可以从一些反面事实中得到证明。疑问代词表示的都是一些未知的、不确定的信息，所以它们都不能用“呢”来标示为“话题”：

（14）a.*谁呢，干脆就不回来？

b.*什么地方呢，还有些问题？

这里的“已知信息”或者“事实”是就说话者的理解而言的，与所指对象在客观世界中是否真的存在没有直接的关系。“呢”表示话题时，其前的成分可以是个名词，除此之外，一般都是个判断。总而言之，不管其前的成分是词还是句子，“呢”的作用都是指明其前成分的事实性。

“呢”指明事实的作用还可以从以下事实中得到有力的佐证：它从来不能出现在祈使句和感叹句这两大句类中。这是因为，“呢”的语法意义与这两大句类的表义功能相抵触。祈使句通常是表示命令、请求、禁止、劝阻等，即要求对方去做或不去做某种事情，其内容都是非事实性的，这正与“呢”的语法意义相矛盾，所以不能共用，如例（15）。感叹句的作用是抒发比较强烈的感情，带有浓厚的主观色彩，与“呢”的作用也不相符，因此它们也不能共现，如例（16）。

（15）a.请把课本打开（*呢）。

b.不要闯红灯（*呢）。

（16）a.多么美好的春天（啊）（*呢）！

b.哎哟，我实在受不了（*呢）！

总之，在非疑问句中，“呢”始终保持着同一个语法意义：指明其前成分的事实性。

13.3.2 特指疑问句中的“呢”

上面的分析告诉我们，“呢”的语法意义是指明其前成分的事实性。那么就可以从逻辑上推断出“疑问代词+呢”结构的语法意义。“疑问代词”询问的是未知的信息，“呢”指明的是事实，即已知的信息，两者表面上看起来是互不相容的，其实这正是含“呢”的特指疑问句的语法意义所在：“疑问中有信”或者“半信半疑”。我们所收集到的所有疑问代词与“呢”共现的例子都说明，只有当所询问的答案对于问话者来说既有未知信息，又有已知信息或者某种倾向性时，才会使用此类问句。例如：

（17）a.家里没有人会侍候他，你怎么天天回家呢？（《雷雨》）

b.他们怎么会不告诉我就签了字呢？（同上）

c.我替他很难过，他到现在为什么还不结婚呢？（同上）

d.爸爸，怎么鲁大海还在这儿等着要见您呢？（同上）

e.你怎么肯一个人走，把我丢在这里呢？（同上）

（17）a是周蘩漪对四凤的问话，她一方面想知道四凤天天回家的原因到底是什么（未知），另一方面也已觉察出晚上是去与情人幽会（已知）。（17）b是鲁大海听了同来的工友已签名复工的消息后的反应，一方面他确实对其他工友这样做的原因不解（未知），另一方面他按照以前的经验推知，这些工友很可能是接受了厂方的贿赂（已知）。（17）c表达了周冲对其哥哥快三十岁了还不结婚的原因不解（未知），而另一方面，他已认定，不管原因是什么，都是很不寻常的（已知）。周萍用（17）d发问，也反映了两个方面：一方面它事先认为鲁大海的问题已经解决，应该离开了（已知），另一方面他想知道鲁大海还在这儿的其他原因（未知）。（17）e是周蘩漪对周萍的问话，一方面是在问周萍一个人走的真正原因是什么（未知），另一方面她已觉察出周萍这样做可能是想离开她（已知）。

“特指问句+呢”的表达功能从上下文中可看得更清楚，例如：

（18）江云峰：也难怪他，汉奸这么多，要一走漏风声，事情就不好办了。

夏玛莉：他们到底感谢什么呢？（《黑十字》）

从江云峰的话中，夏已大致猜出“他们”干的是什么（已知），但是还拿不准，尚需对方来证实一下（未知）。

“呢”还可以出现在正反和选择两种问句中。在这种环境下，整个问句“信中有疑”的特点更加明显。例如：

（19）咱们能不能分三班，让炉子老不闲着呢？（《红大院》）

（20）你撒手我！你是搀我，还是揪我呢？（《龙须沟》）

例（19）中，李敬莲是个工作很卖力的人，她这样说是认为“可分三班来充分利用炉子”（已知），但是一个人做不了主，尚需征求一下别人的意见（未知）。（20）的倾向性就更明显了，说话者认为“你是揪我而不是在搀我”；这句话的疑问语气相当弱，几乎等于一个判断：“你是在揪我”。

可以利用反证法来进一步证实我们的论断。既然“特指问句＋呢”结构是对询问的答案已经有所了解，那么，当询问的对象完全是未知的新信息时，就可以推断出不能用“呢”。实际用法正是如此。

（21）周　萍：爸爸，怎么鲁大海还在这儿等着要见您呢？

周朴园：谁是鲁大海？（《雷雨》）

?谁是鲁大海呢？

（22）周蘩漪：老爷在书房里么？

四　凤：老爷在书房里会客呢。

周蘩漪：谁来了？（《雷雨》）

?谁来了呢？

例（21）中，周朴园完全忘掉了谁叫鲁大海，“谁”所问的是一个突如其来的新信息，所以用“呢”语气就不对（尽管合语法）。例（22）中，“客人”对周蘩漪来说完全是一个新信息，所以这里不用“谁来了呢？”发问。另外，疑问代词单用的时候，特别突出询问的焦点，而且一般也表示一种全然未知的信息，所以，在我们收集到的用例中，疑问代词独立成句时都没有“呢”。

从以上的分析可以看出，疑问代词和“呢”共用是有条件限制的。“呢”在这里具有重要的表义功能，它表示问话者对所期望的答案已有所了解，或具有某种程度的把握性。也就是说，“疑问代词＋呢”问句的整体意义是：既有肯定，又有疑问，“肯定”的语义来自“呢”，“疑问”的语义来自疑问代词。至此，可以得到一个重要的结论：陈述句中的“呢”和疑问句中的“呢”实际上是一个成分，都是指明其前成分的事实性。这一论断还可以从“吗”和“呢”的互补分布中得到进一步证实。“吗”只出现于是非问句，“呢”出现于其余的各种问句，包括特指问、选择问、正反问。是非问句是由陈述句简单加“吗”形成的，无须借助于疑问语气就可以形成问句，比如“你看了那本书了吗？”形成疑问的唯一因素就是“吗”。其余三类问句也都具有形式上的标记，即疑问代词、析取连词或者肯定否定对举。值得注意的是，不仅“吗”不能与其余三类疑问标记形式合用，而且在三类疑问形式之间也不能互相共用，例如：

（23）a.*你在哪里看不看电影？

b.*谁看电影呢，还是谁跳舞呢？

c.*看电影不看电影，还是跳舞不跳舞？

由此可以得出一个结论，汉语的各类疑问标记之间是互不相容的。从这个角度看，“呢”也不能归为汉语的疑问标记，因为它能跟除“吗”外的其余三类疑问形式共用。

这里就引出一个问题，为什么“呢”和“吗”不能共用呢？简单的回答是，两者都属于语气词，而且表义功能是不相容的，“呢”是“指明事实”，可是“吗”表明“尚不知道是否属实”，所以如果共用的话就会造成逻辑矛盾。在四类疑问形式中，其余的三类与“吗”的不同之处在于：“吗”是对其前整个句子的是非进行发问，而其余三类都是对句子的某一局部信息进行发问，所以后者允许询问焦点之外的信息是真的，因此它们跟“呢”的表义功能是可以相容的。比如，“你在哪里跳舞呢？”问的只是跳舞的地方，而且“你跳舞”可以是一种事实，所以可以跟指明事实的“呢”搭配；但是，“你跳舞吗？”对问话者来说，跳舞的行为是真是假尚不知道，所以不能跟指明事实的“呢”搭配。简而言之，“吗”跟“呢”在问句中的互补分布，给人一个错觉，好像两者是同类型的词。上面的分析证实，两者是不同层面上的词：“吗”、疑问代词、选择问句和正反问句构成了现代汉语疑问句的形式标记系统；“呢”处于另外一个层次上，作用是指明其前判断的真实性，它与疑问标记的共用完全受制于语义特征上的相容与不相容。

13.3.3 “呢”的引申用法

一、缓和疑问语气

说汉语的人一般会有这样的感觉，加“呢”的问句比不加的在疑问语气上显得缓和一些，因此往往用于礼貌场合。比如“您老人家干什么呢？”就比“您老人家干什么？”语气明显和缓，再如“您愿意跟我一起走呢，还是一个人留在这里呢？”就比没有“呢”时更显得尊重对方的意愿。这一用法也是直接由“呢”的基本用法派生出来的。既然“呢”是表示问话者对所询问的答案已经有所掌握，那么加“呢”比不加“呢”的问句的疑问程度自然要低一些，询问的口气也就缓和一些。

二、反问和设问

反问和设问都是无疑而问的句子，问话者对问题的答案完全清楚，也就是说，对问话者来说，所问的对象已是事实，两种问句的共同作用都是为了达到某种修辞效果。因此，反问和设问的特点与“呢”的表义功能相符，所以它们共现的频率也就很高。我们调查到的“呢”与疑问代词共用的例子，有三分之一左右都是反问句，例如：

（24）a.我哪能动不动就请假呢？（《雷雨》）（我不能动不动就请假）

b.那些要账的，怎么打发呢？（没办法打发）

c.那么，你要我怎么说呢？（我没办法说）

三、NP＋呢

我们认为“呢”不是个疑问语气词。不赞成这一观点的人可能认为下述事实是他们强有力的证据，当问“书呢？”意思是指“书在哪儿？”“帽子呢？”意思是“帽子在哪儿？”但是，应该注意，“书呢？”和“书在哪儿？”的功能是不同的，前者只能单独成句，而后者不仅可以单独成句，也可以做句子成分，例如：

（25）a.你知道书在哪儿吗？

b.*你知道书呢？

“NP＋呢”的意义只能依靠语境来确定。下面我们来分析一段对话，看“呢”的性质到底是什么。

（26）丁大夫：我上次催你，你打电报问了吗？

马登科：当然打了。

丁大夫：报文呢？

马登科：用不着给你看。

丁大夫：复电呢？

马登科：没有。（《蜕变》）

（26）中的两个“NP＋呢”问句是“信中有疑”。丁大夫事先已经猜出马登科没有打电报，知道马登科在说谎，所以，“报文呢？”一句一方面问报文的下落（未知），同时心中已对问题的答案持否定的态度（已知）。如果把这句话换为“报文在什么地方？”或者“报文在哪里？”就反映不出问话者复杂的心理状况，所以在这种特殊的语境中，用这两句话发问就不太合适。“复电呢？”的情况与此类似。

同样地，当一个人需要帽子，而自己又不知道在什么地方时，就会问“我的帽子在什么地方？”此时对帽子在什么地方的信息完全不知，在这种情况下不会用问句“我的帽子呢？”而当你找了半天，把周围该找的地方都找遍了，仍没有找到，就会问“帽子呢？”这时一方面是询问帽子的位置，同时也对答案有了一定的信息，诸如“很难找到”、“被别人拿走了”或者“丢了”等。我们认为，“呢”在这里的作用仍然只是为了指明事实，询问地点的语意来自具体语境或预期以及语调。这可以从“NP＋呢”并不一定只是询问地点的事实中得到证实，例如：

（27）甲：房间我已经打扫干净了。

乙：那么，桌子呢？

例（27）中“桌子呢？”是说“桌子你整理没整理？”或者“擦干净没擦干净？”因为甲没有提“桌子”的事，乙有种倾向认为甲可能忘了整理桌子（预设），但是确定不了（未知），所以用“呢”。要是把“桌子呢？”换为“桌子整理没整理？”就不能准确地反映出乙的信中有疑的复杂心理。总之，“呢”在“NP＋呢”结构中的作用只是指明事实，整个问句的具体解释和疑问语气依赖于特殊的语境。

13.4 疑问代词在其他问句形式中的用法

“呢”和“吗”是不同性质的语气词：“呢”是指明其前陈述的事实性，没有疑问的功能；“吗”是一个疑问标记，作用是使其前的陈述句变成疑问句。得出这一结论的一个主要证据是，汉语中两种疑问形式不能共用，“吗”不能与其他疑问形式共用，而“呢”则可以。汉语主要有以下四类疑问形式：

（一）“吗”问句：“那个人高吗？”“他来了吗？”

（二）特指问句：“那是什么？”“谁做完了？”

（三）正反问句：“车贵不贵？”“他来了没有？”

（四）选择问句：“老王去还是你去？”“你的车是美国的还是日本的？”

可是有时候疑问代词可以出现于其他疑问形式之中，例如：

（28）老刘，你对主编的人选，有什么好主意吗？（《编辑部的故事》）

（29）你们知道有什么好大夫没有？（《红楼梦》十回）

（30）你想不想吃点儿什么？（《现代汉语八百词》）

上述用例是不是构成了我们论断的反例呢？换句话，是不是可以说特指问句可以和“吗”问句或正反问句共用呢？通常认为，用于其他疑问形式中的疑问代词，已丧失了其疑问功能，表示不肯定的事物。还有一种观点认为，其他问句形式中的疑问代词仍保持着询问的功能，上述用例是特指问句与“吗”问句等的混用。究竟孰是孰非，单从语义上很难说清楚。下面主要通过统计的方法从形式上来考察用于其他疑问形式中的疑问代词的性质。

疑问代词主要有以下三种用法，不同用法的句法功能有明确的区别：

（一）疑问。疑问代词表疑问的时候，句法较为灵活，既可以做主、宾语，又可以用在主语前后的话题位置上。例如：

（31）a.你看到了谁？（宾语）

b.谁看到了？（主语）

（32）a.你都去过了哪些地方？（宾语）

b.哪些地方出产这种东西？（主语）

（二）遍指。疑问代词表遍指时，只能用于谓语中心动词之前，做主语或话题。例如：

（33）a.谁都通知到了。（主语）

b.我谁都通知到了。（话题）

c.*我都通知到了谁。（宾语）

（34）a.什么都尝了一遍。（主语）

b.我什么都尝了一遍。（话题）

c.*我都尝了一遍什么。（宾语）

（三）不定指。表不定指的代词只能出现于谓语中心动词之后，做宾语。例如：

（35）a.我想吃点儿什么。（宾语）

b.*什么想吃点儿。（主语）

c.*我什么想吃点儿。（话题）

（36）a.她手里好像攥着个什么。（宾语）

b.*什么好像攥着。（主语）

c.*什么她手里好像攥着。（话题）

现在来看疑问代词与“吗”问句的共用情况。我们共统计了从明代至今约两百万字的语料，见下表。

表2 疑问代词与“吗”问句的共用情况

语料来源	字数	共用次数	动前	动后
《水浒传》	47万	0	0	0
《红楼梦》	52万	2	0	2
《儿女英雄传》	14万	1	0	1
《老残游记》	10万	1	0	1
《苏叔阳剧本选》	18万	1	0	1
《短篇小说选》	29万	12	0	12
《人到中年》	5万	1	0	1
《蝴蝶》	4万	0	0	0
《编辑部的故事》	16万	4	0	4

下面是部分用例：

（37）今日他来，有什么说的事情么？（《红楼梦》十回）

（38）左近有什么大村镇么？（《老残游记》十九回）

（39）难道还有甚么岔儿么？（《儿女英雄传》十二回）

（40）你，有什么要说的吗？（《苏叔阳剧本选》）

（41）大家还有什么意见吗？（《人到中年》）

（42）医生通知，有什么办法能使嗓子变坏吗？（《短篇小说选》）

（43）他临走丢之前跟你们说过点什么吗？（《编辑部的故事》）

根据我们的统计，疑问代词与“吗”问句（包括近代汉语的“么”问句）共用有以下三个显著特点：

（一）疑问代词无一例外地出现在谓语中心动词之后宾语的位置上。

（二）疑问代词全都是“什么”或由它构成的名词短语。

（三）疑问代词与“吗”问句的共用从近代到现代有明显的增长趋势。

上表中的前4部作品是16世纪到21世纪初的作品，共120万余字，只有4次共用。而现代的五部作品70万余字的材料中，共用却有18次。

疑问代词与“吗”或其他疑问形式共用时，要么出现在谓语中心动词之后，要么出现在无定标记动词“有”之后，不能用作主语或被话题化。例如：

（44）a.你，有什么要说的吗？（《苏叔阳剧本选》）

b.*什么要说的吗？

（45）a.他临走丢之前跟你们说过点什么吗？（《编辑部的故事》）

b.*什么他临走丢之前跟你们说过吗？

（46）a.王夫人又问：“吃了什么没有？”（《红楼梦》三十四回）

b.*什么吃了没有？

（47）a.你想不想吃点儿什么？（《现代汉语八百词》）

b.*什么你想不想吃点儿？

根据疑问代词三个基本用法的句法特征，可以推导出，用于其他疑问形式的疑问代词只能是表“不定指”的。原因是疑问代词表疑问时，可以在主、宾语的位置出现；表遍指时，只能在谓语中心动词之前出现；然而疑问代词与其他疑问形式共现时，只能在谓语中心动词之后做宾语，这正与“不定指”的句法特征相符。这又进一步支持了我们的论断：汉语中两种不同的疑问形式是不能共用的。在这一原则的支配下，当疑问代词与其他疑问形式共用时，需要消除它的疑问功能而单纯表示“不定指”。

以上是从分布上来分析的，下面再从重读轻读、其他疑问形式之间的共现限制和答语方式等方面进一步来考察疑问代词在其他问句中的性质。

（一）重读轻读。疑问代词指称不知道的或者说不出来的人、事物、处所、时间等时（“不定指”），只能轻读。然而用于特指问的疑问代词则可以重读。我们发现，用于其他疑问形式的疑问代词，都只能轻读，不能重读。例如：

（48）老刘，你对主编的人选，有什么好主意吗？（《编辑部的故事》）

（49）她家里还有什么人吗？（同上）

（50）最近你看过什么没有？听说最近出版了几本新小说。（《现代汉语八百词》）

上述特征再一次证明，其他疑问形式中的疑问代词不是表示疑问的。

（二）其他疑问形式之间的互斥性。汉语主要有四类疑问形式：特指问、“吗”问句、正反问和选择问。除特指问可以和“吗”问句或正反问句共用外，其余三类问句之间都不能共用。例如：

（51）a.*你去过没去过北京吗？

b.*你去北京还是去上海吗？

c.*你去没去过北京，还是去没去过上海？

道理很明显，只有疑问代词具有非疑问的用法——不定指，其余三类疑问形式都没有，受汉语两种疑问形式不能共用的限制，无法共用。

（三）用于其他疑问形式的疑问代词，不是表示疑问，而是表示“不定指”的，因此答语就无须针对疑问代词作答。例如：

（52）“告诉我，你爱过什么人吗？”突然，连长用轻得几乎听不见的声音问道。

“除了父母……”我摇摇头。

“除人之外，你爱过什么吗？”

我想起了大森林，想起了蜂子和鲁鲁。我点点头。（《林声》）

（53）周朴园：你说把你的学费分出一部分？——嗯，是怎么样？

周　冲：我现在没有什么事情啦。

周朴园：真没有什么新鲜的问题啦么？

周　冲：没有什么，没有什么，——妈的话是对的。（《雷雨》）

例（52）中，听话者通过“摇摇头”或者“点点头”表示对有关问句的否定或肯定，然而特指问句则不能用动作这种方式来回答。比如别人问“你爱过什么人？”绝不能只以“点点头”或“摇摇头”来表示肯定和否定，否则就显得“应”非所问。（53）的答语也是对有关问句的简单否定，只有对“吗”问句才能作这样的回答。“什么＋NP”在真正的特指问句中，不能简单地用“没什么”来表否定，比如问“你见过什么人？”肯定时可以用具体的人名作答，否定时必须用“没见过什么人”，而不能说“*没见过什么”。由此可见，（53）的答语是对整个判断的否定，而不是针对疑问代词的答语。

13.5　疑问代词的不定指用法

疑问代词还有不定指的用法，有人认为它们属于否定性成分。疑问代词的不定指用法与真正的否定性词语性质完全不同。现代汉语否定词的语法特点如下：

（一）所有的否定性成分一般只能出现在否定结构中，有时也可以出现在条件等虚拟句中，但是不能出现在肯定的陈述句中：

（54）老王从不介意别人怎么看他。

→*老王一直介意别人怎么看他。

（55）那个地方的经济今年很不景气。

→*那个地方的经济今年很景气。

但是，疑问代词的不定指用法则没有这种限制，可以自由地出现在肯定式和否定式之中。例如：

（56）a.我想吃些什么。

b.天气太热了，不用穿什么。

c.最近你看过什么没有？

（57）a.我想去哪儿走一走。

b.我这个假期不打算去哪儿。

c.最近你到哪儿去了没有？

注意，当疑问代词表示不定指的时候，其前经常有“一些”、“一点儿”等数量成分的修饰。

（二）绝大部分的否定性成分用于否定结构时，表示的是完全否定。（关于肯定和否定的规律，详见后文）例如：

（58）a.他没有吭声。→他一句话没有说。

b.我没有搭理他。→我们没跟他说一句话。

c.大家没有理睬她的建议。→大家完全不考虑她的建议。

然而表不定指的疑问代词即使用于否定结构，也不表示完全否定，而是表示“一些”、“一点儿”等。如上例“天气太热了，不用穿什么”，是说“穿得少一些”，并不是什么都不穿。这一点可以从汉英翻译的对比中明显看出来：

（59）他没有吃什么。

→He didn't eat too much.

（60）他没穿什么（衣服）。

→He didn't wear too heavily.

上述两例中的“什么”分别对应于英语的too much和too heavily。很明显，在否定结构中不定指的疑问代词自身表示一个相当高的程度。其实，疑问代词的不定指用法是疑问代词所在的语法结构整体所赋予的。这一点是不定指疑问代词与否定性成分的重要差别。

13.6 结语

汉语中的“呢”只有一个，它的基本作用是指明其前成分所指的事实性。

“呢”跟不同的成分搭配可能会产生不同的具体意义，但是这些具体意义来自跟“呢”搭配的其他要素（词语或者语境），“呢”还始终保持着一致的语法意义。“呢”跟疑问代词共用，前者表示“信”，后者表示“疑”，共同作用的结果是使问句具有“信中有疑”的特点，换句话说，问话者已对答案掌握了一定的信息。“呢”的引申用法，诸如委婉用法、反问和设问用法以及处所用法等，都是由它的基本用法派生出来的。

通常认为，“吗”和“呢”是汉语中两个主要的疑问语气词。我们的分析证实，它们不是同一性质的词：“吗”与疑问代词、析取连词、肯定否定对举等共同形成汉语中主要的疑问手段；而“呢”只是指明事实的标记，它是中性的，既不属于陈述语气，也不属于疑问语气。

通过以上的分析，我们还可以得出结论：汉语中两种不同的疑问形式不能共用。在这一原则的制约下，用于“吗”问句或正反问句的疑问代词，必将丧失其“疑问”的功能，只能表示“不定指”。

第十四章 形状量词

14.1 引言

汉语的量词的类别和数目的形成，远非随意的，而是深刻反映了汉民族的范畴化特征。本章研究的中心问题是表物体形状的量词。通过对这类量词语义特征的全面、仔细的考察，我们将证明：

（a）表事物形状量词的最根本的认知基础是物体各维之间的比例，而不是维数的多少。

（b）表事物形状量词的第二位认知基础是物质性。至于“弹性”、“硬性”和“延展性”则与该类量词的形成无关。

从这两点出发，我们将给汉语的形状量词系统背后的认知基础一个简单、一致的解释。汉语的量词系统随时间的变化而变化，又可能因地方的不同而有所差异。因此为了分析的简单性和一致性，我们考察的范围仅限于现代汉语普通话的用例。

14.2 形状量词的首要认知基础——维度之间的比例

人们对自然界最重要的一个特征“量”的认知，对语言的语法系统有着深刻的影响。比如很多语言有单复数的形态标记。这里数字“二”是一个关键点，英语里凡是等于或者大于“二”的量一般都用-s标示，例如two books、three dogs。可是汉语不像英语，没有单复数的语法标记，但是汉语也有其特有的语法范畴表示事物的量，那就是量词系统。

根据对人类语言的广泛调查，发现单复数标记和量词系统一般不能共存于同一语言里。汉语显然是属于量词语言，量词在汉语名词的数量表达式里是必不可少的。量词是一个系统，包含很多成员，要表达名词的数量时，必须选用与之相配的量词。例如：

（1）三张画、两块面包、一条马路

上例分别用“张”、“块”、“条”来修饰“画”、“面包”和“马路”。一个量词往往修饰一类名词。

量词和名词的搭配不是随意的，是受所修饰名词所指的事物的各个维度之间的比例决定的。跟数字“二”在有单复数的语言中的功能一样，维度的比例在汉语中是决定量词选择的根本因素。汉语量词的使用是有非常严格的规律的。理论上讲，任何物质空间的事物都有长、宽、高三维性。可是语言并不是客观现实的简单复写，语言和现实之间有一个人类认知的中介。由于这个中介的作用，有些事物或者事物的某一方面被看做是零维（如“点”）、一维（如“线”）或者二维（“面”）等的。零维的通常用“点”称量，比如“一点墨水”。一维的可看做二维的一种特例，下面的分析将集中在表示二维和三维的形状量词上。

我们用一个抽象的集合图形表示二维的平面空间和三维的物质空间。

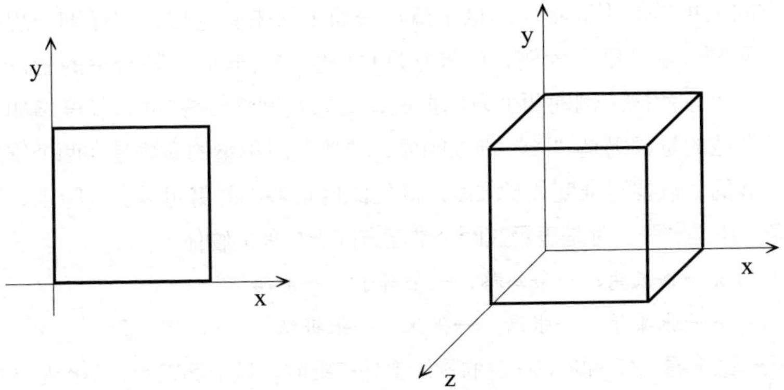

图1　二维和三维空间

现在我们来看典型的形状量词的使用规律：

（一）二维空间的形状量词主要有两个——“条”和“张”。它们的使用规律可以用一个数学函数加以精确描写。x和y分别代表两个维，如果两个维的长度不等时，我们定义x总是代表较长的那一个，那么：

（a）当函数y/x的值等于或者接近1时，有关的物体用“张”称量。

（b）当函数y/x的值接近0时，有关的物体用“条”称量。

（二）三维空间的形状量词也主要有两个——“块”和“片”。它们的用法也可以用两个数学函数加以精确描写。这里z代表第三个维：

（c）假定x和y的值接近，当函数z/x或者z/y的值接近1时，有关的物体用“块”称量。

（d）假定x和y的值接近，当函数z/x或者z/y的值接近0时，有关的物体用“片”称量。

当维度之间的比值变化时，汉语就采用不同的量词。很明显，函数的值是连续的，很难断定变化到某一值时就一定采用某个量词，决定汉语量词使用的是一个模糊量。它不像单复数那样，是用一个精确的离散量“二”来决定的。汉语的情况显然更为复杂，更能揭示人类认知的一些有趣现象。

14.3 二维形状量词：“条”和“张”

人们通常认为，“条”是指在一维上扩展的长形的物体；“张”是指在二维方向上扩展的平面物体。这个概括表面上看来有道理，但仔细一想就会发现有问题。拿“纸”为例，如果它是1寸宽、5寸长时，较合适的量词应是“条”；该东西按比例向两个方向扩展，比如宽度增加为2寸，长度增加为10寸，较合适的量词仍是“条”。很明显，“条”所称量的事物是在两个维度方向上扩展的，只要短维度和长维度之间的比值足够小时就可以。实际上，不论是“条”还是“张”都是表示在两个维度方向上扩展的物体。

（2）a.一条板凳、一条马路、一条裤子、一条船

b.一张桌子、一张画、一张床、一张报纸

从理论上看，任何客观存在的物体都是三维的。从上例来看，不论是“条”还是“张”，所称量的事物实际上都是三维的。这涉及语言中普遍存在的认知现象——转喻，即用事物最突出或者最重要的特征来称代整个事物。比如桌子和板凳最显著的特征是它们的面，形状量词是通过称量面来指代整个物体。还有一种情况是，物体的第三维很小，在认知上可以忽略不计，比如“一条手绢”、“一张画”。手绢和画实际上是有第三维的，只是相对于另两维非常小。

典型的桌子或者画，两个维度的差别不应该很大，这时y/x的比值趋于1，所以就用量词“张”来称量。相对地，典型的马路和板凳，两个维之间的差别较大，就用“条”来称量。这里也涉及典型化效应。哪一类事物用什么样的量词称量，是由该类中最普遍、最具代表性的事物的特征决定的。比如桌子面的两个维度通常比较接近，所以用“张”称量，那么即使有一些桌子的面是很长的，也仍用同样的量词称量。此时有个补救的办法，就是加上相应的形容词，

比如可以说“一张很长的桌子”。对长形的桌子，一般不用“条”称量，比如不能说“*一条桌子”或者“*一条很长的桌子”。反过来看也是一样，毛巾通常是长形的，所以用“条”称量，一旦这种搭配被约定俗成，即使形状为方形的毛巾也仍用量词“条”而不用“张”，比如不能说“*一张方毛巾”。

对于没有固定形状的二维事物，用“条”还是用“张”，完全取决于两个维度之间的比例。纸是一个典型例子。

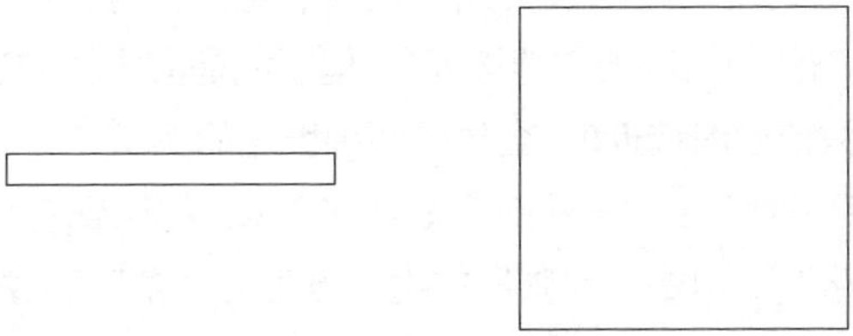

“一条纸”　　“一张纸”

图2

上面左边形状的纸要求用“条”来称量，右边形状的纸要求用“张”来称量，两者不能互换。

术语“形状量词”容易引起人们的误解，以为量词是与特定的形状相连的。其实该类量词的选用与特定形状毫无关系，而是由两个抽象维的比例决定的。如下图所示，“桌子”有各种各样的形状，它们都是用“张”来称量；“路”有各种各样的走向，它们也都用“条”来称量。

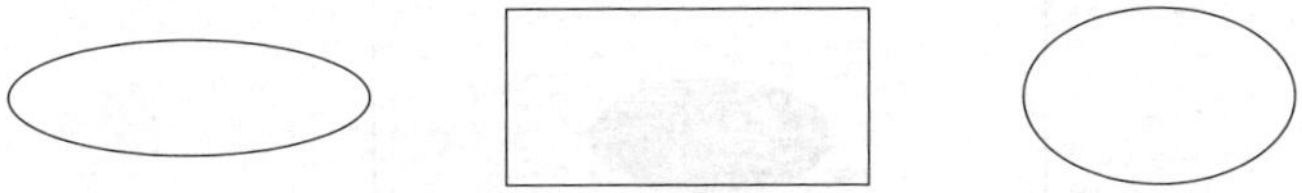

图3 各种形状的桌子

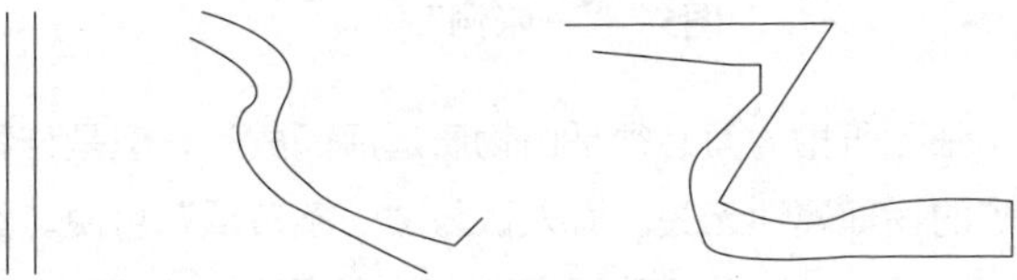

图4 各种形状的路

上面分析指出，二维形状量词指代三维物体实际是通过“转喻”，即选取该物体最具认知凸显性的特征来指代整个对象。对于桌子和板凳来说，它们的上平面是最具认知凸显性的特征。认知凸显性又与事物的实用性有关。桌子和板凳的实用性关键表现在它的两个面上。但是外观上类似的事物，由于实用的部位不同，它的认知凸显性也会不一样，所搭配的量词也可能不同。比如箱子也都有一个上平面，但是箱子的实用性并不表现在这里，所以不能用“张”来称量。

从决定形状量词使用的函数公式中，我们可以推导出很多有趣的结果。“条”的函数式y/x的值可以无穷地接近0，但不能是0，否则就意味着该物体不存在。随着该函数值逐渐接近0，会导致两种极端的例子：（一）y维变得无穷小，典型的例子是“线”：“一条线”；（二）x维变得无穷大，典型的例子是“路”：“一条路”。但是，“张”在这一点上与“条”形成鲜明的对比。它的函数式的值是接近1，所以两个维度的差别有限制。从理论上讲，“张”所指事物的两个维度可以同时无穷地大或者同时无穷地小，可是实际上它往往指的是一个有限的平面，两个维度既不能太大，又不能太小。比如不能说“*一张蓝天”、“*一张纸星儿”。

形状量词的第二个认知基础是“物质性”。这一点上“张”和“条”的表现也有所不同。“张”不仅要求所指平面的两个维度接近，而且还要求平面必须具有物质性。比如下图的阴影部分指的是纸上挖出的一个洞，尽管该“洞”的形状似乎可以用“张”称量，但是它缺乏物质性，还是不能。

图5 “*一张洞”

由此可见，“张”所指的面必须是由物质延展而成的，但是与物质的“弹性”、“硬度”等的物理属性无关。有人认为“一条黄瓜”可说，然而头发却必须用“根”，原因是头发比黄瓜的硬度高。其实不然，“条”通常也指硬性的事物，比如板凳。“张”也可以既指弹性的又指硬性的事物：

（3）一张网、一张皮、一张桌子、一张方凳

也就是说，只有物质性才是二维形状量词的第二认知基础，至于物质的具体物理属性则与该认知基础无关。

但是，“条”并不要求所指的对象具有物质性。比如下图所代表的是一张纸上的一条长缝，它仍可以用“条”来称量。

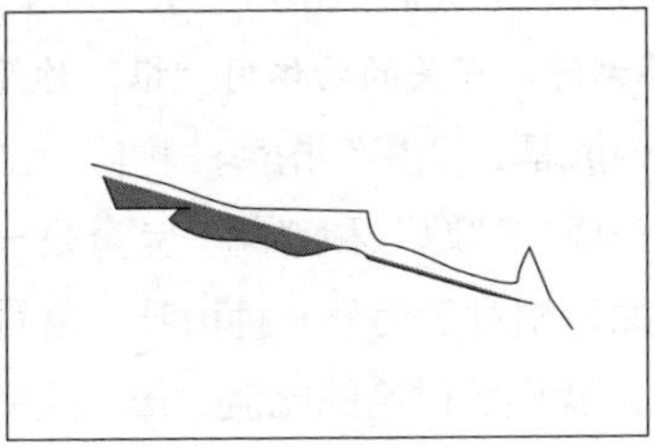

图6　“一条缝”

根据以上的分析我们明白，两个维度之间的比例是二维形状量词的首要认知基础，“物质性”则是第二位的。只有“张”才要求所指的事物必须是物质性的。

14.4　三维形状量词：“片”和“块”

当物体的第三维进入人们的认知域时，所感知的事物就是立体的。这时要用另外一对量词来称量：“片”和“块”。“片”和“块”的分工跟“张”和“条”的完全平行。先来看一下它们的实际用法：

（4）a.一片树叶、一片面包、一片瓦、一片纸

b.一块石头、一块砖、一块糖、一块蛋糕

上述例子中的“片”和“块”是不能互换的。那么是什么因素决定了它们的使用呢？它们的使用规律仍可以用精确的数学语言加以描写。

为了讨论的方便，设定x和y是两个相互接近的不变量，即它们的比值接近1。现在我们以第三维z作为变量来考察“片”和“块”的使用规律。

如果z小到一定程度时，就用“片”来称量；如果z大到一定程度时，就用“块”来称量。

这里的“小”和“大”都是一个模糊的量，z的取值是有所限制的。但是，当z超过一定限度时，有关的物体就会变成一个长柱形，这时就需要用另外一个

形状量词“根”来称量：

（5）一根柱子、一根棍子

跟对二维量词的分析一样，也可以用数学函数来描写“块”和“片”的用法。设定q为y/x的比值，那么，

（a）当z/q的值趋于0时，有关的物体用“片”称量；

（b）当z/q的值趋于1时，有关的物体用“块”称量；

（c）当z/q的值足够大时，有关的物体用“根”称量。

上述现象似乎可以说成是，“片”指薄的物体，“块”指厚的物体。这实际上与我们的分析并不一样。“厚”和“薄”完全是一对相对的概念，它们的值没有一定的范围。比如，相对于另外一种树叶，某种树叶比较厚，但是我们并不能说“*这块树叶”。我们所讨论的比值，虽然没有一个精确的值，但还是有一个大致的取值范围的。

有些物体既可以用二维量词称量，又可以用三维量词称量，比如“一张纸”和“一片纸”都可以说。但是不同类型的量词所产生的意象是很不一样的。用“片”时往往有一种立体的感觉，例如纸箱子的纸通常有一定的厚度，如果拿下其中一部分，适合它的量词应是“片”。相对地，“张”则只有“平面感”，比如画儿是在纸的表面，是两维的，所以只能用二维量词“张”来称量。

现在让我们根据以上规律来看一些有趣的现象。湖水或者池水只能用“片”来称量，而不能用其他形状量词：

（6）a.那里有一片水。

b.*那里有一块水。

c.*那里有一张水。

d.*那里有一条水。

上述用法是由水的物理性质决定的。一定面积的水都有一个平面，同时还有一定的深度。水的透明性决定了，人们所感知的不仅仅是一个水平面，还有一定的深度。但是由于水和光的物理性质以及人们视觉感知的限制，所能看到的深度不可能很大。水的一个平面加上一定的深度，相当于一个立体的对象，所以只能选取三维的量词。同时能感知的水的深度有限，也就是第三维较小，正与三维量词“片”的语义特征相符。所以合适的量词是“片”。

有些事物既可以用“片”称量，又可以用“块”称量。但是两者所创造的意象是不一样的。“片”是指厚度比较小的事物，“块”是指厚度比较大的事物。试比较：

（7）a.一片肉、一块肉

b.一片面包、一块面包

有时“片”和“块”的对比非常微妙，但是我们马上就可以辨别出用哪一个更“顺”。例如：

（8）a.小波藏在一块麦地里。

b.?小波藏在一片麦地里。

（9）a.远远望去是一片金黄色的麦地。

b.?远远望去是一块金黄色的麦地。

这种“顺不顺”的感觉，来自三维量词的使用规律。麦地具有一个表层，同时也有一定的高度。首先，麦地的表层跟桌子的不同，是参差不齐的，又是稀疏的、可见一定深度的，类似于立体的事物，所以只用三维量词来称量。但是用哪一个量词，决定于麦地的维度进入认知范围的情况。例（8）讲一个小孩儿躲藏在麦地里，那么麦地的第三维——深度进入认知范围，此时的深度应足够大，可以遮盖住一个人，所以表第三维相对大的量词“块”较合适。但是当谈到麦地的颜色时，只有表层才进入认知范围，第三维的量可以相对小，这时“片”较合适。“一块麦地”和“一片麦地”所创造的意象差异可以图示如下。虚线表示没有进入认知范围。

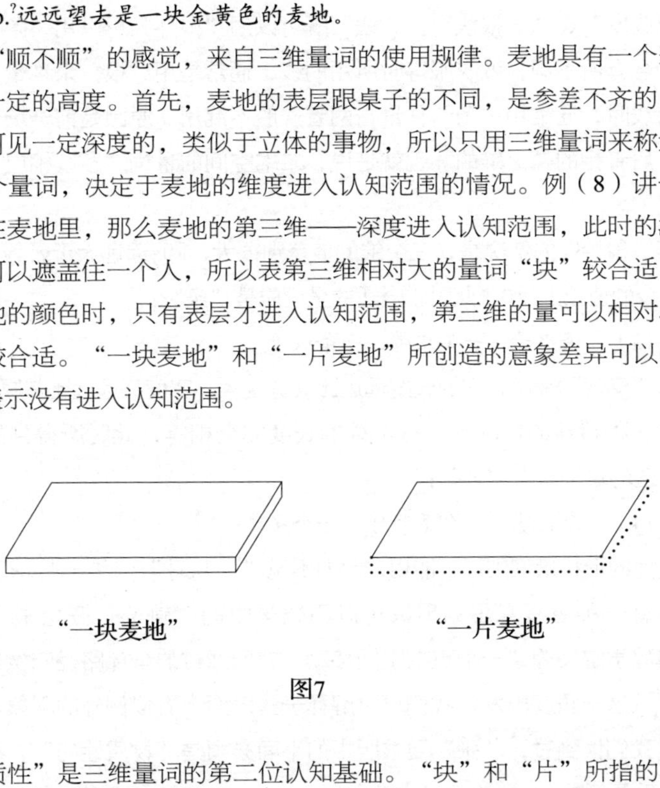

“一块麦地”　　　　“一片麦地”

图7

“物质性”是三维量词的第二位认知基础。“块”和“片”所指的立体物体必须是由物质填充的。比如从外观上看，箱子也是三维的，可是它既不能用“块”也不能用“片”称量。例如：

（10）a.*一块箱子　　　b.*一片箱子

物质的具体物理属性，诸如“弹性”、“硬度”等，与三维量词的使用也没有关系。例如：

（11）一块面包、一块冰、一块钢板

14.5 个案

在上文的分析中我们没有考虑多个变量一起变的情况。现在来看几种特殊的情况。首先如前文所指出的，是第三维z远远比x或者y大，此时较合适的量词是“根”：

（12）一根柱子、一根筷子

从另外一个角度看，z的值不变，x和y变得极小，也是用“根”，比如“一根头发”、“一根线”。“线”既可以用“根”又可以用“条”，但是使用的场合有所不同，做衣服等时所用的线，通常是用“根”来称量，当谈到图纸上的线时，通常用“条”称量，两者一般不混用。原因是前一场合指的是三维的，后者指的是二维的。也就是说，二维空间的量词“条”相应于三维空间的“根”。

第二种特殊的情况是，三个维的值差别很大，即x远远大于y，y又远远大于z，而且z的值接近于0。此时较合适的量词应是“条”：

（13）一条裤子、一条皮带、一条板子

拿“皮带”来说，它的长度远远比其宽度大，宽度又远远比其厚度大。

第三种特殊的情况是，三个维的长度完全相等，此时所得到的是一个球体。合适的量词只有“个”：

（14）一个篮球、一个乒乓球、一个皮球

其他的形状量词则都不能用，比如不说“*一块球”、“*一片球”等。

还有一种更有意思的现象可以用数学中的“轨迹”概念来描写。“轨迹”的数学定义为“一个点在空间移动，它所通过的全部路径叫做这个点的轨迹”。从这一角度出发，我们可以解释一些表面上看似例外的现象。在前文的分析里我们谈到过，“张”要求所指的平面必须是“物质性的”，那么下面的例子似乎是例外：

（15）一张弓、一张嘴、一张古琴

这三种物体中间都是空的，似乎与我们所总结的规律不符，然而实际上它们还是遵循着该规律。这三者都有一个共同点，其中一个部分是可以移动的，该部分移动所构成的轨迹是一个面。“弓”和“琴”的移动部位是弦，“嘴”的移动部位是嘴唇。请看弓弦所组成的轨迹图。

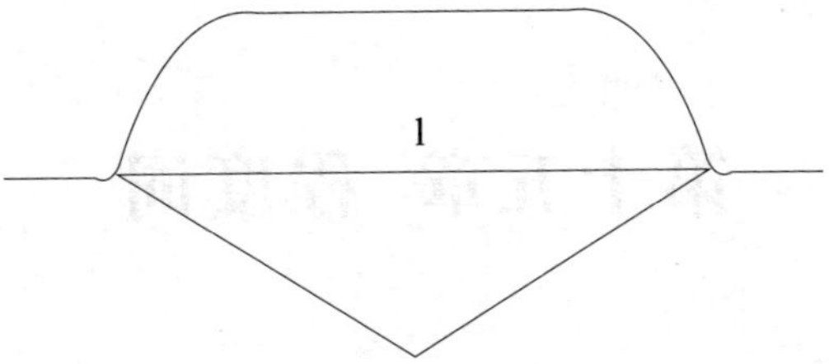

图8 弦的轨迹平面P

直线l所移动的轨迹是平面P。上述论断还可以用反证法来证实。凡是未经移动，因而也没有轨迹平面的事物，都不能用“张”来称量。比如不能说“*一张镯子”、“*一张井”、“*一张竹圈”等。

形状量词的使用也牵涉到数学中的“绝对值”的观念。我们在以上的讨论中有一个预设，重要维的长度不能过小，其量上的差别是可以用肉眼判断的。但是如果维度过小，人们无法用肉眼判断其量时，就会影响到量词的选用，这时人们往往选用普通量词“个”、“点”，如“一个纸星”、“一点面包末儿”等。

14.6 结语

通过以上的分析可知，维度之间的比例是汉语形状量词系统的首要认知基础，物质性则是第二位的认知基础。至于物质的其他物理属性，诸如“弹性”、“硬度”等与量词系统的形成和应用无关。

数量观念表达对一种语言的语法系统有着深刻的影响。通过对形状量词的分析，可以看出汉语量词系统的形成背后隐藏着严格的数学规律，它们远比单复数语言复杂和精密。这一事实使得我们可以借助严格的数学概念和规律对其进行精确的描写。

第十五章 程度词

15.1 引言

程度词与形容词密切相关，如同量词与名词的关系一样。名词是代表事物类别的，而量词则是表达事物数量的；形容词是代表性质类别的，程度词则是指示性质的数量特征的。现实世界由质与量构成，质在语言中通常表现为不同概念的词语，而量则多表现为语法现象。形容词的典型语法特征就表现在与程度词的搭配上，所以对程度词的探讨同时有助于对形容词语法特征的揭示。

程度词是一个封闭的类，现代汉语中常用的在30个左右，主要有“很、最、挺、顶、怪、极、超、巨、蛮、好、多、太、死、贼、真、更、忒、相当、非常、有些、有点儿、比较、十分、好不、特别、不大、确实”等。它们的用法十分复杂。

15.2 分布差别

15.2.1 形容词前后

绝大部分程度词只能出现于形容词之前做修饰语，如“最、挺、顶、怪、超、巨、蛮、好、太、死、贼、真、更、忒、相当、非常、有些、有点儿、比较、十分、好不、特别、不大、确实”等。然而，极个别程度词却一般出现在形容词中心语之后，当它们出现在形容词之前时，要么受到很大的限制，要么表达的功能范畴不同。比如，“死”只能出现在少数形容词之前，例如“死贵、死硬、死咸”等，不说“*死好、*死软、*死便宜”等，可是它可以比较自由地用于形容词或者部分动词之后表示程度达到极限，例如：

（1）忙死了、闹死了、高兴死了、笑死人了、气死我了、恨死他了

“多”在形容词前后的表达功能是不对称的，用于形容词之前一般是表达强烈的感情，句末常带感叹语气词“啊（呀、哪、哇）”，用于形容词之后则是指示程度的增加，句末常加“了”。例如：

（2）多好的老师啊！　　瞧，这天多闷哪！

瞧他的手有多巧啊！　　他要是知道了该多伤心哪！

（3）这个问题简单多了。　　那件衣服漂亮多了。

这本书好看多了。　　这把菠菜新鲜多了。

真正可以自由出现在形容词前后的程度词只有两个：“很”和“极”。注意，它们在前和在后的语义和功能也不完全相同。“很”和“极”可以单独用于形容词之前，但是用于之后时，“很”只能出现在“A＋得＋很”格式中，而且没有相应的否定式“*A＋不＋很”；“极”则只能出现在“A＋极＋了”格式中，其中的“了”不能省略。例如：

（4）好得很、糟得很、仔细得很、粗心得很、喜欢得很、受欢迎得很、精神好极了、菠菜新鲜极了、这话对极了、屋里收拾得整齐极了。

一般来说，程度词置后的强调意味比较浓。“好得很”比“很好”强调的程度更高，同样，“新鲜极了”比“极新鲜”强调的意味更浓。

15.2.2　程度词与否定词的相对语序

当形容词之前有否定词时，程度词的位置有两种：一是在“不＋A”之前，二是在“不”和A之间。格式“程度词＋不＋A”所表达的程度明显高于“不＋程度词＋A”。在这两个格式的分布上，不同的程度词的情况很不一样。

第一、只能用在“不＋A”之前的程度词。绝大部分程度词都属于这一类，例如“最、挺、顶、怪、极、超、巨、蛮、好、多、死、贼、真、更、忒、相当、非常、有些、有点儿、比较、十分、特别、确实”等。

第二、既可以用于“程度词＋不＋A”格式，又可以出现于“不＋程度词＋A”的程度词。只有少数几个程度词可以这样用，较典型的是“很、太、十分”。例如：

（5）很不好～不很好、太不认真～不太认真、十分不高兴～不十分高兴

注意，上述三个程度词，与不同的形容词搭配，情况很不一样，不一定都有对称的两种格式。比如可以说“不很贵”、“不太便宜”，而不能说“*很不贵”、“*太不便宜”。

上述程度词的分布还受形容词的感情色彩的制约。由消极形容词构成的“不＋A”不再受任何程度词修饰。在一对反义形容词中，积极的一方构成的否定式可以受各种程度词修饰，而消极的一方则排斥程度词。例如：

（6）最不好、十分不好、很不好、有点儿不好

*最不坏、*十分不坏、*很不坏、*有点儿不坏

第三、两种格式皆不能用的结构。“比较”只能用于肯定式，其前后皆不能出现否定词“不”，比如可以说“今天比较冷”，但不能说“*今天比较不冷”或者“*今天不比较冷”。

15.3 语法功能的差别

15.3.1 能否做定语

做定语是形容词的一个重要语法特征。由程度词所构成的形容词短语在能否做名词的定语上差别很大。这类短语做定语时一般要加“的”。有些程度词短语可以加“的”转化成名词指代事物，如“最大的”，而有些程度词短语则不可以，例如“*很可靠的”。但是它们能否加“的”名词化与是否可以做定语并不完全是一回事，凡是可以加“的”名词化的都可以做定语（例如“最大的飞机”），不能加“的”而名词化的很多也可以做定语（例如“他是一位很可靠的朋友”）。

所有程度词置后的形容词短语都不能做定语。例如：

（7）*好得很的朋友、*暖和多的房间、*便宜极的饭店、*高兴死的人[1]

我们可以以能否做定语把句子结构一分为二：凡是可以做定语的，是无标记结构，为基本的、常用的，是自然状态下的使用格式；凡是不能做定语的，为有标记结构，它们都具有特殊的表达功能。从语感上很容易判断，“程度词＋A”短语为无标记的，客观上描述各种性质程度；“A＋程度词”短语则是有标记的，具有强调程度的功能。

形容词置前的格式也有两种情况，绝大部分的程度词构成的形容词短语都可以做定语，只有一个例外：“真”构成的形容词短语不能，例如：

（8）*买了一栋真漂亮的房子。*他是个真听话的孩子。*下了一场真大的雨。

15.3.2 能否做句子的组成部分

更复杂的情况是，程度词短语做谓语所构成的主谓结构，是必须单独

【1】“死”如果不表示程度而表示实际死亡时，则可以这样说。

成句，还是可以作为组成部分在句子里出现，这与能否做定语并不是一回事，它们是交叉关系。比如“好+A”可以做定语，例如“好漂亮的一件衣服”，然而所构成的主谓结构必须独立成句，不能作为组成部分在句子里出现。可是，“真+A”不能做定语，所构成的主谓结构也必须独立成句，不能作为组成部分在句子里出现。与此不同，绝大部分由“程度词+A”构成的主谓结构都是既可以独立成句，又可以作为组成部分在句子里出现。例如：

（9）这件衣服很漂亮。　　我觉得这件衣服很漂亮。
　　这件衣服挺漂亮。　　我觉得这件衣服挺漂亮。

（10）这件衣服好漂亮！　　*我觉得这件衣服好漂亮。
　　这孩子真听话！　　*我觉得这孩子真听话。

15.3.3 句子类型的限制

由个别程度词所构成的名词性偏正结构只能用于某种特殊的句类。以下两种现象很特别。

第一、名词短语“好+A+的+N”只能用作独立的感叹句，不能在陈述句中做句子成分。例如：

（11）好漂亮的衣服！　　*她买了一件好漂亮的衣服。

第二、名词短语“太+A+的+N”只能用于否定祈使句的宾语，既不能用于肯定祈使句，也不能用于一般的陈述句。例如：

（12）别买太贵的衣服！　*请买太贵的衣服！　*她买了一件太贵的衣服。
　　别吃太咸的食物！　*请吃太咸的食物！　*他吃了太咸的食物。
　　不要干太重的活！　*请干太重的活！　*她干了太重的活。
　　不要走太远的路！　*请走太远的路！　*他走了太远的路。

15.4 与语法标记的共现

15.4.1 做谓语的程度词短语

程度词修饰形容词的另一个复杂情况是，所构成的形容词短语要带上某些特定的语法标记，如“得”、“的”、“了”等。有些是必须要带，有些是一般要带但偶尔可以不带，还有些则是可以带但一般不带。下面讨论几种主要的情况。

第一、必须带“得”的结构。这种情况只有一个“很”字，它用于形容词之后时必须在它与形容词之间插入一个“得”字，比如可以说“好得很”，而不能说“*好很”。

第二、带“的”的程度词短语。这又分三种情况：a）不能带“的”，比如可以“那件衣服十分漂亮”，但不说“*那件衣服十分漂亮的”；b）可带可不带，比如既可以说“这个人很可靠”，又可以说“这个人很可靠的”；c）一般要带或者必须要带，“挺”构成的形容词短语常带“的”，而“怪”构成的形容词短语必须带“的”。例如：

（13）分量挺轻的。　　　　分量挺轻。
　　　衣服挺干净的。　　　衣服挺干净。
　　　质量挺不错的。　　　质量挺不错。
　　　这个地方挺不安全的。　这个地方挺不安全。

（14）这孩子怪不容易的。　*这孩子怪不容易。
　　　这样怪不好的。　　　*这样怪不好。
　　　这话说得怪不好听的。　*这话说得怪不好听。
　　　我心里怪不高兴的。　*我心里怪不高兴。

第三、带“了”的程度词短语。绝大部分“程度词＋A”短语都可以加上“了”表示程度的加深或者变化，但大都不是必须要带“了”。有两种情况是一般要加，甚至必须要加“了”的：一是“极、多”用于形容词之后必须加“了”，二是“太＋A”通常加“了”。例如：

（15）精神好极了。菠菜新鲜极了。这话对极了。屋里收拾得整齐极了。
　　　这件衣服大多了。房间暖和多了。那家商店贵多了。
　　　这本书太好了。哥儿俩长得太像了。这本小说太吸引人了。

15.4.2 做定语的程度词短语

绝大部分程度词短语做定语都必须加“的”，比如可以说“很安静的环境”，但不能说“*很安静环境”。然而“最”所构成的形容词短语则有时可以不加“的”，例如：

（16）最高阶段、最低纲领、最大限度、最大降水量、最大公约数、最小范围、最小公倍数、最后胜利、最终目的、最近距离、最高气温、最低水位

“最”的上述用法与区别词的相同。凡是边界或者范围明确的属性，做定语都是不加“的”的。区别词一般是对事物作出界限明确的分类，比如“正

副、彩色黑白”等，它们修饰名词时都不加“的”，比如可以说“正院长”，而不说“*正的院长”。“最＋A”也有区别词的特征，通常指某一范围内程度最高的那一个，范围明确，因此可以像区别词那样做定语时不加“的”。

15.5 可搭配的形容词和音节限制

15.5.1 与形容词的搭配限制

不同程度词的语义程度不同，感情色彩有别，所能搭配的形容词的数目和范围也差别很大。这方面的情况相当复杂，无法一一列举，只讨论几种重要的情况。

第一、“最”所搭配的范围。“最”表示一个极端的量，凡是具有“极限”特征的词语大都可以为它所修饰，而这些词语不少则排斥其他程度词。最典型的是表示方位和物价的词语，方位词语所表达的概念在空间上总有一个极限，物价在特定的市场上也有一个限度，因此都可以用“最”修饰。例如：

（17）最上边、最下层、最东头、最西头、最左边、最右边、最前方、最前列、最前线、最顶上、最外边、最里头、最中间、最低价、最高价

“顶”也表示程度最高，因此也可以跟方位词组合，例如：“顶上头、顶下头、顶前边、顶后边、顶东头儿、顶西头儿、顶中间的一个座位”等。然而，与“最”有所不同，“顶”只是表示接近最高的程度，比如“小何是我们班里顶活跃的青年”不一定就是最活跃的，因此上组可用“最”的例子不少不能用“顶”替代，比如不说“*顶里头”、“*顶低价”等。

第二、“极”可修饰的形容词范围有一定的限制，一些形容词可以受其他程度词修饰，但是排斥“极”，比如“*极新、*极密、*极亲爱”等都不能说。

第三、“有点儿”所修饰的形容词、动词多半是消极意义的或贬义的。这又可以细分为两种情况：一是自身意义为消极的形容词，比如“有点儿糊涂、有点儿脏、有点儿紧张”等；二是自身意义是积极的，加上“不”可转化为消极的，比如“有点儿不高兴、有点儿不安全、有点儿不懂事”等。但是，一般不说“*有点儿干净”、“*有点儿安全”。

15.5.2 音节的限制

音节在汉语语法中扮演着至关重要的角色。程度词也不例外，其使用常常受形容词音节数目的限制。下面讨论几种值得注意的现象。

第一、“好不”只能修饰双音节的形容词，比如“好不热闹、好不伤心、好不亲热”等。这里的“不”没有否定的功能，只起强调的作用，比如“好不热闹”相当于“好热闹”的强调式。值得注意的是，“好容易”的情况正好相反，其中隐含了一个否定词“不”，等值于“好不容易”，表示“很不容易”。

第二、“极”大都用在单音节形容词前，比如“极好、极快”等。

第三、书面语色彩很浓的程度词“极其”只能用于多音节的形容词或者心理动词之前，比如“极其安静、极其重要、极其腐朽、极其重视、极其感动、极其厌恶”等。

15.6 特殊的句式和用法

不少程度词还拥有自身独有的句式或者用法。下面讨论几种值得注意的现象。

第一、“死”用于程度词之后表示程度极高，比如“忙死了”，不能直接在形容词和“死”之间插入“得”，要加“得”则要去掉“了”，并在“死”前加上“要”，例如“忙得要死、急得要死、恨得要死、高兴得要死”等。

第二、“很”可以用在一些含数量成分的动宾结构中，表示宾语的量大，例如：“很费了一番心血、很有两下子”等。

第三、“有点儿”可以单独回答问题。例如：

（18）你不觉得疼吗？　　——有点儿。

他是不是后悔了？　　——有点儿。

第四、“那么+A”可以用“没”否定，也可以用“不”否定，比如“没那么高、没那么困难、没那么复杂、不那么喜欢、不那么甜、不那么远”等。而其他程度词所构成的同类格式，要么只能用“不”否定，要么不能被否定。

第五、“最”和“顶”可以表示最大限度下会发生什么情况，含有让步的意思。例如：

（19）最多一个星期就能办妥。　　我看一亩最少也得产八百斤。

最快也得三个钟头才能赶到。　　最贵也要不了十块钱。

顶多再过两天就能结束。　　这段路顶快也要走半个小时。

第六、“非常”可以重叠，比如“非常非常精彩、非常非常喜欢、非常非常了不起”等。有时“非常”和形容词之间还可以加上“地”，比如“天气非常地热、非常地感谢”等。书面语中还可以插入“之”，比如“西湖非常之美、问题非常之复杂”等。

第七、“更”表示程度增高。在所有程度词中，只有“更”可以用于比较句。例如：

（20）这里比那里更安静。　　　　他比你来得更早。

　　　他比以前更懂事了。　　　　这么做更实际。

15.7 结语

通过以上的分析，我们可以得出一个结论：程度词的用法非常之复杂。常用的程度词虽然只有三十个左右，但是没有哪两个程度词的用法是完全相同的。它们的语法功能的差别表现在多个方面，包括形容词中心语前后的分布、所构成的形容词短语的语法功能、与语法标记的搭配、与形容词的选择限制、音节数目限制以及特殊的句式和用法等。没有一条规律可以支配所有程度词的用法，因此无法通过类推来掌握程度词。程度词的习得，只有通过长期的模仿和学习。在这里，语法规律的作用范围是很有限的，因此很多语言现象只有靠长期的学习才能掌握。语法既有规律，也有很多不规则的现象。只有认识到这一点，才能了解语法的特性。

第十六章 结构助词“的”

16.1 引言

助词“的”的问题一直是现代汉语语法研究的一个热点和难点。在这方面，最基本而且又是悬而未决的问题是：到底有几个“的”？它的各种用法背后有没有统一的规律？本章的目的就是寻求这两个问题的答案。

16.2 “的”的语法功能

16.2.1 “的”字短语的独立性

为了讨论的明确性，“X＋的”称为“的”字短语，“X＋的＋Y”为“的”字结构。通常认为前者是由后者省略而来的。但是在许多情况下，用省略来解释十分牵强，甚至完全讲不通，比如“至少他手中有条麻绳，不完全是空的”这句话的“的”后边就很难补出什么。调查显示，“的”字短语比“的”字结构的范围大，这样“省略”的说法就很难解释这些现象了。

尽管很多“的”字短语可以找到其相应的“的”字结构，但是它们之间并没有派生和被派生的关系，而是各具独立性。这方面典型的例证是，非谓形容词做名词定语时不能加“的”，然而构成“的”字短语指代事物时则必须加“的”。例如：

（1）A.a.彩色电视好看。　　a'.*彩色的电视好看。
b.*我们家的电视是彩色。　　b'.我们家的电视是彩色的。
c.*我们家买的是彩色。　　c'.我们家买的是彩色的。
B.a.慢性病难治。　　a'.*慢性的病难治。
b.*他的病是慢性。　　b'.他的病是慢性的。
c.*他得的是慢性。　　c'.他得的是慢性的。

类似地，当一个名词做定语表示材料等时，一般不加“的”，而构成

“的”字短语指代事物时，则必须加“的”，例如：“一张玻璃茶几～一张玻璃的”、“枣木家具结实～枣木的结实”。这些都不是个别的用例，而是成类的现象。所以我们有充分的理由认为，“的”字短语有其自身的独立性，而不是由“的”字结构省去中心语而来的。

另一方面的证据是，形容词重叠式、“很＋A”等短语修饰名词时，必须带“的”，然而却没有相应的“的”字短语。例如：

（2）a.他是一个很好的学生。　　a'.*他是一个很好的。

b.她买了两本厚厚的书。　　b'.*她买了两本厚厚的。

可见，“的”字结构也有自身的独立性，并不都能找到相应的“的”字短语。

总而言之，“的”字短语和“的”字结构各具独立性，两者之间并没有必然的变换关系。这是下文讨论“的”的语法功能同一性的一个重要准备工作。

16.2.2 数量表达对“的”的使用制约

“的”的用法表面上看来令人捉摸不定，但是一旦与数量表达联系起来考察时，其规律性就会马上显示出来。换句话说数量表达的特征是揭示“的”使用规律的一个关键点。

一、必须用“的”的数量表达结构

当“程度词＋A”短语做名词定语时，“的”字必不可少。例如：

（3）a.大树～很大的树　　b.干净衣服～非常干净的衣服

c.好大学～比较好的大学　　d.红桌子～有点红的桌子

除此之外，生动式和重叠式形容词也都与量的观念有关，它们做定语时，也都要加“的”，例如：“笔直的道路～*笔直道路”；“老老实实的人～*老老实实人”。还有，表示事物三维性质或者质量的形容词也有相同的限制：

（4）a.五丈高的树～*五丈高树

b.一吨重的煤～*一吨重煤

“程度词＋A”短语修饰动词时也有平行的情况，必须用“的”（现在书面中写作“地”，“的”与“地”的同一性见后文）。例如：

（5）a.很仔细地检查了一遍。

b.很认真地听老师上课。

c.很漂亮地打了一个反击。

d.十分焦急地等待着最后的结果。

上述例子中的“的”都不能去掉。

二、不能加“的”的数量表达结构

表示个体的数量词[1]修饰名词时，都不能用“的”。例如：

（6）a.一个人～*一个的人

b.两头牛～*两头的牛

c.三棵树～*三棵的树

d.四辆车～*四辆的车

有趣的是，表示事物个体多少的一对形容词“多”和“少”，也有与量词相似的用法，不能单独修饰名词，比如不能说“*多书”、“*少钱”、必须说“很多书”、“很多钱”等。量词亦如此，如“*头牛”、“*张纸”，量词之前必须加上一个数字。[2]在历史上，“多”和“少”也与量词具有平行的演化过程。由此可以看出词语的数量特征对其句法行为的影响之大。

动词的修饰语也有平行的现象。凡是把动作、行为看做离散单位的副词，在用“的”上就都受限制，常见的这类词有“曾经、常常、刚刚、每每、多次、又、再”等，它们修饰动词时都不能跟“的”（书面中写作“地”）。例如：

（7）a.*他曾经地学习过法语。

b.*他常常地看电影。

c.*我多次地见到他。

16.3 “的”的同一的语法功能

上面谈到两类数量表达结构，一类必须用“的”，一类则不能用“的”。数量短语与“的”的密切关系还表现在它们功能上的可替代性上。前文说过，生动式或重叠式形容词做定语时必须加“的”，但是如有数量短语时，这个“的”就可省。例如：

【1】非个体的数量短语不受此限，比如“两箱子的衣服”等。

【2】在宾语的位置上，数字为“一”时可省，比如“他买了头牛”。

（8）a.*雪白衬衫　　雪白的衬衫　　雪白一件衬衫
b.*笔直马路　　笔直的马路　　笔直一条马路
c.*好好衣服　　好好的衣服　　好好一件衣服
d.*小小词典　　小小的词典　　小小一本词典

在这里，“的”与数量词表现出相同的功能，都能使不合法的结构合法化。据此可以推测，个体数量短语与所修饰的名词之间不能插“的”的原因，来自两者功能上的相似性，因为共用就会产生表达赘余，所以互不相容。

现在根据个体量词的用法来推断“的”的功能。简单地说，个体量词是指示一类事物的成员数。这里所说的“一类事物”有两层含义：一是概念的抽象义所指的全部外延，它不受个人的经验、知识或者说话场合的限制；二是由进入说话者认知范围的一组个体的集合，它带有很强的个人色彩，往往因人随地而变化。比如，“桌子”的抽象义的外延包括古今中外所有符合“上面有平面、下面有支柱、在上面放东西或者做事情等”的家具，然而当一个人说“一张桌子就够用了”，其中的“桌子”所指的范围就小得多，是指说话双方共知的那一类，大小也有一定的限制，等等。下边把这种进入说话者的认知范围的一组个体所组成的集合称作“认知域”。概念的抽象义所指在一些特殊的情况下与“认知域”等同，但是通常前者大于后者。

根据“的”与量词在功能上的相似性以及在定语位置上的互相排斥性，归纳“的”的基本语法功能为：

确立某个认知域的成员（一个或者多个）。

下面还将从历史和方言两个方面论证“的”与量词的历史渊源。在考察上述规则之前，应明确“认知域”的范围。上面讨论只限于三维物质空间的事物，可是实际上可做人们认知对象的远比这个范围大，它们也可能是动作、行为、性质等。

认知域的成员可以是单一的个体（如“一张凳子”），也可以是一组个体（“一排凳子”）。“的”字短语所确立的成员，总是小于或者等于其所在的认知域。同一组对象，随环境的变化，既可以做一个认知域的成员，又可以自身成为一个认知域。但是在一个既定的认知过程中，认知域和成员的地位往往不能相混。例如：

（9）a.新鲜热牛奶　　a'.*新鲜的热的牛奶
b.老炼钢工人　　b'*老的炼钢的工人

c.大厚书　　　　　　　c'.*大的厚的书

d.大塑料床单　　　　　d'.*大的塑料的床单

上述右栏的抽象格式为：A_1＋的＋A_2＋的＋N。每个N都代表一个认知域，以“A_2＋的”标准从中确立出成员。因此整个“A_2＋的＋N”所指是一个认知域的被确立的成员。那么，如果再用A_1修饰限制，就意味着从这个已确立的成员中再确立出成员（又当做认知域），这就违反了在既定的认知过程中认知域和成员身份不能相混的原则。然而，左栏格式无“的”，其中的“A_2＋N”可以作为认知域，因此可以再根据一个性质标准A_1对其划分成员。左栏都允许在A_1和A_2之间插入“的”，比如“老的炼钢工人”。

现在来解释前文提到的“的”的用法。数量词和把动作行为看做离散单位的副词，它们自身的词义决定它们的功能是确立认知域的成员，这正与“的”的功能一致，所以数量短语无须或者说不能有“的”。“程度词＋A”做修饰语必须加“的”的原因是，其中的“A＋N”代表一个认知域，如果加上程度词，就意味着根据性质程度的高低，给这个认知域划分成员，因此用“的”来标示。与数量词的情况不同，“程度词＋A”短语自身的词义并不具有指示个体的作用，所以与“的”的功能不排斥。类似地，生动式或者重叠式形容词，都具有性质的类别和程度双重含义，它们做定语必须带“的”的原因，跟“程度词＋A”短语的一样。

定量形容词做定语不加“的”的原因，跟数量词的相似。定量词的主要功能是分类，即给一个认知域划分成员。比如“彩色电视”是“电视”认知域中确立出属于“彩色”一类的成员。给事物或行为分类一般都有明确的标准，所分出的类与类之间的边界应是明确的。在这一点上，定量形容词与数量词的语义特征应该是一致的。跟数量词不能加“的”的原因相同，定量形容词做定语时也不能加“的”。后文将谈到，普通性质形容词做定语给事物分类时，也有相同的特征，也不能加“的”。

定量形容词可以组成“的”字短语指代事物，这时其中的“的”必不可少。例如：

（10）a.我们家的电视是彩色的。

b.黑白的不伤眼睛。

显然不能说上例中的“的”字短语是省略中心语而来的，因为相应的偏正结构根本就不存在。上例用“的”的理由是，“彩色”等词语自身所指的是一种性质，它可以限定描写各种事物，诸如“图片、画报、电影”等。那么要用这个性质指代某一类事物（如电视），实际上就是对这个性质认知域划分成员。这一认知过程正与“的”的语法功能相同，所以就用“的”来标示。给事物分类的形容词都有与“彩色”平行的用法。

个体量词和表容量的集合量词不同，前者不能加“的”，后者则没有这个限制，比如，“一桌子菜～一桌子的菜、一箱子书～一箱子的书”等。带“的”的格式具有强调数量多的作用，看下面的对比：

（11）a.就做了一桌子菜，怎么够那么多人吃？

b.做了一桌子的菜，十个人还吃不完。

例（11）a的“一桌子”可以看做与一般量词的用法一样，需要解释的是（11）b。说（11）b时，说者所预期的菜的数量应少于“一桌子”的量，这样一旦实际数量超过这个预期，该认知域的“桌子”就是一个新的、临时的划分成员的标准。这种关系就用“的”来标示。当修饰语指示中心语所指的认知域成员的作用已经约定俗成，成为交际双方共同的认知域时，就不再需要“的”来确立有关认知域的成员。集合量词大都有与“桌子”相似的用法，所以它们有时候可以带“的”。

16.4 “的”在三个认知空间中的运用

人们的认知活动主要是在三个基本空间——物质、时间和性质中进行的。这三个认知空间的概念反映在语言中，就是名词、动词、形容词三大词类。本小节主要讨论“的”在三个基本词类中的应用。

16.4.1 物质空间

典型名词所指是三维物质空间中的一个个离散的个体，它们可以用个体量词称量。除此之外，还可以从各种角度来划分三维空间认知域的成员（通常为多个个体组成的集合）。常见的有以下几种：

（a）从有关动作行为的角度确立一个认知域的成员。例如：吃饭的人、打电话的费用。

（b）领有者。“的”的一个重要作用是表示领属关系。在我们看来，“的”在这里是选取“领有者”作为划分认知域的一个标准。比如“北京的桥”是从“桥”的认知域中确立出属于“北京”的成员。

（c）从相关的性质方面划分成员。例如：聪明的人、幸福的生活、历来的习惯。

（d）从地点、相关的事物等方面划分成员。例如：房子后边的花园、关于美国的书。

（e）以发生的时间为标准划分成员。例如：昨天的问题、星期天的计划。

从理论上讲，给事物分类的标准是无法穷尽的，因此修饰名词的“的”字短语的类型也是一个开放的类。

下面讨论几种特殊的情况：

（一）意义上已经专门化的，不用“的”字。例如：“数学教师、工业技术、绝对真理”等。

（二）修饰语和名词经常组合的，“的”字可用可不用。例如：“历史（的）经验、幸福（的）家庭、驾驶（的）技术”等。

（三）修饰语和中心语不经常组合的，必须用“的”。例如：“血的教训、化肥的作用、科学的春天”等。

上述三种用法都可以根据我们所概括的“的”的语法功能来解释。“的”是确立一个认知域成员的，因此已经专门化或者经常组合的偏正结构，它们所代表的成员地位业已稳固，无须或者不一定要用“的”来标示。相对地，不经常的组合，所确立的成员地位具有临时性、不稳定性，所以需要外显的语法标记标示。

另外一个值得注意的现象是，单音节形容词修饰名词时一般不用“的”。这类修饰成分主要有两种用法：一是给事物分类，例如“大人、凉水、白菜”等；二是具有很强的习惯性用法的，例如“薄纸、脏衣服”等。单音节形容词与名词搭配受到很大的限制。单音节形容词用于分类时，所确立的是一个认知域的“类属”成员，各类属成员之间的边界明确，而且多已成为一个语言社团的共识，所以就无须再用“的”来标示。第二类用法的理由类似，因为某个形容词和某个名词经常搭配，整个结构所代表的有关认知域的成员地位也多为交际双方所共识，因此也不需要用“的”。

单音节形容词与名词的搭配限制不是来自意义方面，因为换为相应的状态形容词就可以了。比如“白手”很不自然，而“雪白的手”则可以。这是因为给事物分类或者习惯性用法要求取得一个语言共同体的共识。相对地，状态形容词（包括重叠式和“雪白”类）都与性质有关，判断性质程度的标准可以因人而异、因场合而变，具有很大的随意性，所以它们与名词的搭配限制最小。同时，正因为它们个体选择的自由性，所确立的认知域成员具有临时性、不稳定性，结果“的”的使用就成为必须的了。这就是生动式和重叠式形容词修饰名词时需要“的”的原因。

“的”所确立的认知域成员可以是一种情况、条件等抽象事物。例如：

（12）a.大白天的，你怎么在家里睡觉？

b.大热天的，你怎么还到街上去？

语感上，上述两例都强调在某种情况下做某种事情是很不寻常的。这种语感来自“的”的语法作用。（12）a的认知域是“关着门在家睡觉的时间”，“大白天”的成员地位显然不寻常，所以需要用“的”来标示。如果换为“黑夜”、“深夜”等，就不能用“的”，因为它们是“睡觉时间”认知域中最固定、最常见的成员，无须用“的”来确立。（12）b的用法可以用同样的道理来说明。

16.4.2 时间空间

发生在时间空间里的是动作行为，对应于语言中的动词。动词性认知域的成员可以从两个方面来确定：

（a）在时轴上有明确起讫点的单位。

（b）发生在同一时间位置上的多个不同行为。

在“的”的用法上，动词和名词有许多平行的现象，比如“程度词＋A”短语不论修饰名词还是动词都必须加“的”，定量形容词做修饰语则都不加“的”，例如：“超额完成、彩色电视”。前文概括的“的”的功能可以给出简单一致的解释。

确立动作行为认知域成员的标准常见的有：（a）性质、状态等，例如：“兴奋地说、谦虚地表示”；（b）方式、方法等，例如：“雨不停地下、科学地论证”；（c）事实、受事等，例如：“城市的发展、这本书的出版”[1]。跟名词的情况一样，确立动词性认知域成员的标准也是一个开放的类。

【1】该类多用于书面语，而且失去了动词的一些主要特征，如不能加体标记、重叠等。

我们再来看几种特殊情况。首先，“的”有以下对比用法：

（一）双音节形容词一般要用“地”，但跟动词经常组合的，可用可不用。例如：认真（地）研究、彻底（地）解决、详细（地）调查。

（二）与动词不常搭配的修饰语，必须用“地”，例如：圆圆地画一个圈、酽酽地沏一壶茶。

形成上述对比的原因与物质空间的几种特殊情况形成的原因类似。

不少人认为“的”具有表示“已然”的功能，所指的是以下这些情况：

（13）a.她是坐飞机来的。

b.她昨天进的城。

c.我在北京念的中学。

根据我们的分析，上例中的“过去”义有两个来源：一是“的”自身的功能；二是时间参照点。“的”所确立的是行为认知域中一个有明确起讫点的单位；此外，语言的一个普遍现象是，当句子无时间词时，时间参照点往往是说话时的“现在”。到“现在”这个时间参照点的一个有起讫点的行为，自然是已经发生的。这样就产生了“过去”的意义。如果有时间词限制时，“的”也可以表示将来的行为，例如“这首歌是我明天唱的”、“我是明年毕业的”。

有时“的”还具有加强语气的作用。例如：

（14）a.那倒不用告诉，妈自然会问的。（《雷雨》）

b.虽然彼时不怎么样，将来对景，终是要吃亏的。（《红楼梦》三十四回）

决定上述两例加强语气作用的因素为：一是表示“将来”概念的副词或者助词，即“会”、“将来”、“终”；二是“的”确立了一个有始有终的完整行为。两个因素合在一起就是，一个完整的行为要发生在将来某一时，因此就有了强调的意思。如果去掉了第一个因素，句子就没有强调的意思了，比如“妈问的”只是简单说明已发生的事而已。

“的”也可以用于动词性短语之后，表示两种行为或者状况的不寻常联系。例如：

（15）a.走啊走的，天色可就黑了下来了。

b.算啊算的，一直算到连饭也忘了吃了。

“天黑”与行为“走”通常没有什么联系，在特定的场合两者发生了关系。这里的“的”的作用是确立“走”是导致“天黑”状况的因素的认知域成员。同样，“算”导致“忘记吃饭”也不是常发生的，“的”在这里是导致“忘记吃饭”的认知域成员。

“的”确立动词性认知域的成员的功能，还可以是发生在同一时间区间的不同行为。例如：

（16）a.老乡们沏茶倒水的，热情极了。

b.见众人围着，灌水的灌水，打扇的打扇，自己插不下手。（《红楼梦》三十三回）

上述两例都有“在同一时间内发生各种不同的行为”的意思。如果拿掉这个“的”，就没有这个意思了，句子甚至不合法。

还可以根据施事、受事、时间等的不同，对行为认知域划分成员。下面是《红楼梦》的另外一个有趣的例子，该用法还一直活跃在今天的口语里。

（17）何苦来，你摔砸那哑巴东西？有砸他的，不如来砸我。（《红楼梦》三十八回）

这是根据受事的不同来划分成员的。上例是黛玉说的一段话。宝玉气急只顾砸玉，黛玉急无他策，只好“提醒”宝玉，“砸玉”只是“砸”行为认知域中的一个成员，另外还有“砸我”的选择。这是“玉”和“我”两个受事对“砸”行为的临时分类，所以前者用“的”表示。同类的例子又有：

（18）见三个人都鸦雀无声，各人哭各人的，也由不得伤心起来，也拿手帕子擦泪。（《红楼梦》二十九回）

上例中的“的”是从不同的施事（“三个人”）对同一行为“哭”的认知域划分成员。也可以这样理解，“的”指出同一个时间发生三个相同的行为。“的”在这里必不可少，而且也不能说其后省略了什么。又如：

（19）有这会子拉着手哭的，昨儿为什么又成了乌眼鸡呢。（《红楼梦》三十回）

上例的认知域是同样两个人所做的行为，从“昨儿”到“这会子”，该认知域有两个对比鲜明的成员：“和好”和“吵嘴”。“的”标示“和好”的成员地位。

注意，上述各例有一个共同特点：只有前段要确立成员的部分需要加“的”，后段表示前段作为成员的根据，它的成员地位无须再确立，也就不能加“的”，比如不能说“*有砸他的，不如来砸我的”。可见，“的”的这种用法是有严格限制的。

16.4.3 性质空间

性质也是一种常见的认知对象，划分性质认知域的方式有其独特之处。下面讨论几种主要的情况。

首先，谓语位置上的形容词有如下几种对比用法。

（a）一般程度词诸如“有点儿、很、太、非常、最”等与形容词组成的短语，可直接做谓语，一般不加“的”，比如“那本书很好”。

（b）有特殊感情色彩的程度词，诸如“怪、挺、够”等，不常与形容词搭配，它们构成的短语一般要有“的”，比如“这件事够麻烦的”。

形成以上对比的原因是，做谓语的形容词所代表的已不是一种抽象的性质，它是属于主语所指事物的一种具体性质，其具体性主要表现在，赋予一个性质范畴一个量级，通常是用程度词确立性质认知域的一个成员。在语言中就表现为，形容词做谓语多与程度词搭配。程度词确立性质认知域的成员，因此无须再用“的”来确立。相对地，“够”等非典型程度词，不是常用的确定性质认知域的手段，因此要借助“的”。

注意，“程度词＋A”做动词或者名词的修饰语时，要加“的”。这与该短语单独做谓语的情况不同。前者指的是事物或者行为认知域的成员，后者指的是性质认知域自身的成员。因为程度词可自动地划分性质认知域的成员，所以不需要“的”，但是对事物或者行为认知域则不行，所以要用“的”来确立。

谓语位置上的形容词的另外一个对比为：

（a）形容词单独做谓语含有比较或对照的意思，只有在语言环境显示出比较或者对照的意思时，才可以只出现比较的一方。比如“北方干燥还是南方干燥？——南方干燥”。

（b）没有比较时，要加“的”。比如“这苹果（是）酸的、水缸（是）满的、绳子（是）松的”。

“比较”也是一种量的表达。在具体的上下文中，所比较的性质程度很明确。跟“程度词＋A”相同，所比较的性质代表的已是一个性质认知域的成员，因此无须再借助“的”确立。相对地，没有“比较”的程度时，就要借助“的”来确立有关性质认知域的成员。

其次，生动式或重叠式形容词做谓语时，一般要加“的”。例如：

（20）a.教室里干干净净的。

b.她的裙子雪白雪白的。

c.屋里暖融融的。

上述形容词重叠式有两个特征，一是具有量的观念，自身可以代表一个性质认知域的成员，所以“的”的使用并不是必须的；二是这些格式的量的表达既不明确也不稳定，所以要常常借助“的”来确立。

还有一种值得注意的情况是，与上文讨论的名词、动词的用法平行，“的”也可以用在句首，确立一种特殊的状况。例如：

（21）罢，罢，怪热的，什么没看过的戏，我就不去了。（《红楼梦》二十九回）

上例的认知域是看戏的天气情况，“怪热”的情况不正常，所以要借助“的”来确立其成员地位。

根据上面的分析，可以看出，“的”字用法有严格的规律，既不能随便添加，也不能随便去掉。再看一例：

（22）宝钗道：“你只怨我说，再不怨你那顾前不顾后的形景。”薛蟠道：“你只会怨我顾前不顾后，你怎么不怨宝玉在外头招风惹草的呢？”（《红楼梦》三十四回）

上例中的“顾前不顾后”和“招风惹草”都是一种行为，可是为什么前者不加“的”，而后者加呢？宝钗的话已提到了薛蟠素日的行为，等到薛蟠说时，该行为的成员地位已经确立，所以无须再用“的”来标示，可是“招风惹草”是薛蟠从宝玉“素日行为”认知域中临时确立出来的成员，所以用“的”来标示。

16.5 “的”字短语在三个空间之间的转化

16.5.1 名词、动词和形容词的数量特征和转指的不对称性

形容词和动词都可以构成“的”字短语，转指物质空间的概念，通常把这种现象称作“名物化”或者“名词化”。这种现象实际上是人们常见的认知活动——转喻之一种，即以与事物有关的行为、性质来指代该事物。

根据现实世界的两类基本数量类型，可以把三个基本词类的语义特征概括如下。

名词、动词和形容词的数量语义特征

	离散性	连续性
名词	+	−
动词	+	+
形容词	−	+

同一数量特征在不同词类中的表现可能不同。比如名词的离散性是自主的，动词的离散性则是非自主的，表现为要确立一个有起讫点的行为，必须借助一个静止的物质空间为参照系。

上文分析显示，“的”与量词在功能上具有相似性。量词代表的是典型的物质空间的离散量，相应地，“的”字短语的一个重要语义特征是具有离散性质。转喻要求，转指对象和被转指对象在数量特征上必须相匹配，结果造成了“的”字短语转指的不对称性。名词的固有数量特征是离散的，正与“的”字短语的相符，所以动词和形容词都可以自由地构成“的”字短语指代名词，比如“买的（书）”、“绿的（裙子）”等。相反，动词的离散性是不自主的，这与“的”字短语的数量特征不吻合，所以没有名词和形容词构成“的”字短语指代动词的用法。相似地，形容词的典型数量特征是连续的，更与“的”字短语的语义特征相悖，所以也没有名词或者动词构成“的”字短语指代形容词的情况。

“的”字短语“转指”的不对称性是人们普遍认为它具有名词化功能的原因。本章的分析表明，“的”字短语的转指功能是两个方面的因素共同作用的结果。一是“的”字短语的离散性，二是转指和被转指对象的数量特征要相符。

16.5.2 “动词+的”短语的转指限制

只有离散性特征强的动词，才可以自由地构成“的”字短语转指物质空间的概念。下列几类动词一般不能直接构成“的”字短语指代事物：

（a）关系动词：*是的、*姓的、*当做的

（b）心理动词：*觉得的、*懒得的

（c）使役动词：*使的、*让的、*命令的

（d）重叠式：*吃吃的、*看看的、*学学的

上述几类动词都不表示在时轴上有明确起讫点的完整行为，即没有离散性，或者离散性很弱，所以其名词化受到限制。具体来说，关系动词是静态的，没有明确的起讫点；心理动词也是如此；使役动词实际上不是实际发生在时轴上的动作行为；重叠式动作的时量短或者动量小，通常不代表一个有始有终的完整动作。

“V＋体标记”构成的“的”字短语也有同样的数量特征限制。“了”是实现体，表示行为的从无到有，只强调起始点；“着”是持续体，不管动作的起讫点；“过”是终结体，着重于终结点，同时也包括了一个起点，即代表一个完整的行为。因此在没有其他附加信息时，“V＋过”构成的“的”字短语转指事物较为自由，例如，“这本书是看过的（?看了的、?看着的）”，“记过的（?记了的、?记着的）（英语单词）共30个”。

事物越抽象，其离散性就越弱，相应地用“的”指代起来也就越困难。例如：

（23）a.*他已经掌握了开车的（技术）。

b.*他提出了几个重要的（建议）。

认知距离也对指代有影响。“V＋的”容易指代与动作行为关系最密切的施事、受事，比如没有上下文帮忙的话，一般不会指代工具、地点等，因为它们与行为的关系较远。例如“吃的”最有可能是指有关人或者食品，不大容易理解为用于吃的刀、地方等。

16.5.3 “A＋的”短语的转指限制

“程度词＋A”与“的”的搭配有以下两种对立的情况：

（一）由“最”、“比较”等组成的短语，可指代具体事物，比如“先把最重的（比较重的）搬上车”。

（二）“很”、“非常”、“十分”、“有点”等则没有相应的用法，比如不大能说“*把很重的先搬上车”。

上述对立现象也是来自数量特征对转指的限制。“最＋A”是某一特定范围内程度最高的一个，所指明确，成员边界清晰，具有离散性，因此可以构成“的”字短语转指事物。“比较＋A”是指两个或者几个对象中程度高的一个，所指范围也明确，也具有离散性，因而也可以构成“的”字短语指代事物。然而“很”类程度词所指的范围非常模糊，无法准确界定其边界，它们构成的形容词短语缺乏离散性，因而一般不能构成“的”字短语转指事物。

状态形容词所代表的程度范围也相当模糊，缺乏明确的离散性，因此也不大可能构成“的”字短语转指事物。比如一般不说“*吃了一顿喷香的（饭）”、“*看见了一个高高的（人）”。这种转指的限制不是来自有没有量的观念，而是来自是否具有离散性的数量特征。

16.6 “的”与量词的历史关系

16.6.1 历时和共时关系

“底”（元明之前结构助词“的”被写作“底”）是在“数＋量＋名”格式建立而产生的巨大类推力量的影响之下，由其原来的指示代词或者疑问代词的用法独立发展而来的。主要证据如下。

第一、尽管有不少学者从各方面论证“底”来自“之”或“者”，但是不论从音韵上还是从语法功能上，都缺乏足够的证据说明这种来源关系。“底”出现的初期就不仅与“之”、“者”用法各不相同（如“底”可以做语尾，“之”则不行；“底”可做中缀，“者”则没有相同的用法），而且还有两者都不具备的用法，例如“这个是马师底”（《祖堂集》卷十五）。

第二、在“底”产生之前，修饰语和中心语之间常无任何标记。拿动词性修饰语来说，现代汉语必须加“的”，而在唐以前，可以是“之”，但是大部分为零标记。我们对《世说新语》作了全面的调查，该类结构半数以上都没有“之”字。例如：

（24）魏王雅望非常；然<u>床头捉刀人</u>，此乃英雄也。（《世说新语·容止》）

（25）问其所以，乃<u>受炙人</u>也。（《世说新语·德行》）

这时期的修饰语和中心语的句法空位，完全有可能允许新的语法标记来填补。

第三、“数＋量＋名”与“修饰语＋的＋中心语”两种格式之间有以下三个主要联系：

（a）两者的抽象格式都是：“修饰语＋语法标记＋中心语”。

（b）“量”和“的”之前的修饰语是互补的，量词前只能是数词，“的”前则只能是数词以外的词语。

（c）两者的层次关系和功能是一致的，它们都不能独用，却都可以和修饰语一起使用。

第四、“底”原来的指代用法具有演化为结构助词的可能性。“底”在演化成助词以前是一个指代词，如“竹篱茅舍，底是藏春处”（《蓦山溪词》）。即使在现代汉语里也可以看出结构助词和指代词的功能上的相似性。

（26）a.你那本书已经还了。

b.稀罕吃你那糕。（《红楼梦》六十回）

（27）a.这就是我刚才吃饭那地方。

b.会书法那位教授已经退休了。

（28）a.这里什么地方可以抽烟？

b.你弄坏了他什么东西？

上述各例的修饰语和中心语之间如果没有指示代词或者疑问代词的话，就要补上个“的”，否则就不合语法。可见，在一定的句法环境中，指示代词或者疑问代词具有引进修饰语的作用。所以，单纯从功能上看，“底”原来的用法也有演化成结构助词的可能性。

第五、结构助词“的”的出现与发展跟量词的演化密切相关。个体量词最早出现的格式为“名＋数＋量”，汉代开始出现“数＋量＋名”用法，但之后很长时期最常见的用法仍是“数＋名”，即数词直接修饰名词。这种状况一直保持到唐末。到了唐末宋初，情况发生了重要变化，“数＋量＋名”成为了占绝对优势的数量表达式。“底”的结构助词用法也就是在这个时期出现的。新兴数量表达式在元明之际成为了唯一的形式，结构助词“的”的用法也是在这个时期严格化的，比如此后动词修饰语和名词之间必须加“的”。我们对这种平行发展的解释是，数量表达是语言交际中最常见的现象之一，数量短语由“数＋名”变成“数＋量＋名”，就会产生一种很强的类推力量，要求除数词之外的一般修饰语和中心语之间也有一个类似于量词的语法标记。此时原来用作指代词的“底”就应运而生，语法化为一个结构助词。

第六、认为结构助词“的”的产生与量词的发展有关的一个强有力的证据是，在近代汉语里普通量词“个”一直是结构助词“的”的一个竞争形式。很明显，既然由于“数＋量＋名”的类推力量，整个汉语要求修饰语和中心语之间有个语法标记，那么量词就是充当这个语法标记的最佳候选对象。实际情况的确如此，在近代汉语中“个”发展出了几乎所有结构助词的用法。例如：

（29）“如何是骨？”师云：“绵密个。”（《祖堂集》卷十）

（30）若要真个得入，直需离却这里。（《大慧普觉禅师语录》）

（31）好个人家男女，有什摩罪过？（《祖堂集》卷四）

（32）莫怪说，你个骨是乞骨。（《张协状元》）

发展的结果，“的”在北方方言和大部分的南方方言中成为了结构助词的标准形式，而“个”则在部分南方方言里战胜了“的”，如吴方言的大部分地区。

“的”与量词的关系还可以从共时方言的使用情况中看出来。

16.6.2 南方方言中量词的结构助词用法

在粤方言、吴方言、一部分客闽方言及西南官话中，普通量词“个”具有普通话结构助词“的”的用法。下面看一组大冶金湖话中“个”的该类用法。

（33）a.做庄稼个蛮坐累。（种庄稼的挺辛苦）

b.我看见个卖条个。（我看见个卖麻花的）

c.底个东西便宜里。（这里的东西便宜）

d.裤头子彻新个。（短裤崭新的）

广东开平方言的情况更为典型，干脆以一个与中心名词相配的量词来表示“的”的功能，即每一个量词都有结构助词的用法。例如：

（34）a.我件帽（我的帽子）

b.我只手（我的手）

c.我个细佬卷书（我的弟弟的书）

d.这个车佬件皮衫（这个开车人的皮衣）

开平方言的用法更能支持我们的观点：结构助词“的”产生的动因是：由于量词系统建立而带来的类推力量，要求一般修饰语和中心语之间有一个语法标记。这个语法标记要么来自指示代词，要么干脆来自一个普通量词。

16.6.3 “的”的来源对其语法意义的影响

上文的分析显示，“的”产生的动因是量词的类推力量。现代汉语“的”的语法意义仍具有量词和指示代词的语义特征。首先，量词和指示代词都是确立一个认知域的成员。量词所确立的成员具有典型的离散量数量特征，指示代词所确立的成员具有确定性。其次，“的”是从各种特征方面确立一个认知域的成员，所确立的成员具有离散性和确定性。比如，“看书的桌子”明确区别于其他用途的桌子，具有离散性；同时，它又指出一个既定认知域中某一个或者一组特定的对象，所指具有确定性。[1]

“的”、量词和指示代词在语法意义上的共性，正是它们在一定的上下文中可以替代的原因。

16.6.4 状语和动词中心语之间的语法标记

状语和动词之间的语法标记，现在书面语写作“地”。我们认为它是同一个结构助词的变体，主要理由有二：一是“状＋地＋动”的抽象格式也是“修饰语＋语法标记＋中心语”，与名词短语的情况相同；二是名词性和动词性结构具有平行的用法，比如“程度词＋A”短语，不论修饰动词还是修饰名词，都必须有语法标记，比如“很平地放在桌子上”、“很平的地面”；同样，定量形容词做修饰语时，不管中心语的词类，都不能用语法标记，比如“彩色电视”、“超额完成”。“的”和“地”到底是一个还是两个词，历史资料可以帮助我们解释。

在结构助词“的”出现之前，“地”就可以用于动词、副词、形容词之后，在句中做谓语或者状语，以做状语者为多，比如“私地弄花枝”（王建《贻小尼师》）。那么“地”与受量词影响而产生的“的”有没有关系呢？回答是肯定的。主要理由如下。

首先，在“的”产生之前，“地”并不是一个真正的语法标记。魏晋至唐代的文献显示，当时的状语和动词之间一般还是零标记，跟名词短语的情况一致。

其次，在“的”普遍应用的唐末文献中，“的（底）”在状语的位置经常出现，“地”则无一例。可见，这个状语位置的“地”并不是来自“地”，也是受“数＋量＋名”格式类推的结果。“的（底）”插在副词和动词中心语之间做语法标记。

还有，状语位置上语法标记的迅速发展是在结构助词“的”普遍使用之后。另外，“地”多用于状语位置，或者多跟在重言、双声、叠韵之后。这并不足以否定“地”和“的（底）”的语法功能的同一性。首先，两者的分工从来都不是严格的；其次，它们的语法功能的内在同一性，使得它们从元到清，

【1】“的”用于指示时间或者性质空间的概念时，由于受该两类空间固有的数量特征的制约，其离散性和确定性的具体表现形式可能不同于名词。

都用统一的书写形式“的”表示。

最后，状语位置“的”的严格化跟定语的同时，都是在元明之际。比如《老乞大》中，重叠式状语之后一般都要加“的”（“好生细细的切着”）。

通过以上的简单分析可知，“的”和“地”是具有内在联系的两个语法标记，都是因量词的类推力量而语法化的。

16.7 结语

本章尝试证明，错综复杂的“的”的用法具有语法功能的同一性。这一结论并不必然与“的”的“多分法”的观点不相容。“的”的问题有两个方面，一是其自身语法功能的同一性，二是所搭配的词语或者出现的句法位置的差异性。不同时期或者同一时期不同地域的人，如注重“异”的一面，就会采用不同的形式。我们所知的情况有二：一是唐宋时期表连续量的状态形容词后多为“地”，离散量的则多为“底”；二是句法位置不同采用的形式也不同，比如广东话中用不同的语音形式表达定语和状语位置上的结构助词，这些不同的形式不是互不相干的。

第四编 功能范畴

第一章　肯定与否定的规律

客观世界中存在着这样一条规则：量大的事物能够长期存在，量小的容易消失。譬如沙漠里的一片广袤的绿洲可以在风沙的侵袭下长期存在下去，而一块面积很小的绿洲很快就会被风沙吞没掉；大海是不会被太阳蒸发干的，而陆地上的一个小池塘就很容易在短期内被蒸发掉。这类例子举不胜举。

把上述事例中"大"和"小"的概念归结为抽象的量，存在的意义归为肯定，消失的意义为否定，就得出下面的肯定和否定的规律：

量大的事物肯定性强，量小的事物否定性强，中间的事物其肯定程度和否定程度相当。

量大的事物意味着能够肯定自己的存在，肯定性强和生存能力强在这里是相通的；量小的事物意味着趋向于无，即容易消失，否定性强和容易消失也是相通的。中间量的事物的生存能力也位于中间，即比量大的低，比量小的高。注意，这里量的大小并不是指某一具体的量，它们相当于数学中的无穷小量[1]和无穷大量[2]。这条规律是一条适于各种情况的公理。该公理在不同的领域中具有不同的表现形式，它在人类自然语言中的投影就成了自然语言肯定和否定的规律：

语义程度极小的词语，只能用于否定结构；语义程度极大的词语，只能用于肯定结构；语义程度居中的词语，可以自由地用于肯定和否定两种结构之中。

自然语言肯定和否定的规律的典型表现是，在一组概念义相同的词中，如果按照其语义程度的高低从左到右排成一个序列，那么位于左端的词是只用于或者多用于否定结构，位于右端的词只用于或者多用于肯定结构，位于中间的词可以自由地用于两种结构。在此序列中，语义程度的高低是渐变的，或者说是一个连续变化的过程，因此它们用于肯定结构和否定结构的频率也是一个连续变化的过程。语义程度接近极小的词语多用于否定结构，少用于肯定结构，随着语义程度从小到大的变化，用于否定程度的频率由大到小，而用于肯定结

【1】以零为极限的变量，叫做无穷小量。

【2】在无限变化过程中，变量的绝对值无限增大，就叫做这个变量的无穷大量。

构的频率则由小到大。

下面我们将词语的语义特征按程度高低进行量化，从而用一个数学模型来描写自然语言肯定和否定的规律。

下图中，1表示极大量，0表示极小量，在区间[0, 1]中可以分出若干个大小不等的量级，用L_i表示量级，i值越大，相应量级的量也就越大。

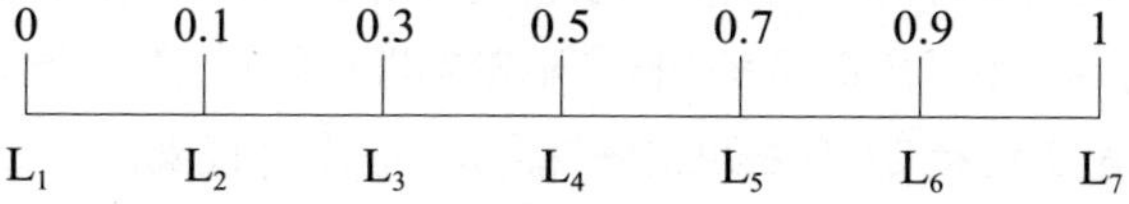

图1 概念的语义程度

根据上述模型，肯定和否定的规律又可以表述为：位于或逼近0的词语只用于或多用于否定结构，位于0.5的词语肯定和否定自由，位于或逼近1的词语只用于或多用于肯定结构。

上图构造了一个隶属于“极大量”的模糊子集模型，线段上方的值代表的不是一个个准确的数目，而是对“极大量”集合的隶属度。语义程度的高低是个模糊量，用“隶属度”来描写比较合适。一个词语隶属于“极大量”集合程度越高，说明它的语义程度越高。在模型中，各量级对“极大量”的隶属度分别为：$g(L_1)=0$，$g(L_2)=0.1$，$g(L_3)=0.3$，$g(L_4)=0.5$，$g(L_5)=0.7$，$g(L_6)=0.9$，$g(L_7)=1$。$g(L_1)$的值为0，表明L_1完全不属于“极大量”集合；$g(L_7)$的值为1，表明L_7完全属于“极大量”集合；余类推。

反过来也可以考察同一词语序列对“极小量”集合的隶属程度。也就是，各量级对“极小量”的隶属度 f 等于1减去其对“极大量”的隶属度g，即$f=1-g$。那么$f(L_1)=1-g(L_1)=1$，$f(L_2)=1-g(L_2)=0.9\ldots f(L_7)=1-g(L_7)=0$。$f(L_1)$的值为1，说明$L_1$完全属于“极小量”集合；$f(L_7)$为0，说明$L_7$完全不属于“极小量”集合。

如用“肯定程度”替换“对极大量的隶属度”，用“否定程度”替换“对极小量的隶属度”，如下图。

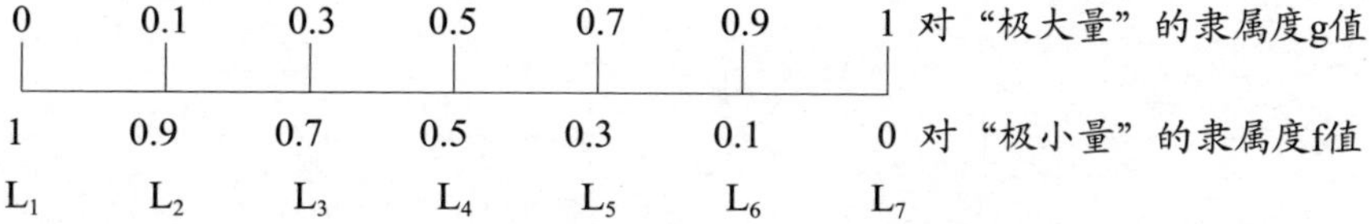

图2 对“极大量”和“极小量”的隶属程度

在这个模型中，L_1只有否定程度，没有肯定程度；L_7只有肯定程度，没有否定程度；其他量级兼有肯定和否定两种性质。每一个量级L_i的肯定程度与否定程度之和都等于1，随着一个量级的肯定程度的增大，其否定程度相应地减低，反之亦然。

运用上述模型，肯定和否定的规律又可表述为：只有否定程度的词语，只能用于否定结构；只有肯定程度的词语，只能用于肯定结构；肯定程度和否定程度兼有的词语，用于肯定程度的概率随着其肯定程度的提高而增加，而用于否定结构的概率也随着其否定程度的降低而减小。具体说来，位于L_2、L_3位置的词语，其语义中所包含的否定程度大于肯定程度，因此它们用于否定结构的概率也大于肯定结构；而位于L_5、L_6位置上的词语则相反，它们用于肯定结构的概率大于否定结构。

词典中注明的只用于或多用于否定结构的词语的数目是很有限的，很多日常交际中常用的这类否定性词语都没有注出，尤其是那些只能用于肯定结构的词语一个都没有注出。有了自然语言肯定和否定的规律，我们就可以判断诸多词语的肯定和否定的用法。例如“叙说、提起、挂齿、说起、倾诉、诉说、谈论”，将它们按语义程度由低到高的顺序排列起来：

挂齿、提起、说起、谈论、叙说、诉说、倾诉

这时我们就会清楚地看到，“挂齿”是只用于否定结构的，其前一般要有否定词“不”或“没”；语义程度最高的“倾诉”只用于肯定结构，不能在其前直接用“不”或“没”否定；语义程度居中的“谈论”可以自由地用于两种结构，其前可以自由地增删否定词而在肯定式和否定式之间转化。靠近左端的“提起”和“说起”经常用于否定结构，靠近右端的“叙说”和“诉说”经常用于肯定结构。对于前者，在其前加上否定词“没”念起来更顺口，而后者加上“没”后读起来则很别扭。

第二章 数范畴与有定范畴

2.1 引言

“数”是人类语言的重要语法范畴之一，主要表现在名词的单复数上。从类型学的角度看，名词单复数的表达又可以细分为两类：一是受制于有定性[1]语法范畴，只有有定性的名词才具有单复数的语法标记，无定名词则缺乏这种标记。属于这类语言的有Ethiopia西南地区的Omotic语族的Aari、Austronesian语族的Kambera等语言。二是单复数的表达独立，不论是有定名词还是无定名词，都具有单复数的语法标记，印欧语言大都属于这一类，如英语、法语、德语等。

迄今为止，很少有文献提及汉语的单复数语法标记问题，更不用说系统地探讨了。造成这种局面的原因主要是受印欧语言的影响，看汉语没有与印欧语言相对应的单复数标记，就认为汉语缺乏“数”的形态。其实从类型学的角度看，印欧语言的单复数的句法行为只是人类语言“数”范畴表现形式中的一种，还有一种是与有定性表达密切相关的。汉语的数量表达属于后一种情况，即只有自身词义为有定性的词语才要求表示其数的特征。从这个角度考察汉语，可以看出汉语单复数的语法标记是非常系统、严格的，它们是严格的语法规律，当符合某些条件时，必须用合适的语法标记来标示其“数”的特征，否则就不合语法。

过去的汉语研究，常常拿印欧语言跟汉语作比较，结果发现汉语“缺乏”这个、“缺乏”那个。也常常有人批评汉语研究中的这些“印欧语眼光”。我们觉得，汉语和印欧语的对比研究自身并没有错，错就错在只跟印欧语对比上，因为这样常常会导致一些偏颇的结论。其实，如果把我们的眼光放得更广一点，就会发现汉语也具有丰富的形态标记，其使用规律也是非常严格的。

从语言学的角度看，一种语言不管使用的人有多少，其价值都是一样的。

【1】普通语言学中的“有定性”是指“人的大脑尝试在一个语言形式和所指对象之间建立起联系”。

由于文化和经济等的原因，印欧语言是研究最充分的一个语系。但是一些使用人很少、地方偏僻的语言中的现象，也有同样的研究价值，也能够启发我们揭示汉语的本质特征。

2.2 代词的有定性及其复数标记

2.2.1 代词语义的有定性及其单复数标记

汉语并没有一个稳固的语法标记来表示普通名词的单复数，比如“我买了书”中的“书”可以是一本，也可以是多本，并没有一个语法标记来表示这种数量特征，但是这一特征在英语中必须用单数的零标记和复数标记-s等来表示。另外，汉语的代词系统却拥有一个严格的单复数标记系统。

现代汉语代词系统的单复数形式

	单数	复数
第一人称	我	我们
第二人称	你	你们
第三人称	他/她/它	他们/她们/它们
指示代词	这/那	这些/那些

汉语中，人称代词和指示代词典型的语义特征是表示“有定性”，这就是为什么只有这类词才具有单复数的语法标记。这一点是整个汉语语法系统的原理之一，也是理解汉语史上一些语法现象的关键。

不管是北方方言还是南方方言，尽管它们复数标记的来源各不相同，但是它们在哪些词类才具有单复数对立上都是高度一致的，即都是只有本义为有定性的代词。在不同的方言中，复数标记的形式也各不一样，有的用声调变换表示，有的用添加一个辅音音素表示，有的用韵母的元音变化表示，还有的用词汇形式表示。就来源的角度看也是多种多样的，比如来自“门”、“家”、“些”、“都”、“几个”等。这些表面形式多样化的背后共同遵循一个原理：事物的有定性与其数量表达之间存在着内在的逻辑联系。

有定表达对单复数的制约原理，还可以用反证法加以论证。跟人称代词和指示代词语义特征正好相反的是疑问代词，它们是无定的，因而也就没有单复数的对立。以普通话为例，“谁”可以表示任何数量的人，“什么”可以表示任何数量的事物，没有“谁们”、“什么些”之类的形式。需要解释的是疑问代词“哪”的用法，它往往要求标示其单复数的数量特征，否则就不合法。例如：

（1）a.哪本书是你的？（单数）

b.哪些书是你的？（复数）

c.*哪书是你的？

上述用法也跟“哪”的有定性语义特征有关。“哪”跟其他单纯的疑问代词的用法不同，它用于疑问时，表示在同类事物中加以确指。试比较：

（2）a.你买了哪本书？

b.你买了什么书？

两个问句的含义很不相同：（2）a是问特定范围的某一本，b则可以是任何一本书。这个“特定的范围”就是“哪”的有定性，因此它需要标明其数量特征。

跟普通话的上述情况类似，汉语绝大部分方言的疑问代词系统也没有单复数的对立。但是存在着一些特殊的情况。可以细分为以下两类：

一、“谁们”相当于“哪些人”。甘肃兰州话的疑问代词“谁”可以加“们”表示多数：谁们回来了？（哪些人回来了？）

二、用“谁个”或者“哪个”表示“谁”。即这里的“个”已经中性化了，单复数都可以表示。属于这类方言的有江苏淮阴话、四川话、云南话、福建长汀话、湖南汝城话等。

也就是说，虽然这些方言的疑问代词可以加上“们”、“个”这些数量成分，但跟人称代词的情况很不一样，并不是真正的单复数标记。兰州话的“谁们”的功能相当于普通话的“哪些”，原因如上文所分析的，因为“哪”所问的对象有一个确定的范围，具有有定性，因此可以加上复数标记。根据目前所调查出来的几百个汉语方言点的情况来看，还没有哪种方言是属于这种情况的：“谁”只能表示单数，“谁们”只能表示复数。

2.2.2 “NP＋们”的使用规律

“们”除了用于人称代词以外，还可以用于指人的名词之后表示复数。但是跟这两类词搭配时，使用规律差别明显：代词表复数时必须加“们”，指人名词则不一定如此。指人名词跟“们”搭配具有很大的限制性。首先，光杆名词加“们”构成的短语只能用于谓语动词之前：

（3）a.人们都通知到了。→*我已经通知到了人们。

b.老师们都接到了邀请。→*我们已经邀请了老师们。

c.同学们我都问过了。→*我都问过了同学们。

d.孩子们我都安顿好了。→*我都安顿好了孩子们。

其次，只有当名词加上具有定指含义的修饰语以后，它们与“们”构成的短语才可以用于谓语动词之后。例如：

（4）a.只告诉大嫂和管事的人们。（《红楼梦》七十三回）

b.你去说给外头人们。（《红楼梦》七十七回）

c.左右看看自己的同僚们。（《一点正经没有》）

d.虎妞，一向不答理院中的人们。（《骆驼祥子》）

形成上述两种现象的原因是，“们”字短语不光是表示复数，还包含“有定性”的语义特征。当与光杆名词搭配时，所要求的有定性只能靠句法位置来赋予。汉语的光杆名词位于谓语动词之前时，将被自动赋予一个有定性的语义特征。例（3）中的“光杆名词＋们”短语所指的对象都是有定的。当名词加上表示有定性的修饰语之后，它们才可以不依赖于结构赋义，因而才可以自由出现在谓语动词前后。如例（4）所示。

“们”与普通名词的搭配，表面上看起来扑朔迷离，其实是有严格的规律可循的，都符合汉语语法的原理：有定性的事物才需要标明其数量特征。显然，这种情况中的“们”的使用并不是必须的，这也许跟有定性的程度有关。这种现象值得我们进一步探讨。

2.2.3 现代汉语的“指示代词＋NP”结构

指示代词自身固有一个有定性的语义特征，它们做名词的修饰语时，必须标示其单复数特征。单数表达有两种手段，一是零标记，二是加上与名词相配的某个量词；复数的表达是加“些”。分别举例如下。

一、单数的零标记表达格式：指示代词＋ϕ＋NP。

（5）你看他，那勺儿都快吃下去了。

（6）可是我刚才确实在望远镜里看到那星星了。

（7）那姑娘心不坏。

（8）那人为她闪开道，回头看了她一眼。

（9）你们看了没有？那书多有名呵。

二、单数的量词表达格式：指示代词＋量词＋NP。

（10）他把自己买的那瓶酸奶推给姐姐。

（11）他仍然吹着那首歌，同一旋律反反复复。

（12）我是这个耳朵进那个耳朵出。

（13）你赶紧把那个盖了章的合同收回来。

（14）我还是那句话，好合好散。

根据我们的广泛调查，由上述两种格式构成的名词短语都是毫无例外地表示单数的事物。也就是说，这两种格式都具有稳定的语法意义——表示单数。

注意，当省去名词中心语时，指示代词表达单一的事物时必须加上量词。比如不能说“*那为她闪开道”，但可以说“那个为她闪开道”。这一点后文还将讨论。

还有一些现象看似例外，其实不然。比如“我代表那哥儿俩回答你”，“哥儿俩”显然不是代表一个单一个体。这里的“那”反而不能用“那些”来替换。实际上这里是把“哥儿俩”所指的对象看做一个单一的整体，即还是单数的含义。类似的现象还有“夫妻”、“父母”等，比如可以说“我看见那夫妻了”，这里指的是“一对夫妻”，即表示的是单数；相应的复数表达为“那些夫妻”，指两对或者以上的夫妻。

三、复数的表达格式：指示代词＋些＋NP。

（15）我们这些老同志都是从那个年代过来的。

（16）在我们同学中，现如今这些学者，问谁谁不知道。

（17）你也就是这些俗套儿。

（18）你瞧咱请来这些人一个赛一个棒。

（19）这些书您都能背下来吧，王老师。

上述短语所指示的事物一定是复数。有一点值得我们注意：跟其他语言相比，汉语的“些”不与具体数字共现，比如不能说“*这些三个人”、“*那些两本书”等。简单地说，“些”与数词所占据的句法位置是一致的，都是“指示代词＋[　]＋（量词）＋NP”，而该位置只允许其中的一个出现。例如：

（20）斗胆问一句，政府知道不知道你们干的这些个事？（《王朔文集》）

（21）不必，不就是让全国人民爱上这些个书么？（同上）

2.2.4 指示代词与单数“一”的合音形式

在口语里指示代词与数目“一”的合音现象也很能揭示有定性与数量表达之间的内在联系。

“这”和“那”分别有两个读音。在口语中，“这”可读为zhe^{51}和$zhei^{51}$，后者是“这”和“一”的合音，作用相当于“这个”，可以独用，也可以修饰名词短语。类似地，“那”在口语中也有两个读音：na^{51}和nei^{51}，后者是“那”和“一”的合音，作用相当于“那个”，可以独用，也可以修饰名词短语。也就是说，两个词的合音形式包含了一个“单数”的数量概念。

上述合音现象也常见于方言之中。比如河北武安话的指示代词“这”和“那”都有两读：“$这_1$”：$tseʔ^{43}$，“$这_2$”：$tsai^{43}$（“这一”的合音）；“$那_1$”：$neʔ^{43}$，“$那_2$”：nai^{35}（“那一”的合音）。可是河南获嘉话的指示代词是“这”、“那”与普通量词“个”的合音：“这个”tso^{31}；“那个”no^{31}。合音形式可以做主语、宾语或者名词修饰语。我们后文的分析将会看到，合音形式比单纯的指示代词句法行为自由得多，单纯的指示代词一般不能独用指代事物，也不大能单独做句子成分。同时，这种合音现象的出现也是造成汉语历史上指示代词由不能独用朝可以独用的方向发展的原因。

合音现象的产生是有很强的条件限制的，并不是随时随地都可以发生的。一是两个词语所代表的概念必须密切相关，二是它们通常高频率共现。这其实是同一件事的两个方面。上述合音现象可以告诉我们指示代词与数量表达之间关系密切。

2.2.5 指示代词在替代事物上的限制

指示代词和人称代词在功能上有重要的差别：指示代词的主要功能在于“指别”，而人称代词的主要功能在于“替代”。表现为，指示代词不能直接替代事物，也就不能像一般名词那样用于各种句型和句法位置。人称代词则可以，其功能类似于普通名词。下面让我们来考察指示代词的句法行为。

表面上看来，“这”、“那”可以做主语，可以指人，也可以指事物。例如：

（22）a.这是我们的班长。

b.这是仪器厂，那是图书馆。

上述用例的指示代词只是指别，而不是替代。表现为它们多限于判断句，其中的判断词“是”一般不能换为普通及物动词。比如不能说“*这碰见了我”、“*那收藏着很多中文书籍”。

指示代词不能直接用于替代事物还有一个明显的证据是，它们不能做领属短语的“领有者”。

（23）a.我们班长的学习成绩很好。

b.*这的学习成绩很好。

（24）a.仪器厂的经理开会去了。

b.*这的经理开会去了。

（25）a.图书馆的主楼刚刚建成。

b.*那的主楼刚刚建成。

指示代词不带中心语替代事物时，必须表示其数量特征：单数是加上某个与所替代的名词相配的量词，复数则通常是加“些”。例如：

（26）我没有想过那个，起码现在没想。

（27）我把这篇认真看了一遍。

（28）我不喜欢吃这些，再给我弄点儿别的。

（29）你别提这些了，那都是过去的事情。

指示代词的上述用法与它们固有的有定性语义特征密切相关。“指别”即为有定性的典型用法。因此，根据汉语中有定性和数量表达的相互制约原理，指示代词在替代事物时，必须标明有关事物的数量语义特征。

跟普通话中的情况一致，在很多方言中，指示代词也都不能直接替代事物，不能自由用于各种普通动词句。下面举例说明有关方面的现象。

一、山西洪洞话的指示代词：“这”、“兀”很少独用，一般和“个”连用，这种用法往往出现于向别人陈述指称一件新奇的事物时。

二、山东潍坊话的指示代词：“这”、“聂”、“那”可以单独做定语、主语，但是与普通话相比，独用的机会要少一些，这主要表现在：一是只做“是”字句的主语，二是不做宾语。

三、江苏丹阳话的有定指代词：单独用“隔”限于用在“是”、“叫”等少数动词之前，其他地方一般用“个个”，似乎比普通话的“这”和“那”所受限制更严。

四、福建长汀客话的指示代词：单个儿的指示代词“女、解”，在长汀话里不能用作主语、宾语，只有带上轻声“个”ke^2以后，才可以用作主语、宾语，也可以用作定语。比如，“女个系桃里树”（这种是桃子树）。

五、福建闽南话的指示代词：“即”必须跟别的词如量词等组合，不能单独用在句子里，不可以单独充当句子成分。

六、浙南闽南话的指示代词："只、许"多做主语，而且只限于带判断词"是"的判断句："只是火车。"

七、阳江话的指示代词："果"和"那"不能单独做句子成分，普通话说"这是哪村的客人"，阳江话则必须说成是"果个系那村个人客"。

上述各个方言的情况都说明，指示代词只能用于"指别"，与此有关的一个现象是，它们只能用在少数句式里，较典型的是判断句。指示代词替代事物时必须加数量词，即必须标明其有关事物的数量特征。

2.3 指示代词在历史和方言中的特殊句法行为

2.3.1 指示代词的语法功能的历史变迁

汉语史上先后出现了几个指示代词，它们的句法特点都与现代汉语的相似，都不能直接替代事物。"之"是最早出现的指示代词之一，它只用作定语，也就是说，不能单独指代事物。[1]例如：

（30）之子于归，远送于野。（《诗经·邶风·燕燕》）

（31）之人之言不可以当，必不审。（《墨子·经说下》）

（32）之二虫又何知？（《庄子·逍遥游》）

（33）之数物者，不足以厚民。（《庄子·庚桑楚》）

现代汉语的指示代词"这"和"那"是唐代开始使用的。在唐代，虽然"这"的例子很多，但全是和名词配合使用，或者经常跟其他词构成复合词用，一般不能独用。比如，"惭耻这身无得解"（《敦煌变文·丑女缘起》）。"这个"从唐代就有，一开始就是独立词：

（34）这个是阿谁不是？（《敦煌变文·舜子至孝变文》）

（35）更不要苦救这个也。（《大唐新语·广记》）

"这"、"那"单独做主语的用法都是始于宋代。例如：

（36）只这难依口。（张元幹词）

（37）这是说天地无心处。（《朱子语类》卷一）

（38）那是做人底样子。（《朱子语类》卷七）

【1】"之"也可以用于表示第三人称代词，此时可以独用，但是只能在宾语的位置出现。例如："君将何以教之？"（《楚辞·卜居》）

指示代词的这种用法一直保留到今天。这里的指示代词都是用于“指别”，不能替代具体的事物，而且只限于判断句。

我们认为，有定性和数量表达之间的相互制约原理，对整个汉语史都发生作用。宋代以前指示代词替代事物时，必须与中心名词短语搭配使用，这是因为它们自身固有有定性的语义特征，必须依靠中心名词显示其所代表事物的量。那时表达事物的量有两种基本办法：单数用零标记，如“之子于归，远送于野”（《诗经·邶风·燕燕》）；复数则用具体的数字指出，如“之二虫又何知？”（《庄子·逍遥游》）

可是到了量词发展成熟以后，汉语具有稳定的语法范畴来表达事物的数量。这使得指示代词可以和量词结合，从而不带中心语而独用。这是因为量词自身已经显示了有关事物的数量特征，满足了指示代词的有定性对数量表达的要求。这也就是“这”、“那”与量词的搭配在一开始的时候就可以独用的原因。有些人可能认为，“这/那＋量词”短语的独用可能与它们是双音节的特点有关。实际情况并非如此，双音化趋势到魏晋以后才逐渐形成，先秦汉语是单音节为主的，可是那时候的指示代词也是不能独用的。

现在来解释宋以后指示代词可以单独用作主语表示指别的原因。我们推测，单独使用的指示代词在当时的口语里很可能是读作与“一”的合音，类似于现代汉语普通话的zhei[51]（这一）和nei[51]（那一）。早期的指示代词和名词搭配时，除了中间插入量词“个”外，最常见的就是加“一”了。例如：

（39）此一器既是旧物，不足为侈。（《南齐书·萧颖胄传》）

（40）这一队措大爱顺口弄人。（《洛阳缙绅旧闻记》）

（41）这一段凄凉，为谁怅望？（《东堂词》）

（42）做这一事，且做一事；做了这一事，却做那一事。今人做这一事未了，又要做那一事，心下千头万绪。（《朱子语类》卷九十六）

因为合音词包含了一个单数的概念，就满足了指示代词自身的有定性对数量表达的要求，因此也就可以独用了。但是数词自身并不能直接替代事物，因此有关的合音词，虽然可以独用，但是也只限于指别，而不能替代事物。量词的情况则不同，它们与数词构成的短语可以替代事物，比如“三本”可以代表“三本书”，因此也就可以跟指示代词一起替代事物（名词）。

上述分析还有一个强有力的历史证据。本为普通量词的“个”在南北朝后期发展成了一个指示代词，它的指示代词用法是在量词“个”独用的句法环境里发展出来的，而只有数词为“一”时“个”才能摆脱量词而单独使用。也就是说，“个”的指代词用法隐含了数词“一”的语义特征。因此“个”一开始就可以独用，因为它自身已经兼有有定性和数量两种含义。例如：

（43）个是何措大？时来省南院。（《寒山诗》）

（44）观者满路旁，个是谁家子？（同上）

（45）个小儿视瞻异常，勿令宿卫。（《旧唐书·李密传》）

上述用例的指代词“个”也都是用于指别，而且也都是判断句。其道理跟“这”和“那”的合音一致。

人称代词的复数标记“们”的发展与指示代词的复数标记“些”大约是同时，皆为唐代后期。在此之前，人称代词的复数标记虽然有很多词汇选择，如“辈”、“曹”、“等”、“侪”等，但是却缺乏一个稳定能产的复数语法标记。我们认为，这两种复数标记之间的平行发展，很可能不是偶然的巧合，其间的联系和发展动因值得进一步探讨。

2.3.2 方言中指示代词的特殊条件限制

汉语方言中的指示代词的一些重要语法特征都与它们单复数的表达形式有关。汉语语法的一个原理为，指示代词修饰名词时必须标示其数量特征。普通话所采用的方法基本是，单数为零标记，复数加“些”。[1]但是，有相当一部分方言要求单复数都必须被标记，具体表现为它们的指示代词不能直接修饰名词，必须加上适当的数量词才可以。比如，甘肃兰州话指示代词“这、那”用作名词定语时，要加量词，不能直接出现在名词前面，例如：

（46）这个人　　　　*这人

这件衣裳　　　　*这衣裳

那匹马　　　　*那马

那条路　　　　*那路

类似地，兰州话指代词用作时间名词定语时，一定要加上数词“一”：

（47）a.这一天　　　　*这天

b.那一年　　　　*那年

同样，甘肃临夏话的指示代词也不能直接修饰名词，必得加一个量词方可，比如“这个小娃”不能说“*这小娃”，“那件衣裳”不能说成“*那衣

【1】单数也可以是加某个量词，复数也可以是加某个大于等于二的数量短语。

裳”。汉语表示有定性的典型手段是加指示代词，兰州话和临夏话的指示代词修饰名词必须加量词或者数词的现象，就意味着有定的事物必须表达其数量。

上述现象还存在于地域上毫不相关的各种方言之中，下面是部分已经调查出来的方言。

一、上海话。上海话的指示代词“迭”一般要跟量词结合成数量词以后才能修饰名词，远指代词一般不能直接修饰名词。

二、浙南闽南话。浙南闽南话的指示代词“只、许”做定语，后必须加量词。

三、福建闽南话。福建闽南话的指示代词“即”必须跟别的词如量词等组合，不能单独用在句子里，不可以单独充当句子成分。

四、海南海口话。海南海口话的指示代词“者、奚”等一般不能直接修饰名词，其后要带上量词，例如：“者间楼、即本书、奚个星、许架灯”等。

五、广东潮州话。广东潮州话的指示代词一般不能直接修饰名词，而要带着一个量词，例如只说“这个人”、“许本书”，不说“*这人”、“*许书”。

六、广东汕头话。普通话可以说“这人、这小孩儿”等，但是汕头方言不能说“*只人、*只奴仔”，只能讲“只个人”、“只个奴仔”。汕头话的指示代词修饰名词时中间一定要有量词才行。

汉语方言语法丰富多彩，之间的差异更是多种多样。有些差异具有类型学研究价值，反映了不同语言之间的类型学特点。

2.4 有定性和数量表达之间的认知关系

2.4.1 其他语言的类似现象

有定性和数量表达之间的相互制约关系，是汉语语法的一个原理，其影响的范围不仅包括汉语的共时、历时和地域变体，还存在于别的语言中。

使用于Ethiopia西南地区的Omotic语族的Aari中，名词具有“格”和“数”的形态标记，但是只有被标记为有定性的名词才可以具有“数”的形态变化；当一个名词被标记为有定时，它具有单复数两种形式。类似的现象也存在于Omotic的另一语言Gamo中，只有有定名词才具有复数标记（其单数为无标记的）。类似的现象还存在于地域上毫不相干的其他语言中。比如Austronesian语族的Kambera有三个冠词：一个是兼表单数和有定，一个是兼表复数和有定，还有一个是用于专有名词。也就是说，该语言的无定名词没有数量标记。在Basque中，有定名词必须带上数的标记，相对地，无定名词则没有数量标记。

2.4.2 有定性范畴的语义结构

构成“有定性”概念的核心要素为，指明一个认知域中的一些成员。从数学的角度来看，“认知域”就是“集合”，“成员”就是“元素”。那么“有定性”用数学的语言来表达，就是：

有定性——确立一个集合中的一些元素。

任何一个有定的表达必然涉及两个因素：集合和元素。通俗地讲，有定性就是指明一个大范围内的一些特定个体。有定性概念的这一特点，可以用反证法来证明。一个类属名词表示一个集合本身，不涉及其中的任何特定元素，因此不能加有定性标记。例如：

（48）a.我不喜欢吃葡萄。　　我不喜欢吃这些葡萄。

b.我不喜欢开车。　　我不喜欢开这辆车。

（49）a.The boy hates cats.　　The boy hates the cats.

b.The girl loves cheese.　　The girl loves the cheese.

左栏的不加指示代词或定冠词的名词宾语是代表一个类属，表示一种习性。然而右栏的例子加上指示代词或定冠词表示定指时，就失去了类属名词的含义，表示动作只涉及一些特定的对象。同样的对比也存在于上述英语的例子中。这种“有定”和“类属”表达之间的不相容性，很能说明“有定性”概念的内涵。

2.4.3 对有定性词语所指对象的数量特征的感知

有定和无定的表达对象可以是各种各样的事物、现象。可作为人们认知对象的现象是丰富多彩的，既有具体的，也有抽象的；既有自然的，也有人为的；既有现实的，也有虚拟的；等等。每一个认知对象构成一个认知域。用数学的术语来表达：一个认知域相当于一个集合。在正常状态下，任何一个认知域都至少包含一个成员，即所构成的集合不能是空集。

有定性的表达涉及对某一认知域成员的确认。在人们的心目中，一旦某一对象的某些成员被确认了，就必然伴随着对该成员数目的认识，这种认识可能是无意识的。而对成员数目的认识可能是精确的，也可能是概略的。这种现象投射到语言中就是，有定性的名词必须带有数量标记的语法特点，较常见的是单复数语法标记。当然对于同一种认知规律，由于不同民族的认知视点可能不一样，结果有的语言的语法有反映，有的则没有。即使在都有反映的语言中，所反映的范围大小、程度高低也不完全一致。比如，前文所讲的Aari、Basque等语言中，该认知规律作用于整个名词系统，即凡是表定指的名词必须具有“数”的形态变化。然而在汉语中却只限于本身语义已为定指的代词系统。

相对地，尚没有进入认知域的对象，其成员的数目处于认识的盲区。反映在语言中就是，不定的名词无须带上“数”的语法标记。这就是Aari、Basque等语言中的无定名词没有“数”的语法标记的原因。英语中也有类似的现象，类属名词不能标示其单复数。这是因为类属名词没有明确的所指，也就无所谓有定或者无定，因为它们的成员数目没有进入人们的认知范围。

2.4.4 汉语的复数标记与数量词不共现的原因

我们确认“们”和“些”为汉语的复数标记，但是跟其他一些语言的复数标记有重要的差别，它们不能与具体数量词共现。比如，不能说“*三个同学们”、“*这些三本书”等。然而像英语，复数标记和确数是可以（必须）共现的：three books、five cars等。汉语方言语法的复数标记的具体形式差别很大，功能也不尽相同，但是在这一点上是共同的：不与确数共现。这种现象的形成还是与汉语语法的相关原理有关。

在汉语中，只有有定性的词语，数量表达才是强制性的。人类语言关于数量表达的方式也不尽相同，比如英语是两分的：“单数”和“复数”（大于等于二）；也有语言是三分的：“单数”、“双数”和“复数”（大于等于三），西斯拉夫语言的Sorbian就属于这种类型；还有语言是四分的：“单数”、“双数”、“三数”和“复数”（大于等于四），属于这种语言的有Larike。汉语对事物数量的表达也有自己的特点，例示如下。

单数：这书/这本书　　那车/那辆车

复数：这些书　　　　那些车

确数：这三本书　　　那两辆车

人称代词系统则是两分的，单数为零标记，复数标记为“们”。选择其中的任何一种手段，就都可以满足汉语的一个有定性形式对数量表达的要求，可是这些不同的手段之间是互相排斥的，不能共现。

此外，还可以从功能方面来解释。汉语的“复数”实质上是一个“大于等于二”的概数，语义上与“确数”相矛盾，因此两者不能共现。这一分析可以用反证法来证明。“些”和“们”都是表概数的，它们语义上不矛盾，因此可以共现。先看《红楼梦》中的例子。

（50）黛玉一面吃茶，一面打量这些丫鬟们。（《红楼梦》三回）

（51）所以这些子弟们竟可以放意畅怀的闹。（《红楼梦》四回）

（52）况是我近来接着管些事，都不知道这些亲戚们。（《红楼梦》六回）

（53）放着这些小子们，那一个派不得？（《红楼梦》七回）

（54）咱们家所有的这些管家奶奶们，那一位是好缠的？（《红楼梦》十六回）

根据我们的调查，现代汉语里，上述用法的使用频率有所减少，但还是时有可见，比如：

（55）对这些傻娘儿们的鬼话、废话我一句也不想多听。（《王朔文集》）

在句法上，汉语要求数量成分必须紧邻着有定性成分出现。对于例（50）—（54）的名词短语结构，要省去一个复数标记的话，只能省去最后的那个“们”，但必须保留指示代词后的“些”。例如：

（56）a.黛玉一面吃茶，一面打量这些丫鬟。

b.*黛玉一面吃茶，一面打量这丫鬟们。

（57）a.咱们家所有的这些管家奶奶，那一位是好缠的？

b.*咱们家所有的这管家奶奶们，那一位是好缠的？

这种句法限制也反映了汉语中数量表达与有定性之间的相互制约关系。

2.5 结语

本章首先从类型学的角度，论证了汉语属于这样的类型：有定性和数量表达之间存在着相互制约的关系，只有有定性成分的单复数表达才是必须的。这是汉语的一条原理。据此可以解释为什么只有人称代词和指示代词才存在着严格的单复数对立，而无定的疑问代词系统则没有。同时，也可以解释宋以前的人称代词都为何不能单用，以及宋以后指示代词和量词的搭配为何可以独用。此外，还可以解释汉语方言中的众多有关语法现象。

本章还从认知的角度论证了有定性和数量表达之间的内在联系。语言中有定性的语义结构为，确指某一认知范围内的成员。人们在认识这些被确指的成员的过程中，必然伴随着对这些成员数目的感知。这种认知过程反映到语言中，就形成了语法标记系统中的有定性表达和单复数表达之间的密切关系。

第三章 限定动词与非限定动词

汉语动词到底有没有限定形式和非限定形式之分，目前学术界的定论是没有。但是流行的观点是认为汉语没有限定动词与非限定动词之分。迄今几乎没有什么人对这一问题产生过疑问。这是一个影响全局的理论问题，因此对它认识的任何偏颇都会妨碍我们对汉语整体语法特征的把握。我们需要弄清楚其他语言区分动词的限定和非限定的真正意义在哪里，汉语作这方面的区分是否有可能，并且对揭示汉语的语法规律是否有帮助。

首先看一下普通语言学对限定和非限定动词的定义。

限定动词——指动词或者助动词的语法形式，原则上一个句子只能有一个动词具有这些特点，该动词具有最复杂的形态标记，用以标示有关语言所拥有的语法范畴，诸如时态、一致关系（agreement）等。

非限定动词——指各种不做谓语中心的动词的语法形式，主要包括过去分词（participle）、不定式（infinitive）和动名词（verbal noun）。

对限定和非限定动词的内涵和外延的理解可能很不一样，有狭义和广义之分。狭义的限定动词指可以加时态的那些。广义的指做谓语中心的那个动词的语法变化形式，这些变化形式随语言的不同而变化，时态和一致关系只是谓语动词可能的语法变化的形式。根据狭义的定义，可以说汉语动词没有限定和非限定动词之分，因为汉语没有时态或者人称、数的语法标记。然而广义上讲，汉语动词也毫不例外地有限定和非限定之分，汉语的动词也有自己一系列的语法变化形式，在能否具有这些形式上，谓语中心动词和担任句子其他成分的动词形成鲜明的对立。在没有考察汉语的语言事实之前，我们先看一下普通语言学中限定和非限定动词划分的实质是什么。

限定动词和非限定动词划分的实质是动作行为的时间信息的表达。在时间一维性的作用下，发生在同一个时间位置的多个动作行为，在计量它们的时间时，一次只能选取其中的一个。这一规则在语言中的投影为，同一个句子中如果有多个表示同一时间位置发生的动作，则只有一个动词可以具有与表达时间信息有关的语法特征，其他的动词则不能。很明显，普通语言学中所定义的限定动词的典型语法特征是可以加时态，这自然是表示时间信息的。相对地，非限定动词的各种语法形式的共性是非时间性。英语非限定动词的三种形式——分词、不定式和动名词标记——都是用于消除动作行为的时间性的。比如用作主语的动词，自身不能带有与时间信息有关的语法标记，其时间信息只能靠谓语中心动词来表示：

（1）a.He moved the table yesterday.

b.To move the table is difficult.

c.Moving the table is difficult.

d.The movement of the table is difficult.

虽然汉语没有稳定的表示绝对时间位置——时态的语法标记，但是具有表示相对时间位置的体标记“了”和“过”以及表示短时间量的重叠形式，它们都与时间信息的表达有关。跟其他语言一样，汉语的句子中如果有多个表示动作行为的概念时，只有谓语中心动词具有以下两个特点：

一、可以带“了”或者“过”。

二、可以重叠。

下面是主语位置上的动词和做谓语中心的动词之间句法行为上的差异：

（2）a.我看了一会儿电视。

b.我看过电视了。

c.我看了看电视。

（3）a.看电视很费眼睛。

b.*看了电视很费眼睛。

c.*看过电视很费眼睛。

d.*看看电视很费眼睛。

汉语中的例（2）和（3）的对比跟英语例（1）的情况相平行。再看一类英汉的平行用法：

（4）a.I saw him play basketball yesterday.

*I see him played basketball yesterday.

b.I have seen him play basketball yesterday.

*I see him have played basketball yesterday.

（5）a.我看了他打球。　　　　*我看他打了球。

b.我看过他打球。　　　　*我看他打过球。

两种语言的情况一样，只有第一个动词“看”才能具有各种与时间信息表达有关的语法特征。

跟其他语言一样，汉语的句子有时也有选择限定动词或者谓语中心动词的自由，但是一次只能选择一个。如例（5）所示。再看一种类似的限制：

（6）a.我学了一年日语。　　　　我学日语已经一年了。

b.我学过一年日语。　　　　*我学过/了日语已经一年了。

c.我学了学日语。　　　　*我学学日语已经一年了。

例（6）包含一个动词和一个时间词语，时间词语也可以担当谓语，一旦选用时间词作为谓语中心，有关的动词就必须成为非限定形式。左端例子是以“学”为谓语中心，因此它是一个限定动词，可以加上体标记或者重叠，“一年”只是一个补语。右端则是以“一年”做谓语中心，它的谓语身份由“已经”和“了”加以标示，“学”则成为一个非限定动词，不能再加这些语法标记。

有时候情况比较复杂，有些动词的语法范畴可以任意添加于同一个句子中两个动词的其中一个，如下例中的“过”和动词重叠，但是一次只能有一个动词可以带这些语法范畴。“了”只能固定于第二个动词。

（7）A.a.我陪过孩子看电影。

b.我陪孩子看过电影。

c.*我陪过孩子看过电影。

B.a.我陪陪孩子看电影。

b.我陪孩子看了看电影。

c.*我陪陪孩子看了看电影。

C.a.我陪孩子看了一场电影。

b.*我陪了孩子看一场电影。

c.*我陪了孩子看了一场电影。

汉语限定和非限定动词的使用也是非常有规律的。主宾语位置上的动词只能采用非限定形式，介词短语里的动词也是如此：

（8）a.依我看，这个问题不难理解。

b.*依我看了/过，这个问题不难理解。

c.*依我看看，这个问题不难理解。

（9）a.通过征求大家的意见，我们才作出了最后的选择。

b.*通过征求了/过大家的意见，我们才作出了最后的选择。

c.*通过征求征求大家的意见，我们才作出了最后的选择。

限定动词和非限定动词划分的理据是时间信息的表达，汉语动词重要的语法范畴——体标记和重叠——也有完全一致的限制，因此我们有充分的理由认为，汉语句子里的动词也有限定和非限定之分。这不仅是给汉语的语法增添两个新名词术语，而且关系到对整个词类问题和句法结构的看法。对这一划分的意义有几点需要补充说明。

第一、汉语的体标记和动词重叠是一个使用极为广泛的现象，对它们在汉语语法中的正确定位，是我们理解汉语语法系统的一个关键。

第二、虽然部分汉语句子的限定动词并不须带有这些语法标记，但是只有被选定为谓语中心的那个动词才有潜在的可能性来带上体标记或者重叠。

第三、并不能因为以下事实来否定汉语有限定和非限定动词之分的存在：不是每一个汉语的句子都必须有一个限定动词。其实，英语的句子也不是每一个都有限定动词，比如祈使句、虚拟句、表示客观规律和日常活动的判断中的动词就不是限定形式，即不能带时态、人称或者一致标记等。每一种语言限定和非限定动词的使用都有自己的特色。

第四章　判断、焦点、强调与对比

4.1 引言

一种语言的句子所表达的具体内容是无穷的，但是可以归纳为有限的语法范畴。确定哪些表达内容属于一个语法范畴的标准，是要看所使用的语法形式是否一致或者密切相关。同时，同一语法形式常常又会进一步语法化为不同的语法标记，表达不同的语法范畴，它们的形式特性和使用条件都是既有联系又有区别。本章讨论的是现代汉语中四种基本的语法范畴——判断、焦点、强调和对比之关系，它们不仅在功能上密切相关，而且语法标记的来源也是一致的。具体地说，焦点、强调和对比的标记“是”都是来自其原来的判断用法，它们都共存于现代汉语之中。

“是”是现代汉语中最活跃的语法标记之一，表达的具体内容表面上看起来纷纭复杂，但是实际上可以归纳为简单的几类。迄今为止，学界对“是”的研究还不太充分，人们尚不清楚它到底可以表达多少语法范畴，表达不同语法范畴时的词性是否一致，等等。而且对“是”的功能分类也较混乱，比如同样一种现象，不同的语法论著或者工具书的处理完全不同。本章尝试确立“是”的主要语法功能，并给出它严格的使用条件和出现的句法环境。

4.2 有关的概念和理论问题

4.2.1 所谈的四个概念

关于本章所讨论的四个语法范畴——判断、焦点、强调和对比，在不同的论著或者工具书中，定义并不完全一致。考虑到普通语言学中的有关定义，同时结合汉语的事实，我们定义这四个概念如下：

判断——确立主语和宾语之间的等同、分类等各种关系，主语和宾语一般为名词性的。现代汉语的判断标记为“是”，做句中核心动词，连接主宾语，不能省略。

焦点——句中最重要的新信息，焦点化的成分不仅是新信息，而且是最主要的，要依赖一定的语法手段来表示。现代汉语中主要的焦点标记为“是”，谓语动词之前的成分可以在其前直接加“是”而使其焦点化。用作焦点标记的“是”减弱了其动词性。

强调——强化性质的程度或者事件的真实性。用在形容词短语之前表示程度高，而用在动词之前则强调事件发生的真实性。用作强调标记的“是”完全失去了动词性，不做句子的主要成分，去掉后句子仍然成立。

对比——表示在一定的语境中有关对象在性质或者状况上存在鲜明的差别。对比常用两个紧邻的小句表示，语法标记常常为“是”。

下面将通过实例从形式上详细讨论“是”的各种用法的使用条件。

4.2.2 四种语法范畴之间关系的语言共性

汉语中，判断、焦点、强调和对比这四种语法范畴都用“是”来标记，不是偶然的，其背后有深刻的认知理据。“是”的焦点、强调和对比的用法都是其判断用法的进一步语法化的结果。这在其他语言中也有反映。人类语言的焦点标记常见的两个来源是判断词和指示代词。下述公式描写了人类语言演化的一个规律：

指示代词 > 判断词 > 焦点标记

汉语的判断词“是”也是来自指示代词的。

不仅判断词向焦点标记的发展是人类语言的共性，而且焦点标记进一步发展成强调标记也是人类语言的一个常见现象。强调标记和对比标记之间的关系也有跨语言的证据。

根据不同的学者对世界各种语言的调查结果，我们可以建立一个跨语言的发展链：

指示代词→判断词→焦点标记→强调标记→对比标记

注意，不要将上述语法化过程的理解绝对化。这只是不同语言反映出的共同发展规律或者趋势，但并不意味着一个语言的某一个成分必然向某个方向发展，即使一个特定的语言朝这个方向发展，也并不必然走完全部过程。此外，一个语法标记往往有不止一种来源，比如强调标记可能有其他来源，然后再向对比标记发展。但是上述的发展链可以说明这几种不同语法范畴之间的内在联系。汉语的“是”走完了整个语法化过程，在当今的口语中，除退化掉了原来的指示代词用法以外，兼具其余四种功能。

4.3 判断词"是"

4.3.1 离散量和连续量

判断词"是"是动词性质的，跟普通动词一样，位于主宾语之间。要准确描写"是"的各种用法，需要借助一对数量语义特征：离散量和连续量。在下面的讨论中，离散量记为[+d]。连续量记作[-d]。三个基本词类的数量语义特征可以概括为：名词为[+d]；动词为[±d]；形容词为[-d]。

4.3.2 判断词"是"的使用条件

判断词"是"联系两个而且只能是两个变项，[1]分别记为X和Y。该两个变项的数量特征都必须是离散的，记为[+d]。判断词"是"的使用格式为：

（a）$X_{[+d]}$ + 是 + $Y_{[+d]}$

该式较常见的一种情况为两个变项都是名词短语，而名词短语自身的数量特征就是离散性的。可概括为下式：

（b）NP_1 + 是 + NP_2

其中的"是"是句子的核心成分，不能省略，否则就不合法了。例如：

（1）曹雪芹是《红楼梦》的作者。→*曹雪芹《红楼梦》的作者。

小说是一种文学体裁。→*小说一种文学体裁。

王教授是我们的数学老师。→*王教授我们的数学老师。

老王是模范。→*老王模范。

如果"是"后的变项是动词或者形容词短语，因为它们自身不具有离散性质，要表示判断时，就必须用"的"把它们转化成离散性质的成分。"的"的主要功能是赋予所搭配成分以离散性质；从语法的角度看，动词或者形容词加上"的"以后就转化为名词性的成分。这两种现象的本质是相通的，因为名词性的成分同时具有离散性质。有关的判断格式如下：

（c）NP_1 + 是 + [（AP/VP）的]

如果去掉格式中的离散标记"的"，"是"则转化为强调标记。请看下面的对比：

【1】句法地位平等的两个并列成分看做一个变项，如"李白和杜甫"、"小说和散文"等。

判断	强调
他是拉过小提琴的。	他是拉过小提琴。
那些书是卖的。	那些书是卖了。
这台电脑是好的。	这台电脑是好。
这辆车是新的。	这辆车是新。

这是就只有两个变项的简单情况而言的，如果有更多的变项时，情况就会不一样了。

上述（c）式的两个变项颠倒过来仍是判断句，格式为：

（d）[（AP/VP）的] + 是 + NP

例如：

（2）拉过小提琴的是他。

最好的是这台电脑。

4.3.3 判断格式的语义类型

上面只是确定了判断词“是”的抽象格式，然而两个变项之间的具体语义关系是多种多样的。我们以舞台艺术来比喻，“是”就像灯光，把舞台上的两个演员显示给大家。至于这两个演员的关系则有多种可能，可以是夫妻，可以是朋友，可以是忠臣和奸臣，等等。他们的关系是由演员扮演的角色决定的。这类似于判断句中“是”所联系的两个变项的关系，它们是由两个变项的语义内容决定的。两个变项的语义关系是一个开放的类，下面是最常见的几种类型。

一、等同关系。当两个变项的外延相同，即X＝Y时，判断格式就表示等同关系。该格式的主语和宾语可以颠倒位置，而意思基本一致。例如：

（3）《阿Q正传》的作者是鲁迅。→鲁迅是《阿Q正传》的作者。

王教授是我们的系主任。→我们的系主任是王教授。

二、分类关系。当Y的外延大于X，即X∈Y时，判断格式就表示分类关系。该格式中的主宾语不能颠倒位置，否则将改变句子的意思。例如：

（4）王教授是我们学校的老师。→*我们学校的老师是王教授。

这张桌子是石头的。→*石头的是这张桌子。

三、存在关系。当X是方位词语，Y为事物名词时，判断格式就表示某地方存在某事物。这种格式中的主宾语也不能颠倒。例如：

（5）村子前面是一大片水田。→*一大片水田是村子前面。

浑身上下全是汗。→*汗全是浑身上下。

注意，“存在”意义是整个格式所表达的，而不是“是”自身的独立含义。如果主语不是方位词语，“是”就没有存在的意义了，比如“我们存在一个问题”并不等于“我们是一个问题”。

四、合适关系。Y为表示时间、地点等的名词时，整个判断式具有“合适”的含义。格式中的主语X一般是一个复杂的动词短语，例如：

（6）这场雨下得是时候。

（7）这本书搁得不是地方。

（8）我心里很不是滋味。

4.3.4 用作回指的指示代词的判断句

指示代词“这”或者“那”可以回指上文提到的内容，所在句子的谓语多为评价或者描写性质的，必须用“是”连接。其中的“是”是判断词，即句子的核心动词，不能省略。抽象格式为：

（e）S ＋ 这/那 ＋ 是 ＋ Y

例如：

（9）您这是给我使激将法。　　我这是给我老婆打电话。

你这是借物咏志。　　我那是一时冲动。

我们那是一见钟情！　　他这是在肆无忌惮地兴风作浪。

这类格式多用于评述或者说明前面提到的事情。虽然“是”后的成分离散性并不强，甚至是一种性质，但整个句子仍是判断，而不是强调。其中的“是”不能省略，比如不说“*我那一时冲动”、“*我们那一见钟情”等。

4.3.5 诠释关系的判断句

诠释关系的判断句中宾语部分是对主语内涵的说明，主语和宾语之间必须用“是”来连接。此时主语和宾语的外延一致，宾语所指不直接与现实现象发生联系，而是对另一语言单位（主语）的诠释。结构中的“是”也是判断词，为句子的核心成分，不能省略。又可以细分为如下两种结构。

一、NP＋是＋VP

（10）我们的任务是把这些书放在书架上。

问题是事态发展得太快了。

二、VP＋是＋VP

（11）这次大家把学习的机会让给你是对你的爱护。

我们登她的照片是想为读者推荐文艺新人。

4.4 焦点标记“是”

4.4.1 焦点标记“是”的使用条件

“是”是现代汉语重要的焦点标记。焦点化一个成分有如下几种条件限制：（一）“是”只能焦点化紧邻其后的成分；（二）被焦点化的成分必须具有离散性质；（三）跟焦点化成分有关的变项必须是大于等于二。可以用下式描写：

（f）（$X_{[+d]}$）+ 是 + $Y_{[+d]}$ + Z

“是”后的两个变项$Y_{[+d]}$和Z之间具有直接成分的关系，即它们能构成一个更大的语法单位。

仍借用舞台艺术来说明焦点标记“是”的使用条件。“是”就如聚焦灯，被聚焦的对象必须是一个明确的个体，比如可以是演员或者一束鲜花，但不能是连绵不断的事物，比如弥漫舞台的烟雾就不能被聚焦。同时，要聚焦某一个对象，必须有较暗光线的背景物体作衬托，否则也就无所谓聚焦。视觉感知可以帮助我们理解对焦点这种语言现象的认知，焦点化的成分必须具有离散性质，要焦点化一个成分必须依靠其他未被焦点化的变项作衬托。

谓语动词之前的成分，凡具有离散量特征的，诸如施事、时间、地点、工具等短语，都可以在其前直接加上“是”而使其焦点化。判断词“是”跟焦点标记“是”的词性是不同的，焦点标记“是”已很大程度上退化掉了动词的特征，不是句子的主要成分，去掉之后句子仍然成立。也有学者把各种用法的“是”都看做动词，比如把焦点化的“是”都叫做“连谓结构”，这实际上是忽略了不同功能的“是”语法性质的差别。例如：

（12）是小王昨天在门口用钳子把自行车修好了。 ——焦点化施事
小王是昨天在门口用钳子把自行车修好了。 ——焦点化时间
小王昨天是在门口用钳子把自行车修好了。 ——焦点化地点
小王昨天在门口是用钳子把自行车修好了。 ——焦点化工具
小王昨天在门口用钳子是把自行车修好了。 ——焦点化受事

相反，如果谓语动词之前的修饰成分是连续的，就不能用“是”来焦点化。这又有两种情况，要么干脆不能加“是”，要么加“是”以后转化为强调标记，加强其后整个谓语部分的程度。例如：

（13）老王大概已经走了。→*老王是大概已经走了。

也许他们知道了这件事。→*是也许他们知道了这件事。

她高高兴兴地上学去了。→她是高高兴兴地上学去了。（强调）

他早早地就起床了。→他是早早地就起床了。（强调）

4.4.2 宾语的焦点化方式

不是每一个句子成分都可以在其前直接加“是”而被焦点化。做谓语中心语的动词或者形容词就不允许在其前加上“是”而被焦点化，原因是它们自身都不具有离散性质。如上文所述，形容词的典型数量特征是连续的，动词兼有离散和连续两种性质，其离散性不是自足的。动词和形容词谓语之前直接加“是”只能表示强调，而不能被焦点化。比如“他是打过高尔夫球”、“他们在家乡生活得是好”等都是强调。虽然宾语多为表示离散性质的名词，但是动宾之间不允许插入“是”，因此宾语名词也无法被直接焦点化，必须改变结构才行。具体方法是：

（g）NP_1 + V + NP_2 →（NP_1 + V + 的）+ 是 + NP_2

就是把宾语之前的主谓短语用“的”变成一个名词性从句，获得离散性质，使得整个格式具有与判断句一样的抽象形式。例如：

（14）我们看到了一只兔子。→我们看到的是一只兔子。

他们早上喝了牛奶。→他们早上喝的是牛奶。

这类焦点格式跟“（VP+的）+是+NP_2”的判断句表面上相似，但是各成分的隐性语义关系并不一样。在焦点格式中，NP_2总是V的受事，然而在判断句中，NP_2和V之间没有这种关系。此外，表面上看起来宾语的焦点格式违背了焦点化条件，因为“是”后只有一个宾语名词变项，而实际上这是因为汉语语法的特殊要求（动词和宾语之间不允许插入焦点标记），跟焦点宾语组成一个直接成分的另一变项V被分裂开来了。可以用一个反证法来证明，句子中如果没有V出现，就转化为判断句。例如：

（15）我们看到的是一只兔子。→我们是一只兔子。

他们早上喝的是牛奶。→他们是牛奶。

上述右端的例子是有意义而且合法的判断句，比如在分配动物时可以说“我们是一只兔子，他们是一只狗”。

同理，如果宾语不是非离散性质的事物，就不能用格式g焦点化。比如谓词性宾语一般都不能被焦点化。例如：

（16）他们给予了说明。→*他们给予的是说明。

他们值得学习。→*他们值得的是学习。

4.4.3 汉语的分裂式焦点格式

汉语中也存在着类似于英语等[1]语言中的所谓的“分裂式”焦点格式，可用下式描写：

（h）（VP +（的））+ 是 + F[2]

作为焦点的F可以是VP的目的、与事、原因等，即它们在正常的句子中与VP构成一个直接成分。这类结构的生成过程为，用“的”使得整个VP转化为名词性的从句，把要焦点化的成分从原来的位置移到句末，其中的“是”形式上是一个判断词，为句子的核心动词，一般不能省略。例如：

（17）这样做是为了他们重归于好。——焦点化目的

我带来就是给你听的。——焦点化与事

他对我冷是出于热的渴望。——焦点化原因

请我吃的全是城里有名的大饭庄。——焦点化地点

这类焦点格式跟上文谈的宾语的焦点格式类似，不同之处在于这类格式的“的”不是必须的，如上例所示。而宾语的焦点格式则必须加“的”，比如“你们现在缺的就是我”就不能去掉其中的“的”而成立。

分裂式焦点格式出现的原因之一，是汉语中的宾语成分倾向于为未知的新信息。比如常说的“人来了”和“来人了”的区别就是，前者“人”为有定的、已知的，后者则为无定的、未知的。宾语成分的语法意义，正与焦点的含义相符。

4.4.4 焦点格式与判断格式的区别

有时候，“是”到底是用作判断标记还是焦点标记，颇难分辨。“是”后要有两个变项，才有可能被解释成焦点标记。但是，尽管“是”后有两个变项

【1】英语句子John bought a car yesterday可以用分裂式结构对句子的各种离散成分焦点化：

It was John who bought a car yesterday.
It was a car that John bought yesterday.
It was yesterday that John bought a car.

【2】F代表focus（焦点）。

（分裂格式除外），如果它们用某种语法手段结合成一个单一的语法单位时，整个格式也只能被理解成判断句，而不能是焦点格式。汉语中存在着下面的对立：

判断格式：X ＋ 是 ＋［（Y ＋ VP）＋ 的］

焦点格式：X ＋ 是 ＋ Y ＋ VP

“的”的作用为把“是”后的所有成分转化为名词性的从句，因此“是”后只有一个变项，不符合焦点标记“是”的使用条件。然而“的”的功能是把具体的行为动词转化为离散性质的，该结构恰好满足判断词“是”的使用条件，因此整个结构是判断句。然而没有“的”的时候，“是”后如有两个变项，紧邻的那个变项将被焦点化。

有时单从意义上看，很难分别出“是”到底是判断标记还是焦点标记。虽然在口语里，焦点化的成分总是读重音，但是写下来之后这种区别就消失了。这里有一个简单的形式判别标准，判断词“是”为句子的核心动词，因此去掉之后句子往往不成立；然而焦点标记“是”不是句子的主要成分，去掉之后，只是焦点消失，但是句子仍然成立。请看下列对比。

一、判断

办法是大家想的。→*办法大家想的。

这些人都是等着来认亲的。→*这些人等着来认亲的。

我爱人是儿童医院挂号的。→*我爱人儿童医院挂号的。

我和姐姐是爸爸一手拉扯大的。→*我和姐姐爸爸一手拉扯大的。

二、焦点

一般来访都是我负责接待。→一般来访我负责接待。

是她丈夫做了手脚。→她丈夫做了手脚。

我是一夜都没睡。→我一夜都没睡。

4.4.5 动宾之间加“的”的焦点格式

现代汉语口语中有一类独特的结构：在动词和宾语之间插入一个“的”，表示过去发生的事情。该结构中经常有“是”出现，它到底是判断还是焦点结构，颇难判断。其抽象格式为：

（i）NP_1 ＋ 是 ＋ Y ＋（V ＋ 的 ＋ NP_2）

表面上看来，其中的“是”很像判断词，因为其后是一个“VP＋的＋NP”名词短语。而实际上，这类结构跟一般的判断格式是不一样的，其中的“是”

都可以省略而不改变句子的意思。

（18）他是去年结的婚。→他去年结的婚。

我是昨天买的票。→我昨天买的票。

他是用凉水洗的脸。→他用凉水洗的脸。

阿里是昨天打的电话。→阿里昨天打的电话。

上述结构的另外一个重要特征是，“是”后一般不能是单纯的动词加上“的”修饰名词，动词前必须加上其他修饰语，否则句子将无意义或者不成立。例如：

（19）他是去年结的婚。→?他是结的婚。

我是昨天买的票。→?我是买的票。

他是用凉水洗的脸。→?他是洗的脸。

阿里是昨天打的电话。→?阿里是打的电话。

另外一个重要特征是，这类结构中的“是”后的紧邻成分可以用疑问代词提问，或者说可以做特指疑问句的答语，然而句尾的名词则一般不能用疑问代词提问。例如：

（20）他是用什么洗的脸？他是用凉水洗的脸。*他是用凉水洗的什么？

阿里是什么时候打的电话？阿里是昨天打的电话。*阿里是昨天打的什么？

疑问代词是句子的自然焦点，回答疑问代词的部分也是焦点。根据这些特征，我们认为结构中的“是”主要起焦点化紧邻其后那个成分的作用。

4.5 强调标记“是”

4.5.1 强调标记“是”的使用条件

“是”出现在连续量的成分（$Y_{[-d]}$）之前时，起强调作用。该连续成分通常是句子的谓语，被强调的是其后的整个谓语，而该谓语既可以是一个词，又可以是一个复杂的结构。强调标记“是”的使用条件可以用下式来描写。

（j）$X_{[+d]}$ + 是$_{强调}$ + $Y_{[-d]}$

强调和判断标记“是”的差别，关键取决于其后成分的数量语义特征：连续量成分之前的“是”为强调，离散量成分之前的“是”为判断。请看下例。

（21）厕所这地方是不雅，可却是全世界拥有最畅销读物的“阅览室”。

上例中的第一个“是”后为连续性质的“不雅”，因此为强调，相当于

"确实"；第二个"是"后为离散量的"阅览室"，因此为判断，对主语进行分类。

让我们再一次用舞台艺术来说明强调标记"是"的使用条件产生的原因。"是"还是那束强光的聚焦灯，当它打在一大片连绵不断的烟雾的某一部分时，就起不到聚焦的效果，只能让人感觉到被强光照亮的那部分烟雾比其他部分更亮或者更清楚。不论是判断还是焦点化，"是"都要求其后的成分是离散性质的；如果其后的成分是连续的，那么效果就如同聚焦灯打在舞台烟雾上的效果一样，只能起强调的作用。

搭配词语不同，被强调的方面也有变化：其后为动词短语时，一般强调事实发生的真实性；其后为形容词短语时，则强调性质的程度之高。例如：

（22）她昨天是没来。　　　　她是聪明。

左边句子中的"是"是强调"没来"这件事的确发生了，右边句子中的"是"是强调"聪明"的程度很高。下文还将详细说明。

4.5.2 情态动词结构中的强调标记"是"

前文讨论过，动词兼有离散和连续两种性质，但是它们的离散性质是不自足的，需要借助于其他语法手段才能显示出来。结构助词"的"的功能之一就是赋予动词短语以离散性质。因为判断词"是"要求其后的成分为离散性质，所以"NP＋是＋（VP＋的）"是一种常见的判断格式，但并不是所有的这类结构都是判断句，这主要取决于VP的性质。它们可以细分为以下两种情况。

（一）VP表示的动作已经在过去发生或者完成。动作行为的离散性主要表现在它们在时间轴上具有明确的起讫点，那么已经发生或者完成的动作离散性就高，因此有关动词加上"的"以后就具有明确的离散特征，整个格式就可以表示判断。例如：

（23）他是从北京来的。　　　　那本教材是去年出版的。

灯是我开的。　　　　我是王教授教过的。

（二）VP表示动作发生的可能性。即动作行为尚未发生，它们缺乏离散性质。常见的两种动词结构为"助动词＋VP"或者可能式"V＋得/不＋补"，前一种结构常可以用连续量的程度词修饰，如"很可能来"，说明它是连续性质的；后一种结构的自身语义特征就是连续性的，表现为不能用动量词称数，比如不能说"*看不懂一次"等。因为这类动词结构已经由助动词或者可能式赋予了它们连续性质，因此即使加上"的"，整个格式也仍然是起强调的作用，而不表示判断。例如：

（k）NP + 是 + Aux. + VP + 的

（24）妈妈是要问这件事的。

他是会来帮助我们的。

这个园林的面貌是会有变化的。

这事我们还是要管的。

看来这思想工作是不能放松。

（l）NP + 是 + （V + 得/不 + R）

（25）威胁是吓不倒我们的。

家我是回不去了。

问题是看得出来的。

我们家的经济条件也是挺得住的。

上述两种强调格式的“的”都不是必须的，去掉以后句子仍然成立。

4.5.3 形容词谓语句中的强调标记“是”

形容词的典型数量特征是连续性的，因此形容词谓语之前的“是”多为强调标记。具体情况又不尽相同，单纯的谓语形容词之前的“是”都是强调标记，然而形容词跟程度词和/或者“的”搭配一起做谓语时，就会有两种情况：已经转化成离散性质的、可指代事物的形容词之前的“是”为判断词，否则为强调标记。用作判断词的“是”为句子的核心成分，不能省略；而强调标记的“是”可以省略。

（一）NP＋是＋A（的）。单纯形容词之前的“是”是强调标记，表示性质的程度之高。其中的“是”省略以后句子仍然成立。例如：

（26）我梦话说得是好（'听见的没有不笑的）。→我梦话说得好。

他是很庸俗。→他很庸俗。

机器人是能干。→机器人能干。

单纯形容词之后如果有“的”，如前文的c式，“A＋的”短语就会转化成离散性质的，可以指代有关事物，其前的“是”为判断词，不能省略。例如：

（27）背心是破的。→*背心破的。

（没说不等于没有，）老说也不见得是真的。→*老说也不见得真的。

态度是明确的。→*态度明确的。

我相信前景还是乐观的。→*我相信前景乐观的。

你的想法是好的。→*你的想法好的。

社会是复杂的。→*社会复杂的。

（二）“是+程度词+A+的”。该结构中的“是”的性质取决于“程度词+A+的”短语的数量特征，如果为离散的，“是”就是判断词；如果为连续的，“是”则是强调标记。这种用法是非常有规律的，只有“最、比较”等个别程度词才能把形容词转化成离散性的，可以指代事物，比如“他把最好的（水果）买走了”、“我想买那件比较贵的（衣服）”等。这类程度词构成的形容词短语之前的“是”都是判断词，不能省略。例如：

（28）这辆车是最好的。→*这辆车最好的。

但是，“很”等程度词构成的形容词短语仍然是连续性质的，不能指代事物，比如不能说“*他把很好的买走了”，因此这类形容词之前的“是”为强调标记，强调性质的程度之高。其中的“是”省略以后句子仍然成立。例如：

（29）这样做是很危险的。→这样做很危险的。

这位也是够惨的了。→这位也够惨的了。

形容词重叠后，跟上述短语一样，也是表示连续量的，其前的“是”皆为强调标记。例如：

（30）王师傅的脸是红扑扑的。→王师傅的脸红扑扑的。

他们是踏踏实实的。→他们踏踏实实的。

如果“程度词+A”短语后没有“的”，其前的“是”都是强调标记。例如：

（31）大姐是真服了。→大姐真服了。

我做的是有点过分。→我做的有点过分。

拍得倒是真好。→拍得倒真好。

（三）NP+是+$V_{心理}$（的）。表示心理活动的动词跟形容词的特点有点相似，它们典型的数量特征是连续的，表现为经常可以受“很”等修饰。结构中的“是”为强调标记，即使心理动词之后加“的”也是如此。例如：

（32）我的为人你们是了解的。

这老陈你是知道的。

一些成语等组合具有形容词的特点，是描写主语的性状的，大都可以受程度词“很”等的修饰，拥有连续性质，其前的“是”都是强调标记。这类结构细分为如下几种。

（一）NP＋是＋成语（的）。其中的强调标记“是”可以省略，部分成语还可以加“很”修饰，比如“这个人很不知深浅”。

（33）做这种事情真是易如反掌。

你真是越来越胆大妄为了。

我看你也真是饥不择食了。

（二）NP＋是＋熟语（的）。有些熟语也有跟形容词一样的特征，是描写主语的性状的，即具有连续性质，其前常加“是”表示强调。例如：

（34）你们真是墙倒众人推。

他这是吃饱了撑的。

这唱的都是什么乱七八糟的。

只要让咱进去，我是打不还手骂不还口。

（三）NP＋是＋（让＋NP＋VP/AP）。例如：

（35）真是让我好困惑。

有时他看着是让人生气。

（四）NP＋是＋比较结构。比较结构是表示性质的，“是”用于其前也是为了强调其程度。例如：

（36）看来人家跟小王还是比跟咱们亲。

综合起来看，她就是比她妹妹强得多。

4.5.4 动词的强调标记“是”

在不加句尾“的”时，“是”紧邻动词出现具有强调动作行为已经出现的功能。“是”的这一用法跟英语的动词强调标记do相当，比如He did come是强调come这种行为确实已经发生。这种格式多表示已经发生或者完成，因此动词后多有“了”等实现体标记。根据我们调查到的例子，结构中的动词全部都是表示已经发生或者完成的。

（37）意思是都明白了，可具体怎么做还是心里没数。

我反正是灰了心了。

这不能怪我，这得怪她太凶了，你们是没见着。

是下雪了，漫山遍野一片白。

看来还有不少方案，你们确实是动脑筋了。

上述句子大都可以翻译为英语的do强调格式，例如：

(38) 意思是都明白了。　　I did understand his intention.

地址我是知道。　　I do know her address.

是下雪了。　　It did snow.

4.5.5 述说类动词的强调格式

述说类动词是指“说、问、指、想、怕、解释、担心、考虑”等动词，其后经常跟宾语从句。如果要强调这类动词的述说内容时，就在主语和这类动词之间插入“是”。其抽象格式为：

(m) NP + 是 + $V_{述说}$ + 从句

例如：

(39) 我是说你们还很幼稚，就像刚学会走路的孩子。

我是问你，是不是也得带把伞出门？

他们是想在我们电视台做广告。

我就是怕听她的声音。

我是跟您解释王小姐为什么一见您就跑。

我是考虑集中笔墨写两个人相遇以后所发生的一切。

汉语的这类重叠结构相当于英语的what强调结构。英语中为了强调某个述说动词所涉及的内容，可以用what主语从句，比如I said that she should go to school可以变换成What I said is that she should go to school。上述汉语的句子都可以翻译成英语的这类结构。例如：

我是说……　　What I said is ...

我是问……　　What I asked is ...

我是想……　　What I wanted is ...

我是考虑……　　What I thought is ...

英汉这类结构的共同之处是，都有判断词出现。

4.6 对比标记“是”

4.6.1 “是”的对比格式

以上所讨论的判断、焦点和强调，都是“是”在一个单句内部的用法，而做对比标记的“是”通常涉及由单句组成的话语组织。现代汉语的“是”可以用于各种对比的情况。其抽象格式可以描写如下，C代表句子。

（n）C_1（是），C_2（是）

对比至少由两个单句组成。常见的有以下几种情况。

（一）肯定和否定的对比。前后两句用“不是”和“是”连接。例如：

（40）我们可不是为了那俩钱，我们就是为了主持正义。

她主要是心灵上的伤害而不是经济上的。

不不，我们不是攻一个山头、夺一个碉堡，而是争取一个人。

你们别误会，我不是说你们不是好人，是说她一瞧就不像好人。

（二）两种不同性质的对比。其中只有一个句子用“是”，另外一个句子是普通的陈述句。例如：

（41）噢，她没出事儿，我们是想采访她。

这公司是认能力，不认文凭。

这不叫考验，这纯粹是勾我馋虫呢？

（三）选择格式。“是”和“还是”连接两个单句，提供一种选择。通常是选择问句。例如：

（42）不怕，你说怎么着吧？是来硬的还是来软的……

您是当一个高尚的人还是想当一个庸俗的人？

（四）假设、让步、条件等句子的对比。“是”经常用于这类复句中，引入表示假设、让步、条件等的单句，与后面相关的情况形成对比。例如：

（43）要不是我这人坚强，不信邪，怕也要步她后尘了。

就是跟女孩子接触多点儿，也不能乱猜疑人家呀？

我不忍，还是让她当温室里的花朵吧。

我看咱们还是先端正一下自己的思想吧，不然怎么能引导群众走正路？

就是，还是等老陈回来再说吧！

以上只是举例说明“是”的几种主要对比用法，情况十分复杂，这里不一一列举。

4.6.2 对比格式对“是”的其他用法的影响

我们前文谈到了“是”的焦点和强调的使用条件，在对比格式中，这些条件会受到影响。比如，孤立地看“是”在某一单句中可能满足某一使用条件，然而它实际上是起连接更大话语组织的功能，因此不会产生某种相应的表达效果。

（一）对比格式对“是”焦点用法的影响

对比格式中的“是”的焦点用法是有严格限制的，只有在“肯定和否定”这种对比的情况下，而且两个单句只有“是”和“不是”后紧邻的两个变项对立，其他变项都一致时，“是”后的离散成分才是焦点。例如：

（44）不是你嫌，是我嫌。

不是我儿子丢了，是我们那位老哥的儿子丢了。

上例，第一句的焦点是“嫌”行为的主语——“你”和“我”，第二句的焦点为“丢”的主语——“我儿子”和“我们那位老哥的儿子”。

如果具有对比关系的两个句子之间有两个或者两个以上的变项是不一样的，“是”就没有焦点化其后成分的功能。例如：

（45）别人是哪儿楼多往哪儿跑，他是哪儿荒凉往哪儿扎。

不是我的追求太不切实际了，是咱俩太熟悉了。

上述用例中的“是/不是”都是把其后的所有成分看做一个整体进行对比，而不是焦点化其中的一个部分。

（二）对比格式对“是”强调用法的影响

上文谈到，“是”出现在连续量的成分之前时，表现为强调标记。连续性成分包括助动词、形容词短语、单纯的动词等。然而在对比格式中，这些连续性成分之前的“是”的强调作用都被消除了。又细分为几种情况。

第一、在普通单句里，“是”用在助动词、心理活动动词等连续性概念之前，起强调的作用，句尾经常有结构助词“的”。然而对比时，“是”则没有强调的功能。例如：

（46）她没出事儿，我们是想采访她。

其实，我倒不是害怕，我是觉得这事有点儿怪。

大姐是怕你失足，怎么连好赖话都听不出来了？

作为强调标记时，“是”可以被理解成“一定”、“确实”等，比如“妈妈是会问的”相当于说“妈妈一定会问的”。然而上述句子都不能作这样的理解，比如第一句不能理解为“她没出事儿，我们确实想采访她”。

第二、在非对比的情况下，“是”加在形容词性成分之前表示强调，强调性质的程度之高。比如“他们的校园是漂亮”相当于“他们的校园很漂亮”。但是在下面的结构中，“是”就没有这种强调功能。同样，对比结构中的“是”后的形容词短语都不加“的”。

（47）我不是伤心，而是后悔。

你们想啊，我要是太能干了，不就把你们比下去了？

第三、在非对比的情况下，“是”直接出现在普通动词之前具有强调动作确实发生的作用，而且所强调的动作行为通常是已经发生的，动词后常有体标记“了”等出现。然而用于对比时，“是”就失去了这种功能，动作也不再限于已经发生的，而且动词一般不带体标记“了”。例如：

（48）这公司是认能力，不认文凭。

其实你就是承认了也没什么，他的意思也不是要跟你算账。

（三）对比的“是”跟其判断用法的差别

判断“是”为一个动词，可以加各种时间副词修饰。比如“她早就是一个老师了”、“他已经是模范了”、“他曾经是模范”等。然而对比结构中的“是”很大程度上失去了动词的特性，不能再受这种时间副词修饰。例如：

（49）不是我放心不下，是你抵抗力太弱。

→*早就不是我放心不下，早就是你抵抗力太弱。

是你数是我数？

→*将是你数将是我数？

对比标记“是”跟判断词“是”的另一个重要区别是，判断“是”后的动词性成分要用“的”使其离散化，然而对比标记“是”后不需要加“的”。

4.7 结语

本章讨论了现代汉语中“是”的四种用法，包括判断、焦点、强调和对比，认为它们是具有内在联系的不同语法范畴。“是”的焦点、强调和对比用法都是其原来的判断用法在特定的句法环境里发展出来的，我们只对其共时功能进行了描写，它们的历史发展过程有待进一步考察。时至今日，“是”的各种用法除了有明确的功能分工外，它们在语法性质上也有了明确地分化。因此可以认为现代汉语的“是”可以表达具有内在联系的四种语法范畴。

“是”的功能的分化也再一次证明了数量语义特征对语法的深刻影响。它的各种用法都跟其后成分到底是离散的还是连续的有关，也跟其后变项数目的多少有关。数量在现实世界中无处不在，它通过人们的认知这个中介投射到语言中去，形成各种语法规律。从数量的角度研究语法可以揭示一种语言的语法原理。

一种语言拥有各种语法范畴，语法范畴之间的关系有远有近。有些具有相似认知基础的语法范畴，往往共用同一形式，或者说始于同一来源。我们可以通过观察同一形式的不同功能，探讨相近语法范畴之间的内在联系。同时，跨语言的事实也有助于确立不同语法范畴之间的关系。传统的结构主义研究，多把注意力放在分类上，较少关心不同语法范畴之间的内在联系。研究不同语法范畴之间的关系应该是我们研究工作的重点。而且，弄清楚这些问题有助于从整体上把握一种语言的语法特点。

第五章 疑问与焦点

5.1 引言

疑问是人们常见的交际行为，各种语言都有多种手段表示疑问。最常见的疑问手段之一是对特定未知信息的询问，其表现形式为疑问代词。疑问代词是一个极活跃的功能范畴，除了其自身使用频率高外，还与其他语法范畴发生联系。本章将讨论疑问代词与焦点标记共有的句法特征，从焦点的角度我们可以揭示疑问代词的重要性质。

5.2 疑问代词和焦点标记

5.2.1 疑问和焦点的共同特点

疑问代词和焦点标记的表达功能非常相似，疑问代词是一个句子所关注的未知信息，焦点标记则是一个句子最重要的新信息。两者都是句子的关注点，它们的共性在句法上有明确的表现。人类语言的焦点标记极常见的来源是判断词，汉语的判断词"是"也发展成了焦点标记。焦点标记"是"的使用受疑问代词的制约：在陈述句中，谓语动词之前的任何名词性短语或者含有名词成分的短语，都可以在其前加上"是"而被焦点化；然而在特指疑问句中，只有疑问代词部分才能被焦点化，否则就不合语法，如下例所示。

（1）a.小王昨天在门口用钳子把那张桌子修好了。

b.谁昨天在门口用钳子把那张桌子修好了？

c.小王什么时候在门口用钳子把那张桌子修好了？

d.小王昨天在哪里用钳子把那张桌子修好了？

e.小王昨天在门口用什么把那张桌子修好了？

f.小王昨天在门口用钳子把什么修好了？

一个句子通常只允许一个成分被"是"焦点化。疑问代词是句子的自然焦点，它的很多独特的句法行为都与这一特点有关。

5.2.2 焦点表达手段的多样性

焦点的表达手段多种多样，不仅不同的语言所用的手段不同，即使同一语言所用的手段也不一样，概括起来有两大类：

（一）语音手段：口语里常用音高、重音、音长等手段标明某个词为句子的焦点。

（二）句法手段：还有一些语言利用特殊的句法位置、语法标记或者位移来表达焦点。英语和古代汉语都是把焦点成分移到谓语动词之前，现代汉语则是用焦点标记“是”。

疑问代词具有自身固定的词汇形式，它们与焦点标记的关系往往表现在句法手段上。因此本章重点讨论标记焦点的句法手段。

5.3 从历时的角度看疑问和焦点的关系

5.3.1 从判断词到焦点标记

由判断词向焦点标记发展，再由焦点标记向疑问标记的演化，是人类语言发展的一个共同特点。根据对多种语言的观察，可以总结出如下的判断词发展趋向。

第一步：格式“NP ＋判断词＋从句”形成。句首NP代表一个新的信息，从句则为已知信息。

第二步：判断词进一步虚化为一个焦点标记，并常用于标示疑问代词。

第三步：疑问代词必须附有焦点标记。

上述发展步骤是一条普遍规律。

根据对多种语言的调查，可以确定一个跨语言的演化规律：指示代词→判断词→焦点标记。汉语的“是”就是这方面的一个典型例证，它在先秦是一个疑问代词，到了汉初发展成判断词，魏晋时期又发展出了焦点用法。跟汉语有相同发展路径的语言还有French、Ambulas、Cahuila等语言。因为很多语言缺乏汉语这种长时期的历史语料积累，无法观察整个发展过程，但是就能看到的语料来看，焦点标记来自判断词的语言很多，诸如Janpanese、Lamang、Haitian、Papiamentu等。

5.3.2 疑问代词与焦点标记的结合

疑问代词是句子的自然焦点，这可以解释为何在历史上疑问代词会经常与焦点标记共现，进而凝固成一个复合词，甚至焦点标记的语音特征与疑问代词再融合成一个词。Papiamentu 和Saramaccan是两种克里奥耳语，它们的疑问代词与焦点标记结合成一个复合词。闽南方言的“是谁”跟普通话的表面上看起来一样，但是意义和性质都不同。用作主语，闽南方言“是谁”的“是”是绝对不能省的，而普通话特别强调时才用。更重要的是，普通话动词后的宾语不能直接用“是”焦点化，然而闽南方言的“是”不仅可以直接标示宾语，而且还可以标示判断句的表语，结果就出现了判断句两个“是”的现象。例如：

（2）是谁在内面在唱歌？

（3）外面在拍门兀是是谁？

（4）或本册着找是谁借则借有里？（那本书得找谁借才借得到呢？）

厦门话里也有类似的现象，“是谁”也可以做表语，如：“咨位是是谁？”此外，中古汉语的疑问形式“是物”还完整地保留在闽南方言里，它和普通话的“什么”相当，单用都指称事物，可以做主语、谓语、宾语。

上述规律也可以解释汉语史的一个重要现象。中古时期有一个明显的趋势，在用作主语的疑问代词前加一个“是”。例如：

（5）是谁教汝？（《北齐书》卷三十一）

（6）是谁容易比真真？（《浣溪沙》）

同时，在“谁”字前面加“是”字只限于疑问用法，其他非疑问的引申用法则不适用。现代汉语的情况也是如此。“是”在中古时期逐渐变成了一个单纯的疑问代词的前缀。“谁”的焦点特征中古时主要是用新发展出的焦点标记“是”标示的。我们认为，“是”的功能并不是使主语“谁”变成表语，而是表征它的焦点特征。

更能说明问题的是“何”向“什么”的转化。“何”在中古时期逐渐为“什么”取代。“什么”最早写作“是物”，它是由“是何物”缩减而来的。魏晋以来“何物”已凝结为一个词，相当于原来“何”的用法。例如：

（7）近见孙家儿作文，道“何物真猪”也。（《世说新语·轻诋》）

（8）何物老妪生宁馨儿！（《晋书·王衍传》）

“是何物”又常缩减为“是物”：

（9）唤作是物？（《神会语录》）

（10）是物儿得人怜？（《因话录》）

吕叔湘先生曾指出，“何物”用在主语后头做表语的机会很多。除此之外，近代汉语还有一种倾向，避免用疑问代词做主语，常常在它前加一个“是”

字，使它变成表语。吕先生还从音韵学的角度论证了从“是物”向“什么”的转变过程。由此可见，从中古沿用到今天的“什么”实际上融合了一个焦点标记“是”。

同理，根据我们的分析路线，很容易理解为什么中古时期“是”常与“何”搭配。“是”在这里实际上是作为一个焦点标记标示“何”固有的焦点特征的。上文也谈到，“何”要依附于一个名词才能独用（这里为“何物”），这是由两方面的因素造成的：一是“何”在“是”字判断句中必须居动后，二是受那时语序焦点法的制约，居动后时必须依附于一个实词（负载一个重音）。这里疑问代词之前的“是”字曾引起种种推测，比如章太炎《新方言·释词》认为“是”为“舍”之变，“舍”在先秦有“何”的用法。一旦明白了疑问代词与焦点标记之间的内在联系，中古时期焦点标记“是”与疑问代词的各种共用现象就可以迎刃而解了。

现代汉语普通话和广大北方方言的疑问代词主要有“谁”、“什么”、“甚”、“啥”等，都与“是”的声母[ʂ]相同，从历史证据来看，很可能是融合了焦点标记“是”的声母。

5.3.3 焦点标记手段的变化对疑问方式的影响

在同一种语言里，疑问和焦点往往采用一致的手段。比如现代英语都是采用移到句首的方式。

（11）a.What do you want to eat?

b.Who do you like to help?

c.Which book have you been reading?

（12）a.It was John who bought a car yesterday.

b.It was a car that John bought yesterday.

c.It was yesterday that John bought a car.

英语的疑问代词与普通名词的分布不同，必须移到句首，而句首位置在很多语言中都是用于表示焦点成分的。例（12）类就是所谓的英语分裂句（cleft sentence），判断词be之后的就是被焦点化的成分。在例（12）b中，John移到从句的开头，其前用来自判断词的be标示，因为英语的陈述句必须有主语，所以就加上一个假主语（dummy subject）it。该假主语的存在，使得人们很难看到两者的联系。

类似的现象也存在于古代汉语之中。我们对先秦汉语作了广泛调查，确立出谓语动词之前是被焦点化成分的固定位置，这就是那时疑问、强调和否定句子中的宾语代词要移位的原因。这也是先秦汉语的疑问代词不同于一般名词的句法行为的原因，它们做宾语也必须移到谓语动词之前。例如：

（13）吾谁欺？欺天乎？（《论语·子罕》）

（14）客何好？（《战国策·齐策》）

先秦疑问代词的这种句法特点到了魏晋时候逐渐消失，变成了现代汉语这种状况。这种转变与新的焦点表达手段密切相关，魏晋时候的判断词“是”已经发展出了焦点标记，例如：

（15）子敬可是先辈谁比？（《世说新语·品藻》）

（16）王宁异谋，云是卿为其计。（《世说新语·言语》）

从先秦汉语向中古汉语发展的过程中发生了两件对汉语语法产生深远影响的大事，一是原为指代词的“是”演化成了一个判断词，并进而取代了旧有的判断句格式，二是语序焦点表达手段的消失。这两件事都经历了四五百年的时间，它们变化的时间之间具有契合关系：

（一）判断词“是”的发展过程

战国末年：判断词“是”产生；

两汉时期：“是”逐渐发展；

晋宋以后：“是”字句成为判断句的唯一格式。

（二）语序焦点表达手段的消失过程

两汉时期：疑问代词宾语后置发展出来；

南北朝后：语序倒置在口语里消失。

可以看出，判断词“是”产生不久，疑问代词后置开始出现；判断词完全取代旧有的判断格式时，旧语序也完全从口语里消失。这两件事之间不仅仅是时间上的巧合，它们之间存在着内在的因果关系。

焦点标记“是”的产生与发展，使得原来的语序标记让位于词汇标记，从而改变了汉语疑问代词的类型学特征。

5.3.4 疑问代词与从句标记的来源

不论是汉语还是其他语言，关系从句标记的一个常见来源都是疑问代词。英语中常见的从句标记为which和who，如下例所示。汉语的结构助词“的”的主要功能之一是引入关系从句，它产生于唐代后期，当时写作“底”，“底”在那时兼有疑问代词和指示代词的用法。例如：

（17）I have seen the letter which came today.

They were driving by the house which Andy described.

She was the one who did most of the talking.

He knows the people who live over the road.

（18）寒衣尚未了，郎唤侬底为？（《乐府诗集·子夜秋歌》）

（19）单身如萤火，持底报郎恩？（《乐府诗集·欢闻歌》）

（20）徒劳无所获，养蚕持底为？（《乐府诗集·采桑度》）

（21）不报父母恩，方寸底模样？（《寒山诗》）

疑问代词与从句标记的关系还是来自其焦点性质。在许多语言中，焦点结构和关系从句结构在形式上都具有平行关系，这说明它们之间存在着语义或者语用的相似性。除了汉语和英语，Akan（语）的焦点结构和关系从句都是把有关成分移到谓语动词之前，而且加上共同的回指代词nó。类似的现象也存在于Hausa、Ilonggo等语中。由此可见，一个语法化过程的词汇来源具有很高的规律性，往往选择语法功能相同的成分。

5.4 疑问代词的共时特征

5.4.1 疑问代词的共同语音形式

疑问代词有一个突出的语音特征——在一个语言系统中，不同的疑问代词往往共有某一个语音特征。这一点有别于人称代词或者指示代词。

（一）英语的疑问代词都以wh-开头，例如who、what、where、which等，因此英语的疑问代词又称作wh-words。

（二）汉语普通话和很多方言的疑问代词的声母多为sh-，例如“什么、谁、甚、啥”等。

（三）临夏方言一般不用普通话的疑问代词，询问人、地点、时间、方式时皆在普通词之前加“阿”。例如：

（22）你们的队长阿一个是呢？（你们的队长是谁？）

商店在阿塔些呢？（商店在哪儿呢？）

电影院你阿一会去呢？（你什么时候去电影院？）

他阿门还不来？（他怎么还不来？）

你嘴脸不好者阿门了？（你脸色不好，到底怎么了？）

（四）黑龙江流域的汉语方言的疑问代词系统也多以加词头“阿”表示：

问处所的疑问代词“阿里、阿达儿、阿个”，问时间的疑问代词“阿天、阿阵、阿会、几时”，问人的疑问代词“阿谁、阿个、谁个”，问事的疑问代词“阿门的、阿门了、咋们的”。例如：

（23）你昨天阿里来？（你昨天在哪儿？）（洛大话）

你啊会才有空儿？（你何时才有空儿？）（文县临江话）

你是阿谁？（你是谁？）（舟曲峰叠话）

你昨个啊门的没来？（你昨天怎么没来？）（舟曲峰叠话）

上述现象可能是保留了古汉语的有关现象。从汉代到元代都有“阿谁”这个形式。例如：

（24）道逢乡里人，“家中有阿谁？”（《乐府诗集·紫骝马歌辞》）

（25）哥哥撇下的手帕是阿谁的？（《诈妮子调风月》）

但是仔细观察就会发现，上述方言并不是简单的古汉语遗留现象，而是进一步的发展。古汉语只有一个“谁”字加“阿”，而且并不普遍，然而这些方言的“阿”词头扩展到询问事物、时间、方式等几乎所有的疑问代词上，而且都是较典型的疑问方式。

形成疑问代词有共同语音形式的原因主要有两个：一是它们与焦点标记语音形式融合的结果，如汉语中的“什么、甚”等；二是因为它们都具有内在的焦点性质，语言就借用同一种语音形式来标记疑问代词这一共同的语法特点。这两个原因本质上是相通的。其他人称代词和指示代词都没有这一特点，疑问代词的共同语音形式可以看做它们的形态标记。

5.4.2 疑问代词和焦点标记的句法位置

疑问和焦点的共同标记手段之一是语序变换。虽然不同的语言所选择的语序手段不一样，但是在一种语言内部一般以某一特定的句法位置来表达焦点。表达焦点的句法位置主要有以下三种：

一、句子的最左端。这是最常见的一种现象，除了英语外，属于这种语言的还有德语、俄语、法语、瑞士语等。

二、谓语动词之前，主语之后。属于这种语言的有先秦汉语、匈牙利语、芬兰语等。

三、句子的最右端。属于这种语言的有意大利语等。

虽然不同的语言标记焦点的句法位置不同，但是都具有显著的倾向性，就我们能够看到的资料，绝大部分语言是谓语动词之前，而在主语之前的又比在主语之后的普遍。在句子最右端的只有意大利语一种。一个跨语言的规律是，凡利用固定句法位置表示焦点成分的语言，也往往存在着疑问代词的语序变换，即疑问代词也必须出现在焦点的句法位置。

如前文所述，现代汉语主要用“是”来表达焦点，而不依赖语序。然而“是”的焦点使用范围有局限性，只能用于谓语动词之前含名词性成分的短语，而不能直接加在宾语之前。如果要焦点化宾语，则需先用“的”把宾语之前的动词性成分变换成一个从句，然后再加“是”。其变换过程为：

S + V + O→（S + V + 的） + 是 + O

例如：

（26）我昨天在商店碰见了老王。→我昨天在商店碰见的是老王。

我在麦地里看到了一只兔子。→我在麦地里看到的是一只兔子。

他画了一幅桂林山水。→他画的是一幅桂林山水。

她在大学学了西班牙语。→她在大学学的是西班牙语。

英语的焦点分裂式结构为It be focus＋clause，如It was a car that John bought yesterday。汉语的宾语焦点的语序正好相反，就这一点来讲，汉语句子的最右端是焦点标记的位置。上述句子一般不能把焦点化的宾语置于句子的开头，特别是宾语为不定指时，比如不能说“*一只兔子是我在麦地里看到的”。这可以用来解释现代汉语疑问代词的一些现象。特指疑问句中，经常把动词部分用“的”转化成一个从句，把原来做主语的疑问代词置于句末，其前用含有焦点性质的“是”连接。

还有一种相关的现象，做主语的疑问代词可以不移位，直接被“是”焦点化，同时加上类似于英语假主语it的指示代词“这”等，形成“这＋是＋疑问代词＋（VP＋的）”的结构。例如：

（27）这是谁叫裁的？

这是谁给你的？

这是谁接了来的？

5.4.3 疑问代词向焦点标记的转变

疑问和焦点的关系还表现在疑问代词向焦点标记的转化上。英语有两种主要的表达焦点的分裂结构，第一种是由be构成的，第二种则是由疑问代词what构成的，疑问代词引入一个无核关系从句，做句子的主语。例如：

（28）What you want to do is to curve round that wood.

What that kid needs is some love and affection.

What we'll do is to leave a note for Mum to tell her we won't be back till late.

总体上来看，从焦点标记向疑问代词标记的发展是一种普遍现象，然而由疑问代词向焦点结构标记的发展则是比较少见的。就目前我们能够看到的文献来说，只有英语中存在这种情况。因此说疑问和焦点的发展关系是不对称的。

5.5 结语

本章讨论了疑问与焦点之间的联系，认为疑问代词是句子的自然焦点。由此出发，可以解释疑问代词和焦点标记的历时和共时关系。从历时的角度看，焦点标记倾向于与疑问代词结合成复合词，或者语音形式完全融合成一个单一的词，同时焦点标记手段的改变会引起疑问代词句法行为的变化，而且也可以解释关系从句的标记常来自疑问代词的现象。从共时的角度看，一种语言的疑问代词往往具有共同的语音形式，可以看做是标示其焦点性质的形态标记；如果一种语言是依赖特定的句法位置来表达焦点的，那么其疑问代词也有强制性的语序变换，从跨语言的角度看，谓语动词之前是较常见的表达焦点的句法位置；英语中的疑问代词也发展成了焦点结构的标记。

疑问和焦点在形式上存在着种种共性，其背后的原因是它们功能上的相似性。这不仅说明了语义对语法形式的制约，而且也从一个侧面揭示了语言的系统性和规律性。不同的语法范畴之间并不是相互独立、各自为政的，它们在功能和形式上相互关联，形成了一个具有交际功能的网络系统。不同的民族具有共同的认知机制，对共同的现象的认知相同，结果就形成了跨语言的规律。从这个角度研究语言，还有许许多多的问题值得探讨。

第六章 疑问与感叹

6.1 引言

各类句子之间的关系有亲疏之分，其中疑问句和感叹句之间存在着十分密切的内在联系。最突出的一点是，很多疑问手段转化成了感叹句的标记，不论是现代汉语、古代汉语，还是其他语言，都有这方面的大量例证。

6.2 疑问和感叹之间的关系

6.2.1 疑问和感叹之间的认知联系

感叹句标记大都来自疑问代词，这不是偶然的，而是因为疑问和感叹之间存在着内在的认知联系。下面是英语和汉语的感叹句的定义。

英语的感叹句的定义：指用what和how开头而不颠倒主语和动词语序的结构。例如：What a fool he was! How nice! 其语义功能主要是表达说话者的感情。感叹句主要用来表达说话者被深深触动的情感。

汉语的感叹句的定义：感叹句的作用是表达情感，但同时也报道信息。

两定义大同小异，都认为感叹句包括两种语义内容：A. 报道信息；B. 表达情感。内容A很明确，任何感叹句都会报道确定的信息，然而内容B则很含糊。

我们通过对大量现代汉语感叹用例的调查，发现感叹句使用的场合多为：在人们感知现实对象时，如果其性质、数量或者程度超越了人们的知识背景或者生活经验，就会引起人们强烈的情感而产生语言表达的欲望。这一点与疑问句的使用条件相似，人们只有对事物的某一方面未知时，才会使用疑问手段发问。

因此，感叹句的语义结构，准确地说，是由两个部分构成的：

感叹句的语义结构＝被焦点化的新信息（信） ＋ 超越以往的知识经验（疑）

感叹句的强调作用就是来自这种“信”和“疑”的混合体。从一些词汇的构造中也可以看出“信”和“疑”之间的辩证关系。英语和汉语都有这样的词汇，通过说明事物的属性超越人们的知识经验或者信念范围而起到强调其程度的作用。例如：

英语：incredible、unbelievable

汉语：难以想象、难以置信、出乎意料

构成感叹句的两种语义要素都与疑问代词的功能密切相关。下面用一些具体例子来说明感叹句的语义结构。

（一）被焦点化的新信息（信）

疑问代词固有一个“焦点”的语义特征。比如“小王昨天在门口用钳子把车修好了”，谓语动词之前的成分“小王”、“昨天”、“在门口”、“用钳子”等都可以用“是”焦点化，但是一次只能有一个成分被焦点化。然而，句子一旦有疑问代词，那么被焦点化的成分就只能是这个疑问代词。例如：

（1）小王什么时候在门口用钳子把车修好了？

*是小王什么时候在门口用钳子把车修好了？

小王是什么时候在门口用钳子把车修好了？

*小王什么时候是在门口用钳子把车修好了？

*小王什么时候在门口是用钳子把车修好了？

以感叹的焦点为宾语的例子来说明，感叹的部分是“被焦点化的新信息”。普通的宾语可以移至句首而成为话题，表达有定的旧信息，比如“我看完了书”可以变换成“书我已经看完了”，后一句的“书”表示交际双方已知的对象。然而如果宾语的位置有感叹词语时，该名词宾语就不能再被话题化。因为被感叹的部分是一个新信息，因此不能再做表示旧信息的话题。例如：

（2）老王这几年白扔了多少钱啊！

→*多少钱老王这几年白扔了啊！

（3）我们看了一场多么精彩的电影啊！

→*多么精彩的电影我们看了啊！

（4）她穿了一身多么时髦的春装啊！

→*多么时髦的春装她穿了啊！

感叹的上述语义特征正与疑问代词的相同，疑问代词的功能就是询问（焦点化）一个未知（新）的信息。这就是疑问代词向感叹标记发展的语义基础之一。

（二）超越以往的知识经验（疑）

感叹句的历史发展很有启发性。早期“多（么）”的感叹句中多有“不知（道）”出现：

（5）那是我小时候儿不知天多高、地多厚，信口胡说的。（《红楼梦》十九回）

（6）你大概也不知道你小大师傅的少林拳有多么霸道！（《儿女英雄传》六回）

《红楼梦》时期询问连续量的“多么”的感叹句还很难见到，而询问离散量的“多少”的问句已经相当普遍，而且句中也常有“不知”与之共现。例如：

（7）为这病请大夫吃药，也不知白花了多少银子钱呢！（《红楼梦》七回）

（8）先时连那么样的玻璃缸、玛瑙碗不知弄坏了多少，也没见个大气儿，这会子一把扇子就这么着了。（《红楼梦》三十一回）

（9）论理，你的东西也不知烦我做了多少了，今儿我倒不做了的原故，你必定也知道。（《红楼梦》三十二回）

随着该句型的进一步语法化，“多（么）”逐渐发展成为一个稳定的可独立使用的感叹句标记，与此同时“不知”标记的表义作用逐渐减弱，它在现在的感叹句中已经很少使用，特别是在现代汉语口语中。

6.2.2 古汉语“何”的程度用法

汉语史上最早的疑问代词之一“何”发展出了多种感叹用法，起加强语气的作用，可释为“怎么那么”、“何等地”等。例如：

（一）用于形容词、短语或小句前。

（10）其仆曰：“向之去何速！今之返又何速！”（《晏子春秋·内篇谏上》）

（11）市门之外何多牛屎！（《韩非子·内储说上》）

（12）汉皆已得楚乎？是何楚人多也！（《汉书·项籍传》）

（二）“何”后的成分是小句，小句的主语和谓语之间加“之”。小句的主语多为动词或动词短语，谓语多为形容词。

（13）子何击磬之悲也！（《吕氏春秋·精通》）

（14）吁！君何见之晚也！（《史记·廉颇蔺相如列传》）

（15）夫人何哭之哀！（《韩诗外传》卷九）

但是并不是每一个疑问代词都有同等的发展成感叹标记的机会。因为感叹句多与程度或者数量的强调有关，所以那些询问事物的数量或者性质的程度的疑问标记，最容易发展成为感叹标记。“多少”和“多（么）”正属于这类疑问标记，两者先后都发展成了感叹标记。

6.2.3 英语疑问代词的感叹用法

跟汉语一样，英语感叹句的典型的语法标记也是来自疑问形式。英语的疑问手段主要有两种：一是疑问代词构成的特指疑问句；二是颠倒主谓语序而形成的是非疑问句。相应地，英语的感叹问句也有两种形式。例如：

（一）以how和what开头的感叹句

（16）a.How well Philip plays the piano!

b.How nice she is!

c.What a fine watch he received for his birthday.

d.What beautiful clothes she wears!

值得注意的是汉英之间这类感叹问句之间的对应关系。英语中，how只修饰形容词和副词，what则只用于名词短语。汉语疑问代词系统中虽然有“多么”和“什么”分别与英语的how和what对应，但是在感叹句中汉语的“多么”具有英语how和what的双重功能，比如“她这个人多么友善啊！”“她穿了一件多么漂亮的衣服啊！”汉语的“什么”跟英语what的感叹用法有差别，多用于消极和否定的场合。这一点下文将详细讨论。

（二）颠倒主谓语序的感叹句

（17）a.Wasn’t it a beautiful place! = What a beautiful place it is!

b.Wasn’t it a marvelous concert! = What a marvelous concert it was!

c.Hasn’t she grown! = She has grown!

这类感叹句的句子重音都落在最后一个词上。

6.3 疑问标记的感叹用法

6.3.1 连续量的感叹标记“多（么）”

感叹通常与性质程度的表达有关。因此，询问形容词程度的疑问标记“多（么）”发展成了现代汉语常见的感叹标记。疑问的“多（么）”只能出现在可用程度词修饰的形容词前，因此作为感叹标记的“多（么）”也有同样的限制——只能感叹可用程度词修饰的形容词。例如：

（18）老了伺候丈夫，儿子儿媳带孙子，完全不工作，这活得多充实呵。（《编辑部的故事》）

（19）让你们梦里白头到老，儿孙满堂，多美呀！（同上）

（20）社会多复杂呀！

大多数“多（么）”字感叹句句末都有语气词“啊”、“呀”等。这些语气词的功用是指明“多（么）+A”是一个感叹句，从而区别于其相关的疑问用法。

感叹标记“多（么）”还可以修饰各种含程度义的短语结构，比如，下组例子中为“多（么）”修饰的兼语结构和动宾结构：

（21）就这样经理还把我当坏人防着呢，多令人心痛，真是痛定思痛。（《编辑部的故事》）

（22）想想那些好日子，多让人羡慕！（同上）

（23）没你会做人，你多会做人呵。（同上）

汉语的感叹标记“多（么）”跟英语的感叹标记how的重要区别是，汉语的“多（么）+A”可以作为名词的定语而构成一个感叹句，而英语的how则不行，相应的位置要用what。例如：

（24）多好的孩子……她妈，人和人应该充满友爱，善意和真诚。（《编辑部的故事》）

（25）现在知道难为情了，可你们想想你们给人家精神上造成多大痛苦!?（同上）

（26）李东宝，你算不上一个优秀的摄影师，这是一幅多么难得的画面呀?（同上）

例（24）“多好的孩子”的英译应为What a lovely child!例（25）“多大痛苦”的英译应为What a suffering!

感叹句的主要交际功能一方面是表达说话者自己的强烈感情，另一方面也有引起对方注意的强烈意愿。因此，感叹句之前常有提请对方注意的词、短语或者句子，一般为“听”、“看”、“瞧”、“说”等感官动词。例如：

（27）戈玲，你听听，双双这孩子多不容易。（《编辑部的故事》）

（28）看看，就是这种款式，多漂亮。（同上）

（29）你说多窝囊，双双没采访着还生一肚子气。（同上）

6.3.2 离散量的感叹标记“多少”

“（有）多”专职询问表连续量的形容词的程度，“多少”专职询问表离散量的名词的数量。如果感叹离散量的事物的数目之多时，只能用“多少”。

感叹标记“多少”在《红楼梦》里已经非常普遍，例如：

（30）我自来是如此，从会吃饮食时便吃药，到今日未断，请了多少名医修方配药，皆不见效。（《红楼梦》三回）

（31）他心里一乐，便生出多少事来。（同上）

（32）为这病请大夫吃药，也不知白花了多少银子钱呢！（《红楼梦》七回）

现代汉语口语里，这种现象仍然很常见。例如：

（33）都不是等闲之辈，老陈耽误了多少人才，这回咱们编辑部要成东周列国了。（《编辑部的故事》）

（34）这万水千山，晓行夜住，一个女孩儿就有多少的难处！（同上）

（35）不但安公子省了多少心神，连张老也省得多少辛苦。（同上）

6.3.3 “什么”的感叹用法

感叹句多与事物性质的表达有关，因此询问事物性质的疑问代词“什么”也发展出了各种感叹用法，其含义多为消极的或者否定的。比如，“什么东西！”“什么天气！”“什么衣服！”“什么地方！”等都表达说话者对相关事物现象的强烈不满的情绪，表达有关事物的性质很差，比如“什么东西”表示“东西的质量很差”或者“人品很坏”，等等。“什么”也可以单用，表示加强的否定。例如：

（36）什么呀！这东西根本不能用。

（37）什么呀，这人可真不怎么样。

“什么”的非疑问用法主要包括以下几种。它们都属于感叹用法。

（一）表示否定。

（38）这是什么玩意儿！一用就坏了！

（39）你说的是什么话！一点道理都不讲！

（二）引述别人的话，加“什么”，表示不同意。

（40）什么“不知道”，昨天我还提醒你来着。

（41）什么“你”呀“我”的，何必分这么清楚。

（42）看什么电视，还不赶快做功课。

（43）还散什么步呀，你看看都几点了。

（三）“有＋什么＋形（＋的）”，表示不以为然。

（44）这事有什么难办！

（45）听听音乐有什么要紧！

（46）说两句话有什么不好意思的！

（四）用在动词后，表示不满等。

（47）你跑什么，还有事跟你说呢。

（48）你在这儿乱翻腾什么！

（49）他整天瞎嚷嚷什么！

“什么”的感叹用法有一些独特的句法行为，值得我们注意。首先，“什么＋N”短语可以直接做谓语，例如：

（50）他什么人呀，这点儿事情都不给办。（《编辑部的故事》）

（51）他什么意思！

其次，“什么”可以加在形容词或者不及物动词之后加强否定。例如：

（52）傻什么呀？我们才不傻哪。（《编辑部的故事》）

（53）不等电话你在这儿磨蹭什么呀？我先走了。（同上）

（54）不错什么呀？都这样了还不错？

“什么”也可以加在内部结构为“V＋N”的离合词的中间，表示否定。因为该结构已经凝固成一个固定的词语，其中的N已经失去了所指功能，所以其中的“什么”只起否定作用。例如：

（55）啊，减的什么肥呀。（《编辑部的故事》）

（56）你着什么急呀！（同上）

6.3.4 “哪儿”的感叹用法

“哪儿”本是一个处所疑问代词，它可以用于反问，表示否定。我们认为“反问”跟“感叹”具有内在联系，它们在形式上都是采用疑问手段，在内容上也都是表示说话者的一种强烈情感，而且都表达一个判断。因此，可以把“反问”看做是感叹的一个小类。来自疑问代词“哪儿”的否定与一般的否定形式不一样，是带有强烈感情的被加强的否定。

在表示“否定”时，“哪儿”跟普通否定标记出现的句法位置是一样的，都是谓语之前。现代汉语中，“不”只能否定连续量的概念，“没”只能否定离散量的概念，可是“哪儿”兼有“不”和“没”的双重功用。

（一）“哪儿”表相当于“不”的感叹用法

（57）这哪儿像领导干部，十足一个流氓嘛。（《编辑部的故事》）

（58）我压根儿就没把这当回事儿，哪儿那么容易就撞咱地球上了。（同上）

（59）你说得也太邪乎了。哪儿就至于社会问题了？（同上）

（二）“哪儿”表相当于“没”的感叹用法

（60）这不上路，哪儿有这么拉赞助的！（《编辑部的故事》）

（61）我哪儿有心思吃饭呢？（同上）

（62）那玩意儿吃了拉不出屎来啊，啊？诶，那哪儿有萝卜通气啊！（同上）

6.3.5 疑问语气词“吗”的感叹用法

“吗”是现代汉语唯一的专门表示疑问的语气词，另外还有一个专职表示感叹的语气词“嘛”。两者的语音形式完全一样。下面将论证感叹的“嘛”是从疑问的“吗”发展出来的，只是两者用法上有了分工后，人们才用两个不同的书写形体加以区别。虽然工具书里明确加以区分，但是在语言应用中是经常相混的，即使一些语法专著也是如此。

首先，从表义功能上考察“吗”和“嘛”的内在联系。“嘛”用在感叹句中表示“事情本应如此或理由显而易见”，强调的是事情的“是”的程度高，而疑问语气词“吗”是询问“事情的是或者非”的。可见，“吗”和“嘛”的语义关系跟疑问和感叹的“多（么）”是平行的，疑问的“吗”是询问性质的高或者低，而感叹的“嘛”则是强调性质的程度之高。下面是感叹标记“嘛”的用例。

（63）啊，减的什么肥呀。我看王师傅挺好看的嘛。（《编辑部的故事》）

（64）这你都不认识，那不就那谁嘛。（同上）

（65）江导演，您这名字听着很熟嘛！（同上）

其次，从形式上分析“吗”和“嘛”的联系。从疑问形式发展而来的感叹标记会受到原来疑问用法的制约。汉语的疑问手段主要有四种：疑问代词、疑问语气词、正反问句和选择问句，汉语语法有一个原则：一个句子中只能使用一种疑问手段，即两种不同的疑问手段不能在一个句子中共现，比如不能说“*那棵树有多高吗？”“*你在哪里买的这件衣服吗？”我们发现一个重要的事实：感叹标记“多（么）”或者“什么”虽然可以跟各种语气词搭配，如“啊”、“呢”、“呀”、“哪”等，但是一般不跟“嘛”搭配。例如：

（66）a.现在社会多复杂呀！→*现在社会多复杂嘛！

b.多好的孩子呀！→*多好的孩子嘛！

“嘛”不能与其他来自疑问形式的标记共现，从另一个侧面说明了它与疑问语气词“吗”的历史渊源。

疑问标记“吗”向感叹标记的发展，还有另外一个强有力的佐证。疑问的“吗”还有一个弱化形式“么”[mə]，相应地，感叹的“嘛”也有一个弱化形式“么”[mə]。下面是疑问和感叹的“么”的用例：

（一）疑问的“么”

（67）这期的没有，头两期的您要么？（《编辑部的故事》）

（68）我想打听一下，您是常买《人间指南》么？（同上）

（二）感叹的“么”

（69）我还回不来啦！这不是搞庸俗化么！（《编辑部的故事》）

（70）工作还是要干好，就算明天停刊了，咱也得站好最后一班岗么。（同上）

总之，不论从表达功能上、分布上，还是语音形式上，都可以证明“嘛”是从疑问标记“吗”发展出来的感叹标记。

6.3.6 用疑问语调表示的感叹

还有一种疑问手段是语调。疑问语调也可以用来表示感叹。因为用文字记录时这些语调无法显示出来，所以记录口语的文字资料很难见到这种单靠语调的感叹句。下面是我们收集到的例子。

（71）乙：现在没有受限制的地方。

甲：没有？那天我在马路上遛弯儿，挺平的马路他不让你走，非让你到便道上走。（李金斗相声）

（72）乙：你走马路当间儿啦？

甲：废话！我骑车还不准我走马路？（李金斗相声）

（73）奇怪，我贪这几个钱？（《北京人》）

例（71）的“没有？”相当于一个肯定式感叹句“有！”例（72）的“我骑车还不准我走马路？”相当于一个感叹表达“我骑车就必须允许我走马路！”例（73）的“我贪这几个钱？”相当于“我不贪这几个钱！”一般语法书都把这类现象看做反问，然而上面论述了，反问和感叹之间具有一致性。从疑问形式向感叹标记的发展，应该是通过“反问”这个中间环节而实现的。

6.4 疑问短语和句型的感叹用法

6.4.1 “干吗”的感叹用法

汉语中还有很多由疑问标记形成的惯用语或者固定搭配，它们也具有表示感叹的作用。“干吗”是其中极活跃的一个，强调“没有道理”做某件事情，或者某种情况不应该出现。根据我们的调查，“干吗”的绝大部分用例都是感叹的，它可以出现在谓语动词前后。下面分别举例加以说明。

（一）“干吗”用在谓语之前

（74）干吗放那么远呢？

（75）你干吗呀，跟个宝贝似的，藏着掖着舍不得拿出来呀？

（76）干吗要有疏有近呢？（《编辑部的故事》）

（77）你那么关心她，干吗不自个儿说？（同上）

（二）“干吗”用在谓语之后

（78）别理他，理他干吗呀？（《编辑部的故事》）

（79）我说，我骗您干吗呢？（同上）

（80）李冬宝：四大菜系都出书了，咱们还用介绍吗？

牛大姐：咳，四大菜系干吗呀？你们家逢年过节吃什么？是哪个菜系呀？（同上）

我们观察到一个倾向性，如果谓语很复杂，“干吗”往往出现在谓语之前；相反，如果谓语很简单，“干吗”则往往出现在谓语之后。“干吗”之前还可以是一个名词短语，如例（80）的“咳，四大菜系干吗呀？”“干吗”自身是一个独立的单位，跟句子的其他成分关系松散，证据之一是“干吗”跟句子的其他成分之间可以有停顿。例如：

（81）人家说萝卜，你说戈玲儿，干吗呀？现在大敌当前是萝卜，又不是戈玲儿。（《编辑部的故事》）

表面上看，“干吗”是由动词“干”加上疑问语气词“吗”构成的，其实它与疑问语气词“吗”没有关系，而是“干什么”的弱化形式。从表达功能上看，“干吗”等于“干什么”。更有力的证据是，“干吗”和“干什么”在同一部作品里交替使用，具有完全相同的功能。例如：

（82）我连鸡鸭都交代了，还瞒着萝卜干什么呀？（《编辑部的故事》）

（83）这个地方儿空着干什么呀？（同上）

（84）你们来这么多人干什么呀？通通出去！（同上）

6.4.2 “什么”所构成的短语的感叹用法

除了“干吗”外，“什么”还有各种固定组合，表示各种感叹语气。下面举例说明。

（一）“什么叫”。在对话中，“什么叫”之后重复对方的话，表示强烈不赞成对方的说法。例如：

（85）甲：咱们先别去了。

乙：什么叫先别去了，我东西都准备好了。

（86）乙：没有家雀儿你拿这个来蒙我来啦！

甲：什么叫蒙你？这是维吾尔族民歌。（姜昆相声）

（87）甲：我一想，哪儿能都跟他们俩人似的，这么没涵养。

乙：什么叫没涵养啊！（李金斗相声）

（二）“有什么”。它常用在形容词短语之前，用于加强性质的程度。例如：

（88）有什么不痛快，你听他胡扯呢？（《编辑部的故事》）

（89）都去。去人多了有什么不好？（同上）

（90）多听听情况有什么不好。这也有利于你更好地解决问题。（同上）

（三）“凭什么”。它主要用于强调没有理由做某事。

（91）我凭什么给你钱？

6.4.3 正反问句的感叹用法

上面讲的是疑问标记所发展出的感叹用法。汉语中还有一些疑问手段，是一种结构，如正反问句，它有时也有感叹的用法。例如：

（92）甲：“喂”。我有名有姓没有？

乙：人家知道你是谁呀？（侯宝林相声）

（93）嘿，老头走了。嘿——可乐不可乐？（同上）

例（92）的“我有名有姓没有？”是强调“我有自己的名字呀！”例（93）的“可乐不可乐”相当于“多可乐！”当然，这并不是一种稳固的感叹用法，它们是在特殊语境中的临时活用。

6.5 感叹——句子层面的语法范畴

不同的语法范畴所属的语言层面不一样，这决定了它们的使用范围。感叹是一个句子层面的语法范畴，因此感叹句的使用受到很多限制。从这一方面可以看出感叹句的一些重要语法特征。下面主要以典型的感叹标记“多（么）”为例来说明感叹句的使用特点。

（一）主谓结构的感叹句不能再做句子成分或者从句。主谓结构的感叹句不大能作为组成成分在句子里出现。然而，普通的主谓结构则可以。请看下面的对比。

（94）这孩子听话的时候，很可爱。 *这孩子多么听话的时候，很可爱。

（95）工作条件好的企业可以留住人才。 *工作条件多好的企业可以留住人才。

（96）我早就听说过了老王很能干。 *我早就听说过了老王多能干。

（97）他对老王家里富裕并不了解。 *他对老王家里多富裕并不了解。

其他来自疑问形式的感叹标记也有同样的限制。比如表示否定的感叹“哪里”在功能上相当于“不”或者“没”，但是“哪里”构成的主谓结构只能用于独立句子的层面，而“不”和“没”构成的主谓结构则既可以用于独立的句子，又可以做句子中的一个成分。请看下面的对比。

（98）他不知道这件事的时候，乐呵呵的。

→*他哪里知道这件事的时候，乐呵呵的。

（99）我没有心思吃饭的时候就睡觉。

→*我哪里有心思吃饭的时候就睡觉。

（二）感叹标记“多（么）”不能出现在主语位置上。“多（么）”所修饰的直接成分可以是整个谓语，比如“现在社会多复杂呀！”“他们多让人羡慕啊！”“这本书多么有趣呀！”它也可以修饰宾语位置上的形容词，例如：

（100）你们想想你们给人家精神上造成多大痛苦？（《编辑部的故事》）

（101）这是一幅多么难得的画面呀？（同上）

（102）那是多么舒心的日子！（同上）

上述用例的宾语都是“多（么）＋A＋（的）＋N”名词短语，但是这类名词短语不能出现在主语的位置上。根据我们的调查，这种名词短语，要么独立成句，要么做句子的宾语，未见一例是做句子的主语的。下面的句子是不成立的。

（103）*多好的孩子在帮助妈妈做家务。

*多生动的例子说明了那个问题。

*多么和气的王教授今天来给我们作学术报告。

*多大的雨打坏了庄稼。

上述现象可以从汉语主语的性质和感叹的语法意义上得到解释。汉语中，普通动词句的谓语之前的名词被自动赋予一个“有定”的特征，即主语往往代表一个旧信息，然而被感叹的成分往往是一个未知的新信息。也就是说，主语名词的语义特征与感叹的语法意义相矛盾，所以“多（么）＋A＋

（的）＋ N”名词短语不能做主语。同理，也可以解释“多（么）＋ A＋（的）＋ N”名词短语可以做宾语的现象，因为宾语往往表示的是一个“不定的新信息”。

（三）感叹短语“多（么）＋ A”的层次限制

上面看到，由“多（么）＋ A”做定语构成的名词短语可以做宾语，但是有一个限制，“多（么）＋ A”短语只能做宾语名词中心语第一层次的定语，即两者构成一个直接成分，而不能做更低层次的定语。比如，下面的句子是不成立的。

（104）*这是一个多好的孩子的卧室！

（105）*她穿了一件多么漂亮的花色的衣服哇！

（106）*那是多么舒心的日子的照片！

（四）感叹标记多出现在句末或者句首的位置。感叹既然是句子层面的语法范畴，这就意味着感叹的语气是统摄整个句子的。汉语中这类表达全句语气的语法标记，常出现的位置是句末。因此，感叹标记常出现于句末。“多（么）”、“什么”等用作感叹标记时，虽然多用在句子中间，但是所在的句子绝大多数情况都有句末语气词“啊”、“呀”等。也可以这样理解，不少情况下感叹标记“多（么）”等需要句末语气词的辅助才能完成感叹的功能。然而感叹标记“嘛”因为已经在句末的位置，所以不再需要任何其他语气词就可以表示感叹。比较有趣的是“干吗”的分布，随着它渐渐成为一个专职的感叹标记，它也越来越多地出现于句子末尾的位置。“干吗”既可以出现在谓语之前，也可以出现在谓语之后，但是两者的出现频率是不对称的：“干吗”在句子末尾的用例占70%左右。前面已经见到这种例子，这里再举一些：

（107）咳，那都是过去的事儿了。还提它干吗哪？（《编辑部的故事》）

（108）您不回去，还在这儿干吗呀？（同上）

（109）我们有那么多肉，还种那么多萝卜干吗呀？（同上）

（110）等你干吗？咱俩又不是一路的。（同上）

值得注意的是，“干吗”原来是问原因的，然而汉语中真正问原因的短语“为什么”，只能用在谓语之前，不能出现在谓语之后，比如可以说“为什么种这么多萝卜”，而不说“*种这么多萝卜为什么”。

古今汉语的语法特点是有差异的。古代汉语里的“何”表示感叹时，可以用在句首，句子的主语和谓语之间加“之”。例如：

（111）嘻！亡一羊，何追者之众！（《列子·说符》）

（112）何足下拒仆之深也！（《史记·季布栾布列传》）

（113）何子居之高，视之下，仪貌之壮，语言之野也！（《论衡·书虚》）

古代汉语语法中有一个助词“之”可以把一个句子形式变成一个名词性短语，使得来自询问名词性质的疑问代词“何”可以用在整个句子前，表示感叹。

6.6 结语

语言现象表面上看起来是纷纭复杂的，而实际上是非常有秩序的。疑问句和感叹句都属于基本的句类。感叹形式多来自疑问形式，这不是偶然的，背后存在着深刻的认知理据。

第七章　小称与儿化

7.1 引言

表示物体大小的语法标记是不对称的，汉语和其他语言大都有“小称”的标记，然而一般没有相应的“大称”。不同语言表示“小称”的语音形式也具有高度的共性，表面上看来，汉语普通话和方言的小称表现形式很复杂，比如有儿化、重叠、鼻音韵尾、高声调等，其实这正代表了人类语言表示小称的不同类型。同时“小称”语法标记的来源和功能也具有很高的规律性。

本章的主要考察对象是汉语的共时、历时和方言情况，并参照其他语言的研究成果，目的是探讨小称标记的来源、形式和规律，并揭示形成表示物体大小的语法标记的不对称性的原因。

7.2 小称的定义和语言共性

7.2.1 “小称”的定义和在其他语言中的分布

语言拥有各种手段来表示物体的大小，既可以是普通的词汇，又可以是语法手段。本章所讨论的小称是指一种稳定的、能产的形态标记或者语法手段。下面是关于“小称”的普通语言学定义。

形态学上用于表示“小”的词缀，经常引申为“可爱”的意思。比如意大利语的-ino、葡萄牙语的-zinho、英语的-let，等等。

世界上普遍存在着小称现象，而很少见“大称”现象。根据我们能够见到的英语语言学论著和工具书，只有西班牙语中有“大称”形式，例如，ricahon“巨富”和favorzote“浓味”等。由此可见，表示物体大小的“小称”和“大称”的语法标记是极为不对称的。

此外小称标记在各个语言中的使用情况也是不一致的。并不是每一种语言都有小称这种语法标记，即使有，它们的使用范围和能产性的高低也是差别很大的。比如现代英语就缺乏一个能产的小称标记，其小称标记-let是早期英语遗留下来的，只保留在个别词汇上，不能随意搭配，例如：**streamlet**（小溪）、**townlet**（小镇）、**booklet**（小册子）。英语中还有一个借自荷兰语的小称标记**-kin**，只能用于个别词汇上，例如**napkin**（餐巾）、**lambkin**（羊羔）等。

7.2.2 小称的表现形式

小称形态的表达手段很丰富，包括词缀，变换辅音、元音和声调，改变名词的类属或者性等。从跨语言的角度看，表示“小称”的形态手段的语音形式主要包括如下几种：

（a）鼻音；（b）重叠；（c）高频率声调；（d）前高元音；（e）前辅音。

小称的音变方向不是随意的，往往朝着这几类语音特征发展。后文的分析将显示，这几种小称语音形式几乎都存在于汉语的历史、方言和普通话之中，由此可见，一种语言的小称与其语言形式之间的关系不是偶然的，其间存在内在的联系。如果上述五种小称表现形式是一种发展结果或者趋向，那么就意味着，一种语言的某一特定小称形式开始时采用其他形式。汉语中还存在着卷舌动作、非高声调、紧喉音等小称语音表现形式，这些与上述小称语音形式的关系值得进一步研究。

7.2.3 小称的来源和功能扩展

能确定小称语法化的词汇来源的几乎都是表示“小孩儿”的概念。“小孩儿”概念是各种语言小称的共同来源，属于这种类型的语言有很多，包括汉语。注意，这只限于表示小称的词缀形式，其他语音手段如“重叠”等则与“小孩儿”的概念没有直接的联系，而可能来自小孩的语言使用特征。令人深思的是，没有一种语言的小称是来自单纯表示“小”的形容词概念。由此可见，“小称”并不是一个单纯表小的问题。

小称又会发展出其他各种各样的功能，有些已经很难看出跟“小称”的语义关系。不同语言的“小称”常向以下几种语义功能方向引申。

（a）加强程度；

（b）强调正处于某一空间位置；

（c）强调正处于某一时间位置。

汉语的儿尾也有这些用法，同时也发展出了许多其他的用法。儿化韵所形成的语义网络表面上看来纷纭复杂，而实际上其间的联系是有规律的。

7.3 汉语小称的发展与功能

7.3.1 汉语小称的来源和发展过程

跟世界上绝大多数的语言小称标记的来源一样，汉语普通话的小称标记“儿尾”也是来自中古汉语的表“小孩儿”的“儿”字。北方话中的小称标记“儿尾”大致经历了以下三个发展阶段：

第一阶段：从魏晋南北朝开始，“儿”用于人名或者指人的名词后面。例如：

（1）世祖武皇帝……小讳龙儿。（《南齐书·武帝纪》）

（2）昨见罗儿，面颜憔悴。（《南史·孝义传下》）

（3）雪儿者，李密之爱姬。（《北梦琐言》）

（4）偷儿！青毡我家旧物。（《晋书·王献之传》）

第二阶段：到了唐代，“儿”扩展至鸟兽虫等。例如：

（5）芦笋穿荷叶，菱花罥雁儿。（《戏题示萧氏甥》）

（6）飞下一个仙鹤儿来。（《宣和遗事·亨集》）

（7）细雨鱼儿出，微风燕子斜。（《水槛遣心》）

（8）惊起沙滩水鸭儿。（《钓鱼》）

第三阶段：宋代以后，“儿”继续扩展，包括各种无生命的名词。例如：

（9）小车儿上看青天。（《小车吟》）

（10）船儿傍舷回。（《重送杨月叔》）

（11）深注唇儿浅画眉。（《成伯席上赠所出妓川人杨姐》）

（12）皆以新葫芦儿枣儿为遗。（《东京梦华录》）

可以清楚地看出，“儿”在语法化过程中，其搭配范围逐渐扩大，可以概括为：

指人名词（魏晋）→动物名词（唐代）→无生命名词（宋代）

宋代以后“儿”又出现了许多新的用法，它们都一直保留在现代汉语之中。

7.3.2 “儿尾”的功能

小称主要用于表示物体的大小，有关标记多跟具体事物的名词搭配，如“小车儿”、“冰棍儿”等。但是“儿尾”也引申出了其他各种用法，词类也不限于名词。虽然这些引申用法不直接表示物体的大小，但是都与量的表达有关，是它小称用法的引申。下面分别加以讨论。

（一）名词化的功能

小称是表示物体的大小，而现实世界只有三维的具体事物才有这个特征。“儿尾”由此引申出一个功能——加在动词或者形容词之后，把其他类型的概念转化成物质空间的三维物体。这就是儿尾具有名词化功能的基础。

（a）动词→名词

画→画儿；盖→盖儿；卷→卷儿；陈设→陈设儿

（b）形容词→名词

弯→弯儿；尖→尖儿；零碎→零碎儿；破烂→破烂儿

（c）动词→量词

捏→捏儿；转→转儿；截→截儿

也可以从数量特征的角度来看儿化的名词化功能。儿尾原是表示物体的小称的，代表三维空间的离散个体，因此所构成的名词短语可以用自然数称数。这正是名词的典型语义特征，因此儿尾就有了名词化的功能。这也可以解释这种现象：由动词或者形容词通过儿化而形成的名词，通常是代表具体的三维物体，而不能是抽象的名词。汉语的抽象名词一般不能儿化。

（二）称谓的儿化

表称谓的“哥儿”等名词不能单独使用，必须在其后加上“俩”、“三个”、“几个”等数量成分才行。例如：

爷儿（俩）、娘儿（俩）、姐儿（俩）、哥儿（几个）

这类词有一个共同的语义特征，都是代表两种或者两种以上的不同辈分或者年龄的亲属概念。儿尾的本义是表达物体大小的小称，即把有关物体看做一个单一的物体，它在这里的作用就是把多个不同类型的概念构成一个单一的概念。这个“单一的概念”的外延必须是大于等于二，在语言中表现为必须加数量词。

（三）地点和时间名词的儿化

世界各种语言的小称标记经常扩展到时间和方位的表达上，表示正好处于某一地点或者时间位置。汉语的儿化也是如此，可以跟时间名词或者代词搭配，表示类似的语法意义。例如：

今儿（今天）、明儿（明天）、后儿（后天）、前儿（前天）、这儿、那儿、哪儿、这会儿、那会儿、这阵儿、这点儿、大伙儿、自个儿、几儿

儿尾在这里的作用可以从它的搭配能力上看出来。我们以时间词为例来说明这一问题。既然儿尾的作用是指具体的时间位置，那么自身已是代表一个明确时间位置的词语就无须儿化，比如“中午、傍晚、春节、元旦”等。同时，儿尾是

表示时间位置的，那么表示时段的名词一般就不能儿化，比如“上月、去年、春天”等。方位词也有平行的现象。

有启发性的是，通常只有指代性的词语才可以儿化来表示空间或者时间位置。由此可以看出儿尾的作用，指代词往往代表一个宽泛的范围，儿尾的作用是缩小其指代范围，因此就有了“指示某一具体时间点或者方位点”的表达效果。这实际上是儿化的物体小称作用向时间词和方位词扩展的结果。

（四）形容词重叠式的儿化

各种形容词重叠式都普遍存在儿化现象。例如：

（a）AA儿

红红儿、大大儿、小小儿、远远儿、高高儿、厚厚儿、早早儿、好好儿

（b）AABB儿的

踏踏实实儿的、老老实实儿的、舒舒服服儿的

（c）AXX儿

酸溜溜儿、眼巴巴儿、光溜溜儿、干巴巴儿、光秃秃儿、紧巴巴儿、热乎乎儿、笑眯眯儿、胖乎乎儿、好生生儿

形容词通过重叠而定量化，儿尾在这里具有加强程度的作用。很多语言的小称都具有加强性质程度的作用。其实儿尾的这种作用也是由它小称的用法派生而来的。形容词的程度问题实际上是某一性质接近某一标准的程度，即越接近既定的标准，代表的程度就越高。而形容词的重叠代表的是一个模糊的宽泛范围，小称标记“儿尾”的作用就是通过缩小重叠式形容词的语义范围，指示其接近某一性质标准，从而起到加强有关性质程度的作用。

儿尾的上述作用还可以用反证法来证明。自身已经代表一个具体程度的形容词短语，都不能被儿化，比如“最红、很高、碧绿、血红、笔直”等。此外，外延固定或者边界明确的形容词也都不能被儿化，比如“彩色、黑白、急性、慢性、正、副”等，道理很明显，它们都不能通过缩小边界而加强程度。

（五）数量副词的儿化

汉语中有一些表示时间度量等的副词一般需要儿化。例如：

一会儿、一下儿、有点儿、一块儿、一边儿、差点儿、到底儿

这类词的共同语义特点是表示与动作行为的数量特征，包括时间（一会儿）、动量（一下儿）、程度（有点儿）等。这里的用法也是“儿尾”小称意义的自然引申：或者通过缩小时间范围表达较短的时间，如“有点儿”；或者通过缩小动量的程度，表示“动量”的小；等等。

（六）部分短时动词的儿化

一般动词是不能加“儿尾”的，但是少数表示“短时”或者“突然发生”的动作行为动词则可以儿化。儿尾在这里的作用是缩短动作持续或者发生的时间。该类动词主要有：

玩儿、颠儿（跑）、火儿（发急：他火儿了）

现代汉语中表示动作行为时量短的典型语法手段是动词重叠，这正与儿尾的功能相同，如果一起使用就会造成表达赘余，所有的动词重叠式都不能被儿化。这跟形容词重叠式的情况恰好相反。

上述用法是儿尾的几种主要扩展功能，当然这并不是儿尾的全部引申用法。它们都是从儿尾小称义派生出来的。下面总结一下儿尾的表义规律。

7.3.3 “儿尾”的表义规律

小称标记的基本功能并不是一个单纯表“小”的含义，而是把三维物体的尺寸往小处说。这就可以解释这种现象：很多语言小称标记的来源都不是来自单纯表示“小”概念的形容词，而是来自具有三维性的概念“小孩儿”。因为单纯的形容词只是代表一种抽象性质，不具有三维性，因此很难向表示物体大小的小称标记发展。儿尾的来源首先决定了它与名词的搭配能力，它一般只与代表具体事物的名词搭配，而不能跟抽象名词搭配。同时也决定了儿尾的引申方向和范围。可以从“儿尾”的上述六种引申功能概括出以下几个共同特点。

（一）加儿尾的词都与数量表达有关；

（二）各种用法都是从儿尾的小称义派生出来的；

（三）缺乏数量特征的概念都不能加儿尾。

儿尾的各种用法是其不断语法化的结果。它首先在名词范围内扩展，先是用于指人的名词，然后是动物名词，最后是非生命的名词。儿尾到了清代才开始与时间词搭配。其他用法的产生时间尚不清楚，应该是晚近的事情。

7.4 小称标记的语音形式

7.4.1 小称标记的语音形式的语言共性

表面上看来，汉语小称标记的古今语音形式不同，方言差别很大，而实际上它们是非常成系统的，在很大程度上反映了人类语言小称表现形式的共性。前文指出，根据众多学者对各种语言的调查，小称标记的语音形式主要有：（a）鼻音；（b）重叠；（c）高频率声调；（d）前高元音；（e）前辅音。汉语小称标记的语音形式也不外乎这几种，可见小称的语法意义和语音形式之间有一种内在的联系，并不是纯粹约定俗成的问题。下边分别举例加以说明：

（一）鼻音

鼻音特征表示小称是最普遍的一种形式。鼻音特征的具体表现形式也不完全相同，有的是元音加上鼻音特征，有的则是加上鼻音韵尾。这种现象见于汉语方言之中。

（a）元音加上鼻音特征。例如金华方言：梨儿$\mathrm{li\text{-}\tilde{ı}^{313}}$；兔儿$\mathrm{t^hu\text{-}\tilde{u}^{55}}$；刷儿$\mathrm{ɕyɤ\text{-}y\tilde{e}^{55}}$；盒儿$\mathrm{ɤ\text{-}\tilde{ɤ}^{14}}$。

（b）前一个音节加上鼻辅音。例如南部吴语的“儿”一般读[n̠ie]、[n̠i]、[ɲi]、[n]、[ŋ]等，浙江武义话的儿化韵一般是加上韵尾[ŋ]：狗儿$\mathrm{kau^{55}\rightarrow kaŋ^{53}}$；李儿$\mathrm{li^{13}\rightarrow liŋ^{13}}$；兔儿 $\mathrm{t^hu^{53}\rightarrow t^huəŋ^{53}}$ 。

（二）重叠

普通话的名词一般是不能重叠的，只有少数几个可以重叠表示“遍指”，比如“人人”、“事事”等。但是在很多方言中名词普遍用重叠形式表示小称。根据有关研究，名词重叠式既可以单独表示小称，又可以跟“儿”音一起表示小称。

汉语方言中名词重叠表小称的现象

方　言	举　例
山西文水话	刀刀、车车
山西交城话	盘盘、花花、根根、尖尖
湖北宜昌方言	框框儿、条条儿、穗穗儿、板板儿
湖南常德方言	骨骨、骨骨儿（果核）；斗斗、斗斗儿；槽槽、槽槽儿
湖南临澧方言	字字儿、枝枝儿、把把儿、格格儿
湖南澧县话	缸缸儿、盆盆儿、鼓鼓儿
四川重庆话	豆豆儿、盖盖儿、洞洞儿、刀刀儿

上表并不是一个全面的统计，由此也可以看出重叠表小称在汉语中的广泛分布，包括晋方言、湘方言、西南官话等。有几种情况非常值得我们注意：

首先，在晋方言中，“儿尾”只有构成双音节名词的作用，但是并不表示小称。比如山西交城话的“墙儿、桶儿、井儿、桥儿、伞儿”等都是普通的名词，只有名词重叠式才具有表示小称的功能，比如“盘盘、花花、根根、尖尖”。山西文水话的情况也是如此。

其次，“儿尾”具有表示小称的作用，但是在单音节和名词重叠式之后的形式不同。单音节之后的儿尾是一个单独的音节，重叠式名词之后的儿尾则失去独立音节地位，跟其前的音节结合成一个音节，使其韵母带上鼻音特征。

最后，有些方言，如湖南常德话，小称的表达既可以是一个单纯的名词重叠式，又可以加上儿尾。

（三）高声调

汉语有很多方言用高声调来表示小称的语法意义。广东信宜话中表示小称的是一个超高声调。很多南方方言基本上都维持着上古汉语的情况，很少用或者完全不用词尾“儿”和“子”。词尾“儿”在粤方言中是绝对不用的。由上述现象可知，一种方言有没有“儿尾”跟有没有小称标记并不是一回事，因为小称标记可以选择其他的语音形式。

（四）高元音

现代汉语中缺乏其他语言的以前高元音表示小称的现象，但是存在以后高元音[ɯ]表示小称的用法，如洛阳话和武汉话。然而14世纪之前“儿尾”是读前高元音 [i] 的。前文指出，“儿”从魏晋开始就有了小称的用法，可见从那时至14世纪的近一千年的时间里，汉语的小称标记都是前高元音。

综上所述，普遍存在于其他语言的表示小称的五种常见语音形式，汉语中就有四种。

7.4.2 小称标记的各种来源及发展

（一）不同的来源

从语音形式上看，汉语不同方言的小称来源不是单一的。一是来自中古汉语的“儿”字，它的使用范围最广，北京话（普通话）等都是如此。二是来自名词的重叠形式，晋方言、湘方言、西南官话等的部分地方话属于这一类。三是来自高声调，粤方言和部分吴方言属于这一类。吴方言的表小称的声调多是高声调，比如汤溪方言中，不管本字的单字调读什么，表小称时一律读作高平调55。吴方言部分地区用声调表示小称，是来自由儿尾转化而来的鼻音特征的消失。但是粤方言根本就不存在儿尾，因此它的高声调小称形式应该是独立发展出来的。为什么小称的语音形式一般向高声调发展而不是其他的声调?

概括起来，汉语小称的来源有两大类。一是直接来自表示“小孩儿”概念的“儿”，二是来自反映小孩儿语言使用特点的“重叠”和“高声调”。

（二）小称的鼻音特征与“儿”不规则音变的动因

“儿”的读音形式在15世纪左右才变成了[ɚ^{35}]，属于不规则音变。“儿”在14世纪的《中原音韵》里是属于支思韵的，读音应为[ʐʅ]。从那时到现在“儿”的声母丢失了，韵母的音质也产生了重大变化，跟同组词的其他字[1]的读音发展分道扬镳。而且“儿”在现代各地方言中的读音也多是一个具有鼻音特征的元音，或者是具有一个鼻辅音的音节。下边是“儿”的方言读音。

北京ɚ^{35}、济南ɚ^{31}、西安ɚ^{24}、太原ɚ^{11}、武汉ɯ^{213}、成都ɚ^{21} 、苏州n̠i^{34}、温州ŋ^{31}

“儿”的不规则音变跟它的小称标记的用法有关。从其他语言的情况看，鼻音特征是小称标记最常用的语音形式之一，两者之间有一种内在的关系。到了15世纪左右，“儿”的小称用法已经完全发展成熟了，在鼻音和小称表达的内在联系的驱动之下，“儿”向具有鼻音特征的音素发展。该发展的音理尚需要作进一步的研究。在不少汉语方言中，单纯的鼻音特征可以作为小称的语音表现形式。世界上也有其他语言以单纯某一个语音特征而不是音素来作为语法范畴的表现形式。

7.5　形成小称和大称不对称性的认知基础

现在我们来尝试解释为什么会形成“小称”和“大称”语法表现的不对称性。语言规则是现实规则通过人们的认知在语言中的投影。表示物体大小的语法形式的不对称性也受现实世界规则的制约。有关的现实规则如下。

（一）现实世界的生命体，在尺寸上多是由小变大的；而且尺寸都有一个限度，不可能无限增大。同类的生命体都会经过一定的时间达到一个“正常尺寸”。一般来说，在一种生命体范围内，正常尺寸的成员数总是大于新生命体的成员数。这种现实规则投射到语言中就是：

“正常尺寸”与“小称”形成对立，选取一个语法标记标示成员尺寸较小的

【1】跟“儿”具有相同发展的还有“尔、贰、二”等，它们的音变原因有待进一步探讨。

“小称”，而把正常尺寸的物体看做是无标记的。

（二）任何生命体的尺寸都不可能无限增大，在一个生命群体内部，“尺寸”大的成员只是相对的、少见的，因此不会以语法的形式反映在语言之中。只有那些基本的、常见的、有规律的现实规则才有可能投射到语言中去。

（三）人类是认知活动的主体，而且每个人都生活在由人组成的社会群体之中。所以人类在观察生命体的成长规律时自然以自身为中心，因此一种语言自然选取“小孩儿”的概念作为“小称”标记的语义基础。这影响了小称标记的使用范围的扩展方向，比如汉语的儿尾先是用于指人的名词，然后是动物名词，最后才是非生命的名词。

全人类都生活在同一现实世界中，受同一规则的制约。这种规则通过人类的认知折射到语言中去，就形成了一致的语法规律。

7.6 结语

本章主要讨论了小称的功能和语音表现形式。小称标记的基本功能是表示三维物体尺寸小，由此可以派生出各种用法，包括指示地点、时间、性质、数量、动作等。各种用法之间具有内在的联系，都是由三维物体的小称投射到时间、性质等空间的结果。此外，小称的语音表现形式也是有理据的，汉语中有鼻音、重叠、高声调、高元音等形式，它们反映了人类语言小称表现形式的共性。

表示物体大小的语法形式的不对称性，是现实规则在语言中的投影。生命体的成长过程中，自身的尺寸多是由小到大的，而且都有一个限度，即不可能无限增大。这样在语言中就形成了“小称”与“正常尺寸”的对立，而往往缺乏“大称”。

第八章 陈述句与虚拟句

8.1 引言

陈述语气和虚拟语气是普通语言学中常见的一对概念。从表达内容的角度来看，陈述语气表示的是事实，虚拟语气表示的多半为假定的情况。两类句子中的动词的句法行为存在着鲜明的对比。这是人类语言的一个普遍现象。汉语中也存在着类似的现象，比如，在肯定和否定的使用上，两类句子就存在着明显的差别。因此，有必要在汉语研究中区别这两类不同性质的句子，以便在纯化的状态下考察语言问题，弄清一些语法现象的特性。两类句子的句法对立实际上是一种句法临摹现象。陈述句讲的是实际上发生的动作行为，它们具有时间特性，因此可以带上各种与时间信息表达有关的语法标记；虚拟句的情况则相反，其中的动词一般不能与具有时间表达功能的语法标记搭配。

8.2 虚拟语气的类型学定义

很多语言，特别是印欧语言，具有区别虚拟句和陈述句的动词。虚拟句通常表示非现实性或者可能性。比如，在西班牙语里，表示“要求”、“规劝”、“允许”、“禁止”、“命令”、“希望”等的动词必须用虚拟形态。在普通语言学中，“虚拟语气”的定义很不相同。狭义地讲，它只指疑问或者不确定的事件。广义的定义则是指任何非现实的动作行为或者事件。我们所使用的定义是广义的，包括以下几个方面：

1） 祈使；2）疑问；3）可能；4）条件；5）假设；6）意愿

英语也有虚拟语气和陈述语气的对立。虚拟句中的动词跟祈使句的一样，几乎没有任何句法或者形态变化，一般采用动词的基式。英语的每一个陈述句都有一个限定动词，通常带上时态标记。但是，虚拟句中的动词，不管是过去还是现在，都用动词的基式，比如propose（建议）这一动词后的从句只能采用虚拟语气：

（1）The committee proposes/proposed that Mr. Day be elected.

英语中，下列概念的词语所引进的宾语从句或者定语从句必须用虚拟语气：

动词：decide、insist、order、prefer、request

形容词：advisable、desirable、imperative

名词：decision、decree、order、requirement、resolution

英语的一些条件从句的动词也采用虚拟语气：

（2）a.Even if that be the official law, it cannot be accepted.

b.If any person be found guilt, he shall have the right of appeal.

c.Whatever be the reasons for their action, we cannot tolerate such disloyalty.

d.Whether she be right or wrong, she will have my unswerving support.

英语虚拟语气的否定也有自己的特色。一般动词的否定需要加上助动词do才行，然而虚拟从句的动词则是直接加上否定词not。例如：

（3）It is essential that this mission not fail.

8.3 陈述语气和虚拟语气

8.3.1 虚拟句的范围和特点

陈述语气表达的是客观存在的事物、行为、性质、变化、关系等，表达这方面内容的句子称为陈述句。相对地，虚拟语气表示的是非事实的、假设的、主观意愿的事件、行为、性质等，表达这方面内容的句子称为虚拟句。汉语的虚拟句包括祈使句、疑问句、条件句、假设句、意愿句等。

现实和虚拟这两种对立现象，在语言中就表现为陈述句和虚拟句在语法上的一系列差异。全人类都生活在同一个世界中，他们的规则空间是一样的，那么一个逻辑结论是：每一种语言的语法都会对这对范畴作出反映，尽管它们的表现形式可能不完全一致。如前文所指出的，英语虚拟句中的动词没有时态变化。俄语的假设句不论是过去、现在还是将来，都用过去形式。法语中动词也有陈述式和虚拟式之分，当表示客观的事件、确信、肯定等时，动词用陈述语气，然而表示主观愿望、怀疑、否定等情况时，动词用虚拟语气。德语也有类似的分别。然而汉语的语法书却很少明确提及陈述语气和虚拟语气这个问题，但是这并不意味着汉语不存在这种语法对立。人类都生活在同一个规则空间里，现实和虚拟的对立在语言中也都会反映出一系列不同的语法特征。下面分别阐释汉语的陈述句和虚拟句之间的句法差异。

8.3.2 虚拟从句的否定

汉语有一类表示命令、祈使的动词，它们所引入的从句的动词不能被“不”或者“没有”否定，只能被“别”或者“不要”等否定。例如：

（4）a.我叫你先别看电视。

b.*我叫你先不看电视。

c.*我叫你先没看电视。

（5）a.老师要求我们不要在教室吃饭。

b.*老师要求我们不在教室吃饭。

c.*老师要求我们没在教室吃饭。

（6）a.我劝他别马上上班。

b.*我劝他不马上上班。

c.*我劝他没马上上班。

带这类虚拟语气从句的动词都有祈使的含义。“别”和“不要”是祈使句的专职否定词语，因此只有它们才能否定从句中的动词。

8.3.3 动补结构的否定

现代汉语里，“不”和“没”具有明确的否定分工：“不”只能否定连续的性质、动作、行为，“没”则只能否定离散的词语。动补短语的“补语”的语法作用之一是使动词有界化（离散性质），因此在陈述句里动补短语只能被“没”否定，而不能被“不”否定。例如：

（7）a.我没有看完那本书。

b.*我不看完那本书。

（8）a.我没有吃饱饭。

b.*我不吃饱饭。

（9）a.我还没找到那个词。

b.*我还不找到那个词。

（10）a.我没有做好作业。

b.*我不做好作业。

但是在表示虚拟的假设句、条件句时，动补短语可以为“不”否定。例如：

（11）a.不看完那本书，我是不会睡觉的。

b.不吃饱饭干活没劲儿。

c.不找到那个词，你就不能正确理解整句话的意思。

d.不做好作业不能出去玩儿。

8.3.4 动词重叠的否定

动词重叠式在陈述句中不能直接用“不”或者“没”否定，然而在表虚拟的条件句、疑问句中则可以。例如：

（12）a.每天早上都锻炼锻炼身体。

b.*每天早上都不锻炼锻炼身体。

c.*每天早上都没锻炼锻炼身体。

d.每天早上不锻炼锻炼身体，一天都会感到难受。

e.早上你没有锻炼锻炼身体吗？怎么看起来这么没精神？

（13）a.每星期都看看电影。

b.*每星期都不看看电影。

c.*每星期都没看看电影。

d.每星期不看看电影就觉得少了点儿什么。

e.这星期你没看看电影吗？刚出了一部很精彩的电影。

8.3.5 持续体标记“着”的否定

动词加“着”表进行态时，陈述句中不能加“不”否定，而在表虚拟的条件句、疑问句中则可以。例如：

（14）a.他听着收音机。

b.*他不听着收音机。

c.他不听着收音机就学不进去。

（15）a.他拉着自己的车子。

b.*他不拉着自己的车子。

c.他觉得，不拉着自己的车子，简直像是白活。

8.3.6 虚拟语气动词的体标记使用限制

表达劝说、要求、建议等的动词后的从句表示的是非现实的事件，其中的动词只能采用虚拟语气，一般为动词的非限定形式，不能加体标记“了”、

“着”、“过”。比如可以说“我劝他学习法语”，但是不能说“*我劝他学习过法语”。这些句子的时间观念只能在第一个动词“劝”等上体现出来：“我过去曾经劝过他学习法语”。

（16）a.大家都劝她到国外念书。

b.*大家都劝她到国外念了书。

（17）a.我建议她在图书馆看书。

b.*我建议她在图书馆看着书。

（18）a.大家都鼓励他学习经济学。

b.*大家都鼓励他学习过经济学。

8.3.7 虚拟句中否定词的特殊语序

在某些结构中，否定词的位置随表陈述语气和虚拟语气的不同而变化。比如，在结构“代＋X＋对＋代＋Y＋形/动”中，否定词出现在X位置上时一般是表示条件、意愿等虚拟情况；在Y位置上时，一般是表示现实情况。例如：

（19）a.他们对我不好，所以我很生气。（现实）

b.他们不对我好，我就不理他们。（假设）

c.你怎么不对她好点儿呢？这不，把人家给气走了。（疑问）

d.你叫我对他好，我偏不对他好。（意愿）

（20）a.你对他不够照顾。（现实）

b.你不对他照顾点儿，他就没办法生活。（假设）

c.他的生活那么困难，你怎么不对他照顾点儿呢？（疑问）

8.3.8 虚拟句的特殊语序

陈述句中被认为是不合法的句法结构或者语序，在疑问句中则可能是正常的。例如：

（21）a.*她不又念唐诗了。

b.她不又念唐诗了？

（22）a.*不就得少卖点儿。

b.这样一来不就得少卖点儿吗？

（23）a.*不省得每天麻烦。

b.把一星期的菜一次买足，不省得每天麻烦吗？

在印欧语言中，陈述句和疑问句也有明显的差异，比如英语的是非问句要把助动词be、do、have等放在句首。这种陈述句和疑问句在句法形式上的差异也反映了客观存在的“现实”和“虚拟”的对立对语言的影响，因为陈述句一般是表示现实情况的，疑问句则通常表示不确定、虚拟的情况。两类句子在句法上的差异是人类语言的一个普遍现象。以上分析显示，尽管具体的表现形式很不一样，但汉语跟印欧语言一样，陈述句和虚拟句的句法差异也是十分显著的，我们有充足的理由在汉语中划分出这两大类。

有人认为原始汉语的语序是SOV，理由是在先秦汉语中否定句和疑问句中的宾语如果是代词时，一般放在动词之前。例如：

（24）居则曰：“不吾知也。”（《论语·先进》）

（25）我无尔诈，尔无我虞。（《左传·宣公十五年》）

（26）大道之行也，与三代之英，丘未之逮也。（《礼记·礼运》）

（27）梁客辛垣衍安在？（《战国策·赵策》）

从人类语言的共性角度看，上述现象并不足以说明先秦疑问句的语序是原始汉语SOV语序的残留，后来才完全变为今天的SVO。在我们看来，它们是先秦汉语采用的区别疑问句和陈述句的语法手段。现代汉语虽然不再用这种语序倒装的方法，但两类句子之间仍保留着系统的句法对立。那么为什么先秦汉语中唯独否定句跟疑问句具有共同的语法特征呢？这是因为它们的表义功能相似，都是表示非现实的、不确定的事情。

8.4 语法研究的理想化状态

确立汉语的陈述句和虚拟句的句法差异具有重要的方法论意义，可以帮助我们在纯化状态之下考察语法问题，发现一些重要的语法规律。比如肯定和否定的对称与不对称现象十分复杂，只有在纯化的状态下才能把问题研究清楚。区分陈述句和虚拟句可以帮助考察清楚这一复杂的问题。考察肯定和否定的对称与不对称是在陈述句范围内进行的，说某个词语能否被“不”或者“没”否定，都是说它们在陈述句中的使用情况，并不排除它们在虚拟句中加否定词的可能性。到底以哪类句子作为考察的范围，取决于考察对象的性质。就肯定和否定问题来说，以陈述句作为考察范围比较合适，因为它具有普遍性、代表性，而且虚拟句中肯定和否定的使用情况本质上是与陈述句一样的，所以陈述句中的问题搞清楚了，虚拟句中的问题也就迎刃而解了。

没有陈述句和虚拟句的划分，很多语法规律是发现不了的。比如动词重叠式的否定，表面上看来似乎既可以被肯定又可以被否定，但是仔细观察就会发现，它们在陈述句中是不能被否定的，只有在表条件、假设时才能被“不”或者“没”否定。再比如，汉语中有一类动词，诸如“理睬、像话、好意思”等，它们的肯定和否定用法在陈述句和虚拟（疑问）句中是互补的：在陈述句中，它们只能用于否定结构；在疑问句中，则只能用于肯定结构。例如：

（28）a.这样做太不像话了。

b.*这样做很像话。

c.这样做像话吗？

（29）a.他的礼物我们不好意思不收下。

b.*我好意思不接受他的礼物。

c.他的礼物我好意思不收下吗？

一般来说，规律都是在理想化状态下得出的。物理学中的自由落体定律是在排除空气浮力等，只在重力的作用下总结出来的规律。而在客观世界中，完全符合该条件的落体现象是不存在的，物体在下落过程中总要受到包括空气浮力在内的多种外界因素的干扰。尽管如此，自由落体定理还是在更深的层次上反映了下落物体运动的共同本质。数学中的情况亦是如此。数学家们在处理实际问题时，多采用这种方法：化繁为简，排除次要的、枝节的因素，抽象出它们的数量特征，然后对其进行计算或推理。又如，客观世界中的圆没有一个是跟平面几何中所讲的完完全全一样的，但是平面几何的圆是在本质上反映了客观世界中千千万万个圆的共同特性。语言规律和语言事实之间的关系也是这样，尽管没有一个语法规律符合所有的语言现象，但是正确总结出来的语法规律都深刻地反映了语言的使用规律。

8.5 结语

陈述句和虚拟句的句法对立是“现实”和“虚拟”这对范畴在语言中的投影。两类句子在有形态的语言中有形式标准加以区别。区别的本质是，虚拟句因为表示的是非现实的情况，它的动词就不能带上与表达时间信息有关的语法特征。尽管与其他语言在表现的具体形式上不一样，但汉语也存在陈述句和虚拟句在句法形式上的对立，主要表现在否定词和体标记的使用上。这两类句子其他方面的差别值得我们进一步思考。

在汉语中划分出陈述句和虚拟句，具有重要的方法论意义，它可以帮助我们在纯化的状态下考察语法问题，发现一些重要的语法规律。

第五编 运作原理

第一章　语法结构的合成性质

1.1 引言

形式语言学的研究重点由传统语言学的对语言现象的描写与分类，转到对人们使用语言的心智的探究。后来出现的其他语言学流派，包括跟转换生成语言学针锋相对的认知语言学，都在探究语言的认知基础上跟乔氏学说的精神是相通的，差别只在于制约语法形式表达的认知机制到底是什么。生成语言学的基本观点为，语法形式形成的机制是生成的。认知语言学说是对乔姆斯基语言学的一个反动，认知语言学认为语法结构的产生机制是由更小的单位合成的，语言是单层的。

然而，不论是生成说还是合成说，目前都仅仅是一种关于语法结构形成机制的假设，尚缺乏科学的论证。形式语言学的“生成”概念是直接从数学那里借来的，既不是根据心理学实验得出的结论，也不是基于对语言事实的观察所概括出的规律。认知学派的“合成说”主要是针对乔氏的观点而来的，也没有经过严密的科学论证，而且在自己的理论体系中所处的地位也很边缘，该学派的学者在这一点上态度也不完全一致。

1.2 关于语法形成机制的两种假说

1.2.1 形式语言学的“语法生成说”

下面是形式语言学的“语法生成说”的主要内容：

（一）人类的大脑中存在一个专司语言的器官。人的内在认知能力具有普遍性和规律性，据此可以理解和生成无限的新的、合乎语法的句子。

（二）生成语法是由一套有限的形式规则构成的，能够生成无限的合乎语法的句子。

（三）语法是由不同的层级构成的，诸如早期提出的“表层结构”和“深层结构”之别，后来的最简方案又有“逻辑层面”和“语音层面”。表层结构是由这些层面通过一定的规则生成的。

1.2.2 认知语言学的“语法合成说”

认知语言学在语法的形成特性方面跟生成语言学的观点截然对立，它的“语法合成说”的核心内容可以概括如下：

（一）语法本质上是一种符号性质的，符号由语音形式和意义内容两个方面构成，词汇和语法之间并没有明显的界限。

（二）语法结构是由基本的词汇单位合成的，用来表达更复杂的意义内容。

（三）语法结构是单层的，并不存在隐性层面，不同的结构之间具有不同的语义值，并不存在转换的关系。

（四）语法是在使用中产生的，语言学习者能从具体的用例中抽象出语法格式。

1.3 来自儿童语言习得的启示

1.3.1 儿童单词语阶段的语言学启示

儿童语言习得是洞悉语法特性的一个非常重要和理想的窗口。儿童习得语言首先经历了一个单词语阶段。儿童的语言习得遵循着由简到繁、循序渐进的过程。他们对单词的学习早于对语法的掌握，大致过程如下。大致在10—13个月时，儿童开始输出最初的单词。大约在18个月时，许多儿童在单词学习量上骤然增长，被称为“命名爆炸”或“词汇骤增”。儿童最早学会的单词一般是与他们的生活密切相关的物体和事件。最早的词汇类型一般为：

（一）家庭成员：妈妈　　（五）食品：牛奶

（二）动物：狗　　（六）突出的身体部位：鼻子

（三）交通工具：小汽车　　（七）衣着：帽子

（四）玩具：球　　（八）日常用具：杯子

儿童学习单词是根据天赋的符号表征能力。但是这一天赋能力并不能使儿童自发输出语言，儿童的语言习得依赖两个条件：一是成人语言的输入，二是对周围事物的观察，两者缺一不可。

儿童的单词语阶段支持认知语言学的语法观。认知语言学认为，语言单位的本质是语音和意义结合的符号性，它们正如一张纸的正反两面，是不可分割的。儿童把这些符号储存在记忆库中。同时单词语阶段也反映了认知语言学的词汇和语法之间没有明确界限的观点。儿童的单词语跟成人语言中的单个词汇的性质很不一样，往往包含丰富的信息，具有句子的作用。比如儿童说“球”，意思可能是“那里有一个球”、“我要球”等，即儿童的单词语阶段反映的是一个词汇和语法混沌不分的现象。

1.3.2 儿童双词语阶段的语言学启示

儿童双词语阶段的出现标志着语法特征的产生。儿童双词语阶段和单词骤增期都是发生在约18个月大的时候。两者的时间契合很有启发性，说明单词的学习和语法结构的出现之间具有内在的联系。世界不同民族的儿童语言习得显示，儿童双词语阶段的语言有两个显著的普遍特征：

一、世界各地幼儿的话语都具有某种“电报语”的性质。他们的语言缺乏那些在交流中不太重要的词，诸如冠词（the）、连词（and）、助动词（can、will）和介词（on）。

二、大多数的双词语属于以下八种语义关系：

（一）施事-动作：妈妈吻。　（五）实体-位置：杯子桌子。

（二）动作-对象：打球。　（六）所有者-所有物：爸爸汽车。

（三）施事-对象：妈妈球球。　（七）属性-实体：大汽车。

（四）动作-位置：坐椅子。　（八）指示词-实体：那汽车。

儿童在习得语言的整个过程中，只有在双词语阶段才表现出了高度的一致性，尔后就开始逐渐分化，掌握越来越多的自己母语的语法特点。儿童双词语阶段的特征可以给予我们以下重要的语言学启示。

第一、语法对词汇（语义）的依赖性。儿童语言的语法特征的出现与其词汇量的迅速增长发生在同一时期，这不是偶然的，说明儿童只有掌握了一定量的词汇，明白词汇的所指对象之后，才能把它们组装成更大的语言单位——“语法结构”。

第二、语法结构是由基本的语言单位合成的。合成的理据是儿童日常所能直接观察到的事件结构、现象关系等，而不是根据什么先天性的抽象规则。儿童语法知识的习得依赖对周围现象的观察理解。儿童学习语法并不是被动的模仿，而是基于对周围现象的独立观察和积极思考，这可以解释儿童语言中的大量创新部分。儿童首先必须知道词语的意义，然后根据现实理据，才能知道它们能够跟哪些词语组合搭配（合成）。

第三、儿童能够理解和造出无限的新句子，不是单纯来自抽象的语法规则，更重要的是来自关于现实世界的知识。现实世界的事物、现象和关系是多姿多彩、无穷无尽的，儿童用语言符号来表达自己观察到的对象，并根据自己以往的经验来理解（重构）新的句子。缺乏关于现实世界的知识，儿童将无法学会和理解一种语言。语法规律是现实规则在语言中的投影，自然语言的语法结构和规律往往是跟现实世界的事理相容的，因此儿童可以根据对现实世界的观察相对迅速而容易地学会一种语言的语法。也就是说，解决生成语言学的问题——“何以儿童能够根据有限的规则（或者语言输入）理解无限的句子”，不单纯是一个语言或者认知系统自身内部的问题，而且是一个“语言-大脑-现实”三个因素相互作用的结果。

第四、成人语言的输入是儿童语言习得的必要因素之一。儿童还需要学习母语中很多约定俗成的关系。比如上述的“动作-对象”，如果是SOV语言，儿童的双词语的顺序就是“球打”；至于“属性-实体”的关系，在修饰语位于中心语之后的语言里就是“汽车大”；如此等等。

第五、语法并非一个自足的、封闭的形式系统。

总之，儿童双词语阶段的特征与认知语言学的精神是相符的，他们首先习得音义结合的基本符号单位——词，然后根据关于现实世界的知识，把它们“组装”成更大的符号单位，用以表达更复杂的内容。语法结构是单层的，其符号结构直接对应于外在世界的知识结构。

同时，儿童的双词语阶段也显示，并不存在一个先天的、自足的规则系统，即没有生成语言学中所谓的“普遍语法”。生成语言学派关于语言本质的假设是错误的，由此带来很多分析上的偏颇。这里举一个乔姆斯基经典理论中的例子来说明。生成语法认为，“转换形式”是通过一系列转换和/或省略规则从基础句或核心句派生出来的句法结构。例如，The red book is on the table，可以看做是下列两个核心句的转换形式：The book is on the table和The book is red。表面上看起来，这种分析也有道理，但是实际上所依据的是一种错误的假设——语法的基本结构体都是简单的陈述句。其实，儿童最早的语言中就存在单词句和偏正结构的双词句，完整的陈述句倒是后起的。生成学派对很多句子的转换分析是随意的，并没有什么根据。

1.3.3 儿童语法的复杂化的方向及其启示

大约从儿童两岁开始，语法朝两个方向复杂化：

（一）根据双词语阶段的各种语义关系，组装成更大的结构体，其语法结构也就具有了层次性。比如“宝宝玩大汽车”，其中的“宝宝玩”为“施事-动作”关系，“玩大汽车”为“动作-对象”关系，“大-汽车”为“属性-实体”关系，整个句子则为“施事-动作-对象”。分析起来看似复杂，实际上是由前期已经掌握的简单语义关系组装而成的。与此同时，儿童也开始掌握母语语序的知识，比如他们已经知道在像汉语、英语等SVO语言中，“宝宝抱妈妈”和“妈妈抱宝宝”所表达的意义是不同的。

（二）单词开始出现形态变化，原来电报语言的句子中的名词或者动词加上了单复数、时态等标记，句子组织开始出现连词、介词等功能词。

儿童语法的发展是由思想表达的复杂化和精密化决定的，它循着两个方向：一是由小的单位和简单的语法关系组装成大的、复杂语法关系的句子；二是在词干上添加语法标记，或者在其间插入虚词。儿童语法的复杂化方式反映了语法的合成性，即由基本的符号单位组成较大的符号串。同时也说明，语法并不是通过什么规则，由看不见的逻辑关系再赋予一定的语音形式生成表层形式。如果语法的形成过程真的如生成学派所认为的那样，那么我们的语言表达将是一件复杂而又繁重的任务。根据认知心理学所提供的证据，人们的语言表达应该是从自己的记忆库中提取大小不等的语言单位，根据该语言的结构规范临时组装起来的。

1.4 从语法的历时属性看

1.4.1 语法规律的历史层次

生成语言学派的理论缺陷与他们忽略语法的历史属性不无关系。他们的一个重要学术理想或者研究目标是，发现一组非常有限的规律，从而生成该语言全部的合乎语法的句子。从历史的角度看，这是根本无法实现的。今天的语法系统是历史长期发展的结果，其中既有活的、高度能产的规律，也存在没有任何能产性的古代规律的遗留。有些古汉语的语法现象仍使用于当今的口语之中，但是它们不能靠语法规律推出，必须把它们作为固定的单位记住才能使用。下面我们以现代汉语的名量词重叠表遍指的现象为例来说明这一点。

现代汉语存在一个量词重叠表遍指的规律，可以概括如下：（a）必须是单音节的；（b）必须能与各种数词直接自由搭配。这是一条能产的语法规律，凡是符合这两个条件的量词都可以重叠表遍指，因此人们不需要一一记忆，词典也不必一一注明，如“个个、根根、条条、张张”等，违反其中任何一个条件就不会具备表遍指的功能。量词大部分都是单音节的，也有个别双音节的，如“架次、嘟噜[1]”都没有重叠表遍指的功能。还有一部分量词只能与特定的某一个或者几个数词搭配，它们也都没有重叠表遍指的用法。例如：“（一、两）码（事）、（一）番（话）、（一）把（鼻涕）、（一）副（笑脸）”等。

现代汉语的普通名词则没有这个用法，比如不能说“*书书、*灯灯、*马马”等。然而有极个别的“例外”，较典型的是“人”和“事”两个名词，[2]它们是普通的名词，却在现代汉语口语中可以重叠表遍指。例如：

（1）人人苦，没法提，不死也掉一层皮。（《茶馆》）

（2）我没那么大耐性让你们人人都高兴。（《编辑部的故事》）

（3）徐姐虽然顽固，但她事事都听老爷的。（《王蒙小说选》）

（4）他往往摆起穷架子，事事都有个谱儿。（《骆驼祥子》）

这里简单解释一下上述现象存在的原因。唐代之前汉语存在一个能产的语法规律，使得普通单音节名词可以重叠表遍指，然而后来随着量词的出现，该规律的作用对象逐步转移到量词上。但是几个高频使用的名词仍然保留着其旧有的用法，这与高频词具有较强的抗拒新语法规律类推作用的能力有关。英语中也有类似的现象，代词属于高频词，因此它们相当完整地保留了古英语的性、主格、宾格、领有格等形态变化，然而这些形态变化在普通名词上已经消失了。像这类语法的历史化石现象，就无法靠规律推出来，人们必须把它们记住。这意味着生成学派所追求的学术目标是无法实现的。

1.4.2 语法系统的非均质性

生成学派的很多假设都建立在这样一种信念之上：一种语言的语法是一种均质的、静态的系统。但是这一信念并不符合语言事实。今天的共时语法系统是历史长期发展的结果，任何语言的语法都不会停于一种状态而不变，共时的系统中存在着新兴的语法现象或者正处于变化过程的规律。新出现的语法规律往往具有很强的词汇限制，能产性很低，而且也可能打破业已存在的语法规律。诸如此类的复杂现象，都不可能使几条简单的语法规则就可以描写所有合

【1】用于连成一簇的东西：一嘟噜葡萄；一嘟噜钥匙（《现代汉语词典》商务印书馆，1996年）。

【2】另有“处处”、“时时”等，详见后文。

乎语法的句子。

生成学派是把自然语言的语法理想化了，往往忽略了能产性较低的新产生的语法结构，而这些结构通常具有强大的生命力，随着时间的推移可能取代旧有的语法结构而发展成为一种新的语法范式。语言的真正情况是，旧的规律不断被打破，新的规律总是会产生，不同的规律的能产度差别悬殊。这样，母语者只有在自己长期的语言使用经验中才能逐渐掌握这些用法，因为语法中并不存在一劳永逸的规则。这正与认知语言学的精神相容。

1.4.3 语法标记的来源对语法格式的影响

生成学派认为人类语言存在一个普遍语法，给各种语言的具体语法结构事先设定了一套原则。而从跨语言的角度看，尽管一些结构普遍存在于各个语言之中，但是由于它们的来源不同，同类结构在不同的语言中都有自己鲜明的个性，并没有一个适合各个语言的规律。即使在同一语言的内部，同类结构的语法标记由于在不同时期的词汇来源不同，也会具有不同的形式特点和功能，也没有一个统一的规律。下面以各种语言的基本格式之一——被动格式来说明这一点。

古今汉语使用历史最悠久、最常见的被动标记是“被”，它原来的词汇义为“遭受、遭遇”，所涉及的对象多为不如意的事情。这影响到它语法化后的被动格式，一般只能表示被动的消极的事件。比如可以说“他被老师训斥了一顿”，而不大能说“*他被老师夸奖了一次”。英语的被动标记by来自地点介词，原来的意义是中性的，其被动格式可以用于积极和消极两种场合，结果就造成了英语被动格式比汉语的使用频率高的现象。

古今汉语被动格式在引入施事上差别很大，这跟被动标记的语法环境有很大关系。先秦时期常见的被动标记“见”从来都不能引入施事，后起的“被”在刚出现的近千年里也不能引入施事，魏晋以后才逐渐发展出引入施事的用法。即使在现代汉语里“被”仍然可以不引入施事而直接修饰动词。例如：

（5）信而见疑，忠而被谤，能无怨乎？（《史记·屈原列传》）

（6）那棵大槐树被刮倒了。

上述用法是两个语法标记产生的句法环境所致的，其环境为“见/被＋名词（或者动词的名词化形式）”，其中的名词多指所遭遇的事件，即“见”和“被”的语法化的环境没有施事成分出现，这就影响到它们后来所发展出的被动格式的用法。两者的被动用法是从下述例子的格式中发展出来的：

（7）雨雪瀌瀌，见晛曰消。[1]（《诗经·小雅·角弓》）

（8）百姓无被兵之患。（《战国策·魏策》）

然而现代汉语口语中常用的语法标记“叫”和“让”所产生的句法环境是其兼语格式，其中的“兼语”就是后来被动格式的施事。其语法化的环境如下例所示：

（9）朱仝虚闪一闪，放开条路，让晁盖走了。（《水浒传》十八回）

（10）大碗斟酒，大块切肉，叫众人吃得饱了。（《水浒传》七回）

受上述语法化环境的影响，“叫”所在的被动格式一般要求施事出现，如果省掉施事名词句子就不自然或者不能成立。例如：

（11）你扮演我的交通员，让敌人抓住了。（姜昆相声）

（12）就是“文革”那会儿参加文攻武卫，叫对立面一棒子把鼻子给打歪啦！（同上）

我们通过对汉语被动格式的讨论，想说明一个简单的道理，即人类语言或者同一语言的不同历史时期都存在的语法格式，因为它们发展的具体过程不一样，在功能和形式上都会有明显的差异。这意味着，生成学派所认为的普遍原则可以自由地类推是不科学的。操该语言者必须根据长期的使用经验逐渐掌握这些格式，而不可能是根据几个简单的原则就可以一蹴而就了。

1.5 从语法的共时属性看

1.5.1 不同语言的概念结构对语法的影响

形式语言学的语法生成观是建立在这样一个假设之上的：人类有一个与生俱来的、独立的、抽象的普遍语法系统，它为语法设立了有限的普遍原则，小孩儿可以通过这些很有限的规则，理解和使用全部合乎语法的句子。因此这个假设的成立与否直接涉及语法生成观的合理性。认知语言学提出了完全相反的另一种假设：并不存在所谓的普遍语法，不同语言的概念结构差别很大，语义的本质是一种认知现象，语法是语义内容的结构化，因此导致了不同语言的语法结构的本质差别。根据我们的研究经验，认知语言学的观点是符合语言实际的。

【1】“晛”意为“日气”，这里的“见”是遇到的意思。

1.5.2 语法结构形成的词汇限制

语法是生成的还是合成的问题，还跟对语法结构的能产性的理解密切相关。语法的生成观是建立在语法结构的高度能产性的假设之上的，该学派的学者通常以基本的语法范畴NP（名词短语）、VP（动词短语）、Aux（助动词）、Det（有定标记）等为出发点，来刻画各种所谓的“规律”。例如:

a.S→NP Aux VP;　b.NP→Det N;　c.VP→V NP

其实，这些字母表达式不是什么规律，它们只是同一语法格式的概括式和分析式之别；它们也完全无法保证能生成所有合法的句子而排除所有不合法的句子。我们对语言结构的调查分析发现，任何语法结构都不是无限能产的，都无法根据词类来精确预测其用法，都有程度不同的词汇限制，即进入其中的词语配列受强烈的语义制约。

语言学家可以从大量的具体用例中概括出抽象的格式，或者用抽象的格式描写一种语言现象。但是任何一个儿童都无法单纯依赖抽象的格式来掌握一种语言的语法，比如根本无法想象一个儿童可以仅靠“VP→V NP”格式就可以掌握该语言的所有合法的动宾搭配而排除所有不合法的搭配。而且这种搭配也不是靠生成学派所谓的几个“参数”就能解决问题的。儿童要掌握一种语言的动宾结构，一方面离不开对现实世界的事件结构的观察，另一方面需要从长期的语言实践中掌握该语言大量的约定俗成的搭配方式。约定俗成的表达作为一种固定的语言单位，储存在语言使用者的记忆之中，而不可能是临时靠什么规则产生的。

生成学派过度夸大了语法规律的能产性，而大大低估了语言中大量约定俗成的用法，而且忽略了人们记忆的巨大潜力。儿童开始掌握语法是在记忆力发展相对成熟而又记住了大量的词汇之后的事。在语法的学习过程中，不仅大量的化石现象和惯用法需要一个一个记住，而且即使高度能产的语法结构，也必须通过大量的语言实践来掌握它们的词汇搭配限制。从语法结构的词汇限制的角度看，合乎语法的句子不能靠简单的规则来生成，而须靠长期的语言实践逐步掌握该结构的词汇限制，只有记住它们的组合限制，才能正确使用它们。也就是说，语法结构是合成的而不是生成的。

1.6 结语

在语法结构是如何形成的问题上，生成学派和认知学派存在着根本的对立。本章从儿童语言习得、语法的历时特性和共时特性三个方面，论证了语法组织的本质特性是合成的。儿童学习语言的过程中，首先要记住相当量的语言符号（词），然后根据现实中的知识结构组装成双词语句，进而随着认识世界的深入，组合成更复杂的语言单位。从历时的角度看，语法是一个非均质的系统，包含很多非能产的化石现象，一些新语法结构的产生初期往往只限于个别的词汇搭配，不同语言对应的语法结构的发展过程不一样，结果会影响到它们功能的差异。从共时的角度看，不同的语言具有不同的语义结构，从而导致了它们语法结构的差别，任何语法结构都有词汇限制，都不是无限能产的。所有这些证据说明，一种语言的语法，不可能依赖几条简单的规律通过演绎就可以生成，而需要在长期的语言实践中逐步掌握它们的搭配规则。

第二章　制约语法结构选择的因素

2.1　引言

迄今为止，语法研究多是以单一的结构类型为研究对象，关注每一结构类型的表达功能。这种研究风格突出表现在结构主义语言学和功能认知语言学理论指导下的汉语研究上。生成语言学虽然感兴趣于不同结构之间的变换，然而只是纯形式的，并没有从语义功能角度考虑不同结构之间的关系。这种研究的结果常得出这样的结论：双宾结构是表达物体传递的，"把"字结构是表达处置的，话题结构则是表达有定事物的，如此等等。这给人们造成一个印象——每一种结构在表达功能上各自为政，各司其职，互不相干。然而现实语言并非如此简单，同一功能可以选择不同的结构来表达，也就是说不同的结构可以拥有相同或者相近的功能。探究制约结构选择的因素是揭示语法运作的重要方面，可以使人们认识到不同语法结构之间的真正差别所在。本章以物体传递为线索，根据对实际语料的调查，从一个新的角度来探讨语法，由此出发可以找出不同结构之间的内在联系，发现制约结构选择的因素。

为了表述的方便，先定义以下几个关键符号：A（agent）代表物体的来源或者传递者，R（recipient）代表物体的接收者，P（patient）代表所传递的物体，S（subject）代表句子的主语。

2.2　可表达物体传递的结构种类

2.2.1　表达物体传递的语法结构

现代汉语中用以表达物体传递的语法结构多种多样，最常见的有双宾结构、"把"字结构、话题结构、受事主语句等。双宾结构中又分完整的和不完整的两类，所谓不完整的双宾结构是指省略间接宾语或者直接宾语的句子，甚至两个成分都不出现。下表是我们对口语资料调查的结果，显示了各个结构在表达物体传递功能上的百分比。

完整双宾结构	不完整双宾结构	“把”字结构	话题结构	受事主语句	其他
25%（125）	41%（205）	17%（87）	2%（11）	6%（29）	9%（46）

虽然在表达物体传递上这些结构具有相同的功能，然而它们在其他语法特征上却存在重要的差别。下面分别加以分析。

2.2.2 完整的双宾结构

双宾结构的抽象格式为：A＋V＋R＋P。R为间接宾语，通常为指人名词；P为直接宾语，通常为非生命的物体，即所传递的对象。通常认为双宾结构是表达物体传递的，而表达物体传递的语法结构主要为双宾结构。这种观点与语言事实相差甚远。根据我们对口语的广泛调查，并非所有的物体传递功能都能用双宾结构来表达，因为双宾结构的使用有一个重要的条件限制，即P必须是不定的，如果P为有定的，则必须采用其他结构。例如：

（1）总管，您要能赏给我几个烟泡儿，我可就更有出息了！（《茶馆》）

（2）到时候给我也弄张票，让我也受受惊。（《编辑部的故事》）

（3）不是也不断地塞给你钱花么？（《雷雨》）

其中的“几个烟泡儿”、“（一）张票”等都是不定指的。双宾结构中的P也可以是抽象名词，但是仍然必须是不定指的，比如下例中的“一句忠告”、“几天时间”等。

（4）老何，为了你的前途我得给你一句忠告。（《编辑部的故事》）

（5）够不错的了，已经匀给你们半片儿天了。（同上）

（6）我给你们几天时间考虑，好好儿想想，看看到底会损失什么。（同上）

（7）你还是给我一次锻炼机会吧，否则我怎么茁壮成长呢？（同上）

直接宾语的P偶尔也可以是有定的，但非常少见，在我们调查的语料中只发现了4例，只占全部双宾用例的3%左右。同时还有一个限制，宾语必须有表示有定的词汇标记，诸如“这”、“那”等。

（8）一会儿给老刘那个饭票。（《编辑部的故事》）

然而，如果双宾结构中的P为光杆名词，那么它就只能解释为不定指的，比如“她给老李电影票”中的“电影票”只能是不定指的。可见，间接宾语的基本意义是不定指的。这反映了汉语语法中的词汇标记和结构赋义之间的相互关系。

双宾结构还有另外一个引申用法，所表达的是一种动作行为，而不是物体的传递。比如下例中的“给我个适应过程”，就是“让我适应一段时间”。英语的双宾结构也有类似的现象，比如give me a hand意思是help me。然而这种用法受到很大的限制，只有少数能给对方带来外在影响的动作行为才可以，且不是能产的，另外这类结构多表示消极意义的动作行为。例如：

（9）再不带来我看看，给你一顿好嘴巴。（《茶馆》）

（10）你总得给我个适应过程，你说是不是？（《编辑部的故事》）

（11）你这人真没劲，不能给你好脸。（同上）

还有一种复杂的双宾结构，动词为“$V_{述说}$＋给”构造，直接宾语为述说内容，可以包含多个小句。例如：

（12）说给你男人，外头所有的账，一概赶今年年底下收了进来，少一个钱我也不依的。（《茶馆》）

2.2.3 不完整的双宾结构

不完整的双宾结构是指直接宾语或者间接宾语缺省，甚至两者都缺省的句子，它们一般不被看做双宾结构。不同成分的缺省概率差别很大，最常见的是间接宾语的缺省，其次为直接宾语，两者都缺省的比较少见。根据我们的调查，它们缺省的比例为：

间接宾语缺省	直接宾语缺省	直接宾语和间接宾语都缺省
76%（155）	21%（42）	3%（7）

（一）间接宾语省略。间接宾语大都是指交际者中的一方，语境往往可以确定谁是接受者，因此常常可以省略。例如：

（13）不知道您花了多少，我就给这么点吧！（《茶馆》）

（14）不让吃菜，还就给这么点儿馒头？（《编辑部的故事》）

（二）直接宾语省略。P代表的往往是新信息，所以省略的情况就比较少，一般是前文已经提到的P才可以省略。比如下例中的“首饰”前一句话已经提到过了，因此“给你妈”后就可以省略。例如：

（15）赶明儿我一总还给你，那一共才有几个钱呢！（《茶馆》）

（16）回头叫账房拿四十块钱给二少爷，说这是给他买书的钱。（《雷雨》）

（17）你不也有点首饰么？你拿出来给你妈开开眼。（同上）

（三）直接宾语和间接宾语皆缺省。这种用法对语境的依赖程度更高，理解起来比较费劲，容易造成歧义，所以很少见。

汉英双宾结构的省略形成鲜明的对比，英语的双宾结构一般是不能省略间接宾语的，如果省则只能省略直接宾语，间接宾语则必须保留，更不允许两者都缺省。比如John sent Mary a present，可以说John sent Mary，但是不能说*John sent a present或者*John sent。汉英之间的这种差别可能是由于两种语法系统整体性质的不同造成的，这一问题值得进一步探讨。

2.2.4 连动结构

表达物体传递的另一个常见的格式是连动结构，其格式为：$A+V_1+P+V_2+R$。V_1为引出所传递物体的具体动作行为。这种语法环境不允许接受者R后再出现传递物体P，可以看做为了避免重复，但是这是语法的强制要求，而不是一种修辞现象。所以这类连动结构与双宾结构之间具有互斥性，一旦采用其中一个结构就会排斥另一结构的使用。例如：

（18）大姐儿因为找我去，太太递了一块糕给他。（《红楼梦》四十二回）

（19）另日再挑个好媳妇给你。（《红楼梦》四十四回）

（20）也不该拿着我的东西给那起混帐人去。（《红楼梦》二十八回）

上例中的“太太递了一块糕给他”就不能说成“*太太递了一块糕给他一块糕”。造成这种语法限制的原因为，前一个动词所引进的P不论是有定的还是无定的，第二次出现时就都会转化成有定的，然而双宾结构的直接宾语要求为无定的，两者语法特征矛盾，结果有定的P就不能再出现在直接宾语的位置。

P也可以出现在更远的上文中，V_1后也不能再重复P。比如下例中“我那块”已经出现在前一句子中，就不能再出现在“拿”之后，比如不能说“*可不是我那块！拿来给我我那块罢”。

（21）可不是我那块！拿来给我罢。（《红楼梦》二十七回）

（22）哄你顽呢，我有好些呢。留着年下给小孩子们罢。（《红楼梦》四十二回）

如果P为疑问词，那么即使前面有其他动词引入，间接宾语之后也可以再出现一次，表示量上的相关性。即该结构具有特殊的表达效果，而不是上述规律的例外。例如：

（23）老爷便叫买他的，要多少银子给他多少。（《红楼梦》四十八回）

2.2.5 “把”字结构

“把”字结构的语法特征主要有两个：一是所引进的受事名词必须是有定的，二是谓语动词必需带有某种结果成分。表达物体传递的语法结构相当大一部分是用“把”字句，占该类用法的17%左右，然而这类用法有严格的条件限制：表示所传递物体的名词必须为有定的，即P为定指的，这样与“把”字结构的第一个语法特征相符合。此外，物体传递涉及采取某种具体的动作移动P的位置，从S到达R，这也可以看做“处置”之一种，“到达R”也可以看做是一种结果状态。也就是说，表达物体传递的语义结构与“把”字句的第二个特征也接近。这也就是当直接宾语为有定时，多使用“把”字结构的原因。

（一）P为光杆名词。“把”所引进的名词必须是有定的，那么就自动赋予一个光杆P以“有定”的语法特征，比如下例中的“信”、“药”等都指特定的某一对象。例如：

（24）那你把信给我，让我自己走吧。（《雷雨》）

（25）怎么您下楼来啦？我正要给您把药送上去呢！（同上）

（26）牛大姐，这事儿没问题，他已经把名片给我们了。（《编辑部的故事》）

虽然从合乎语法上讲，上述用例都可以变换成双宾结构，但是变换前后的语义表达却有本质的差别。比如“你把钱给我”可以说成“你给我钱”，然而前一个“钱”指特定的某一笔，后者则是任何一笔。也就是说，两种格式的语义值并不相等，使用哪一种并不是自由的选择，而是取决于P的有定无定特征。

（二）P为偏正结构。定语修饰语多为有定性成分，通常为指示代词或者人称代词。例如：

（27）把抽屉的钥匙交给周萍。（《雷雨》）

（28）我的心肠一软呢，就把她地址给他了。（《编辑部的故事》）

上述用例的P已经有了表示有定的词汇标记，这与双宾结构的直接宾语一般为无定的特征相抵触，因此一般不能变换成双宾结构。例如：

（29）*交给周萍抽屉的钥匙。

*我的心肠一软呢，就给他她地址了。

特别是当P为人称代词时，绝对不允许再变换成双宾结构。这跟代词自身表有定的语义特征有关。

（30）是一个熟人把她介绍给我的。→*是一个熟人介绍给我她的。

有一种特殊的情况值得注意，直接宾语与“把”所引进的有定P之间具有部分与整体的关系。要表达这种语义内容，除了“把”字结构外，似乎没有别的选择。例如：

（31）我希望父亲允许我把我的教育费分给她一半上学。（《雷雨》）

（32）顺手儿把剩茶递给老人一碗。（《茶馆》）

2.2.6 话题结构和受事主语句

话题结构和受事主语句的共同特点是，P或者R出现于句首，而且都是表示有定的，所不同的是，话题结构中P后仍有主语S出现。它们的抽象格式为：

1）P +（A） + V + R直接宾语话题化

2）R +（A） + V + P间接宾语话题化

有一点特别值得注意，话题化的成分通常是代表所传递物体的名词P，很少是R。在表达物体传递上，“把”字结构、话题结构和受事主语句之间具有共性，P都是有定名词。“把”字句与受事主语句之间具有内在的联系，很多处置式去掉“把”字就变成了受事主语句。

（一）P被话题化的结构

（33）一个萝卜人给你硬不要。（《编辑部的故事》）

（34）这点儿面子他得给我。（同上）

话题可以形成一个链，统摄几个相邻的句子，因此被话题化的P可以出现在相隔的句子中，比如下例中的“这些东西”与“给你”之间还有另外一个句子相隔。

（35）这些东西我却还有，只是你也用不着，给你也白放着。（《红楼梦》四十二回）

（二）R被话题化的结构

（36）怎见得我们就该擦桂花油的？倒得每人给一瓶子桂花油擦擦。（《红楼梦》六十二回）

（37）罪犯还给出路呢。（《编辑部的故事》）

这种结构有歧义，比如上例中的“每人给一瓶子桂花油”可以有两种解释：一是“每人给了某个人一瓶子桂花油”，二是“某人给了每个人一瓶子桂花油”。间接宾语话题化容易导致歧义，因此间接宾语话题化的现象非常少见。

P如果为复杂的名词结构，也通常采用受事主语句。比如下例中的“这些没要紧的恶誓、散话、歪话”和“一碗笋和一盘风腌果子狸”都是复杂的P，置于间接宾语之后就不大自然。

（38）这些没要紧的恶誓、散话、歪话，说给那些小性儿、行动爱恼的人、会辖治你的人听去！（《红楼梦》二十二回）

（39）指着一碗笋和一盘风腌果子狸“给颦儿宝玉两个吃去”，还有一碗肉“给兰小子吃去”。（《红楼梦》七十五回）

（三）P的受事主语句

（40）你的心已经许给了他。（《雷雨》）

（41）那合同都给他。（《编辑部的故事》）

（42）这事儿交给您办了。（同上）

表面上看来，受事主语前可以直接加上“把”变换为处置式，比如“那合同都给他”可以说成“把那合同都给他”，“这事儿交给您办了”可以说成“把这事儿交给您办了”，等等。然而谓语动词如果有否定词的话，这类受事主语句就不能直接变换为“把”字句，比如“我的槟榔从来不给人吃”就不能直接变换，而要把“从来不”移前才可以——“从来不把我的槟榔给人吃”。从这个角度可以看出受事主语句与“把”字句的性质并不一样。

2.2.7 轻动词构成的格式

汉语中还常有一种“给”字格式，在R和P之间插入一个意义比较抽象的轻动词（V_2），诸如“来”、“弄”等，其抽象格式为：S+给+R+V_2+P。例如：

（43）我给你们弄壶茶来！（《茶馆》）

（44）你可别给我来一个光能说不能干的少爷。（《编辑部的故事》）

（45）您给我来一二两花卷儿。（同上）

（46）您给我也来一份儿煎饼。（同上）

上述用例可以看做双宾结构的一种变式，去掉这些轻动词，格式仍然成立，比如“给我来一二两花卷儿”可以说成是“给我一二两花卷儿”。上述结构有三个特征值得注意：第一，一些副词可以出现在“给”前，如“您也给我来一份儿煎饼”，也可以出现在轻动词前，如“您给我也来一份儿煎饼”；第二，“给”和轻动词哪一个是谓语核心，不大容易确定，如果以能否加体标记为标准，轻动词就是核心，因为“了”等只能加在轻动词上，比如可以说“给我来了瓶儿啤酒”，“给”后则不能加“了”；第三，V_1+R 与V_2+P之间是连动结构还是状中结构？从总体上看，分析成状中结构比较合适，虽然一些“给”仍保留很强的动作性。这可以从“给”和“送”的双宾结构对比中看得出来。“给”已经发展出各种介词用法，其中一个功能是引进受益者，比如“给孩子做饭”，其中的“给孩子”只能分析为介词短语做状语。然而“送”则只能做动词，没有介词用法，它所在的双宾结构就不能加轻动词，比如不能说“*送我来瓶儿啤酒”。由此可见，上述格式中的“给”实质上是介词性质的，所构成的介词短语做状语。

“给”还可以加在核心动词之后引入R。“给”字短语在核心动词前后的意义不同，在前主要强调所引进的对象为受益者，物体并不一定传递到R，比如“我每日给他临一篇”并不一定把所临的字画送给“他”，可能先放在“我”这里，只是心里有送给“他”这个愿望；但是“我每日临一篇给他”则通常是指把每天临好的字画送给“他”。例如：

（47）我们每人每日临一篇给他，搪塞过这一步就完了。（《红楼梦》七十回）

（48）怪道你送东西给我，原来你有事求我。（《红楼梦》二十四回）

还有一个相关的结构值得注意。上述一些用例可以作这样的变换：V＋P＋给＋R → V＋给＋R＋P。右边属于双宾结构。但是两边的句式意义并不相同，右边的表示具体动作和给予行为紧密相连，没有时间间隔，但是左边的则可以有时间间隔，因此凡是与给予行为有时间间隔的动词都不能变换成右式，比如不大说“? 我画给他一幅画”等。这也是语法临摹性的一种表现，右式中V和“给”被P相隔，其线性距离远，其时间间隔也大；左式中V和“给”紧邻，它们在时间上也是紧邻的。

2.2.8 否定与焦点

否定与焦点也是影响物体传递格式的因素之一。表达极小量的P移到动词之前表示完全否定，这里的P也是不定指的。例如：

（49）我要是大少爷，我一个子儿也不给您。（《雷雨》）

双宾结构的焦点化不能像普通的动宾结构那样，即不能在谓语动词之后加“的”，然后在双宾语之前加“是”，比如“他送了王老师一束花”就不能焦点化为“*他送的是王老师一束花”。双宾结构的直接宾语焦点化格式只能是：S＋V＋R＋P → [（S＋V＋R）＋的]＋（是＋P）。

也就是说，只有直接宾语才可以被焦点化，因为焦点化的成分代表的是句子的新信息，直接宾语一般为所要表达的新信息。例如：

（50）咱们文化人儿给小朋友的就是一片爱心。（《编辑部的故事》）

他送王老师的是一束鲜花。

但是，并不是所有的双宾结构都可以这样，只有P为代表可传递事物的具体名词时才可以，引申为动作行为的双宾结构都不允许这种变换。例如：

（51）您一定得给我一张票。→他给我的是一张票。

给我点儿茶叶。→他给我的是茶叶。

谁给我们津贴呢？→他给我们的是津贴。

（52）我们竟给他们个猛不防。→*我们给他的是个猛不防。

你总得给我个适应过程。→*他给我的是个适应过程。

你这人真没劲，不能给你好脸。→*我给你的是好脸。

如果要焦点化间接宾语R，就比较复杂，先要把直接宾语P置于句首，然后把（V+R）变换成“的”字结构，并在其前加“是”。双宾结构的间接宾语焦点化格式为：P+是+V+R+的。移前P如果为有定的，通常加指示代词或者零标记；如果为不定的，要在其前加“有”。比如下例的“那一箱是给妹妹带的”焦点化的是“妹妹”，意思是说“是给妹妹而不是给其他人带的”。

（53）冰箱是赞助给你们编辑部的。

那一箱是给妹妹带的。

有一个包裹是寄给大姐的。

2.2.9 由双宾结构构成的连动式

汉语的双宾结构还有一个显著的特点：后面可以再加一个动词性成分，构成一个连动结构。其他语言（如英语）的双宾结构就没有这个功能。所构成的连动式的抽象格式为：（S+V+R+P）+VP。较常见的情况是，R为VP的施事，P为VP的受事。比如下例中的“给我碗茶喝”，间接宾语“我”是“喝”的施事，“茶”是“喝”的受事。例如：

（54）送给我碗茶喝，我就先给您相相面吧！（《茶馆》）

（55）我想请父亲给我点实在的事情做，我不想看看就完事。（《雷雨》）

（56）去，给你个烟卷头抽。（《日出》）

2.3 制约结构选择的因素

以上的分析显示，双宾结构的主要功能是表达物体传递的，但是可以表达物体传递的结构不限于双宾结构。根据以上的分析，制约结构选择的因素有以下几种：

（一）有定性

从跨语言的角度看，有定性是影响人类语言的句子语序的重要因素之一。就汉语来说，谓语之前的名词性成分倾向于有定的，谓语之后的名词则倾向于无定的。总体上讲，这是一种倾向，但是具体到特定的语法结构，就会变成一种严格的语法规律。

当表示物体传递时，按照指示传递物的名词P的有定无定选择不同的语法结构：如果名词P是无定的，则选择双宾结构；如果名词P是有定的，则选择"把"字结构或者话题结构。

（二）同指限制

同指限制在语篇里可能是一种倾向性，然而在单一的句子里则可以上升为严格的语法规律。上文的分析已经看出，在连动结构的句子中，如果名词P已经在上文出现，那么后面的给予类动词就不能再带同一个直接宾语，也就是说不能再使用完整的双宾结构。这是严格的语法规律，违背它句子就会不合语法。

（三）否定、焦点和话题化

在表达物体传递时，很多别的因素也会影响双宾结构的使用。否定往往会引起语序的改变，主要表现在表达完全否定时会把否定对象移到谓语动词之前，比如"他一分钱没给过我"。焦点也是让很多结构变形的因素之一，汉语的焦点标记"是"不能直接加在宾语之上，那么要焦点化双宾结构的直接宾语，就必须先把直接宾语之前的成分变换成"的"字结构，然后在直接宾语之前加"是"，结果就造成了双宾结构的解体，比如"她送给我的是一束鲜花"。话题化也是影响双宾结构使用的因素之一，不论是R还是P，都有可能被话题化而被置于句首，从而限制双宾结构的使用。

（四）句法的轻重

结构的选择也与句法上的轻重概念（weight）有关，该概念指句子成分的长度或者复杂程度。比如从句主语或者宾语就比单纯名词充当的重，名词又比代词重。跨语言的现象表明，句子成分的轻重影响它们的语序分布，其中存在两种倾向性：

第一、对于VO语序的语言，语序为：短成分＞长成分。

第二、对于OV语序的语言，语序为：长成分＞短成分。

汉语属于SVO语言，具有第一种倾向性。R和P是两个前后紧邻出现的句法成分，受句法轻重的限制，一般应为：P $\geqslant$ R。然而如果出现相反的情况，就要改变语序，有两种办法：一是用介词“给”把重的P移到R之后，二是把R置于谓语动词之前。例如：

（57）$^?$我送了那个去年给我们上现代汉语的王老师一束花。

我送了一束花给那个去年给我们上现代汉语的王老师。

我给那个去年给我们上现代汉语的王老师送了一束花。

句法轻重的限制只是一种倾向性，不是严格的规律，然而这种倾向性是十分鲜明的。

2.4 结语

本章以表达物体传递为主线，探讨制约语法结构选择或者影响语序的因素，目的是想打破以前语法研究的一个观念：语法结构和语义功能是简单配对的。我们的分析表明，影响语法结构使用的因素，除了语义功能外，还有有定性、同指限制、否定、焦点、话题化、句法轻重等。只有从多个角度看问题，才能把握住语法的整体性，弄清语法运作的机制。任何语法结构都不是孤立存在的，它们被这些因素连接在一起，组成了一个精密的网络系统，有效地保证了我们交际的顺利进行。

第三章 语法规律

3.1 引言

科学探索的共同目的是寻找事物现象背后的规律。语言科学也不例外，语言学研究的首要任务是确立纷纭复杂、司空见惯的语言现象背后的规律。人们多感觉说话是一种完全自由的个人行为，其实背后受各种规律的支配。

3.2 规律形态

语言学界关于科学概念存在着很多片面认识。不少人认为只有演绎规律才是科学的，形式化的、答案明确的分析才是科学的。这些观念的形成与科学发展史有关，与一个人的教育背景也有关。早期的科学规律的形态大多是演绎的，诸如平面几何、经典力学。一个人从小学到上大学之前所学习的很多课程，其规律大都具有形式化和答案明确的特点。然而随着科学的迅速发展，人们对世界的认识越来越深入系统，学科也变得丰富多彩，使得人们认识到自然界的规律也是具有多种形态的。规律的类别有以下四大种，分别对应于不同的学科：

1）演绎规律：经典数学和力学等

2）统计规律：遗传学、气象学等

3）功能或目的规律：生物学、生命科学等

4）发生规律：植物学、化学等

上述的学科与规律类型之间的对应只是大致的，只强调该学科的主要规律形态是如此，而且也不排斥一种学科有多种规律的可能性。欧基里德几何学是一个典型的公理化系统，能依赖几个初始的公理，运用几个规则，演绎出整个系统的定理。遗传规律并不是必然性的，往往是一种或然性的，只有通过统计才能发现。构成一个生命体的部分往往有它的功能，生命体往往为了适应环境的目的而调整自己。植物由种子发芽遵循着一定的由遗传基因规定好的规则一步一步长成。缤纷的世界存在着多姿多彩的美，它们的背后是形态不同的规律。

科学中四种形态的规律都普遍存在于语言之中，而且它们之间没有主次优劣之分。那么，只重视其中个别规律形态的研究就会得出偏颇的结论。比如不少功能主义语言学的学者只看到了统计性的规律，因而得出结论说语言学是一种人文科学，不存在严格的规律。生成语言学的学者过于迷恋演绎性的规律，认为它是优于其他类型的规律的，因此认为自己的研究是“纯科学”的，其他的语言学流派则是科学性比较低的。

3.3 语言规律的四种形态

3.3.1 演绎规律

演绎规律指前提真，按照一定的逻辑规则推出的结论也一定真。演绎规律具有逻辑上的严谨性和必然性，因此为人们所推崇。它的局限性是无法保证其前提的真假，其前提的正确性需要归纳、类比，甚至想象推测等思维活动，因此演绎方法并不是自足的。语言中也存在着演绎规律，下面分别列举英语和汉语的现象来说明。

（一）英语中所有由限定动词构成的句子都必须有主语，这一规则是没有例外的。由此可以导出适用于所有句子的结论：一个句子的谓语动词是限定形式，所以它必须有主语，否则将是不合法的。例如：

（1）a.Nancy knows my parents.

*Knows my parents.

b.Nancy and David know my parents.

*Know my parents.

c.My daughter has prepared lunch today.

*Has prepared lunch today.

至于英语的限定动词句为什么必须有主语，还需要进行科学的论证。这跟英语动词的概念结构有关。

（二）所有汉语中能够为程度词序列“有点儿-很-最”分别修饰的形容词都能够被“不”否定。这一规则也是没有例外的，因此可以导出一个永真的命题：一个形容词可以被程度词修饰，所以它一定可以被“不”否定。同时不能受程度词修饰的形容词也都不能被“不”否定。例如：

A.大——有点儿大　　很大　　最大　　不大

中——*有点儿中　　*很中　　*最中　　*不中

小——有点儿小　　很小　　最小　　不小

B.热——有点儿热　　很热　　最热　　不热

温——*有点儿温　　*很温　　*最温　　*不温

冷——有点儿冷　　很冷　　最冷　　不冷

3.3.2 统计规律

人们对统计规律往往缺乏认识。我们曾经针对很多人作过一个试验，是看对下面一则天气预报的反应：

（2）明天有可能下雨，也有可能不下雨，下雨和不下雨的可能性各占50%。

几乎所有的人都认为，这段话等于没说，什么信息都没有告诉我们。其实这段话传递了重要的信息。做这种预报的人既可能是一个滥竽充数者，也可能是一个高明的专家。到底属于哪一类人，单靠一两次预报是看不出来的，只有通过大量的预报才可以看得出来。比如说这样预报了100次，有50次左右都下雨了，或者50次左右都没有下雨，说明这个人的预报是非常准确的，应为气象学的大专家。然而偏离太多的话，那就是乱预报了。50%的概率是非常高的。比如到某个地方游泳有50%的生命危险，一般就没有什么人敢冒这个险。气候受各种不确定因素的影响，很多时候无法做到100%准确，大多属于概率性的规律。

语言中也存在着概率性的规律。我们为此也作过试验，让过去几年教过的500个左右的学生分别用这三个词造句："介意、记得、铭记"，结果显示，90%以上的人都是把"介意"用于否定句或者疑问句，几乎100%的人都是把"铭记"用于肯定句，"记得"则没有明显的规律。我们又对反映口语的大量材料作了调查，95%的"介意"例子都是否定或者疑问的。如果没有大量的统计，这种规律是无法发现的。英语中也有类似的现象，如动词mind、matter等也都是多用于否定结构。

3.3.3 功能或目的规律

任何语法结构或者标记都有它的表达功能，也都有它的使用规律，语言中不存在没有意义的语法手段。比如汉语的指人复数标记"们"，似乎名词有它没它没什么关系，都可以表示复数。然而"们"真正的功能是表示特定范围内的全部成员，而且所组成的名词短语如果没有其他限定成分时，只能出现在谓语动词之前。这说明"们"不光有意义，而且还有特殊的语法功能。例如：

（3）老师们大家都通知到了。　　　　　　*我们都通知到了老师们。

　　同学们我都问过了。　　　　　　　　*我都问过了同学们。

英语动词词缀-ing的语法意义是某一瞬间动作行为的进行状况，即它没有时间的延展性，因此它具有消除动词时间过程的作用。这一特征使得它具有把动词名词化的功能，因为名词的典型特征是非时间性质的。下面是有关的名词：

（4）findings; filings; surroundings; writings; belongings

3.3.4 发生规律

新的语法现象不断产生，其产生过程往往遵循着一定的规律。新的语法现象的产生往往跟高频使用有关，新的语法现象常出现在高频词上。

以“吃”概念为例，它在汉语和英语中与“病”和“饱”的搭配截然相反，请看我们的统计结果：

（5）吃＋饱2180000　　吃＋病16900　　吃饱：吃病≈130：1

　　eat + full 51　　eat + sick 507　　eat full：eat sick≈1：10

汉语中“吃”跟“饱”的搭配频率远远高于跟“病”的，前者约是后者的130倍；然而在英语中eat跟full的搭配频率远远低于跟sick的，后者约是前者的10倍。英语中也有类似于汉语动补结构的格式，其情况恰好与汉语的相反，eat-sick可以自然运用，而eat-full则有问题。

（6）Mary ate herself sick.　　?Mary ate herself full.

3.4 规律形态与语言学流派

3.4.1 四种规律与当代语言学流派

从上面的讨论中我们可以看到，四种形态的规律在自然语言中都普遍存在。乔姆斯基学派只注重第一种而忽略了其他三种，大大地限制了自己的研究视野。我们从生成语言学派的论著中，看不到统计数字，看不到关于语法手段的交际功能的说明，更看不到关于语法发展规律的探讨。当然不能苛求任何一个语言学流派探讨所有类型的语言学规律，但是生成语言学的最大误区是认为只有演绎的才是科学的、严谨的，其他形态的规律都是科学性比较低的，应该向他们的标准“提升”。然而从科学的角度来看，只有揭示事物本质的规律才是科学的，那些人为地扭曲现象而迁就某种规律形态的做法，是违背科学精神的。

就追求的目标、学科所采用的描写手段来说，当代语言学流派与上述四种规律之间有以下大致的对应关系：

演绎规律：转换生成语言学

统计规律：篇章语言学、语料库语言学

功能规律：功能语言学、语言类型学

发生规律：语法化理论、历史语言学

从科学哲学的角度来看，不同语言学流派之间可能并不是不相容的，它们可能是从不同的侧面揭示不同类型的语言规律。

3.4.2 探索语言规律的思维工具

语言规律是丰富的、复杂的，发现其中的规律是一种艰苦的科学探索，因而要求研究者必须具备有关方面的科学思维的训练。古人云“功夫在诗外”，作出好诗并不只是抱着别人的诗歌学习就行了。语言学也是如此，要作好语言学研究，不能够一天到晚泡在语言学著述中，必须学习相关的学科。对语言学研究最有帮助的是数学和逻辑学的知识，它们分别为探讨四种类型的规律提供了思维工具。下面是规律的类型与有关的工具学科：

演绎规律：形式逻辑、经典数学、数理逻辑

统计规律：概率论、模糊数学、模态逻辑

功能规律：逻辑学、统计学

发生规律：分形数学[1]、逻辑学

除此之外，研究好语言学还要有一个合理的知识结构。传统的教育中过于注重专业知识的积累，而忽略了相关学科知识的培养，这是导致个人学术创建能力低、学科长期停滞不前的一个原因。专业知识与相关学科的知识如同建筑中的地基和脚手架的关系，一栋大厦需要深厚而坚固的地基，但是没有脚手架和吊车等，建筑材料送不上去，也盖不成大厦。语言学研究者还需要有外语、哲学、心理学、社会学等领域的知识。

【1】研究植物生长、地形变化、雪花形成等的对称变化、随机非对称变化的数学分支。

3.5 结语

语言现象是丰富的、复杂的，语言规律也呈多样化形态。本章把语言规律分为四大类，并举例进行了说明。不同类型的规律之间并没有优劣高低之分，只有揭示语言现象本质规律的才是科学的。探讨语言规律是一项艰苦的创造性工作，需要科学逻辑方面的思维训练。当代语言学各种流派所探讨的规律不同，它们之间的关系可能是互补的，从不同的侧面反映了语言的规律。

当代语言学的各种流派对于规律的认识又往往存在着这样或那样的偏颇。导致偏颇的原因主要来自对当代科学体系认识上的片面，以及对自然语言现象复杂性认识的不足。认识到语言规律的多样化，对指导我们的语言研究实践具有重要的意义。

第四章 规律与例外

4.1 引言

本章主要讨论语言的规律及其所适用的范围，特别是如何看待和处理例外现象。这是一个涉及语言哲学观的问题，对理解和探讨语言十分重要。语言中存在大量严格的规律，可以和任何严谨的自然科学规律比美。但是要寻找这些规律，必须首先对人们认为是“例外”的各种情况进行研究分类。

4.2 语法规律的适用范围

语法规律往往具有自己的适用范围。比如，动词重叠式在肯定与否定上是有严格的规律的，它们在一般的陈述句中是不能被否定的，但是陈述句之外的虚拟句则可以。例如：

（1）a.今天早上我锻炼了锻炼身体。

b.*今天早上我没有锻炼锻炼身体。

（2）a.昨天晚上我看了看电视。

b.*昨天晚上我没有看看电视。

（3）a.我每天不锻炼锻炼就觉得浑身难受。

b.他每天不看看电视就觉得少点什么。

4.3 语法规律作用的语言层面

语法规律作用的层面是不同的。换一个角度来说，有些语言形式上表面看来互相矛盾，但实际上它们分属于不同的语言层面。可以把语言层面分为两类：

一、惯用语性质——指个别词汇之间的特殊搭配形式，该形式中的各个成分不能自由地为其他词语替代，而且往往表达固定的意义。

二、语法规律——高度能产，适用范围广，支配各种临时搭配。

比如，现代汉语动补短语中，补语的语义指向为施事主语时不能够带宾语。但是有两个看似“例外”的用法：

（4）小王已经吃饱了饭。

（5）他这是喝醉了酒撒酒疯。

其实，这两个“例外”都是在词汇层面上的，属于惯用语性质的，而不是一个能产的语法结构。

因此，补语的语义指向为施事主语的动补短语不能够带宾语，这是一条造句规律，支配着各种临时搭配。所谓的两个“例外”其实并不是真正的例外，它们都是词汇性质的现象，不在有关规律的作用范围之内。把这一点弄清楚了，我们就会认识到这是一条严格的规律，而不是一个包含多种“例外”的倾向性。

4.4 统计性语法规律

语法中也有不少统计性的规律，有关词语的语法特点只有在大量的统计中才能显示出来。下面以否定性词语“介意”为例来说明这一点。

否定性词语遵循一条规律：在一组相同概念义的同义词中，语义程度最低的那一个只用于或者经常用于否定结构。比如“介意-记得-铭记”这组同义词，“介意”是其中语义程度最低的一个，经常用于或者只用于否定结构。根据大量的统计，“介意”用于否定式的概率为95%左右，用于肯定式的概率则只有5%左右。例如：

（6）他一点没介意，他真是个好人！（《骆驼祥子》）

（7）都是一点误会，误会。请你不必介意。（《四世同堂》）

（8）别介意，大家跟你闹着玩呢。

（9）你没来过，这儿的人说话都比较随便。你别介意。（《皇城根》）

“介意”常用于反问句，而实际含义仍然是肯定的，见例（10）；另一个是用于对举，如例（11）。

（10）会介意床板上的古怪人形吗？（《京华闻见录》）

（11）“这么说你不介意吧？”我也不说介意，也不说不介意，一声不吭

地抽了一阵烟。(《未来世界》)

由此看来，“介意”几乎全部用于否定格式，它用于肯定格式的概率不仅极低，而且是有条件限制的。因为自然语言的肯定是无标记的，否定则是有标记的，因此一般动词出现于否定格式的概率都会比其肯定式低。所以像“介意”类词的语法特点非常值得注意。这类词并不是个别的词汇现象，而是有严格的使用规律的。但是，如果我们不考虑使用频率的差别的话，就会笼统地认为，这些动词都是既可以用于肯定式，又可以用于否定式，这也就无法找出其中的规律了。

4.5 语法系统的历史层次

我们今天看到的汉语语法系统，是长期发展的结果，既有正在发生作用的、活跃着的语法规律，也有历史发展长河中遗留下来的“化石”现象。如果不把这些“化石”现象跟当今的语法规律分开，就无法正确地概括现代汉语的语法规律。下面以名量词重叠为例说明语法规律的历史层次性。

前文已述现代汉语中量词重叠表遍指的规律：(a) 必须是单音节的；(b) 必须能与各种数词直接搭配。量词大部分都是单音节的，也有个别双音节的，如“架次、嘟噜”等都没有重叠式。还有一部分量词只能与特定的某一个或者几个数词搭配，它们也都没有重叠表遍指的用法。例如：“(一、两)码(事)、(一)番(话)、(一)把(鼻涕)、(一)副(笑脸)”等。

但是，上述规律有四个“例外”：“人人、事事、处处、时时”。说它们是“例外”有两层含义：一，它们是普通的名词，然而现代汉语的普通名词都不能重叠表遍指，比如不说“*书书、*纸纸、*灯灯”等；二，它们在现代汉语的口语中都不能直接为数词修饰，比如不能说“*我遇见了三人”、“*我做完了两事”，数词和“人”、“事”之间都要加上合适的量词。下面是它们重叠式的口语用例：

(12) 我没那么大耐性让你们人人都高兴。(《编辑部的故事》)

(13) 徐姐虽然顽固，但她事事都听老爷的。(《坚硬的稀粥》)

(14) 爷爷教育我们处处要带头按政府指的道儿走。(同上)

（15）都谈笑着，盼望着，时时向南或向北探探头。（《骆驼祥子》）

从历时的角度考察，就可以明白上述现象存在的原因。在先秦只有一个名词重叠式“人人”：

（16）人人亲其亲，长其长，而天下平。（《孟子·离娄上》）

（17）仁之难成久矣！人人失其所好；故仁者之过易辞也。（《礼记·表记》）

到了汉代，“时时”也发展出来了：

（18）袁盎虽家居，景帝时时使人问筹策。（《史记·袁盎晁错列传》）

（19）心不精脉，所期死生视可治，时时失之，臣意不能全也。（《史记·扁鹊仓公列传》）

魏晋南北朝时期，“处处”和“事事”也相继出现了。

（20）吴人严白虎等众各万余人，处处屯聚。（《三国志·吴书·孙破虏讨逆传》）

（21）此是屋下架屋耳，事事拟学，而不免俭狭。（《世说新语·文学》）

总体上看来，到了中古时期，表遍指的名词重叠式就相当发达了，很多普通名词都可以采用这一语法形式。例如：

（22）知及文章，事事有意。（《世说新语·品藻》）

（23）行至诸城，城城皆是地狱。（《冥祥记·珠林》）

（24）大阵七十二阵，小阵三十三陈，阵阵皆输他西楚霸王。（《敦煌变文·汉将王陵变》）

表遍指的重叠式的形成是一个长期的历史过程。该现象肇端于战国末期，起初只是个别的词汇现象，尔后成员逐渐增多，大约在魏晋时期发展成为一条相对能产的语法规律。然而在魏晋以前，汉语还没有作为一个独立语法范畴的量词，那时的名词都可以直接受数词的修饰。这一点符合现代汉语量词重叠表遍指的条件（b）——都可以直接受数词的修饰。现代汉语的四个“例外”在魏晋时期已经全部发展出来了，它们也都是单音节的，自然也符合条件（a）。上述语法规律形成之初，作用的对象都是普通名词，诸如“国国”、“器器”等，因为那时汉语尚没有量词系统。

但是，尔后随着量词的产生和发展，重叠表遍指的使用规律的作用对象逐渐转移到量词上面。我们对最普通的量词“个”进行了考察，在唐代以前还不见其重叠表遍指的用法，但是从唐代开始“个个”就逐渐普遍起来。请看唐代的“个个”用例。

（25）邯郸少年辈，个个有伎俩。（《鼓吹曲辞·战城南》）

（26）谁道众贤能继体，须知个个出于蓝。（《相里使君第七男生日》）

（27）村鼓时时急，渔舟个个轻。（《屏迹三首》）

（28）个个与他相似。（《祖堂集》卷六）

唐宋时期量词广泛使用，宋元之际量词作为一个独立的语法范畴已经建立起来。尔后，名词不能再和数词直接搭配，其间必须由量词连接。也就是说，之后能和数词直接搭配的成分变成了量词。古今重叠表遍指的规律只有一个，要求能重叠的词语必须可以直接与数词搭配。那么这条规律的作用对象自然就逐渐转移到量词和部分时间词上，因为只有它们才符合这一语法要求。同时因为名词后来不能再和数词直接搭配，中古时期的很多普通名词表遍指的用法也随之消失了，比如那时的“国国”、“城城”、“器器”等宋元以后就不见了。但是，在中古时期，符合重叠表遍指规律的“人人”等四个形式保留于口语中直至今天。这是为什么呢?

高频率词语在语法发展中具有双重性。“人人”等在历史和现代的用法都与它们的高频使用有关。所谓的“双重性”是指：

一、新的语法特点首先发生在使用频率最高的那些词上；

二、使用频率高的词不易受其他语法规则的类推影响，可以较长时间保留旧有语法特征。

这两个看似矛盾的判断，实际上揭示了语言发展的一个特点。遍指重叠式的发展是这方面的一个典型例证。战国末期产生的第一个名词重叠式是“人人”，汉代又出现了“时时”，魏晋“处处”和“事事”也发展出来了，它们都是较早的那批名词重叠式。在量词普遍使用之后，重叠表遍指规律所作用的对象逐渐转移到量词上。但是，由于“人人”等的高频使用，它们可以不受后来量词重叠规律的制约，仍保留着中古时期的用法。结果就形成了“人人”等在现代汉语中的特殊用法。

上述分析揭示，现代汉语中名量词重叠表遍指实际上反映了不同历史层次的语法规律：在现代汉语里，量词重叠式是一个活跃的、能产的语法规律，可以根据规律自由地类推；“人人”等名词重叠式是个别的词汇现象，它反映的是中古汉语的一条语法规律，在现代汉语中已经成为一种“化石”现象。

4.6 根据“不完全归纳推理”得出的结论

上面所谈的几种情况都不是真正的“例外”，它们实际上是告诉我们如何在纯化的状态下总结出严谨、和谐的规律。但是，一般的教科书中或者语法专著中所谈的不少结论或者规律，确确实实都存在大量例外的情况。造成这种局面的主要原因是所使用的研究方法。结构主义语言学盛行的总结规律的方法是“不完全归纳推理”。可以拿一个具体的例子来说明这种方法。有一袋子里面装了很多小球，取第一个是红的，第二个是红的，当取足够多的球都是红的时，人们就得出结论说，袋子里的球都是红的。这个结论总是或然的，因为它不能排除存在其他颜色的球的可能性。下面以形容词的语法特征为例说明依赖不完全归纳法所带来的问题。

一般教科书中关于形容词的语法特征的描写不外乎两点：一是可以加程度词修饰，二是可以加“不”否定。这两个特征都是根据不完全归纳法得出的。常见的形容词的确大都可以加程度词修饰，比如“好、大、干净”等。但是，有很多“例外”：

（29）a.一样、平行、垂直

b.温、中、紫、斜

c.小康、疑难

d.正、负、单、夹、黑白、袖珍

e.笔直、雪白

f.大（儿子）、好（人）、快（车道）

上述各类词都是不能受“很、十分、最”等程度词修饰的，这类词很多。即使能加程度词修饰的形容词，它们用于不同义项时的情况也不一样，比如“大”表示尺寸大小的时候是可以被程度词修饰的，然而表示“第一个孩子”时就不能了。此外，同一个形容词采用不同形式时用法也会有变，比如形容词的重叠式就不能够再被程度词修饰。光靠简单归纳法是不够的，因为它不能帮助我们回答诸如以下各个问题：哪些形容词可以被程度词修饰，哪些不能？能否为程度词修饰会带来什么样的句法后果？形容词的各个语法特征之间有什么样的逻辑关系？其实形容词的各个语法特征之间存在内在的逻辑关系，可以得出以下两条严格的规律：

一、凡是能自由用程度词修饰的形容词都能被“不”否定；凡是不能自由用程度词修饰的形容词都不能被“不”否定。

二、凡是不能用“很、十分、最”等修饰的形容词都不能重叠。

这两条规律是没有例外的，它们的背后有深刻的理据。先看第一条。这是因为“不”否定形容词时，也相当于一个程度词，为被否定的形容词的性质确定一个量级，实际含义为“不及”或者“不够”。例如：

（30）a.这瓶碳素墨水不黑。＝黑的程度不高。

b.那些花不红。＝红的程度不高。

规律二更好理解。形容词重叠式的作用也是强调性质的程度的，相当于为形容词确立一个量级。因此能够重叠的形容词必须是能够被程度词修饰的。比如例（31）中两端的形容词都是可以自由地被程度词修饰的，因此都有相应的重叠式；中间的词不能被程度词修饰，因此也就没有相应的重叠式。

（31）a.红红的 *粉粉的 白白的

b.大大的 *中中的 小小的

语法研究的结果有两种类型，一是语法特征的描写，二是语法规律的探讨。说“形容词可以用‘不’否定”，这属于语法特征的描写，然而找出形容词被“不”否定的条件，则是语法规律的探讨。单纯依赖不完全归纳法有很大的局限性，一般只能做到对语法特征的描写。要找到语法规律必须利用其他的逻辑方法，比如各种探求因果关系的方法，论证语言现象背后的认知或者现实理据。目前对语法现象的描写已经有了一个良好的基础，对于各种语法规律的探求应该是我们今后努力的方向。

4.7 结语

本章的分析表明，语法中存在严谨、和谐的规律。在探求这些规律的时候，要注意以下这些问题：语法规律是有适用范围的，超出了一定的范围就会变成另外一种情况。语法规律是能产的、可以类推的，是组词成句的法则，然而个别的惯用法搭配是词汇层面的现象，并不受语法的制约。语法的规律也有不同的类型，有些是刚性的，有些则是弹性的，统计性的规律也非常值得我们重视。现代汉语的语法系统是长期发展的结果，具有历史层次性，既有仍然活跃着的语法规则，也有历史上某一个时期的语法规则遗留下来的“化石”。

语法规律的探求并不是轻而易举的一件事，不仅需要艰苦的探索，而且也需要科学的研究方法。传统研究中的不完全归纳法有很大的局限性，所得结论往往具有或然性，而且往往是表面特征的概括。探求各种现象背后的理据，不能只限于语言系统自身，还需考虑人们的认知能力和客观规律对语言的影响等。

参考文献

敖镜豪 1982 《左传》“是”字用法调查，载冯春田编《古汉语研究论集》，130—154页，济南：山东教育出版社。
闭克朝 1979 横县方言单音形容词的A×A重叠式，《中国语文》第5期。
曹广顺 1986 《祖堂集》中的“底（地）”“却（了）”“著”，《中国语文》第3期。
——— 1995 《近代汉语助词》，北京：语文出版社。
曹志耘 2001 南部吴语的小称，《语言研究》第3期。
陈　平 1987 释汉语中与名词性成分相关的四组概念，《中国语文》第2期。
——— 1988 论现代汉语时间系统的三元结构，《中国语文》第6期。
陈忠敏 2002 论广州话小称变调的来源，载《东方语言文化》，167—181页，上海：东方出版中心。
戴庆厦 1998 《藏缅语族语言研究》（二），昆明：云南民族出版社。
邓守信 1986 汉语动词的时间结构，载《第一届国际汉语教学讨论会论文选》，北京：北京语言学院出版社。
丁邦新 1997 汉语词序问题札记，《中国境内语言暨语言学》第四辑。
丁声树等 1961 《现代汉语语法讲话》，北京：商务印书馆。
董秀芳 2002 论句法结构的词汇化，《语言研究》第3期。
范继淹 1982 是非问句的句法形式，《中国语文》第6期。
——— 1985 无定NP主语句，《中国语文》第5期。
冯春田 1984 从王充《论衡》看有关系词“是”的问题，载程湘清《两汉汉语研究》，341—364页，济南：山东教育出版社。
冯胜利 1997 《汉语的韵律、词法与句法》，北京：北京大学出版社。
——— 2000 《汉语韵律句法学》，上海：上海教育出版社。
郭继懋 1990 领主属宾句，《中国语文》第1期。
郭绍虞 1979 《汉语语法修辞新探》，北京：商务印书馆。
郭锡良 1997 关于系词“是”产生的时代和来源论争的几点认识，载《汉语史论集》，106—123页，北京：商务印书馆。

何乐士 1984 《史记》语法特点研究，载程湘清主编《两汉汉语研究》，1—340页，济南：山东教育出版社。
——— 1989 《左传虚词研究》，北京：商务印书馆。
——— 1990 《敦煌变文》与《世说新语》若干语法特点的比较，载程湘清主编《隋唐五代汉语研究》，济南：山东教育出版社。
贺　巍 1984 获嘉方言形容词的后置成分，《方言》第1期。
——— 1989 《获嘉方言研究》，北京：商务印书馆。
——— 1993 《洛阳方言研究》，北京：社会科学文献出版社。
胡　海 1994 宜昌方言儿化现象初探，《华中师范大学学报》第4期。
胡明扬 1992 语法意义和语汇意义之间的相互影响，《汉语学习》第1期。
胡裕树主编 1981 《现代汉语》，上海：上海教育出版社。
胡裕树、范　晓 1994 动词形容词的“名词化”和“名物化”，《中国语文》第2期。
黄伯荣主编 1996 《汉语方言语法类编》，青岛：青岛出版社。
黄丁华 1963 闽南方言里的疑问代词，《中国语文》第4期。
黄南松 1990 论部分宾语的有定性，载胡盛仑主编《语言学和汉语教学》，142—149页，北京：北京语言学院出版社。
——— 1994 试论短语自主成句所应具备的若干语法范畴，《中国语文》第6期。
黄　行 1996 我国少数民族语言的词序类型，《民族语文》第1期。
黄正德 1988 汉语正反问句的模组语法，《中国语文》第4期。
江蓝生 1992 助词“似的”的语法意义及其来源，《中国语文》第6期。
蒋冀骋、吴福祥 1997 《近代汉语纲要》，长沙：湖南教育出版社。
蒋绍愚 1994 《近代汉语研究概况》，北京：北京大学出版社。
孔令达 1994 影响汉语句子自足的语言形式，《中国语文》第6期。
李崇兴 1986 宜都话的两种状态形容词，《方言》第3期。
李　蓝 1987 贵州大方方言名词和动词的重叠式，《方言》第3期。
李临定 1980 被字句，《中国语文》第6期。
——— 1985 主语的语法地位，《中国语文》第1期。
李　讷、石毓智 1997 论汉语体标记诞生的机制，《中国语文》第2期。

——— 1998a 句子中心动词及其宾语之后谓词性成分的变迁与量词语法化的动因，《语言研究》第1期。
——— 1998b 汉语比较句嬗变的动因，《世界汉语教学》第3期。
——— 1999 汉语动补结构的发展与句法结构的嬗变，《中国语言学论丛》第二辑。
李思敬 1994 《汉语“儿”音史研究》，北京：商务印书馆。
李英哲、郑良伟、贺上贤、侯炎尧、Larry Foster、Moira Yip 1990 《实用汉语参考语法》，熊文华译，北京：北京语言学院出版社。
李宇明 1996 领属关系与双宾句分析，《语言教学与研究》第3期。
——— 2000a 复叠与体貌，汉语重叠问题国际研讨会论文，华中师范大学。
——— 2000b 汉语复叠类型综论，《汉语学报》创刊号。
李宇明、唐志东 1991 《汉族儿童问句系统习得探微》，武汉：华中师范大学出版社。
林纾平 2000 英汉双宾结构对比，《福州师专学报》第2期。
林 涛 1996 古代汉语与现代英语的双宾语比较，《广西大学学报》（哲学社会科学版）第5期。
林 焘 1957 现代汉语补足语里的轻音现象所反映出来的语法和语义问题，《北京大学学报》第2期。
林裕文 1985 谈疑问句，《中国语文》第2期。
刘春卉 2006 河南确山方言的处置式标记“掌”与“叫”，第三届国际汉语方言学会，暨南大学。
刘村汉、肖伟良 1988 广西平南白话形容词的重叠式，《方言》第2期。
刘丹青 1986 苏州方言重叠式研究，《语言研究》第1期。
刘勋宁 1988 现代汉语词尾“了”的语法意义，《中国语文》第5期。
刘月华、潘文娱、故 韡 1983 《实用现代汉语语法》，北京：商务印书馆。
鲁允中 2001 《轻声和儿化》，北京：商务印书馆。
陆丙甫 1979 读《“的”字结构和判断句》，《中国语文》第4期。
陆俭明 1984 关于现代汉语里的疑问语气词，《中国语文》第5期。
——— 1986 周遍性主语及其他，《中国语文》第3期。

——— 1993a 现代汉语中数量词的作用，载《现代汉语句法论》，120—134页，北京：商务印书馆。
——— 1993b 《八十年代中国语法研究》，北京：商务印书馆。
——— 1997 关于语义指向分析，《中国语言学论丛》第一辑。
——— 2004 词语句法、语义的多功能性，《外国语》第2期。
陆俭明、马 真 1997 形容词作结果补语情况考察，《汉语学习》第1、6期。
陆志韦 1956 《北京话单音词词汇》，北京：科学出版社。
吕叔湘 1943 论"底"、"地"之辨及"底"字的由来，《金陵、齐鲁、华西大学中国文化汇刊》第三卷。
——— 1946 从主语、宾语的分别谈国语句子的分析，《吕叔湘文集》第2卷（1990年），北京：商务印书馆。
——— 1948 "把"字用法的研究，《金陵、齐鲁、华西大学中国文化汇刊》第八卷；又载吕叔湘《汉语语法论文集》（增订本，1984年），北京：商务印书馆。
——— 1961 现代汉语单双音节问题初探，《中国语文》第1期。
——— 1965 被字句、把字句动词带宾语，《中国语文》第4期；又载吕叔湘《汉语语法论文集》（增订本，1984年），北京：商务印书馆。
——— 1982（1942）《中国文法要略》，北京：商务印书馆。
——— 1984a 《汉语语法分析问题》，载《汉语语法论文集》，481—571页，北京：商务印书馆。
——— 1984b 狙公赋芧和语法研究，《语法研究与探索》（二），北京：北京大学出版社。
——— 1984c《现代汉语八百词》，北京：商务印书馆。
——— 1985 《近代汉语指代词》，上海：学林出版社。
罗福腾 1996 山东方言里的反复问句，《方言》第3期。
马庆株 1981 时量宾语和动词的类，《中国语文》第2期。
——— 1991 顺序义对体词语法功能的影响，《中国语言学报》第四期。
——— 1992 《汉语动词和动词性结构》，北京：北京语言学院出版社。
孟 琮等 1987 《动词用法词典》，上海：上海辞书出版社。

倪宝元 1992 《汉语修辞新篇章》，北京：商务印书馆。

倪大白 1982 藏缅、苗瑶、侗傣诸语言及汉语疑问句结构的异同，《语言研究》第1期。

裘荣棠 1992 谈“动＋的”短语的几个问题，《中国语文》第3期。

裘锡圭 1979 谈谈古文字资料对古汉语研究的重要性，《中国语文》第6期。

饶长溶 1993 长汀方言表“得到”和表“给予”的“得”，载刘坚、侯精一主编《中国语文研究40年纪念文集》，161—180页，北京：北京语言学院出版社。

邵敬敏 1993 量词的语义分析及其与名词的双向选择，《中国语文》第3期。

——— 1996 《现代汉语疑问句研究》，上海：华东师范大学出版社。

沈家煊 1995 “有界”与“无界”，《中国语文》第5期。

——— 1999 《不对称和标记论》，南昌：江西教育出版社。

——— 2006 “王冕死了父亲”的生成方式——兼说汉语“糅合”造句，《中国语文》第4期。

沈 炯 1999 从轻音现象看语音与语法研究的关系，载马庆株编《语法研究入门》，158—169页，北京：商务印书馆。

沈 阳、何元健、顾 阳 2001 《生成语法理论与汉语语法研究》，哈尔滨：黑龙江教育出版社。

施其生 1988 汕头方言动词短语重叠式，《方言》第2期。

石毓智 1991 现代汉语的肯定性形容词，《中国语文》第3期。

——— 1992 论现代汉语的“体”范畴，《中国社会科学》第6期。

——— 1995a 论汉语的大音节结构，《中国语文》第3期。

——— 1995b 时间一维性对介词衍生的影响，《中国语文》第1期。

——— 1996a 试论汉语的句法重叠，《语言研究》第2期。

——— 1996b 形容词的有无标记用法与疑问句式的交错关系，《汉语学习》第5期。

——— 1997 指示代词回指的两种语序及其功能，《汉语学习》第6期。

——— 1999 语境影响词汇的概念义和语法功能的一个例证，《汉语学习》第3期。

——— 2000a 汉语的有标记和无标记语法结构，《语法研究与探索》（十），北京：商务印书馆。
——— 2000b 论汉语动词重叠式产生的历史动因，《汉语学报》第1期。
——— 2000c 《语法的认知语义基础》，南昌：江西教育出版社。
——— 2000d 论“的”的语法功能的同一性，《世界汉语教学》第1期。
——— 2001a 《语法的形式与理据》，南昌：江西教育出版社。
——— 2001b 《肯定和否定的对称与不对称》（增订本），北京：北京语言文化大学出版社。
——— 2001c 汉语的主语和话题之辨，《语言研究》第2期。
——— 2002a 论汉语的结构意义和词汇标记之关系，《当代语言学》第1期。
——— 2002b 句法结构的嬗变对副词和形容词的语法标记发展的影响，《语言学论丛》第二十五辑，北京：商务印书馆。
——— 2002c 现代汉语句子组织信息的原则，《语法研究与探索》（十一），北京：商务印书馆。
——— 2003a 《现代汉语语法系统的建立》，北京：北京语言大学出版社。
——— 2003b 古今汉语动词概念化方式的变化及其对语法的影响，《汉语学习》第4期。
——— 2003c 语法的规律与例外，《语言科学》第3期。
——— 2004 英汉双宾结构差别的概念化原因，《外语教学与研究》第2期。
——— 2006a 《语法的概念基础》，上海：上海外语教育出版社。
——— 2006b 现代汉语疑问标记的感叹用法，《汉语学报》第4期。
——— 2007a 构式语法理论关于construction定义问题研究，《重庆大学学报》第1期。
——— 2007b 结构与意义的匹配类型，《解放军外国语学院学报》第5期。
——— 2007c 论构式语法理论的进步与局限（与邓云华合作），《外语教学与研究》第5期。
石毓智、李讷 1998 论结构助词“之”、“者”和“底（的）”的兴替，《中国社会科学》第6期。

——— 2000 十五世纪前后的句法变化与现代汉语否定标记系统的形成——否定标记“没”产生的句法背景及其语法化过程，《语言研究》第2期。
——— 2001《汉语语法化的历程》，北京：北京大学出版社。
石毓智、徐 杰 2001 汉语史上疑问形式的类型转变的机制和过程，《中国语文》第1期。
史有为 1984 关于“动＋有”，《语言学论丛》第十三辑，北京：商务印书馆。
史有为、马学良 1982 说“哪儿上的”及其“的”，《语言研究》第1期。
苏凤英 1994 也谈助动词，《语文学刊》第4期。
肃 父 1956 不要把句义解释代替句法分析，《语文知识》第12期。
孙玉文 2000《汉语变调构词研究》，北京：北京大学出版社。
太田辰夫 1987（1958）《中国语历史文法》，蒋绍愚、徐昌华译，北京：北京大学出版社。
汤廷池 1981 国语疑问句的研究，台湾师范大学《师大学报》第二十六辑。
——— 1988 动词和介词的联系，载《汉语词法句法论集》，169—180页，台北：学生书局。
唐钰明 1992 中古“是”字判断句述要，《中国语文》第5期。
涂光禄 1987 贵阳方言的名词重叠式，《方言》第3期。
汪国胜 1991 大冶金湖话的“的”、“个”和“的个”，《中国语文》第3期。
王理嘉等 1993《现代汉语》，北京：商务印书馆。
王 力 1937 中国文法中的系词，《清华学报》第1期。
——— 1958《汉语史稿》（第二册），北京：科学出版社。
——— 1985（1943）《中国现代语法》，北京：商务印书馆。
——— 1989《汉语语法史》，北京：商务印书馆。
魏培泉 1990 汉魏六朝称代词研究，台湾大学博士论文。
吴福祥 2003 再论处置式的来源，《语言研究》第3期。
吴竞存、梁伯枢 1992《现代汉语句法结构与分析》，北京：语文出版社。
吴振国 1990 关于正反问句和“可”问句的分合的理论方法问题，《语言研究》第2期。
向 熹 1993《简明汉语史》（下），北京：高等教育出版社。

谢留文 1995 客家方言的一种反复问句，《方言》第3期。
邢福义 1984 说“NP了”句式，《语文研究》第3期。
邢公畹 1987（1947）《诗经》“中”字倒置的问题，载《语言论集》，北京：商务印书馆。
徐　杰 1999 疑问范畴与疑问句式，《语言研究》第2期。
徐　杰、李英哲 1993 焦点和两个非线性语法范畴：“否定”“疑问”，《中国语文》第2期。
徐盛桓 2001 试论英语双及物构块式，《外语教学与研究》第2期。
徐通锵 1994 “字”和汉语研究的方法论，《世界汉语教学》第3期。
——— 1997《语言论》，长春：东北师范大学出版社。
徐重人 1956 王冕死了父亲，《语文知识》第9期。
颜　森 1993《黎川方言研究》，北京：社会科学文献出版社。
杨伯峻 1980《论语译注》，北京：中华书局。
——— 1981《孟子译注》，北京：中华书局。
杨伯峻、何乐士 1992《古汉语语法及其发展》，北京：语文出版社。
杨成凯 1996《汉语语法理论研究》，沈阳：辽宁教育出版社。
杨发兴 1987 湖北长阳方言名词和动词的重叠式，《方言》第3期。
叶国泉、唐志东 1982 信宜方言的变音，《方言》第1期。
叶祥苓 1982 苏州方言形容词的“级”，《方言》第3期。
俞　敏 1981 倒句探源，《语言研究》创刊号。
袁毓林 1995 谓词隐含及其句法后果，《中国语文》第4期。
——— 1996 话题化及相关的语法过程，《中国语文》第4期。
张　斌、胡裕树 1989《汉语语法研究》，北京：商务印书馆。
张伯江 1999 现代汉语的双及物结构式，《中国语文》第3期。
——— 2006 “死”的论元结构和相关句式，《语言研究探索》第十一辑。
张伯江、方　梅 1996《汉语功能语法研究》，南昌：江西教育出版社。
张　敏 1998《认知语言学与汉语名词短语》，北京：中国社会科学出版社。
张玉金 2001《甲骨文语法学》，上海：学林出版社。
张豫峰 2002《“得”字句和“有”字句》，延吉：延边大学出版社。

赵世开、沈家煊 1984 汉语“了”字跟英语相应的说法，《语言研究》第1期。

赵元任 1979（1968）《汉语口语语法》，北京：商务印书馆。

甄尚灵 1984 遂宁方言形容词的生动形式，《方言》第1期。

郑怀德、孟庆海 2003《汉语形容词用法词典》，北京：商务印书馆。

郑庆君 1997 湖南常德方言的名词的重叠及其儿化，《武陵学刊》第2期。

中国社会科学院语言研究所词典编辑室 1996《现代汉语词典》，北京：商务印书馆。

周法高 1988 论上古汉语中的系词，《历史语言研究所集刊》第3期。

周 红 2006 客体致使句的认知语义分析，《语言研究》第3期。

周祖谟 1981 四声别义释例，载《问学集》，北京：中华书局。

朱德熙 1961 说“的”，《中国语文》第1期。

——— 1966 关于《说“的”》，《中国语文》第1期。

——— 1978 “的”字结构和判断句，《中国语文》第1、2期。

——— 1979 与动词“给”相关的句法问题，《方言》第2期。

——— 1982《语法讲义》，北京：商务印书馆。

——— 1983 自指和转指，《方言》第1期。

——— 1985《语法答问》，北京：商务印书馆。

——— 1990《语法丛稿》，上海：上海教育出版社。

——— 1991 “V-neg-VO”与“VO-neg-V”两种反复问句在汉语方言里的分布，《中国语文》第5期。

——— 1993 关于“的”字研究的一点感想，《中国语文》第4期。

祝敏彻 1982《朱子语类》中“地”、“底”的语法作用，《中国语文》第3期。

——— 1990《朱子语类》中的动词补语——兼谈动词后缀，载《王力先生纪念论文集》，240—251页，北京：商务印书馆。

Adams, K. & N. Conklin 1973 Toward a theory of natural classification. Paper from the Ninth Regional Meeting. *Chicago Linguistics Society*. 1-33.

Akatsuka, Noriko 1985 Conditionals and the epistemic scale. *Language*. Vol. 61.1.

Alexiadou，Artemis 2004 Adverbs across frameworks. *Lingua* 114: 677-682.

Alfonso Caramazza, Rita Sloan Bemdt 1985 A multicomponent deficit view of agrammatic broca's aphasia. In Mary Louise Kean （ed.） 27-63.

Allan, Keith 1977 Classifiers. *Language* 53.2: 285-311.

Anderson, Stephen R. 1981 Topicalization in Breton. *Proceedings of the Berkeley Linguistics Society* 7:27-28.

——— 1993 Wackernagel's revenge: clitics, morphology, and the syntax of second position. *Language* 69:68-98.

Aronoff, Mark 1976 *Word Formation in Generative Grammar*. Cambridge: MIT Press.

——— 1980 Contexts. *Language* 56.4: 744-758.

Baker, M. 1985 Syntactic affixation and English gerunds. *Proceedings of the West Coast Conference on Formal Linguistics* 4. Stanford Linguistics Association, Stanford, California.

Barber, Charles 1993 *The English Language: A Historical Introduction*. Cambridge: Cambridge University Press.

Barrett, M. 1982 The holophrastic hypothesis: Conceptual and empirical issues. *Cognition* 11: 47-76.

Bates, E. & Snyder, L. 1985 The cognitive hypothesis in language development. In I. Uzgiris & J. McV. Hunt （eds.） *Research with Scales of Psychology Development in Infancy*. Champaign-Urbana，IL: University of Illinois Press.

Belletti, Adriana 1988 The case of unaccusative. *Linguistic Inquiry* 19.1.

Berlin, Brent 1968 *Tzeltal Numeral Classifiers*. The Hague: Mouton.

Berlin, Brent & Paul Kay 1969 *Basic Color Terms: Their University and Evolution*. Berkeley and Los Angeles: University of California Press.

Berndt, Rita Sloan 1983 Symptom cooccurrence and dissociation in the interpretation of agrammatism. In Max Coltheart, Giuseppe Sartori, Remo Job （eds.） 221-234.

Blake，N. F. 1996 *A History of the English Language*. London: Macmillan Press Ltd.

Bloom, L. 1993 *The Transition from Infancy to Language: Acquiring the Power of*

Expression. Cambridge, England: Cambridge University Press.

Bloom, P. 2000 *How Children Learn the Meanings of Words*? Cambridge, MA: MIT Press.

Bresnan, Joan 1982 *The Mental Representation of Grammatical Relations*. Cambridge, Mass.: MIT Press.

Brown, Penelope & Stephen C. Levinson 1978 *Politeness: Some Universals in Language Usage*. Cambridge: Cambridge University Press.

Brown, R. 1973 *A First Language: The Early Stages*. Cambridge, MA: Harvard University Press.

Burzio, Luigi 1986 *Italian Syntax: A Government-Binding Approach*. Dordrecht: Reidel.

Bussmann, Hadumod 1996 *Dictionary of Language and Linguistics*. New York: Routledge.

Bybee, J. L. 1985 *Morphology: A Study of the Relation between Meaning and Form*. Amsterdam: Benjamins.

——— 1994 *The Evolution of Grammar*. Chicago: The University of Chicago Press.

Bybee, J. L. & Carol Moder 1983 Morphological classes as natural categories. *Language* 59.2: 251-270.

Bybee, J.L. & Pagliuca, W.J. 1985 Cross linguistic comparison and the development of grammatical meaning. In J. Fisiak （ed.） *Historical Semantics, Historical Word Formation*. 59-83. Berlin: Mouton de Gruyter Press.

Bybee, J.L., Revere Perkins & William Pagliuca 1994 *The Evolution of Grammar*. Chicago: Chicago University Press.

Capone, Alessandro 2001 *Modal Adverbs and Discourse*. Pisa: Edizioni Ets.

Chafe, Wallace 1994 *Discourse, Consciousness and Time: The Flow and Displacement of Conscious Experience in Speaking and Writing*. Chicago: University of Chicago Press.

Chomsky, Noam 1957 *Syntactic Structures*. The Hague: Mouton.

——— 1965 *Aspects of a Theory of Syntax*. Cambridge, MA: MIT Press.

——— 1970 Remarks on nominalization. In R. Jacobs & P. Rosenbaum（eds.）*Readings in English Transformation Grammar*. 184-221. Waltham, Mass.: Ginn.

——— 1980a *Rules and Representations*. New York: Columbia University Press.

——— 1980b *Lectures on Government and Binding*. Dordrecht: Foris.

——— 1993 A minimalist program for linguistic theory. In Kenneth Hale & Samuel Jay Keyser （eds.）*The View from Building 20: Essays in Linguistics in Honor of Sylvain Bromberger*.1-52. Cambridge, Mass.: MIT Press.

Cinque, G. 1999 *Adverbs and Functional Heads: A Cross-Linguistic Perspective*. Oxford:Oxford University Press.

Clark, Eve V. & Herbert H. Clark 1979 When nouns surface as verbs. *Language* 55.4: 767-811.

Coleman, Linda & Kay, Paul 1981 Prototype semantics: The English *'lie'*. *Language* 57.1.

Comrie, Bernard 1978 Ergativity. In W. P. Lehmann （ed.） *Syntactic Typology*.329-394. Austin, TX: University of Texas Press.

Craig, Colette 1986 *Noun Classes and Categorization*. Amsterdam & Philadephia: John Benjamins Publishing Company.

Croft, William 1993 *Typology and Universals*. Cambridge: Cambridge University Press.

——— 1995 Intonation units and grammatical knowledge. *Linguistics* 33: 838-882.

——— 2001 *Radical Construction Grammar*. Oxford University Press.

Crystal, David 1997 *Dictionary of Linguistics and Phonetics*. UK, Oxford: Blackwell Publishers Ltd..

Curme, George O. 1977 *A Grammar of the English Language*. Volume II. Connecticut: Verbatim.

Deak, G. O. 2000 Hunting the fox of word learning: Why "constraints" fail to capture it. *Development Reviews* 20: 29-80.

Deane, Paul D. 1992 *Grammar in Mind and Brain—Explorations in Cognitive Syntax*. Berlin and New York: Mouton de Gruyter.

Devalois, R.L. & G.H. Jacobs 1968 Prime color vision. *Science* 162: 533-540.

de Villiers, P. A. & de Villiers, J. G. 1978 *Language Acquisition*. Cambridge, MA: Harvard University Press.

Dixon 1979 Ergativity. *Language* 55: 59-138.

Downing, Pamela 1977 On the creation and use of English compounds in cognitive syntax. *Language* 53:810-842.

Fabb, N. 1984 *Syntactic Affixation*. Cambridge: MIT Press.

Feng, Li. 1993 The copula in Classical Chinese declarative sentences. *Journal of Chinese Linguistics* 21.2.

Fillmore, Charles J., Paul Kay & Mary C. O'Connor 1988 Regularity and idiomaticity in grammatical constructions: The case of 'let alone'. *Language* 64.3.

Fite, James & Gareth King 1998 Celtic（Indo-European）. In Andrew Spencer & Arnold M. Zwicky（eds.）*The Handbook of Morphology*. UK, Oxford: Blackwell Publishers Inc..

Flavell, John H., Patricia H. Miller & Scott A. Miller 2001 *Cognitive Development*（4th edition）. Prentice Hall, Inc..

Fodor, Jerry A. 1983 *The Modularity of Mind.* Cambridge: MIT Press.

Fromklin, Victoria A. 1987 The lexicon. *Language* 63.1.

Gibson, E. 1967 Principles of *Perceptual Learning and Development*. New York: Appleton-Century-Crofts.

Givón, Talmy 1971 Historical syntax and synchronic morphology: An archaeologist's field trip. *Chicago Linguistic Society* 7: 394-415.

——— 1979 *On Understanding Grammar*. NY: Academic Press.

——— 1991 Serial verbs and the mental reality of "event": Grammatical vs. cognitive packaging. In Hopper & Traugott（eds.）Vol. 1:81-127.

Goldberg, Adele E. 1995 *Constructions—A Construction Grammar Approach to Argument Structure*. Chicago: Chicago University Press.

——— 2003 Constructions: A new theoretical approach to language. *Journal of Foreign Language* 1.11.

Goldberg, Adele E. & Ray Jackendoff 2004 The English resultative as a family of constructions. *Language* 80. 3.

Goodglass, H.-F. A. & Quadfast-W.H. Timeberlake 1964 *Phrase Length and the Type and Severity of Aphasia. Context* 1: 133-153.

Gopnik, A. & Meltzoff, A. F. 1986 Relations between semantic and cognitive development in the one-word stage: The specificity hypothesis. *Child Development* 57: 1040-1053.

Greenberg, J. H. 1966a Some Universals of grammar with particular reference to the order of meaningful elements. In J. H. Greenberg (ed.) *Universals of Language* (2nd edition). Cambridge, Mass.: MIT Press.

——— 1966b *Universal of Language* (2nd edition). Cambridge, Mass.: MIT Press.

Haiman, John 1980 The iconicity of grammar: Isomorphism and motivation. *Language* 56.3.

——— 1985 *Natural Syntax: Iconicity and Erosion*. Cambridge: Cambridge University Press.

Harries-Delisle, Helga 1978 Contrastive emphasis and cleft sentences. In Joseph H. Greenberg, Charles A. Ferguson & Edith A. Moravcsik (eds.) *Universals of Human Language*. Vol. IV: 419-486. Stanford University Press.

Harris, Alice C. & Lyle Campbell 1995 *Historical Syntax in Cross-Linguistic Perspective*. Cambridge: Cambridge University Press.

Heine, Bernd & Mechtild Reh 1984 *Grammaticalization and Reanalysis in African Languages*. Hamburg: Helmut Buske.

Heine, Bernd & Tania Kuteva 2002 *World Lexicon of Grammaticalization*. Cambridge: Cambridge University Press.

Hirtle, W.H. 1970 *-ed* adjectives like 'veranded' and 'blue-eyed'. *Journal of Linguistics* 11: 69-72.

Holm, John A. 1988 *Pidgins and Creoles. Vol. 1: Theory and Structure*. Cambridge: Cambridge University Press.

Hopper, Paul J. & Elizabeth Closs Traugott 1993 *Grammaticalization*. Cambridge:

Cambridge University Press.

Huang, C.-T. James 1982 Logical relations in Chinese and the theory of grammar. MIT doctoral dissertation, Cambridge.

——— 1991 Class notes for the course "Theoretical Issues in Modern Chinese Syntax". Linguistics Institute, UC Santa Cruz.

Hudson, Richard A. 1975 Problems in the analysis of *-ed* adjectives. *Journal of Linguistics* 11: 69-72.

Hunn, Eugene 1975 A measure of the degree of correspondence of folk to scientific biological classification. *American Ethnologist* 2.2: 309-327.

Ingram, D. 1989 *First Language Acquisition*. Cambridge: Cambridge University Press.

Jackendoff, Ray 1975 Morphological and semantic regularities in the lexicon. *Language* 51: 639-671.

Jaeggli, Osvaldo A. 1986 Passive.*Linguistic Inquiry* 17.4.

Jakobson, Roman & Linda R. Waugh 1979 *The Sound Shape of Language*. Bloomington: Indiana University Press.

Jespersen, Otto 1922 *Language*. London: Allen & Unwin.

——— 1954 *A Modern English Grammar on Historical Principles. Part 2: Syntax* (Vol. 1) (Reprinted). London: George Allen & Unwin, Ltd..

Johnson, Mark 1988 *The Body in the Mind: The Bodily Basis of Reason and Imagination*. Chicago: University of Chicago Press.

Johnston, J. & Slobin, D. I. 1979 The development of locative expressions in English, Italian, Serbo-Croatian, and Turkish. *Journal of Child Language* 6: 531-547.

Jurafsky, Daniel 1996 Universal tendencies in the semantics of the diminutive. *Language*. Vol. 72.3: 533-578.

Kaisse, Ellen M. 1985 *Connected Speech: the Interaction of Syntax and Phonology*. Orlando: Academic Press.

Kang, M. Y. 1987 Possessor raising in Korean. In Kuno, Lee, Whitman, Bak & Kang (eds.) *Harvard Studies in Korean Linguistics* II. Hanshin, Seoul.

Kay, Paul & McDaniel, Chad K. 1978 The linguistic significance of the meaning of basic color terms. *Language* 53.3: 610-646.

Keenan, Edward L. 1976 Towards a universal definition of "subject". In Charles N. Li (ed.) *Subject and Topic*. New York: Academic Press. 247-302.

Kenstowicz, Michael 1994 *Phonology in Generative Grammar*. Cambridge MA and Oxford UK: Blackwell Publishing House.

Kiparsky, Paul 1994 Analogy. *The Encyclopedia of Language and Linguistics* 1:56-61. Oxford: Oxford University Press.

Krifka, Manfred 1999 Focus. In Robert A. Wilson & Frank C. Keil (eds.) *The MIT Encyclopedia of the Cognitive Sciences*. Massachusetts, Cambridge: The MIT Press.

Kroeber, Alfred L. 1955 Integration of the knowledge of man. In Lewis Leary (ed.) *The Unity of Knowledge*. New York: Appleton-Century-Crofts.

Lakoff, George 1987 *Women, Fire, and Dangerous Things—What Categories Reveal about the Mind*. Chicago: The University Chicago Press.

Langacker, Ronald W. 1978 The form and the meaning of the English auxiliary. *Language* 54.4: 853-82.

——— 1985 Observations and speculations on subjectivity. In John Haiman (ed.) *Iconicity in Syntax*. 109-150. Amsterdam: John Benjamins.

——— 1987a Nouns and verbs. *Language* 63:53-94.

——— 1987b *Foundations of Cognitive Grammar*. Stanford: Stanford University.

——— 1988 Review of Lakoff: *Women, Fire, and Dangerous Things*. *Language* 64: 384-395.

——— 1990 Subjectification. *Cognitive Linguistics* 1:5-38.

——— 1991 *Foundations of Cognitive Grammar*. Stanford: Stanford University.

——— 1994 Conceptual grouping and constituency in cognitive grammar. *Linguistics in the Morning Calm* 3: 149-172.

——— 2002 *Concept, Image, and Symbol: The Cognitive Basis of Grammar* (2nd edition). Berlin and New York: Mouton de Gruyter.

Lass, Roger 1997 *Historical Linguistics and Language Change*. Cambridge: Cambridge University Press.

Leech, Geoffrey N. 1987 *Meaning and the English Verb*. London and New York: Longman.

Lehman, Christian 1982 *Thoughts on Grammaticalization: A Programmatic Sketch*. Vol. I (*Arbeiten des Kolner Universalien-Projekts* 48). Koln: Universitat zu Koln. Institut fur Sprachwissenschaft.

Levi, Judith N. 1978 *The Syntax and Semantics of Complex Nominals*. New York: Academic Press.

Li, Charles N. 1976 *Subject and Topic*. New York: Academic Press.

——— 2000 Beyond borrowing and interface: Contact-induced morphosyntactic change in Chinese. Presented at the 9th International Chinese Linguistic Conference, Singapore.

Li, Charles N. & Sandra A. Thompson 1974 Historical change of word order: a case study of Chinese and its implications. In John M. Anderson & Charles Jones (eds.) *Historical Linguistics 1: Syntax, Morphology, Internal, and Comparative Reconstruction*. 200-217. Amsterdam: Benjamins.

——— 1976 Subject and topic: A new typology and language. In Charles N. Li (ed.) *Subject and Topic*. New York: Academic Press. 457-489.

——— 1977 A mechanism for the development of copula morphemes. In Charles N. Li (ed.) *Mechanism of Syntactic Change*. 419-444. Austin: University of Texas Press.

——— 1981 *Mandarin Chinese: A Functional Reference Grammar*. Berkeley and Los Angeles: University of Chicago Press.

Li, Charles N. & Shi Yuzhi 1997 The grammaticalization of the relative marker DE. Presented at Conference of Morphosyntactic History of Chinese. Arrow Lake, L.A..

Lieber, Rochelle 1981 *On the Organization of the Lexicon*.Bloomington: Indiana University Linguistics Club.

Lightfoot, David 1979 *Principles of Diachronic Syntax*. Cambridge: Cambridge University Press.

Linder, Susan 1981 *A lexico-semantic analysis of verb-particle constructions with up and out*. Ph.D. dissertation, University of California at San Diego.

Ljung, Magnus 1970 *English Denominal Adjectives*. Acta Universitatis Gothoburgensis.

Lyons, John 1968 *Introduction to Theoretical Linguistics*. Cambridge: The Cambridge University Press.

McCawley, James D. 1988 *The Syntactic Phenomena of English*. Chicago and London: The University of Chicago Press.

McWhorter, John H. 1992 Ni and the copula system in Swahili: A diachronic approach. *Diachronica*. Vol. IX. No. 1.

Miller, J. 2006 Focus. *Encyclopedia of Language and Linguistics*.511-518. British: Elsevier Science Ltd..

Milsark, G.L. 1988 Sign *-ing*. *Linguistics Inquiry* 9.4: 611-634.

Moravcsik, Edith A. 1978 Reduplicative constructions. In Greenberg （ed.） *Universals of Human Language* 3:297-334. Stanford: Stanford University Press.

Myerson, R.-H. Goodglass 1972 Transformational grammars of three agrammatic patients. *Language and Speech* 15: 40-50.

Nelson, K. 1973 Structure and strategy in learning to talk. *Monographs of the Society for Research in Child Development* 38 （Serial No. 149）.

Nevis, Joel A. & Brian D. Joseph 1992 Wackernagel affixes: Evidence from Balto-Slavic. Ms., Ohio State University.

Newmeyer, Frederick J. 1971 The source of derived nominals in English. *Language* 47.4: 786-796.

Nichols, Johanna 1971 Diminutive consonant symbolism in western North America. *Language* 47: 826-848.

Nowakowska, Maria 1986 *Cognitive Science*. San Diego: Academic Press.

O'Grady, William 1991 *Categories and Case: The Sentence Structure of Korean*.

Amsterdam and Philadelphia: John Benjamins Publishing Co..

Ohala, John J. 1984 An ethological perspective on common cross-language utilization of Fo of voice. *Phonetica* 41:1-16.

Perlmutter, David 1978 Impersonal passives and the unaccusative hypothesis.*Berkeley Linguistics Society* 4.

Peyraube, Alain & Thekla Wiebusch 1994 Problems relating to the history of different copulas in ancient Chinese. *Interdisciplinary Studies on Language and Language Changes: In Honor of William S.-Y. Wang*. Taipei: Pyramid Press.

Piatelli-Palmarini, M. 1980 *Learning and Language*. Cambridge, MA: Harvard University Press.

Pinker, S. 1984 *Language Learnability and Language Development*. Cambridge, MA: Harvard University Press.

——— 1987 The bootstrapping problem in language acquisition. In B. MacWhinney (ed.) *Mechanisms of Language Acquisition*. Hillsdale, NJ: Erbaum.

Pullum, Geoffrey K. 1992 English nominal gerund phrases as noun phrase with verb-phrase heads. *Linguistics Inquiry* 2: 763-800.

Pullum, Geoffrey K. & Zwicky, Arnold M. 1991 Condition duplication, paradigm homonymy, and transconstructional constraints. Paper presented at the 17th Annual Meeting of the Berkeley Linguistics Society.

Quirk, Randolph, Sidney Greenbaum, Geoffrey Leech & Jan Svartvik 1985 *A Comprehensive Grammar of the English Language*. London and New York: Longman.

Regier, Terry 1994 A preliminary study of the semantics of reduplication. Technical Report TR-94-019. International Computer Science Institute. Berkeley, CA.

Romaine, Suzanne 1994 *Language in Society*. Oxford: Oxford University Press.

Rosch, Eleanor 1973 Natural categories. *Cognitive Psychology* 4: 328-30.

Sapir,Edward 1949 Abnormal types of speech in Nootka.In David G. Mandelbaum (ed.) *Selected Writings of Edward Sapir in Language, Culture,and Personality*.179-196.Berkeley and Los Angeles: University of California Press.

Schibsbye, Knud 1970 *A Modern English Grammar*. London: Oxford University Press.

Selkirk, Elizabeth 1982 *The Syntax of Words*. Cambridge: MIT Press.

Sera, M. D. & Connolly, L. M. 1990 Low planes, big worms, and other pairs of terms. unpublished manuscript.

Shi, Yuzhi 1997a On the properties of the wh-elements in Chinese. *Journal of Chinese Linguistics* 25.1:131-145.

——— 1997b The grammaticalization process of the copular *shi* in archaic Chinese. Presented at the XVIth International Congress of Linguistics, July, Paris.

——— 1997c Analogy as an optimization process: The mechanism of the grammaticalization of the morphosyntactic marker de in Chinese. Ms., Stanford University.

——— 1999a The formation of the resultative construction and its effects on the establishment of modern Chinese grammar. Ph.D. dissertation,Stanford University.

——— 1999b The formation of the negative perfect aspect. Presented at the Chinese Linguistics Conference, Cambridge, Harvard University.

Spencer, Andrew 1991 *Morphological Theory—A Introduction to Word Structure in Generative Grammar*. Oxford: Blackwell.

Stowell, T. 1981 Origins of phrase structure. Doctoral dissertation, MIT.

Sun, Chaofen 1996 *Word-Order Change and Grammaticalization in the History of Chinese*. Stanford: Stanford University Press.

Sweet, Henry 1900 *The History of Language*. London: J.M. Dent； New York: Macmillan.

Tager-Flusberg, H. 1997 Morphology and syntax in the preschool years. In J. B. Gleason （ed.）*The Development of Language* （4th edition）. Boston: Allyn and Bacon.

Tai, James H.-Y. 1992 Variation in classifier systems across Chinese dialects: Towards a cognition-based semantic approach. *Chinese Language and Linguistics* 1.2:

587-608. Taiwan: Academia Sinica.

——— 1994 Chinese classifier system and human categorization. In Matthew Chen & Ovid Tzeng（eds.）*Essays in Honor of Professor William S.-Y. Wang*. 479-494. Taipei: Pyramid Publishing Company.

Tai, James H.-Y. & Fang-yi Chao 1994 A semantic study of the classifier *zhang*. *Journal of the Chinese Language Teachers Association* 29.3: 67-78.

Tai, James H.-Y. & Lianqing Wang 1990 A semantic study of the classifier *'tiao'*. *Journal of Chinese Language Teachers Association* 25.1: 35-36.

Tao, Hongyin 1993 Units in Mandarin: Discourse and grammar. Dissertation, University of California, Santa Barbara.

Thomason, R. & Stalnaker, R. 1973 A semantic analysis of adverbs. *Linguistic Inquiry* 4: 195-220.

Trask, Robert Lawrence 1995 *A Dictionary of Grammatical Terms in Linguistics*. New York: Routledge.

Traugott, Elizabeth Closs （Forthcoming） Constructions in grammaticalization. In Richard D. Janda & Brian D. Joseph （eds.） *A Handbook of Historical Linguistics*. Oxford: Blackwell.

Trigo, Loren 1991 Scales and diminutivization. *Linguistic Inquiry* 22:578-583.

Tsao, Feng-fu 1977 Subject and topic in Chinese. 载汤廷池等编《中国语言学会议论文集》，台北：学生书局。

Ultan, Russell 1978 Size-sound symbolism. In Greenberg （ed.） *Universals of Human Language* 2:525-568. Stanford: Stanford University Press.

Wescott, Roger W. 1971 Linguistic iconism. *Language* 47.2: 416-428.

Wickens, Mark A. 1992 *Grammatical Number in English Nouns*. John Benjamins Publishing Company.

Williams, C.J. 1980 *A Grammar of Yuwaalaraay*（*Pacific Linguistics* B74）. Canberra: Australian National University.

Yen, Sian L. 1986 The origin of the copula *shi* in Chinese. *Journal of Chinese Linguistics* 14.2.

Zwicky, A. M. 1982 Stranded *to* and phonological phrasing in English. *Linguistics* 20: 3-57.

Zwicky, A. M. & Pullum, G. K. 1986 The principle of phonology-free syntax: Introductory remarks. *Working Paper in Linguistics* 32: 63-91. Columbus, OH: The Ohio State University.